Franz Kurowski

1945

So war der 2. Weltkrieg

Der Zusammenbruch

Franz Kurowski

1945

So war der
2. Weltkrieg

Der Zusammenbruch

FLECHSIG

Umwelthinweis:
Dieses Buch und der Umschlag wurden auf chlorfrei gebleichtem Papier gedruckt.
Die Einschrumpffolie – zum Schutz vor Verschmutzung – ist aus umweltverträglichem und recyclingfähigem PE-Material.

Sonderausgabe für Flechsig-Buchvertrieb

Internet: www.verlagshaus.com
Gesamtherstellung: AGORA, United Graphic Services b.v., Netherland

ISBN 978-3-88189-716-7

"Unsere beiden Völker wollen die Erinnerung
an den entfalteten Mut und die erlittenen Opfer im Zweiten Weltkrieg
bewahren,
sofern die Ehre der Kämpfenden hierbei unangetastet blieb.
Eine schlechte Politik führt zu Verbrechen und Unterdrückung.
Eine schlechte Politik trennt Europa.
Aber die Wertschätzung, welche die Tapferen einander entgegenbringen,
gehört zu dem sittlichen Erbe des Menschengeschlechts."

Charles de Gaulle zu dem ehemaligen deutschen Bundespräsidenten Heinrich Lübke (Paris, 20.06.1961).

* * *

Inhaltsübersicht der einzelnen Bände des siebenbändigen Gesamtwerkes

- Der Kampf in Frankreich
- Auf der politischen Bühne
- Dünkirchen
- Britisch-Französischer Bruderkrieg
- Luftkrieg über Deutschland und England
- Die Luftwaffenkriegsführung
- Italien im Krieg
- Kriegsschauplatz Mittelmeer und Afrika
- Der Seekrieg im Jahre 1940
- Deutsche U-Boote im Einsatz
- Quellenangabe und Literaturverzeichnis

- Band III:

  1941 – Der Weg zum Weltkrieg

  - Allgemeine Übersicht
  - Luftkrieg über Deutschland und England
  - Der Krieg zur See
  - Das Unternehmen »Rheinübung«
  - Der U-Boot-Krieg Januar bis Juni 1941
  - Der Afrikafeldzug – bis zur Schlacht von Sollum
  - Der Feldzug auf dem Balkan
  - Der Kampf um Kreta
  - Zwischenzeit in der Wüste
  - Der Ostfeldzug
  - Die Kesselschlacht von Kiew

- Heeresgruppe Nord: Zielraum Leningrad
- Luftwaffe über Rußland 1941
- Kampf im hohen Norden 1941
- Das Unternehmen Taifun
- Der U-Boot-Krieg im zweiten Halbjahr 1941
- Der Krieg im Parzifik
- Abkürzungsverzeichnis
- Quellenangabe und Literaturverzeichnis
- Danksagung

- Band IV:

  1942 – Die Welt im Krieg

  - Allgemeine Lage zum Jahresbeginn
  - Die Alliierten zu Beginn des Jahres 1942
  - Der Krieg im Osten – Erstes Halbjahr 1942
  - Heeresgruppe Nord vom 1. - 30. 6. 1942
  - Sowjetische Durchbruchsschlachten
  - Die sowjetische Offensive im Dezember 1941
  - Die Heeresgruppe Mitte
  - Die 11. Armee auf der Krim
  - Die Entscheidung im Rußlandfeldzug
  - Der Afrikafeldzug 1942
  - Die Luftwaffe bis zum Herbst 1942
  - Stalingrad – Opfergang einer Armee
  - Luftkrieg über England und Deutschland

- Luft-See-Operationen 1942
- Großkampfschiffe im Einsatz 1942
- Der U-Boot-Krieg 1942
- Übersicht über die weiteren Kriegsschauplätze der Ostfront bis Ende 1942
- Der Krieg im Parzifik
- Abkürzungsverzeichnis
- Quellenangabe und Literaturverzeichnis
- Danksagung

- Band V:

  1943 - Die Wende

  - Einschneidende Ereignisse
  - Welikije Luki
  - Stalingrad
  - Rückzüge – Frontbegradigungen
  - Zwischen Kaukasus und Dnjepropetrowsk
  - Heeresgruppe Mitte erstes Halbjahr 1943
  - Afrika 1943
  - Das Ende in Afrika
  - Kriegsschauplatz Italien
  - Sprung in die Festung Europa
  - Partisanenkrieg auf dem Balkan
  - Der Seekrieg 1943
  - Torpedoboote und Zerstörer im Einsatz 1943

- Band VII: letzter, vorliegender Band der Dokumentation
  1945 - Der Zusammenbruch

Inhaltsverzeichnis

ALLGEMEINE ÜBERSICHT

Auf der Politischen Bühne

Nachdem Hitler am 1. Januar 1945 in seinem Neujahrsbefehl an die Wehrmacht erklärt hatte.: "Es geht heute um Leben und Tod!

Denn das Ziel der uns gegenüberstehenden jüdisch-internationalen Weltverschwörung ist die Ausrottung unseres Volkes" wurde der Kampf verbissener denn je fortgeführt.

Dies gipfelte in einer Reihe von politischen Maßnahmen, so in jener Verordnung von Dr. Josef Goebbels als "Reichsbevollmächtigter für den totalen Kriegseinsatz" in der es hieß:

"Der Führer hat befohlen, die Wehrmacht, Waffen-SS und Polizei im Heimatgebiet mit d e m Ziel zu überprüfen, das Höchstmaß von Soldaten zur Abgabe an die Front freizustellen,"

Trotz der verheerenden Meldungen, sowohl aus den Ardennen, als auch der Front im Osten, wo die Sowjetarmee zu ihrer letzten Offensive mit dem Ziel Berlin angetreten war, empfing Hitler am 28. Januar den norwegischen Ministerpräsidenten Vidkun Quisling in der Reichskanzlei. Dies war der letzte diplomatische Empfangstag in Deutschland.

Am 30. Januar hielt Hitler von der Reichskanzlei aus seine letzte Rundfunkansprache zur Erinnerung an die nationalsozialistische Machtübernahme vor zwölf Jahren. Hier bekräftigte er noch einmal seinen "unabänderlichen Willen, in diesem Kampf der Errettung unseres Volkes vor dem grauenhaftesten Schicksal aller Zeiten, vor *nichts* zurückzuschrecken."

Am 4. 2. unterzeichnete Hitler auch den "Befehl über Rücktransporte aus dem Osten nach Dänemark."

In diesem Befehl wurde bestätigt, die aus dem Osten des Reiches vorübergehend rückgeführten Volksgenossen auch in Dänemark unterzubringen, besonders dann, wenn sie von der Kriegsmarine über See transportiert werden können."

Die Verordnung des Reichsjustizministers Dr. Thierack über die Errichtung von Standgerichten wurde am 15. 2. 1945 erlassen und richtete in den "feindbedrohten Reichsverteidigungsbezirken" großes Unheil an. Ihr fiel auch der Major Scheller zum Opfer, der für das Überschreiten der Brücke von Remagen durch US-Kräfte verantwortlich gemacht worden war (siehe Abschnitt: Die Brücke von Remagen).

Bereits am 19.2. 1945 nahm der Reichsführer SS und Reichsinnenminister Heinrich Himmler erste Kontakte zu dem schwedischen Grafen Bernadotte auf, um die Möglichkeiten eines Sonderfriedens mit den Westmächten zu erkunden.

Zum Parteigründungstag erließ Hitler am 24.2. 1945 eine Proklamation, die von Hermann Esser in München verlesen wurde. Am Ende derselben verhieß Hitler noch immer den "Sieg des Deutschen Reiches".

Nach Himmler nahm am 8. März 1945 auch der Höchste SS- und Polizeiführer in Italien, SS-Obergruppenführer Wolff, in der Schweiz geheime Kontakte mit Vertretern der Alliierten über die Kapitulation der deutschen Truppen in Italien auf und schließlich erließ Hitler am 19. März den "Zerstörungsbefehl". Darin wurde befohlen, "alle militärischen, Verkehrs-, Nachrichten-, Industrie- und Versorgungsanlagen sowie Sachwerte innerhalb des Reichsgebietes, die sich der Feind für die Fortsetzung seines Kampfes nutzbar machen kann, sind zu zerstören."

Die Nachricht vom Tode des US-Präsidenten Roosevelt löste bei Hitler und in seiner Umgebung Euphorie aus. Dr. Goebbels glaubte, daß sich nun der Krieg zu Deutschlands Gunsten wenden werde, was jedoch reines Wunschdenken war.

Der letzte Tagesbefehl Hitlers an die Wehrmacht, insbesondere an die Soldaten der Ostfront, beinhaltete die Weisung, "jeden, der in irgend einer Weise zum Rückzug auffordert, sofort festzunehmen und nötigenfalls augenblicklich zu erschießen."

Am 22.4. entschloß sich Hitler, in Berlin zu bleiben und den Oberbefehl über die Verteidigungstruppen der Reichshauptstadt zu übernehmen.

(Über Hitlers Schicksal siehe den Abschnitt: DAS ENDE IN DER REICHSHAUPTSTADT).

* * *

DIE SCHLACHT IN DEN ARDENNEN

Ein Wort zuvor

"Die Ardennen-Offensive im Dezember 1944 nimmt in der Kriegsgeschichte der US-Armee einen besonderen Rang ein, weil einmal der deutsche Angriff 100 Kilometer tief in die amerikanische Verteidigungszone ein- und durchgebrochen ist.

Chester Wilmot bezeichnet in seinem Werk DER KAMPF UM EUROPA die deutsche Wiederkunft als das 'Pearl Harbor des europäischen Krieges.'

Er erwähnt ferner, daß die deutschen Nachhuten nach dem Gegenangriff der Alliierten 'den Amerikanern und Briten jeden Yard teuer bezahlen' ließen.

Diese anfängliche Niederlage der US-Truppen nimmt auch heute noch einen breiten Raum in der Diskussion der amerikanischen Öffentlichkeit ein.

Dies ist die eine Seite der Sache.

Die andere ist die:

Wenn der Durchbruch durch die gegnerischen Stellungen dennoch nicht zum erhofften deutschen Erfolg wurde, so in der Hauptsache deshalb, weil die oberste Führung glaubte, die Wehrmacht könnte im sechsten Kriegsjahr wiederholen, was ihr im Mai 1940 meisterhaft gelungen war. Der sogenannte Zeitgewinn im Westen erwies sich als ein Trugschluß; er wäre ein Gewinn gewesen, wenn sich daraus für die militärische und für die politische Führung des Reiches Vorteile ergeben hätten. Mit dem Scheitern der Offensive waren aber die letzten nennenswerten deutschen Reserven aufgebraucht. Der Gegenangriff der Alliierten leitete damit die militärische Niederlange im Westen *und* im Osten ein.

Hasso von Manteuffel."

Hitlers Überlegungen

In jenen schweren Krisenwochen der Schlacht um Aachen, der Verteidigungskämpfe im Elsaß und der Abwehr der alliierten Luftlandeoperation bei Arnheim hatte Hitler bereits den Entschluß gefaßt, den Westgegner durch Gegenangriffe bei seinem Vorstoß in Richtung Reichsgrenze zum Stehen zu bringen. Dabei rechnete er mit der Tatsache, daß das schwierige Herbstwetter die alliierte Luftwaffe zeitweise zu Boden zwingen werde. Dadurch würde die Überlegenheit des Gegners nicht so gravierend sein.

Hitler war zu Recht der Auffassung, daß selbst 70 kampfstarke Feindverbände der westlichen Alliierten nicht ausreichen würden, die insgesamt 700 km lange Front fest im Griff zu halten. Was er brauchte, war eine Schwachstelle in der Front, um dort massiert eigene Kräfte anzusetzen, die im Angriffsraum den Kräften des Gegners überlegen waren und den Durchbruch schaffen konnten.

Hitler ließ sich knapp 40 Tage nach dem mißglückten Attentat auf ihn, darüber hinaus an der Gelbsucht erkrankt, alle Unterlagen in seinen Schlafbunker bringen. Nach Studium derselben besprach er sich mit Generaloberst Jodl, der als sein strategischer Berater galt. Bei diesen Gesprächen ging es Hitler um nicht weniger als die Vernichtung des Westgegners.

Um den 25. September gab Hitler dem Wehrmachtführungsstab Weisung, "einen Angriff aus einer festen, durch die feindliche Luftaufklärung ständig überwachten Front auszuarbeiten."

Dieser Angriff sollte zunächst in der gegnerischen Front ein Loch freischlagen, durch welches starke Panzerkräfte in den freien Raum des gegnerischen Hinterlandes gelangen konnten. Dazu mußte es im Westen zu Neuaufstellungen kommen, da die abgekämpften Divisionen des Westheeres dies nicht schaffen würden. Vor allem mußten die dezimierten Panzerverbände aufgefrischt werden. Die im Westen stehenden Abwehrkäfte mußten auf diese neue Operation eingestellt werden.

Ende September stieß Hitler, durch einen Mitarbeiter darauf aufmerksam gemacht, auf die alliierte Front ostwärts von Lüttich, wo der Gegner schwach sein sollte. Die von Hitler angeforderten Aufklärer-Vorstöße bestätigten diesen Umstand.

Dort war also der Schlüsselpunkt der Offensive! Hitler erkannte sofort, daß dies der gleiche Raum war, durch den auch im Mai 1940 der deutsche Durchbruch stattgefunden hatte.

Er ließ die nach Liegnitz ausgelagerten Unterlagen der damaligen Offensive heraussuchen. Am 5. Oktober wurden diese Hitler zugeschickt.

Hitler studierte diese Offensivplanung, vor allem die Geländebeschreibung, und gab am 8. Oktober dem Chef des Generalstabes des Heeres Auftrag, ihm Vortrag über jene Kräfte zu halten, über die er am 15. November verfügen könne. Dieser meldete zum 15. November:

a) Die 6. Panzerarmee mit vier Panzerdivisionen.
b) Die 5. Panzerarmee mit zwei Panzerdivisionen.

Hinzukommen würden außerdem die folgenden, *nicht* aufgefrischten sechs Divisionen:
Die 3. und 15. PGD und die 9., 11. und 116. PD.

Vom 10. bis zum 21. November würden weitere drei, bis zum 30. November noch einmal drei und bis zum 4. Dezember abermals vier Volksgrenadierdivisionen zur Verfügung stehen.

Zwei Infanterie- und zwei Fallschirmjäger-Divisionen würden hinzukommen. Ebenso vier Artilleriebrigaden (mot.), sechs Artilleriebrigaden (teilmot.) und bis zum 26. November weitere zwei.

Vier Werferbrigaden (mot.) und drei teilmotorisierte, könnten ebenfalls Ende November zur Verfügung stehen. Bis zum 13. Dezember würden noch drei aufgestellt sein.

Eine notwendige wesentliche Verstärkung der Panzerwaffe aber würde durch 13 Panzerjäger- und Sturmgeschützabteilungen erreicht werden. Drei weitere würden bis zum 1. Dezember hinzukommen.

Der Wehrmachtsführungsstab gelangte zu der Erkenntnis, daß der Befehlshaber des Ersatzheeres bis zum 15. November 15 Volksgrenadierdivisionen dem Westen zuführen könne, die allerdings aus Holland, der Slowakei und dem Reich abgezogen werden müßten.

Für das Gelingen der von Hitler geplanten Offensive hielt der Wehrmachtführungsstab folgende Voraussetzungen für erforderlich:

1.) Des Halten der Stellungen im Westen einschließlich der Niederlande und die Sperrung der Westerschelde.

2.) Eine Ostlage, welche die Kräfte des Befehlshabers des Ersatzheeres nicht beansprucht.

3.) Die Fortdauer der personellen und materiellen Verstärkung im Westen zur Auffrischung der dort stehenden Truppen.

4.) Eintritt einer Schlechtwetter-Periode von 10 bis 14 Tagen als Ausgleich für die fehlende Luftunterstützung.

5.) Die schnelle Vernichtung des Feindes in der Tiefe der Front." (Siehe: Schramm, Percy E.: Kriegstagebuch des Oberkommandos der Wehrmacht).

Nach Prüfung der ihm vorgelegten fünf erarbeiteten Möglichkeiten ergab sich schließlich folgende Angriffsplanung:

Führung eines Stoßes aus dem Raume südlich Aachen und Nordluxemburg in nordwestlicher Richtung auf Antwerpen.

Gelang dies, dann waren alle im Großraum Aachen kämpfenden US-Verbände *und* die gesamte 21. brit. HGr. abgeschnitten.

Nach Süden in der Linie von der Nordecke Luxemburgs über Namur - Löwen - Tongern - Hasselt - Albertkanal war eine Abschirmung vorgesehen.

Das Ziel m u ß t e binnen sieben Tagen erreicht sein. Dazu waren allein vorwärts der Maas neun Panzerdivisionen erforderlich. Die Infanterie sollte den Raum ostwärts der Maas übernehmen und halten.

Alles in allem wurden neun schnelle und 13 Infanterie-Divisionen als erforderlich erachtet. Wenn diese Operation gelingen sollte, mußten mindestens fünf Divisionen der operativen Reserve der Alliierten vernichtet werden. Antwerpen mußte am siebten Tage des Angriffs erreicht sein.

Am 11. Oktober wurde dieser Plan zur Ausarbeitung befohlen. Am 1. November ließ der Chef des Wehrmachtführungsstabes die Operationspläne an den Chef des Generalstabes des OB West, GenLt. Westphal, schicken.

Das Ziel dieser Offensive im Westen war "Vernichtung des Feindes nördlich der Linie Antwerpen-Brüssel-Bastogne.
Dazu waren folgende Aktionen geplant:

1.) Die HGr. B durchbricht mit der 6. Panzerarmee rechts und der 5. Panzerarmee links die feindliche Front nach stärkerer, aber kurzer Feuervorbereitung an mehreren taktisch günstigen Stellen.

2.) Die 6. Panzerarmee stürzt sich auf die Maasübergänge beiderseits Lüttich, um an der Vesdre und in den nördlichen Befestigungen von Lüttich eine stärkste Abwehrfront aufzubauen. Dann wird zunächst der Albertkanal zwischen Maastricht und Antwerpen sowie der Raum nördlich Antwerpen gewonnen.

3.) Die 5. Panzerarmee wird die Maas zwischen Fumay und Namur überschreiten und in der Linie Antwerpen - Brüssel - Namur - Dinant die Einwirkung feindlicher Reserven von Westen her gegen den Rücken der 6. Panzerarmee verhindern.

4.) Die 7. Armee bildet den Flankenschutz nach Süden und Südwesten mit dem Ziel, zunächst die Maas und die Semois zu erreichen und im Raume ostwärts Luxemburg Anschluß an die Moselfront zu nehmen. Dazu Gewinnung von möglichst weitem Raum nach vorn und durch Zerstörungen Schaffung von Zeitgewinn zum Aufbau einer festen Abwehrfront weiter rückwärts.

Zu diesem Zweck wird die 7. Armee mit Pionier-Sperrformationen, Sprengmitteln, Pak- und Panzernahbekämpfungsmitteln reichlich ausgestattet.

5.) Der Durchbruch der HGr. B wird später durch Angriffe der HGr. Student ergänzt werden, sobald der Gegner stärkere Kräfte gegen den Riegel zwischen Rur und Maas, gegen den Albert-Kanal nach Süden (Fall 1), oder aus dem Brückenkopf Venlo nach Westen oder Südwesten (Fall 2) führt.

6.) Die Ausbildung der Divisionen soll sofort auf ihre zukünftigen Aufgaben eingestellt werden." (Siehe Schramm, Percy E.: a.a.O.).

Mit dieser Grundlinie der geplanten Offensive erklärte sich GFM von Rundstedt, der OB-West, am 3. November, allgemein einverstanden, fand aber weitere neuralgische Punkte, beispielsweise den Raum Süsteburgen-Geilenkirchen, der sofort angegriffen werden müsse, um die im Dreieck Sittard-Lüttich-Monschau stehenden Feindkräfte zu zerschlagen. Einige weitere Voraussetzungen müßten ebenfalls erfüllt sein. Diese wurden in dem durch GenLt. Westphal ausgearbeiteten Entwurf modifiziert. Zum frühen Angriffsbeginn, wie von Hitler gefordert, heißt es darin:

"Als frühester Zeitpunkt kommt der 25. November in Frage. Falls der Feind vorher angreift, müssen alle Planungen vorläufig als hinfällig angesehen werden."

Dazu hatte GFM von Rundstedt gefordert: "Die Verwendung stärkster eigener Luftwaffenkräfte ist entscheidend."

Am 10. November unterschrieb Hitler den Befehl für die Bereitstellung und den Aufmarsch zum Angriff:

"Ziel der Operation ist es, durch Vernichtung der feindlichen Kräfte nördlich der Linie Antwerpen-Brüssel-Luxemburg eine Wendung des Westfeldzuges und damit vielleicht des ganzen Krieges herbeizuführen.

Ich bin entschlossen, an der Durchführung der Operation unter Inkaufnahme des größten Risikos auch *dann* festzuhalten, wenn der feindliche Angriff beiderseits Metz und der bevorstehende Stoß auf das Ruhrgebiet zu großen Gelände- und Stellungsverlusten führen sollte."

Die Angriffsbefehle für die 6. Panzerarmee unter SS-Oberstgruppenführer Dietrich zielten auf die Gewinnung der Maasübergänge beiderseits Lüttich und jene über die Vesdre und den Aufbau einer starken Abwehrfront ab, von dort aus sollte im weiteren Vorstoß der Albertkanal und sodann der Raum nördlich Antwerpen erreicht worden. Bestand: 9 Divisionen, davon vier Panzerdivisionen.

Die 5. Panzerarmee unter General der Panzertruppe von Manteuffel sollte die Maas zwischen Amay und Namur überschreiten und in der Linie Antwerpen - Brüssel - Dinant die Einwirkung gegnerischer Reserven von Westen gegen Flanke und Rücken der 6. Panzerarmee verhindern. Bestand: Sieben Divisionen, darunter vier Panzerdivisionen.

Die 7. Armee, geführt von General der Panzertruppe Brandenberger, wird den Flankenschutz des Stoßkeiles der beiden Panzerarmeen nach Süden und Südwesten übernehmen. Ihr Ziel ist es zunächst, die Maas und die Semois zu erreichen und sodann in Richtung Luxemburg Anschluß an die Moselfront zu gewinnen. Der Armee werden sieben Infanteriedivisionen unterstellt.

An Reserven für die gesamte Operationsfront standen sechs bis sieben Divisionen bereit, die als Panzer- und mot.-Divisionen rasch nachgeführt werden konnten (siehe dazu, Manteuffel, Hasso von: Die Schlacht in den Ardennen 1944-1945 in: Entscheidungsschlachten des Zweiten Weltkrieges).

Während dieser entscheidenden Besprechung wies Hasso von Manteuffel gegenüber GenOberst Jodl darauf hin, daß die für diese Offensive vorgesehenen Truppen *nicht* ausreichen werden, das weitgesteckte Ziel zu erreichen und führte weiter aus:

"Der früheste Angriffstermin kann erst der 10. Dezember sein. Vor allem habe ich starke Bedenken, daß die genannten Voraussagen an Truppenzuführungen etc. erfüllt werden können, um einen solchen Angriff über 200 Kilometer unter winterlichen Verhältnissen führen zu können und dabei auch noch die Westflanke so lange abstützen zu müssen, bis die eingekesselten 25 bis 30 Feinddivisionen vernichtet sind."

GenOberst Jodl beharrte weiterhin auf dem 25. November als Tag des Angriffsbeginns und nach seiner Verabschiedung berieten von Rundstedt, Model und von Manteuffel weiter und kamen zu der Überzeugung, daß der einzige gängige Weg, Hitler von diesem Abenteuer abzubringen, sei, ihm einen Gegenvorschlag für eine von Hasso von Menteuffel nach Hinweisen von GFM Model ausgearbeitete "kleine Lösung" anzubieten.

Diese kleine Lösung sah folgendermaßen aus:

"Mit beiden Panzerarmeen werden nach Erreichen der Maas und der Bildung von Brückenköpfen auf deren jenseitigem Ufer Schwenkbewegungon nach Nordwesten und Norden durchgeführt.
Dadurch wird die linke Flanke der 5. Panzerarmee durch die Maas gedeckt.
Solcherart sollte es möglich sein, die gegnerische Front *diesseits* der Maas nach Norden hin aufzurollen.
Bei günstiger Entwicklung der Lage könnten – nach einer entsprechenden Umgruppierung – die Angriffskräfte zum Vorstoß auf Antwerpen antreten,

wie dies von der obersten Führung beabsichtigt war." (Siehe Hasso von Manteuffel an den Autor und: Saunders, Hrowe H.: Die Wacht am Rhein).

Es gelang, den Aufmarsch der Offensive, wie sie Hitler vorschwebte und von der er sich auch durch den Lagevortrag von Hasso von Manteuffel nicht abhalten ließ, geheim zu halten. Alle Offiziere, die mit dieser Offensive befaßt waren, hatten eine Verpflichtung unterschreiben müssen, daß sie ihr Leben verwirkt hatten, wenn sie – und sei es aus Fahrlässigkeit – ein Detail dieses Planes anderen mitteilten.

Es blieb bei der Großen Lösung. Angriffsbeginn sollte der 10. Dezember sein.

Als Hitler am Abend noch einmal General von Manteuffel zu sich rief, wies dieser darauf hin, daß die Soldaten an der Westfront immer mehr über das Nichterscheinen deutscher Flugzeuge erbost seien. Hitler erklärte dazu:

"Göring hat mit gemeldet, daß 3.000 Flugzeuge für diese Offensive bereitstehen, falls ihr Eingreifen notwendig werden sollte. Nur, Sie kennen Göring; aber ich nehme doch an, daß er etwa 2.000 Maschinen hat, von denen Ihrer Armee die Hälfte zugeteilt werden."

Damit war diese denkwürdige Besprechung beendet und am 7. Dezember wurde der Angriffstermin auf den 14. Dezember und am 12. Dezember auf den 16. verlegt.

Am 1. Dezember setzte sich das deutsche Westheer aus 426.713 Mann zusammen. Die Kräfte der Westalliierten beliefen sich an diesem Tage auf exakt 2.699.467 Mann US-Truppen, 925.664 Mann britische Truppen und 100.000 Mann französische Truppen. Die Luftwaffe der Westalliierten war der deutschen um das zehnfache überlegen. Ähnlich verhielt es sich mit den Panzern und Geschützen.

Am 10. Dezember traf Hitler, aus Berlin kommend, mit seinem Führungsstab auf dem vorgeschobenen FHQ "Adlerhorst" bei Bad Nauheim ein. Bereits seit Anfang Oktober befand sich das HQ des OB West im ehemaligen FHQ Ziegenberg bei Marburg, sodaß schnellste Kommunikation untereinander gewährleistet war.

Am 12. Dezember befahl Hitler alle Kommandeure, vom Divisionskommandeur aufwärts, in den Adlerhorst. Dort sollten sie das erstemal etwas über die Schlacht in den Ardennen erfahren. Zunächst trug dort Generalleutnant Westphal allen Versammelten die Absichten Hitlers vor und umriß diese neue Offensive im Westen in den Grundzügen.

Danach sprach Hitler zu den Befehlshabern und deren anwesende Generalstabsoffiziere. Er führte aus: "Wir dürfen keinesfalls den Augenblick verstreichen lassen, ohne dem Feind zu zeigen, daß er *niemals, was* er auch tun mag, auf eine Kapitulation Deutschlands rechnen kann! – Niemals – *Niemals* !"

Kurz vor Mitternacht des 16. Dezember wurde von allen Divisionskommandeuren der HGr. B der Angriffsbefehl des GFM von Rundstedt verlesen.

"Soldaten der Westfront!
Eure große Stunde ist gekommen!
Starke Angriffsarmeen sind gegen die Angloamerikaner im Vormarsch.
Mehr brauche ich euch nicht zu sagen. Ihr wißt selbst, was das bedeutet. Wir setzen alles auf eine Karte! Ihr habt die heilige Verpflichtung, euer Bestes zu geben und für Führer und Vaterland Übermenschliches zu leisten."

Der Sturm bricht los

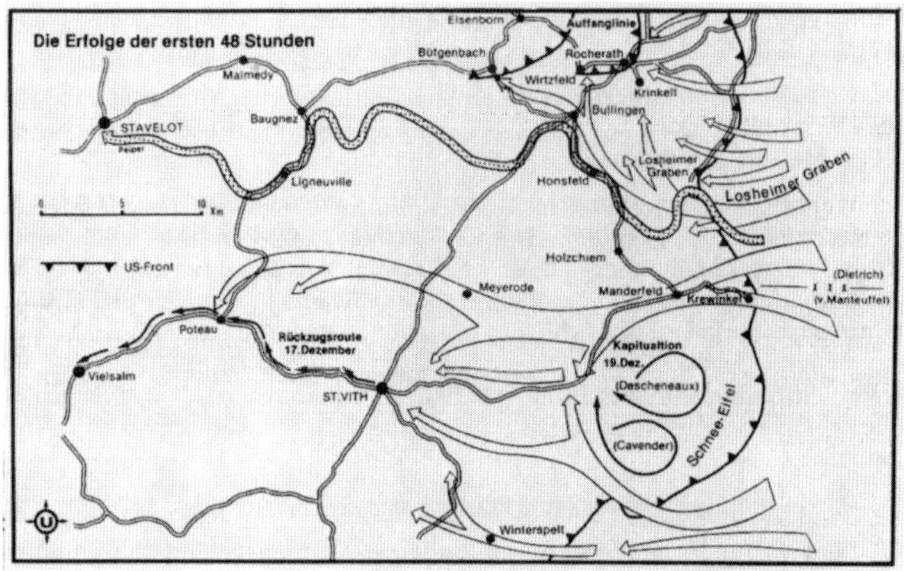

Am frühen Morgen des 16. Dezember 1944 um 5.30 Uhr spie die Geisterfront in den Ardennen mit einem Schlage Feuer. Aus etwa 2.000 Geschützen und Werfern begann auf der ganzen Front – mit Ausnahme vor der Front der 5. Panzerarmee – der Feuerüberfall.

Die Erde erzitterte unter den beinahe pausenlos erfolgenden Einschlägen der Granaten aller Kaliber. Im Hinterland schossen die schweren Eisenbahngeschütze mit 28- und 38 cm-Kaliber. Die Granaten orgelten über die schlafenden Dörfer hinweg und hämmerten in die erkannten und anvisierten Ziele hinein.

Die Lichtbahnen Hunderter Scheinwerfer zerrissen den dichten Nebel des Wintermorgens. Dies war das "künstliche Mondlicht", das den deutschen Sturmtruppen den Weg zeigte, sodaß sie sich gut in dem nebelverhangenen Gelände zurechtfanden.

Die Grenadiere, in ihren Schneehemden fast unsichtbar, lösten sich aus ihren Bereitstellungen und stürmten nach vorn. Hunderte Panzer- und Schützenpanzer-Motoren brüllten ebenso auf, wie jene Geschütze auf Selbstfahrlafetten. Die "Wacht am Rhein" war gestartet.

Die auf dem rechten Flügel angreifende 6. Panzerarmee unter Sepp Dietrich (später in 6. SS-Panzerarmee umbenannt) setzte auf ihrem rechten Angriffsstreifen das LXVII. AK unter GenLt. Hitzfeld ein, das mit der 272. ID, Oberst Koßmala rechts, und der 326. ID unter Oberst Kaschner links, vorging.

Daran schloß sich das I. SS-Panzerkorps unter Gruppenführer Prieß an. Zum Korps gehörten die 277. ID, Oberst Fiebig, die 12. ID, GenMaj. Engel, und die 3. FJD, GenMaj. Wadehn.

Diese Divisionen sollten den im zweiten Treffen wartenden Panzerverbänden den Weg öffnen. Diese waren: Die 12. SS-PD "Hitlerjugend" und die 1. SS-PD "Leibstandarte Adolf Hitler".

Weiter rückwärts gestaffelt hatte Oberstgruppenführer Dietrich das II. SS-Panzerkorps unter Gruppenführer Bittrich mit der 2. SS-PD "Das Reich" unter Brigadeführer Lammerding und der 9. SS-PD "Hohenstaufen" unter SS-Oberführer Stadler in Bereitschaft. Diese sollten den Durchbruch ausnutzen und über die vorangegangenen Divisionen hinweg in den freien Raum vorstoßen, um in schneller Fahrt die Tagesziele zu erreichen. Die Sturmgeschütz-Brigaden 394 und 667 sowie die Sturmpanzer-Abteilung 217 bildeten willkommene Verstärkungen für die angreifenden Infanterieverbände. Sie sollten den Infanteristen den Weg freischießen.

Dies alles erklärt, warum der 6. Panzerarmee die Hauptaufgabe zufallen sollte.

Der 6. Panzerarmee gegenüber lag das V. US-Korps unter General Gerow, das der 1. US-Armee unterstand. Diese drei Infanteriedivisionen waren vorher schon erkannt worden. Unbekannt geblieben war die Anwesenheit der 2. US-PD in diesem Raum. Dies sollte sich als böse Überraschung herausstellen.

Die US-Artillerie erwiderte direkt nach Erkennen der deutschen Sturmtruppen das Feuer. Die vorgehenden deutschen Truppen mußten sich ihren Weg durch tief verschneites Gelände bahnen. Der Wald stellte sich bald als großes Hindernis heraus. Das LXVII. AK konnte trotz der gelungenen Überraschung am ersten Tage nur 3 km Bodengewinn erzielen und mußte schließlich zur Verteidigung übergehen.

Vor Elsenborn und Krinkelt blieb der Angriff liegen. Die 326. ID dieses Korps verlor am ersten Angriffstag bereits 20 Prozent ihres Bestandes. Das von der 277. ID gewonnene Gelände mußte wieder aufgegeben werden. Damit aber war auch der Angriff der beiden Panzerdivisionen des I. SS-Panzerkorps hinfällig geworden.

Erst als die Situation in die Krise abzugleiten drohte, schob sich schließlich die 1. SS-PD "LSSAH" nach vorn. An ihrer Spitze die 10./SS-PGR 2 unter HStuf. Preuß. Sie erreichte Honsfeld und stieß dort auf den ersten Gegner, der überrollt wurde.

Unmittelbar hinter dieser Kompanie stieß eine KGr. des SS-PR 1 unter Obersturmbannführer Peiper in die Ortschaft hinein. *Nun* hätte dieser Sturmverband direkt zur Maas weiterrollen sollen. Doch Peiper, der mit zwei Tigern der sSSPzAbt. 501, Obersturmbannführer Westernhagen, Spitze fuhr, konnte keine große Distanz nach Südwesten mehr zurücklegen, weil der Treibstoff fast aufgebraucht war.

Da Peiper durch die Aufklärung wußte, daß nur drei km nordwestlich von Honsfeld, in Bullingen, ein US-Treibstoffdepot lag, wies er Westernhagen an, mit den Königstigern zurückzubleiben, da diese "Ungetüme nicht durch die engen Straßen kamen". Er selbst rollte in Richtung Bullingen weiter. Mit seinen beiden Tigern und den wenigen Panzergrenadieren stand er schon bald am Ortseingang von Bullingen mit einer US-PiKp. im Gefecht. Die Pioniere wichen aus, Peiper ließ ins Depot hineinrollen und alles volltanken.

Zur gleichen Zeit, da diese KGr. den Durchbruch bereits geschafft, und nun erst einmal freie Fahrt hatte, stand die 12. SS-PD der an und für sich *diese* Straße zugewiesen worden war, noch im Gefecht mit der 99. US-ID, die den Losheimer Graben verteidigte.

Der Kampfverband Peiper rollte nach dem Auftanken weiter nach Süden und bog nach einigen Kilometern in die Hauptangriffsrichtung ein. Ein starker Panzerspähtrupp stieß nach Bullingen hinein, um das dortige Depot zu sichern. Er rollte über Bullingen hinaus nach Norden und erreichte Wirtzfeld. Dort hatte ein Sonderverband der 2. US-ID unter Oberst Konop Stellung bezogen. Dieser Verband war vom DivKdr., GenMaj. Robertson, bereits alarmiert worden.

Konop war "Halten um jeden Preis" befohlen worden. General Gerow, ebenfalls von Robertson alarmiert, befahl Robertson, die beiden Regimenter der 2. ID, die im Raume Monschau den Angriff gegen die Rur-Dämme führten, sofort zurückzuziehen und mit ihnen hinter der wankenden 99. ID eine Auffanglinie zu errichten, bevor diese Division restlos zusammenbrach.

Doch die US-Soldaten konnten mit ihren 3,7 cm-Pak den deutschen Angriff aufhalten.

Bei der 5. Panzerarmee wiederum, die nach links anschloß, und den Auftrag hatte, die südliche und später die westliche Flanke der 6. Panzerarmee zu schützen, waren am frühen Morgen des 16. Dez., von Süden nach Norden gegliedert, die

Verbände des LXVI. AK unter Gen.d.Art. Lucht mit der 18. und 62. ID, das LVIII. PzKorps unter Gen.d.PzTr. Krüger mit der 116. PD und der 560. ID, sowie das XXXXVII. PzKorps unter Gen.d.PzTr. von Lüttwitz mit der 2. PD, der 26. ID und der PLD angetreten. Hier war vor allem die 560. ID erfolgreich, der es gelang, über die Our zu setzen, auf dem anderen Ufer Brückenköpfe zu errichten und damit den Übergang der Panzer vorzubereiten. Sie erlitt allerdings etwa 1.000 Mann Verluste.

Die 116. PD mit insgesamt 139 mittleren und leichten Panzern sollte der 560. ID folgen und aus den gewonnenen Brückenköpfen heraus angreifen. Sie gelangte aber am 16. Dez. nicht mehr über die Our und verlor durch feindliches ArtFeuer sechs Panzer.

Auch für das XXXXVII. PzKorps galt es am ersten Tage Brückenköpfe über die Our zu bilden. Alle drei Divisionen dieses Korps konnten diesen Fluß überwinden und die HKL der 28. US-ID im Abschnitt Dahnen-Stolzenberg durchbrechen.

Das hier führende VIII. US-Korps unter General Middleton war am Abend das ersten Tages bereits schwer angeschlagen. Die 28. ID verlor gegen die angreifende deutsche 2. PD die Stadt Clerf.

Um den Drehpunkt Echternach hatte sich die 7. Armee unter General Brandenberger so gestaffelt, daß sie gleichzeitig nach Westen und Süden angreifen konnte. Als erste Aufgabe war hier die Sauer zu überwinden. Den Vorausangriff führte die 5. FJD aus und stieß bis zum Abend nach Vianden vor. Die 352. ID überschritt nur mit ersten Gruppen den Fluß. Das Gros wurde von feindlichem ArtFeuer zu Boden gezwungen. Die US-Truppen hatten im Sauerabschnitt alle Brücken gesprengt.

Das linke Korps der 7. Armee, das LIII. AK unter Gen.d.Kav. von Rothkirch und Trach, das auf Echternach vorstieß, geriet in schweres Artilleriefeuer der 9. US-PD und blieb liegen.

Das vorgegebene Tagesziel war am Abend in keinem der Frontabschnitte erreicht worden. Lediglich im Abschnitt des XXXXVII. PzKorps war der Durchbruch durch die feindliche Front gelungen.

Die schnellen Verbände der 5. Panzerarmee hatten jedoch den Losheimer Graben bereits nach Süden umgangen und rüsteten sich zum Angriff auf Schönberg, das nur noch 12 km vor St. Vith lag.

Die 2. PD hatte bei Dasburg die Our nicht überschreiten können, weil die Brücke, über welche diese Division den Fluß überwinden sollte, noch nicht geschlagen worden war. Die Division staute sich, Panzer hinter Panzer, diesseits des Flusses.

Am Morgen des 16.12. hatte GenLt. Bayerlein seinen Männern der PLD gesagt:

"Unser Ziel ist die Maas!
Dies ist die entscheidende Schlacht des Krieges.
Ich erwarte von jedem Opfermut und Einsatz."

Chaos bei den West-Alliierten

Alle Bekundungen des 16. Dezember bei den Alliierten zeigten, daß die alliierten Truppen kalt erwischt worden waren. Nicht einmal die ersten Meldungen von deutschen Angriffen wurden ernst genommen. Feldmarschall Montgomery hatte noch am 15. Dez. 1944 einen Lagebericht der 21. Heeresgruppe unterschrieben:

"Der Gegner befindet sich zur Zeit an *allen* Fronten in der Verteidigung. Seine Lage erlaubt es ihm nicht, größere Angriffsoperationen zu unternehmen. Darüber hinaus muß er es unter allen Umständen vermeiden, daß es wieder zu einem Bewegungskrieg kommt. Er besitzt weder die Transportmittel, die für größere motorisierte Bewegungen notwendig sind, noch den Treibstoff dafür." Danach fuhr Montgomery zum Golfspielen.

Erst nachdem Eisenhower am 17. Dez. das ungefähre Ausmaß des deutschen Angriffs bekannt war, befahl er die Verlegung der 10. PD von Süden und der 7. PD aus Holland gegen den Einbruchsraum. Bradley kehrte von Paris zurück und leitete diese Weisung des OB an General Patton weiter.

Am Abend des 17. Dez. zeichnete sich ab, daß die Deutschen zwischen der 1. US-Armee im Norden und der 3. US-Armee im Süden mit drei Armeen, darunter zwei Panzerarmeen, zum Angriff angetreten waren.

Das Unternehmen Greif

Um einen besonderen Überraschungserfolg zu erzielen, hatte Hitler neben den Angriffen der drei deutschen Armeen auch zwei Sonderunternehmen eingeleitet. Eines davon war das Unternehmen "Greif". Es wurde von SS-Obersturmbannführer Otto Skorzeny geführt. Mit der Führung der Panzerbrigade 150 betraut, sollte der Haudegen den von der 6. Panzerarmee erzielten Durchbruch ausnutzen, die Führung übernehmen und sich in den Besitz der Maasbrücken von Huy, Amay und Engis setzen und diese offen halten. Diese Brücken zwischen Namur und Lüttich sollten so lange gehalten werden, bis die deutschen Panzer den Übergang geschafft hatten und damit direkt nach Brüssel weiterrollen konnten.

In dem Befehl hieß es weiter: "Bis zur Maas tragen Offiziere und Soldaten der Brigade US-Uniformen. Nach Erreichen der Maas werden die Uniformen abgelegt und in den darunter getragenen deutschen Uniformen gekämpft."

Einige weitere kleinere Einheiten sollten – ebenfalls in US-Uniformen durch die feindlichen Linien sickern und im Hinterland aufklären, feindliche Nachrichtenverbindungen lahmlegen, falsche Befehle ausgeben, Wegweiser versetzen und für weitere Verwirrung sorgen. Diese Einheiten sollten nur im äußersten Notfall von den Waffen Gebrauch machen und dann ausschließlich in deutschen Uniformen kämpfen.

Man hat über diese "Panic-Partys" oftmals gespöttelt, doch Sir Basil Liddell Hart erkannte die Brisanz dieser Aktion:

"Idee, Entschluß und strategischer Plan waren Hitlers eigene Überlegungen. Es war eine glänzende Konzeption, die zu einem ebenso glänzenden Erfolg hätte führen müssen, wenn er noch genügende Reserven und Kräfte besessen hätte, die eine Erfolgschance garantierten."

Skorzeny und sein Adjutant, Oblt. Adrian von Foelkersam, gliederten die Brigade in drei Kampfgruppen:

Kampfgruppe X: Hauptmann Scherf.
Kampfgruppe Y: Oberstleutnamt Wolf.
Kampfgruppe Z: Obersturmbannführer Hardieck.

Jede dieser Gruppe sollte eine der genannten Maasbrücken in Besitz nehmen. Otto Skorzeny plante darüber hinaus die Sprengung der Hauptpipeline für Kraftstoff, die von Le Havre nach Boulogne führte. Dies würde den Gegner wahrscheinlich lahmlegen.

Niemand ging auf diesen Vorschlag ein.

Mit Angriffsbeginn war alles im Raume Losheim verstopft. Aus ihren Bereitstellungen kamen die drei Kampfgruppen nicht sehr weit. Zu Beginn des Angriffs fiel Obersturmbannführer Hardieck.

Am 17. Dez. fuhr Skorzeny nach vorn, um die Kommandotrupps zu inspizieren. Auch er kam nicht weit. Erst am 20. Dez. konnte er den Angriff auf Malmédy ansetzen, dieser scheiterte bei Gegenangriffen der US-Panzer.

Ein Kommando war jedoch bereits in der vorausgegangenen Nacht in Malmédy eingedrungen. Es stand unter dem Kommando von Baron von Behr. Es mußte die Stadt bald wieder räumen und sich zurückziehen. Vor Malmedy wurde Lt. Schmidthuber siebenmal verwundet. Foelkeram erlitt ebenfalls eine Verwundung und unmittelbar darauf wurde auch Skorzeny am Bein und über dem rechten Auge verwundet.

Die wenigen Panzer, über die Skorzeny verfügte, waren bald ausgeschaltet. "Ein neuer Angriff konnte von uns nicht mehr geführt werden." (siehe Skorzeny, Otto: Meine Kommandounternehmen).

Vorgetragen sei, daß der Rest der Brigade 150 am 28. Dez. 1944 von einer Infanterie-Division entsetzt wurde. Das Unternehmen "Greif" war zwar gescheitert, doch es hatte aus der Sicht der Amerikaner für "trouble" gesorgt und die Stäbe der 1. US-Armee in manche Verlegenheit gebracht. Einer der Trupps war bis in das große Munitionslager bei Stavelot vorgedrungen, ehe er gefaßt wurde. Einen Leutnant der Brigade stellte man erst in Lüttich. Er gab preis, daß er ausgezogen sei, um General Eisenhower zu fangen oder zu töten.

General Eisenhower war am 20. Dez. vor diesem "Killerkommando" gewarnt worden. Ihm wurde erklärt, einzelne Gruppen befänden sich bereits auf dem Wege nach Paris, um ihn zu schnappen. Dies war allerdings *nicht* die Aufgabe, die der Brigade 150 gestellt worden war.

Die in US-Uniformen gestellten deutschen Soldaten wurden nach Kriegsrecht erschossen. Auch "auf der Flucht" wurden etwa 100 deutsche Gefangene erschossen.

Skorzeny wurde am 30. Dezember zu Hitler nach Ziegenberg befohlen. Dieser bedauerte, daß die Offensive ihr Ziel nicht erreicht habe. Er erklärte Skorzeny gegenüber den Beweggrund für seine Offensive:

"Wir konnten nicht darauf warten, daß man uns den Hals umdrehte. Die einzige Lösung für Deutschland ist der siegreiche Kampf.

Eine andere gibt es nicht "

Doch zurück zu den Kämpfen ab dem 17. Dezember 1944.

Panzer-Lehr-Division stößt vor

Am frühen Morgen des 17. Dez. rollte die PLD vor, durchstieß ohne nennenswerten Widerstand zu finden die Ortschaft Draufeld und erreichte bis zum 18. Dez. 14.00 Uhr Eschweiler. Fünf Stunden später standen ihre Spitzengruppen im Raume Ober- und Niederwampach.

Mit der PLD waren auch die übrigen Divisionen des XXXXVII. PzKorps, Gen.d.PzTr. Frhr. von Lüttwitz, auf einer Gesamtbreite von 20 km vorgestoßen.

Die 116. PD stand am Abend des 18. Dez. vor Houffalize und neben der PLD rollten die 2. PD und die 26. VGD in Richtung Bastogne vor.

Nordostwärts Wiltz erhielt Bayerlein per Funkspruch vom XXXXVII. PzKorps Befehl, die Stadt Wiltz und auch Wilerwiltz zu nehmen und danach beschleunigt auf Bastogne vorzustoßen.

Wiltz wurde am Nachmittag erreicht. An der Spitze der PLD stieß eine KGr., bestehend aus einem Batl. des PzGrenRgt. 901, mit Pionieren, und Teile der II./PLR 130 unter Hptm. Ritgen, in die Ortschaft hinein.

Widerstandsnester wurden zusammengeschossen. GenLt. Bayerlein war nach vorn gekommen und führte diesen Panzerangriff an der Spitze. Wiltz wurde in Besitz genommen. Unmittelbar danach erhielt Bayerlein den FT-Spruch des Korps: "Panzer-Lehr-Division nimmt Bastogne schnellstmöglich. Bastogne ist Treibstoffdepot des Gegners. Millionen Gallonen Benzin lagern dort."

Die KGr. setzte sich wieder in Bewegung und erreichte um 21.55 Uhr Nieder-Wampach, etwa 15 km vor Bastogne. Es boten sich nunmehr drei Möglichkeiten, diese Stadt zu erreichen. Entweder über Longvilly und die gute Straße von St. Vith, oder auf der soeben befahrbaren Straße vorzurollen. Als dritte aber stand eine Nebenstraße direkt nach Mageret zur Verfügung. Von Mageret aus waren es noch sechs km bis Bastogne.

Die Nebenstraße wurde gewählt, weil ein Zivilist, der aufgegriffen worden war, sie als gut befahrbar bezeichnete.

Gefolgt von 15 Panthern der II./PLR 130 und einem Batl. Panzergrenadieren auf SPW rollte Generalleutnant Bayerlein an der Spitze vorwärts. Nach etwa zwei km hörte die Pflasterung der Straße auf. Die Spitze verhielt. Bayerlein befahl die Weiterfahrt, weil man auf dieser schmalen Straße keine Gelegenheit zum Drehen hatte. Die Straße verwandelte sich in eine "Schweinesuhle", wie GenLt. Bayerlein in seinem KTB bemerkte. Die Wagen blieben im Schlamm stecken und mußten zurückgelassen werden. Um 2.05 Uhr erreichte die Spitzengruppe Mageret. Hier stießen die Männer der PLD auf eine US-Sanitätseinheit. Mageret war Hauptverbandsplatz der Amerikaner.

Wieder wurde ein Zivilist befragt, ob weitere Feindkräfte hier aufgetaucht seien. Dieser bejahte und meinte, daß mindestens 50 Panzer in Richtung Longvilly vorbeigekommen seien. Es war ein Verband der Task Force Cherry der 10. US-PD, der Befehl erhalten hatte, mit einer PzAbt. und weiteren kampfkräftigen Einheiten nach Longvilly zu fahren und die dort eingerichteten Verteidigungslinien unter Colonel Gilbreth zu verstärken.

GenLt. Bayerlein ließ rasten, um das Ergebnis der losgeschickten Aufklärungstrupps abzuwarten. Um 5.30 Uhr wurde der Vorstoß fortgesetzt. Knapp 1000 Meter nach dem Wiederantreten rollten die Spitzenpanzer auf Minen. Der erste

Wagen blieb liegen. Pioniere unter Hptm. Kunze gingen nach vorn um die Minen aufzunehmen.

In der Zwischenzeit hatte die 101. US-LL-Div. in Reims den Alarmbefehl erhalten. Es war 22.10 Uhr am 17. Dez. als Brigadegeneral Anthony McAuliffe einen Anruf des Stabes von General Courtney Hodges erhielt: "Courts in Aufregung. Jim reist am Morgen ab. Sie haben am Dienstag bei Tagesanbruch aufzubrechen."

Dies bedeutete, daß General Hodges in der Klemme saß und bereits ein Verband zu ihm unterwegs war, daß aber auch die 101. LL-Div. sich zum Aufbruch bereitmachen mußte.

Wenige Minuten nachdem sich McAuliffe mit Colonel Ewell, Kdr. des FJR 501, beraten hatte, erfolgte ein weiterer Anruf: "Hey, Crock, wir sagten vorhin Dienstag bei Tagesanbruch. Es ist zwar traurig, aber Sie müssen am 18. also *morgen* um 14.00 Uhr aufbrechen. Ihr Ziel ist Bastogne."

380 Lastwagen kamen im Verlauf des Vormittages des 18.12. angerollt. Auf ihnen sollten 11.000 Soldaten der 101. US-LL-Div. nach Bastogne geschafft werden. Pünktlich um 14.00 Uhr ging es los. Die Amerikaner hatten 180 km zurückzulegen.

Am späten Abend des 18. Dez. erreichte General McAuliffe, seiner Division vorausfahrend, Bastogne. Er erfuhr, daß sich zwei kampfstarke deutsche Divisionen, die 2. PD und die PLD, der Stadt näherten. In Bastogne befanden sich nur Reste der abgekämpften 28. ID und Teile der 10. PD. Oberst Roberts, ihr Kdr., hatte seine KGr. bereits ostwärts von Bastogne im Halbkreis in Stellung gehen lassen, um die Zufahrtsstraßen zu sperren.

Unmittelbar nach ihrem Eintreffen warf McAuliffe seine Fallschirmjäger zu den Höhenzügen ostwärts Bastogne. Als erster Verband erreichte das FJR 501 unter Colonel Ewell die Höhen unmittelbar vor dem Eintreffen der Spitzeneinheiten der PLD.

Das nachfolgende FJR 506 wurde im Nordosten, das Rgt. 327 im Südosten postiert.

Bei Neffe stießen die Gegner aufeinander. Es war noch nicht 6.00 Uhr des 19.12. als die ersten Schüsse durch den Nebel peitschten. Zwei Feindpanzer wurden von den Panthern der PLD an der Kapelle von Neffe vernichtet. Der deutsche Spitzenpanzer rollte in Richtung Bahnhof vor. Wenige Meter vor dem Ziel fuhr er auf eine Mine und blieb mit zerschlagener Kette liegen. Die übrigen Panzer hielten vor einem Bachgrund. Die deutschen Panzergrenadiere drangen in die Häuser ein, in deren Kellern sich die Amerikaner verschanzt hatten.

Kurz nach 8.00 Uhr begann plötzlich Mörserfeuer. Es kam vom US-FJR 501, das mit Leichtgeschützen auf Neffe schoß. In dem sich entwickelnden Gefecht kam es zu einigen Teilerfolgen. Doch das Schloß von Neffe wurde vom Gegner bis zum Abend dieses 19.12. gehalten.

Der Versuch, von Süden nach Bastogne einzudringen, wurde von der KGr. von Fallois unternommen. Major Gerd von Born-Fallois, Kdr. der PzAufklLehrAbt. 130, drang mit Panzer- und Artillerieunterstützung um 13.00 Uhr nach Wardin ein. Hier kam es zum Kampf gegen Teile des FJR 501, die zur gleichen Zeit von Westen her nach Wardin eingedrungen waren. Dieser Kampf rettete Wardin, weil auch die KGr. von Born-Fallois schwere Verluste erlitten hatte. Die Panzerjäger unter Major Bethke errangen bei Longvilly einen Erfolg, als sie, von der Artillerie der 2. PD unterstützt, den Feind schlugen und dessen Ausbruch vereitelten. Nicht weniger als 23 Panzer, 15 Panzerhaubitzen, 30 Jeeps und 25 Lastwagen fielen in deutsche Hand. Doch Bastogne hielt. Der Auftrag der PLD war damit nicht erfüllt. Nunmehr sollten die Divisionen des Korps Lüttwitz im Kampf um Bastogne gebunden sein.

Auch die 2. PD, die im Nordabschnitt vorwärtsrollte, um Bastogne in Besitz zu nehmen, schaffte es nicht. In der Mitte kämpfte die 26. VGD noch um die Orte Foy und Bizory.

Am Nachmittag erschien der KommGen. des XXXXVII. PzKorps, General von Lüttwitz, auf dem GefStand der PLD in Niederwampach. GenLt. Bayerlein wies noch einmal auf die Bedeutung von Bastogne hin und erklärte:

"Der einzige Verkehrsknotenpunkt im Abschnitt des Korps muß vor dem weiteren Antreten nach Westen in Besitz genommen werden. Falls Bastogne im Besitz des Feindes bleibt, wird diese Stadt eine Eiterbeule im Fleisch des Korps sein und dessen Angriffs- und Versorgungsbasis einengen und gefährden." General von Lüttwitz beschloß, die Stadt mit dem gesamten Korps anzugreifen. Sie mußte vor dem Weiterstoß gewonnen werden.

General von Manteuffel hingegen sah in diesem Vorgehen eine Gefährdung des Offensivgedankens. Er wollte nicht, daß durch eine einzige Stadt alle Kräfte des stärksten Korps seiner 5. PzArmee in ihren Vorwärtsbewegungen nach Westen aufgehalten wurden.

Die letzten Versuche der PLD, in der Nacht zum 20. Dez. Bastogne zu nehmen, scheiterten. Ihr Angriff gegen Neffe rollte direkt in feindliches ArtFeuer hinein und mußte eingestellt werden.

Am Vormittag des 20. Dez. wurde auch die 26. VGD durch das XXXXVII. PzKorps umdirigiert und n i c h t im Norden von Bastogne zum Sturm auf diese Stadt, sondern zum weiteren Vorstoß südlich um Bastogne herum nach Südwesten auf Wardin-Remoifosse angesetzt, "um den nach Südwesten oder Westen ausbrechenden Feind abzufangen."

Aus Bastogne aber brach niemand aus. Bastogne wurde verteidigt.

Vor Bastogne verbluteten die deutschen Divisionen, die diese Stadt kämpfend in Besitz nehmen sollten.

Die PLD mußte am 20. Dez. die KGr. von Hauser im Südosten Bastognes stehen lassen, den Abschnitt Neffe an die Volksgrenadiere Kokotts abgeben und mit den freigewordenen schnellen Teilen südlich an Bastogne vorbei, dann nach Westen eindrehend, vorstürmen. Auf dem Marsch wurde eine große US-Transportkolonne gefaßt und vernichtet. Dabei wurden 55 beladene Lkw und 15 Jeeps erbeutet. Vor einer von US-Pionieren errichteten Widerstandslinie kam der Vorstoß kurz zum Stehen. Die Jagdpanzer zogen vor und schossen den Weg frei. Die Feindpanzer hinter der Sperre drehten ab. Wenig später erreichte die PLD in raschem Nachstoßen Morhet, 20 km westlich Bastogne. Zu den einander widersprechenden Beschlüssen und den daraus resultierenden Ereignissen bemerkte Hasso von Manteuffel:

"Es hieße den Offensivgedanken bereits am 19. Dez. aufgeben, wenn die 5. PzArmee alle Kräfte ihres XXXXVII. PzKorps unter vorläufiger Einstellung der Vorwärtsbewegung nach Westen zur Wegnahme von Bastogne eingesetzt hätte, zumal der rechte Nachbar des Korps, die 116. PD, sich bereits im Angriff auf Houffalize befand. Die Armee befahl daher der 2. PD, Noville nordwestlich von Bastogne zu nehmen und unverzüglich weiter nach Westen anzutreten.

Die Panzer-Lehr-Division wurde zwar mit Teilen unmittelbar auf Bastogne angesetzt, um die 26. VGD in ihrem Angriff darauf zu unterstützen, sollte sich aber mit den übrigen Teilen bereithalten, um über Sibret südwestlich von Bastogne nach Westen vorzustoßen." (Siehe Manteuffel, Hasso von: a.a.0.).

Der Mißerfolg war bereits vorgegeben, weil die 5. Pz.Armee für beide ihr gestellten Aufgaben – Vorstoß an die Maas *und* Deckung der langen Südflanke unter gleichzeitiger Abschnürung von Bastogne *nicht* stark genug war.

Der Angriff gegen Bastogne kam gegen den sich mehr und mehr versteifenden und verstärkenden Widerstand nur meterweise vorwärts. Die 2. PD erreichte am Abend des 20. Dez. den Raum um Noville, nahm gegen Mitternacht Ourtheville und die unzerstörte Ourthebrücke in Besitz und setzte nach Zurücklassung von Sicherungskräften den Vorstoß nach Westen fort.

Der Malmedy-Zwischenfall

Die KGr. Peiper hatte in Bullingen 12 US-Flugzeuge erbeutet und stieß am Morgen des 17. Dez. in die Kavalleriegruppe der Amerikaner hinein, die nach Honsfeld zurückwichen. Honsfeld wurde in Besitz genommen, die Amerikaner in die Gefangenschaft zurückgeschickt.

Ein in Richtung Wirtzfeld vorgeschickter Panzerspähtrupp, bestehend aus sechs Kampfwagen mit auf SPW aufgesessenen Grenadieren, wurde vor Wirtzfeld von einer US-Pakeinheit gestellt. Einige Panzer blieben qualmend liegen. Die SPW wurden vom Feind abgeschossen, der Spähtrupp war damit aufgerieben. Die KGr. Peiper rollte jedoch weiter in Richtung Baugnez zur Maas.

Zur gleichen Zeit näherte sich die Kampfkommando-Reserve der 7. US-PD unter GenMaj. Hasbrouck der Ortschaft Baugnez. Diese Division war alarmiert und nach vorn geworfen worden, um der schwer angeschlagenen 105. US-ID unter GenMaj. Jones zu Hilfe zu eilen.

An der Kreuzung von Baugnez stießen Peipers Panzer auf diesen Verband, an dessen Spitze Teile des 285. FeldartillerieBatl. unter Lt. Virgil T. Lary fuhren.

Es kam zum Kampf beider Gruppen gegeneinander. Drei der mitfahrenden Tigerpanzer eröffneten das Feuer, in das die MG der Grenadiere aus den SPW einfiel. Es war genau 13.04 Uhr, als sich die Amerikaner dieser Vorausgruppe ergaben. Sie warfen ihre Waffen fort und traten zusammen, die Arme über ihre Köpfe erhoben.

Obersturmbannführer Peiper, der gerade eben einen dicht hinter der Vorhut gefangen genommenen US-Oberstleutnant befragte und von diesem erfahren hatte, daß ganz in der Nähe, in Ligneuville, ein US-Hauptquartier liege, eilte nach vorn und befahl die sofortige Feuereinstellung, um das besagte HQ nicht durch den Gefechtslärm zu warnen.

Die Amerikaner, die sich ergeben hatten, machten nun für die KGr. Peiper Platz, die - mit Peiper an der Spitze – rasch nach Süden auf Ligneuville vorrollte, das nur etwa 5 km entfernt lag.

Während diese Vorhut dorthin unterwegs war, näherte sich gegen 14.00 Uhr das Gros der KGr. Peiper der Straßenkreuzung von Baugnez. An der Spitze nunmehr das II./PGR 2 unter Führung von HStFhr. Diefenthal.

Als die ersten SPW dieser Gruppe die Kreuzung erreichten, sahen sie eine größere Anzahl bewaffneter Amerikaner. Es waren – was Diefenthal und seine Männer *nicht* wissen konnten - die "Gefangenen", die sich nach Peipers raschem Aufbruch, allein auf der Kreuzung zurückbleibend, wieder ihrer Waffen bemächtigt hatten und nun auf die auftauchenden deutschen Panzergrenadiere das Feuer eröffneten.

Dieses Feuer wurde sofort erwidert. Eine größere Zahl Amerikaner (im späteren Malmedyprozeß wurden 71 Mann genannt) wurden getötet.

Als wenig später die US-Truppen diesen Raum zurückgewannen, fanden sie die getöteten Soldaten vor und aus den verschiedenen Aussagen der Überlebenden ergab sich für sie das Bild vom "Massenmord bei Malmedy". Sie erhoben Anklage gegen diesen Waffen-SS-Verband und bezichtigten die KGr. Peiper, hier bei Baugnez 308 Soldaten und 111 belgische Zivilisten (!) getötet zu haben.

Da Baugnez nahe bei Malmedy lag, wurde diese Stadt nun mit dem angeblichen Massaker deutscher Truppen belastet.

Die Beschuldigung, auch Zivilisten getötet zu haben, mußte bei dem später durchgeführten Prozeß fallengelassen werden, als sich herausstellte, daß diese "Ermordeten" nicht durch deutsche Waffen, sondern durch amerikanische Luftangriffe auf Malmedy umgebracht worden waren. Auch eine große Zahl US-Soldaten waren bei diesem sinnlosen Bombardement ums Leben gekommen, sodaß schließlich noch 71 Soldaten übrig blieben und diese Toten der KGr. Peiper zur Last gelegt wurden.

Die KGr. Peiper selbst war, was ihre Spitzengruppe und Jochen Peiper selber anging, überhaupt nicht mehr am Ort dieses Geschehnisses gewesen, sondern befand sich zur Zeit der Tragödie bei Baugnez bereits unmittelbar vor Ligneuville, wo sie von einigen Sherman-Panzern beschossen wurden. Der Widerstand in Ligneuville wurde gebrochen. Sicherheitshalber ließ Peiper einige Männer als Sicherungsgruppe in der Ortschaft zurück und rollte nach Stavelot weiter, das im Morgengrauen erreicht wurde. Von hier aus waren es bis zur Maas noch 40 km.

Am frühen Morgen des 18. Dez. setzte sich die KGr. wieder in Bewegung. Jochen Peiper, wie immer, an der Spitze. Sie wurden an einer Brücke im Tal von zwei US-Pak beschossen. Beide Pak wurden von den Tigern abgeschossen und einzeln zogen die Panzer über die Brücke hinüber. Nur ein Panzer wurde wenig später von einem in einem Haus versteckten Bazookaschützen getroffen.

"Weiter vorstoßen!" befahl Peiper, "Nicht aufhalten lassen!"

Stavelot war von Feindtruppen dicht besetzt. Dennoch kämpfte sich die KGr. Peiper durch und während die Hauptgruppe weiterfuhr, kämpften einige Panzer noch eine Stunde, ehe das US-Kommando unter Major Sollis überwunden war und dieser den Rückzug befahl.

Durch abgeworfene und in Brand gesetzte Benzinkanister konnten die Männer um Sollis mit den letzten beiden Pak die Verfolger auf Distanz halten und dann stoppen. Diese kehrten nach Stavelot zurück. Wäre es Peiper mit seinen 14 zur Verfügung stehenden Panzern gelungen, weiter vorzudringen, dann hätte dies nicht nur für diese KGr., sondern für das gesamte I. SS-PzKorps günstigste Folgen gehabt, denn dicht hinter der provisorischen Sperre von Major Sollis auf der Höhe befand sich ein riesiges Treibstofflager der US-Army. Mit dem hier lagernden Benzin wäre es der gesamten Division gelungen, über die Maas zu kommen. Doch es sollte nicht sein und nur wenige Tage später sollte die KGr. Peiper und auch die Division am Ende ihres Weges zur Maas angekommen sein, sollten beide ihre Panzer aus Benzinmangel sprengen und zu Fuß den Rückzug antreten.

Peiper rollte zunächst mit seiner KGr. auf Trois Points zu. Dicht vor dem Ortseingang stießen Peipers Panzer – es waren wieder 20 wie zum Tagesbeginn – auf den ersten Widerstand. Hier verteidigte das US-PiBatl. 51 mit einer 5,7 cm-Pak. Der vorderste Tiger wurde abgeschossen. Erst 15 Minuten später gelang es, die Pak auszuschalten. Aber als schließlich der Durchbruch gelang, flog die nahe gelegene Brücke über die Amblève in die Luft. Damit war ein schneller Übergang über den Fluß unmöglich.

Peiper ließ nach Norden drehen, um eine andere Brücke zu suchen. Vor der KGr. lag der kleine Badeort Spa. Dort aber lag das HQ der 1. US-Armee unter General Hodges. GenLt. Collins hatte Hodges am Morgen dieses Tages bereits gemeldet, daß der Feind auf der gesamten Front der Armee durchgebrochen sei. Er hatte seinen Rapport mit den Worten beendet: "Wenn Sie nicht in Gefangenschaft geraten wollen, General, dann brechen Sie besser sofort auf."

General Hodges blieb in Spa. Er sollte richtig gehandelt haben, denn die KGr. Peiper drehte noch vor Spa nach Westen ab. Peiper wollte Spa nicht nehmen, sondern den Weg über den Fluß suchen. Wenig später wurde der Verband durch Aufklärer des IX. Taktischen Luftkommandos gesichtet und kurz darauf von Bombern angegriffen. Die KGr. konnte mit ihrem Gros rechtzeitig in einen Wald ausweichen, lediglich einige Panzer und Spähwagen wurden getroffen.

Peiper wollte erst nach Einbruch der Dunkelheit weiterfahren. Er ging von Panzer zu Panzer und erklärte seinen Männern:

"Wenn wir erst den Durchgang durch Stoumont erzwungen haben, können wir morgen Abend an der Maas stehen!"

Bei den Alliierten: Lagebeurteilung

Am Vormittag des 19. Dez. 1944 erreichten General Eisenhower und sein engerer Stab Verdun, wo Bradley, Devers und Patton ihn erwarten würden. Bei Eisenhower befand sich Air Chief Marshal Tedder, sein Stellvertreter.

Eisenhower eröffnete kurz nach seinem Eintreffen die Konferenz, indem er erklärte: "Ich möchte an diesem Tisch nur höfliche und vor allem lächelnde Gesichter sehen (siehe Eisenhower, Dwight D.: Crusade in Europe).

Es war General Patton der das Wort als erster ergriff: "Zum Teufel noch einmal!" platzte er heraus. "Wir müssen die Krauts ganz nach Paris herankommen lassen, dann können wir sie so richtig schnappen und bearbeiten."

Alle lachten und Patton stimmte in das Gelächter ein.

Patton, um die Bekanntgabe des frühesten Angriffstermins gebeten, erwiderte: "Am 22. Dezember! – Und zwar mit drei Divisionen! – Mit der 4. Panzerdivision und der 26. und 80. Infanteriedivision."

Während die Amerikaner noch berieten, hatte Montgomery bereits an Feldmarschall Brooks gemeldet, daß er angreifen müsse:

"Die Situation im Abschnitt der Amerikaner ist nicht gut. Dort herrscht ein Mangel an Festigkeit und Kontrolle, und niemand hat ein klares Bild von der Situation. In der 1. und 9. Armee ist die Stimmung pessimistisch. Jedermann dort weiß, daß etwas schief gegangen ist, doch niemand weiß genau *was* und *warum*. - - -

Nach meiner Meinung sind die US-Kräfte in zwei Hälften gespalten und die Deutschen können die Maas bei Namur erreichen, ohne auf Widerstand zu stoßen." (Siehe: Montgomery, Bernhard L.: From Normandy to the Baltic; deutsch: Von der Normandie zur Ostsee).

Der Chef des Empire-Generalstabes Feldmarschall Brooke schickte postwendend seine Antwort an Montgomery:

"Ich meine, Sie sollten mit dem, was Sie zu Eisenhower sagen, s e h r vorsichtig sein. Es könnte uns viel mehr schaden als nutzen." (Siehe Brooke, Viscount Alan Francis: Erinnerungen). Es war die 3. US-Armee, die am frühen Morgen des 21. Dezember zum Angriff nach Norden antrat. Zu dieser Armee gehörten:

Das VIII. Korps, General Middleton, mit der 101. LL-Div.,
der 28. ID, der 9. PD und Teilen der Korpsartillerie.
Das III. Korps, GenLt. Millikin, mit der 4. PD, der 26. ID und der 80. ID.
Das XII. Korps, GenLt. Eddy, mit der 4. ID, der 5. ID und der 10. PD.
Das XX. Korps, GenLt. Walker, mit der 6. PD, sowie der 90. und 95. ID.
Dieses Korps hielt den Anschluß zur 7. US-Armee.

Die Schlacht um St. Vith

General Bruce C. Clarke, der St. Vith seit einigen Tagen gegen deutsche Angriffe verteidigte, hatte großen Anteil am Abwehrerfolg. St. Vith war neben Bastogne der zweite Fels in der deutschen Brandung. Dessen Verteidigung half mit, den deutschen Zeitplan in den Ardennen über den Haufen zu werfen.

Im Großraum St. Vith lag die 1. US-Armee. Sie verfügte über drei Korps.

Es war die 17. US-PD unter Brigadegeneral Bruce C. Clarke, die am Nachmittag des 16. Dez. aus Holland in Richtung Bastogne in Marsch gesetzt worden war. Clarke führte das Kampfkommando dieser Division, das bei seinem Eintreffen in

Bastogne am folgenden Morgen nach St. Vith abgedreht wurde, aber erst am Abend dieses Tages bei verschlammter Straße (es hatte geregnet) St. Vith erreichte. Clarke schilderte den katastrophalen Zustand, den er auf einer Straßenkreuzung westlich St. Vith erlebte:

"Die Panik am Nachmittag des 17. Dez. war so groß, daß mein Offizier, der den Rückzug regeln sollte, von älteren Offizieren einfach zur Seite geschoben wurde und ich die Regelung des Verkehrs persönlich übernehmen mußte." (Siehe: Clarke, Bruce C.: The Battle of St. Vith, Belgium, 17.-23. December 1944. An historical Example of Armor in the Defense).

St. Vith war deshalb für die deutschen Streitkräfte so wichtig, weil die 6. Panzerarmee bei ihrem Vormarsch nach Lüttich und Antwerpen d i e s e große Straße durch St. Vith benutzen m u ß t e .

Der erste deutsche Angriff auf St. Vith wurde am 18. Dez. um 2.00 Uhr früh eröffnet. Er drang nicht durch, sodaß um 22.30 Uhr ein zweiter Angriff erfolgte. Am 19. Dez. wurden die Angriffe fortgesetzt und auch am 20. Dez. dauerten die Vorstöße an. Doch nun hatte die 17. US-PD St. Vith erreicht und schob sich genau in die Nahtstelle zwischen der 6. und 5. deutschen Panzerarmee hinein. Der Nachschub für die 6. Panzerarmee, auf Versorgungszügen nach St. Vith abgefertigt, blieb zwischen Prüm und Gerolstein stecken.

Die deutsche Artillerie belegte St. Vith mit dichtem Feuer. Das II. SS-PzKorps erhielt von Oberstgruppenführer Dietrich Weisung, St. Vith in Besitz zu nehmen.

Am 22. Dez. setzten die Waffen-SS-Verbände den Angriff auf St. Vith fort. Als die Lage dort unhaltbar wurde, schickte Montgomery ein Telegramm an GenMaj. Hasbrouck: "Ihr habt eure Aufgabe erfüllt! Es ist Zeit zum Rückzug!"

Am Morgen des 23. Dez. setzten sich die US-Truppen aus St. Vith ab.

Panzer-Lehr-Division auf dem Wege zur Maas

Am 21. Dez. hatte das Wetter aufgeklart. Die dichte Wolkendecke brach auf und gab den Alliierten die Chance, ihre Jagdbomber zum Einsatz zu bringen. Die 2. Panzerdivision konnte wegen Treibstoffmangels nur wenige Kilometer Geländegewinn erzielen. Sie bildete am 21. Dez. bei Tenneville Brückenköpfe über die Ourthe.

Die PLD erreichte Morhet und die PzAA 130 erreichte die Linie Tillet-Gerimont-Amberloup, das auf halbem Wege nach St. Hubert lag.

Die 26. VGD hatte nach schwerem Kampf Sibret in Besitz genommen. Die Angriffe im Norden und Osten von Bastogne auf diese Stadt schlugen fehl.

Als die 2. PD am Nachmittag des 22. Dez. genügend Treibstoff erhielt, konnte sie Hargimont und On besetzen. Feindliche Luftangriffe trafen an diesem Tage die PLD, die den Weg nach Westen fortsetzte. Die KGr. PzGrenLehrRgt. 901 war der Division genommen und der 26. VGD zur Eroberung von Bastogne unterstellt worden.

Der neue Angriff auf Bastogne schlug fehl und der nächste Angriff wurde auf den 25. Dez. festgesetzt. Dazu wurde den Belagerungskräften die 15. PGD zugeführt.

Der Angriff des 25. Dez., der planmäßig begann, wurde ein Fehlschlag. An eine Eroberung von Bastogne war nicht mehr zu denken, so lange nicht weitere starke Kräfte zugeführt wurden.

Am 26. Dezember 1944 trafen in Bastogne US-Entsatzverbände ein. Es war das Kampfkommando R, das als erstes nach Bastogne durchbrach. Colonel Adams führte diesen Verband. Damit war für die deutschen Truppen die Chance, Bastogne doch noch zu nehmen, auf immer geschwunden.

Weiterer Vorstoß

Die Spitzenverbände der PLD erreichten mit 15 Panzern, der Kommandeur dabei, am Nachmittag des 23. Dezember Fourriéres. Das Tagesziel hieß Rochefort, doch die auf St. Hubert angesetzten kampfstarken Stoßtrupps kamen nicht durch. Der Gegner hatte durch tiefangelegte Baumsperren den Weg blockiert.

Die zweite KGr. unter Oberstleutnant von Poschinger war ebenfalls am 22. Dez. angetreten und hatte bis zum Abend St. Hubert erreicht. Der Feind setzte sich ab.

In St. Hubert, wo man ein US-Depot vermutete, gab es kein Benzin. Am 23. Dez. rollten die beiden KGr. von Born-Fallois und von Poschinger bis zum Abend auf die Höhen ostwärts Rochefort vor. Nach vorn geschickte Spähtrupps drangen bis in die Vorstadt ein, ohne Widerstand zu finden. Von Born-Falloise meldete: "Rochefort feindfrei!"

GenLt. Bayerlein befahl, loszufahren! Mit seiner KGr. aus 15 Panzern setzte er sich an die Spitze. Der Zugang zur Stadt Rochefort führte dicht vor dem Ziel durch eine Art von Engpaß. Als die 15 Panzer sich mitten in diesem Hohlweg befanden, gerieten sie unter massiertes Artilleriefeuer, der beiderseits der Hügel aufgestellten Schweigebatterien und der Pak. Diese hatten den Spähtrupp ungehindert passieren lassen.

Der Kampf um Rochefort begann. Schrittweise ging es nach vorn. Feindstellungen wurden überwunden, Barrikaden niedergewalzt. Die ganze Nacht tobte der Kampf um diese Stadt. Am Morgen des 24. Dez. war Rochefort völlig eingeschlossen. Der Kampf ging zu Ende. Die Amerikaner ergaben sich.

Noch am selben Tage überquerte die PLD nordwestlich von Rochefort die Lesse über eine erhalten gebliebene Brücke. Als von Born-Fallois am 24.12. die Inbesitznahme der Stadt Ciergnon meldete, war General Bayerlein "doch noch voller Hoffnung, daß wir es mit der PLD schaffen und die Maas als erste erreichen konnten." (Siehe Bayerlein Fritz: PLD Maps Situation from 23. dec to 11. January 1944-1945)

Wenig später traf eine niederschmetternde Meldung ein: Die 2. PD die nur wenige km nördlich der PLD stehen sollte, war ohne Treibstoff und Munition liegen geblieben, bei Marche vom Gegner aufgefangen und zurückgeschlagen worden.

Die 9. PD, die von General von Manteuffel nachgeschickt worden war, hatte die 2. PD nicht mehr erreichen können und lag wegen Treibstoffmangels mitten auf dem Anmarschweg der 2. PD fest. Die PLD erhielt Befehl, sofort gegen Humain und Buissenville anzutreten und der teilweise eingeschlossenen 2. PD zur Hilfe zu eilen.

Gen.Lt. Bayerlein führte seiner ersten KGr. 12 Panzer zu und befahl den Angriff auf Humain. Die zweite KGr. sollte mit nur noch 5 Panzern auf Buissenville antreten.

Die erste KGr. erreichte Humain. Der Gegner überließ ihr die Ortschaft. Der Angriff gegen Buissenville drang nicht durch. Havrenne wurde feindfrei gefunden. Die 4. US-Cavalry-Group, die Humain zurückerobern wollte, wurde abgewiesen.

Bereits beim Vorstoß auf Havrenne fanden die Männer der PLD zerschossene Teile der DivArt. der 2. PD. Bei Humain wurden ausgebrannte SPW gefunden und unmittelbar vor Buissenville lagen 10 abgeschossene Panzer der 2. PD. Diese Einzelbilder deuteten darauf hin, daß die 2. PD ihrem Untergang entgegengefahren war.

Es war die 2. US-PD, die dem stählernen deutschen Angriffskeil der 2. PD am 24. Dezember entgegenrollte. Unmittelbar vor Celles stießen sie auf den Gegner, der die gleiche Divisionsnummer trug. In einer Panzerschlacht, wie die Schlacht in den Ardennen keine größere sah, wurde die deutsche 2. PD vernichtend geschlagen. Dieser Kampfplatz westlich von Marche war mit zerschossenen Panzern beider Seiten übersät. Bis zur Maas waren es von hier aus noch fünf (!) Kilometer. Infolge Spritmangels mußten einige Panzer gesprengt werden. Die Masse der 2. PD, soweit sie noch fahrbereit war, zog sich auf Rochefort zurück. Das XXXXVII. PzKorps unter General von Lüttwitz war damit zur Verteidigung übergegangen. Auch das LVIII. PzK hatte vor den stark verteidigten US-Linien zwischen Soy - Hotton - Grandmenil den Angriff einstellen müssen.

Der vorgeschobene DivGefStand der PLD wurde am Abend des 24.12.44 in Humain eingerichtet. Hier erlebte der Stab den ersten Weihnachtstag. Am Morgen des 25. Dez. sah GenLt. Bayerlein die ersten alliierten Bomber anfliegen und Bomben auf die Stadt werfen.

Der Hauptangriff der ebenfalls angreifenden "Lightnings" galt jedoch nicht der PLD, sondern den Resten der zurückgehenden 2. PD, die im Raume Hargimont voll getroffen wurden. In den Ortschaften Champlon und Barrière wurden auch Fahrzeuge der PLD vernichtet.

Die Nachschubkolonnen der Division erlitten in Morhet, Sibret und St. Hubert schwere Verluste, unter denen sich auch Treibstoffwagen befanden. Zwei Panzerwerkstätten der PLD wurden ebenfalls getroffen.

In der Nacht zum 26. Dez. mußte sich die PLD auf Rochefort zurückziehen. Am 28. Dez. wurde sie bei Zilly angegriffen. Der Rückzug mußte fortgesetzt werden.

Bei der 6. Panzerarmee waren die Tage eine einzige Folge von Rückschlägen. Davon ausgenommen war lediglich der schnelle Vorstoß der KGr. Peiper. Die Planungen des OKW kamen nicht zum Zuge, weil die schnellen Truppen der 6. Panzerarmee nicht das Ziel – die Maas - erreichen konnten.

Als der Durchbruch der 5. PzArmee vollzogen war, wurde vom OKW das II. SS-PzKorps mit der 9. SS-PD und der 15. PGD an den rechten Flügel dieser Panzerarmee verschoben. Nur die 3. PGD, GenMaj. Deckert, verblieb im Nordabschnitt bei der 6. Panzerarmee.

Die 3. PGD und das I. SS-PzKorps erhielten von Oberstgruppenführer Dietrich Befehl, aus dem Bereitstellungsraum zum Angriff auf den stark feindbesetzten US-Truppenübungsplatz Elsenborn anzutreten, der als letztes Bollwerk vor der 6. Panzerarmee deren Durchbruchsversuche verhindert hatte. Auch dieser Angriff führte nicht zum Ziel. Damit stand die KGr. Peiper allein weit vor der Front der 6. Panzerarmee. Doch auch hier bahnte sich ein Desaster an, als es dem Gegner gelang, zwischen der KGr. und ihrem Verpflegungsstützpunkt Stavelot, 24 km weiter südostwärts, einen Keil zu treiben und Versuche, die bei Stoumont festliegende KGr. Peiper wieder flottzumachen, vereitelte.

Entsatzgruppen, die diese Nachschublinie wieder öffnen wollten, wurden abgewiesen. Nun wurde versucht, der KGr. Treibstoff in Abwurfbehältern zuzuführen, doch auch dieses Vorhaben war mißlungen.

Peipers GefStand am Ostrand von Stoumont erhielt kurz nach Beginn des Angriffs die Nachricht, daß das Sanatorium in der Stadt, in dem sich einige hundert Kinder zur Erholung befanden, von einer US-Pak aus nur 150 m Distanz beschossen wurde.

Er ließ sofort einen Stoßtrupp antreten, der die Pak zum Schweigen brachte.

Im Keller des Sanatoriums befanden sich noch immer 250 Kinder, einige Nonnen, Priester und Flüchtlinge aus der Umgebung. In den zerschossenen Mauerresten darüber hatten sich die Männer Peipers eingerichtet. Als hier die ersten Feindpanzer auftauchten, erwiderten die wenigen Pak und Geschütze Peipers das Feuer.

Nach diesem einstündigen Gefecht stellten die nach oben huschenden Patres fest, daß sich die Deutschen zurückgezogen hatten. Peipers Männer hatten sich befehlsgemäß nach La Gleize abgesetzt. Bei ihnen war der US-Major McCown und 131 Gefangene. Peiper sicherte ihnen faire Behandlung nach der Genfer Konvention zu und hielt dieses Versprechen auch. Er ließ die Gefangenen sämtlich frei, nachdem McCown die Versorgung der deutschen Verwundeten und deren Abtransport zugesichert hatte.

Die KGr. Peiper erreichte die eigenen Linien. Es waren noch etwa 800 Mann. Major McCown konnte unterwegs entkommen und trat später als Zeuge vor einem US-Kriegsgericht f ü r Jochen Peiper auf, dem auch die Ermordung dieser 131 Gefangenen angelastet worden war. Peiper wurde rehabilitiert.

Die ersten ernsthaften Gegenangriffe der Amerikaner begannen am 24. Dezember 1944. General Patton, der zugeben mußte, daß "die Deutschen uns wirklich eine blutige Nase verpaßt haben", erließ am 26. Dezember ein Memorandum:

"a) Die Hauptverteidigungslinie an der Maas zwischen den Flanken der Ersten und Dritten Armee muß bis zum Fluß vorgeschoben werden.

b) Fortsetzung der jetzt in Gang gekommenen Offensive der 3. Armee."

Dies bedeutete, daß die 3. US-Armee ihre begonnene Offensive fortsetzen mußte. "Sie muß", so Patton, "den Kampf zum Gegner tragen, ihn unverzüglich angreifen und vernichten."

Was aber war mit Montgomery? Der britische Oberbefehlshaber war von seinen US-Kameraden immer wieder angegriffen worden. Man warf ihm vor, er habe den Angriff eingestellt und die Deutschen herankommen lassen.

Montgomery lehnte es ab, "sich durch irgend einen deutschen Einbruch an irgend einem Teil der Ardennenfront von dem einmal eingeschlagenen Kurs abbringen zu lassen".

Erst für den Fall, daß es den Deutschen gelingen werde, zwischen Malmedy und Marche die nach Nordwesten führende große Straße zu erreichen, würde er die für diesen Zweck bereitgestellte "Feuerwehr" marschieren lassen.

Dazu hatte Montgomery starke Truppenverbände mit panzerbrechenden Waffen bei Namur, Dinant und Givet vorgeschoben.

Montgomery erwies sich in diesem Falle als der größere Stratege: "Die Deutschen sind gefährlich, wenn wir auf sie eingehen. Wenn wir hier warten, werden sie sich selber eine blutige Niederlage bereiten."

Bastogne hielt sich trotz aller Angriffe Ende Dezember 1944 weiterhin. Die PLD erhielt am 29. Dez. von General von Manteuffel Weisung, von Westen und Nordwesten nach Südosten vorzudringen und den Bastogner Kessel aufzuspalten. Sie stieß mit dem unterstellten IR 77 der 26. VGD mitten in einen Angriff der 11. US-PD hinein. Der Durchstoß der 11. US-PD wurde zum Stehen gebracht, der Gegner zurückgeschlagen. Die 1. SS-PD blieb bei Villers la-bonne Eau vor den stark befestigten Stellungen der 35. US-ID liegen.

Damit war dieser letzte Versuch, Bastogne noch zu erobern, bei *gleichzeitigem* Angriffsbeginn des Gegners, gescheitert. General von Lüttwitz formulierte den Anfang vom Ende so: "Die Offensive hatte sich endgültig festgelaufen und nicht zu dem erwünschten Erfolg geführt."

Bis zum 31. Dez. erlitt die PLD weitere schwere Verluste. Die 14 Tage der Ardennenoffensive hatte die Division 2.465 Tote und 1.475 Verwundete und Kranke gekostet. Ein Großteil der Panzer war ebenso ausgefallen wie der Geschütze des ArtRgt. 130.

Erst das Jahr 1945 sollte im Westen die Entscheidung bringen.

Die Neujahrsbeschwörung beider Seiten

Am 1. Januar 1945 erließ General Patton den Armeebefehl No. 1. Darin schilderte er die Erfolge seiner Armee von Avranches aus bis nach Brest, durch Frankreich und zur Saar und hinein nach Deutschland. Der Kernsatz dieses Befehls war nichts anderes als eine Beschwörungsformel. Sie lautete: "Ihr habt nicht nur einen geschickten und unbarmherzigen Feind unfehlbar geschlagen, sondern auch durch eure unbeugsame Charakterstärke alle Wetter- und Geländeschwierigkeiten gemeistert. Eure Schnelligkeit und die Größe eurer Leistung sind in der Kriegsgeschichte unübertroffen.

Kürzlich wurde mir die Ehre zuteil, aus den Händen des Oberbefehlshabers der 12. Heeresgruppe, Generalleutnamt Omar N. Bradley, ein zweites Eichenlaub zur Verdienstmedaille zu erhalten. Diese Auszeichnung wurde mir nicht für das, was i c h getan habe, sondern für jenes, was i h r geleistet habt, zuteil. Ich danke euch aus tiefstem Herzen.

Ich hege die feste Überzeugung, die ich euch als Neujahrswunsch hiermit übermittle, daß ihr unter dem Schutz Gottes, des Allmächtigen, sowie unter der weisen Führung unseres Präsidenten und unserer obersten Heeresleitung, euren Siegeslauf fortsetzen, der Tyrannei und dem Verbrechen ein Ende bereiten, unsere Toten rächen und einer kriegsmüden Welt den Frieden bringen werdet.

Zum Abschluß kann ich meinen Gefühlen keinen besseren Ausdruck verleihen, als durch die unsterblichen Worte, die General Scott bei Chapultepec sprach:

'Tapfere, kriegserprobte Schützen, aus Blut und Feuertaufe hervorgegangen, ihr seid zu Stahl geworden.'

Der Armeebefehlshaber: G.S. Patton Jr. Generalleutnant."

Daß auch die deutsche Wehrmacht u n d das deutsche Volk eine Neujahrsansprache erhielten, war eine Selbstverständlichkeit, wie sie jedes Jahr aufs Neue zu diesem Termin veranstaltet wurde. Darüber hinaus gab es den Tagesbefehl für die Deutsche Wehrmacht, in dem die gleichen himmlischen Institutionen für den Sieg bemüht wurden. Hier der auszugsweise Neujahrsbefehl des Obersten Befehlshabers der Deutschen Wehrmacht, Adolf Hitler:

Der ungestüme alliierte Vormarsch ins Reich wurde kurzzeitig durch die deutsche Ardennen-Offensive im Winter 1944/45 zum Stehen gebracht. US-Infanterie auf dem Marsch im Raum Malmedy.

Gefangene deutsche Soldaten im dichten Schneetreiben. Die Ardennen-Offensive ist gescheitert. Die Westalliierten sind im Januar 1945 wieder auf dem Vormarsch.

Ein deutscher Sanitäter, der bei Bütgenbach in US-Gefangenschaft geriet.

US-Artilleriestellung im Winter 1944/45.

Eine Leuchtkugel beleuchtet das nächtliche Vorfeld einer deutschen Stellung an der Westfront 1945.

Gefallene US-Soldaten bei Malmedy.

Die Stadt Malmedy wurde Weihnachten 1944 von US-Bombern und durch schwere Kämpfen am Boden zerstört.

US-Sherman-Panzer im Ortskampf. Seitlich am Panzer sind viele Ersatzkettenglieder angebracht, die als zusätzliche Panzerung dienen.

Januar 1945: Der US-Oberbefehlshaber Eisenhower (im Bild mit Mütze) und General Patton (im Bild mit Helm) in Verviers.

Im hart umkämpften Bastogne wurde eine US-Kampfgruppe 1944/45 von Deutschen eingeschlossen. Sie konnte von alliierten Einheiten wieder befreit werden. Im Bild zu sehen sind General Bradley, Eisenhower und General Patton bei einer Besprechung.

Wichtige Deutsche Generäle an der Westfront: Hasso von Manteuffel, Thomale und Generalfeldmarschall Model.

Januar 1945 in St.Vith: US-Wracks stehen im völlig zerstörten Ortskern.

Hoffnungsvoll begann am 16. Dezember 1944 die deutsche Ardennen-Offensive. Im Bild Soldaten beim Übergang über die Our. Nach überraschenden Anfangserfolgen mussten die deutschen Truppen im Januar 1945 wieder zurückweichen.

US-Verbände der 3. US-Armee im völlig zerstörten Lünebach am 3. März 1945.

Februar 1945: US-Infanterie und Sherman-Panzer stehen im Ortskampf auf deutschem Boden.

Frühjahr 1945: US-Panzer rollen nach Deutschland hinein.

Wetzlar wird am 28. März 1945 von der 1. US-Infanteriedivision erobert.

Halbwüchsige deutsche Soldaten ergeben sich. Die amerikanischen Soldaten können sich nur wundern, welchen „Kindergarten" die Deutschen gegen sie einsetzen.

Ein US-Halftruck rollt im Schutze einer Nebelwand vor.

Ein ausgebrannter deutscher Jagdpanther wird von einem US-Soldaten besichtigt.

Ein wegen technischem Defekt liegengebliebener Jagdtiger fällt in die Hand der Amerikaner.

Ein deutscher Soldat kapituliert vor einem US-Panzerspähwagen „Greyhound". In der Hand trägt er eine weiße Fahne.

Der legendäre US-General Patton, beliebt und gefürchtet, hatte eigene Vorstellungen vom Vormarsch seiner Truppen. Er kam im Dezember 1945 bei einem mysteriösen Autounfall ums Leben.

US-Truppen durchqueren die deutsche „Siegfried-Linie".

Englische Infanteristen der 3. Infanteriedivision im Straßenkampf in einer Kleinstadt am Rhein.

US-Infanteristen der 65. Infanteriedivision kommen beim Straßenkampf am Wrack eines Spähwagens vorbei.

Frühjahr 1945: Englische Soldaten bei einer Kampfpause in Kleve.

Mit Schlauchbooten setzen schottische Infanteristen der 15. Infanteriedivision am 24. März 1945 bei Xanten über den Rhein.

Die Brücke von Remagen: Am 7. März 1945 von US-Truppen im Handstreich erobert, öffnete sie den Weg der US-Truppen ins Deutsche Reich.

Ein Blick aus dem Tunnel heraus auf die Ludendorff-Brücke bei Remagen im März 1945. Die Sprengladungen, die an der Brücke befestigt waren, zündeten nicht, die Verteidigung war unzureichend, sodass die Brücke unversehrt in amerikanische Hände fiel.

US-Infanteristen gehen auf einem Ponton-Steg über einen Fluss. Im Vordergrund liegt ein gefallener GI.

General der Fallschirmjäger Schimpf bei der Befehlausgabe. Die deutschen Fallschirmjäger wurden ab 1942 hauptsächlich im Erdkampf eingesetzt.

Ein wassergekühltes US-Maschinengewehr in einer Stellung am Ost-Rhein.

Über den Großdeutschen Rundfunk sprach der "Führer" um 1.05 Uhr des 1. Januar 1945:

"Dieses Volk und dieser Staat und seine führenden Männer sind unerschütterlich in ihrem Willen und unbeirrt in ihrer fanatischen Entschlossenheit, den Krieg unter allen Umständen erfolgreich durchzukämpfen.

Die Welt muß wissen, daß dieser Staat *niemals* kapitulieren wird.

So wie Phönix aus der Asche, so hat sich zunächst aus den Trümmern unserer Städte der deutsche Wille erst recht aufs Neue erhoben. Wir werden kämpfen, bis das Beginnen unserer Feinde eines Tages ein Ende findet. Der deutsche Geist und der deutsche Wille werden dies erzwingen!

Dies, meine Volksgenossen, wird einmal eingehen in die Geschichte als das Wunder des 20. Jahrhunderts.

In dieser Stunde will ich daher als Sprecher Großdeutschlands gegenüber dem Allmächtigen das feierliche Gelöbnis ablegen, daß wir treu und unerschütterlich unsere Pflicht auch im neuen Jahr erfüllen werden, des festen Glaubens, daß die Stunde kommt, in der sich der Sieg endgültig demjenigen zuwendet, der seiner am würdigsten ist: dem Großdeutschen Reich!"

Dieser 1. Januar aber sollte wenige Stunden später ein Ereignis über die deutsche Luftwaffe hereinbrechen lassen, das ihren Untergang im Westen herbeiführte: Das Unternehmen BODENPLATTE.

Zunächst jedoch den weiteren Verlauf der Ardennenoffensive in knapper Darstellung (siehe zu diesem Thema auch: Saunders, Hrowe H,: DIE WACHT AM RHEIN – Hitlers letzte Schlacht in den Ardennen).

Im Führerhauptquartier: Lagebeurteilung zum 1. Januar 1945:

Am 1. Januar 1945 war die Lage an der Ardennenfront und in den benachbarten Abschnitten dadurch gekennzeichnet, daß der Gegner seine Durchbruchsversuche westlich von Aachen und in der Saarpfalz eingestellt hatte. Die Hälfte aller westalliierten Truppen wurde zu diesem Zeitpunkt durch die HGr. B gebunden.

Dies zeigt auf, daß die Ardennen-Offensive zwar *nicht* durchgeschlagen hatte, daß aber, als Ergebnis derselben, alle alliierten Pläne zunichte gemacht wurden.

Es zeichnete sich ab, daß der Westgegner, der eine massierte Abwehrfront vor der HGr. B gebildet hatte, dort bald zum Angriff übergehen würde, wobei er versuchen würde, die Versorgungslinien der HGr. B durch massive Luftangriffe zu unterbinden und durch konzentrierte Angriffe in die tiefen Flanken der Heeresgruppe B dieselbe zerschlagen wollte.

Es war der HGr. B befohlen worden, ihre Angriffe fortzusetzen und die Einschließung von Bastogne wieder herzustellen.

Die HGr.-Führung mußte zurückmelden, daß der Feind die Initiative ergriffen habe und versuche, die HGr. B südostwärts von Bastogne in ihrem vorspringenden Frontbogen abzuschneiden.

GFM Walter Model, der sich vorn bei der Truppe von den gegebenen Bedingungen überzeugte, meldete an das OKH:

"Der befohlene Ansatz ist nicht durchführbar. Erstens wegen der Stärke des Gegners südostwärts Bastogne und zweitens wegen des für Panzer sehr ungünstigen Geländes.

Besseres Gelände mit der Aussicht auf eine Überraschung des Gegners ist ostwärts Bastogne wie auch nördlich und nordostwärts vorhanden."

Am 3.1. 1945 wies Hitler GFM Model an: "Die Heeresgruppe B hat die Aufgabe, den gewonnenen Raum im großen zu behaupten. Unverändert bleibt der Auftrag, die Lage bei Bastogne unter allen Umständen zu bereinigen." (Siehe: KTB des OKW).

Der Gegner aber ergriff an diesem 3. Jan. 1945 die Initiative, um sie nicht wieder aus der Hand zu geben. Bei dichtem Nebel begann um 8.30 Uhr der Großangriff der Westalliierten. Zur gleichen Zeit hatte auch die 5. Panzerarmee, General Hasso von Manteuffel, den Angriff gegen Bastogne wieder aufgenommen. Den Hauptstoß des Großangriffs führte die 1. US-Armee mit ihrem VII. Korps, General Collins, in dem die 2. US-PD Spitze fuhr. Auf die Panzer aufgesessen fuhren Teile der 84. US-ID mit nach vorn.

Ostwärts davon rollte die 3. US-PD, GenMaj. Rose, in Richtung Houffalize. Es ging am ersten Tage nur langsam vorwärts. Die Straßen waren verschneit und vereist.

Als General Patton, OB der 3. Armee, Nachricht erhielt, daß die Deutschen noch einmal in Richtung Bastogne angriffen, warf er ihnen die 101. LL-Division entgegen, die schwer getroffen wurde und hohe Verluste hatte.

Die 6. US-PD des XV. Korps der 7. Armee, die südlich von Pattons 3. Armee anschloß, erzielte am 3. Jan. ebenfalls einige Kilometer Geländegewinne, ohne allerdings die Deutschen aus dem Nahbereich Bastogne vertreiben zu können.

Am 4.1. mußte GenMaj. Grow seiner 6. PD den Rückzugsbefehl geben. In dem Augenblick, als diese Bewegung anrollte, wurde die Division erneut von deutschen Panzer- und Panzergrenadierverbänden angegriffen. Der Rückzug dieser Panzerdivision artete in eine ungezügelte Flucht aus. Auch die 17. LL-Division verlor an diesem Tage 40 Prozent ihres Bestandes. General Patton fuhr sofort nach Bastogne und erhielt durch GenMaj. Miley, Kdr. der 17. LL-Division, den Lagebericht. Weitere Hiobsmeldungen trafen ein und am Nachmittag dieses 4. Januar trug Patton in sein KTB ein:

"Wir können den Krieg immer noch verlieren!" (Siehe Patton, George S,: Krieg, wie ich ihn erlebte).

"Diese Eintragung" (so Patton), "ist deshalb so bemerkenswert, weil ich zu *keinem* anderen Zeitpunkt ähnliches niedergeschrieben habe." (Siehe Patton, George S.: a.a.O.).

Am 5. 1. 1945 tobten die Gefechte hin und her. Die US-Truppen mußten neu geordnet werden und am 7. Januar traten die nördlichen Teile der Angriffsstreitmacht erneut auf Houffalize an. Der erste Versuch blieb im Abwehrfeuer, in das auch Nebelwerfer-Einheiten einfielen, liegen.

Ein zum nächsten Morgen geplanter neuer Großangriff wurde auf den 10. Januar verschoben. An diesem Tage wurde General Patton befohlen, eine der Panzerdivisionen aus dem Angriffsstreifen herauszuziehen und diese südlich Luxemburg-Stadt bereitzustellen, um einen dort befürchteten deutschen Durchbruch zu stoppen.

Es kam zu großen Reibereien in der anglo-amerikanischen Führungsspitze, die bereits einige Tage vorher begonnen hatten, nun aber ihren Höhepunkt fanden. Es kam so weit, daß Brigadegeneral Solbert sagte, daß "die Engländer die deutsche Wehrmacht überhaupt nicht vernichten wollen, weil sie sie als Bollwerk gegen Rußland benötigen."

Am 10. 1. setzte der alliierte Angriff ein. Am nächsten Tage war klargeworden, daß die Sowjetarmee – wie bereits lange versprochen – zu ihrer großen Winteroffensive angetreten war. Die deutschen Divisionen zogen sich schrittweise kämpfend zurück. Insgesamt standen im Westen 76 deutsche Divisionen im Abwehrkampf, 24 weitere kämpften in Italien. Durch diese Umgruppierung starker deutscher Kräfte aus dem Osten für "Wintergewitter" nach dem Westen, war die Zahl der Ostdivisionen von 157 auf 133 zurückgegangen.

Dem Westheer waren im November-Dezember für die Ardennenschlacht 3.220 neue oder reparierte Sturmgeschütze und Panzer zugeführt worden. Im selben Zeitraum erhielt der Osten 991, überwiegend leichte Panzer.

Das ist einer der Hintergründe für die vergebliche Abwehr der russischen Winteroffensive. Von den 23 neu aufgestellten Volksgrenadierdivisionen waren 18 dem OB West zugeführt worden.

Daß außerdem etwa 30 deutsche Divisionen in Kurland abgeschnitten waren und 28 weitere am Südflügel der Ostfront die Erdölgebiete und Bauxitlager in

Ungarn zu schützen hatten, bewirkte, daß vor der sowjetischen Hauptfront auf etwa 1000 Kilometer Frontbreite nur etwa 75 deutsche Divisionen standen.

Die Haupt-Panzerstreitmacht war für die Ardennenoffensive eingesetzt worden.

Damit hatte Hitler den Westen unter Vernachlässigung des Ostens unverhältnismäßig gestärkt. Und im Osten stellten sich inzwischen die größten sowjetischen Erdkampf- und Fliegerverbände bereit, um Deutschland den Todesstoß zu versetzen.

Rückzug aus den Ardennen

Am 11. Januar 1945 waren die Kämpfe um Bastogne beendet. Der 13. Januar sah den weiteren Angriff und am 16. Januar reichten sich die Nord- und die Südgruppe bei Houffalize die Hand. Der Kessel um die noch vorn kämpfenden etwa 20.000 deutschen Soldaten war geschlossen.

Die Westalliierten griffen nunmehr St. Vith an. Mitten im Schneesturm wurde diese Stadt erreicht und am nächsten Tage zogen sich die letzten deutschen Truppen aus Wiltz zurück.

Sie waren teilweise bereits durch die Zangenarme der 1. und 3. US-Armee umfaßt, aber sie kämpften sich im dichten Schneesturm durch.

Am Abend des 22. Januar rief General Bradley den OB der 3. Armee, Patton, an und befahl diesem:

"Alle Armeen müssen ohne Rücksicht auf ihre Müdigkeit und ihre Verluste angreifen. Angesichts des Fortschreitens der russischen Offensive ist der Zeitpunkt zum Zuschlagen gekommen."

Als das Oberkommando SHAEF versuchte, diesen Vormarsch zu stoppen, protestierten Bradley und Patton gleichzeitig, aber vergebens.

Der letzte große alliierte Angriff in Richtung deutsche Reichsgrenze wurde am 28. Januar 1945 begonnen, aber erst am folgenden Tage waren alle zum Einsatz vorgesehenen Verbände nach der Umgruppierung startklar.

Bis Ende Januar 1945 war die Frontausbuchtung in den Ardennen wieder beseitigt und die US-Truppen standen vor der "Siegfried-Linie".

Die 1. US-Armee war in einer schmalen Front zwischen dem Hürtgenwald und St. Vith konzentriert, während die 9. US-Armee zur Seite marschiert war, um die Front an der Roer zu übernehmen. Die 3. US-Armee schließlich war nach vorn gestürmt und versuchte, die deutschen Festungswerke von der luxemburgischen Grenze bis zur Mosel in Besitz zu bringen.

Während die 1. US-Armee auf den Raum Bonn zielte, lag der Schwerpunkt der 3. US-Armee zwischen den beiden Rheinstädten Remagen und Koblenz.

Im Verlaufe der "Wacht am Rhein" hatte die 3. US-Armee mit mehr Divisionen im Einsatz gestanden, als jede andere Armee in der Geschichte der Vereinigten Staaten von Amerika. Sie hatte seit Beginn ihrer Kämpfe in Frankreich insgesamt 172.953 Mann an Ausfällen erlitten, davon 99.942 Mann an Gefallenen und Verwundeten, sowie Vermißten. An schweren Waffen verlor sie 1.041 Panzer und 144 Geschütze.

Sie stand am 29. Januar 1945 mit ihren vier Armeekorps auf der Linie nördlich St. Vith-Saarlautern zum Angriff gegen Deutschland bereit. Ende Februar 1945 hatte sie die "Siegfriedlinie" durchbrochen und am 9. März den Rhein erreicht.

Während dieser Zeit trat die 21. Heeresgruppe unter Feldmarschall Montgomery auf der Stelle und die 6. Heeresgruppe beseitigte mit der französischen Armee die "Tasche" von Colmar.

Nach den Unterlagen von General Bradley hatten die USA in der Ardennenoffensive 6.700 Mann an Toten und 33.400 Mann an Verwundeten verloren. 18.900 Mann galten als vermißt.

Das Fazit der Ardennenschlacht aus deutscher Sicht

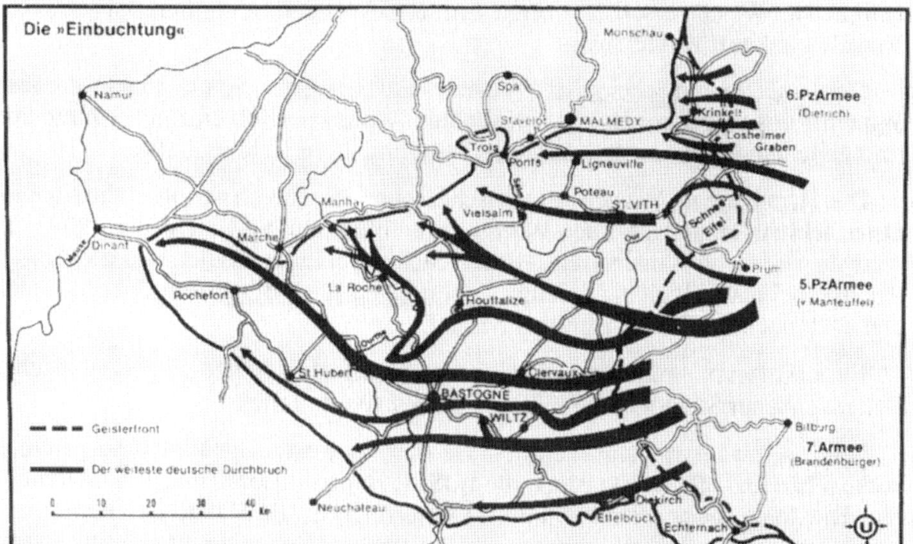

Die deutschen Verluste in den Ardennen übertrafen zwar nicht jene der Westalliierten, aber sie waren deshalb bedeutend gravierender, als sie nicht mehr ersetzt werden konnten.

Hier die offizielle Verlustliste:

5. Panzerarmee: 4.415 Gefallene, 8.276 Vermißte, 11.251 Verwundete.

6. Panzerarmee (Waffen-SS): 3.818 Gefallene, 5.940 Vermißte, 13.693 Verwundete.

7. Armee: 2.516 Gefallene, 8.172 Vermißte, 10.225 Verwundete.

Hinzu kam fast alles schwere Material und die schweren Waffen, die Fahrzeuge und eine hohe Zahl an Flugzeugen.

Die "Wacht am Rhein" hatte ihr Ziel nicht erreicht, aber die Initiative schien im Westen wieder auf die Deutschen übergegangen zu sein. Die Lage an der Westfront war wieder entspannt und zwischen Saarbrücken und dem Rhein konnten die deutschen Stellungen gefestigt werden. Jenes Gelände, das die US-Truppen im Vorfelde des Westwalles gewonnen hatten, wurde ihnen größtenteils wieder entrissen. Die angloamerikanischen Streitkräfte wurden durch diese deutsche Aktion in ihre Ausgangsposition zurückgeworfen.

Andererseits hatte die "Wacht am Rhein" die letzten deutschen Reserven verschlissen. Deutschland war am Ende. Hitler hatte eine Fehlkalkulation aufgestellt. Mit jenen Mitteln, die ihm Ende 1944 zur Verfügung standen, war ein so starker Gegner nicht mit einem Schlage auszuschalten, wie Hitler dies formuliert hatte. Das "Wunder in den Ardennen" fand nicht statt. Diese Schlacht brachte lediglich im Westen einen Zeitvorteil von sechs Wochen, der mit viel zu schweren Verlusten erkauft worden war.

Den *einzigen*, entscheidenden Vorteil daraus zog die Sowjetarmee, die ihre Winteroffensive gegen einen geschwächten Abwehrbereich eröffnen konnte und infolge fehlender Panzerverbände den Durchbruch ins Reich schaffte.

Das Heer hatte im Westen jene entscheidenden Reserven verloren, die n u n im Osten fehlten. Hätte Hitler den W e s t e n entblößt, um im Osten zu verteidigen, wäre die russische Winteroffensive zum Stehen gebracht worden und die Anglo-Amerikaner hätten weit nach Osten, sicherlich bis nach Berlin, vorstoßen können und auch noch den Raum zur Oder besetzt.

Eine Fülle von wenn und aber und hätten, doch durchaus ein realistisches Bedenken jener Situation, die Fuller in seinem Werk darlegt:

"Politisch wäre es wahrscheinlich das Beste gewesen, die Westfront gänzlich aufzugeben und alle Kräfte gegen die UdSSR zu organisieren und zu konzentrieren. Dies hätte ganz Deutschland und Österreich in die Hände der Briten und Amerikaner gebracht und wäre für das Prestige der Sowjetarmee wie insgesamt der Sowjetunion ein harter Schlag geworden." (siehe Fuller: Der Zweiten Weltkrieg 1939 - 1945).

Was nun folgte, war ein einziger Opfergang deutscher Soldaten an beiden Fronten und ein Ende, das unerbittlich näherkam.

Das Unternehmen "Bodenplatte"

Nachdem die deutsche Jägerwaffe in der Reichsverteidigung ab Herbst 1944 zu einem unerhörten Opfergang angetreten war, erhielt sie mit dem geplanten Unternehmen "Bodenplatte" den entscheidenden, alles vernichtenden Schlag.

Bereits im Winter 1944 hatte sie verheerende Schläge einstecken müssen, so im November, als sie 244 Jagdflieger verlor. Die deutsche Jägerwaffe kämpfte seit dieser Zeit um das eigene Überleben. Am 1.11. 1944 standen im gesamten Reichsgebiet 695 Tagjagdflugzeuge und 633 Nachtjäger im I. Jagdkorps einsatzbereit. Im Westen waren es vor allem die Jagdgeschwader 26 und 54. Die Jagdgeschwader 11, 10, 77, 300 und 301 lagen auf Horsten zwischen Elbe und Oder.

Mit Beginn der Ardennenoffensive war ein Großteil der Jägerverbände an die Westfront verlegt worden. Sie wurden hier dem Luftwaffenkommando West – GenLt. Schmid – mit Gefechtsstand in Limburg unterstellt. Es hatten sich an jenem Sonnabend, dem 16.12. 1944, da die "Wacht am Rhein" eingeläutet wurde, nicht weniger als 12 Jagdgeschwader mit 40 Jägergruppen versammelt. Hinzu kamen zwei Gruppen des JG 54, die jeweils dem JG 26 und JG 27 unterstellt worden waren. Die Geschwader waren:

Jagdgeschwader 1	(mit 3 Gruppen)
Jagdgeschwader 2	(mit 3 Gruppen)
Jagdgeschwader 3	(mit 4 Gruppen)
Jagdgeschwader 4	(mit 4 Gruppen)
Jagdgeschwader 6	(mit 3 Gruppen)
Jagdgeschwader 11	(mit 3 Gruppen)
Jagdgeschwader 26	(mit 3 Gruppen und III./JG 54)
Jagdgeschwader 27	(mit 4 Gruppen und IV./JG 54)
Jagdgeschwader 53	(mit 3 Gruppen)
Jagdgeschwader 77	(mit 3 Gruppen)
Jagdgeschwader 300	(mit 4 Gruppen)
Jagdgeschwader 301	(mit 3 Gruppen)

Die Führung aller Jagdeinheiten übernahm – wie vom OKL befohlen – der General der Kampfflieger, GenMaj. Peltz. Die Jagdverbände waren auf einer Breite von 400 km zwischen Oldenburg und den Rhein-Main-Gebiet verteilt, wodurch eine gezielte und koordinierte Führung äußerst erschwert wurde.

Während der Ardennenschlacht wurden die Jägerverbände nicht zum Kampf gegen feindliche Fliegerkräfte eingesetzt, was ihre ureigenste Aufgabe gewesen wäre, sondern zu Tiefangriffen gegen alliierte Bodenziele.

Als am 17. Dezember auch die alliierte Jägerwaffe startete, gelang es ihr, die deutschen Jäger vom Kampfplatz wegzulocken, da sie selber Ziele im tiefen Hinterland angriffen. Im Kampf gegen die schnellen P-47D "Thunderbolt" und "Lightnings" gelang es dem JG 27, eine Reihe Luftsiege zu erringen. Das JG 2 griff in die Kämpfe ein, ebenso die Geschwader 3, 4 und 11. Alle Verbände hatten hohe Ausfälle. Das JG 4 unter Major Michalski verlor 10 Maschinen, eine weitere wurde vermißt. Das JG 27 verlor 13 Maschinen, eine weitere wurde vermißt.

Die größten Verluste an diesem Tage aber erlitt das JG 300, das nicht im Westraum, sondern über Liegnitz, Meseritz und Olmütz eingesetzt war. Es hatte 23 Personalverluste zu beklagen.

Die gesamte Luftwaffe verlor im Osten und Westen des Reiches an diesem Tage 80 Flugzeugführer mit ihren Maschinen.

Der Wehrmachtbericht des 18. Dezember meldete:
"Geschwader deutscher Jagd- und Schlachtflieger, die die Bewegungen unserer Truppen abschirmten, schossen in Luftkämpfen 24 feindliche Flugzeuge ab."

Der geplante große Schlag aber, den GenLt. Galland geplant hatte und der von allen Jagdfliegern als entscheidende Wende betrachtet wurde, fand nicht statt. Sein Ziel, mit einem einzigen Angriff einen *ganzen* Großverband feindlicher Bomber zu vernichten und so den Gegner zur Einstellung seiner Terrorangriffe zu zwingen, wurde vertan. Stattdessen flogen die im Westen stehenden Jagdgeschwader viele Einzelangriffe gegen das Bomber Command und die 8. USAAF, die Deutschland in einen Untergangswirbel ohnegleichen gestürzt hatten. Sie erzielten Erfolge und erlitten schwere und schwerste Verluste.

Erst zum Jahresende wurden die Geschwader in eine kurze Ruhepause versetzt, denn nun galt es, doch noch zu einem entscheidenden Schlag auszuholen. Es war jener Großeinsatz, der als Unternehmen "Bodenplatte" in die Luftkriegsgeschichte eingehen würde.

Die Oberste Luftwaffenführung wollte den Verlust von 400 Jagdflugzeugen in Kauf nehmen, wenn es bei diesem Angriff gelang, mindestens ebenso viele Feindflugzeuge in der Luft, vor allem aber am Boden zu vernichten.

Mit der Durchführung dieses Unternehmens wurde Generalmajor Peltz, Kommandierender General des IX. FJK (Jagd) beauftragt. Er hatte auch die Jägerverbände während der Ardennenschlacht geführt, nachdem der General der Jagdflieger, Adolf Galland, in die Wüste geschickt worden war.

Dieser Großeinsatz sollte am 1. Januar 1945 erfolgen. Erst 24 Stunden vor dem Start wurden die Staffelkapitäne und Gruppenkommandeure unterrichtet. Ihnen oblag es nunmehr, ihre Besatzungen einzuweisen.

Die Oberste Führung dieses Einsatzes hatte das Luftwaffenkommando West, GenLt. Schmid. Hier die Dislozierung der Verbände:

DIE GLIEDERUNG DER VERBÄNDE AM 1.1. 1945:

Luftwaffenkommando West: Generalleutnant Schmid, Gefechtsstand: Limburg

IX. Fliegerkorps (J): Generalmajor Peltz, Gefechtsstand: Flammersfeld

3. Jagddivision: Generalleutnant Grabmann, Gefechtsstand: Wiedenbrück

Jagdgeschwader 1: Oberst Ihlefeld, Einsatzziele: St. Denis-Westrem, Belgien

Jagdgeschwader 2: Oberstleutnant Bühlingen, Einsatzziele: St. Trond, Belgien

Jagdgeschwader 3: Oberstleutnant Bär, Einsatzziele: Eindhoven, Holland

Jagdgeschwader 4: Oberstleutnant Michalski, Einsatzziele: Le Culot, Belgien

Jagdgeschwader 6: Major Leppla, Einsatzziele: Volkel, Holland

Jagdgeschwader 11: Major Hackl, Einsatzziele: Asch, Belgien

Jagdgeschwader 26: Oberstleutnant Priller, Einsatzziele: Brüssel-Evère

Jagdgeschwader 27: Major Franzisket, Einsatzziele: Brüssel-Melsbroek, Belgien

Jagdgeschwader 53: Oberstleutnant Bennemann, Einsatzziele: Metz-Frescaty, Frankreich

Jagdgeschwader 54: Oberst Hrabak, Einsatzziele: Brüssel-Grimbergen, Belgien

Jagdgeschwader 77: Major Losigkeit, Einsatzziele: Antwerpen-Deurne, Belgien

Die Jagdgeschwader 2, 4, 11 unterstanden dem Jagdabschnittsführer Mittelrhein, Oberst Trübenbach, dessen Gefechtsstand sich in Darmstadt befand.

Das Jagdgeschwader 53 wiederum stand unter dem Kommando der 5. Jagddivision unter Generalmajor Hentschel mit Gefechtsstand in Karlsruhe.

Eine Einsatzstaffel des JG 104 nahm im Rahmen des JG 26 am Einsatz "Bodenplatte" teil, während Teile des Schlachtgeschwaders 4 sich dem JG 2 angeschlossen hatten.

Die Nachtschlachtgruppe 20 und das Kampfgeschwader (J) 51 nahmen ebenfalls an diesem großen Schlag teil.

Lotsenmaschinen wurden von den Nachtjagdgeschwadern 1 und 3 sowie von der II./NJG 101 gestellt.

Nunmehr sollte jener große Schlag geführt werden, der den Feind mindestens 500 Flugzeuge kosten sollte.

Alles in allem wurden gegen die elf ausgesuchten Großziele 10 Jagdgeschwader mit 33 Gruppen, sowie einige Nachtjagd- und Schlachtfliegergruppen eingesetzt. Jede Maschine erhielt einen 300 Liter fassenden Zusatztank.

Hier der Einsatz aus der Sicht des Jagdgeschwaders 3 unter Oberstleutnant Heinz Bär.

Der Einsatz gegen Eindhoven

Am frühen Nachmittag des 31.12. 1945 hatte Oberstleutnant Bär in seinem Gefechtsstand in Störmede alles vorbereitet. Von dort aus flog er mit seinem Stab unmittelbar danach zum Liegeplatz seiner I. Gruppe, Paderborn. Hierher hatte er alle Gruppenkommandeure beordert, um ihnen das "Unternehmen Hermann" zu befehlen. Es handelte sich dabei um Angriffe gegen alle großen Flugplätze des Gegners in Holland und Belgien.

"Unser Ziel ist der Flugplatzkomplex Eindhoven. Die Flugroute entnehmen Sie den Einsatzplänen, ebenso die Reihenfolge der Starts und des Angriffs. Ab sofort gilt für alle Gruppen Ausgangssperre *und* Alkoholverbot! Ab 22.00 Uhr ist absolute Ruhe.
Wir greifen in mehreren Anflügen an, bis alles vernichtet ist. Während des Anfluges und des ersten Angriffs herrscht Funkstille."

Am Morgen des 1. Januar 1945 erfolgte auf den drei Horsten des JG 3 in Paderborn, Lippspringe und Gütersloh um 5.30 Uhr das Wecken. Nach dem Frühstück erhielten alle Piloten in einer letzten Einsatzbesprechung letzte Instruktionen und das Kartenmaterial, auf dem der Flugplatzkomplex Eindhoven rot umrandet war.

"Der Platz liegt voller Spitfires", schärften die Staffelkapitäne ihren Piloten ein. "Also sofort ran und runter und geschossen was das Zeug hält."

Um 8.25 Uhr gingen die Piloten zu ihren Maschinen. Die Warte meldeten die Flugzeuge einsatzbereit. Um 8.30 Uhr gingen die Startflaggen nieder. Oberstleutnant Bär startete mit dem Geschwaderstab aus Paderborn. Die einzelnen Gruppen schlossen an den vorher bestimmten Knotenpunkten zueinander auf, bis das gesamte Geschwader in langgestreckter Formation dahinzog.

25 km nördlich Venlo wurde die holländische Grenze passiert. Bis dahin war der Verband bereits 20 Minuten in der Luft. Im Luftraum über Sonse-Heide schwenkte das Geschwader nach Süden, damit wurde Eindhoven in einem weiten Bogen umrundet, um den Flugplatzkomplex aus Südwesten anzugreifen. Der Platz lag zwischen der Straße Eindhoven-Tilburg und der Ortschaft Zells.

Heinz Bär berichtete seinem Freund, Prof. Skawran, später darüber:

"Mit einem gewissen Fracksausen habe ich befürchtet, daß wir vorher durch einen dummen Zufall gesichtet und erkannt werden würden. Das hätte den Angriff auf den Flugplatz zu einem Höllenflug gemacht. Aber noch immer war vom Gegner nichts zu sehen.
Ich konnte sehen, wie die dafür vorgesehene Halb-Staffel, die auf den Flugplatz Gilze-Rijen angesetzt war, vom Hauptverband direkt nach Westen abschwenkte. Auch einige Maschinen des JG 27 waren auf Gilze Rijen angesetzt.
Schon konnten wir die Umrisse der Flugplatzgebäude erkennen, als plötzlich die Flak losballerte. Ich sah rechts neben mir eine meiner Maschinen steil hinuntergehen. Sie zog eine Rauchfahne hinter sich her. Nun alles Kurs halten und hinein mit Sack und Flöte, dachte ich. Vor mir platzten einige Flakgranaten auseinander. Bereits hier fiel auch unser »Oberfähnlein« (Oberfähnrich) der stets lustige Uwe Naumann von der 11. Staffel meines Geschwaders.
Was ich damals nicht wußte, war, daß zwei Staffeln der in Eindhoven liegenden Typhoons am frühen Morgen zur Wettererkundung gestartet waren und einige andere Maschinen einen bewaffneten Aufklärungsflug unternahmen.
Eine dritte Formation startete gerade. Wir stießen auf sie hinunter. Es waren die Maschinen unter Flight-Lieutenant Gibbon. Dieser schoß einen meiner Jäger noch im Steigflug ab und wurde Sekunden darauf von zwei oder drei meiner Maschinen gleichzeitig getroffen.
Seine Flächen montierten ab und er stürzte keine 200 Meter westlich des Platzes auf den Boden.
Dann war ich herunter, sah die aufgereihten Typhoons und hämmerte mit allen Waffen hinein. Ich sah zuckende Treffer und auflodernde Flammen. Rechts und links und hinter mir ging die ganze Mahalla auf Angriff. Es war ein fürchterliches Gedröhne. Neben den Typhoons sah ich auch Spitfires. Nach dem ersten Angriff zog ich hoch, beschrieb eine Messerkurve jenseits des Platzes und jagte zum zweiten Angriff hinunter. Mit meiner A-9, das konnte ich nun ganz genau erkennen, schoß ich zwei Typhoons in Brand. Das waren dann meine beiden sicheren Treffer zum 203. und 204. Abschußsieg. Ich kann nicht sagen, daß diese beiden Erfolge leichter gewesen seien, als jene, die ich in der Luft erzielte. Die Flak schoß auch nicht schlecht und beim zweiten Angriff war sie auf uns eingestellt.
Einer meiner Piloten drehte beim zweiten Angriff zu weit ein und sichtete – das meldete er mir später – einige am Platzrand stehende Mitchell-Bomber, die offenbar betankt werden sollten. Er schoß auf diesen "Möbelwagen" von Tankwagen und brachte ihn mit einem orangefarbenen Feuerball zur Explosion. Damit dürften auch die eine oder andere Mitchell- beschädigt worden sein."

Heinz Bär berichtete dies so, wie seine ihm gemachten Meldungen den Ablauf darstellten.

Daß das JG 3 neben vielen Maschinen der Typhoon-Squadrons 137, 168, 181, 182, 247, auch solche der Spitfire Squadrons 400, 414, 430, 438, 439 und wiederum der Typhoon Squadron 440 traf und eine Reihe vernichtete, gilt als sicher. Von der Typhoon Squadron 438 wurden alle bis auf zwei zum Teil vernichtend getroffen. Die 440. Squadron verfügte nach Ende dieses dramatischen Überfalls nur noch über zwei einsatzbereite Maschinen. Von den vier Squadrons der 124. Wing (430, 438, 439 und 440) blieben nach kleineren Reparaturen nur ganze 24 einsatzbereite Flugzeuge übrig. Die 2. Tactical Air Force mit den fünf Typhoon- und zwei Spitfires Squadrons büßten neben vielen "Spittys" eine vollständige Typhoon Gruppe ein.

Als der zweite Angriff geflogen war, tauchten jene Feindflugzeuge auf, die vom Morgeneinsatz zurückkehrten. Sie griffen in den Abwehrkampf ein. Ihnen gelang es, den Kapitän der 12. Staffel, Oblt. Graf von Treuberg, abzuschießen. Ofw. Hameister schoß im Luftduell eine Spitfire ab, die gerade einem seiner Kameraden dicht im Nacken saß und ihn herunterschießen wollte. In diesem Moment wurde er von einer anderen Spitfire von hinten unter Beschuß genommen. Hameisters Maschine, mit der er heute zum ersten Start bei JG 3 angetreten war, geriet in Brand. Er unternahm eine Bauchlandung und geriet am nächsten Morgen, beim Versuch, zu den eigenen Linien zu gelangen, in englische Gefangenschaft.

Nach über 20-minütigem Einsatz über Eindhoven flogen die Maschinen des JG 3 zu den heimischen Horsten zurück. Sie ließen einen riesigen Trümmerhaufen zurück, der einmal der Flugplatz von Eindhoven gewesen war. Flugzeuge, Tankwagen und Werkhallen standen in Flammen.

Der Rückflug wurde noch für manchen Piloten des JG 3 zum letzten Flug, denn westlich von Helmond stieß das Geschwader auf die vier Typhoons, die von der Wettererkundung zurückkamen.

Es waren Maschinen der 439. Squadron und zwei Spitfires, die sich auf die 15. Staffel des JG 3 warfen und sie in ein fünf Minuten andauerndes Luftduell verwickelten. Uffz. Schmidt, der auf Eindhoven zwei Spitfires vernichtet hatte, schoß nun die Typhoon von Flight-Lieutenant Angelin ab. Er wurde später mit schweren Treffern eingedeckt und mußte notlanden. Auch er geriet in Gefangenschaft und überlebte den Krieg.

"Durch nach Osten!" mit diesem ersten Satz hatte Heinz Bär die eigentlich noch immer geltende Funkstille durchbrochen, als er einige Hilferufe seiner Kameraden hörte. "Keine Luftkämpfe mehr!" war der zweite und letzte Satz.

Der Angriff des JG 3 war eigentlich der einzige, der einen vollen Erfolg gebracht hatte. Allerdings war dieser Erfolg mit dem Verlust von 10 gefallenen und sechs vermißten und überwiegend in Gefangenschaft geratenen Piloten hoch genug bezahlt worden.

Die anderen Einsatzgruppen, so jene des JG 1 gegen den Flughafen Maldegem, 15 km ostwärts Brügge, mit 55 Maschinen, um den Platz mit fünf Angriffsflügen auszuschalten, kostete das JG 1 "Oesau" 24 Flugzeugführer. Das Geschwader hatte auf Maldegem und Denis-Westrem (einem Ausweichziel) insgesamt nur 32 Feindflugzeuge vernichtet. Oberst Ihlefeld, einer der erfolgreichsten Jagdflieger, war über die hohen Verluste erbittert; er hatte fast die Hälfte seiner eingesetzten Maschinen verloren.

Das JG 2 "Richthofen" wiederum, das mit einer Kampfstärke von 90 Maschinen antrat, wurde von Hptm. Hrdlicka geführt. Auch er ein versiertes und erfolgreiches Jäger-As. Sein Ziel war der Flugplatz von St. Trond in Belgien, von dem aus kurz zuvor noch die deutschen Nachtjäger gestartet waren. Unterwegs würde zwischen Aachen und Lüttich die III./Schlachtgeschwader 4 aus Köln-Wahn zu ihnen stoßen. Dieser Schlachtflieger-Verband stand unter der Führung von Oberst Alfred Druschel, einem erfahrenen Schlachtflieger, der bereits am 19.2. 1943 als Hptm. und stellvertretender Kommandeur der I./SG 1 als 24. deutscher Soldat die Schwerter zum RK mit EL erhalten hatte (Druschel sollte am 1.1. 1945 von diesem katastrophalen Unternehmen Bodenplatte nicht mehr heimkehren). Er war als Kommodore des SG 2 mit der III. Gruppe geflogen.

Vom JG 2 fielen 23 Piloten, zehn sprangen mit dem Fallschirm ab, ihre Maschinen zerschellten am Boden. Vier weitere Flugzeugführer konnten ihre Maschinen beschädigt zurückbringen. Damit hatte das JG 2 40 Prozent seines Bestandes verloren.

Der Einsatz des JG 4 wurde ein hundertprozentiger Fehlschlag. Es sollte unter Führung seines Kommodore, Major Gerhard Michalski, ebenfalls Ritterkreuzträger mit Eichenlaub, den Flugplatz Le Culot, 15 km nordwestlich Brüssel, ausschalten. Ein Teil des Geschwaders griff irrtümlicherweise St. Trond an. Von 55 gestarteten Maschinen kehrten nur 30 zurück.

Ähnlich erging es allen übrigen Geschwadern. Die Gesamtsumme der Verluste war erst Jahre später zu eruieren, weil einerseits deutsche Propaganda die Verluste verschwieg und die Erfolge frisierte und andererseits der Gegner dies ebenso tat.

Die deutsche Tagjagd verlor bei diesem Unternehmen 214 Flugzeugführer und deren Maschinen. 18 weitere Flugzeugführer fielen durch Verwundung aus. An Verbandsführern fielen zwei Geschwaderkommodore, sechs Gruppenkommandeure und 10 Staffelkapitäne, allein 214 waren Mannschaftsdienstgrade (darunter 17 Verwundete). Das macht einen Ausfall von insgesamt 232 Piloten.

Wahrscheinlich sind etwa 300 der 900 eingesetzten deutschen Jagdflugzeuge verloren gegangen. Ein Teil davon, etwa 20 Maschinen, dürften auch von der eigenen (!) Flak abgeschossen worden sein, weil ihre Route genau durch die "Flakkorridore" führte und die Flak von einem Einsatz deutscher Jäger nichts wußte.

Der Bericht des OKL vom 27. Januar 1945 meldet über die Erfolge des Unternehmens "Bodenplatte", daß auf den auf acht der angegriffenen Flugplätze gemachten Luftaufnahmen 279 am Boden zerstörte Maschinen erkannt worden seien. Da die Jäger in den Luftkämpfen weitere 65 sichere, aber 75 wahrscheinliche, Abschüsse erzielt hatten und auf sieben weiteren Flugplätzen noch einmal 123 zerstörte Flugzeuge erkannt wurden, ferner auf allen Plätzen 114 beschädigte Maschinen, betrugen die Gesamtverluste des Gegners 467 Maschinen. Etwa 124 weitere wurden beschädigt.

Luftwaffeneinsätze von Januar bis Mai 1945

Neben den Großeinsätzen der Luftwaffe, die parallel zur Ardennenoffensive genannt wurden, um den Zusammenhang zu wahren, stand die Luftwaffe in den letzten fünf Kriegsmonaten auf verlorenem Posten.

Bereits Mitte Januar 1945 erging über das Oberkommando der Luftwaffe der Befehl an die Divisionsstäbe, die sieben im Reichsgebiet stehenden Geschwader der Tagjagd an die Ostfront zu verlegen. Es waren die JG 1, 3, 4, 11 und 77 sowie die Geschwader im Reich 300 und 301.

Die Besprechung des 22. Januar 1945 in Berlin im Haus der Flieger endete mit einem Desaster. General der Jagdflieger Adolf Galland wurde an diesem Tage offiziell abgesetzt, weil er nach Görings Meinung "einer der Schuldigen für das Versagen der Jägerwaffe" gewesen sei.

Alles, was Rang und Namen in der Luftwaffe hatte, war versammelt, so Hermann Graf, Günther Lützow, Eduard Neumann, Gustav Rödel, Johannes Steinhoff und Hannes Trautloft.

Diese Offiziere hatten mit einigen Kameraden eine Denkschrift ausgearbeitet, in der folgende Fakten und Überzeugungen niedergelegt waren, die dem Reichsmarschall verlesen wurden.

"Der Abgang von General Galland wird nicht verstanden, da er in der Waffe als überragender Kopf und Führer anerkannt ist und das Herz seiner Jagdflieger besitzt.
Der oftmalige Vorwurf der Feigheit der Jagdflieger durch den Reichsmarschall wird zurückgewiesen.
General der Schlachtflieger Peltz kann – trotz Achtung seiner Person – nicht das Vertrauen der Jagdwaffe haben. Er ist kein Jäger. Er ist verantwortlich für die Durchführung des Einsatzes am 1.1. 1945 und die Einbußen seit Beginn der Ardennenoffensive ab dem 17.12. 1944, welche die Jagdwaffe zwei Kommodores, 14 Kommandeure, 64 Staffelkapitäne gekostet hat.
Nach Ansicht der Jägerwaffe sind diese Verluste in erster Linie auf Führungsfehler zurückzuführen."

Als Göring diese Denkschrift entgegennahm, war sein Gesicht zu einer verbissenen Maske versteinert. Aber der größte Schlag stand ihm noch bevor, als Oberst Lützow aufstand und das Wort ergriff:

"Herr Reichsmarschall!

Im Namen der Versammelten muß ich Sie bitten, mir 50 Minuten Redefreiheit zu geben mit der Versicherung, daß Sie dazwischen nichts sagen. Sonst wäre unser Vorhaben, Sie aufzuklären, zwecklos."

Göring tobte und versuchte, Lützow das Wort abzuschneiden, doch dieser ließ sich nicht einschüchtern, sondern fuhr fort und erklärte wenig später, daß Göring nach den Erfolgen der Luftwaffe in Polen und Frankreich "geschlafen" habe.

"Was sagen Sie da?" herrschte Göring den mutigen Obersten an. "Hier ist ja ein Kreis von Meuterern, ich werde Sie füsilieren lassen."

Nach diesen Worten stürzte er, gefolgt von seinem Generalstabschef, General Koller, hinaus.

Lützow wurde sofort von seinen Geschäften entbunden und mußte das Reichsgebiet unverzüglich verlassen, um als Jagdfliegerführer Italien verbannt zu werden. Auch Trautloft mußte gehen.

Ende Januar 1945 fand schließlich die letzte Umbesetzungswelle der Jagdfliegerverbände statt.

Neuer General der Jagdflieger mit Sitz in Berlin-Kladow wurde Oberst Gordon Gollob, erfahrener Jäger, Träger der 3. Brillanten zum Ritterkreuz mit Eichenlaub und Schwertern. Oberstleutnant (wenig später Oberst) Dahl wurde zum Inspekteur der Tagjagd ernannt. Major Hackl übernahm das JG 300, das Dahl bis dahin geführt hatte.

Im Verband der Reichsverteidigung und des Luftwaffenkommandos West blieben vier stark angeschlagene Jagdgeschwader zurück. Sie warfen sich den alliierten Bomberströmen entgegen und verloren mehr und mehr Flugzeugführer, die nicht wieder ersetzt werden konnten.

Das I. Jagdkorps wurde am 26.1. 1945 in IX. Fliegerkorps (J) umbenannt.

Vom 1.9. 1939 bis zum 31.1. 1945 waren an allen Fronten 138.596 Soldaten der deutschen Luftwaffe gefallen. 156.132 wurden vermißt und ihr Schicksal ist größtenteils unbekannt geblieben.

Bei der von Göring als "feige" verschrienen Tagjagd fielen 8.500 Piloten, vermißt und zum Teil in Gefangenschaft geraten waren 2.800 Flugzeugführer.

Schon dies ist ein Beweis dafür, daß Reichsmarschall Göring nicht einmal diesen hunderttausendfachen Tod deutscher Flieger, die unter seinem Kommando gestanden hatten, als Beweis ihres Einsatzwillens akzeptierte.

Daß die deutsche Jagdwaffe vom 1.9. 1939 bis zum 8.5. 1945 (dies sei vorausgeschickt) an allen Fronten etwa 70.000 (!!!) feindliche Flugzeuge abschoß und dabei selber 22.500 Maschinen durch Feindeinwirkung und 21.500 ohne Feindeinwirkung verlor, wurde in aller Welt als einmalig anerkannt.

Aber auch die Zerstörer und Nachtjäger entrichteten einen hohen Blutzoll von 2.800 Fliegern durch Tod und 900 durch Vermißtsein.

Daß sowohl die Jäger und Nachtjäger, als auch alle übrigen Verbände der deutschen Luftwaffe bis zur letzten Stunde weiterkämpften, gereichte ihnen zur Ehre, in einer Zeit, da auf einen deutschen Jäger 30 Feindflugzeuge kamen.

Der abgesetzte General der Jagdflieger Adolf Galland verließ Berlin nach dem Debakel vor dem Reichsmarschall, um schon am nächsten Tage in die Reichskanzlei befohlen zu werden.

Dort eröffnete Hitlers Luftwaffen-Adjutant ihm, daß "der Führer von Reichsmarschall Görings Maßnahmen gegen Sie nichts gewußt, und angeordnet hat, diesen Unsinn sofort einzustellen." (Siehe Galland, Adolf: Die Ersten und die Letzten).

Hier und an diesem Ort erfuhr Galland, daß er einen Jagdverband aus Me 262-Düsenjägern aufstellen solle und, daß er sich die Flugzeugführer selbst aussuchen dürfe.

Da Steinhoff Ende Dezember geschaßt worden war, holte Galland ihn als ersten. Es folgten solche Asse wie Barkhorn, Krupinski und Günther Lützow. Hohagen und Bär kamen hinzu (siehe Abschnitt: Einsatz des JG 3 unter Oberstleutnant Bär).

Dieser neue Verband erhielt die Bezeichnung Jagdverband 44. Mit diesem Verband zog Adolf Galland aufgrund eines Vorschlages von General Koller auf dem Flugplatz Lechfeld unter. Doch sehr bald mußte er von diesem überbelegten Platz nach München-Riem verlegen.

Gegen die Vielzahl der alliierten Bomberangriffe konnte die deutsche Jägerwaffe nicht mehr bestehen. Beim Angriff der 8. USAAF am Morgen des 18.3. 1945 gegen Berlin gelang es Major Sinner mit der neu aufgestellten III./JG 77 mit 38 Me 262 diesen abfliegenden Bomberverband von 305 B 17 und 916 B 24, die von 14 Jagdgruppen geleitet wurden, zu erfassen.

Alle 38 Düsenjäger waren mit neuen Raketenrosten versehen, aus denen von jeder Maschine 24 Raketen abgeschossen werden konnten.

Die US-Jäger des Begleitschutzes konnten den schnellen Me 262 nicht folgen, die 25 Bomber abschossen. Dies war gegenüber der Vielzahl an Bombern nur ein "Mückenstich". Die US-Befehlshaber hatten mindestens 50 Verluste eingeschlossen.

Oberst Gordon Gollob, der offiziell am 15.1. 1945 sein neues Amt amtrat, berichtete nach dem Kriege dem Autor:

"Sah es zunächst auch so aus, als könnte ich nicht mehr viel tun, als eine Konkursmasse treuhänderisch zu verwalten, so zeigte sich doch, daß für die Gläubiger - die Jagdverbände und damit die Reichsverteidigung - doch noch etwas getan werden konnte. Da war einmal die Herstellung der vollen Einsatzbereitschaft des Düsenjagdgeschwaders 7 und hier besonders der Aufbau der Geschwaderführung." (Nach der Ablösung von Oberst Steinhoff).

"Es galt ferner, die R-4-M-Bordrakete als neue Bewaffnung für die Me 262, und für die FW 190 als Zusatz zur Normalbewaffnung, einzuführen.

Für die Me 262-Verbände mußten die notwendigen Einsatzrichtlinien hinsichtlich Taktik und Kampfauftrag festgelegt werden. Dies waren: Abschießen von viermotorigen Bombern und Jagdkampf n u r in Ausnahmefällen. Letztere sollten den konventionellen Jägern vorbehalten bleiben.

Die Nachtjagdstaffel Welter "(Oblt. Kurt Welter StKpt. der 10./NJG 11, Träger des 769. EL zum Ritterkreuz)" mußte auf Me 262 ungerüstet werden. Vor allem galt es, die Kampfverbände auf Tagjagd umzustellen. Auch die Verteilung der zur Front gelangenden Me 262 durch den GenQuartiermeister 6. Abt., und die Konzentration auf die JG 7 und KG (J) 54 forderten den vollen Einsatz.

Die beim KG 51 als 'Blitzbomber' nutzlos eingesetzten Me 262 mußten durch Piloten des JG 7 zu diesem Geschwader überführt werden, um sie dort als Jäger einsetzen zu können. Es kam in dieser Hinsicht zum Eklat mit dem Reichsmarschall und auf dessen ausdrücklichen Befehl zur Rückführung dieser Maschinen zum KG (J) 51."

Oberst Gollob versuchte mehrfach zum "Führer" vorgelassen zu werden, was aber stets abgeblockt wurde. Als alle seine Vorschläge nichts fruchteten, bat er am 7. April 1945 um Entbindung von seinen Aufgaben als General der Jagdflieger. Eine Antwort darauf erfolgte nicht.

Doch zurück zu den Kampfgeschehen an der Front.

Am 31.3. 1945 standen Adolf Galland in München-Riem nur 12 Düsenjäger zur Verfügung, doch der Jagdverband wurde von Tag zu Tag stärker. Sein erster Einsatz richtete sich gegen einen Bomberverband, der München-Riem angriff. Neun Me 262 starteten und schossen sechs Fliegende Festungen ab, zwei weitere wurden schwer beschädigt. GenLt. Galland flog als Staffelkapitän alle Angriffe mit. Er schoß bei Landsberg mit den neuen R-4-M-Raketen zwei Marauder ab.

Als am 18.4. 1945 erneut ein starker Bomberverband Regensburg angriff, starteten zwei Me 262-Ketten, die erste von Galland, die zweite von Steinhoff geführt. Beim Start kam Steinhoffs Maschine nicht rechtzeitig genug vom Boden weg. Ihr Fahrwerk stieß gegen die Böschung der Ringstraße, die den Flugplatz umgab. Steinhoff gelang es, den Bauchgurt zu öffnen und auch das Fallschirmschloß zu lösen. Als er gerade über die Fläche hinuntersprang, explodierten bereits die Raketen. Schwer verbrannt gelang es ihm sich zu retten. Monate des Lazarettaufenthaltes und über 70 (!) Operationen folgten.

Am 26. 4. startete Generalleutnant Galland zu seinem letzten Einsatz. Er führte sechs Me 262 gegen einen Marauder-Verband, schoß einen Gegner ab, beschädigte einen zweiten und ging zur Beobachtung dieser zweiten Maschine in eine steile Linkskurve, wobei er von einer aus überhöhter Position niederstürzenden Mustang erwischt wurde, ein harter Schlag traf sein rechtes Knie. Ein weiterer Treffer schaltete die rechte Turbine aus. Aber es gelang ihm, die Me 262 auszutrimmen und den Flugplatz Riem zu erreichen, der gerade von Thunderbolts angegriffen wurde.

Mit zerschossenem Bugrad landete er und warf sich - die Maschine im Sprung verlassend - vor den heranbrausenden Thunderbolts in den nächsten Bombentrichter. Galland mußte wegen dieser schweren Knieverwundung die Führung des JV 44 an Oberstleutnant Heinz Bär abgeben, der diesen Verband bis zuletzt führte und auch den bitteren letzten Befehl gab, diese Wundermaschinen zu sprengen.

Auch Major Barkhorn war durch Verwundung ausgefallen.

Das Sonderkommando Elbe

Bereits unter Gallands Ägide als General der Jagdflieger war der Plan eines Sondereinsatzes entstanden, bei dem der Pilot letztlich die Vernichtung eines Feindbombers mit dem eigenen Untergang bezahlen sollte.

Als Oberst Hajo Herrmann diesen Plan im Februar zuerst Oberst Dahl, dann auch Oberst Gollob vorlegte, lehnten beide dieses Selbstmordkommando ab. Der Einspruch dieser erfahrenen Flieger wurde jedoch in den Wind geschlagen. Der Sonderlehrgang "Elbe" wurde einberufen.

Herrmanns Plan war es gewesen, eine Masse von 1.000 Jägern (!) in die Schlacht zu werfen und mit einem einzigen Schlage einen ganzen feindlichen Bomberverband vom Himmel hinunterzufegen. Dazu seien 11 Kampfverbände zu bilden. Von denen würden etwa 500 nach der ersten Kampfberührung erneut starten, um frisch aufgetankt und aufmunitioniert ein zweitesmal den Kampf aufzunehmen.

Dazu sollte in einem "Volksjäger-Programm" mit der neu in die Produktion gegangenen He 162 ein schnell zu erstellendes Kampfmittel geschaffen werden.

Die He 162 sollte im Werk Marienehe bei Rostock und in den unterirdischen Werkstätten zu Hinterbrühl bei Mödling, nahe Wien, (in der sogenannten Seegrotte) gebaut werden. Der Erstflug dieses "Volksjägers" erfolgte am 6.12. 1944 in Wien-Schwechat. Die Maschine wurde vom Werkpiloten Peter geflogen, der mit der abstürzenden Maschine den Tod fand.

Dennoch wurden etwa 300 dieser "Volksjäger" gebaut. Diese Maschinen sollten von Hitlerjungen geflogen werden, die vorher eine Segelflugschulung erhalten hatten. Dieser Plan kam zum Glück nicht zur Ausführung.

Stattdessen aber wurde von der neu gebildeten 9. Fliegerdivision unter Oberst Hajo Herrmann am 1. März 1945 durch Fernschreiben an alle Verbandsführer folgender Befehl erlassen:

"Alle Verbände der 9. Fliegerdivision sind ab sofort dem IX. Fliegerkorps, Generalmajor Peltz, unterstellt. Die Kampfaufträge haben sich nicht geändert."

Die inhumane Luftkriegführung der Alliierten hatte Hitler auf das tiefste erbittert. Sein Sinnen und Trachten war auf Vergeltung gerichtet. Deshalb war er auch in Bezug auf Rammeinsätze Freiwilliger positiv eingestellt und als Oberst Herrmann im Januar 1945 in der Reichskanzlei vorsprach, um von Oberst Below Hitlers Stellungnahme zum Rammkommando Elbe zu erfahren, erfuhr er von diesem:

"Der Führer hat die größte Achtung vor Soldaten, die zu Ramm-Einsätzen bereit sind, auch wenn er solche nicht befehlen wird. Freiwillige wird er jedoch gewähren lassen."

Nunmehr wandte sich Oberst Herrmann an Göring. Er legte dem Oberbefehlshaber der Luftwaffe einen Aufruf zur Meldung Freiwilliger vor, der noch überarbeitet wurde, um dann vom Adjutanten des Reichsmarschalls an alle Luftwaffeneinheiten durchgegeben zu werden.

Auf dem Fliegerhorst Stendal trafen bald darauf die ersten Freiwilligen ein, die zum vorgesehenen Selbstopfer-Unternehmen "Wehrwolf" (wie dieser Einsatz letztendlich genannt wurde) bereit waren. Das Unternehmen war auf 150 Flugzeugführer begrenzt worden. Für sie wurden insgesamt 180 Bf 109 bereitgestellt.

Als am Morgen des 7. April 1945 die 8. USAAF einen Großeinsatz mit insgesamt 1.300 Bombern und 850 Geleitjägern durchführte, der Dessau zum Ziel hatte, wurde das Sonderkommando Elbe alarmiert.

Das Unternehmen "Wehrwolf" begann an diesem Tage um 11.15 Uhr. Es herrschte Windstille, der Himmel war ohne Wolken und die Temperatur sehr niedrig.

Nach einer weiten Sammelrunde gingen die einzelnen Staffeln dicht geschlossen auf Südkurs in Richtung Magdeburg. Sie kamen aus Sachau und Stendal, Gardelegen, Salzgitter und Solpke. In 11.000 Metern Höhe, die Sauerstoffgeräte angelegt, sahen sie kurz darauf die weißen Streifen der "dicken Autos", wie die gegnerischen Bomber genannt wurden, die bis zu 6.000 Meter unter ihnen flogen. Die Rammschwärme schlossen sehr eng zusammen, dann erscholl das Angriffssignal:

"An alle Geier und Falken – Angriff frei! – Sieg Heil!"

Neben den Rammjägern griffen weitere Bf 109, FW 190 und Me 262 an.

Es war vor allem die 452. Bombergruppe unter Colonel Batson, die den ersten Ansturm der Rammjäger erlebte und schwere Verluste erlitt. Dieser Verband befand sich gerade im Nahbereich des Steinhuder Meeres, als der Angriff erfolgte. Zum ersten Male sahen die US-Bomberbesatzungen, wie sich deutsche Jäger auf die Bomber warfen. Binnen weniger Minuten stürzten hier sieben B-17 der Erde oder dem See entgegen, während zwei Dutzend Fallschirme der Erde entgegenpendelten. Wrackteile der getroffenen Viermot-Bomber taumelten der Erde entgegen, brennende Motoren, die sich aus den Rümpfen losgerissen hatten, torkelten gleich schweren Minen durch die Luft. Eine davon traf eine leicht getroffene B-17 und ließ sie ebenfalls abstürzen.

Aber auch die Bf 109 hatten schwere Verluste und die Rufe der abstürzenden Piloten hallten durch den Äther: "Bin angestrahlt, setze mich ab, mache Reise Reise!" Dies bedeutete, daß die betreffende Maschine defekt war und der Pilot den Einsatzraum verlassen mußte.

Eine zweite Bombergruppe, die schwere Verluste hinnehmen mußte, war die 388. Gruppe unter Colonel Cox. Als der Commander einen Rundblick wagte, sah er, wie eine Bf 109 aus großer Überhöhung auf eine seiner Fliegenden Festungen herunterstürzte, sich in die linke Seite derselben hineinbohrte und sie zur Explosion brachte. Die B-17 brach wie eine reife Frucht auseinander.

Der dritte Verband, der von diesen furios angreifenden jungen Piloten angegriffen wurde, war die 452. Gruppe. Am Nordrand des Steinhuder Meeres prallten die Wracks der abgeschossenen B-17 ebenso wie die Überreste der abstürzenden Bf 109 auf.

Colonel Herboth jr., der seit dem 4. Dezember die 389. Bomber Gruppe führte, die als "Sky Scorpions - Himmelsskorpione" bekannt war, sah einen Rammjäger frontal auf seine Maschine zufliegen. Sie riß nach den Aussagen des daneben fliegenden Oberleutnants Kunkel, Pilot der zweiten Führermaschine dieser Gruppe, die Bugkanzel von der Maschine des Commanders weg, schleuderte durch die Aufprallwucht zur Seite und stieß dann auch noch in die zweite Führermaschine dieses Verbandes hinein, um am Turmschützenstand einzudringen.

Der Turm dieses Standes flog weg und schlitzte den Rumpf der B-17 auf. Die Luftschraube des Motors 1 flog weg, Motor 2 und die Funkkabine standen Sekunden später in Flammen. Die schwere Maschine stellte sich auf den Kopf, rollte dann auf den Rücken und Oblt. Kunkel – der sie nicht mehr in die Gewalt bekam, mußte "Aussteigen!" befehlen.

Als die Maschine sich Sekunden später in ihre Einzelteile zerlegte, waren es nur zwei Männer, die diesen brennenden Sarg verlassen hatten.

Diese beiden B-17 wurden von dem Gefreiten Willi Rosner mit einem einzigen Angriff vernichtet. Es war der erste Fronteinsatz des jungen Fliegers, der sich mit dem Fallschirm retten konnte. Er erhielt beide Eiserne Kreuze.

Die Lightnings der 355. Jägergruppe wurden mit in den Kampf gezogen und zum Teil durch angreifende Me 262 vernichtet.

Es waren 13 Me 262, die die 2. Luftdivision etwa 20 Minuten lang angriffen. In kleinen Schwärmen standen sie im Luftraum bei und südlich Bremen, Nienburg und Hamburg im Kampf, während im Luftraum bei Hannover ein geschlossener Düsenjägerverband die US-Geleitjäger angriff. Im Kampf gegen die Mustangs erzielten sie Erfolge und erlitten vier Verluste.

15 Bf 109 und vier FW 190 wiederum standen über Lüneburg im Einsatz und 20 weitere Bf 109 kämpften südlich von Bremen gegen diesen weit überlegenen Feind.

Die 100. Bombergruppe unter Major Gibbons, auch die "Blutige Hundertste" genannt, stand gegen 15 Bf 109 im Kampf.

Noch einmal zeigte die Luftwaffe ihre Reißzähne. Diese letzte große Luftschlacht der Geschichte des Zweiten Weltkrieges zeigte schwere Wirkung beim Gegner. *Wäre* das Vorhaben – wie von Oberst Herrmann geplant – tatsächlich mit etwa 1000 Rammjägern durchgeführt worden, dann hätte es das Ende des gesamten riesigen Bomberverbandes bedeutet. Die Konsequenzen bei den Amerikanern wären nicht auszudenken gewesen.

Dieser kombinierte Angriff von Rammjägern, konventionellen Motorflugzeugen und Düsenjägermaschinen war so überraschend gekommen, daß die US-Führungsspitzen nicht wußten, wie ihnen geschah. Die Rammjägerangriffe und die Düsenjägerattacken gleichzeitig waren für die US-Bomberverbände etwas völlig Neues.

Das Ergebnis dieses Einsatzes lautete: Allein 23 feindliche Bomber wurden durch die 183 eingesetzten Rammjäger zum Absturz gebracht. Der Düsenjägerverband schoß insgesamt 28 Bomber und Geleitjäger ab.

77 der eingesetzten deutschen Rammpiloten bezahlten diesen Einsatz mit dem Tode. Insgesamt gingen 133 Flugzeuge verloren. 56 Piloten konnten sich durch Fallschirmabsprung retten.

Am 8. April meldete der Wehrmachtbericht:

"Amerikanische Terrorverbände richteten gestern Angriffe gegen Orte in Nord- und Südostdeutschland. Besonders über Norddeutschland kam es zu erbittert geführten Luftkämpfen, in denen die kühn angreifenden deutschen Jäger trotz stärkster Abwehr den amerikanischen Bomberverbänden schwere Verluste zufügten."

Der Nachtrag zu dieser Luftschlacht über dem Steinhuder Meer, der aufgrund des Berichtes von Generalmajor Peltz am 11. April gesendet wurde, hatte folgenden Wortlaut:

"Wie bereits im Wehrmachtbericht vom 8. April gemeldet, zeichneten sich deutsche Jagdverbände bei der Abwehr amerikanischer Terrorangriffe am 7. April durch hervorragenden Kampfesmut aus. Die Jäger durchbrachen in erbitterten Luftkämpfen die starke feindliche Jagdsperre und stürzten sich ungeachtet des heftigen Abwehrfeuers in todesmutiger Selbstaufopferung auf die viermotorigen Kampfflugzeuge.

Die amerikanischen Verbände erlitten in den auch für deutsche Jäger opfervollen Kämpfen schwere Verluste. Über 60 viermotorige Bomber wurden allein durch Rammstoß vernichtet. Ein Teil der Jäger konnte sich durch Fallschirmabsprung retten."

Das bittere Ende - Der Dicke geht

Von vielen offen und auch heimlich gefordert, vom einigen Jagdfliegerassen als *entscheidende* Voraussetzung zur Besserung der Lage angesehen, erfolgte am 23.4. 1945 die Ablösung von Reichsmarschall Hermann Göring durch Generaloberst Ritter von Greim – der gleichzeitig damit zum Generalfeldmarschall befördert wurde – die von Hitler durchgeführt und bekannt gegeben wurde.

Am diesem 23. April hatte Reichsmarschall Göring, der sich nach Berchtesgaden zurückgezogen hatte, einen Funkspruch nach Berlin absetzen lassen, der gesendet wurde, weil Hitler inzwischen seinen festen Willen bekundet hatte, in Berlin zu bleiben.

Damit, so lautete Görings Annahme, "war der Führer mit dem Eindringen der Sowjetarmee in Berlin nicht mehr handlungsfähig. Für *diesen* Fall war aber vorgesehen, daß eine außerhalb des "Kessels" – den Berlin nunmehr bildete –

stehende führende Persönlichkeit die Führung des Reiches übernehmen sollte. Dies war nach allgemeiner Bekundung und Hitlers Willen Hermann Göring.

Göring bat um eine Antwort bis 22.00 Uhr dieses Tages. Als dieser Funkspruch am Nachmittag des 23.4. in Berlin einging, wurde er direkt Hitler vorgelegt, der sich gerade zu einer Lagebesprechung im Führerbunker befand. Hitler ließ sofort einen Gegenfunkspruch tasten, darin bezeichnete er Göring als Hochverräter *und* enthob ihn aller Staaatsämter.

Görings Nachfolger wurde Generaloberst Ritter von Greim, der von Hitler sogleich zum Generalfeldmarschall befördert wurde.

Am Abend des 26. April traf Ritter von Greim mit der Pilotin Hanna Reitsch in Berlin ein. Hitler befahl von Greim, mit Hanna Reitsch nach Plön zu fliegen, um den untreu gewordenen Reichsführer SS, Heinrich Himmler, festzunehmen und unschädlich zu machen.

Mit einer Arado 96 gelang es Hanna Reitsch, den Feldmarschall auszufliegen und das HQ von Großadmiral Dönitz zu erreichen.

Soviel zunächst aus der Spitzengruppe des Reiches. Im abschließenden Kapitel dieses Werkes mehr.

Am 27.4. 1945 waren die letzten Maschinen des JG 300 noch einmal gegen alliierte Fahrzeugkolonnen bei Landsberg zum Einsatz gekommen.

Den allerletzten Einsatz des Zweiten Weltkrieges flog Major "Bubi" Hartmann am 8.5. 1945 und schoß dabei seinen 352. Luftgegner ab.

Die einmaligen Leistungen der Soldaten der Deutschen Luftwaffe aller Gattungen stand das Versagen des Oberkommandos derselben gegenüber. Unvernünftige Vorurteile u n d das Unvermögen, das im Augenblick Richtige zu erkennen, hatte zu schwerwiegenden, ja entscheidenden Fehlern geführt.

* * *

Der Triumph der RAF und der USAAF

Die Fliegerkräfte der westlichen Alliierten hatten auch in der Ardennenoffensive und daran anschließend ihre Luftbombardements mit aller Kraft fortgesetzt. Anstelle der Rüstungsindustrien wurden mehr und mehr Wohngebiete deutscher Städte angegriffen. So auch am 1.1. 1945, als der Dortmund-Emskanal angegriffen werden sollte und es die umliegenden Ortschaften traf. In der folgenden Nacht wurde der Mittellandkanal durch Angriffe der 5. Bomber Group schwer beschädigt.

Eisenbahnanlagen in Westdeutschland, bei Fulda, Paderborn, Aschaffenburg, Köln-Kalk, Hamm, Hanau und Rastatt waren ebenso Ziele wie die Chemiewerke in Pölitz, die Leunawerke und die Treibstoffwerke in Brüx, die Zeitzwerke in Wanne-Eickel, die Treibstoffwerke in Moosbirnbaum und Wien. Letztere Stadt wurde von 217 B-17 und B-24 Bombern angegriffen. Angriffsführer war die 15. USAAF.

Diese Angriffe mit verhältnismäßig kleinen Verbänden waren das Feigenblatt für jenen Angriff gegen Berlin am 3.2. 1945. Dieser Angriff wurde von 937 Bombern der 8. USAAF geflogen, die einen Geleitschutz von 613 Jägern hatten.

Während General Spaatz, der Oberbefehlshaber der US-Luftstreitkräfte in Europa, immer noch in die USA berichtete, daß n u r militärische Ziele angegriffen würden, hatte seine 8. USAAF bereits seit geraumer Zeit am Bombardement deutscher Städte teilgenommen. Der Tagesangriff gegen Berlin am 3.2. 1945 wurde vom OB der 8. USAAF, General Dolittle geführt.

In Berlin heulten um 11.02 Uhr die Alarmsirenen. Die Bomber warfen 2.270 Tonnen Bomben. Die Berliner Altstadt wurde total zerstört. Binnen 50 Minuten fiel sie ebenso wie das Zeitungsviertel in Trümmer.

Mit einigen Dutzend FW 190 warf sich das JG 300, nunmehr unter Major Hackl, einem der erfolgreichsten deutschen Jagdflieger, dem Feindansturm entgegen. 36 Bomber und neun Begleitjäger wurden abgeschossen.

Offiziell forderte dieser erste große *Terrorangriff*, an dem sich die 8. USAAF maßgeblich beteiligte, 22.000 Tote. Unter den Toten auch der berüchtigte Vorsitzende des Volksgerichtshofes, Roland Freisler.

Bereits vorher hatte es Angriffe von US-Luftverbänden auf Berlin gegeben. So am 6. März 1944 mit 627 Maschinen, die 1.600 Tonnen Bomben warfen, am 8. und 9. März 1944 mit 540 und 330 Bombern und viele andere, weniger starke.

Mit den letzten Großangriff aber hatte die angloamerikanische Führung auch das östliche Reichsgebiet in die strategische Bomberoffensive einbezogen. Das Berliner Schloß brannte völlig aus. Der Anhalter Bahnhof wurde zur Feuerhölle.

Von diesem Tage an folgten noch Dutzende weitere Angriffe auf Berlin und Ungebung, ohne diesen Generalangriff auch nur annähernd zu erreichen.

Nach einigen kleineren Angriffen holte nunmehr auch Luftmarschall Harris zum großen Schlag aus. Sein Ziel war Dresden.

Feuerhölle über Dresden

In zwei Angriffen in der Nacht vom 13. zum 14. Februar zerstörten 244 und 529 Lancaster-Bomber die Stadt völlig. Am Mittag des 14.2. 1945 kam auch General Spaatz wieder zum Zuge, als er energisch verlangte, an solchen Bombardierungen beteiligt zu werden, um seinen Bomberverbänden eine "Beschäftigung zu verschaffen."

311 B 17 der 8. USAAF setzten den Angriff auf die Bürger Dresdens fort. Geleitjäger des Typs P 51 jagten im Tiefflug über die Ausfallstraßen hinweg, die von Flüchtlingen überfüllt waren, und schossen alles zusammen, was ihnen vor die Läufe ihrer Bordwaffen kam. Andere jagten über die Elbwiesen hinweg, wohin sich die Ausgebombten der Stadt vor den Feuersbrünsten geflüchtet hatten und schossen die Menschen zusammen. Aus ihren jeweils sechs MG vom Kaliber 12,7 mm vernichteten sie viele Hunderte Menschenleben. Es war "die reinste Hasenjagd, nur daß es keine Hasen waren, sondern Menschen, auf die wir feuerten", berichtete einer der P 51-Piloten mit Tränen in den Augen.

Die Kunststadt an der Elbe wurde in Trümmer gelegt. Dies war der "schwere Schlag", den die Westalliierten ihrem Onkel Joe Stalin versprochen hatten.

Die Zahl der Toten ist nicht bekannt. Sie wurde im Laufe der Jahrzehnte von 250.00 auf 35.000 heruntergeredet und geschrieben, obgleich der Große Brockkaus immer noch 60.000 Tote nennt. Die sichere Zahl an Toten ist 90.000. Andere Stellen gehen bis auf 245.000 Tote. Aber wie viele es auch waren, dies war der *größte Terrorangriff aller Zeiten*. Und niemand ist da, der auch nur einen schüchternen Versuch unternimmt, die Verantwortlichen zur Rechenschaft zu ziehen. Ganz im Gegenteil! Der berüchtigte "Bomber Harris", dem die Schuld an diesem katastrophalen Vernichtungsschlag in die Schuhe geschoben wurde, erhielt sogar 1992 noch ein großes Denkmal und Deutschland schrie nicht auf! Es geschah doch den Bürgern von Dresden, den vielen Tausenden Frauen und Kindern zu Recht, daß sie verbrannt, erstickt und gevierteilt wurden. *Sie* hatten doch den Zweiten Weltkrieg angezettelt. Oder nicht?

Als das ganze Ausmaß dieses Angriffs bekannt wurde, dem unter anderem auch 43 (!!!) Kirchen zum Opfer fielen, versuchte Winston Churchill sich reinzuwaschen und davon zu distanzieren. Er schrieb in seinem Dresden-Memorandum an den Stabchef der RAF, Air Chief Marshal Portal:

"Mir scheint nun der Augenblick gekommen, in dem man die Frage überprüfen muß, ob deutsche Städte nur deshalb gebombt werden sollen, um den Terror zu verstärken, auch wenn für die Angriffe andere Vorwände gegeben werden.

Die Vernichtung von Dresden stellt ernsthafte Fragen über die Durchführung des alliierten Bombenkrieges. Ich halte eine stärkere Konzentration der Angriffe auf militärische Objekte für notwendiger, statt daß wir Terror und zügellose Zerstörung verbreiten, so eindrucksvoll auch immer dies sein mag."

Luftmarschall Portal zwang Churchill dazu, dieses Memorandum zurückzuziehen, mit dem er geschickt die Verantwortung auf die RAF und von sich abwälzen wollte.

Am 14.2. 1945 um 12.00 Uhr verbreitete die BBC eine "Meldung der Regierung", daß man "einen Bombenangriff auf Dresden geführt hat, den man den Russen in Jalta versprochen hatte."

Diese Meldung wurde *entgegen* allem Brauch nie mehr wiederholt (siehe: Kurowski, Franz: Das Massaker von Dresden).

Aber der Terrorangriffe war noch kein Ende gesetzt. Dresden war nicht der feurige Abgesang. Es traf noch Cottbus, erneut Dresden und auch Magdeburg. Die Messerschmittwerke in Regensburg, Nürnberg, das mit 3.500 Tonnen Bomben belegt wurde, sank in Schutt und Asche. Essen erlebte am 11. 3. 1945 den Angriff von 1.055 Bombern, die 4.700 Tonnen warfen und Teile der Stadt einäscherten. Einen Tag später traf es wieder einmal Dortmund. Diesmal warfen 1.107 Bomber mit über 5.000 Tonnen Bomben die größte Menge an Sprengstoff auf eine deutsche Stadt. Am 18.3. 1945 wurde Berlin von 305 Fortresses und 916 Liberator-Bomber angegriffen. Das war mit 4.000 Tonnen Bomben der schwerste Angriff auf Berlin.

Und General Spaatz besaß noch die Unverfrorenheit, nach den vielen schwersten Terrorangriffen an General Arnold, dem OB der US-Heeresluftstreitkräfte, zu schreiben:

"Die US-Luftstreitkräfte sind *nicht* von der historischen Politik der USA in Europa abgewichen."

Wenn dies heißen soll, daß die USA die Vernichtung deutscher Städte und deutscher Zivilisten als *ihre* Politik ansah, dann hat General Spaatz wahrheitsgemäß berichtet.

Hamburg und Kiel erlebten im April weitere Angriffe. Bei letzterem wurde der Schwere Kreuzer "Admiral Scheer" versenkt.

Als Potsdam das letztemal gebombt wurde, fielen den 1.751 geworfenen Tonnen Bomben abermals 5.000 Menschen zum Opfer.

Der letzte Angriff auf Dresden forderte abermals etwa 5.000 Tote. Dies geschah am 17.4. 1945.

Der letzte große Luftangriff der Westalliierten wurde am 24.4. 1945 auf Hitlers Berghof in Berchtesgaden mit 318 Lancaster-Bombern geflogen. Am Abend dieses Tages war der Luftkrieg über Deutschland, bis auf wenige Einzeleinsätze, beendet.

Das Fazit

In Deutschland starben durch angloamerikanische Luftstreitkräfte nach amtlichen Unterlagen 410.000 Menschen. Die wirkliche Zahl liegt bei etwa dem Doppelten. Die Zahl der Vermißten, (die man als noch heute unter den Trümmern Liegende, nicht Geborgene, bezeichnen darf) ging in die 400.000.

Vom 1.2. 1945 (als das Ende bereits absehbar war) starben noch 119.000 amtlich gezählte Deutsche im Bombenhagel der Alliierten. Überwiegend Frauen, Kinder und alte Menschen. Allein in der Reichshauptstadt wurden 49.600 Luftkriegstote amtlich registriert. Auch für diese Zahl gilt das vorher Gesagte.

3,6 Millionen Häuser wurden durch den Bombenkrieg in Deutschland völlig zerstört. 7,5 Millionen Menschen wurden obdachlos. Die Menge der auf Deutschland geworfenen Sprengmittel belief sich auf 955.044 Tonnen britischer Spreng- und Brandbomben und über einer Million Tonnen Spreng- und Brandbomben, Phosphorkanister und *Napalm* der USAAF. Von diesen Mengen fielen über 50 Prozent auf Wohngebiete. 12 Prozent aller Bomben fielen auf Fabrikanlagen und kriegswichtige Ziele. 24% regneten ausschließlich auf Großstädte über 100.000 Einwohner herunter.

Auf Großbritannien wurden deutscherseits im Verlaufe des Zweiten Weltkrieges 56.000 Tonnen Bomben geworfen. Hinzu kamen 19.000 Tonnen V-Waffen-Sprengstoffe.

In Frankreich wurden – auch dies sei an dieser Stelle angemerkt – 59.000 Menschen durch die anglo-amerikanischen Luftstreitkräfte getötet.

Air Chief Marshal Tedder gab die Menge der auf Deutschland geworfenen Kampfmittel mit 1.996.036 Tonnen an, wovon die USAAF in den 995 Tagen ihres Dabeiseins 1.034.053 Tonnen abgeworfen hatte.

Nach der knappen Aufzählung der Verluste der deutschen Luftwaffe im vorangegangenen Kapitel hier abschließend die Verluste der anglo-amerikanischen Luftstreitkräfte in Europa.

Die Zahl der gefallenen und vermißten Flieger der 8. USAAF wurde mit 43.742 Mann beziffert.

England verlor im Zweiten Weltkrieg 79.281 Soldaten der RAF.

Die Heeresluftstreitkräfte der USA verloren insgesamt 79.265 Soldaten.

Hier abschließend die Zahlen der verlorengegangenen deutschen Flugzeuge aller Typen:

38.977 Jagdflugzeuge aller Art.
9.827 Nachtjagd- und Zerstörerflugzeuge.
21.807 Kampfflugzeuge aller Art.
7.825 Schlachtflugzeuge.
5.926 Transportflugzeuge.
3.301 Nahaufklärer.
3.059 Fernaufklärer.
2.797 Verbindungs- und Kuriermaschinen.
916 Seenotflugzeuge.
Dies sind insgesamt 94.435 Flugzeuge aller Art.

Der Luftkrieg über Deutschland hatte aufgehört. Kein Ende aber nahm das Bomben in allen Ländern der Erde. Und nur sehr wenige stehen dagegen auf, wie es beispielsweise jener englische Bischof tat, der für die deutschen Menschen sprach und offen verlacht wurde.

* * *

DAS ENDE IM WESTEN

Von den Ardennen zum Ruhrkessel

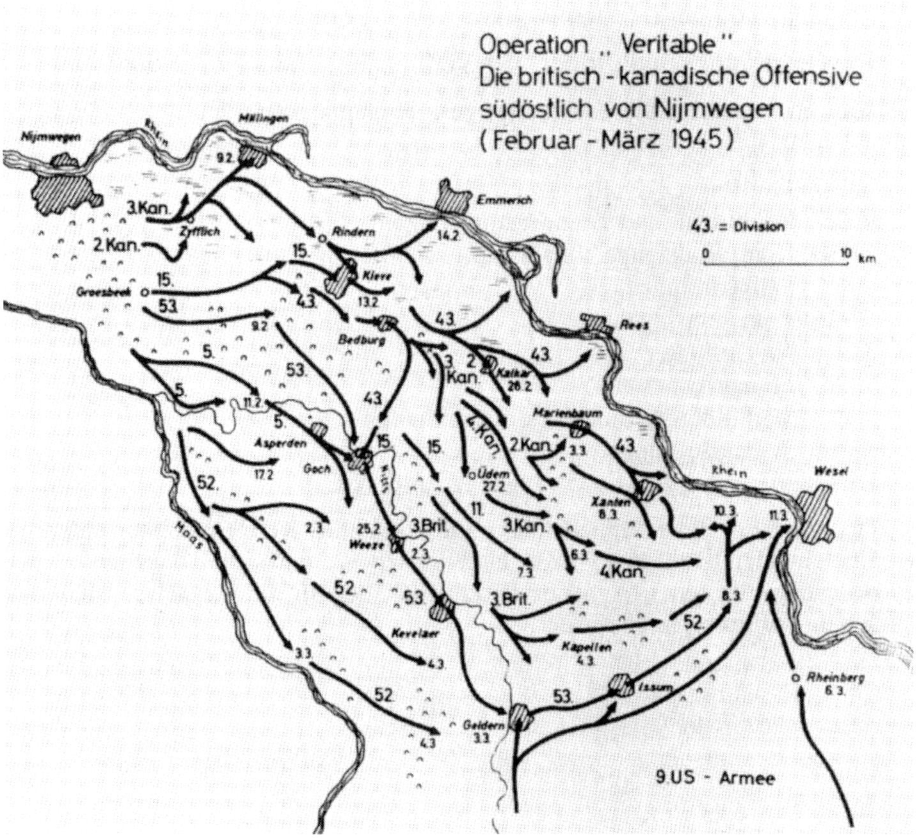

Ende Dezember 1944 war in den Ardennen die letzte deutsche Offensive im Westen so gut wie beendet. Der Versuch, bis zur Maas vorzustoßen, war mißglückt. Der Endkampf um Bastogne war in eine entscheidende Phase getreten, und diese Schlacht fraß alle deutschen Divisionen. Sie war zum entscheidenden Faktor des alliierten Erfolges in den Ardennen geworden.

Am 27.12. besprachen sich General Eisenhower, Oberbefehlshaber der Alliierten Streitkräfte in Europa, und Feldmarschall Montgomery, OB der 21. britischen Heeresgruppe. Es ging um die weiteren Operationen der Westalliierten nach Ende des Kampfes in den Ardennen, das sich bereits abzeichnete.

Man kam überein, daß nun zum entscheidenden Schlag gegen Deutschland ausgeholt werden sollte. Montgomery sollte diese Offensive nach Osten am 3.1. 1945 beginnen und an der Nordflanke des deutschen Angriffskeils zum Angriff übergehen.

Dazu verfügten die Westalliierten über 90 voll ausgerüstete Divisionen, darunter 25 Panzer-Divisionen, -in denen insgesamt 6000 Panzer versammelt waren. Zu diesen Panzerverbänden kamen noch eine größere Zahl selbständiger kanadischer und britischer Panzerverbände, sowie Panzer-Bataillone der Franzosen und Amerikaner.

Am 1. Januar 1945 um 01.05 Uhr richtete Adolf Hitler seine Neujahrsbotschaft an das deutsche Volk. Zum Schluß dieser Ansprache rief er in das Mikrofon:

> »Dieses Volk und dieser Staat und seine führenden Männer sind unerschütterlich in ihrem Willen und unbeirrbar in ihrer fanatischen Entschlossenheit, den Krieg unter allen Umständen erfolgreich durchzukämpfen ...
>
> Die Welt muß wissen, daß dieser Staat niemals kapitulieren wird.
>
> So, wie der Phönix aus der Asche, hat sich zunächst aus den Trümmern unserer Städte der deutsche Wille aufs neue erhoben. Wir werden kämpfen, bis das Beginnen unserer Feinde eines Tages ein Ende findet. Der deutsche Geist und der deutsche Wille werden dies erzwingen.
>
> Das, meine Volksgenossen, wird einmal eingehen in die Geschichte als das Wunder des 20. Jahrhunderts. In dieser Stunde will ich daher als Sprecher Großdeutschlands das feierliche Gelöbnis ablegen, daß wir treu und unerschütterlich unsere Pflicht auch im neuen Jahr erfüllen werden, des festen Glaubens, daß die Stunde kommt, in der sich der Sieg endgültig demjenigen zuwenden wird, der seiner am würdigsten ist: dem Großdeutschen Reich.«

Am selben Tag erließ auch General Patton, Oberbefehlshaber der 3. US-Armee, einen Tagesbefehl. Er war nicht weniger pathetisch und nicht weniger lang. Und am Schluß hieß es darin:

»Ich kann keinen besseren Ausdruck für meine Gefühle finden, als euch die unsterblichen Worte zuzurufen, die General Scott bei Chapultepec sprach: »Tapfere Gewehre, tapfere, kampferprobte Schützen! Ihr seid mit Feuer und Blut getauft und zu Stahl geworden.«"

Das Unternehmen "Nordwind" – Straßburg in Gefahr!

In den ersten Morgenstunden des 1.1. 1945 begann das Unternehmen »Nordwind«.

Acht Divisionen der 19. Armee, Gen.d.Inf. Rasp, traten aus dem Raum Bitsch an, um das nördliche Elsaß zurückzugewinnen und die vor ihr stehenden Divisionen der 7. US-Armee zu fesseln. Durch diesen Angriff wollte Hitler – 160 km südlich des Kampfplatzes in den Ardennen – die Initiative in diesem Raum wieder an sich reißen.

Der Angriff kam zunächst gut voran. Hagenau wurde genommen und nach Süden in Richtung Zaberner Senke schnell Raum gewonnen. Der Reichsführer SS, Himmler, der vorübergehend nach der Abkommandierung von Gen. Balck die Führung der HGr. G, zu seiner HGr. "Oberrhein", übernommen hatte, sah hier eine große Chance, zu Kriegsruhm zu kommen, und bestürmte Hitler, diesen Angriff zur »Schlacht im Elsaß« auszuweiten. Hitler stimmte zu, und ein Teil der westlich des Rheins stehenden Verbände des OB West wurde dazu abgezweigt. Dies trotz des energischen Protestes von GFM von Rundstedt. Mit diesen Verbänden wollte Himmler aus dem gehaltenen deutschen Brückenkopf Kolmar antreten und die feindliche Gruppierung in Richtung Norden aufrollen.

Damit war der Angriff in zwei Stoßrichtungen gelenkt und verzettelte sich. Wenngleich sich die 7. US-Armee unter GenLt. Patch schrittweise vor den deutschen Verbänden zurückzog, war ein durchschlagender Erfolg nicht in Sicht. Eisenhower hatte General Devers, dem OB der 6. AGr., befohlen, es auf keinen Fall zur Einschließung von Truppen kommen zu lassen.

Das von französischen Verbänden gehaltene Straßburg jedoch lag bald in greifbarer Nähe der deutschen Angriffs-Divisionen. Es stand zu befürchten, daß die Stadt wieder in deutsche Hand fallen würde.

Entsetzt durch das Ausweichen der US-Truppen erschien General de Gaulle am 3. 1. 1945 bei General Eisenhower in Reims und beschwor diesen, Straßburg nicht allein zu lassen.

»Straßburg«, so führte de Gaulle aus, »ist seit 1870-71 zu einem Symbol für die Franzosen geworden. Eine wenn auch nur vorübergehende Aufgabe dieser Stadt würde die französischen Truppen und ganz Frankreich entmutigen. – Wenn Sie uns nicht helfen können«, erklärte de Gaulle abschließend, »werden wir mit unseren Streitkräften Straßburg bis zum letzten Blutstropfen verteidigen müssen.«

General Eisenhower konterte eiskalt, daß die französische Armee nur dann Munition, Material und Verpflegung erhalten werde, wenn sie seinen – Eisenhowers – Befehlen nachkomme. Er wies darauf hin, daß es nicht zu dieser prekären

Situation gekommen wäre, wenn es die Franzosen verstanden hätten, den Kolmarer Frontvorsprung der deutschen Truppen zu beseitigen.

Am Schluß kam es jedoch zu einem Kompromiß, indem Eisenhower de Gaulle die Zusicherung gab, daß General Devers Befehle erhalten würde, die nördlichen Frontvorsprünge aufzugeben und die solcherart freigewordenen Truppen in der Mitte um Straßburg herum einzusetzen und die Stadt zu halten.

Churchill, der während dieser Besprechung ebenfalls im alliierten Hauptquartier anwesend war, sich aber weise zurückhielt, äußerte sich erst, nachdem de Gaulle gegangen war:

»Ich glaube, das ist die beste Lösung!«

In den ersten Morgenstunden des 3. 1. 1945 begann die alliierte Gegenoffensive mit dem Ziel, in den Ardennen mit starken Kräften von Süden und Norden den Raum Houffalize zu erreichen und alle westlich dieser Linie stehenden deutschen Verbände abzuschneiden und zu kassieren.

Während die 1. US-Armee, mit dem VII. Korps vorn, aus Norden nach Süden antrat, griffen sechs Divisionen der 3. US-Armee von Süden nach Norden an. Gleichzeitig mit diesen amerikanischen Bemühungen hatte auch die 5. PzArmee, GendPzTr. von Manteuffel, am 3. 1. 1945 den Angriff auf Bastogne wieder aufgenommen. Beide Seiten prallten hart aufeinander. Bei Longchamps trafen die Panzer-Divisionen der 5. PzArmee auf die 101. LLDiv. und hielten sie auf. Nördlich Lutrebois, acht Kilometer südlich Bastogne, stieß die 1. SS-PD »AH« auf die 6. US-PD. Trotz Fehlens der Kampfgruppe Peiper, die noch weit westlich stand, wurden die Amerikaner geschlagen. Brennende und zerschossene Panzer zeigten den Rückzugsweg dieser US-PD an. GenMaj Grow, ihr Kdr., ließ seine Panzer zurückrollen, und mitten in diese Rückzugsbewegungen stießen die Panzer der 1. SS-PD hinein. Tiger und Panther schossen die an Feuerkraft unterlegenen Feindpanzer zusammen. Die Nacht wurde zur Rettung für diese Division. Ebenso erging es der 17. LLDiv, drei Kilometer westlich Bastogne, die im Kampf etwa 40 Prozent Verluste erlitt. Am Abend dieses Tages saß General Patton, der OB der 3. US-Armee, an seinem Schreibtisch und notierte in seinem Tagebuch: »Wir können den Krieg immer noch verlieren.« Winston Churchill aber schrieb nach seinem Treffen mit Eisenhower an Marschall Stalin:

»Die Schlacht im Westen ist sehr schwer, ich wäre Ihnen äußerst dankbar, wenn Sie mich wissen ließen, ob wir im Laufe des Januars an der Weichselfront, oder an einer anderen Stelle, mit einer russischen Großoffensive rechnen können.«

Marschall Stalin teilte Churchill daraufhin mit, daß er die für den 20. 1. 1945 geplante Offensive vorziehen und schon am 12. 1. aus dem Baranow-Brückenkopf angreifen werde. Bis zum 14. 1. würden dann fünf sowjetische Heeresgruppen auf der gesamten Frontbreite zum Angriff gegen Deutschland übergehen.

Im Westen ging der Kampf weiter. Der Rückzug der Truppen des OB West war in vollem Gange. Die Panzer-Lehr-Division, die noch am Morgen des 5. 1. in Zilly stand, ging in Nachtmärschen schrittweise zurück und erreichte St. Hubert, das bereits am 31. 12. von US-Truppen genommen worden war. Das PGLehrRgt. 901 sollte die Stadt zurückgewinnen. Ihr Angriff am 6. und 7. 1. drang nicht durch. Das Regiment mußte sich kämpfend zurückziehen.

Der deutsche Angriff auf Straßburg hatte sich festgelaufen. Nunmehr versuchten die 7. US-Armee und die französische 1. Armee, die General Devers ebenso unterstellt war wie die 3. US-ID, den deutschen Frontvorsprung bei Kolmar auszuräumen. General Devers unterstellte zu diesem Auftrag der franz. 1. Armee die 2. PD und die 28. US-ID sowie die 12. PD. Damit standen General de Lattre de Tassigny elf Divisionen zur Verfügung, die er gegen den Frontvorsprung Kolmar ansetzte.

Hier stand Gen.d.Inf. Rasp mit acht Divisionen, von denen er die 17 Kilometer südlich Straßburg stehende Division in Reserve behielt. Mit dem LXIV. AK, GenLt. Thumm, standen die 198. ID und die 16., 189. und 708. VGD südlich des Schluchtpasses bei Straßburg bis in den Raum Kembs am Rhein.

Das LXIII. AK, Gen.d.Inf. Abraham, stand mit der 338. und 716. VGD und der 159. ID daran anschließend bei Kembs am Rhein. Armeereserve wurde die 2. GD, GenMaj. Degen, die aus Norwegen herangeführt worden war.

Im Hagenauer Forst kämpften noch immer die Divisionen der 7. US-Armee. Bei Gambsheim unterhielt die deutsche Führung einen Brückenkopf, der für den Gegner eine ernste Bedrohung darstellte.

Die deutschen Verbände hatten den Angriff auf Straßburg zwar nicht mit einem Erfolg krönen können, aber sie standen in den erreichten Stellungen abwehrbereit.

Hier begann am 20. 1. 1945 der Angriff des franz. I. Korps zwischen Mülhausen und Thann mit der 9. ID (KolTr.) der 2. marok. ID und der 4. marok. ID. Die 1. PD unter General Sudres nahm zur Unterstützung der Infanterie am Angriff teil. Sie hatte den Auftrag, feindliche Widerstandsnester zusammenzuschießen.

Der Angriff, der im starken Schneesturm geführt wurde, drang ein Stück durch und führte deutscherseits zum Einsatz der Reserven im Süden des Frontbogens.

Dies war jedoch nur ein Seitenangriff. Der Hauptangriff wurde vom franz. XI. Korps geführt, das erst am Morgen des 23. 1. unter Führung von General de Mantsabert zwischen Kolmar und dem Illwald antrat. Die 3. US-ID rechts und die 1. ID (mot.) links, von den Panzern der 5. PD unterstützt, und durch eine Kampfgruppe der Division Leclerc verstärkt, rollte der Angriff in Richtung Neubreisach los. Er erzielte am ersten Tag einigen Geländegewinn. Ein paar Ortschaften wurden im Sturm genommen. Es gelang General Garbay, einen

Brückenkopf auf dem Ostufer der Ill zu errichten, nachdem seine 1. freifranz. ID den Illwald durchfahren und die Ortschaft Illhäusern in Besitz genommen hatte.

Am 27. 1. erreichten die Spitzengruppen der 3. US-ID die nördlichen Vororte von Kolmar. Die 1. ID (mot.) und die 2. PD konnten die stark verteidigten Dörfer Jebsheim und Grusenheim erobern.

Doch das Ziel war noch fern, und schon zeigten sich die ersten Ermüdungserscheinungen, die General de Lattre de Tassigny dazu brachten, General Devers um Hilfeleistung anzugehen. Der OB der 7. US-Armee unterstellte dem General das XXI. AK, GenMaj. Milburn, der sich mit seinen Divisionen zwischen dem franz. XI. Korps und der 10. ID einschob. Damit gewann das franz. XI. Korps, dessen linker Flügel eng zusammengepreßt war, wieder Luft. Es eroberte Markolsheim und schnitt die Spitzenverbände der 19. Armee, die in Richtung Straßburg vorfühlten, ab. In der Nacht zum 30. 1. setzte die 3. US-ID bei Kolmar über den Kanal, und es sah bereits so aus, als würde die Stadt von der 28. US-ID erobert werden. Doch GenMaj. Cota blieb kurz davor stehen, um dem französischen General Schlesser den Vortritt zu lassen, der die 5. PD am 2. 2. 1945 nach Kolmar hineinführte.

Damit waren die Krisen überwunden. Alles drang zügig vorwärts, und am 4. 2. gewann General Bethouart Einsisheim, Sultz und Gebweiler. Die 1. PD erreichte Heiligenkreuz, acht Kilometer südlich Kolmar, und am 6. 2. fiel Niederbreisach mit der alten Festung in die Hand der 3. US-ID, die im Nachtangriff über Sturmleitern in die Festung eindrang.

Die Schlacht bei Kolmar ging mit einer Niederlage für die 19. Armee zu Ende, und bis zum 9. 2. wurden die letzten deutschen Truppen auf das rechte Rheinufer zurückgeworfen.

Neben der moralischen Wertigkeit dieses Erfolges für die Franzosen waren die strategischen, operativen Folgen erheblich. Es wurde der 7. US-Armee nunmehr möglich, nach links auszuweichen und dem franz. XI. AK Gelegenheit zu geben, sich an der Moder einzuschieben, einem idealen Startplatz für die weiteren Operationen, die auf den Rhein bei Speyer und auf Ulm zielten.

Die weitere Entwicklung

Der Rückzug der deutschen Divisionen aus den Ardennen beschleunigte sich seit dem 5. 1. 1945. Bereits am 9.1. 1945 wies der Chef des GenStabes, GenOberst Guderian, in der Führerlagebesprechung Hitler auf die bedrohliche Lage im Osten hin und erklärte, daß die Feindlagemeldungen auf eine Großoffensive der Sowjetarmee hindeuteten. Hitler wies Guderian in einem hysterischen Zornausbruch darauf hin, daß nach wie vor der Westen Vorrang habe.

»Wir müssen dort die Initiative behalten!« sagte er abschließend. »Weder werde ich die Ostfront verstärken noch in Zukunft irgendwelche Rückzüge zulassen... Ich kriege immer einen Horror, wenn ich etwa höre, daß man sich irgendwo absetzen muß, um operieren zu können. Das kenne ich seit zwei Jahren, und das hat sich immer verheerend ausgewirkt.« (siehe Guderian a. a. 0.).

Am 10. 1. gab Hitler in der nächsten Lagebesprechung bekannt, daß er die 6. SS-PzArmee aus den Ardennen herausziehen und auffrischen werde. »Sie hat jedoch«, fuhr er fort, »zur Verfügung des Oberbefehlshabers West zu bleiben.«

Himmler selbst, der glaubte, ein besserer Kenner der Materie zu sein als die Führer der Armeen und Heeresgruppen, sagte nach der Führerlage zu GenOberst Guderian:

»Wissen Sie, lieber Generaloberst, ich glaube nicht, daß die Russen überhaupt angreifen, das ist alles nur ein Riesenbluff. Die Zahlen Ihrer Abteilung Fremde Heere Ost sind maßlos übertrieben. Sie selbst machen sich viel zu viel Gedanken. Ich bin fest davon überzeugt, daß im Osten nichts passieren wird. « (siehe von Manteuffel: »Die Schlacht in den Ardennen«).

Generaloberst Guderian aber wußte es besser, und so vertraute er seinem eigenen Tagebuch den Satz an:

»Hitler dachte in diesen schicksalsschweren Tagen nur an die eigene Westfront. Die ganze Tragik unserer militärischen Führung offenbarte sich am Schluß des Krieges noch einmal an diesem Beispiel der gescheiterten Ardennenoffensive.«

Am 13. 1. 1945 erreichte die PLD mit ihren Spitzengruppen Houffalize. Zur gleichen Zeit legten die alliierten Bomberverbände ihre Bomben-Teppichwürfe auf diese Kreuzung, um den Rückzug deutscher Truppen hier aufzuhalten. Bei meterhohem Schnee wurden die deutschen Divisionen von feindlichen Jabos gejagt. Die am selben Tag bei Bras zusammentreffende 1. und 3. US-Armee hatte den Sack noch vor der zurückmarschierenden 5. FJD zugemacht. Aber alle anderen deutschen Divisionen waren entkommen.

Am 16.1. 1945 um 09.05 Uhr trafen auch bei Houffalize die 1. und 3. US-Armee zusammen. Damit war praktisch die Schlacht in den Ardennen zu Ende. Der Rückzug in die Siegfriedstellung und zum Rhein begann.

Schnell den weichenden deutschen Verbänden hinterherstoßend, erreichten diese beiden Armeen die deutsch-belgische Grenze und stießen durch den Westwall. Bei Schleiden war es das V. US-Korps mit der 1., 2. und 78. ID, das auf einer Breite von 40 Kilometern Geländegewinn erzielen konnte. Die Wasserkraftwerke an der Roer, Urft und Olef fielen diesem Korps zu.

Dennoch gelang es, das Gelände vor der 9. US-Armee unter Wasser zu setzen. Hier erstarrten alle Bewegungen. Erst am 23. 2. 1945 konnte der nächste Schritt getan werden.

In der Nacht zum 18.1. 1945 war die 1. US-Armee wieder der 12. Heeresgruppe unterstellt worden, die sich von diesem Zeitpunkt an Heeresgruppe Mitte nannte.

Die 21. Heeresgruppe unter Feldmarschall Montgomery, die nunmehr die Bezeichnung HGr. Nord erhielt, bereitete sich zu einem Angriff vor, der dem Zweck diente, eine gute Ausgangsbasis für eine neue Großoffensive zu gewinnen. Dieser Angriff wurde vom XII. brit. Korps und dem XIII. US-Korps gemeinsam geführt. Letzteres bildete den linken Flügel der 9. US-Armee unter General Simpson, die Feldmarschall Montgomery weiterhin unterstellt blieb.

Der Angriff begann am 21.1. 1945 und führte aus den Räumen Linnich-Geilenkirchen-Sittard-Maas bei Masseyck gegen den hier vorspringenden deutschen Frontbogen. Hier verteidigte die 176. ID, die sich des Ansturmes der brit. 43. und 42. ID, der brit. 7. PD und der 102. ID der Amerikaner erwehren mußte. Bis zum 28. 1. wich sie kämpfend zurück und mußte dem Gegner das gesamte Gebiet des Dreiecks zwischen Roer und Maas, mit Ausnahme der Stadt Roermond, überlassen. Nach diesen vorbereitenden Gefechten begann am 8. 2. 1945 der Sturmangriff auf das Reich.

Verhandlungen in Moskau

Am 13. 1. 1945 trafen Air Chief Marshal (General der RAF) Tedder, GenMaj. Bull und BrigGen. Betts, in Moskau ein. Hier wurde das anglo-amerikanische Team, das die Koordinierung der nunmehr auf beiden Fronten laufenden Offensiven vornehmen sollte, von Marschall Stalin freundlich empfangen. General Tedder hatte die Ermächtigung Eisenhowers in der Tasche, die neuen alliierten Pläne vorzutragen. Die Absichten der westlichen Alliierten waren in einem Dreiphasenplan festgelegt, der vom Stab Eisenhowers ausgearbeitet worden war.

I. Phase: Vernichtung aller deutschen Streitkräfte, die noch westlich des Rheins standen, durch drei Großoperationen.

1. Großoperation: Großangriff der 21. Armeegruppe, Montgomery, mit dem Ziel der Gewinnung des unteren Rheinlandes von Nijmwegen bis Düsseldorf

durch die 1. kan. Armee, GenLt. Crerar, des Reichswaldes und des Roergebietes durch die 9. US-Armee, die dazu weiterhin unter dem Kommando der 21. Armeegruppe blieb.

2. Großoperation: Vorstoß der 1. US-Armee, GenLt. Hodges, in Richtung Köln-Bonn-Remagen und der 3. Armee in Richtung Koblenz. Dies war unter dem Kommando der 12. Armeegruppe.

3. Großoperation: Angriff der 3. und 7. US-Armee gegen die noch im Saargebiet haltenden deutschen Truppen mit dem Ziel: Erreichen des Rheins in der Linie Stuttgart-Mainz. Hierbei sollte die 6. Armeegruppe das Kommando führen.

Der Kolmarer Sack sollte (wie im Vorabschnitt dargestellt) von der franz. 1. Armee ausgeräumt werden.

Stalin selbst teilte der Mission mit, daß er – selbst wenn die von ihm am Vortage begonnene Großoffensive nicht zum Durchbruch führen werde – dennoch eine Reihe weiterer Großoperationen durchführen lassen würde, um so viele Kräfte des Gegners wie möglich im Osten festzuhalten. Es sollte der deutschen Wehrmacht unmöglich gemacht werden, weitere Truppen aus dem Osten abzuziehen und nach dem Westen zu transportieren. Diese Koordination führte schließlich im Endergebnis zum Ende des Krieges binnen vier Monaten.

Die Kräftelage an der Westfront

Nachdem die 6. SS-PzArmee aus der Westfront herausgezogen worden war, standen nur noch sieben deutsche Armeen zur Abwehr der westalliierten Offensive bereit.

Im Bereich der HGr. G hielt die 19. Armee den Oberrhein und den Raum Kolmar, während die 1. Armee zwischen Rhein und Mosel stand. Zwischen der Mosel von Trier bis Roermond standen die 7. und 15. Armee, während die 5. Panzerarmee noch in den Ausgangsstellungen lag, die sie auch vor Beginn der Ardennenoffensive eingenommen hatte. Diese drei Armeen unterstanden der Heeresgruppe B.

Die neugebildete HGr. H, GenOberst Blaskowitz, stand mit der 1. FjArmee an der Maas, während die 25. Armee in Holland und am Niederrhein ihre Stellungen bezogen hatte.

Der Kampf um Kolmar, der am 20. 1. 1945 mit dem Angriff der franz. 1. Armee von Süden begann, drang zunächst bei der 19. Armee nicht durch. Erst als General Eisenhower Devers den Befehl zum Einsatz des XXI. US-Korps gab, kam der Angriff vorwärts. Kolmar fiel am 3. 2. 1945. Der deutsche Brückenkopf wurde aufgespalten, die Alliierten erreichten am 9.2. 1945 südlich von Straßburg den Rhein. Fast zur gleichen Zeit waren die alliierten Vorbereitungen zur Operation »Veritable« beendet. Ziel dieser Offensive war ein Großangriff gegen den Rhein bis in den Raum zwischen Rees und Wesel.

In den ersten Februartagen wurde die PLD, die im Raum südlich Neuerburg aufgefrischt hatte, in Richtung Köln in Marsch gesetzt. Ihr Kdr., GenLt. Bayerlein, hatte folgenden Befehl erhalten:

»Die PLD hat im Verein mit der 7. und 8. FJD den erwarteten Angriff der 21. brit. Armeegruppe durch den Reichswald auf Kalkar und Goch aufzuhalten und zu zerschlagen.«

Noch vor Beginn des Angriffs übergab GenLt. Bayerlein die PLD an GenMaj. Niemack und übernahm die Führung des LIII. AK., das bis Kriegsschluß als »Korps Bayerlein« bekannt wurde. Die alliierte Gliederung zu dieser neuen Offensive war folgende:

Armeegruppe Nord:	21	Feldmarschall Montgomery mit:
kan. 1. Armee		GenLt. Crerar
brit. 2. Armee		GenLt. Dempsey
9. US-Armee		GenLt. Simpson
1. LL-Armee		GenLt. Brereton
Armeegruppe Mitte:	12	General Omar N. Bradley mit:
1. US-Armee		GenLt. Hodges
3. US-Armee		GenLt. Patton
Armeegruppe Süd:	6	General Devers mit:
7. US-Armee		GenLt. Patch
franz. 1. Armee		General de Lattre de Tassigny

Feldmarschall Montgomery hatte zusätzlich fünf englische und amerikanische Fallschirmjäger-Verbände erhalten, die unter der Bezeichnung 1. LLArmee unter General Brereton zusammengefaßt worden waren.

Als man am 2.2. 1945 sicher war, daß die alliierte Großoffensive kurz bevorstand, ließ der OB West, GFM von Rundstedt, alle Kommandeure der nördlichen Rheinfront zu sich in das HGrHQ kommen. Dort zeigte sich, daß es grundsätzliche Meinungsverschiedenheiten gab. Und zwar hatte GenOberst Blaskowitz vorgetragen, daß er den Angriff der britisch-kanadischen Streitkräfte bei Venlo erwarte.

»Hier allein«, führte er aus, »ist der englisch-kanadischen Armee eine unmittelbare Unterstützung durch die Amerikaner sicher, weil ja mit deren Vorstoß über die Roer in Richtung Köln jeden Tag gerechnet werden muß.«

General Schlemm war jedoch anderer Meinung. »Der Gegner wird an der Front im Reichswald angreifen und versuchen, über Kleve auf Wesel vorzustoßen und dort den Rhein zu gewinnen. Dieser Angriff bietet für die Alliierten den Vorteil, daß sie nicht über die Hochwasser führende Maas setzen brauchen. Außerdem umgehen sie mit dieser Stoßrichtung den Westwall, der sich parallel zur Maas aus dem Raum Goch-Geldern nach Aachen hinzieht. Wenn ein Angriff mit dieser Stoßrichtung gelingt, ist es dem Gegner möglich, von der nördlichen Flanke aus die gesamte Front aufzurollen.«

Trotz der Überzeugungskraft dieser Argumente schloß sich GFM von Rundstedt der Meinung von GenOberst Blaskowitz an. Die Reserven wurden nicht im Norden hinter dem Reichswald aufgestellt, sondern im Süden des Armeebereiches. Und zwar die 7. FJD ostwärts Venlo und das XXXXVII. PzK mit der 15. PGD und der 116. PD im Raume Viersen-Kempen.

Teilschuld an dieser gegensätzlichen Beurteilung der Lage trug nicht zuletzt die Aversion von GenOberst Blaskowitz gegen die Tatsache, daß in seinem HGr.-Bereich eine Luftwaffendienststelle eine Armee befehligte. Dies sollte sich noch bitter rächen.

Der Angriff wurde am frühen Morgen des 8.2. 1945 um 05.00 Uhr zwischen Maas und Rhein mit einem Trommelfeuer aus rund 1000 Geschützen begonnen. Fünf Stunden später stürmte das brit. XXX. AK, GenLt. Horrocks, mit drei britischen und zwei kanadischen Divisionen los. Der Hauptstoß dieses Angriffs traf allein die 84. ID, die im Reichswald verteidigte. GenOberst Blaskowitz hatte nicht mit einem Angriff aus Nijmwegen gerechnet, deshalb stand hier nur eine Division. Im Reichswald begann ein erbitterter Kampf.

Da der allgemeine Angriff bereits seit zwei Tagen bekannt war, ließen die deutschen Stellen die Deiche unterhalb von Emmerich bis Pannerden durchstechen. Durch diese Maßnahme lief das Hochwasser des Rheins in das linksrheinische Kampfgebiet nördlich der Reichsstraße Nijmwegen-Kleve-Kalkar.

Als sich gegen Morgen der hier herrschende Bodennebel hob, schossen die alliierten Geschütze in der Front Nebelgranaten. Der Reichswald verwandelte sich in eine Lärmhölle.

Mitten im Artilleriefeuer tauchten Bomber- und Jagdbomberverbände auf. Teilweise im Tiefflug warfen die Jabos Raketenbomben, während die Höhenbomber über der HKL ihre Bombenteppiche ausbreiteten. Dann rollten die Feindpanzer heran. Neben Kampfpanzern auch Flammpanzer zum Ausräuchern der Widerstandsnester. Als sich der Abend niedersenkte, war das Artilleriefeuer der Westalliierten noch immer nicht verstummt. Der Angriff aber war nicht durchgedrungen. Wie dieser erste Tag auf der deutschen Seite verlief, sei durch den Bericht aus dem Abschnitt der 1. Fallschirm-Armee eingeblendet.

General der Fallschirmtruppe Schlemm, der mit dem Stab der 1. FschArmee in Dinxperlo, nahe Bocholt, an der deutsch-niederländischen Grenze lag, wurde von dem Trommelfeuer geweckt. Man wußte zwar, daß der Angriff beginnen würde, nur wann genau,war nicht klar gewesen. Nun hatte man Gewißheit.

Nach einem Schluck Kaffee fuhr General Schlemm im Kübelwagen an die Front. Es dauerte nicht lange, bis er einen ersten Eindruck von der Wucht dieses Trommelfeuers erhielt. Er hatte die Überzeugung: Dies ist der alliierte Großangriff! Die Alliierten hatten die Offensive im Reichswald westlich von Kleve begonnen.

Die eingehenden Aufklärungsmeldungen berichteten von Bewegungen im Raume Eindhoven in Richtung Nijmwegen und damit in Richtung zum Reichswald. Spähtrupps, die durch den niederschmetternden Stahlregen vorgingen, bestätigten diese Meldungen im einzelnen.

Die Front der 1. FschArmee lehnte sich an diesem 8. 2. 1945 im Norden ostwärts Millingen an den Rhein an, verlief über Kronenberg nach Gennep zur Maas, um dann – der Maas folgend – bis zur Mündung der Roer in die Maas zu gehen. Hier schloß sich die entlang der Roer verlaufende Front der 15. Armee an, während im Norden die 25. Armee die Rheinfront bis zu dessen Mündung hielt.

Am Nachmittag des 8. 2. meldete General Schlemm nach Rückkehr von der Front an die HGr. H, GenOberst Blaskowitz, daß die alliierte Offensive im Reichswald gegen die hier allein stehende 84. ID begonnen habe. Er fügte an, daß er als erste Maßnahme die eigene Reserve, die 7. FJD, aus dem Raume Venlo alarmiert, auf Lkw verladen und in Richtung Gennep in Marsch gesetzt habe. Mit ihrer Hilfe sollte das im Reichswald verlorengegangene Gelände im Gegenstoß zurückgewonnen werden.

Beim HGrStab war man nicht der Ansicht von General Schlemm, daß dieser Angriff der Hauptstoß sei. Dort erwartete man einen weiteren Angriff, der mit Schwerpunkt Venlo jederzeit losbrechen könne. Aus diesem Grunde befahl GenOberst Blaskowitz den sofortigen Rücktransport der 7. FJD in ihren Bereitstellungsraum bei Venlo. Der Ic der HGr. war zu dieser Überzeugung gelangt, da man nur Soldaten der kanadischen Division eingebracht hatte. Daraus folgerte er, daß die übrigen Divisionen noch nicht im Kampf stünden und bei Venlo eingesetzt werden sollten.

Damit hatte GenOberst Blaskowitz seine bereits am 2.2. vertretene Meinung durchgesetzt. Nun waren die Reserven eben nicht im Norden aufgestellt, wie General Schlemm dies gewollt hatte.

General Schlemm stand vor einer schwierigen Entscheidung. Sollte er dem Befehl des HGrKdos. Folge leisten? Er entschloß sich zu einem Kompromiß und hielt die 7. FJD auf halbem Wege zum befohlenen Ziel an. Sie blieb bei Kevelaer stehen und kehrte nicht, wie GenOberst Blaskowitz befohlen hatte, nach Venlo zurück.

Am 9.2. 1945 war klar: Die Alliierten hatten inzwischen alles in den Kampf geworfen, und ihr Ziel war der Reichswald. Gefangene von fünf britisch-kanadischen Divisionen wurden eingebracht. General Schlemm forderte nun die Freigabe seiner 7. FJD. Diesmal wurde sie ihm erteilt, und er war froh, daß er ihr das Hin und Her erspart hatte und daß sie nun bereits näher am Brennpunkt der Entscheidungen war. Die Division rollte dem Kampfgebiet entgegen.

Bis zum 9. 2. waren von seiten der Alliierten die kan. 1. Armee mit unterstellten Verbänden der britischen 2. Armee (das brit. XXX. AK) im Reichswald im Einsatz. Und zwar in Stärke von 5 Divisionen, 3 Panzer-Brigaden und 11 Spezialregimentern. Sie hatten Weisung, den Reichswald so rasch wie möglich zu durchstoßen und Wesel zu erreichen.

Im Zusammenwirken mit der Operation »Grenade«, dem Losschlagen der 9. Armee am 10.2. über die Roer auf Köln-Neuß, sollten die westlich des Rheins stehenden deutschen Truppen mit einer großangelegten Zangenbewegung eingekesselt und vernichtet werden.

Die 15. ID durchstieß als Angriffsspitze den Nordrand des Reichswaldes und erreichte am 10.2. gegen 16.45 Uhr den Westrand von Kleve. Die geplante Operation »Grenade« war noch nicht angelaufen. Zwar hatte General Simpson am 9. 2. mit der 9. US-Armee die letzten Staudämme der Roer erobert und stand nunmehr auf dem Westufer dieses lange umkämpften Flusses, aber an ein Überschreiten desselben konnte wegen des Hochwassers nicht gedacht werden. GFM Model hatte die Urft-Talsperren öffnen lassen und damit den Unterlauf der Roer zu einer unüberwindlichen Wasserschranke gemacht.

Die 84. ID, die im Zentrum des Angriffs, im Reichswald, kämpfte, hatte 48 Stunden lang dem Ansturm der Kanadier und Engländer standgehalten. Die Soldaten dieser Division gingen nur schrittweise zurück. Die nachdrückenden Feindpanzer, die sich nur auf den Waldschneisen bewegen konnten, rollten auf die hier geschickt angelegten Minensperren. Auch die beiden durch diesen Wald führenden Straßen waren vermint. Der Durchbruch der brit. 15. ID im Nordabschnitt auf Kleve konnte jedoch nicht verhindert werden.

Es gelang GenOberst Blaskowitz,vom OB West die Freigabe des XXXXVII. PzK zu erreichen. Die 15. PGD und die 116. PD rollten nun in den Kampfraum. Mit ihnen auch Teile der 7. und 8. FJD. Der Angriffsschwung des Gegners erlahmte.

Im anschließenden Maasabschnitt bei und südlich Gennep sicherte das LXXXVI. AK, GenLt. Straube, mit der 180. und 190. ID. Zwischen der 84. ID und der 180. ID lag das FJR 2 der 2. FJD bei Siebengewald-Hammersum-Asperden westlich von Goch. Oberst Vorwerck führte es. Die beiden anderen Regimenter dieser Division standen noch im Befehlsbereich der 25. Armee zwischen Waal und Lek. Vorwärts und im Raume Goch kämpfte das FJR 2 mit nie erlahmendem Einsatz.

General Schlemm, der noch am 8. 2. seinen ArmeeGef Stand von Dinxperlo in ein Bauerngehöft nahe Xanten vorverlegt hatte, um vorn bei den Frontkommandeuren führen und jeden sich bildenden Schwerpunkt binnen kürzester Zeit erreichen zu können, verlegte am 13. 2. seinen GefStand nach Rheinberg, da der Aufbau der Südfront den Vorrang erhalten hatte. Aus dem FHQ war der Befehl gekommen, den Brückenkopf unbedingt zu halten. Um diesen Befehl durchführen zu können, löste General Schlemm die 15. PGD, die PLD und die 84. ID aus der Nordfront heraus.

Am 14. 2. erreichten die Alliierten gegenüber Emmerich das linke Rheinufer. Die deutsche HKL war auf der Linie Uedem-Keppeln zurückgenommen worden. Hier standen die 7. FJD und ein Sicherungs-Batl. Es war zu erwarten, daß der Gegner im zweiten Stoß an dieser Stelle durchbrechen würde.

Am selben Tag wurde die Stadt Rees von einem schweren Bombenangriff getroffen. Die Rheinbabenbrücke bei Wesel wurde ebenfalls gebombt. Diese Bombardierungen wiederholten sich am 16.2. Bereits am 14.2. war ein Teil der Straßenbrücke über den Rhein bei Wesel in den Fluß gestürzt. Nun mußte der Straßenverkehr über ein ausgefülltes Gleis der Eisenbahnbrücke geführt werden.

Einsatz der Fallschirmjäger und der Panzer-Lehr-Division

Die alarmierte PLD erreichte am 17. 2. 1945 den neuen Einsatzraum im Uedemer Bruch. Als erstes traf das PGR 901 hier ein. Zwischen Keppeln und Schwanshof lag die PzJägLehrAbt. 130 mit ihren Panzerjägern.

Auch das FJR 7 der 2. FJD wurde Mitte Februar in diesen Raum geworfen, weil hier der Schwerpunkt des neuen alliierten Angriffs erwartet wurde. Es wurde zunächst der 116. PD unterstellt, jedoch am 19. 2. der 15. PGD zugeführt. Oberst Riedel, der RgtKdr., erhielt Befehl, im Verband dieser Division gegen den Feind im Raume Goch - Uedem anzutreten. Der Angriff begann am 19. 2. und stieß kurz nach dem Anlaufen auf starke feindliche Panzer- und Infanteriekräfte. Flammpanzer galt es zu überwinden, die gegen die von den Fallschirmjägern verteidigten Höfe vorrollten und aus 200 bis 100 m Distanz ihre tödlichen Flammenstrahlen ausspien und die Höfe in Brand setzten. Einzelkämpfer der Fallschirmjäger pirschten sich an die Flammpanzer heran und schossen sie mit der Panzerfaust ab.

Am 20. 2. 1945 wurde das FJR 7 gemeinsam mit der 84. ID, der 15. PGD und einigen selbständigen Fallschirmjäger-Verbänden dem II. FschK. unterstellt. Alles stand nun zur Abwehr des neu losbrechenden Angriffs bereit.

Der Angriff des XXX. AK unter General Horrocks begann am 22. 2. 1945. Mit 500 Panzern im vordersten Treffen rollte eine Stahllawine gegen die deutsche HKL. Die wenigen Panzer, Pioniere, Panzerjäger, Flak und Pak der PLD kämpften gegen eine vielfache Übermacht. Die Panzerjäger rollten in den feindlichen Angriffskeil hinein. Ofw. Stolz und Lt. Schönrath von der PzJägLehrAbt. 130 schossen je drei Feindpanzer ab.

Noch am 23. 2. mußte sich das PGR 901 absetzen, und wenig später zogen sich auch die Panzer und Panzerjäger zurück und erhielten den Auftrag der Division, nach Süden zu stoßen und sich mit den von Süden nach Norden angreifenden Verbänden des LIII. AK zu vereinigen und die bei Glehn stehenden Feindpanzerverbände zu vernichten.

Es galt, die im Süden des Angriffs vorbrechende 9. und 1. US-Armee aufzuhalten, die an diesem 23. 2. zum Angriff über die Roer angetreten waren und von den geringen Kräften der dem Feind dort gegenüberstehenden 15. Armee nicht gehalten werden konnten.

Sieben Infanterie- und drei Panzer-Divisionen hatten die Operation »Grenade« begonnen. Die 363. ID, GenLt. Dettling, die Jülich verteidigte, wurde vom XIX. US-Korps geworfen. Im Abschnitt Linnich standen die 53. und 193. ID gegen das XIII. US-Korps auf verlorenem Posten. Die 1. US-Armee erreichte Düren und nahm die Stadt bis auf den Stadtrand in Besitz, wo sich noch Teile der 176. ID hielten.

Die 15. Armee unter GenInf. von Zangen versuchte mit allen Mitteln den Durchbruch zu verhindern. Die 15. PGD und die PLD wurden in diesen bedrohten Abschnitt geworfen. Aber der Angriff der PLD nach Süden konnte erst am 27. 2. beginnen,und an diesem Tage hatte der Gegner mit seinen Infanterie-Divisionen bereits den Raum Erkelenz durchstoßen, rollten die Panzer der 2., 3. und 8. US-PD an der Infanterie vorbei nach vorn. Der Gegenangriff der 9. deutschen PD gegen die Flanke dieser nach Nordosten vorstoßenden Amerikaner brachte keinen Erfolg.

Die Amerikaner drehten ihre 9. Armee nach Norden und Nordosten, in den Rücken der noch weiter westlich haltenden 1. FschArmee hinein. Das am linken Flügel der 9. US-Armee eingesetzte XVI. Korps griff Roermond und Venlo an. Am 1. 3. nahmen Truppen des XIII. US-Korps die beiden Städte Rheydt und Mönchengladbach. Einen Tag später erreichten die Truppen von GenLt. Simpson bei Neuß den Rhein, während die Mitte des Korps Krefeld erreichte und durchfuhr.

Die PLD, die am 27. 2. nach Süden angetreten war, kam nicht recht vorwärts. Das PGR 901 mußte sich auf den Tönisberg zurückziehen. Hier wartete es den aus

Süden geführten Angriff des LIII. AK ab. Dieser Angriff wurde von GenLt. Bayerlein gegen Kapellen geführt, das am 26. 2. gewonnen wurde. Wenig später wurden die Angriffsgruppen, vor allem die vorpreschenden Panzerspitzen, von Feindflugzeugen angegriffen, sechs Panzer wurden dabei vernichtet, drei weitere beschädigt. Damit erlahmte auch hier der Schwung, und als am Abend dieses Tages die 5. US-PD des XIII. US-Korps in die linke Flanke des LIII. AK hineinstieß, mußte GenLt. Bayerlein sein Korps zurücknehmen und Kapellen aufgeben. Der Kampf konzentrierte sich auf den Raum Schiefbahn, nur wenige Kilometer nordostwärts Mönchengladbach.

Unmittelbar vor der PLD gelangte ein Regiment der 5. US-PD nach Schiefbahn hinein. Es war nur noch eine Frage von Stunden, bis die gesamte 5. US-PD in der Stadt saß und den nachfolgenden Verbänden den Weg freihielt.

Da die Regimenter 901 und 902 der PLD durch diese Bewegungen der 5. US-PD in Gefahr gerieten, abgeschnitten zu werden, befahl GenMaj. Niemack einen Gegenangriff auf Schiefbahn. Gelang es, hier die US-Panzerspitze aufzuhalten, waren die Panzergrenadiere gerettet.

Zwei Kampfgruppen, die aus Männern beider Panzergrenadier-Regimenter zusammengestellt waren, folgten den Panzern in den Bereitstellungsraum. In der einen Gruppe bildete die 3./PiLehrAbt. 130 mit einigen Panzern des PzRgt. 130 und Teilen der 1., 2. und 3./PGR 901 die Streitmacht. Vier Tiger, dem PLR 130 unterstellt, rollten halbrechts vor den Panzerjägern als erste vor.

Der Nachtangriff drang durch. Wenige Minuten nach den ersten Schußwechseln war das Nachtgefecht um Schiefbahn in vollem Gange. Oblt. Wagner, Chef der 3./PJLehrAbt. 130, führte den Angriff. Die Nacht wurde von den Abschußfahnen durchloht. Panzer brannten mit dicken Qualmsäulen. Aber der Angriff blieb zunächst im Abwehrfeuer des Gegners liegen. Die Panzerjäger rollten ein Stück zurück.

Oblt. Wagner erklärte ihnen, daß sie mit zwei Panthern des PLR 130 von der Südwestflanke angreifen sollten, während die andere Gruppe von der Ostflanke kommen werde. Als das Feuer auf der Ostflanke einsetzte und schließlich auch das Gros mit den Panzergrenadieren antrat, rollten auch die Panzerjäger auf der Südwestflanke an. Wenig später tauchten vor den Pzjägern von Lt. Schönrath die ersten Feindpanzer auf.

Uffz. Job, Richtschütze im Wagen von Ofw. Stolz, sah einen Panzer in der Optik auftauchen. Er schoß ihn ab; dann einen zweiten. Der Zug Lt. Schönrath schoß vier weitere Panzer ab.

»Weiter vorrollen!« befahl Lt. Schönrath.

Alle Panzerjäger schossen. Lt. Schönrath ließ sie in der Mitte der Ortschaft eindrehen. Sie erreichten den Marktplatz, sahen in der Drehung einen Feindpanzer aus einer Nebenstraße auftauchen, drei,vier weitere folgten ihm. Fw. Dückert, der Leutnant und Ofw. Stolz schossen nun gleichzeitig auf anrollende Feindpanzer. Die dreimal kurz nacheinander aufbrüllenden Treffer und Flammenlanzen zeigten, daß sie getroffen hatten.

Panzergrenadiere tauchten im Flackerlicht der Brände auf. Sie stürmten auf die Häuser jenseits des Marktplatzes zu, wichen dann vor MG-Feuer aus den Kellern dieser Häuser zur Seite aus.

»In die Keller halten«, rief Lt. Schönrath über Sprechfunk. Die Panzerjäger schossen Sprenggranaten in die Keller. Das MG-Feuer verstummte. Am Ende des Marktplatzes sahen sie sich einem neuen Panzerpulk gegenüber, der aus Westen anrollte. Das Gefecht flackerte erneut auf. Fünf weitere Panzer wurden abgeschossen.

Die Panzergrenadiere säuberten die Ortschaft vom Gegner. Ein Stoßtrupp holte aus einem Keller 40 Amerikaner heraus.

Aber auch die PzJägAbt. 130 hatte schwere Verluste erlitten. Vom Zug Lt. Schönrath waren nur noch drei Panzerjäger übriggeblieben.

Am Abend des 3. 3. 1945 nahm der linke Flügel der 9. US-Armee nördlich von Venlo Verbindung mit der kan. 1. Armee auf. Damit waren die noch westlich des Rheins stehenden deutschen Divisionen (insgesamt 15) in die Zange geraten. Um ein Haar wäre es den Spitzengruppen der 5. US-PD – als deutsche Panzer getarnt – gelungen, bei Oberkassel über die Rheinbrücke zu kommen. Sie waren 12 km weit durch deutsche Stellungen, entlang an deutschen Verbänden, nach Osten gefahren und wurden im Büchsenlicht des jungen Tages plötzlich als Feindpanzer erkannt. Als die Spitzenpanzer die Oberkasseler Brücke erreichten, flog diese mit Donnergetöse in den Fluß.

Eine zweite US-Kampfgruppe, die versuchte, bei Uerdingen über den Rhein zu kommen, erreichte sogar die Brücke. Neun US-Panzer rollten bereits mitten darauf, als sie gesprengt wurde. Die Feindpanzer stürzten in den Fluß. Der Vorstoß der 9. US-Armee war zu Stehen gekommen.

Während noch das OKW die drei deutschen Divisionen aus dem Kampfraum Uedem-Keppeln herauszog, unter ihnen auch wie dargestellt die PLD, bereitete sich das brit. XXX. Korps bereits zum Stoß auf den Rhein vor.

Der Angriff des brit. XXX. Korps, Horrocks, begann am 22. 2. 1945. 500 Panzer griffen an, um jenes Gebiet in die Hand zu bekommen, das für den Gewinn des Rheinufers als Aufmarschbasis dienen sollte. Vor diesem mächtigen Panzerkeil lagen keine nennenswerten deutschen Panzerverbände. Dennoch verlief dieser Angriff nicht so glatt, wie es sich die Briten gedacht hatten. Das FJR 7 und eine Handvoll Sturmgeschütze der Fallschirm-Sturmgeschütz-Abt. 12 hielten diesem Ansturm stand und wichen nur schrittweise zurück, bis sie schließlich im Raume

Weeze, Uedem und Uedemer Bruch stehenblieben. Auf dem Hügel von Keppeln hockten sie und wiesen feindliche Angriffe ab.

Hier griffen Feindpanzer des XXX. Korps am Morgen des 26. 2. noch einmal massiert an, nachdem sie Uedem und Keppeln in ihren Besitz gebracht hatten. Aber auch diese Panzerarmada wurde aufgehalten. Bei Tageslicht griffen 200 Lancaster-Bomber den Hügel an. Danach wurden Nebelgranaten geschossen, und erneut fuhren die übriggebliebenen Feindpanzer zum Angriff vor. Mit einigen wenigen Pak und Panzerfäusten wurde auch dieser Angriff abgewiesen.

Erst am Morgen des 27. 2. mußten sich die Fallschirmjäger vom Hügel von Keppeln absetzen, weil die von Süden anrollenden Teile der 9. US-Armee sie hätten abschneiden können. Sie zogen sich nach Kervenheim und, als an diesem Tage auch Kalkar fiel, weiter nach Sonsbeck-Menzelen in Generalrichtung Wesel zurück.

Die wenigen Sturmgeschütze der 7. FJD deckten den Rückzug. Sie erreichten am 1. 3. den Raum Kevelaer. Beim Kloppermannshof gelang es Lt. Heinz Deutsch, zwei Churchill-Panzer im Gefecht abzuschießen. Auch seine beiden Zuggeschütze erzielten Abschüsse. Abermals war die feindliche Panzerspitze aufgehalten worden, und am 2. 3. rollten alle verfügbaren Sturmgeschütze noch einmal zu einem Entlastungsstoß des schon überrollten Fallschirmjägerverbandes in den Raum Kevelaer vor. Lt. Deutsch schoß abermals zwei Sherman und einen Churchill ab.

Über Wetten zogen sich die Sturmgeschütze in Richtung Kapellen zurück. Der Gegner fühlte vorsichtig nach. Er hatte vor diesen Sturmgeschützen mit ihren durchschlagskräftigen Kanonen einen großen Respekt gewonnen.

Bis zum 4. 3. 1945 dauerten die Kämpfe im Raume Kapellen. Immer wieder stießen die drei Geschütze des Zuges Deutsch aus ihren Verstecken vor, schossen einige der sich vortastenden Feindpanzer ab und verschwanden wieder.

Die ersten Einheiten und Verbände des LIII. AK erreichten in den ersten Märztagen den Rhein. GenLt. Bayerlein, dessen Korps den Brückenkopf auf dem westlichen Rheinufer gegenüber Wesel hielt, bekam am 1. 3. einen Befehl vom OKW, daß kein einziger Stabsoffizier ohne besonderen Befehl den Rhein überschreiten dürfe. Die dauernde Anwesenheit höherer und höchster Offiziere bei der Truppe sollte ihre Widerstandskraft stärken. Korpsgefechtsstand des LIII. AK war Rheinfeld. Am 3. 3. wurde er bereits von herangekommenen US-Panzern beschossen und ausgeräuchert. Die Offiziere und Soldaten wurden bis an den Rhein gedrückt. Erst am Morgen des 4. 3. erhielt GenLt. Bayerlein Genehmigung, mit seinem Stab den Rhein zu überschreiten.

Aus Schiefbahn nach Norden weichend, leisteten die Panzer und Panzerjäger der PLD im Zusammenwirken mit den Panzergrenadieren dem brit. XXX. AK heftigen Widerstand. Bei Veen kam es zu einer der letzten Panzerschlachten. Die wenigen deutschen Panzer standen einer erdrückenden feindlichen Übermacht gegenüber. Dennoch wurde gegen das brit. XXX. Korps, unter schweren eigenen Verlusten, gehalten.

Überschwere US-Panzer rollten gegen die Panzerjäger der PLD. Bei Rheinberg, dem südlichen Eckpfeiler des Brückenkopfes Wesel, standen die Panzerjäger im Abwehrkampf. Sie sicherten das Abfließen der PLD über den Rhein und rollten schließlich, nach Abschuß von drei Feindpanzern, als letzte auf die Rheinfähre.

Die Fallschirmjäger der 7. FJD (GenLt. Erdmann), die Xanten verteidigt hatten, mußten am 8. 3. die Siegfriedstadt verlassen. Sie erhielten um 19.00 Uhr dieses Tages Befehl, den Brückenkopf Wesel aufzugeben. Die Sturmgeschütze hatten hier ein weiteres Mal den ungestüm nachdrängenden Gegner aufgehalten. Bei Alpen wurden am 6. 3. mehrere Feindpanzer abgeschossen, und als am frühen Morgen des 9. 3., nachdem das Gros der Fallschirmjäger den Rhein passiert hatte, ein feindlicher Panzervorstoß gegen die Nachhuten erfolgte, wurde beim Haus Loo von dem Geschütz des Lt. Deutsch ein vorgeprellter Sherman abgeschossen. Danach setzten sich auch die Sturmgeschütze als letzte ab und rollten auf die Fähre, die sie über den Rhein brachte.

Bei Büderich nahe Wesel setzten dann am frühen Morgen des 10. 3. die letzten Fallschirmjäger über den Rhein.

Die russischen Panzer T 34/85 traten ab 1945 an der Ostfront in großen Stückzahlen auf.

Ein russischer Stalin-Panzer ist vor deutschen Stellungen in Ostpreußen 1944/45 liegengeblieben.

Ein deutscher Panzergrenadier mit aufgepflanztem Bajonett, Handgranate und Spaten im Koppel.

Bei der Konferenz von Jalta auf der Krim wird am 4. Februar 1945 zwischen Churchill, Roosevelt und Stalin die Aufteilung Europas beraten.

Währenddessen stehen die deutschen Landser im verzweifelten Abwehrkampf.

Frühjahr 1945: Eine deutsche 7,5 cm-Pak in Erwartung des kommenden Panzerangriffs.

Am 13. und 14. Februar 1945 wird Dresden durch verheerende Luftangriffe völlig zerstört. Die Stadt war überfüllt mit Flüchtlingen aus dem Osten, die nun Opfer der Flammen wurden. Mindestens 200.000 Menschen kamen beim Bombenangriff auf Dresden und seinen Folgen ums Leben.

Jugendliche ab dem 16. Lebensjahr wurden zum Volkssturm eingezogen. Der junge Soldat im Vordergrund hält ein „Ofenrohr" in der Hand, eine Raketenwaffe zur Abwehr gegen Panzer.

Ein Hitler-Junge steht mit einer Panzerfaust in Bereitschaft.

Deutschlands wehrfähige Männer waren alle im Einsatz, gefallen oder in Gefangenschaft geraten. Jugendliche wurden nun in den ungleichen Kampf geworfen. Der Schrecken des Krieges steht ihnen ins Gesicht geschrieben.

Russische Stoßtruppen wurden bei Lauban (nähe Görlitz) geschlagen und der Ort von Deutschen zurückerobert. Diesen deutschen Erfolg nutzte der NS-Propagandaminister Dr. Joseph Goebbels sogleich, um an die Truppen anfeuernde Reden zu halten.

Generalfeldmarschall Schörner mit Goebbels am 8. März 1945 in Lauban. Schörner war bei den deutschen Soldaten sehr gefürchtet, weil er mit Kriegsgericht und schnellen Todesurteilen gegen „Drückeberger" aller Art vorging.

Marschall I. J. Konjew, russischer Oberbefehlshaber der 1. Ukrainischen Front, war ein „Konkurrent“ des Sowjetmarschalls Shukow beim russischen Vorstoß auf Berlin.

Januar/Februar 1945: Panzerfaustschützen gehen in einem Graben im eingeschlossenen Königsberg vor.

Die Stadt Königsberg, zur Festung erklärt, wurde während der russischen Belagerung größtenteils zerstört.

Ein russischer T 34/85 im zerstörten Heiligenbeil Ende Januar 1945. Die Überlegenheit der russischen Streitkräfte zu Lande und in der Luft war 1945 erdrückend.

Ein russischer T 34 mit aufgesessener Infanterie durchfurtet die Neiße.

Russische Stoßtruppen auf dem Vormarsch im zerstörten Gleiwitz.

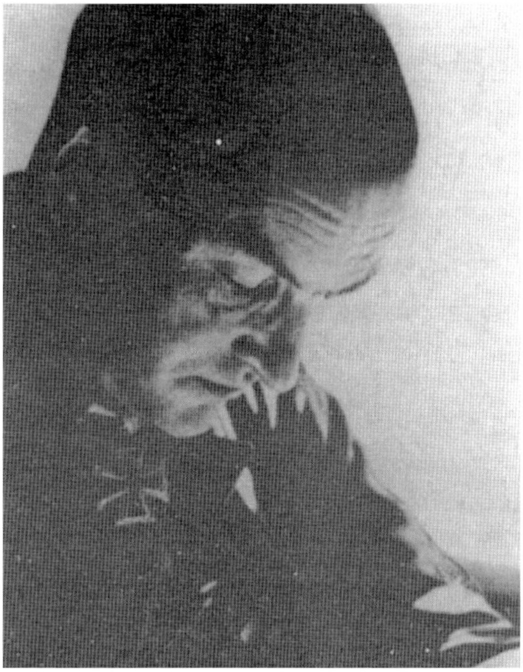

General der Panzertruppe Karl Decker beim Kartenstudium. Er führte das 39. Panzerkorps, das 1945 nur noch wenige Panzer besaß.

Generaloberst Harpe führte zuletzt die 5. Panzerarmee.

Der Befehlshaber der Heeresgruppe „Weichsel", Gotthard Heinrici, löste den unfähigen Reichsführer SS in der Truppenführung ab.

General Niehoff verteidigte mit gemischten Verbänden die Stadt Breslau.

Generalmajor Dr. Franz Bäke, ein beliebter und fähiger Führer von Panzerverbänden an der Ostfront.

Generaloberst Dr. Lothar Rendulic führte 1945 die Heeresgruppe Kurland, später dann die Heeresgruppe Süd.

General von Edelsheim kämpfte 1945 mit seinem 48. Panzerkorps im Rahmen der 12. Armee an Oder und Elbe.

Oberst Arthur Jüttner führte die 62. Volks-grenadierdivision.

General der Panzertruppe Friedrich Kirchner führte das 57. Panzerkorps.

Generalleutnant Dr. Karl Mauss führte seine 7. Panzerdivision bei Graudenz und Elbing.

Major Dr. Erich Mende führte im Frühjahr 1945 das Grenadierregiment 216. Nach dem Krieg war er für die FDP im Bundestag.

General Wilhelm Philipps führte im Osten die 3. Panzerdivision.

General der Infanterie Recknagel führte das 42. Armeekorps und fiel am 23. Januar 1945 im Kampf.

General der Infanterie Otto Lasch verteidigte Königsberg und übergab die Stadt an die Russen, bevor sie völlig zerstört wurde. Er wurde daraufhin von Hitler verstoßen.

General Weidling leitete zuletzt den Abwehrkampf in Berlin und musste vor den Russen kapitulieren.

Generalmajor Hyazinth Graf von Strachwitz, ein Panzerkommandeur aus dem Adelsstand.

Ende April 1945 trafen an verschiedenen Frontabschnitten die Westalliierten mit den Russen zusammen, wie im Bild Amerikaner und Russen in Meissen. Das Deutsche Reich lag in den letzten Zügen.

In Wismar trafen englische und russische Truppen aufeinander und beglückwünschten sich gegenseitig zu ihrem Erfolg.

Der erste gemeinsame Treffpunkt der Alliierten war Torgau an der Elbe, wo sich Amerikaner und Russen am 25. April 1945 die Hand reichten.

Einträchtig marschieren sie zusammen durch die Straßen von Torgau. Die Freundschaft zwischen den Russen und Westalliierten hat nicht lange gehalten, der „Kalte Krieg" wirft bereits seine Schatten voraus.

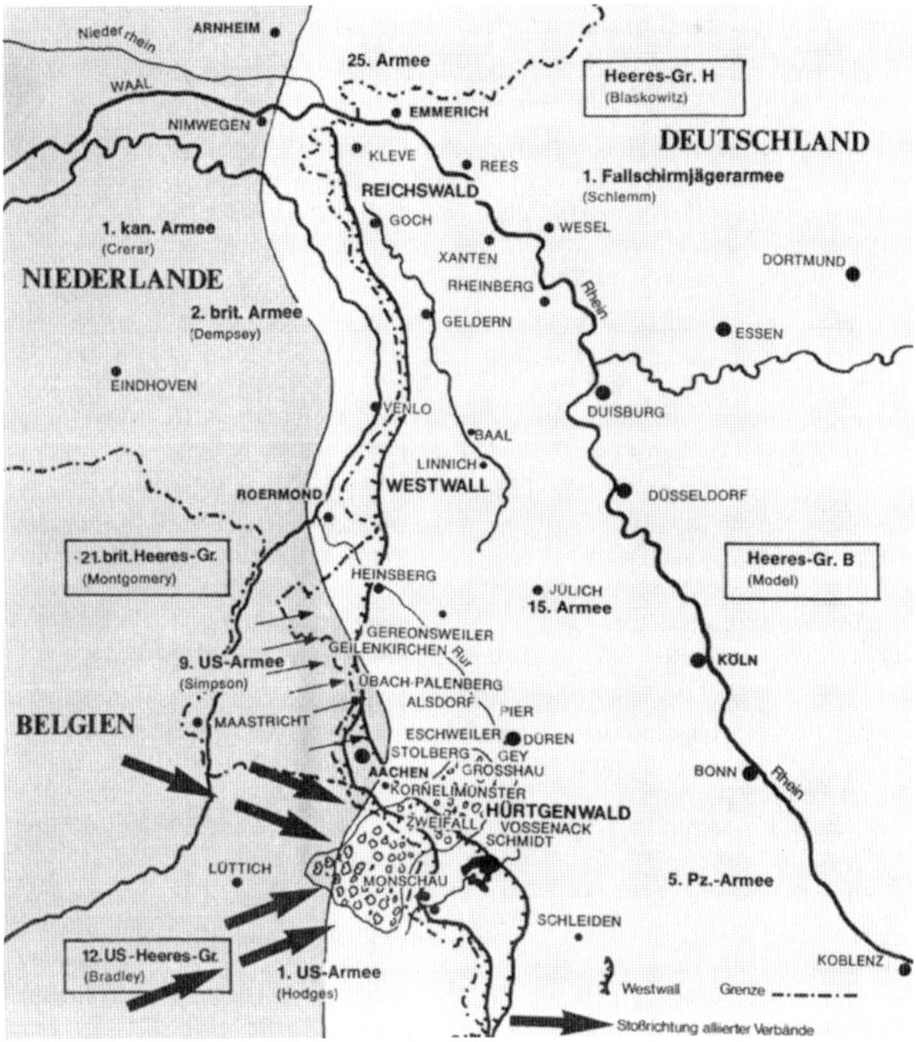

Als der linke Flügel der 9. US-Armee mit dem XVI. Korps unter General Anderson Roermond und Venlo angriff und am 1. 3. das XIII. US-Korps Reydt und Mönchengladbach in Besitz nahm und der Rhein am 2. 3. vom XIX. US-Korps bei Neuß erreicht wurde, wäre den Amerikanern fast die geplante Einschließungsbewegung gelungen. Doch die 1. FjArmee, die nach Sprengung der Maasbrücken den Rückzug angetreten und am 1. 3. Roermond und Venlo aufgegeben hatte, ohne sich darin zu verbeißen, verschaffte sich mit dieser Taktik und den nachfolgenden Verzögerungsgefechten bei Rheinberg, Sonsbeck und Xanten jene Zeit, die notwendig war, um das Gros über den Rhein zu schaffen.

Nicht weniger als neun Rheinbrücken lagen im Befehlsbereich der 1. Fsch-Armee, für alle war General Schlemm verantwortlich.

»Wenn ich auch nur eine in die Hand der Alliierten fallen lassen würde, konnte eine Katastrophe eintreten«, sagte General Schlemm nach dem Kriege. »Das einfachste wäre natürlich eine Sprengung der Brücken gewesen. Dies war jedoch nicht möglich, da noch eine große Menge Material, Vieh und andere Güter über den Fluß geborgen werden sollten.

Für jede dieser Brücken ernannte ich einen Pionier-Offizier als Kommandanten, der die Sprengung vorbereitete und mit mir über Sprechfunk in Verbindung blieb. Trotzdem ging die Sache nicht glatt. Von Süden her strömten Restverbände der 15. Armee in den Brückenkopf ein, die sich vielfach – unter Berufung auf Weisungen von GFM Model – meinen Befehlen widersetzten.

Als ich am 3. 3. früh durch Funkspruch die Sprengung der Straßenbrücke bei Homberg befahl, versuchte ein Oberst aus dem Bereich der 15. Armee, den Brückenkommandanten an der Sprengung zu hindern. Erst als ich ihm persönlich die Erschießung androhte, konnte die Sprengung durchgeführt werden. Den übrigen Brückenkommandanten führte ich nun starke Feldgendarmeriekommandos zu und erreichte damit, daß alle Brücken zur richtigen Zeit zerstört wurden.«

Am 2. 3. griffen die Amerikaner von Neuß auf Krefeld an. Sie zermürbten den Westbrückenkopf durch stundenlanges Trommelfeuer und Luftangriffe. Der Vorschlag von General Schlemm, die total abgekämpften Verbände auf das Ostufer zurückzunehmen, wurde von der HGr. abgelehnt. Erst als GenOberst Blaskowitz sich persönlich davon überzeugt hatte, daß die rückwärtigen Dienste der 15. Armee und der 1. FjArmee sich selbst behinderten, erteilte er die Genehmigung zur Zurücknahme dieser Verbände auf das Ostufer des Flusses.

Am 6. 3., als es den englischen Stoßgruppen gelang, die Beobachtungsstelle der 1. FjArmee auf dem Bönninghardt zu erobern und der Brückenkopf gegenüber Wesel auf eine Breite von 15 und eine Tiefe von 12 km zusammengeschrumpft war, vereinigten sich gegenüber Wesel die 35. US-Div. des XVI. Korps mit der brit. 52. ID. Zwischen Köln und Emmerich war das Westufer des Rheins auf einer Breite von 130 km in alliierter Hand.

Damit war der erste Teil des Dreiphasenplanes gelungen. Die Schwenkbewegung der 9. US-Armee hatte die 15. Armee aus ihren Stellungen zurückgedrückt, wodurch sich auf dem rechten Flügel der HGr. B eine breite Lücke geöffnet hatte. Durch diese Lücke gelangten US-Truppen in den Rücken der HGr., und GFM

Model verfügte nicht mehr über genügend Reserven, um die Linie Köln-Düren zu besetzen.

Das XII. US-Korps, General Hodges, erreichte am 4. 3. Zülpich. Das V. US-Korps umfuhr den Wald von Gemünd nach Norden, erkämpfte Übergangsstellen über die Erft und gewann südlich Euskirchen die Ebene von Köln. Am 6.3. rollten die 3. US-PD, GenMaj. Rose, und die 104. US-ID, GenMaj. Terry, durch das brennende Köln. Alle Brücken waren zerstört. Die 1. US-Armee wandte sich nach Süden und Südosten, um General Pattons 3. Armee entgegenzustoßen. Dieser hatte mit seiner 3. Armee soeben den Widerstand der 5. PzArmee, nunmehr von GenOberst Harpe geführt, überwunden. Sein VIII. Korps, General Middleton, überschritt die Ur und gewann Prüm. Das in der Mitte vorpreschende XII. Korps, GenLt. Eddy, ging zwischen Echternach und Wallendorf über die Sauer und rollte auf Bitburg zu. Im Dreieck zwischen Saar und Mosel kämpfte das XX. US-Korps das Gelände frei. Saarburg wurde in Besitz genommen, und die 10. US-PD griff Trier an, das am 1. 3. dieser Division zufiel.

Von Trier bis Bitburg war damit der linke Flügel der deutschen HGr. B aufgesparten. Patton setzte nunmehr die 4. PD, GenMaj. Gaffey, nach Nordosten an. Sie erreichte am Abend des 5. 3. Daun und stand zwei Tage später bei Andernach am Rhein.

Die an der Spitze des VIII. US-Korps vorrollende 11. PD, GenMaj. Holmes, stellte am 11. 3. dicht nördlich Brohl die Verbindung zur 1. US-Armee her.

Damit hatten beide US-Armeen die wichtigsten Straßen in Richtung Rhein von Bonn bis Koblenz in ihren Besitz gebracht und zwangen die 5. PzArmee, auf Nebenstraßen über die Eifel auszuweichen. Das LXXIV. AK der 15. Armee, das auf dem rechten Flügel marschierte, erlitt starke Verluste, ebenso das LIII. AK, Gen.d.Kav. von Rothkirch und Trach, der mit seinem Stab in Gefangenschaft geriet. Die 18. VGD, 5. FJD und die 89. ID gerieten größtenteils ebenfalls in Gefangenschaft.

Was aber das wichtigste war, ein Ereignis, das man auf US-Seite niemals zu erhoffen gewagt hatte, war eingetreten. Die US-Truppen gewannen eine Rheinbrücke im Handstreich.

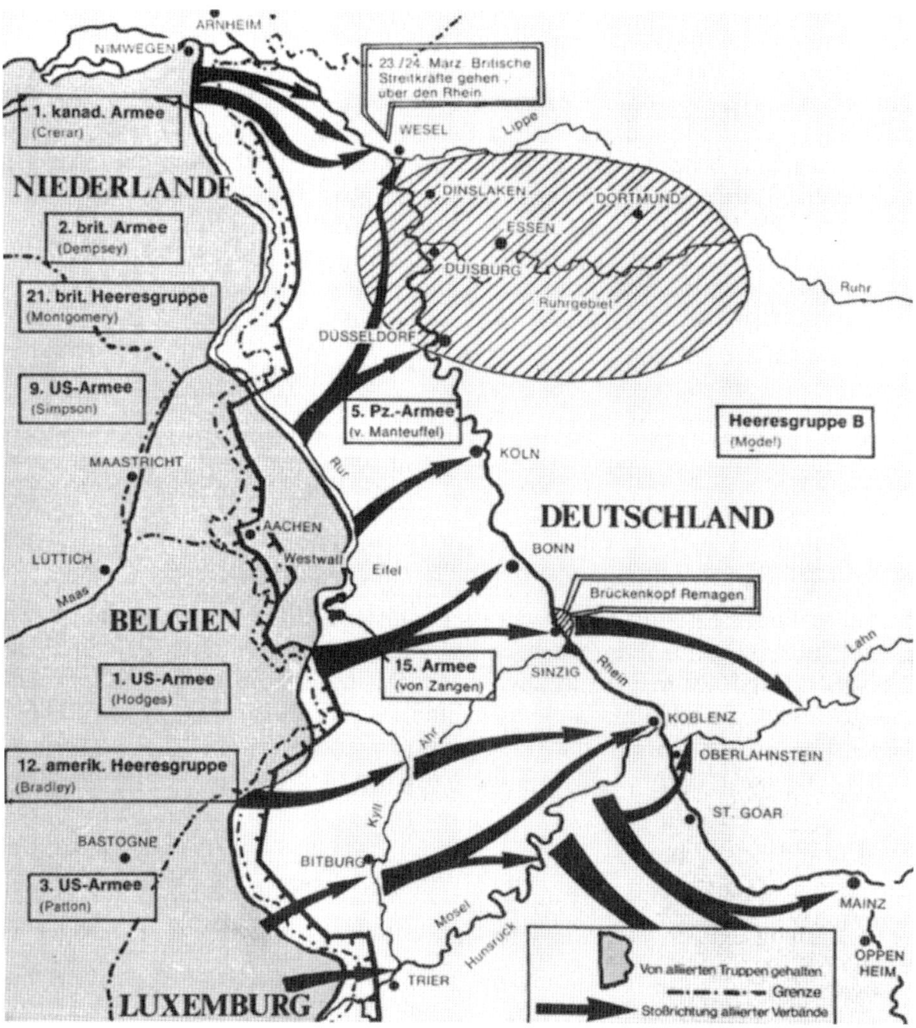

Das VII. US-Korps, GenLt. Collins, das den nördlichen Flügel der 1. US-Armee bildete, hatte am 5. 3. 1945 Köln erreicht. Dort war keine Brücke mehr intakt, über welche die Divisionen hätten übersetzen können. Alle Rheinbrücken lagen im Strom, und so mußte sich das Korps damit begnügen, bis zum 7. 3. ganz Köln in Besitz zu nehmen.

Zur gleichen Zeit stießen das III. (GenMaj. Millikin) und V. (GenMaj. Huebner) US-Korps nach Süden und Südosten rheinaufwärts vor, um die in der Eifel stehenden deutschen Verbände aus der Flanke anzugreifen, während die 3. US-Armee diesen Frontabschnitt frontal angriff.

Die 9. US-PD, GenMaj. Leonard, erhielt am 7.3. den Auftrag, die Ahr bei Ahrweiler und Sinzig im Angriff zu überwinden und sich danach mit der 4. PD der 3. US-Armee zu vereinigen. Die Kampfgruppe unter Oberstleutnant Engemans, die als Spitze der KGr. B, BrigGen. Hoge, durch Remagen rollte, sichtete von einer Höhe aus die Ludendorff-Brücke und meldete, daß sie unversehrt sei. Hoge gab Engemans den Befehl, die Brücke zu nehmen und damit einen unversehrten Rheinübergang zu gewinnen.

Unter dem Feuerschutz eines Zuges von Pershing-Panzern, geführt von Lt. Timmerman, rollten die Sturmgruppen über die Brücke, und kurz vor 16.00 Uhr dieses Tages setzte als erster US-Soldat Sergeant Alex Drabik den Fuß auf das rechte Rheinufer. Pioniere sprangen von den Wagen und gingen daran, die Zündkabel zu durchschneiden. Eine kleine Sprengladung detonierte, aber die Hauptsprengung versagte.

Von den Höhen jenseits des Flusses feuerte eine deutsche Raketen-Flakbatterie. Pionierleutnant Hugh B. Mott und seine drei Pioniere leisteten ganze Arbeit. Timmerman und Lt. Burrows, welche die Brücke überquert hatten, erweiterten mit ihren Panzergrenadieren den Brückenkopf. General Hodges, OB der 1. US-Armee, rief sofort nach der Meldung über Gewinnung dieses Brückenkopfes das US-Hauptquartier in Namur an und gab die Einnahme der Brücke und die Errichtung eines Brückenkopfes bekannt.

»Donnerwetter, Courtency!« rief Omar N. Bradley begeistert, »das haut aber hin! Wir werfen so bald wie möglich alles hinterher, was wir haben.«

Dann wandte sich Bradley wieder Brigadegeneral Bull zu, der aus dem Stabe Eisenhowers kam und soeben mit ihm Besprechungen über die Zuführung und Unterstellung einiger Divisionen für den Angriff der 7. Armee im Saargebiet geführt hatte.

»So, Pink«, sagte Bradley, und Schadenfreude schwang in seiner Stimme mit, »da schwimmen Ihre Felle weg. Nun kann ich keine einzige Division für Devers' Angriff im Saargebiet freigeben.« »Aber das paßt doch gar nicht in unseren Plan. Sie können doch nicht einfach die Divisionen irgendwohin nach Remagen schikken.«

»Nun«, meinte Bradley gelassen, »ich werde jetzt Ike anrufen, und dann wissen wir es genau.«

Die Verbindung mit dem Stabsquartier in Reims kam rasch zustande. General Eisenhower, der gerade mit den Korps- und DivK.deuren der US-Luftlandetruppen beim Abendessen saß, wurde ins Besprechungszimmer gerufen. Über dieses denkwürdige Gespräch notierte General Eisenhower in seinem Werk »Kreuzzug in Europa«:

»Ich traute meinen Ohren kaum. Wir beide (Bradley und Eisenhower) hatten oft darüber gesprochen, daß so etwas unter Umständen möglich sein könnte, ohne uns jedoch trügerischen Hoffnungen hinzugeben. Ich brüllte fast in das Telefon hinein:

›Was haben Sie bei der Hand, was können Sie hinüberschicken?‹ Bradley sagte: ›Ich habe über vier Divisionen, aber ich wollte Sie erst vorher anrufen, ob es im Sinne Ihrer Pläne ist, wenn ich sie hinüberschicke.‹ Ich antwortete: ›Hören Sie zu, Brad, wir hatten ja eigentlich damit gerechnet, daß viele Divisionen bei Köln festgenagelt sein würden. Nun sind diese aber frei. Bringen Sie also schnellstens mindestens fünf Divisionen hinüber und außerdem alles, was noch notwendig ist, damit wir auf alle Fälle halten können.‹ Aus Bradleys Antwort konnte ich deutlich heraushören, wie sehr er sich freute: ›Genau das wollte ich tun, aber wir haben uns dann gefragt, ob sich das mit den Plänen vereinbaren ließe. Das wollte ich nur geklärt haben.‹ Dies war einer der Augenblicke des Krieges, in denen ich wirklich von Herzen froh war.«

Das Debakel von Remagen schlug auf deutscher Seite wie eine Bombe ein. Zu allem Unglück lag nicht eine einzige Division in der Nähe, die im sofortigen Gegenangriff die dann noch mögliche Ausräumung des Brückenkopfes geschafft hätte. Es vergingen neun Stunden, ehe die 11. PD, die eben bei Köln über den Rhein gegangen war, um den Stoß auf Köln abzufangen, wieder zurückgenommen und in den Raum Remagen umgeleitet werden konnte.

Am nächsten Tag erhielt GFM Kesselring Weisungen, sich im FHQ zu melden. Als er nach dem Grund fragte, wurde dieser ihm bei seiner Rückfrage nicht angegeben. Gegen Mittag des 9. 3. traf er im FHQ in Berlin ein. Im Beisein von GenOberst Jodl wurde er durch GFM Keitel davon unterrichtet, daß er GFM von Rundstedt im Westen ablösen solle.

Sein Hinweis, daß er auf dem italienischen Kriegsschauplatz benötigt werde, wurde zwar anerkannt, aber Jodl meinte, daß Hitler diesen nicht akzeptieren würde.

Am Nachmittag sprach GFM Kesselring zunächst unter vier Augen mit Hitler. Dieser erklärte ihm nach Einführung in die Gesamtlage, daß der Fall von Remagen endgültig einen Wechsel in der Führung des Kriegsschauplatzes notwendig mache. GFM Kesselring berichtet über diese Passage (in: »Soldat bis zum letzten Tag«):

»Ohne von Rundstedt einen Vorwurf zu machen, begründete Hitler die Maßnahme damit, daß nur ein jüngerer, beweglicherer und im Kampf mit den Truppen der Westmächte erfahrener Führer, der das Vertrauen der Front besitze, die Lage im Westen vielleicht doch meistern könne.«

Hitler schilderte Kesselring dann die Gesamtlage, indem er betonte, daß die Entscheidung im Osten liege und daß ein dortiger Zusammenbruch das Ende und den Verlust des Krieges bedeuten werde.

»In dieser Situation«, führte Hitler aus, »handelt es sich einzig und allein darum, die Zeit zu überbrücken, bis die 12. Armee, die neuen Düsen-Jagdflugzeuge und andere neuartige Waffen in größter Zahl eingesetzt werden können. Großadmiral Dönitz wird sich außerdem bald mit neuen U-Booten bemerkbar machen und eine wesentliche Erleichterung bringen.«

Der Auftrag, den Hitler Kesselring in seiner neuen Eigenschaft als OB West gab war: »Halten! « Der GFM sollte vorerst anonym führen, da sein Name noch in Italien wirken sollte.

Von Berlin fuhr der neue OB West in sein HQ nach Ziegenberg. Dort unterrichtete ihn der Chef des GenStabes, GendKav. Westphal (Kesselrings früherer Chef des Generalstabes in Italien), über die Lage.

Es zeigte sich, daß den 55 deutschen Divisionen im Westen, von denen die überwiegende Zahl angeschlagen war, 85 Divisionen der Westalliierten gegenüberstanden. Der OB West hatte seit dem Losbrechen der sowjetischen Winteroffensive 10 Panzer-, 6 InfanterieDivisionen, 10 Artilleriekorps und 8 Werfer-Brigaden an die Ostfront abgeben müssen.

In einem Abendgespräch mit dem OKW sagte Kesselring, daß die Lage im Westen, aus der Nähe gesehen, doch wesentlich ernster sei, als man sie ihm im FHQ geschildert habe. Seine Anträge müßten daher im weitestgehenden Maße erfüllt werden.

Am Vormittag des 11. 3. war GFM Kesselring bei der HGr. B, GFM Model. Auf dem GefStand des LIII. AK ließen sich Model und Kesselring von GendInf. von Zangen, dem OB der 15. Armee, einen Lagebericht geben. Danach standen nunmehr 2 US-ID und eine PD der Amerikaner auf dem Ostufer im Brückenkopf Remagen. Es wurden Maßnahmen zur Abschnürung und Vernichtung des Brükkenkopfes erörtert.

Am Spätnachmittag dieses 11. 3. befand sich GFM Kesselring auf dem GefStand der 1. FjArmee. Hier besprach er mit dem OB der HGr. H, GenOberst von Blaskowitz, und GendFschTr. Schlemm die Lage.

Am 13. 3. sprach GFM Kesselring noch mit dem OB der HGr. G (SS-Oberstgruppenführer Hausser), deren 7. Armee rechts und 1. Armee links in der Abwehr des Gegners in der Rheinpfalz standen. Danach hatte der neue OB West einen

Überblick über die Gesamtlage gewonnen, nachdem mehrere Ferngespräche mit der 25. Armee, GendInf. Blumentritt, im Raume Holland zeigten, daß dort keine Gefahr drohte.

Der Gegenangriff auf den Brückenkopf Remagen wurde durch einen Besuch von GFM Model im Korpsgefechtsstand des LIII. AK, GenLt. Bayerlein, am Morgen des 9. 3. eingeleitet. Model kam gleich zum Hauptpunkt seines Erscheinens:

»Bayerlein, Ihr Korps ist auf den Brückenkopf von Remagen angesetzt. Ich gebe Ihnen 24 Stunden Zeit, die PLD sowie die 9. und 11. PD zu versammeln und zum Angriff aufzustellen. Am 10. März muß dieser Angriff rollen.«

GenLt. Bayerlein wollte einen Angriff mit allen drei Divisionen gleichzeitig führen, um die nötige Durchschlagskraft zu erzielen. Doch Hitler hatte Befehl gegeben, sofort und mit jedem verfügbaren Verband anzugreifen. Das zersplitterte die Stoßkraft und ließ die Vernichtung des Brückenkopfes fehlschlagen. Es kam zu kleineren Gefechten, doch der Großangriff auf den Remagener Brückenkopf, der allein Aussicht auf Erfolg hatte, fand nicht statt.

Großkampfartillerie mußte nunmehr die Brücke beschießen. Aber auch der Artillerie gelang es nicht, sie zu zerstören. Erst den laufenden Luftangriffen glückte ein Erfolg. Am 17. 3. wurde ein Pfeiler von einer Bombe auseinandergerissen. Die Brücke von Remagen stürzte in den Fluß.

Bis zu diesem Tage aber hatte sich der US-Brückenkopf bis zur Reichsautobahn nach Wullscheid ausgedehnt. Honnef war am 11. 3. in amerikanische Hand gefallen. Im Schutze dieses nunmehr riesigen Brückenkopfes war es US-Pionieren gelungen, eine 300 m lange Treadway-Pontonbrücke über den Rhein zu schlagen.

Pattons Weg zum Rhein

Nach dem Einzug der 3. US-Armee unter GenLt. Patton in Trier am 3.3. 1945 und der Bildung von zwei Brückenköpfen über die Kyll mit Verbänden des XII. AK ließ Patton zwei Panzerkeile zum Vorstoß nach Nordwesten antreten. Und zwar das VIII. US-Korps mit den Divisionen 65, 87 und 89 und das XII. US-Korps mit den Divisionen 26 und 71 sowie der 11. PD. Beide Keile stürmten gegen die 7. Armee, die zwischen Koblenz und Trier ausweichen mußte, um am Rhein eine neue Abwehrfront zu errichten, damit der Rücken der südlich von ihr noch stehenden 1. Armee gedeckt blieb.

Am 9.3. erreichte das VIII. US-Korps bei Andernach den Rhein.

Zehn Tage später vereinigten sich diese beiden Korps von Pattons 3. Armee mit dem Südflügel der 1. US-Armee.

Nur Resten der 5. Panzerarmee gelang es noch, über den Rhein zu entkommen. Der Rhein war von Emmerich im Norden bis hinunter nach Koblenz in alliierter Hand. Nur noch die 1. Armee stand auf dem Westufer des Flusses. Ihre Nordflanke war von den Angriffen der 3. US-Armee aufgerissen und nur notdürftig von der 7. Armee wieder geflickt worden.

Die Vernichtung der deutschen Truppen im Saargebiet einschließlich der westlich des Rheins stehenden 1. Armee sollte in der dritten Operationsphase stattfinden. General Eisenhower setzte dazu von Süden die 7. US-Armee ein, die durch drei soeben aus den USA gekommene Divisionen auf insgesamt 15 Divisionen aufgestockt worden war. Der Angriff begann am 15. 3. 1945. Die 1. Armee ging in den Westwall hinter Bitsch und Hagenau zurück. Aber zwischen Saarbrücken und Zweibrücken gelang den Amerikanern ein tiefer Einbruch in den Westwall.

Zur gleichen Zeit trat die 3. US-Armee aus dem Raum Trier nach Süden und Südwesten an, um die deutsche Saarverteidigung zwischen Merzig und Saarbrücken im Rücken zu fassen und abzuschneiden. Pattons Panzerkeile erreichten Ludwigshafen. Die 7. US-Armee stieß über die Straße Pirmasens-Landau nach Norden vor.

Über die beiden einzigen Rheinübergänge bei Germersheim und Karlsruhe marschierten und fuhren die Reste der beiden deutschen Armeen über den Rhein. Am 25. 3. wurde auch der letzte Brückenkopf genommen. Auf der gesamten Länge Deutschlands standen die alliierten Truppen nunmehr am Rhein. General Patton hatte außerdem bereits am 23. 3. bei Oppenheim seine 5. PD über den Rhein setzen lassen. Er rief sofort General Bradley an und meldete diesem:

»Brad, die Welt soll wissen, daß es die 3. Armee geschafft hat, noch bevor Monty zum Übergang angetreten ist.«

General der Infanterie Foertsch, seit dem 21. 3. OB der 1. Armee, erhielt am 23. 3. von GFM Kesselring Weisung, die noch gehaltenen Brückenköpfe Speyer, Germersheim und Maxau zu räumen. Diesen Auftrag führte er bis zum 25. 3. durch.

In der Nacht zum 30. 3. übernahm GendInf. v. Obstfelder die Führung der 7. Armee, der die Aufgabe zufiel, den Vorstoß der 3. US-Armee nach Mitteldeutschland zu verhindern. Zu diesem Zeitpunkt stand die 7. Armee vorwärts Hersfeld bis Fulda im und am Spessart. Die 1. Armee wurde am 30. 3. auf die Linie Miltenberg-Eberbach-Heidelberg zurückgenommen.

Bei Remagen hatten die 9. und 11. PD, die PLD und die 3. PGD sowie die 340. VGD zwar einige örtliche Erfolge erzielt und bis zum 20. 3. den Gegner gehalten, dann aber gelang es starken Feindkräften, die deutsche Front aufzureißen. Die Schlacht um die Reichsgrenze war verloren.

Nunmehr sollte bei Wesel der Sturmangriff der 21. brit. AGr. über den Rhein beginnen. Feldmarschall Montgomery standen dazu 25 Divisionen zur Verfügung, die in der brit. 2. Armee, der ihm unterstellten 9. US-Armee und ferner im XI. kan. Korps und im XVIII. LL-Korps standen. Von diesen 25 Großverbänden waren acht Panzerverbände und zwei Luftlandeverbände.

In und um Wesel hatte deutscherseits die 1. FJ-Armee zwischen Duisburg und Emmerich auf 70 km Breite ihre sieben Divisionen eingesetzt. Als Reserve hinter dem rechten Flügel der Armee stand noch das XXXXVII. PzK mit der 15. PGD und der 116. PD. Von Südosten nach Nordwesten stand die 1. FJ-Armee mit der 2. FJD, der 190., 180. (in Wesel), 84. und 466. ID und der 7. und 6. FJD in den Abwehrstellungen bereit.

Am 21. 3. begann auf einer Frontbreite von 115 km das Artilleriefeuer der britischen Geschütze, die vorwiegend Nebelgranaten schossen. 48 Stunden hielt dieses Feuer an. Der dichte künstliche Nebel verhinderte jede Sicht, so daß alle britischen Verbände unbemerkt in Stellung gehen konnten.

Als sich am 23. 3. um 17.00 Uhr der Nebel verzog, eröffneten alle alliierten Geschütze im Angriffsbereich das Trommelfeuer, das bis zum 24. 3. gegen 09.45 Uhr andauerte. Nur eine kleine Pause trat ein, als alliierte Späh- und Stoßtrupps über den Fluß setzten. Insgesamt schossen 3480 Geschütze auf einer Frontbreite von 44 km. Während diese »creeping barrage« niederging, eröffnete die Luftarmada der Alliierten ihren Einsatz mit einem Bombenangriff auf Wesel, das schon seit Mitte Februar fast dem Erdboden gleichgemacht war. Um 21.10 Uhr flogen noch einmal 10 US-Bomber Wesel an. Jeder von ihnen trug eine einzige Bombe, die ein Gewicht von über 10 Tonnen hatte.

Genau um 20.30 Uhr kletterte bei Mehr und Haffen die Division »Gordon Highlanders« in ihre »Buffalos«. Zu jeweils 40 Mann sprangen sie in eines der Boote, während der Rhein im künstlichen Nebel verschwand. Die Boote rollten auf Raupenketten durch die in die Deiche gestochenen Durchfahrten, schwammen auf und tuckerten zum anderen Rheinufer hinüber.

Zuerst war es die 1. Commando-Brigade, die um 20.59 Uhr das Ostufer des Flusses erreichte. Sie erhielt nur schwaches MG-Feuer. Das 7. Batl. stieß zwischen Reeserward und Grietherbusch durch. Eine Stunde darauf begann das Übersetzen auch bei Wesel. Der erste britische Stoßtrupp erreichte in einem Schlauchboot um 22.15 Uhr das Ostufer unterhalb der Badeanstalt von Wesel.

Südlich davon, im Raume Dinslaken, gingen die Kampfgruppen der 9. US-Armee von Emmelsum bis Voerde über den Fluß. Damit waren die Amerikaner 2 km weiter südlich als vorgesehen über den Rhein gesetzt. Von Stromkilometer 798 bis 842 waren schließlich die Übersetzfahrten im Gange.

Bei Rees gelang es Männern der 8. FJD, den Gegner aufzuhalten. Die Schotten, die zwischen Reeser Eyland und dem Nordpfeiler der Landungen beim Hause Pottdeckel einen Brückenkopf errichteten, konnten diesen zwar halten, aber nicht erweitern.

Die zwei Regimenter, die Wesel gegenüber über den Fluß setzten, drangen bis Mitternacht ins Stadtzentrum ein. Der Kampfkommandant von Wesel, GenMaj. Deutsch, dem ganze 650 Mann zur Verfügung standen, verteidigte vom Haus Galland aus die Stadt. Hier fielen einer nach dem anderen die Verteidiger im Feuer der Angreifer. Flammpanzer setzten die Häuser der Umgebung in Brand. Als der Rest den Kampf einstellte, stürmte GenMaj. Deutsch mit seiner MP durch die Flutgrafenstraße dem Gegner entgegen und lieferte sich mit ihm ein Feuergefecht, bei dem er schwer verwundet wurde. Zwei Stunden später starb er.

Leutnant O'Coole, der das erlebte, sagte: »Ich habe niemals vorher einen General gesehen, der uns als Einzelkämpfer gegenübergestanden hätte.«

Am Samstagmorgen, um 02.00 Uhr des 24. 3. 1945, war Wesel in der Hand der Alliierten. Um 09.00 Uhr stellten bei Emmelsum Friedrichsfeld britische Truppen die Verbindung zu Truppen der 9. US-Armee her. Es war der 21. Armeegruppe zwischen Voerde und Rees beinahe mühelos gelungen, den Rhein zu überwinden und auf dessen Ostufer in Stellung zu gehen.

Dies aber war erst der Anfang. Pünktlich um 10.00 Uhr begann an diesem kriegsentscheidenden Samstag die Operation »Varsity« – die Luftlandeunternehmungen zum Sprung über den Rhein. Es war 09.45 Uhr, als eine gewaltige Luftflotte das Zielgebiet nördlich von Wesel erreichte.

Auf deutscher Seite hatte man bereits verwundert zur Kenntnis genommen, daß die vom OKH vorausgesagten alliierten Luftlandungen ausgeblieben waren. Dann aber tauchten plötzlich über dem Gefechtsfeld 1.572 Transportflugzeuge und 1.326 Lastensegler des 9. US-Transportkommandos, GenMaj. Williams, und der Transportgeschwader 38 und 46 der RAF auf. 889 Jagdflugzeuge übernahmen die Luftsicherung über deutschem Gebiet, 2.153 Jäger und Jabos schirmten den Absprungraum ab.

Aus den Transportflugzeugen sprangen Soldaten der brit. 6. LL-Div. unter GenMaj. Bols und der 17. US-LL-Div. unter GenMaj. Miley im Raum Hamminkeln, keine 10 km vom Rhein entfernt, teilweise noch in die deutschen Artilleriestellungen hinein. Ein Regiment der 17. LL-Division landete im Raume Dinslaken, ostwärts der Reichsstraße 8. Ziel dieser Luftlandungen war es, den gewonnenen Brückenkopf der Infanterie weiter nach Osten auszuweiten.

In 416 der Segler befanden sich Geschütze, Munition und schweres Gerät. Von diesen gingen nur 88 heil und unbeschädigt nieder. Zum ersten Male in der Kriegsgeschichte wurde die Curtiss-C 46 Commando für den Absprung von Fallschirmjägern eingesetzt. Sie faßte 36 Fschjäger in voller Ausrüstung.

Von einem hochgelegenen Ort westlich des Rheins beobachteten Eisenhower, Churchill und Feldmarschall Brooke durch Scherenfernrohre diese Landungen, und Churchill war so beeindruckt, daß er sich an Eisenhower wandte und begeistert ausrief:

»Mein lieber General, die Deutschen sind geschlagen. Jetzt haben wir sie, jetzt sind sie fertig!«

Gegen Mittag des 24. 3., als General Eisenhower zu Omar N. Bradleys HQ fuhr und der britische Premierminister allein zurückblieb, überredete Churchill einen der Befehlshaber, ihn in einem Landungsboot über den Rhein zu fahren. So stand wenig später Winston Churchill auf dem Ostufer des Rheins, um symbolisch die deutsche Niederlage zu vollziehen.

Als sich der Abend des 24. 3. 1945 niedersenkte, war ein Brückenkopf der Engländer von 48 km Breite entstanden. Die am rechten Flügel angreifende 9. US-Armee hatte Dinslaken genommen, während die brit. 3. ID auf dem linken Flügel um Rees kämpfte. Der Brückenkopf war 10 km tief ins Land vorgetrieben worden. Nun gingen US-Pioniere an den Brückenschlag,und am Abend des 26. 3. standen GenLt. Simpsons Truppen sieben Brücken zur Verfügung.

Den zerschlagenen deutschen Divisionen, der 88. und 466. sowie der 6. und 7. FJD, ferner dem XXXXVII. PzK der 1. FJ-Armee, standen sechs InfDiv. der brit. 2. Armee zwischen Wesel und Rees, die beiden LL-Div. und die Panzer der 79. PD (es waren Crocodile-Flammpanzer und Mörser-Panzer mit den Bezeichnungen AVRE und Petard) gegenüber.

Der Vorstoß ging weiter. Am 27. 3. erreichten die schnellen Verbände der 9. US-Armee bei Dorsten die Lippe. Aus den Brückenköpfen an der Ijssel heraus, die von den Luftlandeverbänden der 6. und 17. LL-Div. gebildet worden waren, stießen britische Truppen nach Norden und Nordosten vor. Bis zum 28. 3. hatten sich sechs Panzer-Divisionen an die Spitzen gesetzt. Die 8. PD, GenMaj. Devine, erreichte den Raum südlich Haltern. Die brit. Garde-PD rollte in Richtung Münster, und auf der linken Flanke, in der Nähe der holländischen Grenze, wurde um Mitternacht des 28. 3. Borken von der brit. 7. PD genommen. Die brit. 53. ID und die 4. PzBrig. eroberten Bocholt, die 51. ID Ijsselburg, während die kan. 3. ID vor Emmerich stand. Der Durchbruch war gelungen.

Die 2. FJD war nach dem Sprung der Alliierten über den Rhein sofort aus ihrem Auffrischungsraum Duisburg-Mülheim-Kaiserswerth nach Norden geworfen worden, um den Vorstoß der US-Truppen zwischen Lippe und Rhein-Herne-Kanal aufzuhalten. Es kam jedoch nicht mehr zum geschlossenen Einsatz der Division.

Bei Holten-Sterkrade kämpften Teile des FJR 7. Das FJR 23 kam von Mülheim-Saarn und das FJR 2 aus Düsseldorf und Duisburg. Am 30. 3. fiel Emmerich und am nächsten Tag Elten. Am Ostersonntag, dem 1. 4. 1945, übernahm das FJR 2 die Verteidigung von Gelsenkirchen. Die Fallschirmjäger bezogen am Rhein-Herne-Kanal Stellungen. Hier sollte das Regiment über eine Woche bleiben.

Eine Woche nach dem Rheinübergang hatte die brit. 21. Armeegruppe bereits 20 Divisionen mit 1500 Panzern ostwärts des Flusses. Die 1. FJ-Armee hatte vor dem übermächtigen Druck schrittweise zurückweichen müssen. Nur der rechte Flügel der deutschen Verteidigung, bei der 25. Armee in Holland, hielt noch.

Ein politisches Intermezzo: Die USA-Militärmission und das Telegramm SCAF 252

Am Mittwoch, dem 28. 3. 1945, schickte General Eisenhower ein Telegramm nach Moskau an GenMaj. Deane, den Chef der sich dort im Augenblick aufhaltenden US-Militärmission. Dieses Telegramm mit der Codebezeichnung »SCAF 252« enthielt eine Botschaft Eisenhowers an Marschall Stalin. Deane wurde angewiesen, es nur Stalin persönlich zu übergeben.

GenMaj. Deane setzte sich sofort mit dem Chef der britischen Militärmission, Admiral Archer, in Verbindung. Beide beschlossen, diese Botschaft dem sowjetischen Regierungschef während jener Besprechung vorzulegen, zu der sie und die Botschafter ihrer Länder am kommenden Tag eingeladen waren.

Es war nicht das erstemal, daß sich Eisenhower direkt an Marschall Stalin wandte. Er hatte Vollmacht, mit den Sowjets direkt zu verhandeln, sofern es sich um die Koordinierung des gemeinsamen Vorgehens an der Ost- und Westfront handelte. Er brauchte dazu nicht einmal den gemeinsamen US-Generalstab über seine Schritte zu unterrichten.

Obgleich für Eisenhowers britischen Stellvertreter, Air Chief Marshal Tedder, eine Kopie dieser Botschaft angefertigt wurde, erhielt Tedder dieselbe nie ausgehändigt. In diesem Telegramm teilte Eisenhower Stalin mit, daß die Operationen im Westen in eine Stadium getreten seien, in dem es »im Interesse eines baldigen Erfolges« von größter Wichtigkeit sei, die sowjetischen Pläne in Erfahrung zu bringen.

Eisenhowers Hauptvorschlag bestand in einer Einkesselung des Ruhrgebietes und der Vernichtung der dort stehenden deutschen Truppen bis Ende April. Erst danach sollte der Vorstoß nach Osten durch das Reich bis zu einem US-sowjetischen Treffpunkt fortgesetzt werden. Für die Vereinigung mit den Streitkräften der Sowjetarmee nannte Eisenhower die Linie Erfurt-Leipzig-Dresden. Er wolle, so verlautbarte er in dieser Botschaft, seine Hauptkräfte in dieser Richtung ansetzen.

Ein zweiter Vorstoß mit dem Ziel einer Vereinigung mit den in Österreich kämpfenden Truppen der Sowjetarmee sollte aus dem Raum Regensburg-Linz unternommen und mit diesem Nebenangriff der letzte deutsche Widerstand in Süddeutschland gebrochen werden. Eisenhower beendete seine lange Botschaft mit den Worten:

»Bevor ich eine feste Entscheidung treffe, halte ich es für äußerst wichtig, mich mit Ihnen über den Zeitpunkt und die Stoßrichtung unserer Operationen abzustimmen. Könnten Sie mir Ihre Absichten mitteilen und mich informieren, wieweit meine Vorschläge mit den von Ihnen vorgesehenen Aktionen übereinstimmen?

Wenn wir ohne Verzögerung die Vernichtung der deutschen Armeen zu Ende führen wollen, betrachte ich es als unbedingt erforderlich, unsere Aktionen zu koordinieren und eine gute Verbindung zwischen unseren Streitkräften herzustellen.«

Unmittelbar nachdem diese Nachricht Stalin überreicht worden war, ließ Eisenhower erklärende Funksprüche an General Montgomery und General Marshall absetzen. Den US-Generalstabschef unterrichtete er darüber, daß er sich mit Stalin in Verbindung gesetzt habe, um die Frage der Vereinigung der Truppen zu besprechen.

General Montgomery, dem OB der 21. HGr., aber teilte er mit, daß ihm nach der Vereinigung mit der 12. Armeegruppe von General Bradley die ihm bis dahin unterstellte 9. US-Armee wieder entzogen und Bradley zugeführt werden würde. Dieser Funkspruch endete mit dem Bemerken:

»Bradley wird für die Säuberung des Ruhrgebietes verantwortlich sein, ferner möglichst unverzüglich seinen Hauptstoß auf die Linie Erfurt-Leipzig-Dresden durchführen und die Verbindung mit den Russen herstellen.«

Montgomery erhielt Weisungen, in Richtung Elbe vorzustoßen. Hier würde ihm dann – vielleicht – die 9. US-Armee taktisch wieder unterstellt werden, um ihm den Übergang über den Fluß zu erleichtern.

In allen drei Botschaften hatte General Eisenhower mit keinem Wort von jener Stadt gesprochen, die er vorher als »Hauptpreis des Angriffs auf Deutschland« bezeichnet hatte: Berlin. Bereits im September 1944 hatte Feldmarschall Montgomery auf einen starken und schnellen Vorstoß durch Norddeutschland mit dem Ziel Berlin gedrängt, und Eisenhower hatte wörtlich geantwortet:

»Klar, Berlin ist das Hauptziel!«

Nach dem Übergang über den Rhein in der Nacht zum 24. 3. 1945 hatte Montgomery dieses Ziel und sein Verlangen, durch Norddeutschland direkt darauf zuzustoßen, noch einmal bekräftigt. Dabei wurde er von Churchill unterstützt, der »das Gefühl hatte, daß politische Erwägungen nunmehr die militärische Strategie beeinflussen sollten, da der Krieg in Europa zu Ende« gehe. Der britische Kriegspremier schrieb am 1. 4. 1945, als er Kenntnis von Eisenhowers Brief an Stalin hatte, an Präsident Roosevelt:

»Wenn die Russen auch Berlin nehmen, wird dann nicht ihre Meinung dahin gehen, daß sie den überwiegenden Teil zu unserem gemeinsamen Sieg beigetragen haben und sich diese Vorstellung ganz ungerechtfertigterweise bei ihnen festsetzen? Und wird sie dies nicht in die Stimmung versetzen, welche zu beträchtlichen Schwierigkeiten führen wird? Wir sollten in Deutschland so weit wie möglich nach Osten marschieren und sollten Berlin in Besitz nehmen, wenn dies in unserem Zugriff liegen sollte.«

Der britische Kriegspremier war von Eisenhowers Mitteilung um so überraschter, als ihm noch am 27. 3. Feldmarschall Montgomery genau das Gegenteil gesagt hatte:

»Ich werde mit meinen Truppen zur Elbe und dann über die Autobahn nach Berlin vorstoßen!«

Feldmarschall Brooke, Chef des brit. GenStabes, der durch Montgomery von der Entwicklung der Lage verständigt wurde, daß nicht die brit. 21. Armeegruppe, sondern die 12. Armeegruppe im Mittelabschnitt den entscheidenden Vorstoß nach Osten unternehmen würde, schickte eine Protestnote nach Washington. Damit war der Notenkrieg um »SCAF 252« entbrannt. In der harten Auseinandersetzung mit dem britischen Verbündeten vertrat General Eisenhower nunmehr die Auffassung, daß militärische Ziele an erster Stelle zu stehen hätten und daß Berlin nicht länger wichtig sei, weil die deutsche Wehrmacht sich nicht um diese Stadt konzentriere. Er schrieb unter anderem an Montgomery:

»Berlin ist nichts anderes mehr als ein geographischer Begriff. Ich bin nie an solchen interessiert gewesen. Meine Absicht ist, die Streitkräfte des Feindes zu vernichten und seine Widerstandskraft zu zerstören. «

Trotz allem Hin und Her sprach der US-Generalstab Eisenhower am 31. 3. sein vollstes Vertrauen aus. Er wurde ermächtigt, auch weiterhin, wenn er dies für notwendig erachtete, mit dem sowjetischen Oberkommando und mit Marschall Stalin selbst zu verhandeln. Der US-Generalstab war sich einig:

»Das einzige Ziel ist der baldige, völlige Sieg!«

In Reims ließ Eisenhower sofort ein neues Telegramm an General Deane senden, mit dem Befehl, die Planungsdetails nicht an Marschall Stalin weiterzureichen, denn dies war das einzige Veto, das der US-Generalstab eingelegt hatte: »Die Einzelheiten der SHAEF-Planung dürfen den Russen nicht übergeben werden.« Am selben Tag richtete General Eisenhower eine Proklamation an das deutsche Volk, in der er alle deutschen Soldaten aufforderte, sich zu ergeben.

Am 31. 3. empfing in Moskau Marschall Stalin den britischen und amerikanischen Botschafter und die beiden Chefs der Militärmissionen Englands und der USA, GenMaj. Deane und Admiral Archer. General Deane übergab die Botschaft Eisenhowers. Stalin billigte den darin gemachten Vorschlag. Einmal, so meinte er, weil dadurch Deutschland in zwei Hälften geteilt werde. Zum anderen weil auch er der Meinung sei, daß der letzte deutsche Widerstand in der Tschechoslowakei und in Bayern erfolgen werde. Auf seine eigenen Pläne angesprochen, antwortete Stalin, daß er zuerst mit seinem Stab darüber beraten müsse. Er sagte eine Antwort auf die Botschaft Eisenhowers binnen 24 Stunden zu.

Als die vier westalliierten Vertreter den Kreml verlassen hatten, ließ Stalin sofort eine Verbindung zu seinen Marschällen Konjew und Schukow herstellen.

Er befahl ihnen, unverzüglich auf dem Luftwege nach Moskau zu kommen. Den Termin für die »äußerst wichtige Besprechung« setzte er auf den 1. 4. 1945 fest.

Moskaus Pläne zum Sturmangriff auf Berlin

Am 1. 4. 1945 trafen die Marschälle der Sowjetunion Schukow und Konjew, die mit ihren Heeresgruppen in der Winteroffensive am weitesten vorangekommen waren, nacheinander in Moskau ein. Gegen 17.00 Uhr betrat Schukow den Kreml. Wenige Minuten später erschien auch Konjew.

Im zweiten Stock des dreistöckigen Gebäudes, in dem der Kremlchef residierte, verließen sie den Lift und gingen in Stalins Büro. Schukow, klein und untersetzt, hatte bereits als junger Dragoner unter dem Zaren gedient. Konjew, groß und breitschultrig, mit blauen Augen, hatte eines mit seinem Marschall-Kollegen gemeinsam: die dreifache Auszeichnung eines Helden der Sowjetunion. Das war, neben der Tatsache, daß auch er seine militärische Karriere unter dem Zaren begonnen hatte, das einzige, was die beiden gemeinsam hatten.

Im Konferenzzimmer trafen sie neben subalternen Dienstgraden auch Außenminister Molotow, den Chef der sowjetischen Geheimpolizei, Berija, den Sekretär des Zentralkomitees, Malenkow, und das Mitglied des Verteidigungsrates Mikojan sowie den stellvertretenden Verteidigungsminister Bulganin.

Vom sowjetischen Oberkommando waren General Antonow, Chef des Generalstabs der Sowjetarmee, und General Schtemenko, Chef der Führungsabteilung des Generalstabs, anwesend.

Stalin kam, als alle versammelt waren. Die einzige Auszeichnung, die er trug, war jene eines Helden der Sowjetunion. Nachdem die Fragen nach den Ereignissen an der Front abgehandelt waren, kam Stalin zum Zweck dieser Sitzung:

»Die kleinen Verbündeten haben die Absicht, vor der Sowjetarmee Berlin zu erreichen.«

Schon dieser erste Satz zeigte, wie gründlich Stalin Eisenhower mißtraute. Allerdings erwähnte er Eisenhowers Telegramm nicht, sondern ließ durch den Chef der Führungsabteilung einen Bericht verlesen, in dem zum Ausdruck kam, daß Eisenhowers Operationen den Anschein erweckten, der Sowjetarmee zu dienen, daß aber in Wahrheit das Hauptziel der »kleinen Verbündeten« die Eroberung von Berlin sei. Um dies zu untermauern, wurde bekanntgegeben, daß sich zwei Luftlandedivisionen der Westalliierten zum Absprung über Berlin vorbereiteten. So alarmierend diese Nachricht auch schien, der Plan war zwar durchgesprochen und in Erwägung gezogen, aber wieder fallengelassen worden.

Marschall Konjew erhielt als erster das Wort, und er sprach das aus, was Stalin hören wollte – »Wir werden Berlin erobern! – Vor den Engländern und vor den Amerikanern! «

Beide Marschälle wollten mit ihrer Heeresgruppe diesen Auftrag haben, aber geschickt wich Stalin einer direkten Entscheidung aus, indem er ihnen Befehl gab, in Moskau zu bleiben und binnen 48 Stunden in Zusammenarbeit mit dem Generalstab einen Angriffsplan auszuarbeiten. Er sagte zum Schluß, daß ganz besonders der Zeitplan interessiere, wann sie zum Großangriff auf Berlin bereit seien.

An diesem 1. 4. 1945 erwiderte Stalin auch die Botschaft Eisenhowers und stellte ins Zentrum seiner Antwort den Satz:

»Ihr Plan, durch Vereinigung mit den sowjetischen Streitkräften die deutschen Truppen zu teilen, entspricht völlig dem Plan des sowjetischen Oberkommandos.« Über den Beginn seiner eigenen Offensive sagte er bewußt die Unwahrheit und sprach davon, daß sie in der zweiten Maihälfte beginnen werde. Und um das Maß der Täuschung seiner Alliierten voll zu machen, schloß er seine Botschaft mit den Worten:

»Berlin hat seine frühere strategische Bedeutung verloren. Die Stadt ist so unwichtig geworden, daß das sowjetische Oberkommando zum Angriff auf Berlin nur Truppen der zweiten Linie einzusetzen beabsichtigt.«

Möglicherweise glaubte Eisenhower dem Kremlchef; nicht so Churchill, der eine Durchschrift dieses Stalin-Briefes am 2.4. erhielt. Er telegrafierte noch am selben Tag an Eisenhower:

»Die Wichtigkeit des Einmarsches in Berlin, der für uns leicht zu bewerkstelligen sein mag, scheint mir jetzt nur noch um so größer, angesichts der Ihnen aus Moskau erteilten Antwort, in der es heißt, ›Berlin hat seine frühere strategische Bedeutung verloren‹. Das muß im Sinne der von mir erwähnten politischen Gesichtspunkte gelesen werden.«

Churchill hielt es nach wie vor für entscheidend wichtig, daß die westlichen Verbündeten den Sowjets so weit wie möglich nach Osten entgegenmarschierten.

Am 3. 4. 1945 legten die Marschälle Schukow und Konjew Marschall Stalin ihre Offensivpläne vor.

Marschall Schukow plante mit seiner 1. Belorussischen Front aus dem 44 km breiten Oderbrückenkopf anzutreten. Sechs Armeen, darunter zwei Panzerarmeen, sollten im vordersten Treffen stehen. Insgesamt würden 681.000 Mann antreten; 11.000 Geschütze sollten den Angriff mit einem einstündigen Trommelfeuer einleiten. Er war der Überzeugung, die 100 km Distanz bis Berlin in einem Zuge durchrollen zu können.

Marschall Konjew, dessen Spitzenverbände noch 120 km vom Ziel entfernt standen, trug die Absicht vor, mit seinen auf der rechten Flanke massierten Panzerverbänden die deutsche Front zu durchbrechen und dann nach Nordwesten auf Berlin einzudrehen. Sieben Armeen standen ihm für diese Offensive zur Verfügung. Darunter waren ebenfalls zwei Panzerarmeen. Nur, daß die Gesamtzahl seiner Streitkräfte mit 511.700 Mann um 170.000 Mann geringer war als jene seines Gegenspielers.

Er forderte zum Beginn des Angriffs ein massiertes Trommelfeuer mit 250 Rohren je Kilometer Frontlänge. Um seine zahlenmäßige Unterlegenheit gegenüber Schukow auszugleichen, stellte Stalin ihm die 28. und 31. Armee zur Verfügung, die zwar noch im Baltikum lagen, aber dort infolge der Frontverkürzung herausgezogen werden konnten.

Stalin entschied, daß Schukow Berlin erobern, während Konjew die deutschen Truppen südlich Berlin vernichten sollte.

Die 2. Belorussische Front unter Marschall Rokossowski würde, nach Norden bis zur Ostseeküste anschließend, nicht am Angriff auf Berlin teilnehmen, sondern nach Überwindung der deutschen Truppen in Ostpreußen durch Norddeutschland nach Westen vorstoßen, um »so weit wie möglich im Westen« mit der 21. Armeegruppe Montgomerys Verbindung aufzunehmen. Dazu standen Rokossowski 314 .000 Mann zur Verfügung. Dreizehn SowjetArmeen waren also aufgeboten, diese letzte Schlacht zu schlagen, an deren Ende die Eroberung von Berlin stehen sollte.

Der amerikanische Großangriff

Gleichzeitig mit der 21. Armeegruppe hatte General Eisenhower unter Ausnutzung der beiden Brückenköpfe Remagen und Oppenheim die 3. und 7. US-Armee zum Durchbruch über den Rhein zwischen Mannheim und Mainz angesetzt. Südlich daran anschließend sollte bei Speyer die franz. 1. Armee über den Rhein gehen, während die 1. US-Armee aus dem Brückenkopf Remagen antreten würde.

Erstes angepeiltes Ziel dieses Großangriffs war die Gewinnung eines Gesamtbrückenkopfes ostwärts des Rheins von der Neckarmündung bei Mannheim bis zur Sieg. Dieser Brückenkopf sollte in der Tiefe bis Hanau und Gießen-Siegen ausgeweitet werden.

Unabhängig von diesen Operationen war die 3. US-Armee unter General Patton bereits aus dem Oppenheimer Brückenkopf vorgestoßen und hatte am 24. 3. Darmstadt erreicht. Am 25. 3. erreichten ihre Panzerspitzen Aschaffenburg, wo ihnen die Mainbrücken unversehrt in die Hände fielen.

Am 26. 3. erzwang die 7. US-Armee bei Worms den Rheinübergang und stellte, weiter in nördlicher Richtung vorstoßend, bei Darmstadt die Verbindung mit der 3. US-Armee her. Damit war der Brückenkopf bis Mannheim erweitert.

Die aus dem Brückenkopf Remagen angetretene 1. US-Armee jedoch war nach der Abwehr der deutschen Gegenangriffe in heftige Kämpfe mit der 5. PzArmee verwickelt worden, die zum Schutz des Ruhrgebietes entlang den Ufern der Sieg und der Wied bis in den Raum Siegen hinein eine Verteidigungslinie bezogen hatte, in welcher der amerikanische Angriff angehalten werden sollte.

Der nach Südosten gerichtete Vorstoß der 1. US-Armee traf auf geringen Widerstand und erreichte bei Limburg die Lahn und rollte über Gießen nach Marburg vor. In dieser Situation zeichnete sich bereits eine Einschließung der HGr. B mit der 15. Armee und der 5. PzArmee ab.

Am 31. 3. 1945 richtete General Eisenhower, der alliierte Oberkommandierende in Europa, einen Aufruf an das deutsche Volk, den Widerstand einzustellen und sich zu ergeben.

Die HGr. B verfügte noch über 21 Divisionen. Es waren in der 5. PzArmee die 176., 183. und 338. ID, die dem XII. SS-AK unterstanden, die 59. ID des LXXXI. AK, ferner unter dem Generalkommando des LVIII. PzK die 12. VGD und die 353. ID.

In der 15. Armee mit dem LIII. AK, in dem die 3. FJD, 62. und 363. ID, die PLD, die 11. PD und die 3. PGD vereinigt waren, und dem LXXIV. AK mit der 9. PD und der 340. ID sowie dem LXVII. AK mit der 18., 26., 69., 167., 272. und 326. ID und der 5. FJD standen insgesamt 16 Divisionen, von denen allerdings die 11. PD am 24.3. der HGr. G im Raum Frankfurt unterstellt worden war.

Die 3. US-Armee, seit dem 25. 3. in Darmstadt, hatte sich von dort nach Norden gewandt und rollte über eine unzerstörte Mainbrücke zwischen Frankfurt und Hanau vor, erreichte mit der 4., 6. und 11. US-PD das Fuldatal und kurz darauf Kassel. Die 1. US-Armee sicherte diesen Vorstoß gegen einen möglichen deutschen Flankenstoß aus dem Harz heraus. Am 28. 3. war Frankfurt fest in der Hand des VIII. US-Korps.

Auf der anderen Flanke hatte dieses Korps südostwärts von Koblenz über Rüsselsheim und Wiesbaden hinaus Verbindung mit dem rechten Flügel von General Hodge's Truppen aufgenommen. Die auf dem ostwärtigen Rheinufer zwischen Lahn und Main stehenden deutschen Kräfte wurden dadurch abgeschnitten und aufgerieben. Nun standen sechs US-Panzer-Divisionen mit 1.500 Kampfwagen zum Stoß in die Tiefe des deutschen Raumes frei. Ihnen folgten etwa 20 Infanterie-Divisionen.

Die deutsche Front wurde länger und länger, ohne daß die Kräfte mitwuchsen. Bis Ende März hatten die Westalliierten 39 mot. Divisionen und 15 Panzer-Divisionen nach Deutschland hineingeführt.

Während die 3. US-Armee die Fulda überschritt und auf die Werra zumarschierte, waren die Truppen der 1. US-Armee bei Marburg und Gießen zur Edertalsperre vorgedrungen. Hodges' 9. PD eroberte Warburg, 40 km nordwestlich Kassel. Die vor dem linken Flügel der 1. US-Armee vorrollende 3. PD erreichte Lippstadt und Paderborn. Als die ersten Panzer am 1. 4. 1945 nach Paderborn hineinrollten, konnten jene Panzer, die bis zur Lippe vorgedrungen waren, auf dem linken Ufer des Flusses bereits die Spitzenpanzer der 8. US-PD des XIX. US-Korps, GenLt. Simpson, sehen.

Im Norden der HGr. B wurde der linke Flügel der 1. Fallschirm-Armee durch den raschen Vorstoß der Truppen Montgomerys in Richtung Münster auf die HGr. B zurückgeworfen. Es waren die 180. und 190. ID sowie die 116. PD des XXXXVII. PzK und das LXIII. AK mit der 2. FJD und der Division »Hamburg«.

Damit befanden sich nunmehr in dem soeben sich bildenden Kessel sieben Armeekorps mit noch 19 Divisionen. Dieser Kessel erhielt von Hitler die Bezeichnung »Ruhrfestung«.

General Bradley gab nun seiner neuen 15. Armee Befehle, mit den 18 Divisionen ihrer fünf Korps (die durch Abgaben der 1. und 9. Armee auf diese Stärke gebracht worden war) den Angriff auf den Ruhrkessel zu eröffnen. Geführt von GenLt. Gerow, wurde der Ruhrkessel angegriffen. Aus Norden über die Ruhr setzend und aus Osten über die Höhen des Sauerlandes rollend sowie aus Süden über die Sieg kommend, griffen die US-Truppen an. Sie gewannen am 9. 4. 1945 Essen und Bochum und hatten bis zum 12. 4. das gesamte Ruhrgebiet in ihren Besitz gebracht. Am 14. 4. wurde der Ruhrkessel von Norden nach Süden in zwei Teile aufgespalten, und am 17. 4. kam das Ende. GenOberst Harpe mußte sich mit 29 Generalen und 325 .000 Mann den Amerikanern ergeben.

Aber noch bevor der Ruhrkessel ausgeräumt werden konnte, stießen die 1. und 3. US-Armee zwischen Main und Lippe durch eine 250 km breit aufklaffende Lücke nach Osten weiter. Die 9. US-Armee, die Bradley am 4. 4. wieder unterstellt worden war, folgte nach. Diese US-Armeen drangen ohne Widerstand zu finden in Richtung Berlin vor. Am 10. 4. stießen Truppen der 9. USArmee bei der Einnahme von Hannover auf die aus Norden und Nordwesten in diese Stadt eindringenden Truppen der britischen 2. Armee. Am 11. 4. erreichte die 2. US-PD Braunschweig und stand 30 Stunden später, nach einem Marsch von 75 km, an der Elbe. Der Versuch, die Elbe im ersten Ansturm zu überschreiten und Magdeburg zu erobern, scheiterte. Diese Stadt fiel erst am 18. 4. 1945.

Die 83. US-ID bildete oberhalb von Magdeburg auf dem Ostufer der Elbe am 13. 4. bei Barby einen Brückenkopf.

General Hodges, der die Weser bei Münden überwunden hatte, erreichte am 8.4. Göttingen und stieß am selben Tag noch über die große Straße Nordhausen-Eisleben durch Thüringen. Das VII. und VIII. US-Korps drangen in die sächsische Ebene ein. Die 6. US-PD erreichte im Vorstoß nach Norden Dessau. GenLt. Middleton errichtete bei Wittenberg einen Brückenkopf über die Elbe, die 104. US-PD, GenMaj. Allen, nahm Halle in Besitz, nachdem sie vier Tage darum gekämpft hatte. Am selben Tag fiel Leipzig durch einen Umfassungsangriff der 3. und 9. US-PD.

In Leipzig trat jene Abmachung, die vorher durch das SHAEF und Marschall Stalin abgeschlossen worden war, in Kraft. Die 1. US-Armee wurde an der Mulde angehalten. Erst am 26.4. nahm GenMaj. Reinhardt mit den Spitzengruppen seiner 69. US-ID bei Torgau an der Elbe mit den Truppen der 5. Gardearmee unter GenOberst Shadow Verbindung auf.

Inzwischen hatte Pattons 3. Armee, aus dem Raum Werra und Fulda nach Osten drehend, in rascher Verfolgungsjagd durch den Thüringer Wald über Mülhausen, das am 5.4. erreicht wurde, Naumburg, Jena und Saalfeld erreicht. Seine 9. PD wirkte bei der Einnahme von Leipzig mit. Über Chemnitz hinaus stießen diese Divisionen weiter vor. Das Gros der Armee hatte bereits mit den mittleren und den Streitkräften des rechten Flügels Plauen und Coburg erreicht und leitete eine weite Umfassung des Gegners nach Südosten und Süden ein. Da zur gleichen Zeit die 7. US-Armee unter GenLt. Devers über Nürnberg nach München vorstieß, bildete sich ein neuer großer Einschließungsring.

»Monty« stößt durch

Feldmarschall Montgomery, der mit dem Auftrag zum Sturmangriff über den Rhein angetreten war, im Zuge seiner Operationen die Niederlande zu befreien und die in Nordwestdeutschland stehenden deutschen Truppen zu vernichten, hatte nach seinem Durchbruch bei Lippstadt und der Bildung der linken Flanke des Ruhrkessels mit 18 Divisionen, unter ihnen 6 Panzer-Divisionen, den Angriff aufgenommen.

Sein Gegenspieler war GFM Busch, der im Norden und Nordwesten Deutschlands die HGr. Nordwest führte.

Nachdem Münster gefallen war, stürmten drei Kampfgruppen der brit. 2. Armee, von starken Panzerverbänden angeführt, unter GenLt. Dempsey in Richtung Lüneburg, Hamburg und Bremen vorwärts. Die Spitzengruppen wurden durch die 11. PD (auf dem rechten Flügel, in Richtung Lüneburg), in der Mitte durch die 7. PD (die »Wüstenratten« des Afrika-Feldzuges, in Richtung Hamburg) und durch die Garde-Panzer-Div. auf der Straße nach Bremen angesetzt.

Bei Minden wurde von der brit. 11. PD die Weser überwunden. Die 15. ID erreichte am 19. 4. Uelzen,und am selben Tage stand die 11. PD bei Lauenburg am Ufer der Elbe, während die 7. PD die Elbe bei Nienburg überschritten hatte und bei Soltau angelangt war.

Am 22. 4. wurde Feldmarschall Montgomery, der zur Ostsee und bis hinauf nach Jütland vorstoßen sollte, das XVIII. LL-Korps der Amerikaner zur Verfügung gestellt. Am 29. 4. stießen die ersten britischen Truppen über die Elbe vor. Lübeck ergab sich am 2. 5. kampflos.

Das XII. US-Korps, das auf Hamburg angesetzt war, ging über den Brückenkopf Lüneburg über die Elbe und rollte an deren Ostufer entlang auf Hamburg zu.

Das Ende im Norden

Generalmajor Alwin Wolz hatte am 15. 4. 1945 als Kampfkommandant den Befehl in Hamburg übernommen. Er hatte von Hitler Befehl erhalten, die Verteidigung Hamburgs bis zum letzten Mann zu führen.

Dem Kampfkommandanten Hamburg unterstand neben einigen Flak-Einheiten auch ein Panzervernichtungs-Batl., das sich aus U-Boot-Männern unter Führung von KKpt. Peter Erich Cremer zusammensetzte und zur Verteidigung der Hansestadt angetreten war. Es galt, Hamburg so lange wie möglich zu halten, um die letzte nach Osten gehende Wasserstraße für die Flüchtlinge und Verwundeten aus dem Osten offen zu halten.

Großadmiral Dönitz, der am 1. 5. 1945 nach Hitlers Tod in Deutschland die Führung übernahm, hatte dazu folgende Überlegungen angestellt.

»Eine vorzeitige selbständige Kapitulation Hamburgs (wie sie der Gauleiter von Hamburg, Kaufmann, seit Mitte April im Alleingang anstrebte) würde auch Schleswig-Holstein sofort in die Hand der Westalliierten bringen. Und mit Schleswig-Holstein würden ihnen auch alle Kriegsmarinehäfen sowie die für die Rückführung der Flüchtlinge noch offenen Häfen der Handelsschiffahrt zufallen. Die militärische Organisation der Kriegsmarine für die Seetransportaufgaben würde von der englischen Besatzungsmacht aufgehoben, die Marinesoldaten zu Gefangenen gemacht und den Flüchtlingstransporten dadurch ein Ende bereitet werden.«

Dies zwang Großadmiral Dönitz dazu, das Fernschreiben von Gauleiter Kaufmann, das ihn am 30. 4. erreichte und aus dem dessen Übergabeabsichten hervorgingen, mit einem glatten Nein zu beantworten. Seine Hauptbegründung,die er Kaufmann für die Weigerung, Hamburg vorzeitig zu übergeben, gab, lautete:

»Wird der Elbe-Trave-Kanal jetzt durch die Engländer versperrt, geben wir sieben Millionen Deutsche der russischen Willkür preis. Es ist daher unumgänglich notwendig, die Elbestellung mit äußerster Zähigkeit gegen den Westen zu verteidigen ...

Durch rückhaltlose Unterstützung vorstehender Kampfaufgaben können Sie und die Stadt Hamburg den besten Beitrag zum Schicksalskampf unseres Volkes leisten.«

Aus diesen Gründen ließ GA Dönitz auch GenMaj. Wolz das PzVernBatl. Cremer zuführen. Hinzu kamen Polizei- und Luftwaffeneinheiten, die General Wolz in mehreren geschickten Stoßtruppunternehmungen einsetzte. Im Gebiet südwestlich Hamburg zeichnete sich das Batl. unter Führung von Peter-Erich Cremer besonders aus. Es vernichtete vom 18. bis 20. 4. 24 Panzer und gepanzerte Fahrzeuge. Der Bericht des Oberkommandos der Wehrmacht vom 25. 4. erwähnte diesen Einsatz mit den Worten:

»Ergänzend zum Wehrmachtsbericht wird gemeldet: Ein von KKpt. Cremer geführter Panzervernichtungstrupp der Kriegsmarine, zusammengestellt aus Freiwilligen eines U-Boot-Stützpunktes, vernichtete innerhalb weniger Tage 24 Panzer und gepanzerte Fahrzeuge. «

Der Gegner stellte in diesem Raum seine Angriffe auf Hamburg ein. Dadurch blieb die Hansestadt von einem unmittelbaren Angriff verschont. Als die Entwicklung der Lage dies erlaubte, fuhr GenMaj. Wolz – von GA Dönitz nunmehr dazu ermächtigt – am frühen Morgen des 3.5. 1945 zur 7. PD, GenMaj. Lyne, gegen die er auch in Afrika als Regimentskommandeur und Kampfgruppenführer gekämpft hatte. Er leitete dort die Übergabe der Stadt ein und verhinderte deren Vernichtung in einem direkten Angriff, der unmittelbar bevorstand.

Die Angriffe der Kanadier

Die Weisungen von Feldmarschall Montgomery an General Crerar, OB der kan. 1. Armee, lauteten. »Im Zusammenwirken mit dem XXX. Korps zwischen der Weser und der Zuidersee vorgehen und die Vernichtung der dort stehenden deutschen Truppen vollziehen. Sodann Befreiung Hollands von den letzten deutschen Truppen. «

Das kan. II. AK gewann am 6. 4. Almeloo und Zuthpen zurück. Im Laufe der Nacht zum 7. 4. sprangen in diesem Bereich bei Assen und Meppel die französischen FJ-Regimenter 2 und 3 ab und hielten den Kanadiern die Übergänge über den Oranje-Kanal frei. Deventer, Groningen und Leuwaarden fielen zwischen dem 10. und 16. 4. 1945.

Starken Widerstand aber fanden jene kanadischen Verbände, die gegen die Truppen des XI. FschKorps unter GenLt. Straube antraten, der den Gegner am Elbe-Hunte-Kanal abfing und ihm starke Verluste beibrachte. Erst nach Verstärkungen durch die poln. 1. PD und die kan. 5. PD sowie die brit. 3. ID gelang es GenLt. Simonds, am 3. 5. Oldenburg in Besitz zu nehmen. Als am nächsten Tag der Kampf im Nordraum eingestellt wurde, hatten die polnischen Panzer gerade Jever erreicht, die kan. 5. PD stand bei Aurich und die brit. 3. ID bei Delfzijl, Emden gegenüber.

Das zur Befreiung von Westholland eingesetzte kan. I. AK, GenLt. Foulkes, befreite am 14. 4. Arnheim, während die 1. ID Appeldoorn gewann. Noch verteidigten sich die deutschen Kräfte im Hollandschen Diep, und als GenLt. Foulkes versuchte, auf Amersfort und Utrecht vorzupreschen, um diese Verteidigungsstellung zu umfassen, ließ man auf deutscher Seite nach Befehl von GenOberst Blaskowitz, dem OB der HGr. H, den Deich der Zuidersee auf einer Breite von 100 m sprengen. Die Überflutung des Geländes hinderte die Kanadier am weiteren Vorgehen.

Die Kampfhandlungen waren damit an dieser Stelle in der alten »Festung Holland« beendet. GenLt. Crerar und GenOberst Blaskowitz unterschrieben eine Art von Waffenstillstand, so daß die Front in Holland vom 28. 4. bis zum 5. 5. 1945 auf der Linie Nijkerk-Amersfoort-Wageningen stillstand.

Ohne daß die deutsche Flak eingegriffen hätte, konnten hier Bomber der RAF und der USAAF große Vorräte an Lebensmitteln für die niederländische Bevölkerung abwerfen. Medikamente kamen hinzu.

Doch nun zu den deutschen Abwehrkämpfen der letzten Wochen im Westen des Reiches.

DIE TOTALE NIEDERLAGE IM WESTEN

Der Endkampf im Ruhrkessel

Nachdem sich im Raume Lippstadt am 1. 4. 1945 die beiden Zangenarme der US-Streitkräfte getroffen hatten und die 9. US-Armee mit der 1. US-Armee vereinigt war, hatte GFM Model beim OKW den Antrag auf rechtzeitige Räumung des sich bildenden Ruhrkessels gestellt. Sein Antrag wurde von Hitler abgelehnt. GFM Model weigerte sich allerdings kategorisch, die Industrieanlagen an der Ruhr zerstören zu lassen. Seine 15. Armee hatte bei Bocholt Anschluß an die 1. FJ-Armee.

Bereits am 29. 3. hatte GFM Model den Kommandierenden General des LIII. AK, GenLt. Bayerlein, nach Olpe in seinen Gefechtsstand gebeten. Dort befahl er ihm, mit der PLD und Teilen der 9. PD sowie der 3. PGD und der 3. FJD, GenLt. Wilke, zur Sprengung des Ruhrkessels auf Schmallenberg vorzustoßen und von dort aus in östlicher Richtung auf Bad Wildungen, Richtung Edertalsperre, durchzubrechen.

»Mit dieser Operation wollen wir mit den südlich und südostwärts des Kessels stehenden Truppen der HGr. G Verbindung aufnehmen. Setzen Sie alles darein, diesen Auftrag zu erfüllen, Bayerlein.«

GenLt. Bayerlein sagte zu dieser denkwürdigen Besprechung:

»Es war ein Narrenhaus, in das ich geriet. Meldungen liefen ein, die ständig einander widersprachen. Ebenso einander widersprechende Befehle und Weisungen verließen den Gefechtsstand der HGr. B. Und in diesem Durcheinander mußte ich versuchen, so viele Truppen zusammenzukratzen, wie nur eben möglich war, um wenigstens einige Aussicht auf Erfolg zu haben. Ich fuhr nach Winterberg. Glücklicherweise regnete es, so daß keine Flieger in der Luft waren. Genau westlich Küstelberg stellte ich fest, daß US-Truppen bereits vor mir durch diese Ortschaft gerollt waren. Sie hatten die dort stehenden 200 Volkssturmmänner entwaffnet und nach Hause geschickt.«

Als Sturmspitze zu diesem Versuch eines letzten entscheidenden Schlages bestimmte GenLt. Bayerlein die PLD. Der letzte Angriff des Krieges im Westen in Divisionsstärke rollte. Die Panzer erreichten Hesborn und Liesen, südostwärts Winterberg. Bei Medelon, nahe Medebach, wurde der Vorstoß durch starke US-Panzerkräfte aufgehalten. Der Panzerkampf entbrannte. Drei, vier, sieben und schließlich elf Feindpanzer brannten binnen weniger Minuten. Der Gegner wurde weich und wich zurück. Die Panzer der PLD stießen hinterher und erreichten Küstelberg. Auch diese Ortschaft wurde den Amerikanern entrissen.

Es schien so, als sollte der Angriff durchschlagen, als sei der Durchbruch zu schaffen. Aber als am 31. 3. das Wetter aufklarte, als die Jabos in dichten Schwärmen auf der Strecke Langenwiese - Schmallenberg angriffen und im Tiefflug alles bombten, was sich bewegte, stockte der Vorstoß. GenMaj. Niemack, der DivKdr., wurde schwer verwundet und auf Befehl von GFM Model aus dem Kessel in ein Lazarett ausgeflogen. Oberst von Hauser, Kdr. des PGR 901, übernahm die Führung der PLD.

Medebach, Rhadern und Hillershausen wurden durchrollt, Feindwiderstand zusammengeschlagen. Dann griffen Lightnings im Tiefflug an und stürzten sich auf die wenigen noch feuerbereiten Flak der Divisionen. Westlich Alt-Astenberg wurde das verbliebene Gros der Panzer durch einen starken Luftangriff bewegungsunfähig geschlagen. Neun Panzer wurden von Raketenbombern vernichtet. Der Angriff, der letzte verzweifelte Durchbruchsversuch zum Ausbruch aus dem Ruhrkessel, war beendet.

Die 3. FJD war ebenfalls, ständig dem Gegner auf den Fersen bleibend, gut vorangekommen. Aber ab 31. 3. wurden auch ihre Sturmgruppen durch rollende Luftangriffe dezimiert, bis die Division aufgerieben war und den Angriff wie die PLD einstellen mußte. Sie wurde in mehrere Kampfgruppen aufgesplittert und zog sich von Kessel zu Kessel wieder zurück.

In der Nacht zum 2.4. ging das gesamte LIII. AK wieder auf Winterberg zurück. Zwei Tage später mußte Winterberg aufgegeben werden. Der KorpsGefStand wurde nach Lenneplätze verlegt. Nördlich Winterberg kam es am 5. 4. noch einmal zu Kämpfen mit US-Panzern. Die PLD verfügte am Abend dieses Tages noch über 20 Panzer und 10 Kettenfahrzeuge. Als sich GenLt. Bayerlein am 7. 4. mit dem KommGen. der Korpsgruppe, General von Lüttwitz, traf, waren sich beide darüber einig, daß der Kampf im Ruhrkessel bald beendet sein würde. Sie beschlossen, mit ihren Truppen bei günstiger Gelegenheit dem Gegner die Kapitulation anzubieten.

Tiger-Kompanie Ernst im letzten Einsatz

Bereits am 10. 3. 1945 wurden jene Jagdpanzer des Typs Tiger der schweren Panzer-Abt. 512, die soeben im Raume Döllersheim eingeschossen wurden, auf den Brückenkopf Remagen angesetzt. Dieser Angriff schlug fehl, und nunmehr rollten sechs Jagdtiger der 1./sPzAbt. 512 mit ihren 12,8-cm-Kanonen unter Führung von Hptm. Albert Ernst, als Nachhut den Rückzug der Truppen der 5. PzArmee deckend, zurück. Aus Distanz von 2 km, wo keine Panzerkanone des Gegners hinlangen konnte, schossen sie die nachfolgenden feindlichen Panzer ab. Es ging über Nieder- und Obernepfen nach Siegen. Hier wurde Hptm. Ernst abermals von GenOberst Harpe als Nachhut eingeteilt.

Er fuhr den Angriff mit, der das Ziel hatte, den Ruhrkessel aufzuspalten, und geriet während dieser Kämpfe zum ersten Male an amerikanische Sherman-Panzer, die allerdings genauso wie jeder andere Feindpanzer von den 12,8-cm-Kanonen der Jagdtiger zerfetzt wurden.

Nach dem Fehlschlagen dieses Angriffs wurden der Kp. Ernst ein Zug Sturmgeschütze, einige Pz IV und ein Zug mit vier 3,7-cmFlak-Vierlingen zugeführt und die Kp. zur Kampfgruppe Ernst aufgestockt. Während Ernst die Führung der KGr. übernahm, führte Oblt. Rondorf die Jagdtiger-Kp.

Über Siegen und Meinerzhagen rollte der Verband nach Lüdenscheid. Von dort ging es nach Altena weiter, wo Hptm. Ernst erfuhr, daß seine KGr. am 8. 4. mit der Bahn nach Iserlohn geschafft werden sollte. Einige der schweren 70-Tonnen-Panzer rollten über die Straße nach Iserlohn und zogen im Wald bei Bührenbruch-Ergste unter. Hier erhielt Ernst den Auftrag, Unna, das am 9.4. gefallen war, zu entsetzen.

Über die Reichsstraße 233 fuhr die Kampfgruppe am anderen Morgen los. Dem gepanzerten Verband folgten einige Bataillone Grenadiere und Panzergrenadiere. Als von einer Anhöhe US-Panzerkolonnen gesichtet wurden, die über die R 1 in Richtung Dortmund fuhren, und daß eine Kolonne in die R 233 eindrehte und genau auf die KGr. Ernst zurollte, ließ Hptm. Ernst seine schweren Waffen auf die Höhe mit dem Bismarckturm ziehen. Jagdtiger und Sturmgeschütze entwickelten sich auf dem Kamm in halber Hinterhangstellung in der Breite. Vier Jagdtiger und vier Sturmgeschütze standen wenig später mit Front nach Norden bereit. Die vier Dreisieben-Vierlinge wurden weiter herausgesetzt in Stellung gebracht.

Als der Gegner, querbeet rollend, nahe genug herangekommen war, eröffneten die Jagdtiger das Gefecht bereits aus 4 km Distanz und schossen die beiden an der Spitze fahrenden Sherman-Panzer ab. Dann fielen auch die Sturmgeschütze ein, als der Gegner weiterrollte. Feindpanzer und gepanzerte Mannschaftswagen blieben brennend und qualmend auf dem Felde liegen. Der US-Vorstoß wurde gestoppt. Mehr als vierzig abgeschossene gepanzerte US-Fahrzeuge wurden gezählt. Ofw. Totzek, einer der Tiger-Kommandanten, schoß allein sechs Shermans ab.

Wenig später griffen Jabos an. Die vier Dreisieben-Vierlinge eröffneten das Abwehrfeuer. Die erste Feindmaschine montierte im Feuer der sechzehn Rohre auseinander, eine zweite explodierte, und die übrigen Thunderbolts verschwanden nach Südwesten. Eine halbe Minute später aber waren sie schon wieder da. Einer der Vierlinge erhielt einen Raketenbomben-Volltreffer. Die Besatzung fiel. Die übrigen drei Vierlinge setzten den Kampf fort, und die Thunderbolts erschienen immer wieder. Eine Raketenbombe fiel durch das Turmluk des Jagdtigers, in dem Lt. Kubelka saß. Der Tiger wurde mit der gesamten Besatzung vernichtet. Der von Hptm. Ernst geführte Tiger wurde lahmgeschossen. Als die Flakmunition aufgebraucht war, gab Hptm. Ernst den Befehl zum Absetzen.

Am nächsten Morgen erhielt er vom LIII. AK Befehl, den Flugplatz Deilinghofen zu besetzen und ihn für weitere 24 Stunden zu halten. Im Haus Hemer richtete Ernst seinen KGrGefStand ein.

Als hier am Abend des 12. 4. die US-Truppen zögernd vorfühlten, schoß Oblt. Rondorf mit seinem Jagdtiger zwei ShermanPanzer ab. Ofw. Heinecke erzielte ebenfalls zwei Abschüsse.

Am 13. 4. fiel Menden. Der Feind schoß nun nach Hemer hinein, und ein Stabsarzt beschwor Hptm. Ernst, den Kampf einzustellen. Albert Ernst, der keinen direkten Vorgesetzten mehr hatte, leitete in der Nähe von Haus Hemer Verhandlungen mit Major McCune, dem Adjutanten von Lieutnant-Colonel Kriz, dem Kdr. des IR 394, der 99. US-ID, ein. Die KGr. Ernst übergab Hemer und verhinderte dadurch die Vernichtung der Stadt und deren Plünderung durch die 30.000 Insassen des Stalag Hemer, die von US-Truppen wieder in das Lager zurückgedrängt wurden, als sie schon durch die Lagertore ins Freie drängten.

Die Kampfgruppe selbst zog sich über die R 7 auf Iserlohn zurück. Iserlohn brannte, US-Truppen schossen mit Artillerie in die Stadt hinein. Als US-Panzer am 15. 4. auf Iserlohn vorfühlten, wurden die Spitzenpanzer von Jagdtigern abgeschossen.

Am 16. 4. aber fuhr Hptm. Ernst, nachdem General Büchs, der in der Flakkaserne von Iserlohn saß, geflohen war und die Stadt ihrem Schicksal überlassen hatte, in Richtung Seilersee zu den Amerikanern. Noch am Vortage wollte General Büchs den Kampfgruppenführer einsperren lassen, weil Ernst ihn beschwor, die Übergabeverhandlungen einzuleiten. Nun mußte der rangniedrige Hauptmann dies tun.

Im Rathaus von Iserlohn wurde schließlich die Übergabe der Stadt durchgeführt. Auf dem Schillerplatz übergab Hptm. Ernst Oberstleutnant Kriz die Reste seiner Kampfgruppe. Der spätere Oberst Kriz schrieb dazu nach dem Kriege in einem Brief an die Stadt Iserlohn:

»Es ist schwer, Ihnen heute den unauslöschlichen Eindruck zu beschreiben und den Respekt, den ich vor Hauptmann Ernst empfand. Wir gestatteten ihm eine offizielle Übergabe. Dies war die einzige, die ich im Zweiten Weltkrieg mitgemacht habe. Die gesamte Kampfphase in Verbindung mit Iserlohn baut sich nach meiner Erinnerung auf diese tapfere deutsche Einheit auf.«

Der Tod eines Generalfeldmarschalls

Generalfeldmarschall Walter Model ließ am 15. und 16. April 1945 für alle Soldaten der Heeresgruppe B die Entlassungsscheine ausstellen, ehe er am 17. 4. 1945 seine letzte Fahrt mit einigen wenigen Getreuen antrat. Es ging durch die dichten Waldstücke ostwärts von Düsseldorf. Mit einem Kleinkonvoi aus drei Wagen durchbrach diese Gruppe bei Ratingen die Kolonnen der US-Fahrzeuge und verschwand jenseits der Rollbahn wieder im Wald.

Hier endete die Fahrt des Generalfeldmarschalls Walter Model. Die drei Stabsoffiziere, die ihm bis hierher gefolgt waren, versuchten alles, Walter Model von jenem Weg abzubringen, den er zu gehen sich entschlossen hatte.

In den frühen Morgenstunden des 21. 4. 1945 setzte eine Pistolenkugel dem Leben dieses großen Soldaten ein Ende.

Unter einer mächtigen Eiche wurde Model bestattet. (Im Sommer 1955 wurde der Tote nach dem Soldatenfriedhof Vossenack in der Eifel überführt.)

DAS ENDE DER ATLANTIKFESTUNGEN

Ein Überblick

Nach der alliierten Invasion in der Seinebucht und dem Vordringen der angloamerikanischen Streitkräfte durch Westfrankreich nach Osten und Nordosten richtete der Marinebefehlshaber Frankreich, Admiral Krancke, eine Denkschrift an das Oberkommando der Kriegsmarine, in der er die Verteidigung der Atlantikhäfen vorschlug. Diese Denkschrift vom 16. 8. 1944 wurde zur Grundlage der Atlantikfestungen. Es heißt darin:

»Es ist unbedingt erforderlich, daß die wichtigen Häfen an der Süd- und Westküste dem Feind möglichst lange verwehrt bleiben, wenn die Westfront an die Seine zurückgenommen wird, damit sich der Strom der Verstärkungen beim Gegner verlangsamt.

Aus diesem Grunde wird die Verteidigung von Brest, St. Nazaire, La Pallice, La Rochelle, Royan, Le Verdon, Sete, Marseille und Toulon ins Auge gefaßt. Dort wird alles Personal zusammengezogen, dessen Abtransport nach Deutschland nicht mehr möglich ist.«

Am 17. 8. fügte Krancke in einer Zusatzliste noch die Häfen Bayonne, Biarritz und St. Jean de Luz hinzu, weil dort starke Küstenbatterien stünden.

Hitler traf am 18. 8. 1944 im Operationsbefehl des Wehrmachtsführungsstabes an den OB West folgende Entscheidung:

»l. Armeegruppe G löst sich mit Ausnahme der in Toulon und Marseille verbleibenden Kräfte vom Feind und gewinnt den Anschluß an die HGr. B. Aufbau einer Aufnahme in der Linie Sens Dijon-Schweizer Grenze ist sofort einzuleiten.

2. Durch straffe Führung der Nachtruppen und Kampf in festgelegten Widerstandslinien ist sicherzustellen, daß das Abfließen aller in Südwestfrankreich stehenden Truppen planmäßig durchgeführt werden kann. 11. PD ist mit der Masse im Rhônetal zu belassen.

3. Die Festungen und Verteidigungsabschnitte an der französischen West- und Südküste sind bis zum letzten Mann zu verteidigen. Marseille und Toulon durch je eine Division.

4. Die Kriegsmarine unterstützt die Verteidigung der Festungen und Verteidigungsbereiche durch Einsatz aller verfügbaren Seestreitkräfte und stellt, sobald hierzu keine Möglichkeiten mehr gegeben sind, Besatzungen und Waffen zur Verteidigung der Landfront zur Verfügung.« (Siehe WFühSt. B. Nr. 772916/44 vom 18. 8. 1944.)

Damit war das letzte Wort über die Atlantikfestungen gesprochen. Zwar fielen St. Malo und auch Brest nach harten, wochenlangen Kämpfen, wurden Bordeaux und Dieppe kampflos geräumt, konnten Le Havre, Boulogne und Calais nur vorübergehend gehalten werden. Aber eine ganze Reihe der Häfen hielten sich bis Kriegsschluß.

Die Häfen im Angriffsbereich der alliierten Landungen in der Normandie fielen einer nach dem anderen, bis auf Dünkirchen, von dem Feldmarschall Montgomery sagte, daß eine Eroberung den Einsatz nicht lohne.

In deutscher Hand blieben die »Festungen« Lorient, Quiberon, St. Nazaire, La Pallice, La Rochelle, Royan und Le Verdon. Sieben Atlantikfestungen hielten sich also im Rücken der vorgehenden alliierten Truppen. Diese Festungen wurden nur von einem feindlichen Sicherungsschleier umgeben und nicht angegriffen. Mit Ausnahme der beiden Gironde-Festungen Royan und Le Verdon, welche als Festungen Gironde-Nord und Gironde-Süd den Hafen von Bordeaux sperrten.

Der Chef der provisorischen Regierung der Französischen Republik, General de Gaulle, bestand darauf, diese beiden Festungen zu vernichten, um Bordeaux für den Schiffsverkehr freizubekommen. Die Alliierten erteilten ihre Zustimmung zum Angriff am 10. 12. 1944. Doch die Ardennenoffensive und die Kämpfe bei Straßburg banden alle Truppen der französischen Armee, so daß es auch hier zu keinem Angriff kam. Erst Mitte April 1945 begann der Angriff auf die beiden Gironde-Festungen.

Vorher jedoch traten Ereignisse ein, die für die Gironde-Festungen schreckliche Folgen hatten. Und zwar ließ am 9. 12. 1944 das französische Marine-Luftgeschwader 2 25 seiner 36 Sturzbomber vom Typ Douglas Dauntless, geführt von Capitaine Lainé, einen ersten Angriff gegen die schwere Flak auf der Mole von Le Verdon fliegen. Der Angriff erzielte keine Erfolge. Der nächste Angriff am 1. 1. 1945 galt einem kleinen deutschen Tanker, der nicht getroffen wurde. Eine Maschine wurde abgeschossen. Der dritte Angriff in der Nacht zum 5. 1. 1945 wurde von 354 Lancaster-Bombern der 4. Bomber Group der RAF in zwei Wellen geflogen. 1.637 Tonnen Sprengbomben und 14 Tonnen Brandbomben fielen nicht etwa auf die militärischen Ziele, sondern mitten in Royan. Weder Zufall noch Fehlnavigation waren dafür verantwortlich. In die Karten der Bomberpiloten war um Royan ein dicker Kreis gezogen. Ihr Befehl lautete: »Abwurf der Bomben über Royan!«

Von den 4.000 Franzosen in Royan lagen nach diesem Angriff 2.000 unter den Trümmern ihrer Häuser begraben. Deutscherseits wurde sofort ein Waffenstillstand vereinbart, um die Verschütteten zu bergen. Die französische Marinefeuerwehr erhielt die Erlaubnis einzugreifen. FKpt Meyer konnte nach Royan kommen. Er fand drei Viertel der Stadt dem Erdboden gleichgemacht.

Bis Anfang April 1945 waren etwa 50.000 Franzosen um Royan versammelt. Sie verfügten über 273 Panzer gegenüber keinem in der Festung. 5.400 Feindflügen der Alliierten stand kein einziger der deutschen Seite gegenüber. Der Angriff sollte nun auf Biegen oder Brechen durchgezogen werden. Daß dazu überhaupt keine Veranlassung mehr bestand, da das Halten der Festungen nur noch eine Frage von Tagen war, focht die Strategen nicht an. Es galt »Befreiungstaten« zu begehen!

Die Operation »Vénérable« (Ehrwürdigkeit) mußte durchgeführt werden. Um die deutschen Verteidiger mürbe zu machen, wurde noch einmal gebombt. 3.315 Tonnen Sprengbomben fielen. Danach kamen 1.120 Tonnen Napalmbomben zum Abwurf, die von den Amerikanern als »460.000 Gallonen eines flüssigen Brennstoffs« getarnt wurden (2.000 M3).

»Es steht fest, daß die Operation Vénérable in Frankreich den ersten massierten Einsatz von Napalm sah.« (Siehe Jacques Mordal »Die letzten Bastionen« S. 185.)

Danach begann, noch am frühen Morgen des 15. 4. 1945, der Angriff. Bis 18.30 Uhr wurde Fort Suzac erobert. Drei deutsche Stützpunkte leisteten noch Widerstand. Am Mittag des 16. 4. war Gironde-Nord zum größten Teil in der Hand der Angreifer. Lediglich die Festung Royan selbst hielt sich bis zum 17. 4., 10.00 Uhr. Konteradmiral Michahelles, der die Festung verteidigte, wurde zur Übergabe gezwungen, als eine Kompanie Zuaven, von Panzern unterstützt, seinen Bunker stürmte. Der Kampfkommandant auf der weiter nördlich vorspringenden Landspitze La Coubre erklärte sich am 18. 4. mit den Übergabebedingungen einverstanden.

Der Kampf um Royan selbst war zu Ende. »Die französische Division Gironde hatte einen riesigen Schutthaufen befreit.«

Das Gebiet um Pointe le Grave im Teil der Festung Gironde-Süd wurde erst 48 Stunden später nach weiteren Kämpfen erobert. Hier warfen P-47-Maschinen noch Napalm-Behälter über die deutschen Truppen im Nordteil des Pointe de Grave ab.

In Gironde-Süd war es die Besatzung des Zerstörers Z 24 unter KKpt. Birnbacher, die die Festung Le Verdon hielt, welche am 19. 4. noch einmal bombardiert wurde. In der Nacht zum 20. 4. mußte sie sich ergeben. Danach wurden die Stadt Royan und die umliegenden Ortschaften von den »Befreiern« geplündert und eine Reihe Bürger ermordet. (Siehe General Edgar de Larminat »Erinnerungen« S. 245 und »Royan ville martyre«, Imprimerie nouvelle, Royan 1965.)

Der Kampf um Oléron

Die Insel Oléron, südwestlich der Zufahrt zur Festung La Rochelle gelegen, sollte unmittelbar nach der Eroberung von Royan angegriffen und in Besitz genommen werden. Danach wollte General Larminat La Rochelle erobern, jenen Hafen, der unter Befehl von Vizeadmiral Schirlitz stand. Es war Vizeadmiral Schirlitz gelungen, am 20. 10. 1944 ein Abkommen mit Oberst Adeline zu unterzeichnen, in dem ein Waffenstillstand für das Gebiet La Rochelle abgeschlossen wurde, mit genauen Linien um La Rochelle und den U-Boot-Hafen La Pallice, die keine der beiden Seiten überschreiten sollte.

General Edgar Larminat, der am 22. 10. 1944 das Kommando über alle französischen Streitkräfte an der Atlantikfront übernahm, hielt dieses Abkommen ein. Die Stadt wurde von See her durch das Schwedische Rote Kreuz versorgt. Sie sollte nun also auch kurz vor Torschluß »befreit« werden.

Die Inselverteidigung der etwa 30 km langen und bis zu 10 km breiten Insel wurde von KKpt. Schaeffer geführt. Ihm standen 1.500 Soldaten zur Verfügung. Unter den 15.000 Bewohnern der Insel befanden sich viele Widerstandskämpfer.

Die Partisanen wurden in den ersten Apriltagen 1945 mit Waffen versorgt, die in Fischerbooten zur Insel gelangten. Am 24. 4. wurden den Partisanen letzte Anweisungen vom Befehlshaber der Brigade Oléron übermittelt, nach welchen sie die Nachrichtenverbindungen der Deutschen zerstören und Sabotageanschläge gegen deutsche Transportmittel verüben sollten.

Eine Invasionsflotte wurde unter KptzS. Rey, dem Marinebefehlshaber von Rochefort, zusammengestellt, die einschließlich der Schwimmlastwagen am 27. 4. bereitlag und zum Teil schon in See stand. Der Angriff, der auf den 29. 4. festgesetzt war, wurde in letzter Minute auf den 30. 4. verschoben. Torpedoboote, Fregatten und das alte Schlachtschiff »Duquesne« mit dem Leiter der Seeoperationen, Admiral Rue, an Bord, eröffneten am 30. 4. um 07.30 Uhr das Feuer. Alle deutschen Batterien auf der Nordseite der Insel wurden beschossen, danach die Westküste. Auch hier waren seit dem 17. 4. mehrere starke Bombenangriffe erfolgt.

Die Landungen auf Oléron leitete Oberst Marchand, während General d'Anselme die Landfront La Rochelle angriff. 8.882 Mann der Brigade Marchand gingen ab 06.02 Uhr auf Oléron an Land. Bis 08.00 Uhr gewannen sie tiefe Brückenköpfe und drangen danach zügig vor. Bis zum 2. Mai war Oléron in französischer Hand.

»Germany has surrendered unconditionally. Cease fire has been ordered from 22.01 GMT 8th May, Repeat 22.01 GMT 8th May.« Dieser Funkspruch der britischen Admiralität, der am 8. 5. 1945 um 13.47 Uhr Greenwich-Zeit abgesetzt wurde, erreichte auch die Verteidiger der letzten vier Atlantikfestungen.

La Rochelle blieb die »Befreiung« erspart. Am Morgen des 8. 5. wurde die Stadt übergeben. Inoffiziell zuerst und durch den Einzug einer Schwadron republikanischer Garde (die in beiderseitiger Übereinstimmung für Ruhe sorgen und Übergriffe verhindern sollte). Um 23.45 Uhr übergab Vizeadmiral Schirlitz im Beisein seines Stabes die Festung La Rochelle an Oberst Chéne, um sich gemäß den Kapitulationsbedingungen selbst um Mitternacht FKpt. Meyer, mit dem er seit September 1944 verhandelt hatte, zu ergeben. Am 9. 5. um 07.00 Uhr wurde auch der deutsche UBoot-Stützpunkt La Pallice von See aus besetzt.

St. Nazaire, die Festung, die im Dezember 1944 völlig eingeschlossen worden war, wurde zwar nicht angegriffen, doch deutscherseits schossen die Granatwerfer am 18. und 25. 2. 1945 auf die Einschließungsfront der französischen Marine-Füsiliere zwischen Redon und der Küste im Vilaine-Abschnitt. Dieses Feuer wurde von einigen französischen Geschützen erwidert. Admiral Mirow, der in St. Nazaire verteidigte, konnte für deutsche U-Boote den Hafen offenhalten. Hier trafen deutsche Versorgungs-U-Boote ein, die neben Munition für Flak und Pak auch Proviant und Medikamente mitbrachten. Noch in den letzten Kriegstagen lief U 510, Kptlt. Eick, aus dem Stützpunkt Penang in Niederländisch Indien kommend, in St. Nazaire ein. Das Boot passierte am 24. 4. 1945 die feindlichen Überwachungsstreitkräfte und machte in St. Nazaire fest.

Festungskommandant von St. Nazaire war Gen. Hünten, der von Oberst Junck abgelöst wurde. Seit Anfang April brannte der Stab von General Larminat darauf, auch St. Nazaire zu erobern. Doch infolge der Verzögerungen bei den anderen Atlantikhäfen fand die Schlacht um St. Nazaire nicht statt. Die Festung stand am 7. Mai in Verhandlungen, als Major Keating, Chef des Stabes der 66. US-ID, dem von Generalmajor Junck bevollmächtigten Hptm. Müller die Aufforderung zur Kapitulation übergab. Sie wurde angenommen und um 17.00 Uhr dieses Tages durch Hptm. Müller und Oberst Engelken unterzeichnet.

Erst am 10. 5. zogen die Amerikaner in St. Nazaire ein. Oberstleutnant Rittmayer, der viel für St. Nazaire getan hatte, wurde als Gefangenem übel mitgespielt.

»Ein außer Rand und Band geratener Haufen mißhandelte ihn furchtbar. Wie durch ein Wunder entging er den Kugeln eines Fanatikers, der in den Wagen mit den gefangenen deutschen Offizieren hineinschoß. Ein Oberst wurde schwer verwundet, ein weiterer getötet. Am 17. 3. 1946 wurde Rittmayer freigelassen.« (Siehe Jacques Mordal: a.a.O.)

In Lorient, wo die deutschen Verteidiger seit August 1944 ununterbrochen von der französischen Artillerie aus La Trinité beschossen wurden, hatten Gen.d.Art. Fahrmbacher und Gen. Matthiae die Festung entschlossen in der Hand behalten. General Kramer, der alliierte Befehlshaber von Lorient, forderte die Festung am 4.5. zur bedingungslosen Kapitulation auf. Doch diese wurde abgelehnt. Erst am Nachmittag des 7. 5., als die Nachricht vom Abschluß der Verhandlungen Gen-Oberst Jodls in Reims bei Eisenhower bekannt wurde, kam es in Etel zur Unterzeichnung der Kapitulation der Festung. Um Mitternacht des 8. 5. ruhten hier die Waffen. Die Alliierten zogen erst am 10. 5. in Lorient ein. Auf dem deutschen U-Boot-Stützpunkt standen am 10. 5. um 12.00 Uhr 3.000 deutsche Marinesoldaten zur Übergabe bereit.

Dünkirchen und das Ende der Festung

Dünkirchen, das von Feldmarschall Montgomery als nebensächlich angesehen wurde, wurde von der 226. ID, GenLt. von Kluge, gesichert. Noch vor der Einschließung der Festung hatten auch Teile der Garnisonen von Nieuport und Ostende in Dünkirchen Unterschlupf gefunden.

Hafenkommandant war KptzS. Schneider. Festungskommandant wurde aufgrund eines Führerbefehls Oberst von Wittstatt. Der Seekommandant im Abschnitt des Pas de Calais, Konteradmiral Frisius in Boulogne, hatte sich am 3. 9. 1944 ebenfalls nach Dünkirchen zurückgezogen. Er übernahm das Oberkommando in der Festung Dünkirchen.

Frisius ließ am frühen Morgen des 5. 4. 1945 die Operation »Blücher« durchführen. Es gelang, die Umklammerungstruppen so in Verwirrung zu setzen, daß man bis tief ins Hinterland, nach Lille hinein nervös wurde. Bei Grevelines sprengten britische Pioniere alle Brücken. Pointe de Spycker und Malhof, die Ziele des Angriffs, wurden erreicht. Ein durch britische Truppen untenommener Gegenangriff am 15.4. konnte die Lage nicht bereinigen. Typhoon-Jabos griffen im Tiefflug an, aber die deutschen Linien hielten bis Kriegsschluß.

Am 6.5. fragte Admiral Frisius beim OKW an, ob die Feuereinstellung auch für ihn gelte, weil ihm ja Truppen von Feldmarschall Montgomery gegenüberstanden, mit dem eine Teilkapitulation abgeschlossen worden war. Die Antwort des OKW lautete: »Nein! «

Also gingen bei Dünkirchen die Kämpfe mit gegenseitigem Artilleriefeuer weiter. Als Offiziere seines Stabes ihn baten, Kapitulationsverhandlungen aufzunehmen, erwiderte Frisius:

»Der Gegner will billige Lorbeeren ernten. Wir müssen noch zwei Tage aushalten, vielleicht kommt dann der Befehl zur Kapitulation. Dann ist kein Fleck auf unserer Ehre, und wir können den Kopf hoch tragen; denn uns hat niemand besiegt.«

So kam es denn auch. Am Morgen des 8.5. erhielt Admiral Frisius Befehl des OKW, die Festung zu übergeben. Nachdem er zwei Abgesandte der Alliierten empfangen hatte, unterzeichnete Admiral Frisius am 9. 5. 1945 um 09.30 Uhr in Wormhoudt im HQ von General Liska die Kapitulation. Frankreich war durch Oberst Lehagre und KKpt. Acloque vertreten. Dünkirchen, durch die vielen Bombenangriffe zur Ruinenstadt geworden, wurde erst am 18. 5. von den Engländern an die französische Marine übergeben. Der Kampf in den Atlantikfestungen war zu Ende.

Schlußbericht Norwegen

Nach dem Rückzug der 20. Gebirge-Armee aus Lappland, der am 4. 10. 1944 begann und bis zum Jahresende dauerte, waren 200.000 weitere deutsche Soldaten in den norwegischen Raum gelangt. Die Rückführung dieser Armee war Gen-Oberst Rendulic übertragen worden, der die drei Gebirgskorps mit sieben Divisionen und zwei Divisionsgruppen sowie die 6. SS-GebDiv. sicher zurückführte. Die größten Feinde dieser Aktion waren die Kälte und der Wind in der baumlosen, flachen Tundra.

In der Kirkenes-Stellung blieben jene Verbände stehen, die hier so lange hinhaltenden Widerstand zu leisten hatten, bis alle übrigen Truppen abgeflossen waren, die zum weiteren Kampf nicht mehr nötig wurden. Drei Winter und zwei Sommer hatten die Eismeer-Jäger am Polarkreis gestanden und den Schutz der von Deutschland benötigten Nickelgruben bei Petsamo gesichert.

Im Laufe des Januars 1945 waren diese Rückwärtsbewegungen über 1.000 Kilometer beendet. An der finnisch-norwegischen Grenze wurde die Kilpisjärvi-Stellung bezogen. Erst danach konnten die noch weiter rückwärts in der Sturmbockstellung stehende 7. GebDiv. und die GebjägBrigade »Generaloberst Dietl« aus der Sicherungsfront um Kautokeino herausgelöst und zurückgeführt werden. Dieses Herauslösen begann Mitte Januar 1945. Die beiden Verbände wurden von der 6. GebDiv. in der Kilpisjärvi-Stellung aufgenommen.

Mit Wirkung vom 18. 12. 1944 übernahm das AOK der 20. Gebirge-Armee die Aufgaben des Wehrmachtsbefehlshabers in Norwegen und bezog in Lillehammer Quartier.

Im Raume Lyngen-Narvik führte nun das XIX. GebAK. Es wurde zur Armeeabteilung Narvik erweitert, da es bei einem Angriff aus Schweden, oder aus der norwegischen Provinz Finn-Marken, oder von See her, allein auf sich gestellt sein würde. Damit blieb der Raum Narvik auch im Jahre 1945 noch Brennpunkt der Verteidigung Norwegens.

Ende Januar 1945 verließ GenOberst Rendulic Norwegen und machte Gend-GebTr. Böhme Platz.

Von den Verbänden der 20. GebArmee wurden nacheinander die 6. SS-Geb.Div. und 2. GebDiv. und die 163., 169. und 199. ID ins Reich zurückgerufen. Der Bahntransport dauerte im Durchschnitt vier Wochen. Vom Oslofjord aus wurden die Divisionen im Schiffstransport nach Dänemark weitergeleitet.

Gegen Ostern 1945 verließ der letzte Transport ins Reich die Festung Narvik. Erst nach Durchführung dieser Aufgaben wurde die einzige Straße von Narvik nach Drontheim frei, um darauf Truppenbewegungen zur Sicherung von Südnorwegen und des Raumes Oslo durchführen zu können. Im Zuge dieser Bewegungen wurde eine Sicherungsfront südlich Drontheim entlang der Grenze nach Schweden errichtet.

Die 7. GebDiv., die Ende Februar 1945 im Raum Narvik versammelt war, setzte von dort aus ihren Marsch in den Süden Norwegens fort und erreichte am 8.5. über Mosjoen-Steinkier und Drontheim Lillehammer. Hier löste sich die Division bei der Kapitulation auf.

Die im Raume Norwegen verbliebenen Gebirgstruppen standen dort bis Kriegsende auf Wache; bis auf die 2. GebDiv. unter GenMaj. Utz und die 6. SS-GebDiv. unter SS-Gruppenfhr. Brenner, die nach Deutschland befohlen wurden und im Oberelsaß im letzten Einsatz standen. Der Stab des XXXVI. GebAK, GendGebTr. Vogel, wurde nach Ostpreußen verlegt und dort neu eingesetzt.

In der Nacht zum 9. 5. 1945 wurden auf Befehl des OKW die Rückführungen eingestellt. Die Verbände der deutschen Wehrmacht in Norwegen streckten die Waffen. Sie kamen damit einer unmittelbar bevorstehenden Landungsoperation unter GenLt. Thorne, dem Kdr. des Scottish Command, zuvor.

Daß darüber hinaus auch der schwedische Generalstab die Operation »Radda Norge« vorbereitet hatte, an der 245.000 Mann und 15.000 norwegische, in Schweden ausgebildete Polizisten teilnehmen sollten, um Norwegen zu befreien, wurde vom Leiter der historischen Abteilung der schwedischen Armee, Oberst Furtenbach, in einem Zeitschriften-Artikel nach dem Kriege bekanntgegeben. (Siehe Lé Monde vom 21. 4. 1957, S. 7)

Gleichzeitig mit dieser geplanten schwedischen Aktion sollten auch unter dem Deckwort »Radda Danemark« 72.000 Schweden und eine 5.000 Mann starke dänische Brigade den Sund überqueren und die Deutschen angreifen.

Wären diese Aktionen zur Durchführung gekommen, hätte es in Norwegen sicherlich Tausende weiterer Toter gegeben. Zum Glück für die norwegische Bevölkerung wurde dieser Angriff nicht durchgeführt. Die deutschen Truppen in Norwegen gingen ohne zu schießen in die Gefangenschaft. Die letzten Worte, die im Abschluß-Funkspruch der 20. GebArmee nach Mürwik gefunkt wurden, lauteten:

»Wehe den Besiegten.«

ENDKAMPF IN ITALIEN

Die Verteilung der Streitkräfte auf alliierter und auf deutscher Seite

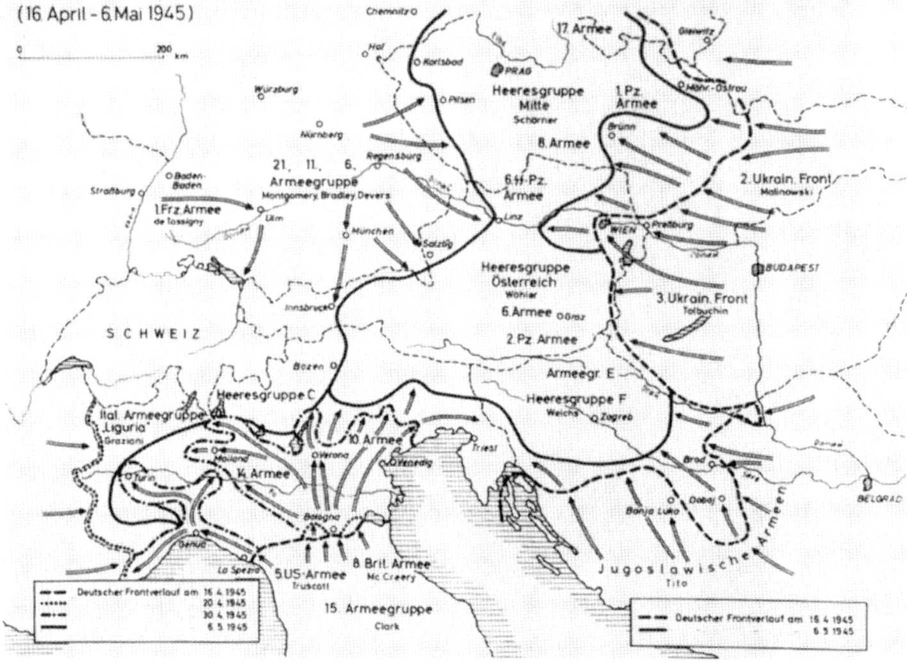

Der Zusammenbruch der deutschen Front in Italien und die letzten Operationen der Alliierten und der Roten Armee im Südosten (16. April - 6. Mai 1945)

Anfang November 1944 war die Lage in Italien noch nicht entschieden, obgleich GFM Kesselring einige Divisionen für die West und Ostfront genommen wurden, die zu den kampfkräftigsten zählten. Auf alliierter Seite standen vor der Gotenlinie folgende Verbände zur neuen Offensive bereit:

Die britische 8. Armee unter Gen. Sir Oliver V. H. Leese im Raum von der Adria bis nach Montevarchi (ausschließlich), einer kleinen Stadt 38 km südostwärts Florenz. Korpsreserve war die neuseel. 2. ID. Von Montevarchi (einschließlich) bis zur Mittelmeerküste stand die 5. US-Armee unter General Mark W. Clark.

Zwei britische, ein kanadisches und ein polnisches Korps mit insgesamt neun Divisionen standen Gen. Leese zur Verfügung, während Gen. Clark ebenfalls auf neun Divisionen zurückgreifen konnte. Jedem Korps waren zwei bis drei Brigaden oder gepanzerte Kampfgruppen zugeordnct. Das italienische Befreiungskorps unter General Umberto Utili stand mit 13 InfBatl. und 9 ArtAbt. bereit.

Demgegenüber verfügte GFM Kesselring in der HGr. C noch über 19 Divisionen, darunter nur eine PD und zwei PGDnen. In der faschistischen, ligurischen Armee unter Marschall Graziani kämpften zwei Divisionen. In den französischen Alpen stand das LXXV. AK, GenLt. Dostler, während die 94. und 188. ID Istrien und Friaul besetzt hielten.

Am 4. 11. übergab Gen. Leese den Oberbefehl über die 8. Armee an GenLt. Sir Richard Mac Creery, der bis dahin das X. Korps geführt hatte. Neuer KommGen. des X. Korps wurde GenLt. Hawkesworth. Als der Oberbefehlshaber der alliierten Streitkräfte im Mittelmeerraum, Sir Henry M. Wilson, anstelle des verstorbenen Feldmarschalls Lord John Dills Chef der Delegation des Empire-Generalstabes in Washington wurde, trat im Mittelmeer General Alexander an dessen Stelle und erhielt gleichzeitig damit seine Beförderung zum Feldmarschall. Für die 15. HGr. wurde nun General Clark benannt, und somit mußte auch für die 5. US-Armee, die er vorher geführt hatte, ein neuer OB gefunden werden. Dies wurde GenLt. Truscott, der sein VI. AK an GenMaj. Brooks übergab.

Die alliierte Operation »Olive«, durch welche die deutsche 10. und 14. Armee vernichtet werden sollte, erbrachte in 20 Tagen nur 19 km Geländegewinn für die Westalliierten. Als der Winter einfiel, hatten die alliierten Truppen zwar Forli, Ravenna und Faenza bis zum 10. 2. erobert, aber keine Entscheidung erzwungen, wie dies geplant war. Dies, obgleich die deutsche HGr. C die 44. ID und die 71. ID an die HGr. Süd, GenOberst Frießner, hatte abgeben müssen.

Als im Apennin der Schnee fiel, waren diese Operationen beendet. Alle größeren Angriffe blieben im Schnee stecken. Dennoch gelang es dem V. US-Korps am Comacchiosee Anfang Januar einen Einbruch in die deutschen Stellungen zu erzielen. Was schwerer wog, war der Abgang von drei Divisionen auf deutscher Seite. Noch im Januar 1945 wurden die 16. SS-PGD, die 356. und 715. ID aus dem Kampfraum herausgelöst und an anderen Frontabschnitten eingesetzt. Die aus Dänemark kommende 710. ID war kampfunerfahren.

Im Laufe des Winters hatte Gen. Mac Creery sein kan. 1. Korps mit der 1. ID und der 5. PD der 21. brit. AGr., Feldmarschall Montgomery, übergeben. General Clark, OB der alliierten 15. HGr., wollte so rasch wie möglich eine neue Offensive beginnen. Dazu verfügte er neben den genannten Verbänden noch über vier italienische Kampfgruppen von jeweils 9.500 Mann, die ihm von der Regierung Badoglio zur Verfügung gestellt wurden. Es handelte sich um die KGr. »Cremona«, »Friuli«, »Folgore« und »Legnano«. Eine jüdische Brigade, vier selbständige Panzer-Brigaden, darunter eine polnische, eine Brigade (mot.), eine Luftlande-Brigade und eine Commando-Brigade kamen zu den 21 Großverbänden hinzu.

Deutscherseits konnte GFM Kesselring (der am 10. 3. 1945 als neuer OB West nach dem Westen ging und von GenOberst von Vietinghoff abgelöst wurde) auf 28 Divisionen zurückgreifen, von denen vier, die Divisionen »Italia«, »Littorio«, »San Marco« und »Monte Rosa«, faschistische Verbände waren. GendPzTr. Herr führte seit Februar 1945 die 10. Armee. Die 14. Armee befehligte Gen.d.PzTr. Lemelsen.

Die Operationen in Italien

Nachdem es der 10. US-GebDiv. Mitte Februar 1945 gelungen war, im Abschnitt südlich Bologna den Monte Belvedere zu erstürmen, ließ die 14. Armee die 114. JD und die 334. ID in den bedrohten Abschnitt schaffen. Beiden Divisionen gelang es zwar, den Einbruch abzuriegeln, nicht aber den Monte Belvedere zurückzugewinnen.

Im Raume Faenza erreichte die 26. PD am Abend des 16. 12. 1944 den neuen Einsatzraum am Senio, während die 29. PGD den alten Abschnitt der 26. PD übernahm. In der neuen HKL standen von rechts nach links das PGR 71 am Senio ostwärts Castel Bolognese, das PGR 15 am Senio und in dem über den Fluß vorspringenden Frontbogen Casanola-S. Andrea. Teile des WerferRgt. 56, eine Kp. Tiger-Panzer der sPzAbt. 506 und Luftwaffenflak waren der Div. zugeführt worden. Ihr gegenüber lagen rechts die Inder und links neuseeländische Truppen.

Feindliche Aufklärungs- und Artillerie-Feuerleitflugzeuge hingen in den nächsten Tagen über dieser Front. An der Via Emilia fühlte der Gegner mit starken Späh- und Stoßtrupps vor. Sein Ziel waren die vorwärts des Senio liegenden Teile der Division: das PGR 15. Der DivKdr., GenMai. Fries, beantragte am 18. 12. die Zurücknahme des Regimentes hinter den Senio.

Als diese Rückführungsbewegungen am Abend des 19. 12. beendet waren, eröffnete der Gegner um 20.30 Uhr sein Trommelfeuer auf die 29. PGD und den rechten Flügel der links anschließenden 278. ID. Das Feuer hielt mehrere Stunden an und verlagerte sich schließlich auf die südlich des Senio liegenden Stellungen des PGR 15. Als der Gegner sich durch verschiedene Anzeichen zu erkennen gegeben hatte, eröffnete die Artillerie der beiden deutschen Divisionen das Feuer. Der Angriff der Neuseeländer wurde abgeschlagen. Der Gegner drang nur etwa 500 m weit vor. Dann blieb er liegen und zog sich wieder zurück. Bis zum Jahresende griff er an dieser Stelle nicht wieder an.

Neben der 29. PGD lag die 278. ID, GenLt. Hoppe, im Senio-Brückenkopf. Beide Divisionen unterstanden dem LXXVI. PzK, GenLt. Hauck. Sie erhielten Weisung, den Brückenkopf so lange wie möglich zu behaupten, um dadurch der im Raume Bagnocavallo stehenden 356. ID, Oberst Kühl, das Halten der Stellungen zu ermöglichen.

Vom DivGefStand in Massa Lombarda aus leitete GenLt. Hoppe den Abwehrkampf. Hier griff die neuseeländische 2. ID, nachdem sie bei der 29. PGD abgewiesen worden war, am 20. 12. nach siebenstündigem Trommelfeuer mit starken Stoßtrupps und Panzern an. Es gelang ihr am 22. 12. in die HKL einzudringen. Die 2. Linie südlich der Brücke von Folisio-Cassanigo-südwestl. Granarolo wurde gehalten.

Mit wechselnden Erfolgen versuchten die Neuseeländer ihre Angriffe zum Erfolg zu führen. Es gelang ihnen, den Sack südlich der Linie Folisio-Granarolo langsam auszuräumen. Ihre gegen den linken Flügel gerichteten Teilangriffe, die am Straßenkanal südostwärts Cotignola auf das GR 993 stießen, wurden abgewiesen. Im Senio-Brückenkopf selber wurde noch nicht gekämpft.

Am 30. 12. verstärkten sich gegenüber den Regimentern 992 und 994 die Panzergeräusche, und in der Nacht zu Silvester ging die neuseel. 2. ID auf der ganzen Front vor. Es gelang ihren Panzern, in die vordersten Stellungen der 278. ID einzubrechen.

Der rechte Flügel des GR 992 wurde hinter den Senio zurückgedrängt, der linke Flügel mußte ebenso wie das GR 994 auf die zweite Linie ausweichen. Damit war der Brückenkopf der 278. ID ostwärts des Senio soweit eingeengt, daß der Gegner ihn ganz zum Einsturz bringen wollte.

Bis zum 2. 1. 1945 schoß die Feind-Artillerie auf die verlassenen Stellungen. Am 3. flaute das Feuer ab, und starke Fliegertätigkeit mit Jagdbomberangriffen auf die deutschen Stellungen und Einschießen durch Artillerieflieger zeigten den nächsten Großangriff an.

Am 4. 1., um 06.30 Uhr, setzte starkes Feuer aller Kaliber ein. Nebel wurde geschossen, Jabos warfen Nebelbomben, so daß das ganze Gelände in dichten Dunst gehüllt war. Mit 100 Panzern griffen die Neuseeländer an. Das rechts stehende GR 992 wurde bis 11.00 Uhr hinter den Ostdamm des Senio zurückgedrängt und dort von der DivRes. aufgenommen. Die Brücke von Folisio flog unmittelbar vor den anstürmenden neuseeländischen Truppen in die Luft, die vor der Dammkrone durch MG-Feuer gestoppt wurden. Hier gelang es Uffz. Nietert, einem Küchenunteroffz., mit Panzerfäusten 4 eingebrochene Feindpanzer abzuschießen. Der Ostdamm hielt, und auch der folgende Angriff des 5. 1. wurde vor dem Ostdamm abgewiesen. Nun stellte die neuseel. 2. ID den Kampf ein.

Rechts nahm das GR 992 Anschluß an das FJR 10 der 4. FJD, GenLt. Trettner, die hier die 29. PGD abgelöst hatte, die am 22. 1. 1945 in den Ruheraum Bologna-Budrio, mit Unterstellung unter das XIV. PzK, verlegt wurde.

Am 1. 2. 1945 gegen 19.00 Uhr brach die neuseel. 2. ID unter dem Schutz einer Feuerglocke, durch Panzer unterstützt, in den Abschnitt des I./992 ein. Sie erreichten den Ostdamm, nisteten sich dort ein und rollten eine Kp. dieses Batl. auf. Sofort ließ GenLt. Hoppe Sperrfeuer vor den Ostdamm legen. Er verhinderte dadurch die Nachführung von Verstärkungen und schnitt die Neuseeländer vom Rückzugsweg ab.

Der Gegenangriff in der kommenden Nacht scheiterte. Aber im Morgengrauen brach Oblt. Peichel, Adj. des I./992, an der Spitze eines Stoßtrupps den Widerstand. Die Neuseeländer hißten eine weiße Fahne und ergaben sich. Am 9. 2. wurde das GR 992 durch das GR 993 abgelöst und erhielt eine Woche der Ruhe, aus der das GR 993 gerade zurückgekommen war.

Zum 20. 2. schied die 278. ID aus dem Verband des LXXVI. PzK aus und löste am 22. 2. südlich der Via Emilia im Abschnitt des I. FschK, GenLt. Heidrich, die 90. PGD, Oberst Baron von Behr, ab. Die Division bezog im Anschluß an die 334. ID, GenLt. Böhlke, im Abschnitt Costa-Rivola-Riolo-Cuffino von rechts nach links mit den Regimentern 993, 994 und 992 ihre Stellungen. Ihr gegenüber lagen auf dem rechten Flügel Badoglio-Truppen und links polnische Verbände. Doch noch ehe es zu mehr als Stoßtrupp-Unternehmungen kam, mußte die 278. ID den Abschnitt der 334. ID übernehmen. Die 4. FJD übernahm die Abschnitte der GR 992 und 994, während diese über Imola ins Santerno-Tal gezogen wurden und dort die 334. ID ablösten. Damit standen in der Gebirgsstellung am Santerno und Senio folgende Kräfte im Adriaraum bereit:

Rechts im Anschluß an die 1. FJD, GenMaj. Schulz, das GR 994.

In der Mitte: das GR 992 mit der FschAufklAbt. 111 und dem Sturmbataillon Forli.

Links: das GR 993 mit dem FüsBatl. 278.

Divisionsreserve war das II./GR 992 und die 2./PzJägAbt. 278 mit Jagdpanthern. Der Divisionsgefechtsstand wurde im Schloß Montericco eingerichtet, das 500 m nördlich Linaro lag.

Die Division unterstand dem I. FschK, das nördlich der Via Emilia Anschluß an das LXXVI. PzK hatte. Beide Korps unterstanden der 10. Armee, GendPzTr. Herr. Auftrag der 10. Armee war es, in der Front südlich Bologna-Tossignano-Castel Bolognese-Bagnocavallo-Südspitze des Comacchiosees zu verteidigen.

Nördlich der Via Emilia wurde von GenLt. Heidrich ein feindlicher Großangriff erwartet.

Einsatz der 29. Panzergrenadier-Division

Die Division, die im Ruheraum Bologna-Budrio lag, hatte hier in den ersten Tagen nur gegen Partisanen zu kämpfen, die im Großraum Bologna Angriffe und Überfälle unternahmen. Aus dieser verhältnismäßigen Ruhe wurde sie am 3.3. 1945 aufgeschreckt. Sie sollte sofort Marschbereitschaft herstellen und noch am Abend dieses Tages nach Süden ins Gebirge südlich Modena verlegen. Dort war es zu einer Krisensituation gekommen, deren Ursprung ein Angriff der 10. US-GebDiv. gewesen war.

Diese neue, hervorragend für den Gebirgskrieg ausgerüstete Division war am 19. 2. gegen die 232. ID zum Angriff angetreten und hatte im überraschenden Zuschlagen die beherrschenden Bergmassive des Monte Belvedere und des Monte di Torraccia genommen. Nun drängte sie weiter vor und fügte der jungen, unerfahrenen 232. ID ebenso wie der rasch rechts davon herangeführten 114. JD schwere Verluste zu.

Als in diesem Abschnitt am 3. 3. auch noch der Monte Grande d'Aiano, der Monte Bacucco und der Monte delle Croce verlorengingen, steuerte die Lage einer Katastrophe entgegen. Dies war der Grund zur Blitzverlegung der 29. PGD als »Feuerwehr« in den Südabschnitt.

Am Mittag dieses 3. 3. 1945 alarmierte GendPzTr. Lemelsen, OB der 14. Armee, persönlich die Division, die er vorher geführt hatte. Sie sollte sich sofort in Marsch setzen und die 232. ID in deren Abschnitt ablösen. Damit war sie dem LI. GebK unterstellt.

Mit Tagesanbruch des 4. 3. zogen die Marschgruppen, die die ganze Nacht durchmarschiert waren, am Fuße des Gebirges unter. Nur die Kommandeure und die Vorkommandos rollten in schnellster Fahrt über die »Rennstrecke«, die laufend von feindlichen Jabos überflogen wurde, zur Erkundung und späteren Einweisung nach vorn. Als sie die vorderste Linie erreichten, die im linken Abschnitt südlich Castel d'Aiano und rechts auf den anschließenden Höhen verlief, wurden sie eingewiesen.

Mit Einbruch der Dunkelheit rollten die Marschgruppen aus ihren Bereitstellungsräumen nach vorn und begegneten noch unterwegs den zurückflutenden Teilen der 232. ID, die sich zu früh abgesetzt hatte. So kam es auf der schmalen Gebirgsstraße zu Verkehrsstockungen. Einige Male mußte die Fahrbahn für die feindwärts rollende 29. PGD mit Gewalt freigemacht werden. Auch die Grenadiere trafen am frühen Morgen auf dem Marsch in die HKL auf die bereits zurückweichenden Infanteristen der 232. ID.

Die US-Truppen, die das Zurückgehen bemerkt hatten, stießen sofort nach, so daß die Panzergrenadiere der 29. PGD noch vor Erreichen der eigenen HKL in Gefechtsberührung traten. Aus der Bewegung trat das I./PGR 15 beiderseits der Straße gegen die vorprellenden Amerikaner zum Gegenstoß an. Der Gegner wurde gehalten und nach verlustreichen Kämpfen zurückgeworfen. Nördlich Castel d'Aiano bezog das Batl. eine Riegelstellung.

Die übrigen Bataillone des PGR 15 kamen zunächst am Westhang des Monte d'Espere gut voran, wurden dann aber aus Castel d'Aiano durch Panzer und in ihrer linken Flanke über den Höhenrücken hinweg von US-Infanterie angegriffen und blieben am West- und Nordhang des Berges liegen.

Dem PGR 71 erging es in seinem Abschnitt ebenso. Als die beiden Spitzen-Bataillone zu den beherrschenden Höhen 879 und 854 aufstiegen, wurden sie aus der dortigen eigenen HKL, die leider verlassen worden war, von feindlichem MG-Feuer empfangen. Es gelang dem I./PGR 71, den Nordwestteil der Höhe 879 zu gewinnen und sich dort einzugraben.

Der Versuch, am 7. 3. den Monte d'Espere zu erobern, glückte nur zum Teil. Allerdings gelang es dem PGR 15, die HKL mit Ausnahme der Stellung auf der Höhe 879 auf die Höhen nördlich Castel d'Aiano zurückzunehmen und so festen Halt zu haben. Beim PGR 71 wurde die HKL in die Talsenke nördlich der feindbesetzten Höhen zurückgenommen.

Die 10. US-GebDiv. versuchte nun, die Stellungen der Grenadiere zu überrennen. Sie kam jedoch keinen Meter mehr weiter, und als die Artillerie der Division im Laufe des 6. 3. vorgezogen hatte, hämmerte sie mit massiertem Feuer in jede feindliche Angriffsbewegung hinein. Bis zum 11. 3. versuchte diese US-Division den Durchbruch zu erzwingen, vergebens. Als sich auch hier Partisanenüberfälle ereigneten, wurden mehrere dieser Partisanennester ausgeräumt.

Nachdem hier völlige Ruhe eingetreten war, wurde die 29. PGD, dem das LI. GebK und die 10. Armee volle Anerkennung aussprachen, abgelöst und in den Raum Mirandola verlegt. Die 334. ID übernahm ihren Abschnitt. Lord Wilson of Lybia schrieb in seinen Kriegserinnerungen zu diesen Einsätzen:

»Die 29. PGD, sicherlich die beste motorisierte Division auf dem italienischen Kriegsschauplatz, zwang uns, unsere Angriffe, geführt durch die 10. US-GebDiv. und die 1. brasilianische ID, einzustellen.«

Die Lage der Heeresgruppe C im März 1945

Die Heeresgruppe C stand Anfang März 1945 in folgender Gliederung in der Italienfront:

14. Armee:

Rechts: LI. GebK, GenLt. Hauck, mit der 148. ResDiv., ital. 1. ID, 114. JD und 334. ID im Adria-Küstenabschnitt. XIV. PzK, GendPzTr. v. Senger und Etterlin, im Großraum Bologna mit der 94. ID, 8. GD, 65. ID und 305. ID.

10. Armee:

I., FschK, GenLt. Heidrich, mit der 1. FJD, 278. ID, 4. FJD und 26. PD.

LXXVI. PzK, GenLt. Graf von Schwerin, mit der 98. ID, 362. ID, 42. JD und 162. turkm. ID im Adriaabschnitt.

Heeresgruppenreserve: 29. PGD und 90. PGD.

GenOberst von Vietinghoff hatte kurz nach seiner Befehlsübernahme die Rückverlegung der gesamten HGr. hinter den Po beantragt. Allein in einer HKL hinter dem Po würde es möglich sein, den erwarteten alliierten Großangriff zum Stehen zu bringen. Hitler lehnte diesen Vorschlag ab und befahl, daß die HGr. C dort zu kämpfen habe, wo sie augenblicklich stehe.

Währenddessen waren im alliierten Hauptquartier, das am 2. 1. 1945 von Siena nach Florenz verlegt hatte, die Pläne zur Schlußoffensive gefaßt worden. Die Offensive sollte in drei Phasen ablaufen. Erste Phase: Eroberung von Bologna. Zweite Phase: Angriff auf breiter Front mit dem Ziel, die deutschen Truppen zum Po zurückzutreiben. Dritte Phase: Erreichen des Alpen-Südrandes.

Während die erste Phase, Eroberung von Bologna, durch die 5. US-Armee erfolgen sollte, die nach Inbesitznahme dieser Stadt in Richtung Ferrara vordringen würde, war der brit. 8. Armee der Hauptstoß zugewiesen, der sie aus ihren Stellungen nahe dem Comacchiosee über den Unterlauf des Reno nach Nordwesten voranbringen sollte.

Ende März waren die Vorbereitungen der 15. alliierten AGr. beendet. Von der Adria bis wenige Kilometer südostwärts Bologna standen die vier Korps der 8. Armee in der Reihenfolge brit. V. AK, brit. XIII. AK, poln. II. AK und brit. X. AK bereit.

Im Raume südlich Bologna bis zum Mittelmeerufer südlich von Massa, Ligurien, stand die 5. US-Armee mit dem II. USK und IV. USK bereit, während die 92. US-ID den weiten Abschnitt nach Süden entlang der Küste hielt. Die letzte Offensive konnte beginnen.

Operation »Grapeshot«

Die von Gen. Clark, OB der 15. Armeegruppe, eingeleitete Operation »Grapeshot«, die am Morgen des 9. April 1945 begann, zielte mit zwei Schwerpunkten bei der 8. Armee auf den Raum des Comacchiosees und die Straße Faenza-Bologna. Ziel der 5. US-Armee war die Straße Florenz-Bologna und Pistoia-Bologna, mit dem Ziel der Vereinigung dieser beiden Stoßkeile bei Bondeno, 20 km nordwestlich Ferrara. Gelang dies, dann war die deutsche 10. Armee eingekesselt.

Im weiteren Vorgehen auf Verona sollten sodann die deutschen Verbindungslinien über den Brenner gesperrt und damit die gesamte HGr. C von ihrem Nachschub abgeschnitten werden.

Am 9. 4. 1945 setzte die brit. 8. Armee das V. AK, Gen. Keightley, und das poln. II. AK, Gen. Szysko-Bohusz, ein, deren sieben IDen von 1.200 Geschützen, 700 Flugzeugen und 4 Panzerbrigaden unterstützt wurden.

Dieser Angriff zielte auf den Senio-Abschnitt, in dem das deutsche LXXVI. PzK verteidigte. Er begann um 16.00 Uhr, und bereits im ersten Anlauf konnte der Gegner einen tiefen Einbruch in Richtung Bagnara und Lugo erzielen und den Santerno erreichen. Es war die indische 8. Division, die auf der Naht zwischen der 98. ID und der 362. ID einen tiefen Einbruch erzielte und mit starken Panzerverbänden nachstieß. In der Nacht zum 11. 4. bildete diese Division einen Brückenkopf über den Santerno. Sie trat im Morgengrauen des 11. 4. auf der gesamten Front zum Angriff an und trieb die 362. ID weiter auf Conselice zurück. In einem hier ausgebauten Stützpunkt verteidigte das I./GR 105, Hptm. Keppler, und hielt drei Tage lang den Angriffen der Inder stand, ehe es sich nach dem Tode seines Führers kämpfend auf den Reno zurückziehen mußte. Am 17. 4. erreichte die gesamte 362. ID diese Stellung.

Die 98. ID wurde ebenfalls zurückgeworfen, und die 278. ID, die mit den Regimentern 994 rechts und 992 links in der Hermann-Stellung, halbwegs zwischen Santerno und Senio, lag (während sich das GR 993 nordwestlich Imola in Ruhe befand), zog sich bis zum 11. 4. nördlich der Straße Bologna-Faenza kämpfend zurück.

Da sich das rechts an das LXXVI. PzK anschließende I. FschK ebenfalls zurückziehen mußte, um nicht mit offenen Flanken in der Luft zu hängen, war am 11.4. die Front der 10. Armee durchbrochen. Alle ihre Verbände mußten sich rasch hinter den Reno zurückziehen.

Die brit. 78. ID war in Richtung Argenta durchgebrochen, und die poln. 5. ID eroberte am 12. 4. Castel Bolognese. Aber die 5. US-Armee war noch immer nicht angetreten. Erst am 14. 4. trat das IV. US-Korps auf der Linie Vergato-Castel d'Aiano zum Angriff an. Diesem schloß sich rechts davon das II. AK auf der Straße Florenz-Bologna an. Neun Divisionen, darunter die südafrikanische PD und die 1. US-PD, stürmten vorwärts.

Am selben Tage kam es bei Sesto Imolese zur letzten großen Schlacht auf dem italienischen Kriegsschauplatz. Am 13. 4. übernahm die 278. ID die Führung im Paula-Abschnitt mit dem Auftrag, am Sillaro eine neue Abwehrfront aufzubauen und die ausweichenden Teile des LXXVI. PzK aufzunehmen. Als am nächsten Morgen um 02.00 Uhr das feindliche Trommelfeuer einsetzte und der Gegner zwei Stunden später angriff, den Sillaro überschritt, in Sesto beim GR 992 einbrach und auch das GR 993 am Bahndamm überrumpelte, kam es zu einer Krisensituation, die erst bereinigt wurde, als es gegen 11.00 Uhr gelang, mit Unterstützung durch das AR 278 die hier vorgehende ind. 10. ID über den Fluß zurückzuwerfen. Am Abend des 14. 4. griffen Neuseeländer und Polen gleichzeitig an und drangen gegen 20.00 Uhr in Sesto ein. Der Ort wurde abgeriegelt, weil alle Gegenstöße

Waren ab Herbst 1944 schon viele Bewohner aus Ostpreußen auf der Flucht vor den Russen, so steigerte sich die Flüchtlingswelle nach Beginn der russischen Offensive am 12. Januar 1945 noch einmal gewaltig.

Bei bitterer Kälte mussten schnell die wichtigsten Habseligkeiten auf Leiterwagen verstaut werden und die Flucht ins Ungewisse begann. Niemand wollte den Russen in die Hände fallen.

Die Pferde verendeten bei den Gewaltmärschen oder versanken mitsamt der Wagen bei der Flucht über das tauende Eis des Haffs.

All zu oft wurden die Trecks von Tieffliegern angegriffen oder von russischen Panzern zermalmt. Fürchterliche Greueltaten der Roten Armee verbreiteten Angst und Schrecken.

Hatte man einen rettenden Hafen erreicht, war man noch lange nicht in Sicherheit. Die Marine organisierte die größte Rettungsaktion der Geschichte und aktivierte alles was Schwimmen konnte zur Rettung der Flüchtlinge.

Eine Mahlzeit an Bord eines Schiffes. Einige große Flüchtlingsschiffe wie die Wilhelm Gustloff mit ca. 10.000 Flüchtlingen an Bord oder die Goya und Steuben wurden versenkt und rissen Tausende von Flüchtlingen mit sich in die Tiefe. Jedoch konnten so über 1.500.000 Flüchtlinge auf dem Seeweg gerettet werden!

Alt und Jung stehen nebeneinander im Schützengraben und warten auf den Ansturm der Roten Armee.

Generalmajor Erich Bärenfänger mit seinen Männern im Schützengraben. Nach einem missglückten Ausbruchsversuch mit seiner Einheit aus Berlin starb er zusammen mit seiner Frau wahrscheinlich durch Freitod am 1. Mai 1945 in Berlin.

Der Kampf ist zu Ende. Russische Soldaten umringen eine Gruppe Deutscher, die sich gefangen geben.

Die Panzerfaust war eine der wenigen deutschen Abwehrwaffen, die in genügender Stückzahl verfügbar war. Jedoch forderte ihr Gebrauch sehr viel Mut vom Panzerfaustschützen, weil er sehr nahe an den Panzer heranmusste, um ihn wirkungsvoll zu bekämpfen.

Adolf Hitler während eines Frontbesuches an der Oder. Wo er auftauchte, flackerte immer noch ein wenig Hoffnung auf. Man glaubte an die Versprechungen über „Wunderwaffen", die das Kriegsglück wenden sollten.

Sogenannte „Volksgrenadierdivisionen", aufgestellt aus Resten von regulären Divisionen und halb ausgebildetem Ersatz, sollten die Russen aufhalten.

Währenddessen rollten unglaubliche Mengen an Panzern und Lkws, vollbesetzt mit russischen Soldaten, zur Oderfront. Im Vordergrund ein russischer Sturmpanzer JSU-152.

Ein russischer Stalin-Panzer mit aufgesessener Infanterie beim Einmarsch in eine umkämpfte Stadt.

Adolf Hitler, 1941 auf dem Zenit seiner Macht, Beherrscher von fast ganz Europa.

Der Eroberer von Berlin und spätere Oberbefehlshaber aller sowjetischen Truppen in Deutschland, Marschall Shukow.

Adolf Hitler verteilt im Hof der Reichskanzlei im März 1945 Eiserne Kreuze an verdiente Hitler-Jungen. Sein Reich zerbröckelte im Ansturm der alliierten Gegner.

Berliner Volkssturm wird vereidigt und an die Front geschickt. Alte Männer und Buben, meist mit Beutegewehren und wenig Munition ausgerüstet, sollten die vollmotorisierten Russen aufhalten.

Berlin wurde während des Krieges laufend durch schwere Luftangriffe erschüttert und war 1945 bereits in weiten Teilen ein Trümmermeer.

Russische Soldaten, aufgesessen auf von den Amerikanern gelieferten Sherman-Panzer, in den Straßen von Berlin. Im Vordergrund steht ein hochdekorierter russischer Soldat.

Sogenannte „Stalin-Orgeln" feuern Raketen in deutsche Verteidigungsbereiche von Berlin.

Russische Panzer an der Landwehr-Kanal-Brücke, an der viele Fluchtversuche scheiterten.

Schwere Stalin-Panzer in den Straßen von Berlin, die vom Schutt der Luftangriffe und des Artilleriefeuers kaum passierbar sind.

Deutsche Gefangene, auf einem Sammelplatz zusammengepfercht, warten auf ihren Abtransport.

Das schlimmste Schicksal hatten die Verwundeten, die nur unzureichend versorgt werden konnten.

BEFEHL

des Chefs der Besatzung der Stadt Berlin

26 April 1945 — Nr. 1. — Stadt BERLIN

Heute bin ich zum Chef der Besatzung und zum Stadtkommandanten von Berlin ernannt worden.

Die gesamte administrative und politische Macht geht laut Bevollmächtigung des Kommandos der Roten Armee in meine Hände über.

In jedem Stadtbezirk werden gemäß der früher existierenden administrativen Einteilung militärische Bezirks- und Revierkommandanturen eingesetzt.

Ich befehle:

1. Die Bevölkerung der Stadt hat volle Ordnung zu bewahren und an ihren Wohnsitzen zu verbleiben.

2. Die Nationalsozialistische Deutsche Arbeiterpartei und alle ihr unterstellten Organisationen (Hitlerjugend, N. S. Frauenschaft, N. S. Studentenbund usw.) sind aufzulösen. Ihre Tätigkeit wird hiermit verboten.

Das gesamte führende Personal aller Dienststellen der N. S. D. A. P., Gestapo, Gendarmerie, des Sicherheitsdienstes, der Gefängnisse und aller übrigen staatlichen Dienststellen hat sich binnen 48 Stunden nach Veröffentlichung dieses Befehls in den militärischen Bezirks- und Revierkommandanturen zwecks Registrierung zu melden.

Binnen 72 Stunden haben sich ebenfalls alle in der Stadt Berlin verbliebenen Angehörigen der deutschen Wehrmacht, der SS und der SA zwecks Registrierung zu melden.

Wer sich zu der festgesetzten Frist nicht meldet oder wer sich der Verbergung solcher Personen schuldig macht, wird gemäß den Gesetzen der Kriegszeit zu strenger Verantwortung gezogen.

3. Die Beamten und Angestellten der Bezirksdienststellen haben sich zu mir zwecks Bericht über den Zustand ihrer Dienststellen und Entgegennahme von Anweisungen über die weitere Tätigkeit dieser Dienststellen zu melden.

4. Alle kommunalen Betriebe wie Kraft- und Wasserwerke, Kanalisation, städtische Verkehrsmittel (Untergrund- und Hochbahn, Straßenbahn und Trolleybus);

alle Heilanstalten;

alle Lebensmittelgeschäfte und Bäckereien haben ihre Arbeit zur Versorgung der Bevölkerung wieder aufzunehmen.

Arbeiter und Angestellte der obengenannten Betriebe haben an ihren Arbeitsstätten zu bleiben und ihre Pflichten weiterzuerfüllen.

5. Angestellte der staatlichen Verpflegungslager sowie Privateigentümer von Lebensmittellagern haben binnen 24 Stunden nach Veröffentlichung dieses Befehls alle vorhandenen Lebensmittelvorräte bei den militärischen Bezirkskommandanten zwecks Registrierung anzugeben und sie nur mit Erlaubnis der militärischen Bezirkskommandanten herauszugeben.

Bis Sonderanweisungen ergehen, erfolgt die Verabfolgung von Lebensmitteln in den Lebensmittelgeschäften gemäß den früher existierenden Normen und Lebensmittelkarten. Lebensmittel sind nicht mehr als für 5–7 Tage auszugeben. Für Ausgabe von Lebensmitteln über die existierenden Normen oder für Ausgabe von Lebensmitteln auf Karten von Personen, die in der Stadt nicht mehr anwesend sind, werden die daran schuldigen dienstlichen Personen zu strenger Verantwortung herangezogen.

6. Inhaber von Bankhäusern und Bankdirektoren haben alle Finanzgeschäfte zeitweilig einzustellen. Alle Safes sind sofort zu versiegeln. Man hat sich bei den militärischen Kommandanturen sofort mit einem Bericht über den Zustand des Bankwesens zu melden.

Allen Bankbeamten ist kategorisch verboten, jegliche Werte zu entnehmen. Wer sich der Übertretung dieses Gebotes schuldig macht, wird nach den Gesetzen der Kriegszeit strengstens bestraft.

Neben den in Umlauf befindlichen Reichszahlungsmitteln werden obligatorisch die Okkupationsmarken der Alliierten Militärbehörde in Umlauf gesetzt.

7. Alle Personen, die Feuerwaffen und blanke Waffen, Munition, Sprengstoff, Radioempfänger oder Radiosender, Fotoapparate, Kraftfahrzeuge, Krafträder, Treib- und Schmierstoff besitzen, haben oben Erwähntes binnen 72 Stunden nach Veröffentlichung dieses Befehls auf den militärischen Bezirkskommandanturen abzuliefern.

Für Nichtablieferung aller oben erwähnten Gegenstände in der festgesetzten Zeit werden die Schuldigen gemäß den Gesetzen der Kriegszeit streng bestraft.

Die Inhaber von Druckereien, von Schreibmaschinen und anderen Vervielfältigungsapparaten sind verpflichtet, sich bei den militärischen Bezirks- und Revierkommandanten zwecks Registrierung zu melden. Es ist kategorisch verboten, jegliche Dokumente ohne Erlaubnis der militärischen Kommandanten zu drucken, zu vervielfältigen, auszuhängen oder in der Stadt in Umlauf zu setzen.

Alle Druckereien werden versiegelt. Einlaß erfolgt nur auf Erlaubnis des militärischen Kommandanten.

8. Der Bevölkerung der Stadt ist verboten:

a) zwischen 22.00 und 08.00 morgens Berliner Zeit die Häuser zu verlassen, auf den Straßen und Höfen zu erscheinen, sich in unbewohnten Räumen aufzuhalten und dort irgendwelche Arbeit zu verrichten.

b) nicht verdunkelte Räumlichkeiten zu erleuchten.

c) ohne Erlaubnis der militärischen Kommandanten irgendwelche Personen, darunter auch Angehörige der Roten Armee und der Alliierten Truppen, in den Bestand der Familie zu Wohnungs- und Übernachtungszwecken aufzunehmen.

d) Eigenmächtiges Wegnehmen der von Dienststellen und Privatpersonen zurückgelassenen Habe und Lebensmitteln.

Einwohner, die die erwähnten Verbote verletzen, werden gemäß den Gesetzen der Kriegszeit zu strenger Verantwortung herangezogen.

9. a) Der Betrieb von Vergnügungsstätten (Kino, Theater, Zirkus, Stadion),

b) Gottesdienste in den Kirchen,

c) der Betrieb von Restaurants und Gaststätten ist bis 21.00 Uhr Berliner Zeit erlaubt.

Für die Ausnutzung öffentlicher Betriebe zu der Roten Armee feindseligen Zwecken, für die Störung der Ordnung und Ruhe in der Stadt –, wird die Verwaltung dieser Betriebe zu strenger Verantwortung gemäß den Gesetzen der Kriegszeit herangezogen.

10. Die Bevölkerung der Stadt wird gewarnt, daß sie für feindseliges Verhalten gegenüber Angehörigen der Roten Armee und Alliierter Truppen die Verantwortung gemäß den Gesetzen der Kriegszeit trägt.

Im Falle von Attentaten auf Angehörige der Roten Armee oder der Alliierten Truppen oder für Verübung anderer Diversionsakte gegenüber dem Personalbestand, dem Kriegsmaterial oder Kriegsgut von Verbänden der Roten Armee und der Alliierten Truppen werden die Schuldigen dem militärischen Standgericht überliefert.

11. Verbände der Roten Armee und einzelne Militärangehörige, die in Berlin eintreffen, sind verpflichtet, nur in denen von den militärischen Bezirks- und Revierkommandanten angewiesenen Unterkünften Quartier zu nehmen.

Angehörigen der Roten Armee ist ohne Erlaubnis der militärischen Kommandanten die eigenmächtige Aussiedlung oder Umsiedlung der Einwohner, Entnahme von Gütern und Werten und Haussuchungen bei den Stadteinwohnern verboten.

CHEF DER BESATZUNG UND STADTKOMMANDANT VON BERLIN
OBERBEFEHLSHABER DER N-ten ARMEE
GENERALOBERST N. BERSARIN

STABSCHEF DER BESATZUNG
GENERALMAJOR KUSCHTSCHOW

Während der Kampf um Berlin noch tobte, erließ der russische Stadtkommandant bereits erste Befehle an die Zivilbevölkerung der bereits durch die Russen besetzen Berliner Randgebiete.

Ein letzter Tagesbefehl an die siegreichen russischen Truppen im Kampf um Berlin wird verlesen.

Ein herabgefallener Adler in der zerstörten Reichskanzlei, kann als Symbol angesehen werden für das Ende des „Tausendjährigen Reiches".

Ein Fw-190-Wrack vor dem zerstörten Reichstag in Berlin. Der Kampf ist zu Ende. Er hat viele Opfer gefordert.

Hier wurde Hitlers Leiche nach seinem Selbstmord am 1. Mai 1945 verbrannt, um nicht in russische Hände zu fallen.

Die Rote Fahne wird auf der Quadriga des Brandenburger Tors gehisst. Die Russen triumphieren.

Eine nachgestellte Szene, jedoch symbolträchtig. Die Rote Fahne wird auf dem Reichstag gehisst.

nichts fruchteten. Es gelang nicht, die zurückgehende 98. ID in der offenen Nordflanke zum Stehen zu veranlassen und zum Einsatz zu bringen.

Am 15. 4. blieb es ruhig. Die 278. ID bereitete den Gegenangriff auf Sesto vor. Als aber GenLt. Harry Hoppe auf den GefStänden seiner Regimenter erschien, mußte er feststellen, daß diese nicht mehr angriffsfähig waren; und da zugleich auch weitere Fliegerangriffe einen neuen Feindangriff anzeigten, wurde auf den eigenen Gegenangriff verzichtet.

Am Abend dieses 15. 4. brach im Abschnitt der 278. ID die Hölle los. Ein wütendes Trommelfeuer aus allen Waffen ging auf die deutsche HKL herunter, und um 20.00 Uhr begann der Großangriff. Dieser Angriff erzwang einen Durchbruch in Richtung Fantuzza. Das GR 992 wurde zerschlagen. Die Hälfte seiner Männer wurde gefangengenommen. Dennoch konnte diese schwere Krise noch in der Nacht gemeistert und die aufklaffende Lücke bei Fantuzza geschlossen werden.

Der 16. 4. sah einen weiteren Großangriff der Neuseeländer und Polen. Beide Divisionen brachen im Abschnitt der neu in die Front eingeschobenen 4. FJD (GenLt. Trettner) in Richtung Medicina durch. Crocetta ging verloren.

In zähen Zwischenfeldkämpfen gelang es der 278. ID, die Ausweitung dieses Durchbruchs in nordostwärtiger Richtung zu verhindern. Am Abend dieses 16. 4. mußte das I. FschK dennoch den Befehl zum Absetzen hinter den Quaderna geben.

Damit war die Schlacht um Sesto Imolese beendet. Vier Tage hatte die 278. ID im Brennpunkt der Abwehrkämpfe gestanden und durch ihr Halten das Abfließen der Divisionen des LXXVI. PzK ermöglicht. 2.000 Soldaten dieser Division bezahlten ihr Ausharren mit dem Leben.

Die 362. ID hatte am 17. 4. die Reno-Stellung links neben der 278. ID erreicht. Den ganzen Tag über hatten die schweren Waffen und Panzervernichtungstrupps der 362. ID feindliche Panzeransammlungen bekämpft. Als der Gegner um 17.00 Uhr mit Panzern und Schlachtfliegerunterstützung angriff, wurde er abgewiesen. Die vom Korps der 362. ID zugeführten zwei schweren Pak leisteten gute Hilfe. Alle übrigen durchgebrochenen Feindpanzer wurden mit Panzerfäusten abgeschossen.

Am Morgen des 18. 4. setzte der Gegner hier seine Angriffe fort. Der ganze Div.-Abschnitt lag unter starkem ArtFeuer. Die eigene Artillerie bekämpfte erkannte Panzerbereitstellungen. Dennoch rollte im Morgengrauen des 20. 4. ein schwerer Panzerangriff mit frisch herangeführten Kräften gegen die HKL der 362. ID. Es gelangen einige Einbrüche, die aber abgeriegelt wurden. Um 09.00 Uhr folgte eine zweite Welle nach. Panzer mit aufgesessener Infanterie, von Raketen-Jabos unterstützt, versuchten die Einbruchsstelle auszuweiten. Die durchgebrochenen Feindpanzer wurden im direkten Beschuß gepackt.

Am 21. 4. erfolgte ein weiterer Einbruch, der im Gegenangriff bereinigt wurde. Gegen Mittag schoß die Feind-Artillerie wieder Nebelgranaten. Dies deutete auf den nächsten Angriff hin, der um 14.30 Uhr mit starken Panzerrudeln auf der gesamten Divisionsfront rollte. 17 angreifende Feindpanzer wurden abgeschossen, davon allein sieben durch den Gefr. Korti von der 3./sHPzJägAbt. 525; drei weitere wurden mit Panzerfäusten vernichtet. Die HKL konnte bis 17.00 Uhr gehalten werden.

Erst nach einem erneuten Trommelfeuer und massiertem Panzereinsatz gelang dem Gegner bei Molinella ein tiefer Einbruch. Zwar wurden fünf Panzer abgeschossen, aber ein Rudel von 25 Panzern drang durch. Gegen diese Feindpanzer angesetzte Panzerjagd-Trupps ermöglichten es, daß sich die 362. ID (GenMaj. Reinwald) am 22. 4. kämpfend auf die Po-Stellung zurückziehen konnte.

Mit den beiden Nachbar-Verbänden, der 42. JD und der 98. ID, die ebenso stark angegriffen wurden, konnte Verbindung gehalten werden. Der rasch nachdrängende Gegner wurde in Gegenstößen abgewiesen, so daß die 362. ID bis zum 23. 4. den Po erreichte und bei Ro an den Übersetzstellen einen tiefen Brückenkopf bilden konnte. Hier versuchte der Gegner in rollenden Einsätzen die am Po stehenden deutschen Verbände zu vernichten. In den Abendstunden wurde der 362. ID die 42. JD, deren Stab zu einer Sonderverwendung benötigt wurde, unterstellt.

Die 278. ID, die sich am 17. 4. beiderseits Fiorentia am Quaderna eingerichtet hatte, wich am Abend dieses Tages befehlsgemäß in die rückwärts errichtete Dschingis-Khan-Stellung am Idice aus. Inzwischen waren die US-Truppen bei der 14. Armee nordwestlich Bologna durchgebrochen und stürmten weiter nach Norden vor. Bei S. Martino griff der Gegner am 19. 4. an und wurde vom GR 994 abgewiesen. Die 10. Armee setzte die 29. PGD ein, die es jedoch nicht verhindern konnte, daß englische Truppen am 20. 4. bei Argenta durchbrachen und durch das dadurch verursachte Zurückbiegen des linken Flügels der 278. ID der Dschingis-Khan-Abschnitt aufgegeben werden mußte. Die 278. ID besetzte am 21. 4. eine Zwischenstellung in der Linie Mezzolara-Molinella, aber die Verbindung zur 362. ID konnte nicht mehr hergestellt werden, obgleich die Divisionsführung den linken Flügel mehr und mehr von Mondenuovo bis Malalbergo verlängerte.

In der Nacht zum 22. 4. wurde der erste einer Reihe von Flüssen überquert, welche die Po-Ebene in Richtung Adria durchfließen. Beim Übergang über den Reno bei Malalbergo und Poggio Renatico gingen viele Fahrzeuge verloren, weil die Marschstraßen hoffnungslos verstopft waren. Als die Division den Uferwechsel nach Norden vollzogen hatte, übernahm sie den Schutz der linken Flanke des I. FschK bei Poggio Renatico.

Mit Front nach Osten wehrte die 278. ID hier alle Angriffe der aus dem Abschnitt der 362. ID zur überholenden Verfolgung angetretenen brit. 6. PD ab. In der Nacht zum 23. 4. setzte sie sich hinter den Panaro ab. Hier begann die

Katastrophe, denn als das Vorauskommando gegen 20.00 Uhr an der Brücke von Bondeno eintraf, erhielt es Feuer. Der Gegner war schon vor ihm zur Stelle, und GenLt. Hoppe ließ bis 23.00 Uhr den Fährbetrieb bei Ponte Rangoni herstellen. Er fuhr dann selbst nach Finale, weil der dortige Übergang ebenfalls zum Übersetzen vorbereitet sein sollte.

Als sie an dieser Stelle eintrafen, wo wenige Stunden vorher die 65. ID den Weg freigekämpft hatte, wobei der DivKdr., GenLt. Pfeiffer, fiel, rollten und marschierten Kolonnen Fallschirmjäger und solche der 14. Armee über den Fluß. An dieser Stelle, das war GenLt. Hoppe klar, würde er seine Division nicht über den Fluß bekommen. Er faßte den Entschluß, die feindbesetzte Brückenstelle bei Bondeno im Handstreich mit einer aus dem GR 992 und dem II./GR 994 gebildeten Stoßgruppe zu erkämpfen. Der Überfall scheiterte. Feindpanzer schossen die Angriffsgruppen zusammen.

Nunmehr mußten die Teile der Division, die nach Ponte Rangoni gelangt waren, auf einer Floßsackfähre und in zwei gefundenen Kähnen bei Ponte Rangoni übersetzen. Die Fahrzeuge blieben am Südufer des Flusses zurück, alle schweren Waffen ebenfalls.

Jene Gruppen der Division, die sich bei Reno Finale der Brücke von Finale schrittweise näherten, wurden im Morgengrauen von schwerer Artillerie eingedeckt. Auch hier gingen die Artillerie, die Fahrzeuge der Panzerjäger, Pioniere und der NachrAbt. verloren. Bei Finale, wo im Januar 1944 die 278. ID aufgestellt worden war, fand sie praktisch auch ihr Ende.

Am Mittag des 23. 4. erhielt GenLt. Hoppe Verbindung mit dem I. FschK. GenLt. Heidrich gab Hoppe Weisung, in der kommenden Nacht den Po zu überqueren. Gleichzeitig bat der KommGen. Hoppe und die Kommandeure der 1. und 4. FJD in seinen GefStand bei il Bosco nahe Felonica.

Dort teilte er den Kommandeuren mit, daß für den Übergang über den Po nichts getan worden war und daß das wenige, was die rückwärtigen Dienste an Übergangsmöglichkeiten geschaffen hatten, durch die alliierte Luftwaffe zerbombt worden sei. GenLt. Hoppe, GenLt. Trettner und GenMaj. Schulz wollten dies nicht glauben, aber Heidrich hatte zuverlässige Meldungen der Vorauskommandos erhalten, die dies bestätigten. Er sagte den Kommandeuren seiner Divisionen:

»Meine Herren, ich muß in Anbetracht dieser Lage folgenden Befehl geben:

1. Das I. Fallschirmkorps setzt in der Nacht zum 24. 4. 1945 bei Felonica über den Po und verhindert am Nordufer das Übersetzen nachdringender Gegner.

2. Die 278. ID bildet zum Schutz des Überganges an der Bahnlinie südlich Felonica einen Brückenkopf und übernimmt mit den zuerst übergesetzten Teilen den Schutz der rechten Korpsflanke an der Nahtstelle zur 14. Armee.

3. Noch verbliebene Fahrzeuge sind zu verbrennen und in erster Linie noch kampfkräftige Teile überzusetzen. Krankenkraftwagen mit Verwundeten haben Vorrang vor allen anderen Fahrzeugen. Für die Nichtschwimmer sind die Reifen von den zu zerstörenden Autos abzumontieren.«

Das Übersetzen begann befehlsgemäß und dauerte bis zum Morgen des 24. 4. Bis dahin hielt Oberst Bröcker mit dem GR 993 und Teilen des GR 994 den Brückenkopf Felonica.

Alle Bemühungen von GenLt. Hoppe, die Verbindung zum linken Flügel der 14. Armee wieder herzustellen, waren erfolglos. Als schließlich um 19.00 Uhr dieses 24. 4. die ersten Feindpanzer das Südufer des Po erreichten, ging bei der 278. ID der Befehl ein, sich hinter den Tartaro abzusetzen.

Die 362. ID, die sich mit ihren Nachbar-Divisionen am 22. und 23. 4. kämpfend bis zum Po zurückgezogen hatte und mit der 42. JD und der 98. ID Verbindung hielt, konnte mit Unterstützung durch diese Divisionen in Gegenstößen und Gegenangriffen das zu rasche Vordringen des Gegners an den Po vereiteln. Am 23.4. erreichte die 362. ID den Po und bildete bei Ro an den Übersetzstellen einen Brückenkopf. Hier griff der Gegner mit Panzern und Schlachtfliegerunterstützung an. Dennoch kamen die schweren Waffen sicher über den Fluß. Sie bezogen auf dem Nordufer Stellungen und eröffneten das Abwehrfeuer. Zwei bei diesen Feindangriffen erbeutete Panzer wurden in den Abwehrriegel eingebaut. Die 42. JD wurde am Abend des 23. 4. der 362. ID unterstellt.

Die ganze Nacht durch ging der Übersetzbetrieb weiter. Der Brückenkopf bei Ro hielt sich noch bis zum Morgen des 25. 4., dann erst begann das Übersetzen der letzten KGr. der 362. ID auf das Nordufer. Als gerade die Fähren vernichtet werden sollten, zeigten sich auf dem Südufer noch versprengte Soldaten, die zu ihnen herüberwinkten. Oblt. Obermeier fuhr mit einem Pi-Trupp noch einmal im feindlichen MG-Feuer über den Fluß und holte die letzten auf das Nordufer herüber.

Am 25. 4. setzte die 362. ID über die Etsch und erreichte bis zum 28. 4. die Brenta, um sodann im Eilmarsch nach Belluno zu ziehen, wo eine Straßenkreuzung bei Ponte nelle Alpi offenzuhalten war. Am 1. 5. wurde Belluno passiert und die Richtung zum Ponte nelle Alpi eingeschlagen. Kurz vor der Brücke kam ihnen ein alliierter Offizier entgegen und berichtete, daß jenseits der Brücke deutsche und alliierte Verwundete lägen. GenMaj. Reinwald ließ die Verwundeten bergen. Es fanden hier keine Kampfhandlungen mehr statt, und in den Mittagsstunden des 2.5. traf vom LXXVI. PzK die Nachricht ein, daß ab 14.00 Uhr der Waffenstillstand gültig und in Kraft sei.

Der Einsatz war für die 362. ID und die ihr unterstellte 42. JD zu Ende.

Die 278. ID überschritt den Tartaro in der Nacht zum 25. 4. über eine Brücke vier km nordwestlich S. Pietro in Valle. Beim weiteren Rückzug wurden Versprengte der 8. GebDiv. und der 305. ID der 14. Armee aufgenommen. Als die Etsch erreicht wurde, mußte die 278. ID feststellen, daß die große Straßenbrücke und die Eisenbahnbrücke bereits gesprengt waren. So mußte in der Nacht zum 26.4. mit Kähnen übergesetzt werden. Das FüsilierBatl. erhielt Weisung, auf dem Westufer mit zwei Kpn. einen Brückenkopf zu halten. Dieser wurde gegen 11.00 Uhr von Feindpanzern zusammengeschossen. Hptm. von Bracht fiel in diesem Kampf. Es war die 91. US-ID, die versuchte, mit Schwimmpanzern Übersetzgerät einzufahren. Mit Panzerfäusten wurden zwei Panzer abgeschossen.

Es ging weiter zurück, und am Abend des 26. 4. konnte mit der 1. FJD Verbindung aufgenommen werden. Am späten Abend fand noch einmal in Anwesenheit des OB der 10. Armee, GendPzTr. Herr, eine Befehlsausgabe beim I. FschK statt. An seine Fallschirmjäger und die 278. ID richtete GenLt. Heidrich folgende letzte Worte:

»Wir haben bis zuletzt unsere Pflicht getan und fühlen uns nicht geschlagen. - Erhaltet euren Fallschirmjägergeist! Selbst wenn wir uns vorübergehend trennen müssen, so bleiben wir trotz allem eine Gemeinschaft. Jeder von euch muß wissen, daß die dunkelste Stunde unseres Volkes Würde verlangt. Gedenkt der gefallenen Kameraden, die für uns alle starben.«

In der Nacht zum 27. 4. erreichte die 278. ID die Voralpenstellung. Im Raume Grunolo-S. Maria-Camisano wurde die Division eingeschlossen. Der Versuch, die Alpenstellung im Raume Thiene-Lugo zu erreichen, schlug fehl. Es kam bei beiden Marschkolonnen, die gebildet worden waren, zum Gefecht. Die Reste der 278. ID erreichten am Morgen des 30. 4. Feltre. Vom Westausgang von Feltre aus trat die Div. am 1. 5. 1945 um 16.00 Uhr in Richtung Belluno an. Sie war auf 1.200 Mann zusammengeschmolzen. Am Spätabend wurde Belluno erreicht. Hier erfuhr GenLt. Hoppe, daß US-Truppen von Vittorio Veneto aus bereits die Straßenkreuzung sechs Kilometer nördlich Belluno erreicht hatten. Der Versuch, diese Straße mit einer Kampfgruppe der 362. ID freizukämpfen, scheiterte.

Die hier nun zusammengetroffenen 362., 98. und 278. IDen machten in Belluno kehrt und marschierten ins Agordo-Tal. Bei Alb la Stange brachte eine wuchtige Straßensperre den Marsch zum Stocken. Als Pioniere die Sperre beiseite räumten, ging kurz nach 13.00 Uhr ein Funkspruch ein, der für 14.00 Uhr Waffenruhe anordnete.

Da die 98. ID noch nach 14.00 Uhr Feuer erhielt, fuhren GenLt. Hoppe und Oberstleutnant von Recum zu den Amerikanern und erfuhren hier, daß der befehlsführende Oberst noch keine Kenntnis vom Waffenstillstand hatte. GenLt. Hoppe fuhr mit US-BrigadeGeneral Hendrix nach Feltre zum GefStand der 88. US-ID und als auch hier noch keine Waffenstillstands-Befehle vorlagen, weiter zum II. US-Korps bei Bassano. Der Komm. US-General stellte eine Fernsprechverbindung mit dem Armeestab her und teilte um 18.00 Uhr mit, daß die Feuereinstellung auf 18.00 Uhr angesetzt worden sei.

Auf dem Rückweg zu seiner Division traf GenLt. Hoppe in Feltre auf GenLt. von Graffen und den Chef des Stabes des I. FschK, Oberst i.G. Koller-Krauß, die inzwischen die Übergabeverhandlungen eingeleitet hatten.

Die Offensive der 5. US-Armee

Im Großraum Bologna, dem wichtigsten Ziel der alliierten Offensive, stand im Zentrum der Abwehrkämpfe die 1. FJD unter GenMaj. Karl-Lothar Schulz. Ihm war es gelungen, gemeinsam mit der 305. und 65. ID den Angriff des Gegners im Winter 1944/45 zehn Kilometer vor der Stadt zum Stehen zu bringen.

Seit Anfang März 1945 begannen die Alliierten an dieser Stelle der Front mit dem Feuer ihrer Artillerie auf erkannte deutsche Stellungen. Das in diesem Abschnitt verteidigende XIV. PzK mit der 94., 65. ID und der 8. GD erfuhr durch Späh- und Stoßtruppunternehmungen, bei denen Gefangene eingebracht wurden, von den alliierten Vorbereitungen. Panzergeräusche zeigten das Vorhandensein starker feindlicher Panzerkräfte an.

Die 5. US-Armee begann ihre Offensive am 14. 4. 1945. Nach einem Trommelfeuer aus 450 Geschützen und dem Einsatz Hunderter Bomber und Kampfflugzeuge trat zunächst das IV. US-Korps unter GenMaj. Crittenberger auf der Linie Vergato-Castel d'Aiano zum Angriff an. Die 1. US-PD, die 10. GebDiv. und die 1. brasilianische ID stürmten vorwärts, während die Korpsführung die 85. ID vorerst noch als Reserve nachführte.

Rechts davon, entlang der Straße Florenz-Bologna, war es das II. US-Korps unter GenLt. Keyes, das mit der KGr. »Legnano«, der 34., 91. und 88. ID und der südafr. 6. PD zum Angriff vorbrach.

Der Gewalt dieser neun Großverbände, darunter zwei voll aufgefüllte Panzerdivisionen, vermochte die dünne deutsche Abwehrfront nicht lange standzuhalten. Ihr Zusammenbruch wurde mit durch den Angriffsschwung der brit. 8. Armee beschleunigt, die auf der rechten Flanke in Richtung Ferrara gut vorankam. Das II. polnische Korps, das am 17. 4. Imola eroberte und zwei Tage später San Pietro freikämpfte, griff am Abend des 19. 4. bereits die südöstlich vor Bologna stehenden deutschen Verbände an und trat am nächsten Morgen zum Sturm auf die Stadt an.

Die im Zentrum des Angriffs liegenden deutschen Divisionen um Bologna, die 305. und 65. hart südlich Bologna, die nach Südwesten etwas vorgestaffelte 8. GebDiv. und die 94. und 334. ID, wurden durch Artillerietreffer in den Boden getrieben. Als das Feuer zurückverlegte, griffen vier Divisionen des II. US-Korps an. Es war die 22. FlakBrigade, Oberst Müller, die bei der vom Hauptschwerpunkt erfaßten 8. GebDiv. und der 94. ID die angreifenden Feindpanzer zum Stehen brachte.

Genau auf der Nahtstelle zwischen dem XIV. PzK und dem LI. GebK stieß wenige Stunden später der Schwerpunkt des IV. US-Korps mit dem durch die 1. US-PD gebildeten Stoßkeil und riß hier die HKL auseinander. Auf dem linken Flügel des XIV. PzK zum I. FschK klaffte bald eine Lücke auf, durch welche britische Truppen in Richtung Bondeno westlich Ferrara durchstürmten.

Die Front war an einigen Stellen durchbrochen, und mit Beginn des zweiten Angriffstages tauchten 100 Bomber über der Front auf und bombten die deutschen Stellungen, auf die gleichzeitig ein dichtes Artilleriefeuer niederging, das sich zu einem wilden Trommeln steigerte. Einige dieser Einbrüche konnten bereinigt werden. Bologna war noch in deutscher Hand. Bis zum 20. 4. erreichte die südafr. 6. PD Casalecchio di Reno, etwa 7 km vor Bologna. Die Spitzenverbände des IV. US-Korps hatten die Straße nach Modena erreicht und sie überschritten.

Die 10. US-GebDiv. erreichte bis zum 22. 4. San Benedetto. Als die südafr. 6. PD und die brit. 6. PD bei Bondeno zusammentrafen, hatten sich die in diesem Sack vermuteten Divisionen der 10. Armee der Einkesselung entzogen. Aber die Verbindung zwischen beiden deutschen Armeen war ein paar Kilometer südlich des Po unterbrochen. Dennoch konnten 25.000 Gefangene gemacht werden. Unter ihnen befanden sich Soldaten der 65. und 305. ID und der 8. GebDiv. Der Kommandeur der 305. ID ging hier ebenso in die Gefangenschaft wie der Komm.Gen. des LXXVI. PzK, GendPzTr. Graf von Schwerin.

Die Po-Ebene war von fast allen alliierten Streitkräften am 20. 4. erreicht. Die zum Gegenangriff angesetzte 90. PGD konnte diesen Durchbruch nicht verhindern. General von Senger und Etterlin, KommGen. des XIV. PzK, befahl die Räumung von Bologna und den Rückzug zum Po. Damit wurde Bologna kampflos geräumt.

Noch am selben Tage ordnete auch das HGrKdo. den Rückzug aller Kräfte zum Po an. Während es der 10. Armee gelang, den Großteil der Kräfte dorthin zurückzuführen, wurde die 14. Armee auseinandergesprengt. Teile des XIV. PzK zogen sich nach Nordwesten in Richtung auf den Panaro zurück. Im Raume Camposanto hielten die Reste der 65. und 305. ID die 85. US-ID noch einmal auf. Währenddessen überschritt die 10. US-GebDiv. den Panaro und stieß direkt nach Norden vor, um S. Benedetto am Po zu erreichen. Links von ihr rollte die 1. US-PD nach Guastella am Po-Knie.

Auf der Brücke in Finale, über welche sich die Reste des XIV. PzK zurückzogen, fiel GenLt. Pfeiffer, der Kdr. der 65. ID.

Zwischen Finale und Ostiglia wurden schließlich die Reste der drei Divisionen dieses PzK gefangengenommen.

Auch das LI. GebKorps, das sich mit Resten seiner Divisionen von Modena über Parma bis Piacenza am Po durchschlug, mußte sich bei Fornovo der 34. US-ID und der bras. 1. ID ergeben. Bis zum 30. 4. wurde hier noch Widerstand geleistet.

Die 10. US-GebDiv., die mit Zielrichtung Gardasee weiter vorgestoßen war, traf am 26. 4. am Südufer dieses Sees ein und erreichte den Sitz des bevollmächtigten Vertreters des Deutschen Reiches, Botschafter Rahn. Der Krieg war an der Italienfront zu Ende.

Der Endkampf im Großraum nördliche Adria

Etwa am 30. 4. 1945, als der Waffenstillstand längst feststand, stellten die 5. US-Armee und die britische 8. Armee ihren Vormarsch auf der gesamten Frontbreite ein. Plötzlich aber klingelte im alliierten Hauptquartier ein Alarmzeichen, als die Truppen Marschall Titos am 30. 4. Triest erreichten und die Stadt in Besitz zu nehmen versuchten, was ihnen nicht gelang. Weitere gut bewaffnete Partisanenverbände stießen auf Görz vor und besetzten bis zum 2. 5. ganz Istrien mit dem Seestützpunkt Pola.

Gen. MacCreery, der OB der brit. 8. Armee, befahl nunmehr der am weitesten nach Osten herausgestaffelten neuseel. 2. Div. (GenMaj. Parkinson), so schnell wie möglich in Richtung Triest vorzubrechen und die Stadt in Besitz zu nehmen. Bei Monfalcone stießen die Neuseeländer am 1. 5. auf die vordersten Tito-Truppen. Aber sie ließen sich nicht bremsen, sondern marschierten trotz der Proteste der Jugoslawen nach Triest weiter und nahmen am 2. 5. die Kapitulation der Besatzung dieses Hafens, die von FKpt. Birnbaum geführt wurde, entgegen. Damit war im Nordosten Italiens ebenfalls der Krieg beendet.

Das Armeeoberkommando Ligurien in den Westalpen, das unter dem Oberbefehl von Marschall Graziani stand, hatte im Winter 1944/45 im harten Einsatz gegen französische Gebirgstruppen standgehalten.

Anfang März verstärkten die französischen Gebirgstruppen ihre Versuche, in das Gebiet des Großen St. Bernhard vorzudringen. Hier lag die 5. GebDiv., die einst in Kreta und bei Monte Cassino gekämpft hatte.

Als Mitte April die französische Armee des Alpes gegen die Front des LXXV. GebAK, GendGebTr. Schlemmer, antrat, wurde sie abgewiesen. Erst am 25. 4. kam auch hier das Ende, als das Korps Befehl erhielt, sich mit der 5. GD, GenMaj. Steets, entlang der Bernhardino-Straße über Aosta zurückzuziehen, während die 34. ID, GenLt. Lieb, und die ital. 2. ID den Raum westlich Turin erreichen sollten.

Vor Aosta und Ivrea stieß die 5. GD auf Partisanenverbände und italienische Fallschirmjäger. Das LXXV. GebK igelte sich ein. Alle Pak wurden in Stellung gebracht, als das Nahen der 1. US-PD gemeldet wurde. Der Chef der Partisanenverbände, General Cadorno (nach dem Kriege erster Generalstabschef des neuen ital. Heeres), traf am 28. 4. zu Verhandlungen in Rivoli ein. In seiner Begleitung war der Kardinal-Erzbischof von Turin. GenMaj. Steets ließ die gefangengenommenen Partisanen frei, und im Gegenzug erließ General Cadorno eine Waffenruhe bis zur Kapitulation.

Das Hauptquartier der Armee Ligurien hatte inzwischen nach Mandello am Comer See verlegt. Hier geriet es in Gefangenschaft. Der Kampf war damit auch in Ligurien beendet.

Friedensbemühungen in Italien

Lange bevor die Soldaten an der Front einschließlich ihrer Kommandeure etwas davon ahnten, wurden in Italien bereits die ersten Friedensfühler ausgestreckt. Sie liefen über die Dienststelle des Höchsten SS-Polizeiführers Italien, SS-Obergruppenführer Wolff, und den Reichsbevollmächtigten für Italien, Rahn. Letzterer hatte bereits im Spätherbst 1944 mit dem Kardinal von Mailand, Schuster, Verbindung aufgenommen und durch ihn die Verbindung zu US-Diplomaten herstellen lassen.

Im Februar 1945 wurde der Abwehr bekannt, daß der Chef der US-Abwehr, Dulles, in der Schweiz eingetroffen sei, um sich die deutschen Vorstellungen über einen separaten Friedensschluß in Italien anzuhören. SS-Standartenführer Dollmann erhielt von seinem Vorgesetzten, SS-Obergruppenführer Wolff, Weisung, die Verbindung zu Dulles aufzunehmen. Nachdem diese zustande gekommen war und Dulles seine Bereitschaft dazu hatte erkennen lassen, reiste am 8. 3. 1945 Wolff in die Schweiz und nahm die Verhandlungen mit Dulles auf.

Am 19. 3. fand in Lugano im Hause eines neutralen Schweizers das entscheidende Gespräch zwischen Wolff, General Lemnitzer und General Airey statt. Eine Einigung kam zwar noch nicht zustande, weil die deutsche Bitte an die Alliierten, ihre Offensive einzustellen, nicht akzeptiert werden konnte, da diese mit dem sowjetischen Oberkommando abgesprochen und bindend zugesagt worden war.

Nun erschien Wolff im Hauptquartier der HGr. C bei GenOberst von Vietinghoff, um diesen als Verhandlungspartner von Gewicht für das nächste Gespräch zu gewinnen. Der GenOberst zögerte zwar, sprach sich aber gegenüber GendPzTr. Röttiger, seinem Chef des GenStabes, für sofortige Verhandlungen aus.

An diesem Gespräch, das am 22. 4. 1944 – als sich das Ende am Po abzeichnete – im HQ des OB stattfand, nahmen neben von Vietinghoff und Röttiger auch Obergruppenführer Wolff, Reichsbevollmächtigter Rahn und der Gauleiter von Tirol, Hofer, teil. Es wurde der Entschluß zur Fortsetzung des Gespräches mit den Alliierten gefaßt und Obergruppenführer Wolff als Verhandlungsführer bestimmt. Als Vertreter der HGr. C nahm Oberstleutnant von Schweinitz an den Verhandlungen teil. Dieses Gespräch erzielte Übereinstimmung, da die deutsche Wehrmacht in Italien ohne Vorbehalte zur Kapitulation bereit war. Nunmehr entsandte GenOberst von Vietinghoff Oberstleutnant i.G. von Schweinitz und SS-Standartenführer Dollmann ins alliierte Hauptquartier nach Caserta, wo am 29. 4. 1945 die Kapitulationsurkunde unterzeichnet wurde.

Zunächst widersetzte sich GFM Kesselring nach Bekanntwerden dieser Kapitulation und setzte die Spitzen der HGr. Südwest – der HGr. C – ab. Generaloberst von Vietinghoff wurde festgenommen. Auch Obergruppenführer Wolff wurde seines Amtes enthoben. An seine Stelle trat SS-Obergruppenführer Kaltenbrunner. Doch keiner der Männer gab nach, und der abgesetzte Generalstabschef, GendPzTr. Röttiger, ließ den neuen Oberbefehlshaber, GendInf. Schulz, und dessen Stabschef, GenLt. Wentzell, verhaften.

Dieses wilde Hin und Her von Verhaften und Verhaftetwerden nahm erst nach dem Bekanntwerden von Hitlers Tod ein Ende. GFM Kesselring befahl die Freilassung von GenOberst von Vietinghoff und setzte ihn und GendPzTr. Röttiger wieder in ihre alten Dienststellungen ein. GendInf. Schulz kehrte zur Heeresgruppe G zurück, mit der er in Haar bei München am 6. 5. 1945 kapitulierte.

Damit war auch die Kapitulation auf dem italienischen Festland am 2. 5. 1945 von GFM Kesselring bestätigt, und als Großadmiral Dönitz am Morgen des 3. 5. 1945 von GFM Kesselring die Mitteilung erhielt, daß er die Kapitulation der HGr. Südwest vom 2. Mai decke und um Dönitz' Zustimmung bat, erteilte dieser sofort die Genehmigung, »weil wir uns«, wie er sagte, »über jeden Raum freuen können, in den die Amerikaner und nicht die Russen einmarschieren«.

General Clark, alliierter Oberbefehlshaber, nahm in Verona die Kapitulation an, die GendPzTr. von Senger und Etterlin überbrachte. Die 250.000 Soldaten der HGr. C, der Luftwaffe und der Marine streckten die Waffen und gingen in die Kriegsgefangenschaft.

Das Schlußwort zu diesem Abschnitt sei Feldmarschall Alexander, Earl of Tunis, vorbehalten, der in seinen Erinnerungen über die letzten Kampftage in Italien schrieb:

»Nicht einmal der offensichtlich bevorstehende Zusammenbruch der das Vaterland verteidigenden Armeen konnte in Italien den deutschen Soldaten verführen, seine soldatischen Pflichten im Stich zu lassen.«

ENDKAMPF BEI DER HEERESGRUPPE E

Vorbemerkungen zur Lage der Heeresgruppen E und F im Bereich des Oberbefehlshabers Südost

Da im Sommer 1943, nach Ende des Kampfes in Afrika, der Balkan aus seinem Dornröschenschlaf erwachte und sich griechische und vor allem jugoslawische Partisanen mehr und mehr regten, wurde in diesem Bereich vom OB Südost die HGr. E (die identisch war mit dem OB Südost) geteilt. Während die alte HGr. E im Raum Griechenland-Mazedonien führte, übernahm die neugebildete HGr. F unter GFM von Weichs als OB Südost von Belgrad aus die Führung auf dem gesamten Balkan.

Im griechischen Raum stand die HGr. E, Generaloberst Löhr, vor einer schwierigen Aufgabe, vor allem von dem Zeitpunkt an, als die Italiener vom Achsenbündnis abfielen und damit auch die italienischen Truppenverbände eine Gefahr wurden.

Das damalige Oberkommando Südost in Belgrad unter GFM von Weichs erhielt die Aufgabe, den Südostraum zu verteidigen. Und zwar ganz Griechenland und Albanien bis hinauf nach Kroatien mit der 2. PzArmee. Serbien sollte durch den Militärbefehlshaber Südost – Gen.d.Inf. Felber – gehalten werden. Die HGr. E hatte nach wie vor den für ihre Kräfte und Ausrüstung nicht durchführbaren Auftrag, den Feind an der griechischen Küste abzuwehren und ins Meer zu werfen.

Noch vor dem Abfall Rumäniens und Bulgariens wurden GenOberst Löhr und GFM von Weichs um die Mitte des August 1944 ins FHQ befohlen. Sie trugen dort ihre Bedenken gegenüber der Kräftegruppierung der HGr. E vor. Doch Hitler ließ sich zu keiner Änderung des Auftrages bewegen.

Kaum auf den Kriegsschauplatz zurückgekehrt, erfolgte am 24. 8. der Abfall Rumäniens vom Achsenbündnis, dem sich wenige Tage später der Abfall Bulgariens anschloß. Sofort wurde GenOberst Löhr wieder ins FHQ zurückbeordert und erhielt am 1. 9. 1944 den Befehl, seine Truppen und Versorgungsgüter in der Tiefe des Raumes zurückzustaffeln, was er wenige Tage vorher beantragt hatte, um einen geordneten Rückzug vorbereiten zu können.

Das XXI. GebK wurde mit der 181. und 297. ID aus Albanien nach Griechenland verlegt. Nach dem Abfall der Bulgaren sollte nunmehr die HGr. E in Nordalbanien (Skoplje-bulgarisch-jugoslawische Staatsgrenze) bis zum Eisernen Tor eine Abwehrlinie aufbauen.

Die 2. PzArmee erhielt gleichzeitig damit den Befehl, im Osten in der durch diese Bewegungen entstandenen Lücke zwischen der HGr. E und der HGr. Süd eine neue Front zu errichten, deren rechter Flügel an der Donau in gleicher Höhe wie die HGr. E und deren linker Flügel in den Karpaten im Raume Lugoj verlaufen sollte. Darüber hinaus sollte die 2. PzArmee die Adriaküste sichern.

Bis die HGr. E im Raume Belgrad eintreffen konnte, bestand bereits für die jugoslawische Hauptstadt Gefahr. Deshalb wurden General Schneckenburger, der deutsche General in Bulgarien, und (nach seinem Tode) General Felber, der Militärbefehlshaber Südost, mit der Verteidigung dieses Raumes mit den dort vorhandenen Kräften beauftragt, bis die HGr. E eingetroffen war.

Die Armeegruppe Felber setzte sich aus verschiedensten Truppenteilen zusammen, darunter auch einige kampfkräftige Divisionen.

Die Rückzugsbewegungen aus Griechenland und von den Inseln der Südägäis begannen Anfang September 1944. Die bulgarische Kriegserklärung gegen Deutschland am 9. 9. brachte einen neuen Gegner in Gestalt der bulgarischen 5. Armee, die noch im Rücken der HGr. E stand, während das in Thrakien liegende bulg. II. Korps in deren Flanke stand. Die bulgarischen Streitkräfte wurden teils erst nach hartem Kampf überwunden und entwaffnet. Andere Gruppen zogen sich nach Bulgarien zurück.

Als am 20. 9. 1944 feststand, daß die stark besetzten Inseln Kreta und Rhodos nicht mehr zu räumen waren, wurden dort kampfkräftige Festungsbesatzungen zurückgelassen. Auf Rhodos übernahm GenMaj. Wagner die Führung, während auf Kreta GenMaj. Benthack den Befehl übernahm.

Der Peloponnes wurde geräumt, und ab 1. 10. 1944 begann die Räumung von Attika mit Athen. Die griechische Hauptstadt wurde bereits am 4. 10. dem griechischen Bürgermeister übergeben, während der Abtransport noch bis zum 12. 10. dauerte. Diese Rückführungstransporte gingen nach Saloniki.

Währenddessen war im Großraum Belgrad die Sowjetarmee zum Angriff angetreten und hatte am 14.10. Nisch erobert. Aus dieser Gegend bewegten sich wenig später starke sowjetische Kräfte nach Südwesten genau gegen die ungedeckten Rückzugslinien der HGr. E. Damit war ein Durchbruch über Kraljevo in Richtung Belgrad nicht mehr möglich, zumal die Sowjetarmee bereits dicht vor Belgrad stand und deren Einnahme nur noch eine Frage von Tagen sein konnte.

Im Raum Karaljevo kämpften noch Verbände des XXXIV AK unter Gen.d.Inf. Müller und Teile der Armeegruppe Felber in und um Belgrad. Die beiden Heeresgruppen waren damit bereits praktisch in Südserbien eingeschlossen. Von Nisch rückte eine bulgarische Armee heran, die nun mit den sowjetischen Truppen gemeinsam gegen ihre ehemaligen Verbündeten marschierte.

Während die Truppen unter General Müller bei Kraljevo kämpften, standen in der Stadt selbst Verbände der SS-Div. »Prinz Eugen«. Die Stadt wurde gehalten, und am 2. 11. kamen auch die ersten Teile der herangeschafften 117. JD und der 181. ID zum Einsatz.

Bis Mitte November hatte sich die Lage stabilisiert. Der Stab des Oberkommandos der HGr. E richtete sich in Sarajevo ein. Wenige Tage später sah sich die HGr. E gezwungen, in Bosnien weiterzumarschieren.

Der Rückzug aus Albanien und Montenegro begann Ende Oktober 1944 in genauer Abstimmung mit der Aufgabe von Korfu und Sarande. Es ging durch Tirana, wo der Durchzug der Truppen erst im Kampf erzwungen werden mußte, nach Podgorica und über Kotor nach Grab und Trebinje. Da die Brücken über die Moraca-Schlucht und einige andere von Partisanenverbänden zerstört waren, wurde die Moraca-Brücke in zwölftägiger Arbeit von Pionieren erneuert. Es ging über einige Pässe zurück bis in den Raum Visegrad und von dort nach Sarajevo. Es sah nun so aus, als sollte der Rückzug trotz der durch Hitler selbst verschuldeten Verzögerungen gelingen.

Die Übersicht zum Jahresanfang 1945

In der Heeresgruppe E, Generaloberst Löhr, standen am 1. 1. 1945 sieben Armeekorps, darunter ein Kosaken-Kavallerie-Korps. Die Truppen, über welche diese Korps verfügten, waren: vier Infanterie-Divisionen, drei kroatische Legions-Divisionen, eine Grenadier-Division, eine Gebirgs-Division, eine Luftwaffen-Feld-Division, eine SS-Gebirgs-Division und zwei Kavallerie-Divisionen mit Kosakenpersonal. Dazu noch zwei Jäger-Divisionen.

Das heißt, daß die gesamte HGr. E über keinen Panzerverband verfügte. Die Lage in Kroatien und Bosnien war dergestalt, daß GenOberst Löhr im Frühjahr 1945 mit neuen Angriffsbewegungen des Feindes im Südostraum beiderseits der Donau rechnete. Es kam jetzt erst darauf an, die im Raume Kroatien eingeschränkte Operationsfreiheit zurückzugewinnen. Dazu mußten die starken Partisanengruppen, welche die Bahnlinie und die Hauptstraße Sarajevo-Brod von beiden Seiten gefährdeten, niedergekämpft oder zurückgeschlagen werden. Darüber hinaus galt es die wichtige Verbindung Brod-Agram zu sichern. An der Lika stand das XV. GebKorps (Gen.d.PzTr. Fehn) in kritischer Lage, und auch südlich der Donau an der Syrmischen Front galt es, die Lage zu stabilisieren. Alles dies waren Aufgaben, welche die Kräfte der Heeresgruppe weit überstiegen.

Dennoch versuchte GenOberst Löhr mit seinem Chef des Generalstabes, GenMaj. Schmidt-Richberg, das Gesetz des Handelns wieder in die Hand zu bekommen. Dazu wurde ein Teil der 104. JD im Bahntransport zum XV. GebK transportiert, während das Gros der Division in den Bereitstellungsraum Zenica einrückte, um von dort aus gegen Travnik und die in diesem Raum vermutete Partisanenzentrale vorzugehen. Oberstleutnant von Eberlein stand hier mit zwei SichBatl. und zwei Kosakenregimentern ebenfalls bereit. GenLt. von Ludwiger,

Kdr. der 104. JD, der hier führte, mußte wegen der Schneelage den Einsatz gegen Travnik mehrmals verschieben. Mitte Januar aber traten die Kampfgruppen an und eroberten den Raum in einem vier Tage andauernden Gefecht, das allerdings nicht die erhoffte Vernichtung der Partisanengruppen brachte.

Die 104. JD wurde nunmehr entlassen und trat von Zenica aus den Weitermarsch nach Norden zum XV. GebK an. Bevor sie dort ankam, wurde sie laut Befehl des OKW in den Raum Djakovo geschafft, wo sie zu einem geplanten Drau-Unternehmen aufgefrischt werden sollte. Die HGr. E stellte den Antrag, daß je ein Regiment dieser Division vorher noch einen Angriff auf Doboj und Janja führen sollten. Diesem Antrag lag die Gefährdung der deutschen Garnison von Gracanica zugrunde, die lediglich von einer Heeres-Flak-Abt. gesichert wurde und um die Partisanengruppen bereits einen dichten Einschließungsring gezogen hatten.

Das JR 724 trat zu diesem Unternehmen von Doboj aus an und fegte vorerst diesen Raum frei. Der im Raume Janja schwer kämpfenden 22. Gren.-Div. wurde das JR 734 zugeführt, welches die Lage stabilisieren half.

Die Lage in Syrmien war dadurch kritisch geworden, weil von dieser Front die 1. GebDiv. und die 118. JD Ende November 1944 abgezogen und der 2. PzArmee unterstellt worden waren.

Hier führte nunmehr das LXVIII. AK, Gen.d.Flieg. Felmy, dem die 117. JD, Gen Maj. Wittmann, und eine Rgt.-Gruppe der 264.. ID zur Verfügung standen. Diese Verbände hielten den Raum von der Donau ostwärts Vukovár nach Süden bis zur Bahnlinie Vinkovce Sl. Mitrovica. Von dort führte sie bis Otok. Die 7. SS-Div. und die Division »Skanderbeg«, die allerdings nicht mehr als Regimentsstärke hatte, waren inzwischen in dem Raum Bjelina eingetroffen, wo sie in dauernden Kämpfen mit starken Partisanenverbänden standen. Durch diesen Raum wurde die 11. Lw.FeldDiv., GenLt. Henke, in den Abschnitt Osijec-Valpovo geführt. Sie sollte die aufklaffende Lücke schließen, die durch das Ausweichen der 2. PzArmee nach Westen entstanden war.

Auch an der Nordflanke der HGr. E klaffte entlang der Drau eine sich ständig verbreiternde Lücke. Zur Drau-Sicherung wurde die Kampfgruppe Fischer westlich der 11. LwFeldDiv. eingesetzt. Sie verfügte lediglich über die KorpsAufklAbt. 68 und einige Polizeikompanien. Eine Drau-Front, wie sie notwendig gewesen wäre, konnte aus eigenen Kräften nicht bis zum rechten Flügel der 2. PzArmee aufgebaut werden. Feindkräfte waren, die Gunst der Stunde ausnutzend, bei Virovitica über die Drau gedrungen. Bei Barcs hatten sie ferner einen starken Brückenkopf gebildet.

Es war nun General Felmys Aufgabe, mit seinem LXVIII. AK die Bahnlinie Vinkovce-Brcka zu schützen. Zur Durchführung der dazu notwendigen Aufgaben wurde ihm die 7. SS-Div. zugeführt. Der Angriff in diesem Raum begann am 9. 1.

1945. Aus ihren Stellungen traten ein Regiment der 264. ID und die 117. JD zum Angriff an, während die 7. SS-Div. von Otok antrat. Letztere stürmte rasch vor, eroberte Nemci und bildete – wenn auch nur für kurze Zeit – am Buzot einen Brückenkopf. Die 117. JD kämpfte sich gegen starken Feind schrittweise vorwärts, während das Rgt. der 264. ID an einem nur zur Hälfte zugefrorenen Kanal liegenblieb. Da die Partisanen ihre schweren Waffen nur schlecht über das dünne Eis des Buzot schaffen konnten, gelang der 7. SS-Div. die Erbeutung von 20 Pak und anderem schweren Gerät.

Die 41. ID war während dieser Kämpfe in zügigem Fußmarsch auf der Straße Sarajevo-Brod in den Kampfraum gelangt und löste hier die 7. SS-Div. und das Rgt. der 264. ID ab. Im Raume nördlich Nasice war bis zum 15. 1. die 297. ID im Fußmarsch aus Sarajevo eingetroffen.

Um die Lage an der Drau zu festigen, wurde ein Angriff mit zwei Angriffsgruppen durchgezogen. Die Drau wurde erreicht und der Kampfraum gesäubert. Die Truppen der HGr. E mußten sich beinahe nach allen Seiten verteidigen, weil überall Partisanenverbände auftraten. Am 20. 1. 1945 verlegte der OB seinen GefStand aus Sarajevo nach Nova Gradisca. Die 2. PzArmee, die weit nach Norden in der Enge zwischen Drau und Plattensee stand, wurde der HGr. Süd zugeführt, um an einer deutschen Offensive im Raume südlich Budapest teilzunehmen.

Der OB Südost, GFM von Weichs, hatte kurz vor dem Fall von Belgrad nach Agram verlegt. Ihm unterstanden nunmehr außer der HGr. E nur noch das LXIX. AK mit überwiegend kroatischen Legionärstruppen und die 1. Kosaken-Div. unter Oberst Wagner. Zu dem geplanten Offensivschlag südlich Budapest sollte die HGr. E mit drei Divisionen zwischen Esseg und Miholjac über die Drau vorstoßen und den Raum Batina-Mohac an der Donau erreichen.

Angriff über die Drau

Am 6. März 1945 begann der Angriff der HGr. E mit drei Divisionen über die Drau. Geführt von GenInf. von Erdmannsdorf, gingen bei Valpovo die 11. LwFeldDiv. und bei Miholjac die 297. VGD sowie die 104. JD über die Drau zum Angriff vor. Bei Moslavina überschritt General Fischer mit seiner Kampfgruppe zu einem Fesselungsangriff den Fluß. Es gelang der 297. VGD, die gegenüberliegenden bulgarischen Truppen weit nach Norden zurückzudrängen. Dies ermöglichte der 104. JD den Flußübergang. Beide Divisionen griffen am 8. 3. über Gordica an. Zwischen Siklos und Kemes stießen sie auf drei zum Gegenangriff bereitgestellte bulgarische Divisionen, die von einer sowjetischen Div. unterstützt wurden. 35 Feindpanzer griffen an. Fünf davon wurden im Nahkampf abgeschossen. Der Gegner konnte keinen Meter Boden gewinnen, aber auch der deutscherseits angepeilte Höhenrand konnte nicht besetzt werden.

Die 11. LwFeldDiv., die am Morgen des 6.3. ebenfalls angetreten war, erreichte bis zum Abend mit dem Gros den Raum nördlich der Drau. Ihre linke Flanke blieb offen, weil die aus dem Raum Miholjac vorgehenden Truppen nicht vorwärtsgekommen waren. Erst das am frühen Morgen des 7. 3. eintreffende und über die Drau vorgebrachte Kosakenregiment konnte diese Lücke schließen.

Bei Moslavina ging ein PolBatl. der KGr. Fischer über die Drau und band – wie vorausgeplant – dort starke Feindkräfte.

Die 2. PzArmee, die ebenfalls zum Sturmangriff angetreten war, konnte nur wenig Boden gewinnen. Ihre Panzer sackten im Schlammboden ein und wurden, durch Betriebsstoffmangel in der Bewegung behindert, von starken Panzerverbänden angegriffen. Damit war die letzte deutsche Offensive bereits in ihren Anfängen steckengeblieben.

Am 14. 3. erhielt die HGr. E Befehl, die erreichten Brückenköpfe zu räumen und auf das Südufer der Drau zurückzugehen. Als vorletzter Verband wurde das berittene Kosakenregiment in der Nacht zum 20. 3. über den Fluß zurückgenommen. Die Nachhuten der 11. LwFeldDiv. folgten am 22. 3. nach.

Die Kosakendivision erfuhr am 30. 11. 44 ihre Umwandlung in das XV. Kosakenkorps unter GenLt. von Pannwitz mit der 1. und 2. KosDiv. und der Schützen-Brigade Kononov. Sie blieb im Raume Kutina beim LXIX. AK.

Der Führungsstab der HGr. E hatte vom 6. bis 13. nach Djakovo verlegt. Am 23. 3. erfolgte die Umbenennung des OB der HGr. E zum Oberbefehlshaber Südost. GenOberst Löhr wurde anstelle von GFM von Weichs neuer OB der HGr. Südost. Das LXIX. AK wurde der HGr. E unterstellt und das Oberkommando am 26.3. nach Agram verlegt.

Anfang März gestaltete sich die Lage in Bosnien ungünstig. Ein Rgt. der 13. SS-Div. mußte am 1. 3. mit der Bahn nach Zenica geschafft werden, um die Bahnlinie, die dort von Partisanen unterbrochen worden war, freizukämpfen. Die 7. SS-Div. marschierte nach Sarajevo. Sie wurde vom KommGen. des XXI. GebK nach dem stark gefährdeten Trnovo weitergeleitet. Die dort stehenden Partisanenverbände wichen unter Zurücklassung schwerer Waffen und Geräte in Richtung Kalinovik aus.

Als Hitler am 20. März die Räumung von Sarajevo genehmigte, die operativ seit längerer Zeit notwendig geworden war, stand der HGr. nur eine Straße in Richtung Brod zur Verfügung. Ständige Partisanenüberfälle, Fliegerangriffe und Feindvorstöße aus den Räumen Travnik und Tuzla verstärkten die Gefahr der Vernichtung. Besondere Sorge bereiteten die in Sarajevo liegenden 3.000 Verwundeten. Dennoch gelang der Abmarsch über die Save.

Etwa um diese Zeit begann der Kampf an der Lika, wo das XV. GebK im Raum nördlich Bihac verteidigte. In den Städten entlang der Küste standen die 373. und 392. LegDiv. der Kroaten. General Fehn, der KommGen. des XV. GebAK, hatte hier gegen fünf Feind-Divisionen anzutreten. Die jugos. 26. Div., die über einen Panzerverband verfügte, erreichte am 20. 3. Udbina und nahm die Stadt im Sturm. Gleichzeitig stießen die anderen Feind-Divisionen von Dobroselo nach Lapac durch. Hier stand die 372. ID (kroat.) unter GenLt. Gravenstein, die aus Lapac weichen mußte und sich in einer Riegelstellung bei Nebljusi festsetzte, woraus sie abermals vertrieben wurde und auf Bihac zurückging, das sie am 24. 3. erreichte. Aus dem Raume Bosnisch-Krupa kam die 104. JD dieser kroatischen ID zur Hilfe; aber nur ihrem ersten JägerBatl. gelang es, sich kämpfend nach Bihac durchzuschlagen. Hier wurde es vorübergehend mit der 373. ID eingeschlossen.

Der feindliche Angriff richtete sich Ende März gegen die 392. ID (kroat.), die unter Führung von GenLt. Mickl die nach Karlovac führenden Straßen deckte. Vier feindliche Angriffe wurden abgewehrt. GenLt. Mickl, der unter Rommel in Afrika gekämpft hatte, führte die Gegenangriffe persönlich. Er wurde beim zweiten Gegenangriff verwundet, blieb aber bei der Truppe und wurde einige Tage danach tödlich verwundet. Die Kampfkraft der 392. ID ging zu Ende. Auf der Küstenstraße zog sie sich kämpfend nach Novi zurück. Ein aus Fiume zur Unterstützung geschicktes Regiment erreichte die Division im Raum Crkvenica.

Für Karlovac und Agram bestand höchste Gefahr, denn die jugoslawischen Streitkräfte, die diese Städte angingen, waren auf 9 Divisionen angewachsen. Der HGr. E standen keine weiteren Reserven zur Verfügung. Sie befahl die Verlegung des LXXXXI. AK, GenLt. von Erdmannsdorff, aus dem Raume nördlich Djakovo nach Karlovac. Gen. von Erdmannsdorff übernahm den Befehl über sämtliche dort stehenden Verbände. Ende März mußte Bihac aufgegeben werden.

Nordostwärts dieser Stadt stand die 104. JD mit Front nach Norden. Sie wurde hier von der 372. ID (kroat.) abgelöst, der als Unterstützung ein Jägerbataillon unter Oberst Sommer und Divisionstruppen der 104. JD unterstellt wurden.

Das Gros der 104. ID wiederum trat am 6. 4. 1945 zum Angriff an und kämpfte sich durch den Umklammerungsgürtel nach Sluin durch, das am 12. 4. erreicht wurde. Im Vorstoß über die Korana nahm sie Verbindung mit der KGr. unter Oberst Hammerschmidt auf und trat mit dieser zum LXXXXI. AK über. Zwischen Korana und Dobra bezog sie beiderseits G. Poloj eine nach Süden gerichtete Abwehrfront, die vom Gegner mehrfach berannt wurde, aber allen Angriffen standhielt.

Auch an der Syrmienfront gestaltete sich Ende März die Lage im Raum Tuzla kritisch. Die HGr. E mußte dort einen konzentrischen Angriff ansetzen, an dem die 22. ID, ein verstärktes Rgt. der 7. SS-Div. und die 117. JD beteiligt waren. Im nördlichen Angriffsstreifen bei der 22. ID wurden Celic und von Brcka aus der Raum Srbnik erreicht. Die aus dem Raum Samac angreifende 117. JD gelangte im schnellen Vorstoß über Brcka nach Gradacac. Das Regiment der 7. SS-Div. aber, das über Vares antrat, mußte unterwegs abgedreht werden, weil die 181. ID in eine Krisenlage geraten war. Es gelang diesem Rgt., die 181. ID freizukämpfen.

Nach Anfangserfolgen wurde der Feindwiderstand gegen die 22. ID und die 117. JD schließlich zu stark. In diese Situation hinein platzte außerdem noch der Befehl des OKW, die 117. JD herauszulösen und sie über Varasdin der 2. PzArmee zuzuführen. Die Angriffsspitzen der 22. ID mußten ebenfalls wieder zurückgenommen werden, und schließlich war man froh, daß der Raum Doboj so lange gehalten werden konnte, bis die große Kolonne durchmarschiert war und den Raum Sarajevo-Brod erreicht hatte.

Gegenüber der 2. PzArmee, die am 31. 3. die Brücke über die Drau bei Zakanj sprengte, zogen die bulgarischen Verbände durch die von der 2. PzArmee geräumten Stellungen und hielten die 2. PzArmee in Bewegung, bis diese mit dem rechten Flügel die Reichsschutzstellung erreicht hatte. Dies geschah am 7. 4. 1945. Hier blieb die 2. PzArmee bis in die ersten Maitage hinein.

Am 31. 3. erhielt die HGr. E Befehl, die 117. JD aus dem Kampf im Raum Samac herauszuziehen und der 2. PzArmee zuzuführen. Das HGrKdo., das am 28. 3. in Agram eintraf, fand in diesem Raum keine einsatzbereiten deutschen Einheiten.

Die Führung der Drau-Verteidigung übernahm am 1. 4. Gen. Fischer. Als er an diesem Tage in Koprivnica eintraf, zog er gleich weiter nach Ludbreg, wo der GefStand eingerichtet wurde. Eine Reihe selbständiger Verbände und verschiedene Einheiten der Divisionen wurden der KGr. Fischer zugeführt. Am 10. 4. wurden der Drau-Brückenkopf bei Varasdin geräumt und die dortige Brücke gesprengt.

Die Lage im Südostraum stellte sich nach Übernahme des Kommandos als OB Südost durch GenOberst Löhr am 27. 3. folgendermaßen dar:

Der linke Nachbar (HGr. Süd) stand noch unter dem starken Druck der sowjetischen Offensive auf Wien. Die 2. PzArmee als Anschlußarmee würde ihre Stellungen über kurz oder lang aufgeben müssen. Der rechte Nachbar, der OB Südwest in Italien, stand im Raume südlich Bologna bis zur Küste in schweren Abwehrkämpfen. Hier bildete das LXXXXVII. AK, GendGebTr. Kübler, mit Sitz in Görz den direkten Anschluß. Dieses Korps hatte für den Küstenschutz an der Nordadriaküste im Golf von Triest, von Istrien und Fiume zu sorgen und die Sicherung von Istrien im Innern zu gewährleisten.

Das dazwischen stehende HGrKdo. Südost hatte ab Anfang April mit einer neuen Offensive der jugosl. Armee in Syrmien zu rechnen. Diese Offensive begann in der Nacht zum 12. 4. 1945 mit den Übersetzbewegungen über Donau, Bozut und Spacva. Dieser Angriff richtete sich gegen das XXXIV. AK mit dem GefStand in Nustar und gegen die HKL entlang des Westufers der Donau von Vukovär bis Mohovo.

Die 41. ID stand noch ostwärts der Donau, während die 22. ID südlich Nustar und die 11. LwFeldDiv. hart ostwärts Vukovar standen. Der am Morgen des 12. 4. beginnende Angriff, der sich mit Kern gegen die 41. ID richtete, drang mit starker Panzerunterstützung durch. Von den 70 angreifenden Panzern wurden 20 mit Nahkampfmitteln vernichtet. Die Division setzte sich gegen Mittag in eine vorbereitete Stellung am Ostrand von Vinkovce ab. Hier verteidigte noch die kroat. 3. ID, General Mifek, der sich und seine Division der deutschen Division unterstellte. Befehlsgemäß setzte sich noch am 12. 4. die 22. ID nach Süden über die Save ab. Am Morgen dieses Tages waren jugoslawische Verbände an drei Stellen über die Drau gegangen und hatten ostwärts Esseg und ostwärts und westlich von Valpovo Brückenköpfe errichtet, die von der 11. LwFeldDiv. nicht beseitigt werden konnten.

Nach mehrtägigen Kämpfen mit immer neuen Krisenlagen zogen sich die in harten Abwehrkämpfen bewährten Divisionen zurück. Als letzter Großverband ging am Abend des 18. 4. die 7. SS-Div. bei Brod und Dubocac über die Save. Die 41. ID bezog auf halbem Wege zwischen Brod und Batrina eine neue Stellung, während die 22. ID bei Pleternica hielt und die 369. ID (kroat.) nach Westen marschierte.

Im Brückenkopf Karlovac kämpfte die 104. JD verlustreich, und erst als die 7. SS-Div. zugeführt wurde, die am 2. 5. die Stadt erreichte, konnte der teilweise bereits in die Stadt eingedrungene Gegner geworfen werden.

Währenddessen hatte sich die Lage beim LXXXXVII. AK, das dem OB Südwest in Italien unterstand, ab Anfang April mehr und mehr verschärft. Die hier eingesetzte 188. GD und die 237. ID standen ostwärts des Isonzo. Ein Nebenangriff der jugoslawischen Offensive an und nördlich der Adria mit dem Ziel Triest zeigte sich hier an. Wenn es dieser Stoßgruppe gelang, rechtzeitig Laibach zu erreichen, war der Rückzugsweg der HGr. Südost abermals gefährdet. Fiume war das erklärte Ziel dieser Stoßgruppe, und GendGebTr. Kübler in Görz zog Anfang April die 237. ID aus Istrien im Raum Fiume zusammen. Er ließ einen Igel um die Hafenstadt bilden. Der von Novi aus entlang der Küstenstraße und über den Karst vordringende Gegner schlug einen Haken. Er kam rasch näher und eroberte am 19. 4. Susak, südlich Fiume. Die hier verteidigenden Teile der 392. ID (kroat.) wurden an mehreren Stellen bis zum 1. 5. durchbrochen, aber die Einbrüche wurden sämtlich bereinigt. Von Osten her näherten sich weitere Feindkräfte, die auf Villa Nevoso, nördlich Fiume, zustrebten. Ein Antrag auf Herauslösen der Kräfte aus Fiume und zum Rückzug derselben wurde am 24. 4. abgewiesen. In Pola standen ein Rgt. der 237. ID und einige selbständige Kampfgruppen unter dem Festungskommandanten, KptzS. Waue. Hier griffen Partisanen und aus Cherso kommende Kräfte an. Da die geplante Hilfe für das eingeschlossene LXXXXVII. AK nicht geleistet werden konnte, befahl GenOberst Löhr am 1. 5. den Durchbruch nach Norden.

Das LXXXXVII. AK stürmte vorwärts, erkämpfte am 1. 5. mit der 188. GD den Monte Acuto und erreichte am Abend dieses Tages Bisterca. Zeman di Sotto wurde am nächsten Tag erreicht, und General Kübler versuchte am 3. 5. mit der 237. ID über das Hochplateau Villa del Nevoso hinweg anzugreifen. Doch diese Division war nicht herangekommen. Sie war am 2. 5. an den Höhen von Zabice gescheitert. Die Gruppe Christl, die westlich von Sembi über den Timavo setzen wollte, wurde von starken Feindkräften daran gehindert. Erst am 5. 5. gelang es Oberstleutnant Schulze mit dem JR 902 den Timavo zu überwinden und den beherrschenden Monte Carpano im Sturm zu nehmen. Dies veranlaßte den Gegner, Villa del Nevoso wieder zu räumen. Bisterca und Villa del Nevoso fielen in deutsche Hand. Damit waren schwere Hindernisse auf dem Weg zum Durchbruch genommen, und nunmehr sollte am frühen Morgen des nächsten Tages zum Weiterstoß angetreten werden.

Am 5. Mai wurde General Kübler verwundet. GenLt. von Hoesslin führte weiter und erfuhr am Abend des 6. 5., daß die 237. ID nicht – wie angenommen – auf den Höhen ostwärts Villa del Nevoso, sondern Nachhutstellungen beiderseits Cernon bezogen habe. Villa del Nevoso, in dem alle Stäbe des LXXXXVII. AK und die gesamte 188. GD zusammengedrängt lagen, wurde vom Feind mit starkem Artilleriefeuer belegt.

Im Westen der Front der HGr. Südost hatte sich die anschließende HGr. Südwest von der Nordküste der Adria aus bis zu den Alpenausläufern zurückgezogen, ohne dem anschließenden LXXXXVII. AK davon auch nur Mitteilung zu machen. Dies ermöglichte den jugoslawischen Verbänden am 1. 5. bereits das Vordringen nach Triest, wo sich noch deutsche Einheiten und Marineverbände verteidigten. Teile der 188. GD, welche die Halbinsel Muggia besetzt hatten und nun nach Südosten marschierten, um zur eigenen Division zurückzukehren, wurden bei Herpelje von jugoslawischen Partisanen angegriffen und vernichtet. Die Kapitulation bei der HGr. Südwest war ebenfalls durchgesickert, und die Soldaten der HGr. Südost sahen sich nun allein auf weiter Flur, was nicht zur Stärkung der Einsatzbereitschaft beitrug.

Am 5. 5. 1945 stimmte der OB Südost Kapitulationsverhandlungen des LXXXXVII. AK zu. GenLt. von Hoesslin arbeitete einen Kapitulationsvertrag aus, der von General Kübler am Abend des 6. 5. genehmigt wurde. Die Jugoslawen nahmen ihn zwar an, kündigten ihn aber bereits am 12. 5. wieder, als dieses Armeekorps in ihrer Hand und waffenlos war.

Das XXI. GebK, das Anfang Mai in Gugoselo lag, stand mit seinem rechten Flügel, der 22. ID, GenLt. Kühne, bei Casma. Der linke Flügel mit der 11. LwFeldDiv. befand sich im Raum 10 km südlich Pragovac. Das nach links anschließende XV. Kosakenkorps wurde nicht mehr gesehen.

Die 181. ID baute am 2. Mai ihre Stellungen ab und hielt in der Nacht zum 3. 5. noch einen Brückenkopf bei Medjurec. In der nächsten Nacht sicherte sie bei

Banova Jaruga das Durchschleusen der 41. ID, die ostwärts Kutina entlang der Ilova eine Stellung bezog und so der sich nunmehr aus ihrem Brückenkopf lösenden 181. ID den Weg nach Norden und Nordwesten sicherte und ihr half, die Zvonimir-Stellung beiderseits Vrbovac zu erreichen. Dann erst marschierte die 41. ID in eine Stellung nordwestlich Ivanicgrad, wo die 7., 8. und 9. kroat. Division durchzogen, um wenig später im Einsatz ihre gesamte Kampfkraft zu verlieren.

Erst auf Anfragen der HGr. Südost vom 4. 5. 1945 beim OKW über die Lage in Italien erhielt sie aus Flensburg die Bestätigung der alliierten Radiomeldungen, nach denen die HGr. Südwest kapituliert hatte.

Seit Anfang Mai waren der HGr. Südost die Südoststeiermark und Kärnten als rückwärtige Gebiete zugewiesen worden. Alle dort stehenden Truppen des Wehrkreises XVIII., Salzburg, wurden dem OB Südost einsatzmäßig unterstellt.

Das GenKdo. XXXIV. AK, General Felmy, kam nach Villach, das GenKdo. LXIX. AK, General Auleb, nach Ostkärnten. Beide Korps erhielten Weisung, die zurückflutenden Verbände des OB Südwest aufzufangen und zu reorganisieren, die Ersatztruppen der Division »Noeldechen« unter GenLt. Noeldechen zu übernehmen und mit diesen Truppen auf den Karawanken und von dort bis zur italienischen Grenze eine Abwehrfront nach Westen aufzubauen.

Der OB der HGr. Südost verlegte am 5. 5. aus Agram nach Heilenstein. GFM Kesselring, der bisherige OB West, hatte die Führung als OB Süd im gesamten Südraum übernommen. Er bat am 6. 5. nachmittags den OB Südost und den OB der 2. PzArmee, Gen.d.Art. d'Angelis, nach Graz zu einer Besprechung. Den versammelten OBs teilte er mit, daß Deutschland im Norden bereits kapituliert habe und gegenüber den anderen Gegnern noch kapituliere und daß ab 9. 5. 1945 um 01.00 Uhr der Waffenstillstand in Kraft trete. Anschließend unterstellte der GFM die 2. PzArmee dem OB Südost.

Von Schönstein aus befahl GenOberst Löhr am späten Abend des 7. 5. die Orientierung aller Truppen der HGr. über die bevorstehende allgemeine Kapitulation.

Die Verhandlungen wurden von General Felmy an der englischen Front in Villach, an der russisch-bulgarischen Front in Graz durch General d'Angelis und an der jugoslawischen Front von GenOberst Löhr persönlich geführt.

In der Zvonimir-Stellung stand die 41. ID (GenLt. Hauser) auch am 7. 5. abwehrbereit. Da aber bei den drei kroatischen Divisionsresten weiter nördlich ein Feinddurchbruch erfolgte, wurde die HKL etwas zurückgezogen. Am Morgen des 8. 5. sollten schließlich die Trosse durch Agram marschieren. Aber nur noch ein Teil floß durch die Stadt ab. Als sich die 41. ID nordwestlich Agram befand, wurde sie von einem aus Süden geführten starken Panzerangriff getroffen und über das Gebirge ins Krapina-Tal abgedrängt. Beim Übergang über die Kaprina, 10 km nördlich ihrer Mündung, trafen Unterhändler der Jugoslawen ein. Sie gaben den Waffenstillstand bekannt und legten Einzelheiten der Übergabe fest. Die Übergabe der Waffen erfolgte an die jugosl. 11. Sturmdivision.

Die 181. ID (GenMaj. v. Tschudi), die sich in der Nacht zum 7. 5. nach Rukovac abgesetzt hatte, fand diese Stellungen beiderseits der Stadt bereits vom Feind besetzt. Sie erlitt im Kampf um diese Linie schwere Verluste. Ihre Reste zogen sich am 7. 5. gegen Abend befehlsgemäß in die neuen Stellungen an der Varasdiner Straße zurück. Hier kam es am Abend des 7. 5. zu einem letzten Feindangriff, der nach starker Artillerieunterstützung vorgetragen wurde. Auf Befehl des XXI. GebK setzte sich die Division auf der Bergstraße in Richtung Toplice ab.

Am Nachmittag des 8. 5. erfuhr die zurückmarschierende Division durch die Teile der vor ihr marschierenden 369. ID (kroat.), daß die Kapitulation am 9. 5. erfolgen würde. Die Division marschierte weiter, erreichte am 9. 5. Kreuzberg und wurde dort gegen Mittag von MG-Feuer empfangen. Die Unterhändler, die zu den Jugoslawen geschickt wurden, erfuhren, daß man dort der Annahme war, daß erst gegen 1 Uhr nachmittags die Kapitulation in Kraft trete.

Das Feuer wurde sofort eingestellt, die 181. ID marschierte bis Heilenstein weiter und gelangte am 11. 5. nach St. Urban und St. Georgen. Hier wurden Waffen und Kraftfahrzeuge abgegeben.

Am 8. 5. abends stand die 22. ID an der Kaprina bei Trgoviste und Pregrada. Die 11. LwFeldDiv. befand sich im Marsch auf Cilli. Ostwärts von Cilli gaben sowohl die 11. LwFeldDiv. als auch die 22. ID ihre Waffen und Geräte ab. Am 14. 5. marschierten die 181., die 22. ID sowie die 11. LwFeldDiv. nach Agram in die Gefangenschaft.

Am Mittag des 9. 5. 1945 erschienen beim OB Südost in Heilenstein zwei Offiziere der jugosl. 14. ID und luden GenOberst Löhr nach Letus zu einer Besprechung ein. Auf dieser Besprechung mit Vertretern von Marschall Tito wurde beschlossen, daß Truppen und Trosse der HGr. E an Bahnhöfen versammelt und gänzlich entwaffnet werden sollten. Offiziere, vom Oberstleutnant aufwärts, konnten ihre Waffen behalten. Dies war auch den jugoslawischen Offizieren nach Ende des Krieges gegen dieses Land 1941 gewährt worden. Die Wagenkolonnen, die die Straßen verstopften, mußten bis St. Andrae und Völkermarkt aufgelockert werden, damit die Verpflegung der Truppe gewährleistet werden konnte. Danach fuhr GenOberst Löhr, von jugoslawischen Offizieren begleitet, mit seinem engsten Stab über Schönstein nach Topolcice, wo Verhandlungen mit der jugoslawischen IV. Operationszone geführt wurden. Es ging um die jugoslawische Forderung, alles Gerät und alle Waffen südlich der Drau abzugeben, damit sie nicht von den Engländern für sich reklamiert wurden, die alle Waffen und Geräte nördlich der Drau erhalten sollten. GenOberst Löhr stimmte dem notgedrungen zu und schlug vor, alle Kolonnen, die über das Becken von Cilli hinausgelangt waren, bei Bleiburg zu sammeln.

Vom 10. bis 12. 5. 1945 blieb GenOberst Löhr in Topolcice. Die IV. Operationszone war in der Nacht nach den Verhandlungen nach Laibach verlegt worden. Als sie sich bis zum 12. 5. nicht mehr meldete, ließ GenOberst Löhr den Marsch nach Bleiburg antreten. An der Straßengabel von Mreznica wurde die Kolonne angehalten. Die dort stehenden jugoslawischen Offiziere erklärten dem OB Südost, daß er mit seiner Begleitung nach Feistritz weiterfahren könne. Alle nachfolgenden Kolonnen aber müßten stehenbleiben.

»Achten Sie auf das Gehöft Hrust südlich Bleiburg«, warnte der jugoslawische Major, »dort stehen an der Bahn englische Panzer, die Sie sicherlich aufhalten werden.«

Es war so, aber die Engländer ließen die kleine Kolonne mit GenOberst Löhr passieren. Das Durcheinander war nunmehr vollkommen, und am 13. 5. erschien ein jugoslawischer Major in Feistritz und berichtete GenOberst Löhr, daß die Lage bei den deutschen Kolonnen in Mreznica gespannt sei. Die Truppe weigere sich, ohne einen deutschen Befehl erhalten zu haben, die Waffen niederzulegen. Hier wurde die haltende Kolonne noch am Nachmittag des 13. 5. mit MG-Feuer überfallen, wobei eine Reihe Wagen in Brand gerieten.

GenOberst Löhr fuhr mit wenigen Offizieren nach Hrust. Hier sah er, daß die Spitzengruppe der deutschen Wagenkolonne zersprengt war. In Griffen, wohin er von den Engländern gewiesen wurde, fand er um 03.00 Uhr des 14. 5. einen Offizier, mit dem er und sein Chef des Generalstabes, GenMaj. Schmidt-Richberg, nach Völkermarkt fuhren. Hier stellte sich GenOberst Löhr der IV. Operationszone als Kriegsgefangener zur Verfügung. Am 15. fuhr er von dort nach Marburg/Drau, zum HQ der 3. jugosl. Armee.

Der Krieg auf dem Balkan war zu Ende. Nicht zu Ende war das Sterben deutscher Soldaten, von denen über 50.000 nach dem Krieg in jugoslawischer Gefangenschaft ihr Leben verloren. Generaloberst Alexander Löhr wurde am 16. 2. 1947 in Belgrad erschossen.

DIE SOWJETISCHE WINTEROFFENSIVE

Allgemeine Übersicht

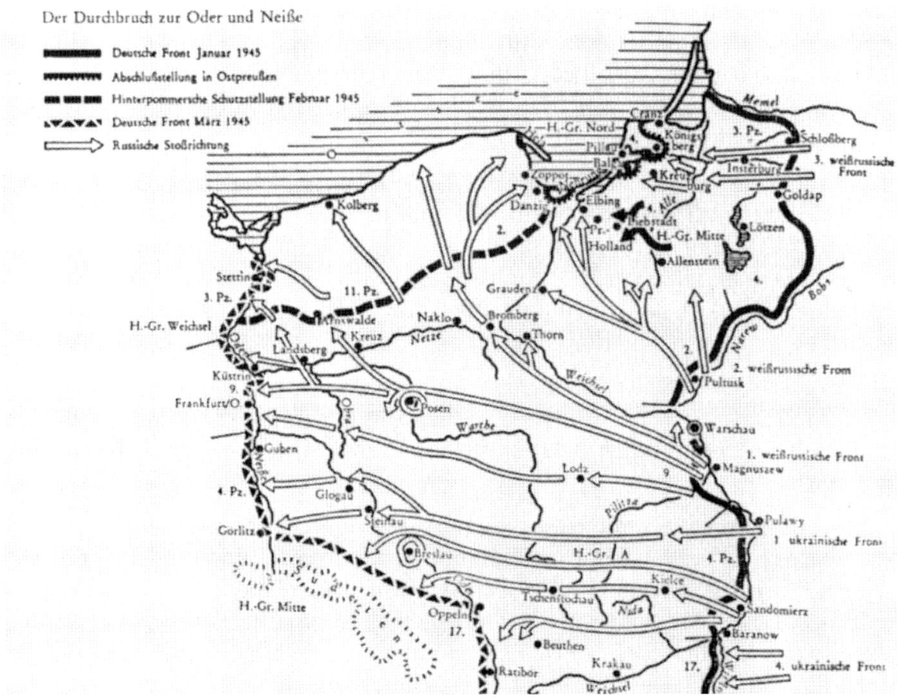

Die militärpolitische Lage der deutsch-sowjetischen Front war zu Anfang 1945 für die Sowjetarmee günstig wie nie zuvor. Durch Offensiven, deren erfolgreichste die Operation »Bagration« war, in welcher die Heeresgruppe Mitte im Sommer 1944 zerschlagen wurde und die Sowjetarmee weit nach Westen, an den Rand Ostpreußens und bis Brest-Litowsk vordrang, war die Ausgangslage für eine geplante Winteroffensive besonders günstig. Hinzu kam, daß durch die Errichtung einer weiteren Front in Frankreich seit dem Beginn der Operation »Overlord« eine Reihe deutscher Panzerverbände aus dem.Osten abgezogen werden mußte.

Am 15. 7. 1944 erfolgte die Umbenennung der HGr. »Nordukraine« in Heeresgruppe A; OB wurde Generaloberst Harpe. Sie verfügte mit ihrer 9. und 17. Armee und mit der 4. Panzerarmee über insgesamt 30 Infanterie-, vier Panzer- und zwei (mot.) Divisionen. Ihr gegenüber lagen die 1. Belorussische und die 1. Ukrainischc Front.

Die von der Sowjetarmee geplante strategische Offensive mit fünf Fronten auf einer Angriffslinie zwischen der Ostsee und den Karpaten wurde in zwei getrennt beginnenden, aber dennoch zusammenhängenden Operationen geplant. Einmal die Operation gegen Ostpreußen, zum anderen jene gegen den Weichsel-Oder-Abschnitt. Durch diese Operationen sollten die deutschen Gruppierungen in Ostpreußen und in Polen zerschlagen, der Weg nach Westen geöffnet und die Oder erreicht werden.

Das Hauptquartier des sowjetischen Oberkommandos plante mit der 3. Belorussischen Front unter Armeegeneral Tschernjachowski und der 2. Belorussischen Front unter Marschall der Sowjetunion Rokossowski, die deutschen Kräfte in Ostpreußen zu vernichten. Gleichzeitig sollten diese Operationen den rechten Flügel der in Polen eingesetzten Fronten schützen.

Die 1. Belorussische Front, Marschall Schukow, und die 1. Ukrainische Front, Marschall Konjew, erhielten Weisungen, Polen freizukämpfen, den Angriff in Richtung Berlin vorzutragen und die Oder zu erreichen. Der rechte Flügel der 4. Ukrainischen Front, Armeegeneral Petrow, sollte diesen Angriff unterstützen. Es war vorgesehen, im polnischen Raum auf einer Breite von 490 Kilometern zwischen Jaslo und Warschau durchzubrechen, die gesamte Front aufzuspalten und die einzelnen deutschen Verbände zu isolieren und nach Überflügelung einzuschließen und zu vernichten.

Die Angriffsoperationen der 1. Belorussischen Front

Die Verbände der 1. Belorussischen Front führten drei Angriffe durch. Und zwar wurde ihr Hauptangriff aus dem Brückenkopf Magnuszew in Richtung Kutno geführt. Um die hier starke Verteidigungslinie zu durchbrechen, waren im Brükkenkopf auf dem Westufer der Weichsel die 61. Armee unter GenLt. Below, die 5. Stoßarmee unter GenLt. Bersarin und die 8. Gardearmee unter Generaloberst Tschuikow bereitgestellt worden.

Nachdem es diesen Verbänden gelungen war, die deutsche Verteidigung zu durchbrechen, wurde ein Teil von ihnen in Richtung Nordwesten auf Blonie gegen Flanke und Rücken der Warschauer Gruppierungen des Gegners angesetzt, um diese zu zerschlagen und Warschau im Zusammenwirken mit dem rechten Flügel der Front zu befreien.

Auf dem Weichsel-Ostufer wurden die 2. Garde-Panzerarmee unter GenLt. Bogdanow und die 1. Garde-Panzerarmee unter Generaloberst Katukow sowie die 3. Stoßarmee unter General Dimonjak bereitgestellt, die den Erfolg in dieser Richtung erweitern und weiter durchstoßen sollten.

Aus dem Brückenkopf von Pulawy, südlich der Bahnlinie nach Krakau, wurde der zweite Großangriff mit den Truppen der 69. Armee unter General Kolpaktschi und der 33. Armee unter General Zwetajew in Richtung Radom-Lodz geführt. Ein Teil dieser Kräfte wurde aus der Ausgangsposition vom rechten Flügel dieser Angriffsgruppierung nach Nordnordwesten geführt, Stoßrichtung Szydlowiec, mit dem Ziel, die deutschen Kräfte zwischen Radom und Kielce zu vernichten. Und zwar im Zusammenwirken mit der 1. Ukrainischen Front.

Die dritte Stoßgruppe wurde auf dem rechten Flügel des Angriffsstreifens von den Truppen der 47. Armee, GenMaj. Perchorowitsch, und der polnischen 1. Armee unter General Poplawski gebildet. Ihr Ziel war Warschau, das durch ein weites Umgehungsmanöver mit anschließendem direkten Angriff eines Teilverbandes aus Westen auf die polnische Hauptstadt befreit werden sollte.

Es war vorgeplant, daß die 1. Belorussische Front zwischen dem 10. und 12. Tag nach dem Beginn der Winteroffensive den Abschnitt Gabin-Lodz erreicht haben müsse, um sodann im Angriff über Kutno direkt auf Poznan (Posen) vorzuprellen. Von dort aus waren es nur noch etwa 100 Kilometer bis Küstrin an der Oder.

Der Angriff der 1. Belorussischen Front wurde durch die Fliegerkräfte unter General Rudenko unterstützt.

Die Truppen der 1. Ukrainischen Front, südlich der 1. Belorussischen Front antretend, gingen aus dem Raum Jozefow-Jaslo in einem Abschnitt von etwa 230 km Breite aus dem Brückenkopf Sandomierz als Zentrum dieses Großangriffs auf

Radom vor. Sie erreichten am 10. Tage der Offensive den Raum Piotrkow-Tschenstochau-Miechow. Den Hauptkräften dieser Front wurde der Generalangriff in Richtung Breslau befohlen. Ein Teilverband wurde nach Nordwesten auf Szydlowlec abgedreht. Damit sollte von einem Südverband der 1. Belorussischen Front und diesem Teilverband eine Zangenbewegung gegen die noch im Raume Kielce-Radom stehenden deutschen Truppen durchgeführt und diese eingeschlossen und vernichtet werden.

Der linke Stoßflügel wurde auf Krakau abgedreht, wo die deutschen Truppen im Zusammenwirken mit einem nördlichen Stoßarm der 4. Ukrainischen Front vernichtet werden sollten.

Für den Durchbruch durch die gegenüber Sandomierz befindlichen tiefgestaffelten deutschen Stellungen wurden die 6. Armee unter General Glusdowski, die 3. Gardearmee unter GenOberst Gordow, die 13. Armee unter GenOberst Puchow, die 52. Armee unter GenOberst Korotejew, die 60. Armee unter GenOberst Kurotschkin und die 5. Gardearmee unter GenOberst Schadow bereitgestellt. Hinter diesen Armeen wurden zur Ausnutzung des Erfolges und zum tiefen Durchstoß nach Nordwesten die Panzerverbände einsatzbereit gehalten. Es waren dies: die 4. Panzerarmee, GenOberst Leljuschenko, die 3. Garde-Panzerarmee, GenOberst Rybalko, die 21. Armee unter General Gussew und die 59. Armee unter General Korownikow. Die Fliegerkräfte des Generals Krassowski unterstützten die Truppen dieser Front.

Die am südlichen Flügel des Angriffs der Offensive stehende 4. Ukrainische Front erhielt mit dem rechten Flügel den Raum Krakau und mit dem Hauptstoßarm die Angriffsrichtung nach Westnordwesten auf Bielsko-Biala zugewiesen. Der Stoß auf Krakau wurde von GenOberst Moskalenko mit der 38. Armee geführt. Ihr Hauptstoßarm hatte den Angriff der 1. Ukrainischen Front nach Süden zu sichern und zu unterstützen. Die Fliegerkräfte unter General Schdanow unterstützten die Truppen der Sowjetarmee.

Zunächst war der Beginn der Offensive auf den 20. 1. 1945 festgesetzt worden. Da aber die westalliierten Kräfte in den Ardennen in Gefahr geraten waren, hatte Churchill (auch im Namen von Präsident Roosevelt) am 6. 1. 1945 an das sowjetische Oberkommando appelliert, den »angloamerikanischen Truppen sofortige Hilfe durch eine Großoffensive an der Weichsel oder an anderen Punkten« zu leisten. (Siehe Churchill, Sir W. S.: Der Zweite Weltkrieg, 6. Bd., 1. Buch S. 327; Stuttgart-Hamburg 1949-54.)

Dies bewirkte eine Vorverlegung der Offensive auf den 12. 1. 1945.

Die erste Etappe

Im ersten Abschnitt dieser Großoffensive, der vom 12. bis 17. 1. 1945 dauerte, wurde die deutsche Verteidigungsfront auf einer Breite von 360 Kilometern durchbrochen, die Hauptkräfte der HGr. A wurden zerschlagen und die Vorausbedingungen für die Fortsetzung dieser Offensive geschaffen.

In der zweiten Phase vom 18. 1. bis zum 3. 2. 1945 gelang es der in der Mitte kämpfenden 1. Belorussischen und der 1. Ukrainischen Front, wirkungsvoll von der 2. Belorussischen Front im Norden und von der 4. Ukrainischen Front im Süden unterstützt, das schlesische Industriegebiet zu erreichen, es in Besitz zu nehmen und auf breiter Front die Oder zwischen Bielsko-Biala im Süden und Zehden im Norden sowie von dort aus nach Ostnordosten umschwenkend den Raum Marienburg und nördlich davon die Ostsee zu erreichen. Auf dem Westufer der Oder wurde eine Reihe von Brückenköpfen errichtet,und damit wurden günstige Voraussetzungen zu einer neuen Offensive mit den Zielen Berlin und Prag geschaffen.

Die Durchführung:
Bei der 1. Ukrainischen und der 1. Belorussischen Front

Hier begann die Offensive am 12. 1. 1945 aus dem Brückenkopf Sandomierz. Die deutsche Hauptkampflinie vor dem Brückenkopf wurde am Vormittag des ersten Angriffstages auf der gesamten Breite durchbrochen. Am Nachmittag wurde die zweite Verteidigungslinie erreicht, und als der Tag zu Ende ging, war dieser Abschnitt auf 35 km Breite durchbrochen und die Spitzengruppen standen 15 bis 20 km weiter westlich. Die Truppen des XXIV. deutschen PzK wichen nach Nordwesten in Richtung Kielce aus; am 15. 1. wurde Kielce von Verbänden der Sowjetarmee genommen. Die auf dem linken Flügel vorgehenden Sowjettruppen erreichten nach Zuführung der zweiten Angriffsstaffel am 14. 1. Krakau. Am 15. 1. waren die deutschen Hauptkräfte in diesem Abschnitt zerschlagen.

Nördlich der 1. Ukrainischen Front traten die Verbände der 1. Belorussischen Front am 14. 1. zum Angriff an und durchbrachen am ersten Tag die deutsche HKL. Gegenüber dem Brückenkopf Magnuszew gelang ein 30 km breiter und 12 km tiefer Einbruch, während der Einbruch aus dem Brückenkopf bei Pulawy 25 km breit und etwa 18 km tief war. Die herangeführten deutschen Reserven wurden aufgerieben, noch ehe die Hauptkräfte, die beweglichen sowjetischen Truppen dieser Front, in den Kampf geführt wurden.

Am zweiten Kampftag wurde der Durchbruch auf 120 km Breite erweitert und bei Magnuszew auf 30 km und bei Pulawy auf 50 km Tiefe ausgedehnt. Die beweglichen Truppen dieser Front, die bis dahin in ihren Bereitstellungsräumen den Befehl zum Vorstoß erhalten hatten, wurden am Nachmittag des 15. und am Vormittag des 16. 1. nachgeführt.

Der rechte Flügel dieser Front eröffnete erst am 15. 1. den Angriff. Diese Truppen überwanden nördlich Warschau die Weichsel und erreichten am zweiten Angriffstag mit ihren Vorausabteilungen die Straße Warschau-Modlin, die überschritten wurde. Am Südufer der Weichsel entlang vorprellend, bedrohten sie die in Warschau noch haltenden deutschen Kräfte durch eine Umfassung aus Norden.

Die polnische 1. Armee nutzte diese ersten Erfolge der Hauptangriffe aus und trat am 16.1. zum Angriff an. Aus ihrem Bereitstellungsraum südostwärts Warschau stieß sie nach Nordwesten vor. Die Hauptkräfte der schnellen Gruppe dieser Front standen am 17. 1. bei Sochaczew. Damit war den deutschen Kräften aus Warschau der Rückzug nach Westen und Südwesten abgeschnitten. Am Morgen des 17. 1. erreichten die Spitzenverbände der polnischen 1. Armee den nördlichen und südostwärtigen Stadtrand von Warschau. Nach schweren Kämpfen wurde die polnische Hauptstadt am Abend dieses Tages zurückgewonnen.

Vorstoß der 1. Belorussischen Front

Die 1. Belorussische Front drang zügig in Richtung Tomaszow vor, und die stabile Lage an der Weichselfront vergrößerte noch das Gebiet um Kielce-Radom, in dem deutsche Truppenmassierungen steckten.

Das XXXXII. deutsche AK, das sich der Umklammerung zu entziehen versuchte, wurde aufgerieben.

Die Weichselfront war am Abend des 17. 1. 1945 auf einer Breite von nahezu 500 Kilometern aufgerissen. Vom Hauptquartier der Sowjetarmee erhielten noch am 17. 1. die OB der 1. Belorussischen und der 1. Ukrainischen Front Befehle, sofort bis zur Oder vorzustoßen, die herankommenden deutschen Reserven zu zerschlagen und ihnen die Möglichkeit zu nehmen, sich in vorbereiteten Stellungen festzusetzen. Marschall Konjew erhielt gleichzeitig Befehl, mit seinem Vorstoß auf Breslau auch Krakau zu befreien.

Die Truppen der 1. Belorussischen Front vereitelten die deutschen Versuche, sich im Posener Verteidigungsgürtel festzusetzen, der als Pommernwall vorbereitet war und entlang der Warthe und Netze verlief, mit dem befestigten Raum von Meseritz, ostwärts Frankfurt/Oder, und dem Verteidigungsabschnitt auf dem östlichen Oderufer.

Vom 20. bis 22. 1. gelang der 1. Belorussischen Front ein Geländegewinn von 130 km. Die Stadt Bydgoszcz (Bromberg) fiel am 23. 1., am 25. erreichten die ersten Sowjettruppen die deutschen Grenzbefestigungen und schlossen in Posen etwa 60.000 deutsche Soldaten ein. Die Hauptstreitmacht der 1. Belorussischen Front aber stürmte weiter in Richtung Küstrin vor.

Marschall Schukow setzte alles darein, so schnell wie möglich an die Oder zu kommen und auf deren Westufer Brückenköpfe zu errichten. Am 31. 1. erreichten die Spitzen seiner Verbände die Oder nördlich Küstrin und setzten sofort über. Bis zum Abend des 3. 2. 1945 war der gesamte rechte Uferstreifen der Oder von Zehden nach Süden in sowjetischer Hand. Lediglich bei Küstrin und Frankfurt wurden auf dem Ostufer deutsche Brückenköpfe gehalten. Nördlich und südlich Küstrin bildeten die Truppen der Front ihrerseits auf dem Westufer Brückenköpfe. Damit war dieser Abschnitt der Offensive beendet. Die 1. Belorussische Front hatte ihr gestecktes Ziel erreicht.

Vorstoß der 1. Ukrainischen Front

In Richtung Breslau vorrollend, erreichte die 1. Ukrainische Front am Abend des 19. 1. 1945 im Zentrum des Angriffsstreifens die deutschen Grenzgebiete. Hier versteifte sich der Widerstand. Gegenangriffe versuchten, diesen Vorstoß zum Stehen zu bringen. Als die am linken Flügel der Front stehenden Verbände zurückblieben, drehte Marschall Konjew am 21. 1. einen starken Panzerverband, der im Zentrum der Front Breslau angriff, aus dem Raum Namslau nach Süden, mit der Weisung, entlang des Ostufers der Oder nach Süden zu stoßen und jene deutsche Kräftegruppe, die den Stoß des linken Flügels aufhielt, im Rücken zu packen. Dadurch wurden die hier stehenden deutschen Truppen zurückgeworfen, so daß der linke Flügel der 1. Ukrainischen Front am 22. 1. als erste Gruppe die Oder erreichte. Bis zum 25. 1. wurde von allen Truppenteilen die Oder erreicht, von Kübeln im Norden bis Oppeln im Süden gehalten und auch hier einige Brückenköpfe auf dem Westufer des Flusses errichtet.

Um Krakau wurde jedoch noch gekämpft. Die hier stehende deutsche 17. Armee wurde von der linken Flanke der 1. Ukrainischen und der rechten Flanke der 4. Ukrainischen Front auf beiden Flanken tief umfaßt. Sie war auf Krakau zurückgenommen worden und zog sich nunmehr über den Unterlauf des Dunajec nach Südosten auf Tarnow zurück.

Am 19. 1. fiel Krakau, die alte Hauptstadt Polens, den Sowjets zu. Da sich die Truppen der 1. Ukrainischen Front rasch auf Breslau vorschoben, mußten die deutschen Kräfte den noch von ihnen gehaltenen Raum südostwärts Krakau aufgeben, um nicht eingeschlossen zu werden.

Die Sowjets jedoch traten am 17. 1. aus dem Raume Miechow mit den Reservetruppen und Kavallerieverbänden nach Nordwesten in Richtung Tarnowskie Gory an. Sie durchbrachen zwei Tage später die deutsche HKL an der Warthe und erreichten mit dem rechten Angriffskeil bis zum 23. 1. bei Oppeln die Oder. Der linke Keil stieß auf Beuthen vor.

Die deutschen Truppen zogen sich aus der halben Umklammerung zurück. Am 28. 1. fiel Kattowitz. 24 Stunden später befand sich kein deutscher Soldat mehr kämpfend im schlesischen Industriegebiet. Bis zum 30. 1. wurde von allen Sowjetverbänden des linken Flügels ebenfalls die Oder erreicht.

Der Angriff der 4. Ukrainischen Front

Die am südlichsten Flügel der Offensive stehende Front, die zwischen Jaslo und Kosice angetreten war, erreichte bis Monatsende nach Geländegewinnen zwischen 100 und 200 km den Abschnitt Bielsko (Bielitz) - Biala - Zakopane. Sie kämpfte als Flankensicherung für die 1. Ukrainische Front und band die 17. Armee und die 1. Panzerarmee. Auch an ihrem linken Flügel konnte die 4. Ukrainische Front Geländegewinne nach Nordwesten erzielen.

Mit Erreichen der Oder und dem Vortreiben von Brückenköpfen auf dem Westufer des Flusses waren die Zielvorstellungen der Sowjetarmee erreicht. Am Ende dieser Offensive standen sowjetische Truppen an der Oder, etwa 60 Kilometer vor Berlin.

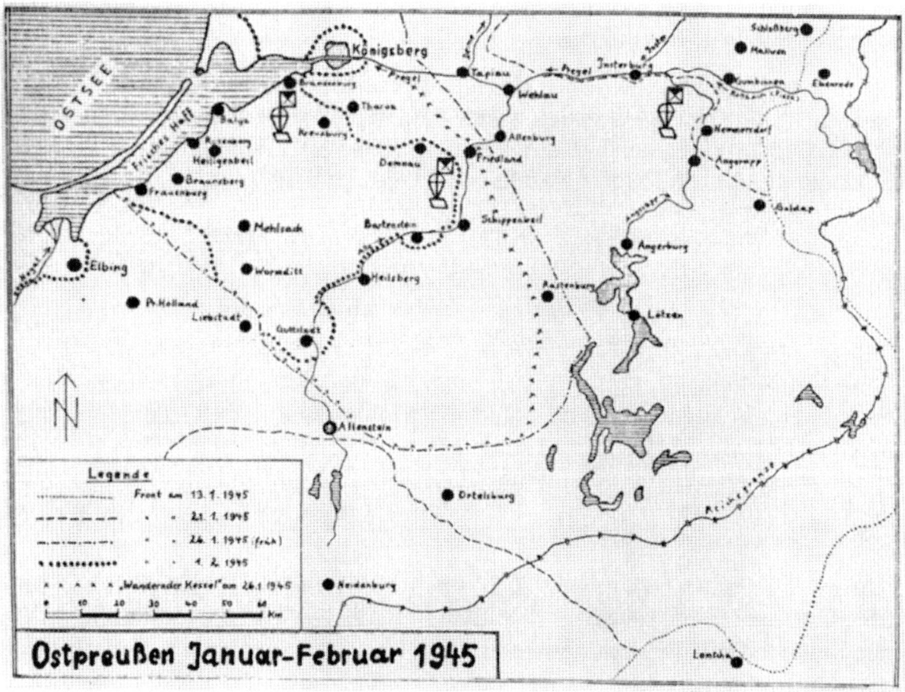

Gleichzeitig mit den dargestellten Operationen eröffnete die Sowjetarmee mit der 3. Belorussischen Front im Norden und der nach Süden anschließenden 2. Belorussischen Front den Angriff auf Ostpreußen. Ziel dieses Angriffsstoßes war die Abtrennung Ostpreußens und Einkesselung der in diesem Raum stehenden deutschen Kräfte. Darüber hinaus sollte durch einen direkten Stoß in Richtung Königsberg der Kessel gespalten werden.

Die 3. Belorussische Front erhielt Weisung, den Hauptstoß aus dem Raum nördlich der Masurischen Seen zu führen und die im Raume Tilsit-Insterburg stehenden deutschen Verbände zu zerschlagen.

Die 2. Belorussische Front sollte mit ihren Hauptkräften aus dem Raum nördlich Warschau auf Mlawa-Marienburg angreifen und so rasch wie möglich das Frische Haff erreichen. Damit wären alle deutschen Kräfte in Ostpreußen abgeschnitten.

Ein südlicher Keil dieser Front sollte in Richtung Plonsk und Bielsk vorstoßen. Diese Gruppe hatte zur Erreichung ihres Zieles bei Modlin die Weichsel zu überwinden.

Die Offensive wurde am 13. 1. 1945 bei der 3. Belorussischen Front eröffnet. Am nächsten Tage trat auch die 2. Belorussische Front zum Angriff an. Aus dem Raum Pillkallen stürmten die Divisionen der Sowjetarmee nach einem starken Artillerie-Feuerschlag vor und überwanden die HKL bis zum Abend in einer Tiefe von 2 bis 7 Kilometer. Zwischen Pillkallen und Gumbinnen wurde die deutsche HKL erschüttert. Doch in Gegenangriffen wurden die Verbände der Sowjetarmee am zweiten Tag in Bedrängnis gebracht. Fünf Tage dauerte der Kampf, ehe es den Truppen der 3. Belorussischen Front gelang, die tiefgestaffelten Verteidigungslinien zu durchbrechen und auf einer Breite von 60 km einen Einbruch bis zu 45 km Tiefe zu erzielen.

Gumbinnen fiel erst am 21. 1. 1945. Am nächsten Tag wurde Insterburg genommen, nachdem die nördliche Stoßgruppe bereits Tilsit überwunden hatte. Damit waren wichtige Verkehrsknotenpunkte gefallen; der Weg nach Königsberg öffnete sich.

Die 2. Belorussische Front wiederum hatte ihre Hauptangriffe aus den Weichselbrückenköpfen Rozan und Serok gestartet. Die Verbände dieser Front durchbrachen am ersten Kampftag, dem 14. 1. 1945, die deutschen Verteidigungslinien in einer Tiefe von 4 bis 8 km. Bis zum 18. 1. war die deutsche Abwehrfront auf einer Breite von 100 km bis zu 40 km tief durchbrochen. Die deutschen Truppen zogen sich nach Westen zurück.

Beide Fronten stießen in den nächsten Tagen weiter vor. Die 3. Belorussische Front überwand den Deime-Abschnitt und stand am 26. 1. in der Linie ostwärts Königsberg-Friedland-Rastenburg.

Die 2. Belorussische Front wiederum umging den Raum Mlawa. Modlin war von der südlichen Angriffsgruppe genommen worden, und am 21. 1. erreichte der rechte Flügel die ostpreußische Grenze und drang nach Ostpreußen ein. Auf Elbing einschwenkend, versuchte die 2. Belorussische Front das Frische Haff auf direktem Weg zu erreichen. Am 26. 1. wurden Elbing und Tolkemit genommen. Die Einschließung der Ostpreußenfront war vollendet. Die Verbände des linken Flügels der Front stießen nach Nordwesten zur Weichsel vor, erreichten den Fluß am Abend des 26. 1. im Raume Grudziadz (Graudenz) und bildeten auf dessen Westufer einen Brückenkopf. Thorn wurde umgangen und von Norden und Osten blockiert. Bis Ende Januar waren die deutschen Kräfte in Ostpreußen in drei Gruppen geteilt. Im südwestlichen Heilsberger Kessel, im Königsberger Kessel und im Kessel auf Samland.

Am 8. 2. erhielt die 2. Belorussische Front den Auftrag ihres Oberkommandos, westlich der Weichsel einen neuen Angriff zu eröffnen und bis zum 20. 2. die Linie

Weichselmündung-Dirschau-Berent-Rummelsburg-Neustettin zu erreichen, um anschließend mit einer ihr neu zugeführten Reservearmee den Angriff fortzuführen, Danzig und Gdingen zu erobern und das gesamte Küstengebiet in Besitz zu nehmen.

Zur gleichen Zeit kämpfte die 3. Belorussische Front im Großraum Heilsberg vergeblich um die Vernichtung der hier verteidigenden deutschen Kräfte. Während dieser Kämpfe wurde der Oberbefehlshaber der 3. Belorussischen Front, Armeegeneral Tschernjachowski, am 18. 2. beim Kampf um Mehlsack tödlich verwundet. Am 20. 2. übernahm Marschall Wassilewski die Führung.

Erst am 13. 3. 1945 begann bei Heilsberg der neue Angriff, mit dem Ziel, die deutsche Verteidigung aufzuspalten und zu vernichten. Bis zum 19. 3. wurden die Verteidiger auf einem Raum von 25 mal 10 km auf dem Küstenstreifen zusammengedrückt. Bomber und Schlachtflieger waren unentwegt im Einsatz. Am 29. 3. war diese deutsche Verteidigungsgruppe vernichtet. Etwa 50.000 Soldaten gingen in die Gefangenschaft. Die Zahl der Gefallenen und Vermißten war noch höher.

Nunmehr sollte diese 3. Belorussische Front zum Angriff auf Königsberg antreten, während ein Teil der Streitkräfte dieser Front auf der Samland-Halbinsel im Einsatz stand.

Königsberg war eine der am besten mit Verteidigungsanlagen versehenen Städte des Ostens. Der äußere Verteidigungsgürtel, der zwischen 6 und 8 km vom Stadtrand entfernt lag, erstreckte sich rings um die Stadt. Dicht um den Stadtrand lag die zweite Verteidigungslinie, und der innere dritte Verteidigungsgürtel lief entlang der alten Stadtmauer.

Die sowjetischen Angriffe begannen am Morgen des 6. April nach mehrstündiger Artillerie-Vorbereitung. Gegen Mittag ging die Sowjetarmee, von starken Panzerkräften und Artillerie unterstützt, zum Angriff auf Königsberg über. Als es gelang, die Bahnlinie nach Pillau zu sperren,war die letzte Verbindung zwischen der Königsberger Verteidigung und jener auf Samland unterbrochen. Den starken Angriffsgruppen der Sowjets gelang bereits am ersten Angriffstag ein Einbruch in die Stadt.

Der 7. April sah die Fortsetzung des Angriffs. Die sowjetische Luftwaffe flog am 6. und 7. 4. etwa 10.000 Einsätze gegen Königsberg. Im inneren Gürtel der Königsberger Verteidigungsanlagen entbrannte ein erbitterter Kampf. Am 8. 4. war Königsberg völlig abgeriegelt, und der folgende Tag führte – verbunden mit Kämpfen im Zentrum der Stadt – bis zum Abend zur Kapitulation. 27.000 deutsche Soldaten gerieten hier in Gefangenschaft.

Der weitere Angriff der 3. Belorussischen Front richtete sich gegen die Verteidiger von Samland. Der Angriff wurde am Morgen des 13. 4. eröffnet, und nach einer starken Artillerie-Vorbereitung rollte der Angriff. Bis zum 17. 4. wurde

Fischhausen erobert. Festung und Hafen Pillau fielen am 25. 4. Damit war Ostpreußen fest in sowjetischer Hand.

Die sowjetischen Operationen in Ostpommern

Während die Fronten des sowjetischen Mittelabschnittes noch immer an der Oder standen, wurde mit Kräften der 1. Belorussischen Front im Westen und jenen der 2. Belorussischen Front im Osten der Angriff nach Ostpommern in nördlicher Richtung zur Ostsee begonnen. Der Angriff der 2. Belorussischen Front aus den Räumen Graudenz-Kulm-Zempelburg und der Angriff des rechten Flügels der 1. Belorussischen Front gegen Schneidemühl, Deutsch-Krone und Arnswalde sowie die Abwehr eines deutschen Gegenangriffs bei Stargard begannen am 10. 2. und endeten am 23. 2. Vom 24. 2. bis zum 4. 3. erreichten beide Fronten die Ostsee, und vom 5. bis 13. 3. schloß sich die Verfolgung der in Richtung Gdingen und Danzig zurückweichenden deutschen Verbände an, die mit einem kleinen Keil auch in Richtung Westen zum Stettiner Haff vordrang.

Der Endkampf dieser Operation begann am 14. 3. und endete eine Woche später am 20. 3. Die deutsche Heeresgruppe Weichsel, die hier im Einsatz stand, wurde zerschlagen.

Die polnische 1. Armee hatte sich dieser Operation angeschlossen. In einem dramatischen Kampf wurde Kolberg bis zum 18. 3. 1945 genommen. Bei Altdamm dauerten die Kämpfe vom 16. bis zum 20. 3. an.

Nach Beendigung dieser Operation trat eine kurze Zeit der Ruhe ein, die der Auffrischung und Vorbereitung aller Kräfte zum letzten Vorstoß ins Herz Deutschlands, nach Berlin, diente.

Aber noch immer waren Danzig und Gdingen sowie Hela nicht gefallen. Hier kämpfte die 2. Belorussische Front vom 14. bis 22. 3. vergebens. Die Sowjetarmee versuchte es am 23. 3. abermals. Die Truppen der 49. Armee, GenOberst Grischin, der 2. Stoßarmee, GenLt. Fedjuninski, der 65. Armee, GenOberst Batow, und die Armee Romanowski traten zum Sturmangriff auf Danzig an. Sie erreichten den Stadtrand, stürmten hinein und gewannen nach und nach die Außenbezirke. Am 28.3. wurde der Angriff auf Gdingen mit der Erstürmung dieses wichtigen Hafens beendet, und am 30. 3. fiel auch Danzig.

Damit waren alle Voraussetzungen zum letzten, entscheidenden Schlag gegeben, der nach einer kurzen Zeit der Auffrischung erfolgen sollte.

Die 1. Ukrainische Front im Angriffsraum Oberschlesien

Mit Erreichen der Neiße durch den rechten Flügel der 1. Ukrainischen Front und dem Vorstoß des Zentrums aus dem Raume Oppeln sah der Operationsplan von Marschall Konjew die Vernichtung der deutschen Streitkräfte südwestlich Oppeln vor. Danach sollte der Rand des Sudetengebirges erreicht werden.

Am Morgen des 15. 3. 1945 begann nach mehrstündiger Artillerie-Vorbereitung der Angriff, der zunächst nur langsam an Boden gewann, weil mehrere Gegenangriffe abgewehrt werden mußten. Die sowjetische Panzertruppe erlitt schwere Verluste. Auch am 16. 3. mußten die Verbände der rechten Flanke mehrere Gegenangriffe abwehren. Erst am dritten Tag des Angriffs ging es zügiger vorwärts. Die Neiße wurde von der nördlichen Angriffsgruppe bei Rothaus erreicht und überwunden.

Die südliche Stoßgruppe überwand am 17. 3. ebenfalls die deutschen Verteidigungslinien. Bei Dirschelwitz wurden am 18. 3. die Hotzenplotz überwunden und der Vorstoß auf Neustadt angetreten. Im Raume Neustadt-Zülz vereinigten sich am 18. 3. die Spitzengruppen der nördlichen und der südlichen Stoßgruppe.

Die Korpsgruppe Schlesien war damit ebenso eingeschlossen wie die Kräfte südwestlich Oppeln. Beide Gruppen wurden am 19. und 20. 3. ständig angegriffen. Deutsche Ausbruchsversuche wurden vereitelt, und am Abend des 20. 3. war die Vernichtung beider Gruppen beendet. Neustadt, Kosel, Zülz, Krappitz, Oberglogau, Falkenberg und andere Städte fielen in sowjetische Hand.

Bis zum 30. 3. waren diese Operationen beendet. Der Kampf um die Stadt Neisse begann am 23. 3.; am Abend des 24. 3. war sie ebenfalls in sowjetischer Hand. Im Süden gingen Ratibor und Rybnik am 31. 3. verloren. Am Abend des 31. 3. 1945 verlief die Frontlinie von Steuberwitz zehn Kilometer südwestlich Ratibor über Krnow, westlich Neustadt, entlang der Biele acht Kilometer westlich Neisse über Seifersdorf und Riegersdorf nach Strehlen.

DER GROSSKAMPFRAUM DER HEERESGRUPPE A IN SCHLESIEN

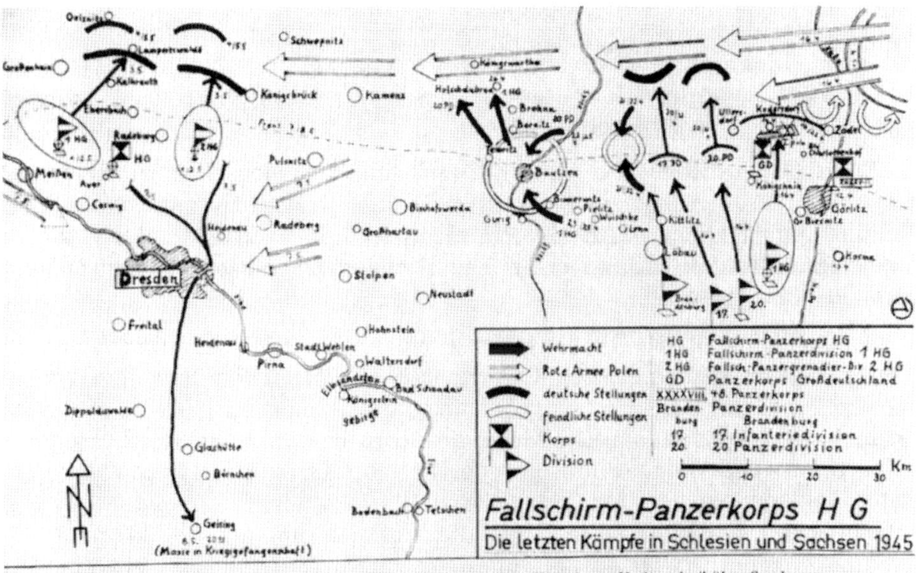

Die Reste des Fallschirmpanzerkorps HG werden aus dem Kessel von Heiligenbeil über See herausgeholt und sollen kurz aufgefrischt und wieder mit der eigenen Panzer-Division als geschlossenes Korps zusammengeführt werden. Anstelle im Raum Hirschberg/Riesengebirge erfolgt die Auffrischung jedoch nördlich von Berlin. Aber nicht alle Truppenteile können dort aufgefrischt werden, sondern einige werden gleich in den neuen Einsatzraum verlegt

Die Sowjetarmee greift an

Am Abend des 11. 1. 1945, kurz vor Mitternacht, wurde bei der 304. ID ein Gefangener eingebracht. Dieser sagte vor dem Ic der Division aus, daß die Rote Armee am nächsten Morgen aus dem Baranow-Brückenkopf heraus angreifen werde.

In diesem Abschnitt der 4. Panzerarmee begann am anderen Morgen um 03.00 Uhr das dichte Feuer der sowjetischen Artillerie, das eine Stunde anhielt. Dann setzte es aus, und als alles bereits aufatmete, begann das Trommelfeuer um 08.00 Uhr abermals und endete erst um 10.30 Uhr.

Noch während dieser zweite Feuerüberfall in bisher nicht gesehener Dichte anhielt, stürmten die sowjetischen Angriffstruppen bereits durch einen etwa 200 Meter breiten Korridor vor, der bei diesem Feuerüberfall ausgespart wurde.

Schwarzer Pulverqualm und dichter Staub legten sich während dieses Trommelfeuers in einer Tiefe von zehn Kilometer als dichte Sichtblende über das Gefechtsfeld.

Beim XXXXVIII. PzK, am Südflügel dieses Angriffs, stieß der Gegner durch, und in der Nacht zum 13. 1. setzte Sowjetmarschall Konjew hier seine Panzerverbände an, um zum operativen Durchbruch zu gelangen.

Die Verbindung der 4. Panzerarmee zum XXXXVIII. PzK riß ab, ebenso jene von der 4. PzArmee zur Heeresgruppe A.

Am Abend des 12. 1. 1945 hatten die vorrollenden sowjetischen Panzerverbände bereits den ungedeckten rechten Flügel des XXIV. PzK unter GendPzTr. Nehring umfaßt. Hier stand die 17. PD, die im Kampf gegen die Panzerwalze der Sowjetarmee starke Verluste erlitt. Der Divisionskommandeur, Oberst Brux, geriet in Gefangenschaft.

Generaloberst Harpe, OB der HGr. A, befahl Gen.d.Inf. Schulz, OB der 17. Armee, sich im Raume des XXXXVIII. PzK selbst ein Bild über die Lage zu verschaffen. General Schulz fand, bis Krakau vorfahrend, den gesamten Einsatzraum dieses Korps fast leer. Die Masse des Korps war im Laufe des 12. 1. 1945 gefallen, verwundet oder in Gefangenschaft geraten. Gen.d.PzTr. Frhr. von Edelsheim, der Kommandierende General, schaffte es unter Einsatz seiner ganzen Persönlichkeit, in den nächsten Tagen die Reste der 304. und 68. ID wieder zu sammeln. Von der 168. ID, die am weitesten nach Norden herausgesetzt gestanden hatte, fand sich zunächst nichts.

GenOberst Harpe hatte sich bereits am 13. 1. beim OKH um Zuführung von Reserven bemüht, denn die Feindlagemeldungen zeigten, daß dieses Vorprellen aus dem Baranow-Brückenkopf noch nicht alles war. Nach dem Losbrechen der Offensive im Nordteil der Front mußte auch im Süden die Offensive in den nächsten Tagen beginnen.

Das nördliche XXXXII. AK der 4. PzArmee war von dem Sturmangriff nur im Abschnitt der 291. ID erfaßt worden. Das Korps setzte einen Sperrverband unter GenMaj. von Ahlfen in den Raum Kielce in Marsch, wo er Armeereserve wurde.

Am späten Abend ergab eine Anfrage beim linken Nachbarn über die Armeegrenze hinweg die Antwort, daß der feindliche Großangriff aus den Brückenköpfen Pulawy und Magnuszow am 14. 1. erwartet wurde.

Diese Befürchtung trog nicht. Noch in tiefer Dunkelheit eröffnete die Feind-Artillerie am 14. 1. ein Trommelfeuer, das von mindestens gleicher Intensität war wie jenes zwei Tage vorher bei Baranow. Dieses Trommelfeuer traf die 9. Armee und hier vor allem die 17. ID sowie die 6. und 45. VGD. Die 6. VGD erlitt stärkste Verluste; ihre Regiments- und Bataillonskommandeure fielen fast sämtlich. Der

Rest dieser vernichteten Division wurde in den nächsten Tagen von der 19. PD übernommen.

Die 17. ID unter GenMaj. Sachsenheimer kämpfte an der Front des Pulawy-Brückenkopfes, wo sie und ihre beiden Nachbarn, die 45. und 214. ID, mit großer Wucht gepackt wurden. Etwa 100 Panzer wurden von dieser fränkisch-sudetendeutschen Division abgeschossen oder im Nahkampf vernichtet. Aber was war das gegen die 800 gezählten sowjetischen Panzer, die an einem eingeschlossenen Bataillon im Verlauf dieses Tages vorbeirasselten?

Vor diesem zweiten Angriff der 1. und 4. Ukrainischen Front südlich der oberen Weichsel war die 17. Armee bis zum 16. 1. 45 hinter die Biala und den Dunajec ausgewichen. Die sowjetische Panzerspitze hatte bereits die vorgesehenen Verteidigungsstellungen A-1 und A-2 überrollt. Der von der 359. ID ostwärts der Nida in Richtung Norden geführte Gegenstoß konnte diese feindliche Panzerlawine nur unmerklich bremsen. Die 359. ID setzte sich nach Westen ab. Die 75. ID, die von der Armeegruppe Heinrici her im Antransport in den Raum nördlich Krakau begriffen war, konnte nichts gegen einen solchen übermächtigen Gegner ausrichten.

Die aus dem Baranow-Brückenkopf nachfolgenden sowjetischen Reserven waren nach Norden eingedreht, um das XXXXII. Armeekorps und das XXIV. Panzerkorps zu umfassen und zu vernichten. Mit gleicher Aufgabenstellung waren aus dem Pulawy-Brückenkopf sowjetische Verbände in südwestlicher Richtung von Radom her zur Vereinigung mit den vorgenannten Feindkräften vorgestoßen. Wenn sich diese Verbände die Hand reichten, waren die beiden deutschen Korps eingeschlossen.

Die 1. Weißrussische Front, die vom Brückenkopf Magnuszow bis nördlich Warschau antrat, stieß nördlich der Pilica mit der 1. und 8. Garde-Panzerarmee auf Lodz vor. Die sowjetische 2. Panzerarmee wiederum schwenkte nach Nordwesten in Richtung Plock ein, um Warschau und die dort haltenden deutschen Verteidigungskräfte zu umfassen.

Die schwache Besatzung von Warschau brach in der Nacht zum 17. 1. aus und stürmte in den Raum nördlich Pilica vor, um sich mit der dort noch kämpfenden 9. Armee zu vereinigen.

In den folgenden Kämpfen wurde die 9. Armee nach Norden über die Weichsel zurückgedrängt und gelangte in den Befehlsbereich der deutschen 2. Armee. Damit fiel diese Armee für den Kampf um Schlesien aus.

Der hart südlich der Pilica stehende Feind drängte nicht mehr so stark, so daß es dem XXXX. PzK gelang, mit den Resten der 19. PD (und aufgesessenen Teilen der 6. VGD) über Lodz nach Westen zu entkommen.

Die Heeresgruppe A zog den nicht mehr in diesem Raum benötigten Stab der 9. Armee in letzter Sekunde am Abend des 16. 1. bis nach Petrikau heraus. Am 17. 1. erhielt er den Befehl, im Eilmarsch nach Oppeln zu verlegen und dort die Verteidigung von Schlesien zu organisieren.

Das Lagebild am 16. 1. 1945, vier Tage nach dem Beginn der russischen Offensive aus dem Baranow-Brückenkopf und zwei nach beginnender Schlacht bei Pulawy und Magnuszew, stellte sich folgendermaßen dar:

Die HGr. A hatte eine vollständige Niederlage erlitten. Die Masse der 4. Panzerarmee und der 9. Armee waren zerschlagen. Beide Armeeoberkommandos waren durch fehlende oder vernichtete Nachrichtenmittel führerlos, die Übersicht über die Truppe war verlorengegangen. Die Initiative war an die wenigen noch kampffähigen Verbände übergegangen, die auf eigene Faust handeln mußten. Die Freiheit des Handelns war ebenfalls verlorengegangen. Der Gegner diktierte den Verlauf der weiteren Kämpfe. Im großen Weichselbogen war ein Loch von 300 Kilometer Breite aufgerissen worden.

Hitler sah in diesen Geschehnissen nicht sein eigenes Versagen, sondern das des Heeresgruppen-Oberbefehlshabers GenOberst Harpe, der am 16. 1. 1945 abgelöst und durch GenOberst Schörner, der aus Kurland kam, ersetzt wurde.

Das PzK »Großdeutschland« (Gen.d.PzTr. v. Saucken) war aus Ostpreußen in Marsch gesetzt worden. Am Abend des 16. 1. trafen seine ersten Teile im Raum Petrikau-Lodz-Kutno ein. Und zwar mit der PGD »Brandenburg« und der PD »Hermann Göring«. Dadurch wurde der Raum Ostpreußen entscheidend geschwächt.

Im Westen wurden, beginnend mit dem 15. 1. 1945, die 269. ID und die 712. ID verladen und im Eiltransport quer durch Deutschland in den bedrohten Ostraum geworfen, und auch der ungarische Raum sollte zwei PD (die 8. und 20.) zur Stabilisierung der Ostfront abgeben.

Die nach dem schweren ersten Schlag noch kampffähigen Teile der 4. PzArmee und der 9. Armee trafen am 18. 1. bei Bialoczow zusammen und bereiteten für den kommenden Tag einen Durchbruch vor. Dieser wurde bei Paradyz angesetzt und drang nicht durch.

Am 14. 1. war für das Armeeoberkommando der 4. PzArmee und auch bei den Stäben des XXIV. PzK und des XXXXII. AK zu erkennen, daß die Einkesselung sich vollendete. Erst am Mittag des 14. 1. erhielt das XXXXII. AK, das unter GenInf. Recknagel kämpfte, die Weisung, sich von der Weichselfront zu lösen. Doch die hier durchgebrochenen sowjetischen Panzerspitzen hatten bereits ihren Vorstoß über 150 km tief nach Westen vorgetrieben.

Aus der Sicht des XXIV. PzK, GendPzTr. Nehring, sah die Lage so aus, daß links von diesem Panzerkorps noch das XXXXII. AK stand. Als in der Nacht zum

15. 1. 1945 ein Funkspruch der 9. Armee aufgefangen wurde, aus dem hervorging, daß der Rückzug angeordnet sei, stand General Nehring vor einem schweren Entschluß. Er sagte dazu:

»Trotz des Befehls zum Zurückkämpfen ergab sich für mich und mein Panzerkorps die von kameradschaftlichem Empfinden bestimmte neue Aufgabe, noch so lange im Raume Kielce weiterzukämpfen, bis die noch weit an die Weichsel vorgestaffelten Divisionen des XXXXII. Armeekorps auf das Panzerkorps zurückgenommen worden waren, um dann zusammengefaßt zurückzugehen.

Dieser für mich selbstverständliche Entschluß zum Ausharren bedeutete für die drei Divisionen meines Korps harte Kämpfe bis zum Abend des 16. Januar.

In der Nacht zum 17. 1. wurde endlich der Rückmarsch nach Norden angetreten und in den grauen Schneenächten zum 18. und 19. 1. 1945 fortgesetzt; ständig von allen Seiten vom Feind umgeben und angegriffen, vor allem mit starken Bomber- und Jägerverbänden gegen die leicht erkennbaren Marschkolonnen und Rasträume.«

Dieser »Wandernde Kessel« kämpfte sich schließlich südlich Lodz (Litzmannstadt) über die Warthe zurück. Mit dem Korps marschierten die Reste des zerschlagenen XXXXII. AK und das LVI. PzK zurück, deren KommGenerale Recknagel und Block in den Kämpfen dieser Tage fielen.

Nach elf Tagen eines verzweifelten Ringens gelang es am 22. 1. 1945, den letzten sowjetischen Einschließungsring südlich von Lask zu durchbrechen und nach einem Marsch von 250 Kilometern südlich von Sieradz den Anschluß an das PzK »Großdeutschland« herzustellen.

Noch am 22.1. wurde General der Panzertruppe Nehring für diese außergewöhnliche Führungsleistung und für persönliche Tapferkeit als 124. Soldat mit dem Eichenlaub und Schwertern zum Ritterkreuz ausgezeichnet. Der General betonte bei der Verleihung, daß diese Anerkennung in erster Linie den Leistungen seiner Divisionen und ihrer Kommandeure sowie deren Mitarbeitern im Stab zu verdanken sei.

Doch zurück zu den übrigen Ereignissen in diesem Abschnitt der HGr. A, die ab 25. 1. 1945 die Bezeichnung Heeresgruppe Mitte erhielt.

Aus dem HGr.-Hauptquartier in Krakau war das Oberkommando zu Beginn der russischen Winteroffensive nach Tschenstochau verlegt worden, um in der Mitte führen zu können. Dies wäre ihm am 17. 1. um ein Haar zum Verhängnis geworden, als russische Panzerverbände direkt auf Tschenstochau zuhielten. In aller Eile mußte das Hauptquartier der HGr. nach Oppeln zurückverlegen.

Bei der HGr. war man am 18. 1. zu folgender Feindlagebetrachtung gelangt: Die Sowjetarmee hatte einen Einbruch von 300 Kilometern Breite erzielt und stieß tief nach Westen in Richtung Deutschland vor. Im Süden dieses Durchbruchskeiles erreichte sie an diesem Tage, beiderseits Tschenstochau vorprellend, die Schlesische Grenze.

Im Norden, im Abschnitt der 9. Armee, wo sie zwei Tage später, am 14. 1. 1945, zum Großangriff angetreten war, hatte die Sowjetarmee den Raum auf der Linie Lodz-Kutno erreicht.

Diese beiden Durchbrüche hatten auf beiden Seiten schwere Verluste gekostet. Aber während der Gegner tiefgegliederte Reserveverbände zur Verfügung hatte, konnte keine der zerschlagenen deutschen Divisionen ersetzt werden. Es war dem Heeresgruppenstab an diesem 18. 1. 1945 noch nicht erkennbar, welchen Truppenteilen es gelungen war, sich vom Feind zu lösen und sich nach Schlesien zurückzuziehen.

Noch war die feindliche Absicht der beiden Großangriffe nicht genau zu erkennen, obgleich klar schien, daß die Kräfte, die im Nordabschnitt der HGr. Mitte durch Posen vorstießen, auf Berlin zielten. Jene Armeen aber, die auf Schlesien vorprellten, konnten der südliche Flankenschutz dieser auf Berlin zielenden Kräfte sein. Sicher war, daß sich der Gegner zuerst um die Gewinnung von Brückenköpfen jenseits der Oder bemühen würde, um so die Voraussetzungen zur Fortsetzung des Angriffs westlich der Oder zu gewinnen. Hinzu kam die Gewinnung des oberschlesischen Industriereviers, das für die deutsche Kriegsindustrie von entscheidender Bedeutung war.

Gegen dieses Industriegebiet stieß die 4. Ukrainische Front vor, die auf die Mährische Pforte zielte und alles daransetzen würde, das Industrierevier von Mährisch-Ostrau baldmöglichst in Besitz zu nehmen.

Die eigenen Kräfte waren durch die massierten Angriffe der Sowjets in stark angeschlagenem Zustand. Die 4. Panzerarmee und die 9. Armee waren zur Zeit nicht mehr einsatzfähig. Die 17. Armee, die sich seit dem 17. 1. 1945 nach Westen zurückkämpfte, konnte jedoch ihre Kampfkraft völlig erhalten. Die Armeegruppe Heinrici war die einzige Armee der Heeresgruppe Mitte, die noch über schlagkräftige Reserven verfügte.

Als der Reichsminister für Rüstung, Speer, und der Staatssekretär des Verkehrsministeriums um diese Zeit bei der Heeresgruppenführung erschienen, um zu erklären, daß der Verlust des oberschlesischen Industriereviers das Ende der industriellen Waffenfertigung und den Zusammenbruch des Verkehrs bedeuten würde, und für Halten um jeden Preis plädierten, war die HGr. Führung nicht in der Lage, irgendwelche Zusagen zu machen.

Vor ihrer Rückreise nach Berlin versprach Speer, sich für die Zuführung neuer Kräfte einzusetzen.

Auf Drängen von GenOberst Schörner wurde an diesem 18. 1. auch der Einsatz des Ersatzheeres befohlen. Mindestens vier entscheidende Tage zu spät erfolgte dieser Befehl, der spätestens am 14. 1. hätte ergehen müssen, als der Gegner auch im Nordteil bei der 9. Armee zum Angriff antrat.

Die in Marsch gesetzten zwei Infanterie-Divisionen aus dem Westen und jene zwei aus Ungarn im Anrollen befindlichen PzDiv. konnten mit ihren Spitzenteilen erst nach dem 20. 1. eintreffen, und Ende Januar erst würden sie vollzählig zur Verfügung stehen.

Da die Verteidigung des oberschlesischen Industriegebietes als vordringlichste Aufgabe erschien, wurden die Spitzen dieser vier Divisionen in die Linie Krakau-Zawiercie dirigiert.

Die zwischen den Beskiden und der oberen Weichsel auf dem Rückzug befindliche 17. Armee war nicht mehr in der Lage, irgendwelche Kräfte abzugeben. Daraus resultierte, daß allein die 1. Panzerarmee noch Reserven zur Verfügung hatte. Von ihr wurden denn auch bis Ende Januar mehrere Verbände abgegeben.

Die Einsatzstärke der Luftwaffe im Abschnitt der HGr. Mitte, die von der Luftflotte 6 geführt wurde, schwand seit Beginn der Offensive mehr und mehr dahin. Hinzu kamen Schwierigkeiten in der Treibstoffversorgung. Dadurch konnten nur die Mindestaufträge in bezug auf Aufklärung und Panzerbekämpfung durchgeführt werden. Die Heeresverbände konnten nicht unterstützt werden. Am 16. 1. verlor die Luftflotte 6 21 Flugzeuge, und am 19. 1. gingen 32 Maschinen verloren.

Die am 18. 1. 1945 von der HGr. Mitte an das Oberkommando des Heeres durchgegebene Lagemeldung lautete:

»Die Aufgabe der Deckung des oberschlesischen Industriegebietes wird sich bei raschem Eintreffen der 8. und 20. PD mit Erfolg sicherstellen lassen. Der Ansatz der 4. PzArmee des Feindes in Richtung auf den Raum beiderseits Posen trifft jedoch in eine weit aufgerissene Lücke und erfordert einen sehr rasch zu erfolgenden Aufmarsch neuer eigener Kräfte im Raum zwischen Breslau und Thorn, die nach Auffangen dieses Stoßes gegen Front und Flanke des Feindes zum Angriff antreten könnten.«

Daß diese Vorstellung, einen großen Gegenschlag gegen die tiefe offene Flanke des auf Berlin vorstoßenden Feindes führen zu können, völlig abwegig war, hinderte die oberste Führung nicht daran, sich diesem Wunschtraum längere Zeit hinzugeben.

Abgaben und Einsätze bei der Armeegruppe Heinrici

Die vor und in der Hohen Tatra stehende AGr. Heinrici mit der 1. PzArmee und der ung. 1. Armee sicherte bis zum 12. 1. 1945 die Ostslowakei und das ostwärts der Hohen Tatra gelegene Gebiet mit den Ortschaften Leutschau, Deutschendorf und Käsmmark, in dem deutsche Siedler wohnten.

Bereits am 11. 1. 1945 mußte die in den Stellungen liegende 75. ID abgegeben werden. In den nächsten Tagen und Wochen folgten die Generalkommandos des XI. und XVII. AK nach und mit ihnen die 1. Skijäger-Division, die 97. und 100. JägerDiv. und die 208. ID, die zur 17. Armee transportiert wurden, welche nach Norden an die AGr. Heinrici anschloß.

Der Stab der 1. PzArmee verlegte am 27. 1. von den Osthängen der Hohen Tatra nach Sillein. An diesem Tage wurde ihm das XI. SS-Korps, im Raume Saybusch unterstellt.

Am 29.1. trat auch das nördlich daran anschließende LIX. AK, das zwischen Beskiden und Weichsel im Einsatz stand und sich gerade auf die Linie Bielitz-Pleß zurückkämpfte, unter den Oberbefehl der 1. PzArmee, die an diesem Tage durch das Zurückweichen der 17. Armee gezwungen war, die Hohe Tatra zu räumen und sich auf die Linie Berg Dumbier-Berg Banikov-Jelesnia zurückzuziehen.

Die von der 1. PzArmee erreichte Linie schützte noch die Nord-Süd-Verbindung zum linken Flügel der HGr. Süd und die Kohlengruben und Erzhütten im Raume des Jablonka-Passes.

Der Schwerpunkt der 1. PzArmee verlagerte sich mit den beiden unterstellten Armeekorps auf ihren Nordflügel in den Raum Oberschlesien. Aus diesem Grunde wurde der Armeegefechtsstand am 30. 1. 1945 nach Friedeck südwestlich Teschen verlegt.

Beim XI. SS-Korps war die Front bereits am 16. 1. im Raume Jaslo in der Mitte durchbrochen worden. Dies zwang die beiden nördlichen Divisionen – die 78. Volks-Sturm-Division und die 544. VGD – zum Ausweichen. Dabei gerieten sie in den Abschnitt des LIX. AK, dem sie unterstellt wurden.

Das Korps selbst war mit den beiden südlichen Divisionen – der 320. ID und der 545. VGD – nach kurzem Halten bei Makow in den Raum Saybusch zurückgegangen.

Das in seinen Stellungen an der Wisloka haltende LIX. AK war gegen beiderseits überholende Feindpanzerverbände in Schneestürmen, bei Kälte bis zu 20 Grad, aus seinem Abschnitt in die Linie Kety-Auschwitz ans Westufer des Sola-Flusses gelangt.

Beim Überschreiten des Dunajec-Flusses verlor die 78. Volks-Sturm-Div. durch Bombensplitter ihren Kommandeur, GenMaj. von Hirschfeld. Der größtenteils nur stützpunktartig besetzte Sola-Abschnitt konnte ebenfalls nicht gehalten werden. Feindpanzerverbände hatten bereits den Nordteil dieser »B-2-Stellung« durchbrochen, noch ehe sie besetzt war. Die 78. VStD konnte sich nur noch durch einen dramatischen Ausbruch retten.

Der Gegner, der mit starken Panzerkräften einen Durchbruch nach Schwarzwasser und Weißwasser erzwingen wollte, wurde von der 78. VStD abgewiesen. 25 Feindpanzer blieben abgeschossen liegen. Da Oberst Klocke, Kommandeur des GR 225, bereits am 16. 1. 1945 gefallen war, führte Major Vaitl, Kommandeur des GR 14, dem ein Pionier-Bataillon zugeführt worden war, das bereits durch Nennung im Wehrmachtsbericht bekannt war, die Abwehrkämpfe in der ersten Februarhälfte. Nahkämpfe und Einsätze bei Nacht forderten hohe Opfer. Bei Tage trommelte sowjetische Artillerie auf die Stellungen der 78. VStD nieder; hinzu kamen Schlachtfliegerangriffe.

Nach ihrer Ablösung kamen die Soldaten des GR 14 in Ruhestellungen bei Saybusch. Dem II./GR 14 stand eine ungarische ArtAbt. zur Seite, die sich tapfer schlug.

Da auch die Lage beim XI. AK, das sich nordwestlich an das LIX. AK anschloß, bedenklich wurde, mußte die 1. Pz.- Armee ihr besonderes Augenmerk auf diesen nördlichsten Teil ihres Abschnittes lenken, auch wenn dieses Korps ihr nicht unterstand. Diesem Korps waren übrigens die 75. ID und die 97. JD sowie die 1. Skijäger-Div. der 1. Pz.- Armee zugeflossen.

Das XI. AK (GenLt. Hohn) hielt am 21. 1. noch den Przemsza-Abschnitt zwischen Auschwitz und Myslowitz, der zur »B-2-Stellung« gehörte. Diese Linie wurde am 26. 1. von russischen Panzern durchbrochen, die auf Kattowitz zurollten. Das gesamte Korps wurde zurückgedrängt und fand sich am 29. 1. in der Linie Pleß-Sohrau wieder. Da die Gefahr eines sowjetischen Vorstoßes über Rybnik in den Rücken der noch zwischen den Beskiden und der Weichsel eingesetzten Truppen bestand, führte das XI. AK einen Gegenangriff, der bei Rybnik den Gegner zurückschlug und Rybnik sicherte.

Damit erlahmte hier die Kampftätigkeit, die im tiefverschneiten Gebirge ohnehin nicht sehr groß war.

Auch mußte die ungarische Armee nach dem Überlaufen des ungarischen GenObersten Miklos von Dalnoki zu den Russen, am 15. 10. 1944, aus der Front genommen werden. GenOberst Laszlo, der nach Miklos Oberbefehlshaber der ungarischen 1. Armee geworden war, mußte diesen Befehl geben, weil Miklos eine »Ungarische Befreiungsarmee« aufgestellt hatte, die nun an die Front gelangte. Es wäre sonst zu einem Krieg Ungarn gegen Ungarn gekommen.

Diese ungarische 1. Armee marschierte nunmehr in den Abstellraum am Mittellauf der Waag und kam nicht mehr zum Einsatz.

Da nunmehr die ungarische Armee aus der AGr. Heinrici ausgeschieden war, erhielt diese ihre alte Bezeichnung 1. PzArmee zurück. Ihre Aufgabe war es nunmehr, den Vorstoß der 4. Ukrainischen Front zum Stehen zu bringen. Und zwar einmal zwischen den Westbeskiden und zum anderen zwischen Weichsel und Oder. Es galt, die kriegswirtschaftlich entscheidenden Produktionsgebiete von Freistadt, Ratibor, Troppau, Mährisch-Ostrau, Teschen und Karwin zu schützen. Dort befanden sich neben den Eisenerz- und Kohlengruben auch Fertigungsbetriebe der Eisen- und Stahlindustrie mit der damals größten Walzstraße Europas; nicht zu sprechen von den chemischen Werken, den Werken der Textilindustrie und den Ölraffinerien.

So groß und wichtig diese Aufgabe war, so gering waren die Kräfte, die der 1. PzArmee dafür zur Verfügung standen. Mehr als die Hälfte ihrer Divisionen war abgezogen worden. Sie verfügte zunächst nur noch über die drei Divisionen des LIX. AK: die 359. ID, die 544. VGD und die 78. VStD.

Dieser Einsatz der 1. PzArmee, der in bezug auf die kriegerischen Entscheidungen nicht so sehr hervorstach, war aus den genannten Gründen für die Kriegswirtschaft von eminenter Bedeutung. So wurde die 1. Pz.-Armee, obgleich sehr stiefmütterlich behandelt, der südliche Eckpfeiler der gesamten schlesischen Front, obwohl sie starke Reserven hatte abgeben müssen.

Ostwärts der Oder, im Raume Lublinitz-Groß Wartenberg, stand der Rest der 4. PzArmee im Abwehrkampf. Der bereits am 17. 1. bei Magnuszew herausgelöste Stab des VIII. AK unter Gen.d.Art. Hartmann war inzwischen in Oppeln eingetroffen. Von Generaloberst Schörner erhielt Hartmann Weisung, das sowjetische Vordringen über die Linie Lublinitz-Wielun auf die Oder aufzuhalten oder mindestens zu verzögern. Am 18. 1. befand sich der Gefechtsstand des VIII. AK ostwärts Guttentag. Von dort aus ließ General Hartmann Aufklärung vortreiben. Diese Aufklärung hatte folgendes Ergebnis: Es wurden bei Lublinitz Teile der Armeewaffenschule der 4. PzArmee und nördlich davon die Reste der zerschlagenen 168. ID in Abwehrfront nach Osten festgestellt. Bei Rosenberg waren Teile einer Sturmgeschützabteilung in Stellung gegangen, der es gelungen war, sich aus dem Untergang zu retten. Alle wurden zur Kampfgruppe Oppeln zusammengefaßt, die von General Hartmann bis zum Abend des 23. 1. aus Oppeln herausgebracht und zur Oder beiderseits Oppeln zurückgeführt wurde.

Als Truppen der Sowjetarmee in Oppeln eindrangen, war es gelungen, jede noch einsatzbereite Waffe zurückzubringen. Die Verteidigung der Oder-Stellung gelang, dank der vorausschauenden Haltung von General Hartmann.

Die HGr. wiederum stellte eine Kampfgruppe zusammen, die unter Führung von Oberst Krafft beiderseits Wieruszew ostwärts von Kempen am Prosna-Abschnitt den mit Panzern und Infanterie geführten sowjetischen Vorstoß aufhielt. Erst in der Nacht zum 20. 1. mußte die Kampfgruppe Krafft auf eine Linie beiderseits Kempen ausweichen. Als hier am Morgen des 20. 1. weitere Verstärkungen eintrafen, so ein Reserve-Offizierbewerber-Bataillon unter Führung von Major Frhr. Grote und eine Panzerjäger- und Fla-Kp. der 269. ID, konnte noch den ganzen 20. 1. über gehalten werden. Dies war zur Herstellung der Verteidigungsbereitschaft von Breslau unumgänglich notwendig.

Das Gros der 269. ID, die sich unter Führung von GenLt. Wagner (Hans) von Dresden her Görlitz näherte, wurde in den Raum Wartenberg-Oels ostwärts Breslau dirigiert.

Da es den beiden als Voraustrupp auf die Kampfgruppe Krafft gestoßenen Kompanien dieser Division in der Abwehrfront bei Kempen gelang, einige sowjetische Panzer abzuschießen, stieß der Gegner der in der Nacht zum 21. 1. auf Groß Wartenberg zurückgehenden Kampfgruppe Krafft erst am Mittag des 21. 1. hinterher.

Inzwischen waren zwei weitere Verstärkungsgruppen bei der Kampfgruppe eingetroffen. Und zwar Teile der Kavallerie-ErsatzAbt. Oels und das II./GR 489 der 269. ID, die 2./FüsilierBatl. 269 und eine Artillerie-Batterie.

GenLt. Wagner fuhr mit seinem engsten Stab am 21. 1. nach Groß Wartenberg, um die Führung dieser Kampfgruppe zu übernehmen. Mit ihr führte er die Verteidigung des Raumes beiderseits Wartenberg bis zur Nacht des 23. 1. Erst dann mußte die Kampfgruppe auf Oels zurückweichen, weil sie in Gefahr stand, überflügelt und eingeschlossen zu werden.

Zur gleichen Zeit, als die Kampfgruppe Krafft den Raum ostwärts Breslau verteidigte, war es Major Tenschert, der mit dem Jäger-Ersatz- und Ausbildungs-Batl. 83 (aus dem Ersatzheer), dem Ersatztruppenteil für die 28. JD, bei Reichenthal in der tiefen Südflanke stand. Das Bataillon, das in Trautenau lag, wurde am 18. 1. alarmiert, auf dem Bahnhof verladen und traf am Mittag des 19. 1. auf der Bahnstation Ober-Stradam ein. Hier erhielt es vom Abschnittskommandeur, Major Henschel, den Befehl, die Barthold-Linie im Abschnitt der Ortsmitte Glausche bis zum Nordrand von Domsel zu besetzen und gegen feindliche Angriffe zu halten.

Die nur mit leichten Infanteriewaffen ausgerüsteten 600 Soldaten hatten damit einen 10 km breiten Abschnitt zur Verteidigung erhalten. Im Gutshof von Grunwitz wurde der Gefechtsstand eingerichtet. Die Kompanien Mainz, Melzer, Abicht und Wolff wurden in die Stellungen eingewiesen. Als die Kp. Abicht in Glausche eintraf, hatten soeben drei T 34 als sowjetische Panzerspitze diese Ortschaft erreicht und standen im Gefecht mit einem dort liegenden Volkssturm-Bataillon, das Schanzarbeiten ausführen sollte.

Der von Oblt. Abicht geführte Gegenangriff mit dem unterstellten Volkssturm-Batl. führte zur Vertreibung der Feindkräfte, die sich auf Reichenthal zurückzogen.

Mit Tagesanbruch begann hier der sowjetische Angriff, der von Panzern und motorisierter Infanterie geführt wurde. Die vorn eingesetzten Kompanien wurden überrollt und zerschlagen. Die Kompanie Abicht wurde restlos vernichtet, von den anderen konnten sich, mit Ausnahme der Reservekompanie Wolff, der es gelang, sich nach Kunzendorf abzusetzen, nur Reste retten.

Am frühen Morgen des 22. 1. lag die Kompanie Wolff bei Nieder-Stradam, als auch hier der Gegner vorrollte. Mit einer Panzerfaust und mehreren MG gelang es Lt. Wolff und seinen Männern, vier mit Rotarmisten besetzte Lastwagen mit angehängter Pak zu vernichten.

Durch Rückzug der Reste dieses Bataillons hinter den Bahndamm von Ober-Stradam konnte die restlose Vernichtung desselben verhindert werden. Als sowjetische Panzer zum Angriff auf den Bahnhof antraten, wurden sie abgeschlagen. Nach einem schweren Granatwerfer-Feuerüberfall wurde dieser Angriff wiederholt und abermals abgeschlagen. Am frühen Morgen des 23. 1. wurde das Bataillon Tenschert hinter die Linie der herangekommenen 269. ID zurückgenommen. Bei Schollendorf verteidigend, wurde das Bataillon von sowjetischen schnellen Truppen umfaßt und ihm der Rückzugsweg versperrt.

GenLt. Wagner befahl den Durchbruch durch Oels in Richtung Breslau. Der nächtliche Durchbruch gelang. In Schmarse wurde vom Bataillon Tenschert, das die Nachhut bildete, eine Nachhutstellung bezogen.

Mit dem ersten Tageslicht des 25. 1. wurde der Marsch in Richtung Breslau fortgesetzt und der befohlene Verteidigungsabschnitt Hundsfeld erreicht. Die Verteidigungslinie bei der Brauerei Sakrau wurde bezogen. Damit war das Bataillon Tenschert in den Verteidigungsbereich von Breslau aufgegangen.

Im Westen Deutschlands stellte der „Ruhrkessel" das Ende viele deutscher Truppen an der Westfront dar. Schwer von Bomben getroffen, musste das Ruhrgebiet noch letzte Kämpfe über sich ergehen lassen.

Ab März 1945 stießen überall amerikanische und englische Truppen ins Reichgebiet vor.

US Major Broch hat in Kulmbach ein paar Hitlerjungen gefangenen genommen. Er schickt sie nach Hause.

Ein ausgebrannter Jagdtiger steht verlassen in der Landschaft. Schwerste Panzer wurden bis Ende des Krieges in Deutschland noch produziert, jedoch nur in kleinen Stückzahlen. Ohne Benzin und ohne Munition wurden viele dieser Panzer Opfer von Luftangriffen.

Ein liegengebliebener deutscher „Sturmtiger" mit 38 cm-Raketenwerfer wird von amerikanischen Soldaten eingehend untersucht.

Ortskampf um ein Dorf vor Recklinghausen am 1. April 1945. Der deutsche Widerstand war oft nur noch schwach und wurde meist sogleich mit kombinierten Luft- und Panzerangriffen der Alliierten gebrochen.

Eine Fw-190 wird aufmunitioniert. Die deutschen Jäger kämpften gegen eine riesige Übermacht alliierter Flugzeuge und hatten kaum noch eine Chance.

Alliierte Soldaten vor dem ausgebrannten „Hitler-Haus" in Coburg.

Ein gefangener SS-Offizier wird verbunden. Er hat Glück, denn viele Angehörige der Waffen-SS wurden von den Amerikanern kurzerhand erschossen.

Landesschützen gehen mit einem MG 42 in die Stellung vor.

Der französische General Leclerc verhört gefangene französische Waffen-SS-Angehörige und lässt sie anschließend hinrichten. Sie kämpften auf deutscher Seite und mussten dafür büßen.

Ein weinender junger deutscher Soldat in Gefangenschaft. Er konnte das Ende auch nicht mehr aufhalten.

Schematische Kriegsgliederung der deutschen Truppen vom 30. April 1945 nach OKW Führungsstab B Op./H. III

	Heeres-Gr.	Armeen	Korps	Div.
	Mitte 600. russ. 2. SS-Pz. »R«	**1. Pz.** 304.	XXIX.	8. Jg. 19. Pz. + Sp.Vbd. Olmütz 271.
			LXXII.	K.Gr. 76. K.Gr. 15. Sp.Vbd. 601 K.Gr. 153.
			XXXXIX. Geb.	320. V.Gr. 253. + 16. ung. Gr.Gen.Klatt 3. Geb. + 97. Jg.
			LIX.	715. 544. V.Gr. 371. 75. 78. V.St. 154.*
			XI.	4. Geb. 10. Pz.Gr. 16. Pz. 254. 17. Pz.
		17. 18. SS-Pz. Gr. »H.W.«	XXXX. Pz.	68. 1. Ski-Jg. K.Gr. 168. K.Gr. 45.
			XVII.	K.Gr. 31. SS-Frw.Gr. 359. 208.
			Fest. Breslau	
			VIII.	100. Jg. K.Gr. 20. Wff.Gr.SS (estn. Nr. 1)
Zahlen-mäßige Übersicht der Divis. Pz.Div. 11 Pz.Gr. Div. 4 I.D. 39 Jg.Div. 4 Geb. Div. 2 60 Verb. Div. 1		**4. Pz.** K.Gr. 269.	LVII. Pz.	6. V.Gr. 72. 17.
			Gr. Kohlsdorfen	Div.Stb. z.b.V. 615 Div.Nr. 464 K.Gr. 545
			Pz.Kps. »G.D.« Kps.Gr. Gen.d.Art. Moser	1. Fsch.Pz. »H.G.« Pz.Gr. »Brandenburg« 20. Pz. Div.Nr. 193 Div.Nr. 404
			Fsch.Pz.Kps. »H.G.«	2. Fsch.Pz.Gr. »H.G.« K.Gr. »Frundsberg« (Rst. 10. SS-Pz., »Frundsberg« Fhr.Begl. 344)
			LXXXX.	464. 469. 404. Kpf.Kdt.Chemnitz
			st. IV.	Kpf.Kdt.Dresden
	OB West – **G**	**24.**		Div. Nr. 405
		19. Verbl. z.Zt. unbekannt	XVIII. SS	352. V.Gr. 106. 719. 89.
			LXXX.	559. V.Gr. 47. V.Gr. 246. V.Gr. 716.
			LXIV.	16. V.Gr. 189.

	Heeres-Gr.	Armeen	Korps	Div.
	OB West – **G**	**1.** Verbl. z.Zt. unbekannt	XIII.	198. 19. V.Gr. 553. V.Gr.
			XIII. SS	38. SS-Gr. »Nibelungen« (Junkerschule Tölz) 212. V.Gr. 2. Geb. 17. SS-Pz.Gr. »G.v.B.« Div. Gr. v. Hobe Div. z.b.V. 350
			LXXXII.	36. 416.
		Befh. Nordwest		K.Gr. MOk-West RAD-Bef. Verbd. IV Höh.Pi.Kdr. XV
Zahlen-mäßige Übersicht der Divis. Pz.Div. 2 Pz.Gr. Div. 1 I.D. 21 +$^1/_2$ Jg.Div. — Geb. Div. 1 25$^1/_2$		**Befh. Nordost**		Vert. Ber. B'gaden-Salzburg
		7. 2. Pz. (in Zuführ.)	XII.	347. V.Gr. 413. Div.Gr. Bennicke
			st. XIII.	11. Pz. E. u. A.-Einh. Pi.Brig. 655
			LXXXV. K.Gr.Bork	Kpf.Kdt.Passau E. u. A.-Einh.
			IV. Flak-Kps.	Flak-Br. 508
	Stand: 12. 4. 45 Derzeitiger Stand unbekannt **C** zugleich **OB Südwest** 1/5. (i. Aufst.) 90. Pz.Gr. 29. Pz.Gr.	**Armee Ligurien** (LXXXXVII.) 4. ital. Geb. »Monte Rosa« (o. 1. Rgt.)	LXXV.	5. Geb. 2. ital. »Littorio« 34.
			Kps.Lombardia	3. ital. Mar. »San. Marco« F.Brig. 134. 4. ital. Geb. »Monte Rosa«
		14.	LI. Geb.	148. 1. ital. »Italia« 232. 114. Jg. 334. V.Gr.
Zahlen-mäßige Übersicht der Divis. Pz.Div. 1 Pz.Gr. Div. 2 I.D. 14 +$^1/_2$ Jg.Div. 2 Geb. Div. 2 21$^1/_2$ Verb. Div. 4			XIV. Pz.	94. 8. Geb. 65.
		10.	I. Fsch.	305. 1. Fsch.Jg. 278. V.Gr. 4. Fsch.Jg. 26. Pz.
			LXXVI. Pz.	98. V.Gr. 362. 42. Jg. 162. (turk.)
			LXXIII.z.b.V	Alarm-Einheiten

Erläuterungen:
$^1/_2$ = Brig.
+ = E. u. A.-Divisionen

Zahlenmäßige Zusammenstellung wegen verschiedener Grundgliederungen und wechselnder Kampfkraft nur Anhalt!

Sa. 145 + $^3/_2$ +

Eine Gliederung der noch vorhandenen deutschen Verbände am 10. April 1945.

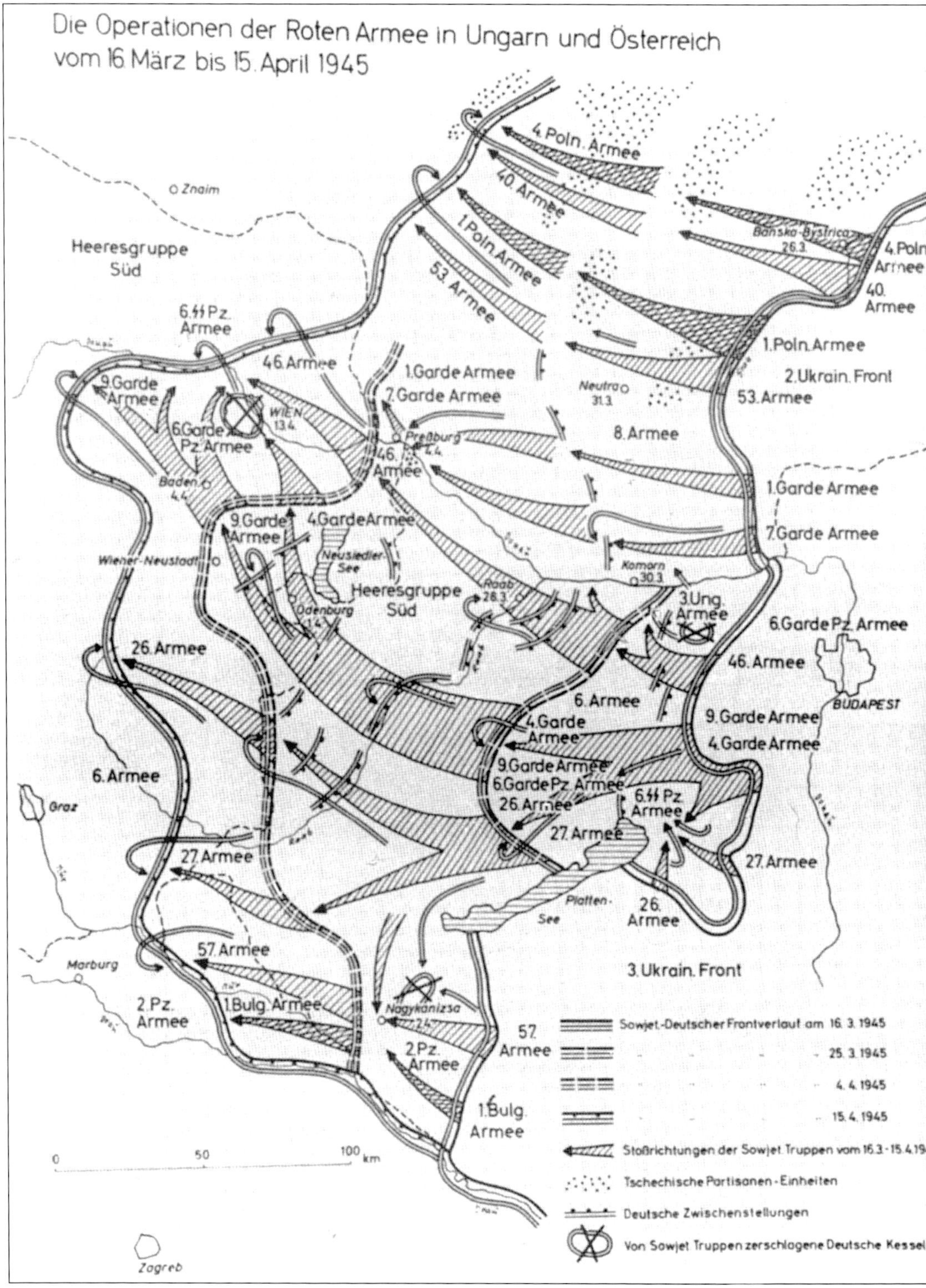

Eine Karte vom Vormarsch der Russen durch Ungarn nach Österreich und die Slowakei.

In Budapest mussten die letzten Verteidiger am 11. Februar 1945 nach vielen Wochen schwerster Kämpfe vor den Russen kapitulieren. Russische JSU-152 Sturmpanzer in den Straßen von Budapest.

Einer der wenigen deutschen Panzer rollt durch die Straßen von Wien, das ab Mitte April 1945 von den Russen angegriffen wurde.

US-Fallschirmjäger landen am 24. März 1945 ostwärts des Rheins. Ein Fallschirmjäger mit Sprungverletzungen wird geborgen.

Deutsche Soldaten geben ihre Waffen ab. Die „Braut des Soldaten", der Karabiner 98 k, hat nun ausgedient.

Während ihres Vormarsches befreien die Alliierten die deutschen Konzentrationslager, in denen unzählige Menschen umgekommen sind. Unfassbare Verbrechen wurden in den Konzentrationslagern verübt, wie hier in Mauthausen.

Verhungerte Tote aus einem Konzentrationslager werden wie Brennholz gestapelt und weggebracht. Die meisten Deutschen hatte keine Vorstellung von der Dimension der Vernichtung, die in den Konzentrationslagern stattfand.

US-Infanterie vor dem legendären „Bürgerbräu-Keller" in München im April 1945. Hier hatte Adolf Hitler in den 20er- und 30er-Jahren seine NS-Kampfreden gehalten. Nun saß er in seinem letzten Befehlsbunker in der Reichskanzlei in Berlin und bereitet seinen Selbstmord vor.

Walter Nowotny (Mitte), ein bekanntes Fliegerass, fiel bei einem Einsatz mit seiner Me 262. Hier wurde der erfolgreiche Jagdflieger Otto Kittel (rechts im Bild) mit dem Ritterkreuz ausgezeichnet.

Die amerikanische Rüstungsindustrie lief 1945 auf Hochtouren und produzierte riesige Mengen an Fahrzeugen, Flugzeugen und Panzern aller Art. Hier werden neue „Willy-Jeeps" ausgeladen.

Ein Amerikaner steuert seinen Versorgungstruck voll mit Lebensmitteln für die US-Truppen durch bereits besetztes Gebiet.

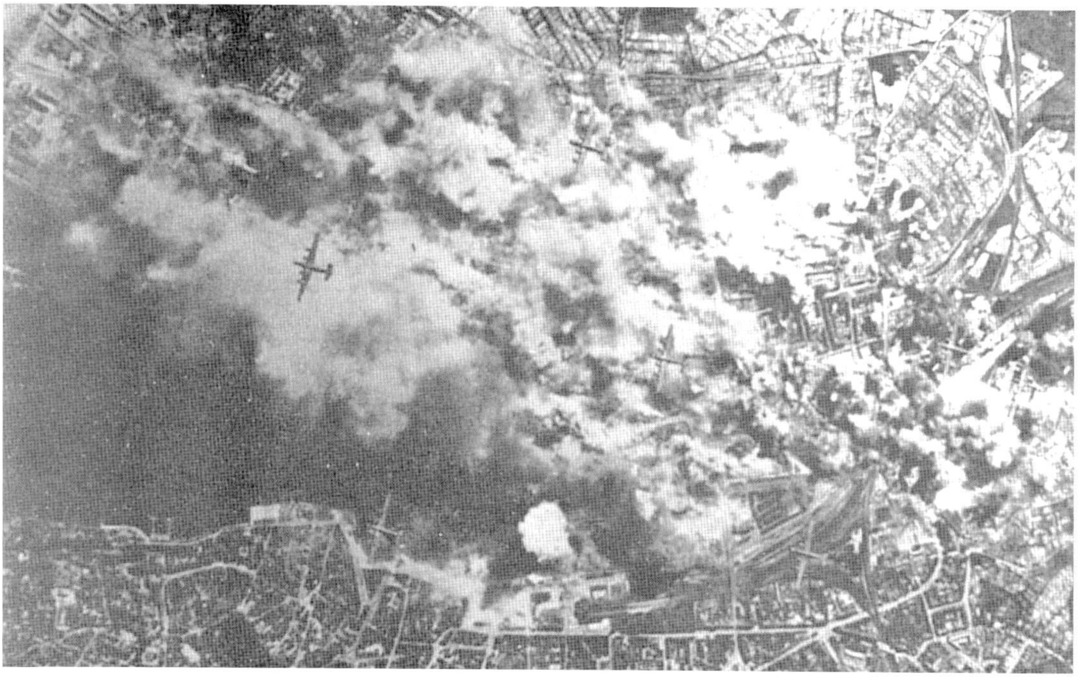

Bis zum Ende des Krieges wurden deutsche Städte mit vernichtenden Bombenangriffen aus der Luft überzogen. Ein Luftbild von Kiel vom 3. April 1945.

An der italienischen Front konnte die deutsche Verteidigungsstellung vor Bologna bis 1944/45 gehalten werden, dann jedoch kam auch hier das Ende. Die Oberbefehlshaber der 15. US-Armee, General Mark Clark mit den Generälen Anders, Truscott, und Keyes.

US-Präsident Roosevelt mit H. Morgenthau, nach dessen Plan Deutschland in ein Agrarland verwandelt werden sollte. Roosevelt verstarb am 12. April 1945. Sein Nachfolger wurde H. Truman.

Am 3. und 4. Mai 1945 fand die Kapitulation für das norddeutsche Gebiet in Lüneburg statt. Admiral Friedeburg, Admiral Wagner und General Kinzel im Bild mit einem englischen Offizier.

General Kinzel unterzeichnet die Kapitulationsurkunde, Feldmarschall Montgomery steht neben ihm.

Deutschland lag in Trümmern, die meisten Männer waren gefallen oder in Gefangenschaft. Frauen müssen nun den Wiederaufbau leisten, die „Trümmerfrauen“ leisteten Unglaubliches.

Verteidigungsaufgaben der 17. Armee

Die 17. Armee, die von der Oder bei Cosel über Dabrowa bis Auschwitz auf einer Frontbreite von 120 km verteidigte, hatte den Befehl, das oberschlesische Industrierevier zu schützen. Hier standen die letzten Hüttenwerke und viele Fertigungsstätten für Waffen, die noch fest in eigener Hand waren.

Die seit Beginn der russischen Offensive in härteste Rückzugskämpfe verwickelte Armee verfügte im XXXXVIII. PzK über die 68. und 304. ID, die während dieser Kämpfe stark angeschlagen worden waren. Die 75. ID, die lediglich bei Miechow in den Kampf hatte eingreifen können, war noch intakt. Von der 97. JägDiv. und der 712. ID war bis zum 20. 1. erst die Hälfte in der neuen Verteidigungslinie eingetroffen. Die aus Ungarn in Marsch gesetzten beide Panzer-Divisionen (8. und 20. PD) waren noch unterwegs.

Die 359. und 371. ID der 17. Armee waren in die Rückzugskämpfe südlich der oberen Weichsel verwickelt und dort gebunden. Der Kommandierende General des XXXXVIII. PzK, Gen.d.PzTr. Frhr. von Edelsheim, hatte Befehl erhalten, sich mit einschließen zu lassen. Ihm war dazu bereits eine Funkstelle des OKH zugeführt worden, durch welche die Verbindung zum OKH aufrechterhalten bleiben sollte. General der Inf. Schulz, OB der 17. Armee, wußte diesen Befehl geschickt zu umgehen.

Die Front der 17. Armee hielt zunächst. Am 25. 1. beantragte General Schulz bei der HGr. Mitte die Genehmigung zum Ausweichen in eine neue Kampflinie Bielitz-ostwärts Pleß-nördlich Rybnik-Cosel. Mit dem östlichen Nachbarn, der 1. PzArmee hatte Schulz diese Linie abgesprochen und abgestimmt. Diese Forderung wurde am 26.1. wiederholt, mit dem Hinweis darauf, daß bei einer verweigerten Genehmigung die am Feind stehenden Kräfte vernichtet werden würden. Die HGr. erteilte die Genehmigung noch immer nicht, führte aber in ihrer Tagesmeldung an das OKH folgenden Lagebericht der 17. Armee an:

»Die Fortsetzung der feindlichen Angriffsoperationen führt heute, besonders im Umkreis des Industriegebietes, zu außerordentlicher Spannung der Lage. Die 17. Armee steht hier gegen den mit vier Armeen, 33 Schützen-Divisionen, fünf Panzerkorps, einem Kavalleriekorps und einer selbständigen Panzerbrigade angreifenden Feind in sehr schwerem Abwehrkampf, in dessen Verlauf der Südflügel zurückgedrückt wurde.

In der das Industriegebiet umgebenden Front sind mehrere tiefe Einbrüche, südostwärts Kattowitz auch ein taktischer Durchbruch, erfolgt.

Der südostwärts von Gleiwitz angreifenden 20. PD gelang es, die Mehrzahl der von Nordwesten kommenden feindlichen Panzerverbände durch eigenen Angriff auf sich zu ziehen und ihnen erhebliche Verluste beizubringen. Ihr eigener Angriff auf die gesetzten Ziele konnte sich jedoch nicht durchsetzen.

Zwischen Gleiwitz und der Oder sind weitere Teile der 3. Garde-Panzerarmee des Feindes nach Süden angetreten und haben mit Panzerspitzen die Straße Rybnik-Ratibor erreicht. Ihnen sind mehrere improvisierte Kampfgruppen entgegengeworfen worden.« Am 27. 1. unternahm General Schulz einen letzten Versuch, die Zurücknahme seiner Armee bei GFM Schörner zu versuchen. Der OB der HGr. Mitte gab General Schulz freie Hand zum Ausweichen in der Nacht zum 28.1. Und dies auf eigene Verantwortung Schörners, der diesen Entschluß auch Hitler gegenüber telefonisch rechtfertigte.

Die Linie Bielitz-ostwärts Pleß-nördlich Rybnik-Cosel sollte bezogen werden. Dort war unmittelbar vorher die I./FlakReg. 33 mit 8,8-cm-Flak in Stellung gegangen. Der Kommandeur dieser Abteilung erhielt Befehl, Rybnik gegen den darauf vorprellenden Panzerfeind zu halten, bis die Reserven herangekommen seien.

Die Abteilung schoß die feindliche Panzerspitze ab, und als die aus Ungarn verlegte 8. PD, aus Ratibor kommend, im Kampfraum eintraf und die 1. SkjDiv. von Südosten aus dem Raum Sohrau antrat, wurde der Feind geworfen.

Dies verhinderte jedoch nicht den Verlust von Oberschlesien, weil der Gegner in mehreren Umfassungsoperationen diese Kräfte bereits umfaßt hatte. Der Feind war hier zwar gehalten worden, aber rechts und links von diesem Abschnitt erreichte er zwischen Oppeln und Steinau die Oder und überschritt sie an drei Stellen, um bei Ohlau, zwischen Brieg und Ohlau, und Ende des Monats auch bei Maltsch, Brückenköpfe zu errichten. Mit Ausnahme von Breslau stand hier bis Ende Januar noch keine Abwehrfront.

Vor Ohlau trat die 269. ID am 31. 1. 1945 ins Gefecht. Das Halten der Göllnerhainer Berge durch sie mißlang. Die Division wurde mehr und mehr auf Breslau zurückgedrückt. Die Umklammerung und Einschließung der 269. ID bahnte sich an, als Teile der 3. Garde-Panzerarmee (GenOberst Rybalko) der Sowjets am 10. und 11.2. auf Breslau vorstießen und sich südlich der Stadt mit jenen Kräften trafen, die aus den Brückenköpfen Ohlau und Brieg angetreten waren. Durch eine letzte Lücke gelang es GenLt. Wagner, die Artillerie und Räderteile seiner Division in der Nacht zum 12. 2. nach Süden durchzuführen und der Einschließung in Breslau zu entgehen.

Zwei Nächte später gelang dann auch der Durchbruch des noch im Raum Weigwitz kämpfenden Grenadier-Rgt. 469 und des Personals des ArtRgt. 269 in Richtung Jordansmühle. Der Kampf der 269. ID südlich von Breslau hatte für die Festung Breslau dringend benötigten Zeitgewinn verschafft.

Die im »Blitztransport« aus Nordungarn in diesen Raum befohlene 208. ID wurde am 3. 2. 1945 in Steinkirche ausgeladen und in den Bereitstellungsraum Wansen geführt; mit dem Befehl, von dort aus in Richtung der Festung Brieg vorzustoßen, Verbindung mit der Festungsbesatzung aufzunehmen und aus der Festung heraus nach Südosten zu verteidigen.

Dieser Angriff begann am 5. 2., gewann zunächst gut an Boden, so daß die Autobahn in Richtung auf Brieg überschritten werden konnte. Hier aber blieb der Angriff liegen, und die Division mußte schließlich hinter die Autobahn zurückgenommen werden. Der stark nachdrängende Gegner stieß bis auf 2 km nach Wansen vor. Hier wurde die 208. ID herausgezogen; nachdem Teile der in Richtung Wansen ausgebrochenen Besatzung von Brieg aufgenommen waren, wurde die Div. in Richtung Striegau in Marsch gesetzt, wo der Gegner stand.

Der ebenfalls am 4. 2. beginnende sowjetische Angriff in Richtung Neisse, der die bei Grottkau stehende Korpsgruppe Jeckeln (mit dem V. SS-Korps) traf, drang durch. Grottkau ging verloren. Feindpanzer stießen halbwegs auf Neisse vor.

Dann trafen nacheinander die 20. PD und die 45. VGD in diesem Raum ein und traten zum Gegenstoß an. Sie warfen den Feind bis hart südlich Grottkau zurück und richteten sich hier zur Verteidigung in der Linie Oppeln-Grottkau-Wansen ein, die von der Korpsgruppe Jeckeln unter Führung von SS-Obergruppenführer Jeckeln ebenfalls bezogen wurde. Diese Linie konnte bis Mitte März gehalten werden.

Die 17. ID, geführt von GenMaj. Sachsenheimer, hatte eine besondere Aufgabe erhalten. Sie hatte im Vorfeld von Breslau weit vorgestaffelt in breiter Front am Pulawy-Brückenkopf gehalten. Hier ihr Bericht:

Die 17. Infanterie-Division in Angriff und Abwehr

»Jeder Mann unserer Division war von dem Gedanken beseelt, mitzuhelfen, den unmittelbar bevorstehenden Großangriff der Sowjetarmee zu zerschlagen und ihn vor unserer Ostgrenze zum Stehen zu bringen.«

Diese Worte des Divisionskommandeurs, GenMaj. Sachsenheimer, sollten sich bewahrheiten, wenn auch die Kräfte der Division viel zu gering waren, um den Gegner zu halten. Auf einem Frontabschnitt von 63 km Breite, mit 17 km Land- und 46 km Wasserfront an der Weichsel, standen die 17. und 214. ID.

Nachdem die Luftwaffe bei Pulawy einen gewaltigen Feindaufmarsch festgestellt hatte und sich die Feind-Batterien auf die HKL der 17. ID eingeschossen hatten, stand der Angriff unmittelbar bevor.

Am 14. 1. 1945 gegen 05.30 Uhr begann auch im Brückenkopf Pulawy die Offensive mit einem mehrstündigen schweren Trommelfeuer. Im Abschnitt der

17. ID griffen danach 11 Schützen-Divisionen, ein Kavallerie-Korps und ein Panzerkorps an.

Die bereits vom Artilleriefeuersturm zerfetzten Stellungen des GR 55 wurden von den über den Fluß setzenden sowjetischen Schützen-Divisionen durchbrochen. Der Feind erreichte die Artilleriestellungen und nahm sie aus. Das Gros dieses Regimentes ging unter. Beim Zurückgehen wurde Oberstleutnant Dr. Emmert, der Kommandeur der GR 55, schwer verwundet.

Zwar gelang es der Division, allein an diesem Tage mit Pak und vor allem Panzerfäusten noch über 100 Feindpanzer abzuschießen, doch was bedeutete dies gegenüber jenen 800 Panzern und Panzerfahrzeugen, die im Divisionsabschnitt an diesem Tag gezählt wurden.

GenMaj. Sachsenheimer setzte am 15. 1. einen Gegenangriff auf Zwolen an, wo er noch Major Seifert wußte, der am 14. 1. Zwolen gehalten hatte. Acht Sturmgeschütze unterstützten diesen Vorstoß, fünf blieben unterwegs liegen, und nur drei kämpften so lange in Zwolen, bis die sowjetische Panzerübermacht erdrückend wurde. Major Seifert formierte alles zum Ausbruch aus Zwolen, und am Abend des 15. 1. erreichte er mit seiner Kampfgruppe den DivGefStand in Sucha. Er erhielt von GenMaj. Sachsenheimer den Auftrag, in eine rückwärtige Stellung 10 km westlich Radom, dem Riegel zwischen Warka- und Baranow-Brückenkopf, zu fahren und dort südlich der Hauptstraße das in diese Richtung ausbrechende GR 55 aufzufangen und einzusetzen.

Sämtliche übrigen Divisionsteile bewegten sich ebenfalls in fünftägigen Kämpfen, geführt vom Divisionskommandeur – ohne Nachschub und ohne Führungsbefehle –, in wechselvollen Kämpfen zurück. Hier passierte es, daß fränkische Infanteristen des GR 55 mit dem Deutschlandlied auf den Lippen die feindlichen Abschnürungsverbände durchstießen. Noch am fünften Tage des Kampfes um das nackte Überleben schossen Soldaten der 17. ID mit Panzerfäusten 55 Feindpanzer ab, die ihnen den Rückzugsweg versperrten.

Es waren noch ungefähr 1.000 Soldaten der Kampftruppen, welche die rettende Oder erreichten.

GenMaj. Sachsenheimer wurde mit Teilen des DivStabes, der Nachrichten-, der Panzerjäger-Abt. und des PiBatl. der Armee Gräser unterstellt und im Eilmarsch in den Raum Breslau geworfen. Es galt, bei Dyhernfurth einen kriegswichtigen Betrieb, in dem ein hochgiftiges Nervengas hergestellt worden war, das noch in unterirdischen Behältern dort lagerte, zurückzuerobern und dieses Gas zu vernichten, damit es dem Gegner nicht in die Hände fiel.

Der Angriff war von GenMaj. Sachsenheimer nach persönlicher Erkundung des Geländes ausgearbeitet worden, und der OB der 4. PzArmee, Gen.d.PzTr. Gräser, hatte ihn genehmigt.

In einem Angriff von nur einer Stunde Dauer wurde überfallartig das Werk erreicht. Die mitgeführte »Technische Gruppe« pumpte das Gas aus, während der gebildete Brückenkopf die angreifenden sowjetischen Panzer abwehrte, von denen sechs von der mitgeführten und hinter dem Bahndamm in Stellung gebrachten schweren Flak abgeschossen wurden. Durch diesen Abwehrerfolg wurde der Gegner gelähmt, so daß alles Gas vernichtet werden konnte. Am späten Nachmittag zog sich die »Kampfgruppe Sachs« nach erfülltem Auftrag zurück.

Der Kampf um die Oder

Nach der geglückten Rückführung des »Wandernden Kessels« in den Raum um Glogau, westlich der Oder, trafen bis Ende Januar in diesem Raum die Generalkommandos XXIV. PzK und des XXXX. PzK ein. An Divisionen kamen an: die 6. und 45. VGD, die 17. PD sowie die 17., 72., 88., 214., 291. und 342. ID. Hinzu kamen: der Sperrverband von Ahlfen, rückwärtige Dienste, Flak und Bodenpersonal der Luftwaffe.

Die 9. Armee hatte bereits eine gut funktionierende Organisation in Gang gesetzt, mittels derer die hier eintreffenden Verbände versorgt wurden. Binnen weniger Tage konnten 22 Bataillone neu formiert werden, die im Brückenkopf Glogau und beiderseits davon eingesetzt werden mußten. Die Reste der 17. PD wurden zur Auffrischung in den Raum Sagan und teilweise zum Truppenübungsplatz Neuhammer verlegt.

Die Stäbe des XXXXII. AK und das LVI. PzK waren völlig ausgefallen. Der Kommandierende General des letzteren, Gen.d.Inf. Block, war gefallen. Die Kommandeure der 17. PD, Oberst Brux, der 88. ID, GenLt. Graf von Rittberg, der 214. ID, GenLt. von Kirchbach, waren verwundet in sowjetische Gefangenschaft geraten. GenMaj. Finger, Kdr. der 291. ID, war am 17. 1. 45 bei Tschenstochau gefallen.

Das Generalkommando XXXX. PzK war nach Erreichen der Warthe bei Sieradz vom AOK 9 damit beauftragt worden, Wreschen zu erreichen und dort das ungehinderte Vorgehen des Feindes im Nordraum der Armee zu verhindern. Aber an ein Aufhalten des Gegners war nicht zu denken. Erst bei Beuthen und Crossen an der Oder gelang es, zu halten. Ein sowjetischer Brückenkopf bei Odereck, nördlich Grünberg, hielt sich. Die Brücke bei Odereck wurde von deutschen Pionieren in einem überraschenden Handstreich gesprengt. Danach konnte der sowjetische Brückenkopf zerschlagen werden. Dieser Oder-Brückenkopf des XXXX. PzK wurde vorerst nicht mehr angegriffen, weil der Gegner nördlich der hier von Ost nach West verlaufenden Richtung der Oder vorging.

Der Stab des XXIV. PzK wurde ebenfalls an die Oder befohlen. GendPzTr. Nehring berichtete darüber in seinem Werk »Wandernde Kessel«:

»Nachdem wir im Wandernden Kessel an der Warthe in die sichere Hut des PzK Großdeutschland aufgenommen worden waren, traf am 25. 1. in Walentynow (nordwestlich Ostrow) ein folgender FT-Spruch des OKH ein:

»Generalkommando XXIV. PzK mit Stab 16. PD unter starkem Geleitschutz sofort zur Verfügung OKH nach Glogau-Herrndorf. Dort Meldung bei AOK 9.«

Derselbe Befehl ordnete an, die 20. PGD unter GenLt. Jauer sowie alle vorhandenen gepanzerten Teile dem Panzerkorps GD zu unterstellen, um dieses für seine Aufgabe, den feindlichen Vormarsch zu verzögern, zu verstärken. Das war verständlich, und so verzichtete das Generalkommando auf Panzerschutz und begnügte sich mit zwei Wespen (Kanonen auf Sfl.), die sich an die Spitze der Marschkolonne setzten, um wenigstens einen behelfsmäßigen Schutz gegen russische Panzer zu bieten – ein Verfahren, das sich auf dem nächtlichen Marsch bewähren sollte.

Unweit Krotoschin trifft die Marschkolonne auf feindliche Panzer, die sie aber in der Dunkelheit passieren lassen. Der Marsch geht in Richtung Köben weiter, stößt dann erneut auf sowjetische Panzer, die auf Beschuß durch die Wespen ihre Stellung nach rückwärts räumen. Sicherheitshalber wird in Richtung Gosztyn abgebogen, wo wir am 26. 1. gegen 02.00 Uhr auf deutsche Sicherungen treffen und eine kurze Ruhepause einlegen können.

Danach geht es über Lissa nach Glogau weiter, um am Spätnachmittag Gut Herrndorf zu erreichen. Hier erteilt das AOK 9 den Auftrag, die Verteidigung des Oder-Abschnittes von Steinau ausschließlich über Glogau bis Neusalz einschließlich zu organisieren und zu übernehmen. Der riskante Marsch durch ein von feindlichen Panzerkräften verseuchtes Gebiet war damit gut abgelaufen . . .«

Die sowjetische Führung hatte unter zutreffender Geländebeurteilung zielklar gehandelt, als sie ihre 4. Panzerarmee mit sehr starken Kräften nördlich Breslau vorbei auf den Oder-Abschnitt Parchwitz-Steinau-Köben vortrieb. Diesen starken Kräften war die Bildung eines Brückenkopfes jenseits der Oder nicht zu verwehren.

Zwar erhielt die Unteroffiziersschule Jauer den Befehl, Steinau zu verteidigen, doch dies geschah erst am 20. 1. 1945, und das war zu spät, um diesen wichtigen Oder-Übergang mit je einer Eisenbahn- und Straßenbrücke in Verteidigungszustand zu versetzen. Die Truppen trafen erst am 22. und 23. 1. dort ein. Am Abend des 23. 1. aber hatten die ersten sowjetischen Panzer sich bis auf Schußentfernung Steinau genähert, und am Morgen des 24. 1. durchstieß der Panzerfeind den äußeren Verteidigungsring auf dem Ostufer der Oder. Die Eisenbahnbrücke flog in die Luft. Die Sprengung der Straßenbrücke mißlang, weil die Zündung der Sprengladung versagte, da sämtliche Zündleitungen zerschossen waren.

Von den neun sowjetischen Panzern, die mit aufgesessener Infanterie über diese Brücke die Oder überquerten, wurden fünf mit Panzerfaust abgeschossen. Die übrigen vier zogen sich mit der Infanterie wieder auf das Ostufer zurück.

Pioniere arbeiteten sich nun mit Schnell-Ladungen zur Brücke vor und sprengten auch die Straßenbrücke. Allerdings nicht vollständig, so daß es sowjetischen Infanterieteilen gelang, über die Brückentrümmer ans Westufer zu kommen.

Etwa zur gleichen Zeit hatte die Sowjetarmee am 25. 1. auch bei Diebau, südlich von Steinau, mit Schwimmwagen die Oder überwunden. Nördlich Steinau schlugen sowjetische Pioniere nacheinander mehrere Brücken, über die auch Panzer ans Westufer gelangten.

In Steinau selbst kämpften die Unteroffizierschüler mit letztem Einsatz bis zum Abend des 3.2. Zu ihnen stießen Teile der Panzerbrigade 103 unter Oberst Mummert mit Teilen seines PzGrenReg. 103. Der opfervolle Einsatz konnte jedoch nicht verhindern, daß Steinau fiel und der Feind in breiter Front über die Oder setzte und einen breiten und tiefen Brückenkopf bildete. Im Wehrmachtbericht des 6. 2. 1945 wurde dieser Kampf bis zum Untergang der Unteroffizierschüler gewürdigt. Die Unteroffizierschule Jauer hatte starke feindliche Kräfte gebunden und so den geordneten Rückzug der übrigen noch ostwärts der Oder stehenden eigenen Kräfte mit ermöglicht.

Bis zum 28. 1. hatte der Feind bereits Lüben erreicht. Im Gegenstoß wurde ihm diese Stadt wieder entrissen. Hier fanden die deutschen Soldaten schreckliche Dinge vor. Im Keller des Hauses Laux wurden 20 Soldaten der PGD »Großdeutschland« mit Genickschüssen gefunden. Sie waren von den Sowjets liquidiert worden.

Der Einsatz des Panzerkorps »Großdeutschland«

Vom 1. bis 11. 1. 1945 wurden die PGD »GD« und der Korpsstab »Großdeutschland« unter General der PzTr. von Saucken mit den in Aufstellung befindlichen Korpstruppen in den Raum Willenberg, südlich der Grenze Ostpreußens, als OKH-Reserve verlegt. Unmittelbar nach Beginn des sowjetischen Großangriffs aus dem Baranow-Brückenkopf an der Weichsel erhielt »Großdeutschland« den Befehl zum Abmarsch nach Süden, zum Offenhalten der Brückenköpfe über die Orzyc. Einen Tag darauf erhielt die PGD »Brandenburg«, GenMaj. Schulte-Heuthaus, die sich auf dem Transport nach Ostpreußen zum Korps befand, Weisung, in den Raum um Litzmannstadt zurückzuverlegen, und am nächsten Tage folgte der Korpsstab nach und übernahm bei Litzmannstadt den Befehl über die Division »Brandenburg« und die Fallschirm-Panzerdivision »Hermann Göring«.

Vom 15. bis 30. 1. 1945 stand das Korps mit diesen beiden Divisionen im Einsatz in Nordpolen und zog sich kämpfend bis in eine Stellung am Westufer der Oder zurück.

Dazwischen aber lagen harte Kämpfe der Divisionen des Korps. Die PGD »GD« trat am 28. 1. eine Stunde vor Mitternacht von Guhrau aus gegen die Nordflanke des sowjetischen Stoßkeils zum Angriff auf Köben an. Die PGD »Brandenburg« erreichte im Angriff dieser Nacht die Linie Rützen-Neu Wiersewitz. Der Stoß der Division »HG« zwischen dem Waldgebiet von Rützen und der Oder nach Süden blieb bei Korwangelwitz liegen. Dieser Angriff in die Nordflanke des Feindes brachte kein Ergebnis, und am 30. 1. mußte das gesamte PzK »Großdeutschland« auf das Westufer der Oder zurückgenommen werden.

Der Heeres-Panzerjagdverband »Großdeutschland«, der am 20. 1. aufgestellt worden war, wurde bei Steinau an der Oder eingesetzt. Am 26. 1. entstand aus weiteren Kampfgruppen und Alarmeinheiten die PGD »Kurmark« unter Oberst Langkeit, und am 30. 1. befahl das OKH die Aufstockung der Führer-Begleitbrigade und der Führer-Grenadierbrigade »Großdeutschland« zu Divisionen. Die Kommandeure dieser Brigaden, Oberst Mäder und Oberst Remer, wurden zu Generalmajoren befördert.

Die Räumung des Brückenkopfes auf dem Ostufer gelang. Das PzK »Großdeutschland« wurde nunmehr in Schlesien eingesetzt.

Das XXIV. PzK wurde ebenfalls gegen den Brückenkopf Steinau der Sowjetarmee eingesetzt. Mit der 16. PD wurde am 28. 1. ein Angriff von Glogau aus vorgetragen, der aber im Abwehrfeuer der Sowjetarmee bei Gaffron liegenblieb. Noch einmal mußte das PzK »Großdeutschland« nach vollzogenem Uferwechsel angreifen. Am 2. 2. führte es einen Angriff südlich Raudten vorbei und bis Militsch-Töschwitz, wo auch dieser Angriff liegenblieb. Ein weiterer, zwei Tage später südlich davon begonnener Angriff konnte ebenfalls nicht über die Straße Lüben-Raudten vordringen. Die Mitte und der Nordflügel des sowjetischen Brückenkopfes bei Steinau waren einfach zu stark geworden, um ihn noch eindrücken zu können.

Der mit dem LVII. PzK gegen den Südflügel dieses Brückenkopfes zwischen Parchwitz-Lüben gerichtete Angriff drang nicht durch und wurde durch starke Gegenstöße der Sowjets in die Verteidigung gedrängt.

Hier kämpften die Verbände der 408. ID unter GenLt. Jolasse, die umgehend aus Ersatztruppen des Wehrkreises VIII, Breslau, gebildet und in den Kampf geworfen worden war. Diese Division wurde von der PzBrig. 103, Oberst Mummert, und dem Sturmflak-Regiment 99, Major Runge, unterstützt.

Bis zum 31. 1. schlugen sich Soldaten der Unteroffizierschule Jauer aus Steinau zu dieser Division durch. Die Division kämpfte bis zum 8. 2. im Großraum südlich Lüben. Am Vormittag dieses Tages erschien Generaloberst Schörner auf dem

DivGefStand in Vorderheide, aber auch er gab nicht den ersehnten Befehl zum Absetzen. Dieser wurde jedoch wenig später vom LVII. PzK gegeben. Die 408. ID setzte sich nach Langenwaldau ab. Da auch hier bereits sowjetische Panzer hineinschossen, wurde nach Sprengung der Schwarzwasser-Brücke der DivGef-Stand nach Bärsdorf-Trach verlegt. Die Absetzbewegungen führten nach Goldberg. Die Stadt wechselte mehrfach ihren Besitzer. Ein Bataillonsführer in der 408. ID, Hptm. Heinze, berichtete darüber:

»Die Stadt wechselte mehrfach ihren Besitzer. Dort hausten die Russen besonders brutal und unmenschlich. Die grauenhaften Bilder, die sich der Truppe nach der Wiedereinnahme boten, lassen sich nicht beschreiben.«

Die Versuche, den Brückenkopf Steinau der Sowjetarmee zu beseitigen, waren gescheitert. Unter Oberst Treuhaupt kämpfte die Festung Liegnitz am 8. und 9. 2. bis zu ihrem Fall.

Kämpfe am Nordflügel der Heeresgruppe Mitte

Das AOK 4. Panzerarmee, das nach den verlustreichen Kämpfen in Polen am 25. 1. befehlsgemäß in Glogau eingetroffen war, hatte gegen Ende Januar im Nordabschnitt die Führung übernommen. Die nördliche Armeegrenze lief am 31. 1. über Glogau-Sagan, am 12. 2. weiter nördlich davon über Neustädtel-Sorau und wenig später an der Einmündung der Lausitzer Neiße in die Oder nördlich von Guben.

Im gleichen Maße, wie die Nordgrenze der 1. Panzerarmee und der 17. Armee nach Norden verschoben wurde, verschob sich also auch die Nordgrenze der 4. Panzerarmee weiter nach Norden. Sie hatte mit ihrem Nordflügel nun bereits Schlesien verlassen und war in den Süden der Mark Brandenburg gelangt.

Von deutscher Seite wurde nach dem Auffüllen des Brückenkopfes von Steinau mit sowjetischen Truppen gefolgert, daß die Sowjetarmee mit starken Kräften über die Lausitzer Neiße und möglicherweise bis zur Elbe vorzustoßen beabsichtigte. Darüber hinaus konnte sie aber auch aus dem Raum nördlich Dresden von Süden her gegen Berlin oder von Norden her in Richtung Böhmen vorstoßen und die schlesische Front der Heeresgruppe Mitte zum Einsturz zu bringen versuchen. Die Gefahr, daß der Zusammenhang zwischen der HGr. Mitte und der HGr. Weichsel verlorenging, bestand. Alles dies war GendPzTr. Gräser bekannt. Er bereitete alles zum Auffangen des feindlichen Großangriffes vor.

Als dieser Angriff aus dem Brückenkopf Steinau am 8. 2. begann, verlegte das AOK 4. PzArmee seinen GefStand von Sagan nach Bunzlau. Vor der feindlichen

Panzerlawine mußte er jedoch bereits am 10. 2. weiter zurückweichen und richtete sich bei Görlitz neu ein.

Zwei sowjetische Panzerarmeen und drei Infanteriearmeen eröffneten den Angriff. Der Durchbruch gelang im ersten Ansturm. Die 3. Garde-Panzerarmee stieß über Liegnitz nach Südosten auf Breslau vor und erzielte die schnelle Einschließung der Stadt. Die beiden übrigen Stoßkeile gingen im Süden über Heynau-Bunzlau-Naumburg a. Queiss auf Görlitz, mit einer Neben-Stoßgruppe noch weiter südlich auf Lauban vor, während die nördliche Gruppierung über Priemkenau-Sprottau-Sagan-Sorau in Richtung Sommerfeld-Forst zielte.

Der lange Südflügel der 4. PzArmee am Queiss war durch den Kommandanten des Festungsabschnittes Niederschlesien, GenLt. Bordihn, und rückwärts dieser Auffangstellungen durch GenLt. Friedrich, dem Höheren ArtKdr. 312, am Hammer-Abschnitt beiderseits von Rauscha, mit einem Abwehrgürtel versehen worden, in dem Truppen und Einheiten verschiedenster Stellen eingesetzt wurden.

An diese Widerstandslinie am Queiss schloß sich nach Norden die von ihrem Korps abgetrennte PGD »Brandenburg« an, die sich von Raudten her – vom Feind eingekesseit – über Heerwegen-Primkenau und Sprottau südlich Sagan hinter den Queiss zurückgekämpft hatte.

Vom 12. 2. ab war das Korps »GD« hinter Bober und Queiss versammelt und ging zur Abwehr über. General von Saucken verließ das Korps und ging nach Ostpreußen. GenLt. – ab dem 15. 3. Gen.d.PzTr. – Jauer übernahm hier die Führung. Vom Gefechtsstand in Bautzen befehligte er die Division »Kurmark« nördlich Frankfurt, das Feldwach-Regiment »GD« bei Küstrin, den Ersatzverband »GD« bei Guben, die Alarmbrigade »GD« westlich Forst und die PzGrenBrig. »Brandenburg« ostwärts Bautzen. Die PGD »Großdeutschland« war zwischen Heiligenbeil und Königsberg in Ostpreußen, und die beiden neuen Divisionen – Führer-Begleit-Division und Führer-Grenadier-Division »GD« in Arnswalde – wurden seinem Befehlsbereich entzogen.

Nördlich des PzK »GD« marschierte das XXIV. PzK, General Nehring, aus dem Raum 10 km nordwestlich Raudten befehlsgemäß nach Nordwesten zurück. Im XXIV. PzK standen die 16. PD sowie die 72., 88. und 342. ID (die in der Wiederaufstellung begriffen waren). In Nachtmärschen zog das Panzerkorps über Neustädtel und Freystadt in Richtung Naumburg-Christianstadt am Bober. Dieser Marschweg mußte mehrfach gegenüber Feindkräften freigekämpft werden, die zwischen Glogau und Neusalz an mehreren Stellen die Oder überwunden hatten und die rechte Flanke dieses Panzerkorps bedrohten.

In Freystadt mußten in der Nacht des 13. 2. mehrere Feindpanzer, die bereits in die Stadt eingedrungen waren, abgeschossen werden. Dennoch wurde das Ziel hinter dem Bober erreicht.

Nachdem diese beiden Korps sich zur Abwehr eingerichtet hatten, faßte General Gräser den Entschluß, mit dem XXIV. PzK westlich des Bober nach Süden und mit dem PzK »GD« ebenfalls westlich des Bober zwischen Sagan und Sorau nach Norden anzugreifen und damit den auf Forst vorstoßenden Feind von seinen rückwärtigen Verbindungen abzuschneiden. Dazu wurde dem XXIV. PzK die 25. PGD unter GenLt. Audörsch unterstellt.

Der Angriff des XXIV. PzK begann am 14. 2. 45. Bis zum 18. 2. wurde lediglich bis 10 km südlich Christianstadt Geländegewinn erzielt. Die erhoffte Vereinigung mit der von Süden angreifenden 20. PGD kam jedoch nicht zustande. Am 19. 2. mußte General Gräser den Kampf abbrechen, als der Gegner kehrt gemacht und auch aus Osten neue Reserven herangeführt hatte.

Dennoch hatte dieser Angriff das Ausweichen der eigenen Kräfte der 4. Panzerarmee hinter die Lausitzer Neiße erleichtert.

Das XXIV. PzK zog sich in Richtung Guben zurück, obgleich im Waldgebiet ostwärts dieser Stadt bereits starker Feind gemeldet wurde. GendPzTr. Nehring faßte diesen Entschluß, weil sich dort noch ein Brückenkopf des XXXX. PzK (ohne Panzer) befand. In der Nacht zum 21. 2. wurde der Marsch in Richtung Guben angetreten. Die 16. PD band durch einen Angriff gegen einen bei Gastrose, acht km südlich Guben, befindlichen Brückenkopf westlich der Neiße den Feind und ermöglichte dem eigenen Korps den Übergang über den Fluß.

Dieser feindliche Brückenkopf wurde Mitte März in einem Nachtangriff vom XXXX. PzK beseitigt. Hinter der Neiße bezog das XXIV. PzK eine Verteidigungsstellung. Der sowjetische Angriff war hier zum Stehen gekommen. Das PzK »GD« und alle südlich daran anschließenden Truppenteile wurden am 20. 2. ebenfalls hinter die Lausitzer Neiße zurückgenommen. Die 4. PzArmee stand nunmehr geschlossen in der Neiße-Front von Rothenburg (nördlich Görlitz) bis zu ihrer Einmündung in die Oder nördlich von Guben.

Die 1. Panzerarmee im Industriegebiet von Mährisch-Ostrau

Am Abend des 29. 1. 1945 übernahm die 1. PzArmee den Befehl über das XI. SS-AK zwischen der slowakisch-polnischen Grenze und Saybusch, ferner über das LIX. AK zwischen Bielitz und Pleß. Die angreifenden Verbände der Sowjetarmee wurden bei Saybusch abgewehrt. Eine Stoßgruppe aber, die von Pleß aus nach Westen angriff, erzielte, wenn auch langsam, Raumgewinn. Zehn Tage benötigte die Sowjetarmee, um 10 km zwischen Bielitz und Pleß nach Westen Raum zu gewinnen. Bei Bielitz kämpfte die 544. VGD unter GenLt. Ehrig.

Die hier führende 4. Ukrainische Front bildete zur Förderung ihres Angriffs am 8. und 9. 2. bei Pleß einen Angriffsschwerpunkt und trat am 10. 2. zum Durchbruch an. Die beiden deutschen Divisionen auf der Naht zwischen dem XI. SS-Korps und dem LIX. AK wurden in den Raum Schwarzwasser zurückgeworfen. Hier aber blieben sie stehen und hielten die Angreifer auf.

Der gleichzeitig im Raume beiderseits Ratibor geführte Angriff der 1. Ukrainischen Front brachte keinen Erfolg.

Als Gefahr bestand, daß die 78. VStD durch einen Angriff aus Nordosten in ihrer tiefen Flanke bedroht wurde, griff eine kleine Kampfgruppe unter Führung eines Hauptmanns am 11. 2. abends an der Bahnlinie Auschwitz-Mährisch-Ostrau beim Bahnhof Chiby den Gegner an, der im Begriff stand, die noch weiter ostwärts stehenden Teile dieser Division abzuschneiden. Die Kampfgruppe hielt den Gegner so lange, bis sich die nördlichen Teile der Division der drohenden Einkesselung entzogen hatten.

Das XI. SS-Korps wurde am 10. 2. ebenfalls erneut angegriffen, nachdem es wenige Tage zuvor bereits einen starken Feindangriff über die Linie Rybnik-Ratibor nach Südwesten vereitelt hatte. Die 75. ID auf dem rechten Korpsflügel wurde von diesem Angriff aus dem Raume Pleß halbwegs bis Sorau zurückgeworfen. Bei Rybnik und Ratibor aber, im Bereich der 68. ID und der 1. SkijägerDivision, wurde der Angriff abgewiesen.

Im Bereich des LIX. AK griffen die Sowjets ebenfalls an; beim XXXXIX. GebKorps (Gen.d.PzTr. von Le Suire), das in der Gebirgsfront zwischen Bielitz und Rosenberg stand, wurde ein weiterer Angriff abgewiesen. Unter diesem Korps verteidigten von Norden nach Süden die 545. und 320. VGD, die 253. ID sowie die 4. und 3. Gebirgs-Division.

Bei Bielitz und Saybusch gelangen der Sowjetarmee am 10. 2. tiefe Einbrüche, die schließlich zum Stehen gebracht werden konnten. Saybusch ging verloren. Gegen jene neun Infanterie-Divisionen, welche die 1. PzArmee zwischen Sorau, Bielitz und Rosenberg im Einsatz hatte und von denen vier zerschlagen waren, hatte der Gegner 36 Schützen-Divisionen und mehrere Panzerverbände angesetzt.

Beiderseits des Waag-Tales wurden die Stellungen der beiden Gebirgs-Divisionen ebenfalls angegriffen. Während die 4. GebDiv. beiderseits des Skorusina-Berges, 20 km westlich Zakopane, in schweren Abwehrkämpfen stand, versuchte die Sowjetarmee vom 11. bis 15. 2. im Waag-Tal bei der 3. GebDiv. den Durchbruch auf Rosenberg zu erzwingen. Nach heftigem Trommelfeuer griff sie hier an und wurde immer wieder abgewiesen. Am 14. 2. wurden die Abwehrleistungen der 3. GebDiv. unter GenLt. Klatt im Wehrmachtsbericht gewürdigt. Die hier angreifende tschechische Division wurde völlig zerschlagen.

Nach Abwehr dieser Angriffe bei Rosenberg erteilte die Armeeführung der 3. GebDiv. und der 253. ID den Befehl, die im Raume Saybusch und bei Schwarzwasser stark angeschlagene 320. VGD sowie ferner die 78. VStD abzulösen.

Am 16. 2. wurde von der 1. Ukrainischen Front ein starker Angriff aus dem Brückenkopf zwischen Ratibor und Cosel in Richtung Leobschütz vorgetragen. Er traf die dort stehende 371. ID und die 18. PGD, die zum XI. SS-Korps übergetreten waren. Bei Groß Neukirch erzielte der Gegner einen tiefen Einbruch. Bis zum 18. 2. konnte dieser Einbruch beseitigt werden. Der Kommandierende General des XI. AK, General der Inf. von Bünau, notierte am Abend des 18. 2. in seinem KTB.: »Voller Abwehrerfolg! «

General Niehoff, der mit seiner 371. ID das Gutshaus von Klein Ellguth (bei Groß Neukirch) zurückeroberte, stellte fest, daß die Sowjets viele Soldaten der 18. PGD entsetzlich zugerichtet und umgebracht hatten. Mitten zwischen den Toten lag der geschändete Leichnam eines nackten jungen Mädchens.

Bei der 253. ID weitete sich der feindliche Angriff südlich Schwarzwasser zu einem bedrohlichen Einbruch aus, der schließlich abgeriegelt werden konnte. Hier wurde bis zum 20. 2. die aus ihrer Front herausgelöste 3. GebDiv. als Hilfe für den Südflügel des LIX. AK eingesetzt.

Bereits am 17. 2. hatte die HGr. Mitte in ihrer Tagesmeldung an das OKH berichtet:

»Bei der 1. PzArmee Fortdauer der feindlichen Angriffe besonders bei Schwarzwasser. Es gelang im wesentlichen, bei geringen Geländeverlusten die Feindangriffe unter Einsatz letzter Reserven abzufangen. Mit der Fortdauer der Angriffe muß gerechnet werden. 1. Panzerarmee und HGr. können keine Reserven größeren Umfanges mehr zuführen.«

Aber auch der Gegner war erschöpft. Die Kraft seiner Angriffe ließ um den 22. 2. herum stark nach. Nur noch kleinere örtliche Vorstöße wurden unternommen, die sämtlich abgewehrt wurden. Die Verteidigungslinie in Höhe von Saybusch-Skotschau hart westlich Schwarzwasser-Pawlowitz-Sorau war behauptet worden. Auf den beiden Flügeln, im Südabschnitt im Gebirge und im Nordwesten vor den feindlichen Oder-Brückenköpfen zwischen Rybnik, Ratibor und Cosel, kam es während dieser Kämpfe kaum zu Geländeverlusten.

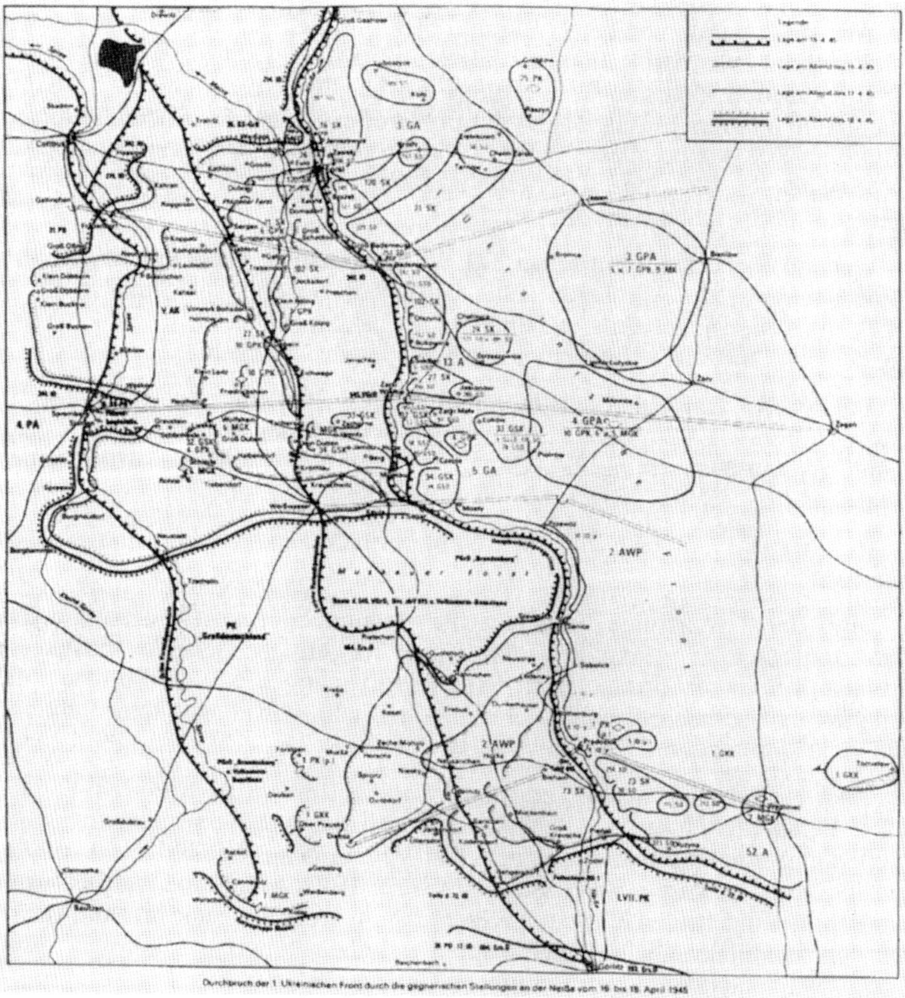

Durchbruch der 1. Ukrainischen Front durch die gegnerischen Stellungen an der Neiße vom 16. bis 18. April 1945

Bei der Heeresgruppe Mitte war man sich seit dem 13. 2. 1945 darüber im klaren, daß die Oder-Verteidigung mißglückt war. Breslau und Glogau waren eingeschlossen. Der sich um Breslau schließende Ring der Sowjetarmee hatte nicht aufgebrochen werden können. Am linken Flügel der 17. Armee klafften zwischen Striegau und Jauer große Lücken; ebenso an mehreren Stellen der Abwehrfront der 4. PzArmee.

In dieser Situation erhielt die 17. Armee den Auftrag, im Südwesten so nahe wie möglich an Breslau heranzurücken, um eine gute Ausgangsbasis für einen späteren Entsatzangriff zu erhalten. Darüber hinaus sollte sie »durch Abwehr und Angriff einen Durchbruch des Feindes nördlich Schweidnitz verhindern«.

Die 4. PzArmee sollte die Front am Queiss halten, den zwischen Sagan und Christianstadt über den Bober gesetzten Feind angreifen und vernichten. Hierzu wurden von der Armee Kräfte des XXIV. PzK westlich des Bober bereitgestellt.

Bei der HGr. war man jedoch besorgt, ob es der 4. PzArmee überhaupt gelingen würde, sich zu halten. Man befürchtete ihr Zurückweichen hinter die Lausitzer Neiße durch einen starken Feindangriff.

Die 1. PzArmee, der südliche Eckpfeiler der Front, konnte und durfte keine weiteren Kräfte mehr abgeben, wenn sie in der Lage sein sollte, das Mährisch-Ostrauische Industriegebiet zu sichern.

Um Hitler die schwierige Lage vorzustellen, entsandte Generaloberst Schörner seinen Generalstabschef, GenLt. von Xylander, ins FHQ nach Berlin. Auf dem Flug dorthin geriet die Maschine am 14. 2. in den US-Luftangriff gegen Dresden und wurde abgeschossen. General Xylander und die Besatzung fielen.

GenMaj. von Natzmer wurde von Xylanders Nachfolger. Zu dem geplanten Vortrag vor Hitler kam es nicht mehr.

Bis Ende Februar wurden der HGr. Mitte zwei Divisionen als Reserven zugeführt. Es waren die Führer-Begleit-Division und die Führer-Grenadier-Division des PzK »GD«.

Wie falsch im Führerhauptquartier die Lage beurteilt wurde, zeigte ein am 21. 2. 1945 an die HGr. Mitte gegebener Befehl des OKH mit den »Weisungen für die Durchführung der Operation bei den HGr. Mitte und Weichsel« (siehe OKH Genst.d.H./Op. Abt. Ia Nr. 450138/45):

»1. Der Schwerpunkt des feindlichen Handelns ist unverändert mit dem Ziel zu sehen, im Angriff über die Linie Görlitz-Schwedt-Ostsachsen und Berlin Raum zu gewinnen und dadurch entscheidende militärische, politische und wirtschaftliche Auswirkungen herbeizuführen ...

Als Aufgabe der in Schlesien angesetzten Feindkräfte muß die Gewinnung des Industriegebietes von Mährisch-Ostrau und Waldenburg angenommen werden.

2. Aufgabe der HGr. Mitte und Weichsel ist es, ein weiteres Vordringen des Gegners über die Linie Görlitz-Schwedt zu verhindern, die mährisch-schlesischen Industriegebiete und den pommerschen und westpreußischen Kampfraum fest in der Hand zu behalten und damit die Voraussetzungen für den Übergang zum Angriff zu schaffen.

3. Hierzu hat die HGr. Mitte den Kampf so zu führen, daß auf ihrem linken Flügel am Neiße-Abschnitt Görlitz-Guben wieder eine festgefügte Abwehrfront, entsteht und im Raume Schweidnitz-Hirschberg das erforderliche Vorgelände nördlich der Sudeten für einen Angriff über den Raum beiderseits Liegnitz in nördlicher Richtung gegen die Flanke der feindlichen Hauptangriffslinie erhalten bleibt.

4. Die HGr. Weichsel hat die durch Einstellung des Angriffs Sonnenwende freigewordenen Kräfte als Reserven für die eigene Front und für den linken Flügel der HGr. Mitte freizumachen.

5. Die beiden Heeresgruppen melden die Absichten für die weitere Kampfführung aufgrund dieser Weisung bis zum 24. 2. 1945.

Im Auftrag des Führers, gez. Guderian.«

Von den in dem Befehl genannten operativen Vorschlägen konnte zu dieser Zeit nicht mehr die Rede sein. Die HGr. Mitte konnte lediglich noch ihre eigenen Stellungen halten.

Die auch später noch in Weisungen des OKH eingestreuten Hinweise auf eine künftige Offensive wurden von der Führung der HGr. Mitte nicht ernst genommen, weil eine solche Offensive mit den ständig mehr schwindenden Kräften nicht mehr zu führen war. Bei der HGr. Mitte war man der Ansicht, daß der entscheidende Angriff der Sowjetarmee in Richtung Berlin bald zu erwarten sei. Dieser Angriff würde mit seinem südlichen Stoßkeil auch gegen die Front der 4. PzArmee zwischen Görlitz-Muskau-Guben losbrechen. Trotz dieser Erkenntnis konnte die HGr.-Führung diesem bedrohten Abschnitt keinerlei Reserven mehr zuführen.

Daß es dennoch zu Gegenschlägen kam, die erfolgreich durchgeführt wurden, grenzt bei der Betrachtung der Kräfteverhältnisse an ein Wunder. Es war die 17. Armee unter General Schulz, die einen solchen Gegenschlag führte.

Der Gegenangriff der 17. Armee

In der Nacht zum 2.3. 1945 begann bei Lauban der Gegenangriff der 17. Armee. Die Führung des Angriffs lag in den Händen von General Nehring, da General Schulz im Frontgelände wenige Tage zuvor durch Bombensplitter verwundet worden war. Aus dem XXIV. PzK wurde die »Panzergruppe Nehring« gebildet. Die Planung sah vor, daß die 6. VGD in der Mitte verteidigen, während eine linke und eine rechte Angriffsgruppe beiderseits Lauban zum umfassenden Angriff antreten sollte, um sich nach Durchziehen dieses Gegenstoßes nördlich Lauban an der Straße Görlitz-Bunzlau zu treffen. Die rechte Angriffsgruppe sollte vom LVII. PzK, GendPzTr. Kirchner, gebildet werden. In ihr waren die Führer-Begleit-Division, die 8. PD und die in der Wiederauffrischung befindliche 16. PD verbunden. Auch die 2. ID gehörte dazu.

Die linke Angriffsgruppe, geführt von GendPzTr. Decker, bestand aus dem XXXIX. PzK; ihr waren die Führer-GD, die 17. PD, die 6. VGD und eine ID unterstellt.

Der in der Nacht zum 2. 3. beginnende Gegenangriff erzielte zunächst Geländegewinne in beiden Richtungen. Dann aber versteifte sich der sowjetische Widerstand vor dem LVII. PzK. Bei der linken Angriffsgruppe, dem XXXIX. PzK, ging es bis zum Nachmittag vorwärts. Ober-Bielau wurde zurückgewonnen. Vor dem Wald und an den Waldrändern nordostwärts und nördlich von Ober-Bielau aber verteidigten die Sowjets erbittert. GenMaj. Mäder, Kdr. der FGD, die weiter durch den Wald angreifen und die Straße nach Bunzlau gewinnen sollte, schlug General Decker vor, dieses schwierige Stück, das große Verluste und viel Zeit kosten würde, auszusparen und bereits von der erreichten Linie aus nach Osten abzudrehen und damit eine kleine, aber erreichbare Lösung anzustreben. General Decker faßte den Entschluß dazu; und General Nehring, der diese Operation führte, billigte ihn und befahl als neue Richtung Logau.

Der Kampf ging weiter, und 48 Stunden später stieß die FGD über den Queiss und erreichte ostwärts von Logau die 8. PD, der sie die Hand reichte. Ein kleiner Kessel war gebildet. Die FGD aber war im Raume Neuland-Kesseldorf-Giessmannsdorf in eine weit überlegene Feindmassierung geraten. Es gelang ihr nicht, ihr Angriffsziel, Naumburg, in Besitz zu nehmen. Erst am 5. 3. konnte sie den von den Sowjets hart verteidigten Siberberg, südostwärts von Sächsisch Haugsdorf, erobern. Doch zu diesem Zeitpunkt war der Kampf um Lauban bereits entschieden. Lauban war befreit, die für die HGr. Mitte wichtige Bahnstrecke, die alle Armeen untereinander verband, war wieder frei. Die Erfolge waren groß. Allein die 17. PD schoß am ersten Angriffstag etwa 80 Feindpanzer, überwiegend T 34, ab. Die 8. PD erzielte etwa 150 Panzerabschüsse. Hier die Kampfberichte zweier Divisionen, die dabei waren.

16. Panzer-Division im Gegenschlag auf Lauban

Als GenMaj. von Müller am 20. 2. 1945 die Schwerter zum Ritterkreuz mit Eichenlaub im FHQ entgegennahm, bat er darum, die geplante Auflösung der zerschlagenen 16. PD rückgängig zu machen und ihre Neuaufstellung zu befehlen. Dies geschah im Raume Bautzen. Als erster starker Verband rollte Major Lippold mit seiner schweren Jagdpanzer-Abt. heran. Die ersten Einheiten waren eben zusammengestellt, als der Befehl zur Verlegung in den Raum Marklissa eintraf. Ein sowjetischer Vorstoß gegen Lauban hatte den Verlust dieser Stadt und damit auch der letzten Bahnverbindung von Mitteldeutschland nach Schlesien herbeigeführt. Teile der 16. PD erhielten Befehl, von Süden her im südlichen Keil des Gegenschlages in Richtung Lauban anzugreifen.

Der Angriff des 5. 3. drang nicht sehr weit durch. Im Morgengrauen des 6. 3. rollte er nach nächtlicher Umgruppierung erneut vorwärts. Abermals versteifte sich bald der sowjetische Widerstand. Der DivKdr. ging mit seinem Ia in die vordersten Linien, um durch persönliches Eingreifen die einzelnen Gruppen vorzureißen. Major Michael übernahm das GrenRegt. »Jüterbog«. Die Jagdpanzer unter Major Lippold rollten voran und schossen im Panzerduell eine Reihe T 34 ab. Das gab der Infanterie neuen Mut. Gemeinsam mit den Pionieren unter Major Gerke, unterstützt von der Artillerie unter Oberstlt. von Guaita, drang die Spitzengruppe in Lauban ein und warf die Sowjets im Häuserkampf aus der Stadt. An einzelnen Stellen brannte es. Die Lage in der Stadt war grauenhaft. Lauban war befreit, aber nicht für lange.

Die Kämpfe bei der 6. Volksgrenadier-Division

Der Kampf um Lauban begann für die 6. VGD unter GenMaj. Brücker bereits am 20. 2. 1945. In den ersten Kampftagen hatte diese Division gegen die 6. sowjetische Panzerarmee zu kämpfen.

Die Bataillone lagen in Sächsisch Haugsdorf (SturmBatl.), in Hennersdorf-Ost (Batl. Rommelspacher), Hennersdorf-West (Batl. Dregger), Spittel-B.-Rachenau (Batl. Regel).

Mit einem überraschenden Panzereinbruch am Morgen des 20. 2. bei Hennersdorf begann der russische Angriff. Zwar ging Hennersdorf-Ost verloren, doch Hennersdorf-West konnte gehalten werden. Der Gegenangriff in der kommenden Nacht, der von den Bataillonen Dregger und Rommelspacher geführt und von einer Hetzer-Kompanie unter Lt. Dallmeier unterstützt wurde, drang durch. Hennersdorf-Ost wurde zurückgewonnen.

Der Feinddruck gegen die 6. VGD verstärkte sich am 21. 2. Ein tiefer Panzerdurchbruch an der Straße Hennersdorf-Schreibersdorf drang bis Nonnenbusch vor. Eine Reihe Ortschaften wurde vom Gegner genommen.

In der Nacht wurden die durchgebrochenen Panzerrudel größtenteils von den Grenadieren der 6. VGD mit Nahkampfmitteln vernichtet. Ein Panzerjagdverband der Luftwaffe leistete wertvolle Hilfe.

Der Gegenangriff mit dem neu zugeführten Bataillon unter Hptm. Schindel, dem Batl. Rommelspacher und der Hetzer-Kp. Dallmeier drang durch. Hennersdorf wurde zurückgewonnen.

Als die Sowjets Wünschendorf in Besitz nahmen, wurde das Sturm-Batl. bis auf die Höhe 1 km südlich Wünschendorf zurückgeworfen. Der sowjetische Vorstoß aus Wünschendorf nach Süden, gegen die Enge zwischen dem Queiss und der Bahnlinie 1 km nördlich von Gut Lauban, blieb vor der Enge liegen, die von einem Oberleutnant mit wenigen Grenadieren gehalten wurde. Hier wurde eine Reihe von Feindpanzern vernichtet.

Die 6. VGD hatte sich inzwischen bis zum Westrand von Lauban durchgekämpft und trat mit dem Stadtkommandanten Major Tschuschke in Verbindung, der direkt dem LVII. PzK unterstand.

15 Feindpanzer, die sich am nächsten Tag im Angriff nach Süden der Verteidigungslinie der 6. VGD bei Lauban näherten, wurden von der Hetzer-Kp. Dallmeier mit nur zwei dort stehenden Hetzern empfangen und sieben von ihnen abgeschossen. Die anderen rollten zurück.

Im gesamten Divisionsabschnitt standen die Hetzer von Lt. Dallmeier ununterbrochen im Einsatz. Angriff und Gegenangriff, Verlust und Wiederinbesitznahme der Ortschaften wechselten ständig. Als der Oberleutnant, der die Enge nördlich Gut Lauban hielt, gefallen war, drang der Gegner mit acht bis zehn Panzern bis zum Friedhof durch. Damit war Gut Lauban verloren. Mit nur noch zwei Hetzern fuhr Lt. Dallmeier dem Gegner entgegen und schoß alle eingedrungenen Panzer beim Friedhof Lauban ab. Die beiden letzten Hetzer fielen dabei wegen Getriebeschadens und Schadens am Rückwärtsgang aus. Da auch die der Division unterstehende PanzerJagdAbt. 1183, Jaenisch, für mehrere Tage nach Görlitz zur Reparatur mußte, war die Division zu diesem Zeitpunkt ohne Panzerabwehr. Zum Glück traf wenig später Oberst von Luck von einer nördlich Penzig stehenden PzDiv. ein. Er brachte sechs Tiger und zehn Panzer IV mit. Diese fuhren sofort in den Einsatz.

Ein starker Feindeinbruch im Norden von Lauban, der bis zum Frauenkloster an der Nordkirche Laubans durchstieß, wurde von einer nach Lauban geführten Panzerbrigade bereinigt. Der Kampf am Nordrand der Stadt setzte sich tagelang fort.

Am 2. 3. erhielt die Division Nachricht, daß ein Gegenangriff mit zwei Stoßkeilen laufe. Die 6. VGD schloß sich im Süden dem Angriff der FGD am Abend des 3. 3. gegen 19.00 Uhr an. Dieser Angriff stieß mitten in die in Eile zurückrollenden russischen Kolonnen hinein, die sich aus dem Frontvorsprung Lauban retten wollten. Damit war die Absicht der Sowjetarmee, über Lauban nach Süden und Südwesten durchzubrechen, vereitelt worden. Das Kampfgelände war für die sowjetische Panzerarmee zu einem Friedhof geworden. Die Hetzer-Kp. Dallmeier schoß allein über 100 Panzer ab. Davon kamen auf das Konto von Lt. Dallmeier allein 50 Feindpanzer. Am 3. 4. überreichte GenMaj. Brücker dem Leutnant das Ritterkreuz.

Die Pak-Kpn. des IR 58 der 6. VGD konnte danach mit 16 neuen 7,62-cm-Pak des Gegners ausgestattet werden. Zwei schwere Batterien mit 12-cm-Geschützen wurden aus der weiteren Beute vom ArtRgt. der Division aufgestellt. 10 Feindpanzer wurden bemannt und in Dienst gestellt.

Die Lage bei der 1. Panzerarmee

Nach der Abwehr der sowjetischen Februar-Angriffe im Raume Mährisch-Ostrau mußte die 1. PzArmee die gelichteten 359. und 545. VGD an die 17. Armee abgeben, weil die Heeresgruppenführung dort einen neuen Feindangriff erwartete. Damit verfügte die 1. PzArmee in ihrem Abschnitt nur noch über 12 Divisionen,von denen sieben nicht mehr als »Kampfgruppen« waren.

Am 24. 2. wurde außerdem der Abschnitt der 1. PzArmee über Cosel bis Oppeln ausgedehnt, wodurch die Korpsgruppe Schlesien, das GenKdo. LVI. PzK mit der 168. und 344. ID, die 20. estnische SS-Freiwilligen-Div. und Volkssturm unter das Kommando der 1. PzArmee traten.

Damit verteidigte die 1. PzArmee einen Abschnitt von 300 km Breite, der aus dem Raum südlich Rosenberg in der Slowakei bis Oppeln reichte. Dies mit 15 Divisionen, von denen eine Reihe nur noch Kampfgruppen waren. Reserven standen nicht mehr zur Verfügung, weil diese 15 Verbände sämtlich vorn in der Front stehen mußten, um diese notdürftig zu sichern. In diese Front ragten zwei sowjetische Brückenköpfe hinein, aus denen ein sowjetischer Vorstoß und Umfassungen von deutschen Teilverbänden möglich waren: der Brückenkopf bei Krappitz und jener von Cosel, der sich bis nördlich Ratibor ausgedehnt hatte und fünf bis zehn Kilometer tief war.

Die 1. PzArmee entschloß sich, einem Feindangriff aus dem Brückenkopf Cosel zuvorzukommen und den Brückenkopf durch einen eigenen Angriff zu beseitigen oder wenigstens einzuengen. Schwerpunkt des Angriffs lag beim XI. AK, dem alle verfügbaren Sturmgeschütz-Einheiten zugeführt wurden. Ein Regiment der 4. Gebirgs-Division mußte nach Rybnik geschickt werden, damit es dort für die zum Angriff vorgesehene 8. PD weiter verteidigte. Zur Entlastung des XI. AK wurde die Korpsgruppe Sieler mit der neu hinzugekommenen 168. und 344. ID unter dem Stab der 304. ID zusammengefaßt und am Nordflügel des Angriffskorps eingesetzt. Angriffsbeginn sollte der 8. 3. 1945 sein.

Ende Februar jedoch bereitete auch die 4. Ukrainische Front einen Durchbruchsangriff im Raume Schwarzwasser südlich von Skotschau vor, der auf den Verteidigungsstreifen des LIX. AK, GenLt. von Tresckow, zielte. GenOberst Heinrici befahl, eine drei bis vier km weiter rückwärts gelegene HKL vorzubereiten, in die sich die Verbände des LIX. AK in der Nacht vor dem Angriff zurückziehen sollten, um dem sowjetischen Trommelfeuer zu entgehen.

Damit hatte die 1. PzArmee zwei Vorhaben eingeleitet. Zum einen sollte der Angriff der 1. Ukrainischen Front im Norden aus dem Brückenkopf Cosel durch einen dem Feind zuvorkommenden Angriff zerschlagen werden, während zum anderen im Süden bei Schwarzwasser ein begrenztes Ausweichen vorgesehen war, um dem Angriff der 4. Ukrainischen Front die erste Stoßkraft zu nehmen.

Die Schlacht in Oberschlesien

Nach der Befreiung von Lauban in den ersten Märztagen wurden Kräfte frei, die als Panzerstoßgruppe für den Entsatz von Breslau vorgesehen waren. Es war das XXIV. PzK mit der 8. und 16. PD, die FBD und später die 17. PD. Doch diese Absicht zerschlug sich, als sich am rechten Flügel der HGr. Mitte der Beginn der zweiten Schlacht um das Mährisch-Ostrauer Industrierevier abzeichnete. Die zum Entsatz von Breslau vorgesehenen Panzer-Divisionen wurden nach Oberschlesien geschafft.

Am 8. 3. begann der Angriff des XI. AK gegen den Brückenkopf Cosel. Dieser Angriff stieß mitten in starke sowjetische Angriffsvorbereitungen hinein. Es gelang im Süden in den Brückenkopf einzubrechen. Hier fochten die 1. SkijägDiv. und die 97. JägDiv. mit der 8. PD. Sie trieben den Feind zurück. Der nördliche Angriffskeil aber blieb liegen. Zwischen diesem Keil und den liegengebliebenen Teilen des Korps drangen sowjetische Verbände ein und trennten sie voneinander.

Die sowjetischen Gegenangriffe gegen die durch den Südteil des Brückenkopfes vorgestoßenen deutschen Verbände wurden am 11. und 12. 3. abgewiesen. Beim LIX. AK wurde durch Gefangenenaussage in der Nacht zum 9. 3. herausgefunden, daß die 4. Ukrainische Front am 10. 3. zu ihrer neuen Offensive antreten werde. Nachdem die üblichen sowjetischen Erkundungsvorstöße abgewehrt waren, erhielt das Korps am Abend des 9. 3. von der Armee Befehl, die vorbereitete

Großkampf-HKL in der Nacht zu erreichen. Unbemerkt vom Gegner wich das Korps in der Nacht 3 km zurück.

Am anderen Morgen stießen sowjetische Schlachtflieger auf die fast völlig verlassenen Stellungen herunter. Dann setzte der Artillerie-Feuerschlag ein. Als der sowjetische Infanterieangriff lief, stieß er ins Leere. Dennoch erreichten die Spitzengruppen bereits gegen Mittag die Großkampf-HKL. Der Durchbruch mißlang jedoch. Die zum Durchbruch bereitgestellten sowjetischen Panzerverbände wurden an diesem Tage nicht eingesetzt. Durch die beiden vorher genannten deutschen Maßnahmen war der gleichzeitige Angriff der 1. und 4. Ukrainischen Front verhindert worden. Die 1. Ukrainische Front mußte ihre Kräfte neu ordnen. Die Panzer der 4. Ukrainischen Front blieben in ihren Bereitstellungsräumen liegen.

Während im Coseler Brückenkopf am 13. und 14.3. Ruhe herrschte, gingen nördlich und südlich von Schwarzwasser die Angriffe der 4. Ukrainischen Front weiter. Die 3. GebDiv., die den ersten Angriff des Gegners aus der Großkampf-HKL zurückgewiesen hatte, trat am 11.3. zum Gegenangriff an und erkämpfte ihre ersten Stellungen zurück. Hier wurde ein Stoßtrupp des Komitees »Freies Deutschland« in deutscher Uniform gefangengenommen.

Durch den erzielten Zeitgewinn waren am Abend des 11. 3. die 8. und 16. PD im Raume südwestlich Schwarzwasser und ostwärts Sorau eingetroffen. Da hier der sowjetische Panzerangriff noch nicht begonnen hatte, kamen sie zur rechten Zeit. Sie waren der Kern der Abwehrkräfte, die bis zum 15. 3. den immer wieder angreifenden Panzerfeind zurückschlugen. Die HKL der 75. ID am Nordflügel des LIX. AK wurde allerdings am 13. 3. von sowjetischen Panzerkräften durchbrochen, die sieben km breit auf Sorau vorstießen. Die 8. PD riegelte gemeinsam mit dem GebjägRgt. 91 den Einbruch ab, und das III./Geb.JägRgt. 91 stieß im Gegenangriff fünf km über die eigenen Linien vor und erlitt – allein auf sich gestellt – in der kommenden Nacht schwere Verluste durch sowjetische Kampfgruppen.

Die Offensive der 4. Ukrainischen Front war liegengeblieben.

Als die 1. Ukrainische Front am 15. 3. zwischen Cosel und Grottkau zu ihrer beabsichtigten Offensive antrat und ihre Divisionen zwischen Ratibor und Cosel gegen das XI. AK anbrandeten, gelang es ihr am zweiten Tag des Angriffs, tiefe Einbrüche in Richtung Leobschütz zu erzielen. Hier mußten sofort Reserveverbände eingeschoben werden. Von der 1. PzArmee wurde aus der mittelschlesischen Front der 17. Armee die 254. ID herausgezogen, aus der Kampffront südlich Schwarzwasser die 16. PD; beide Verbände wurden nach Leobschütz gebracht. Dies war ein gefährliches Unterfangen, weil auch im Raume Schwarzwasser die Lage nach wie vor sehr kritisch war.

Die Schlacht um das Gebiet von Mährisch-Ostrau erreichte ihren Höhepunkt, als die 4. Ukrainische Front am 16. und 17. 3. noch einmal zum Angriff antrat.

Südwestlich Schwarzwasser standen die 544. ID, die 3. und 4. GebDiv. und die 253. ID im harten Abwehrkampf und schlugen alle Angriffe ab. Nordwestlich Schwarzwasser, bei der stark angeschlagenen 8. PD mit der 68. und 75. ID und Teilen der 4. GebDiv., wurde der Gegner ebenfalls abgewiesen. Unter GenMaj. Hax stand die 8. PD in erbitterten Gefechten gegen einen an Zahl weit überlegenen Panzerfeind. 65 Feindpanzer wurden abgeschossen.

Am 18. und 19. 3. griff der Feind auch aus dem Coseler Brückenkopf mit starken Kräften an. Angriffsziel war Leobschütz. Hart ostwärts Leobschütz tauchten am selben Tag die ersten Feindpanzer auf. Hier trat ihnen die herausgelöste und soeben eingetroffene 16. PD entgegen und warf den Angriff im Gegenstoß zurück. Die 78. Volks-Sturm-Div. nistete sich an den Stadträndern zur Verteidigung ein. Der beiderseits von Leobschütz versuchte Durchbruch starker Feindkräfte wurde von diesen beiden Divisionen verhindert.

Nunmehr übernahm das XXIV. PzK im Raume Leobschütz die Führung. Die 17. PD des Korps traf ab 20. 3. bei Jägerndorf ein. Damit standen zunächst hier die 16. PD, 78. VStD und 254. ID mit der 17. PD zur Verfügung. Im Anschluß nach Osten baute das XI. AK mit der 97. JD, der 1. SkjD und der 371. ID bis Ratibor neue Stellungen aus. Von Ratibor nach Südosten schlossen das LIX. AK und das XXXXIX. GebK die Linie Rybnik-Skotschau-westl. Saybusch bis ostwärts Rosenberg.

Bis zum 20. 3. war auf der gesamten Front der 1. PzArmee ein Stillstand eingetreten. Dem Feind war der zweite Durchbruchsversuch ins Industriegebiet von Mährisch-Ostrau verwehrt worden. An diesem Tage wurde Generaloberst Heinrici abberufen, um die HGr. Weichsel im Raume ostwärts Berlin zu übernehmen. Damit stand GenOberst Heinrici vor der unlösbaren Aufgabe, die Operationen um Berlin zu leiten und dem Feind das Betreten der Reichshauptstadt zu verwehren. Sein Nachfolger als OB der 1. PzArmee wurde GendPzTr. Nehring.

Abwehrkampf der 4. Panzerarmee

Im HQ der 4. Panzerarmee in Senftenberg hinter der Mitte der Neiße-Front hatte Gen.d.Pztr. Gräser bei einem über einstündigen US-Luftangriff am 17. 3. auf das Hydrierwerk Schwarzheide durch Bombenfehlwurf drei Offiziere des Stabes durch Tod und eine größere Zahl durch Verwundung verloren. Alle Fernmeldeverbindungen wurden zerstört. Der dezimierte Stab zog in den Raum nördlich Bautzen um, wo ein Ausweichgefechtsstand eingerichtet war.

Der gesamte März verging – abgesehen von örtlichen Vorstößen und Erkundungsangriffen – ohne den auch hier erwarteten sowjetischen Großangriff. In der Festung Glogau, die seit dem 10. 2. von Oberst Graf zu Eulenburg verteidigt wurde, ging es dem Ende zu. General Gräser erteilte dem Festungskommandanten am 30. 3. eigenmächtig die Genehmigung, in der Nacht zum 31. 3. auszubrechen. Von den 800 Soldaten der Festung erreichten nur 50 bei Görlitz die deutschen Linien.

Der sowjetische Großangriff, das wußte jeder Soldat hinter der Neiße, stand nun unmittelbar bevor. Aus dem eigenen ostwärts der Neiße vorgeschobenen Brückenkopf Muskau konnten die Vorbereitungen beobachtet werden.

Nachdem die Sowjetarmee am 15. 4. 1945 gegen den nördlichen Nachbarn, die 9. Armee der HGr. Weichsel bei Küstrin, den nördlichen Arm der gewaltigen Angriffszange angesetzt hatte, begann in der Frühe des 16. 4. auch gegenüber der 4. PzArmee das in zwei Phasen ablaufende Trommelfeuer. Danach stießen zwei Stoßgruppen – die eine beiderseits Rothenburg, die zweite südlich Muskau bis Forst – vor und erzwangen bis zum 17. 4. den Durchbruch. Die nördliche Stoßgruppe drang über Spremberg-Cottbus gegen die Südfront Berlins vor. Die Südgruppe hingegen wurde am 19. 4. von deutschen Gegenschlägen erfolgreich gepackt und abgeschnitten. Es waren die südlich Görlitz bereitstehende 20. PD und die FschPD »HG«, die bereits am 17. 4. zum Angriff gegen den Südkeil antraten und eine große Anzahl Panzer abschossen. Bis zum 19. 4. kämpften beide Divisionen, die PD »HG« allerdings bereits in der Verteidigung zwischen Zodel und Ullersdorf. Der Gegner drang weiter vor und erreichte Niesky, Weissenberg und Bautzen. Als die Sowjetarmee Bautzen am 19. 4. nach Westen durchrollte, stand die PD »Hermann Göring« bei Kodersdorf gegen einen starken russischen Panzerfeind im Gefecht. Die durch Luft- und Erdaufklärung gemeldeten Feindpanzer wurden vom PR der Division unter Oberstleutnant Roßmann mit 17 Panthern, die an einem kleinen Bachlauf bei Kodersdorf in Stellung gegangen waren, erst angegriffen, als die Spitzenpanzer dieses Verbandes (es handelte sich um das I. polnische PzK) bis auf 50 m herangekommen waren. In 20 Minuten wurden hier 43 Feindpanzer abgeschossen, der Rest zeigte die weiße Fahne und ergab sich. 12 unbeschädigte Panzer, drei vom Typ Stalin, fielen dem Panzerregiment in die Hände. Mit dem Balkenkreuz bemalt, standen sie wenige Stunden später im Abwehrkampf auf deutscher Seite.

Am 19.4. traf auch die Kampfgruppe der 17. ID unter GenMaj. Sachsenheimer im Raum nordwestlich Görlitz ein.

Am Morgen des 20. 4. griffen unter Befehl des LVII. PzK die 20. PD (rechts) und die 17. ID (links) nach Nordwesten an. Die 72. ID, als Reserve nachgezogen, griff mit in diesen Angriff ein. Die lange Südflanke des Gegners wurde überraschend getroffen; Niesky wurde befreit, ebenso Stockteich. Die Operationsfreiheit im Raume Görlitz war wiederhergestellt, die Eisenbahn Görlitz-Lauban wieder frei.

Die nächsten Gegenschläge bauten auf diesen Erfolg auf. Gen.d.PzTr. Jauer, KommGen. des PzK »Großdeutschland«, erhielt den Auftrag, Weissenberg und

Bautzen zu befreien. Er ließ die Div. »Brandenburg« gegen Weissenberg antreten. Die Division griff am 21. und 22. 4. von Norden und Süden an, vernichtete die 29. mech. Div. der Sowjets und gewann Weissenberg zurück. 250 bis 300 Panzer, Lastwagen usw. dieser Feind-Division lagen zerschossen und brennend auf dem Gefechtsfeld.

Die 20. PD wiederum griff unter der Führung von GenMaj. von Oppeln-Bronikowski vom 23. bis 25. 4. von Nordosten auf Bautzen an, während von Süden die Division »HG« vorstieß. Bautzen wurde befreit.

Wenn es auch nicht gelungen war, den Hauptstoß des Gegners auf Berlin zu verzögern, so hatte die 4. PzArmee im Kampf um Schlesien die Treckwege der nach wie vor nach Westen weichenden Flüchtlinge gesichert; dies bis kurz vor der Kapitulation, so daß Hunderttausende Deutscher in den Westen gelangen konnten.

Endkampf der 1. Panzerarmee

Am 22. 3. 1945 hatte GendPzTr. Nehring die Führung der 1. PzArmee übernommen, die in zwei Abwehrschlachten das Mährisch Ostrauer Industriegebiet geschützt hatte. Die Aufgaben für die 1. PzArmee in der Endphase des Krieges lauteten:

»Weiterer Schutz des Gebietes von Mährisch-Ostrau und Beibehalten des Zusammenhanges mit der 17. Armee durch das Behaupten des Raumes westlich Leobschütz.«

Der Feind, der südlich der 1. Panzerarmee seine Offensive mit der 2. Ukrainischen Front auf Wien in Gang gebracht hatte, würde sicherlich bald aus Süden auch gegen den Südflügel der 1. PzArmee angreifen.

Am 13. 4. 1945 war Wien gefallen. In den Kämpfen um Wien war der Nordflügel der HGr. Süd mit dem LXXII. und XXIX. AK nach Norden auf die 1. PzArmee abgedrängt worden. Durch das dort aufklaffende Loch war die Armee Plijew auf Brünn vorgedrungen. Südlich und südostwärts von Brünn aber gelang es dem XXIV. PzK, geführt von GenLt. Källner, mit der 8. und 16. PD den auf Olmütz gerichteten Stoß abzuwehren. Eine große Zahl Feindpanzer wurde von den beiden deutschen Divisionen abgeschossen. In diesem Kampf fiel GenLt. Källner am 18.4. bei Socolnica. GenMaj. von Müller, der Kdr. der 16. PD, geriet tschechischen Partisanen in die Hände.

Das XXIV. PzK sollte nunmehr laut »Führerbefehl« Brünn unter allen Umständen halten. Die 16. PD rollte nach Norden. In Brünn selbst wurde die Division »Feldherrnhalle«, am Ostrand der Stadt die 8. JägDiv. und westlich Brünn die 8.

PD eingesetzt, deren Kdr. GenMaj. Hax stellvertretend bis zum Eintreffen von GendArt. Hartmann das XXIV. PzK führte.

General Hartmann war es, der die Vernichtung der in Brünn stehenden Verteidiger verhinderte, indem er im selbständigen Entschluß am 26. 4. Brünn räumen ließ. GFM Schörner, der wenig später zu Hartmann kam, billigte den Entschluß des arm- und beinamputierten Generals der Artillerie.

Das Ende kam rasch. Im Norden der Front der 1, PzArmee kämpfte die 16. PD, am 23. 4. südlich Troppau eintreffend, in loser Verbindung mit der 1. SkjägDiv., der 4. GebDiv. und der FBD im Raume Troppau-Wigstadtel. Ostwärts der im Mährischen Gesenke entspringenden Oder begann die Sowjetarmee am 25. 4. einen Großangriff und gewann am 30.4. Mährisch-Ostrau. Damit war das Mährisch-Ostrauische Industriegebiet endgültig in sowjetischer Hand.

Der Armeeführung war es klar, daß nun nur noch die Sicherung der Flüchtlingswege und der eigenen Truppen Hauptaufgaben waren. Sie durfte, eingedenk der Tatsache, daß die 17. Armee noch weit nord-westlich vorgestaffelt in Schlesien stand, nicht mit allen Teilen nach Westen weichen. Lediglich das noch immer in den Beskiden kämpfende XXXXIX. GebKorps mußte sofort den Rückzug nach Westen antreten, wenn es nicht eingekesselt werden sollte. Das XXXX. PzK (ohne Panzer), als rechter Flügel der 17. Armee und wichtiges Bindeglied zur 1. PzArmee, das mit seinen wenigen Kräften auf den Osträndern des Vorgebirges des Altvatergebirges und vor der völligen Einkesselung durch beiderseitige Umfassung stand, verlegte seine HKL unter Zurücknahme des rechten Flügels nach Klein-Mohrau und des Gros in die vorbereitete Altvater-Stellung. Die dadurch eingesparte 1. Skijäger-Div. wurde nach Mährisch-Schönberg verschoben, mit dem Befehl, den sowjetischen Einbruch in den Glatzer Kessel zu verhindern.

Bei Mährisch-Schönberg wurden die angreifenden Panzerspitzen der Sowjetarmee vom XXXX. PzK abgewiesen. Der wichtige Straßenknotenpunkt Olmütz wurde von GenMaj. Hax und seiner 8. PD sowie örtlichen Verteidigungskräften gehalten, bis das noch weiter ostwärts kämpfende XXXXIX. GebAK, unter General Le Suire, Olmütz nach Westen durchschritten hatte. Die vordersten Teile der am 1. 5. in Dresden verladenen und über Glatz herankommenden Teile der Division »Brandenburg« kämpften ebenfalls bei Olmütz. Bis zum 8. 5. 1945 wurde Olmütz gehalten. Als einer der letzten deutschen Soldaten verließ GenMaj. Hax am 8. 5. 1945 diese unter starkem Artilleriefeuer liegende Stadt auf einem Seitenwagenkrad.

An diesem 8. 5. 1945 stand die 1. PzArmee vom Raum nördlich Brünn in weitem Bogen bis zum Altvatergebirge und schützte auch zu diesem Zeitpunkt noch die lange Südflanke und den Rücken von Mittelschlesien.

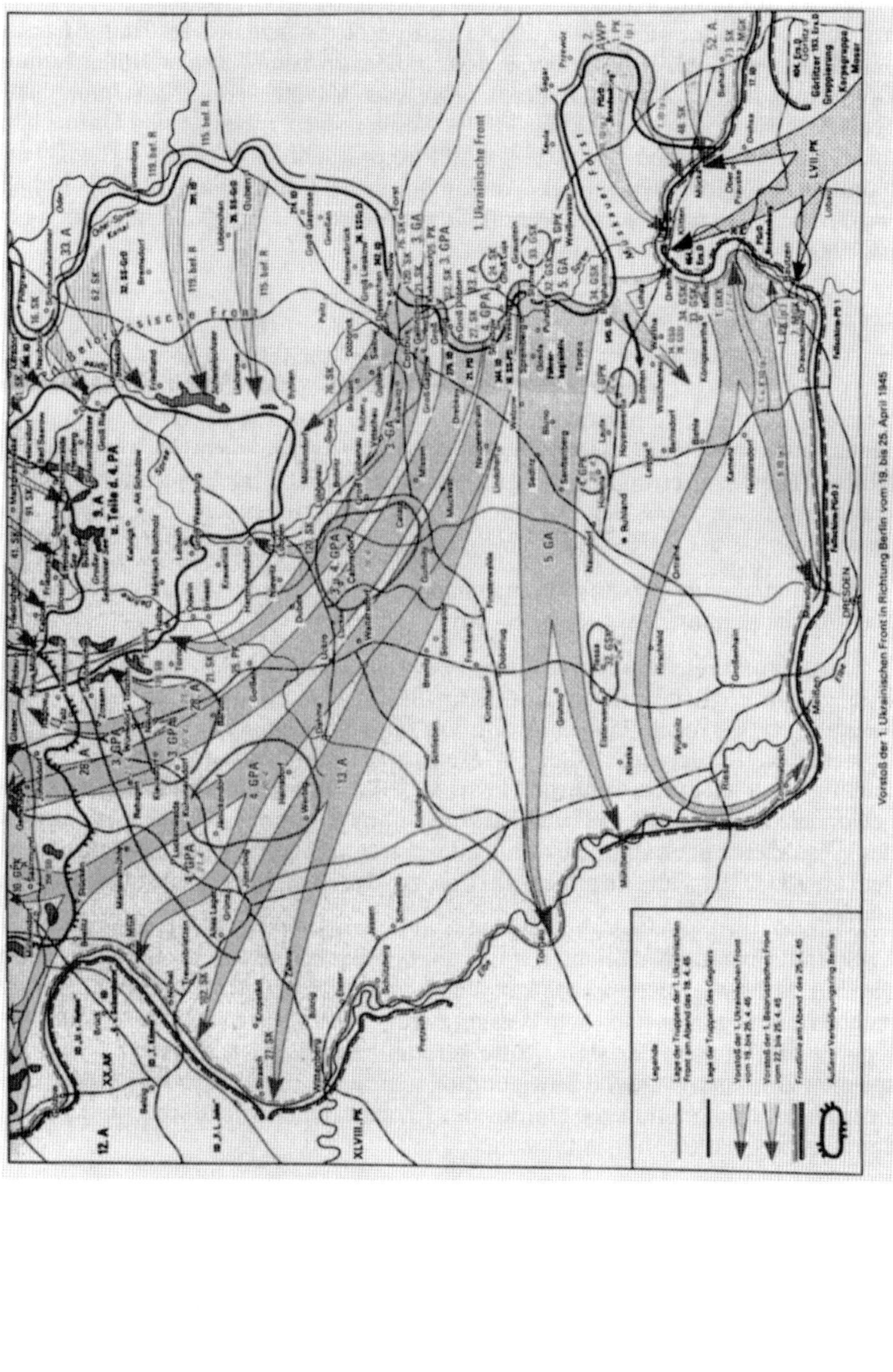

Vorstoß der 1. Ukrainischen Front in Richtung Berlin vom 19. bis 25. April 1945

Als am 7. 5. 1945 im HQ der HGr. Mitte in Josephsstadt der Funkspruch des OKW einging, daß der Waffenstillstand geschlossen sei und am 9. 5. 1945 um 08.00 Uhr in Kraft trete (später auf den 9. 5. 1945, 00.00 Uhr berichtigt), stand sie mit der 1. PzArmee am rechten Flügel zum rechten Nachbarn der HGr. Süd aus dem Raum nördlich Brünn über Prossnitz-Olmütz zum Altvater-Höhenkamm. Dort schloß die 17. Armee an, deren Front vom Altvatergebirge zusammenhängend nach Norden über Zuckmantel, die Neiße zwischen Neisse und Ottmachau querend, über Strehlen nach Zobten führte, das noch in deutscher Hand war. Nördlich der Städte Striegau und Lauban bis nach Görlitz schloß die 4. PzArmee an, die mit Front nach Norden über Bautzen und den Raum nördlich Dresden bis ins Erzgebirge, westlich Dresden stand.

Seit dem Verlust von Strehlen am 25. 3. 1945 war die 17. Armee nicht mehr angegriffen worden. Wenn auch die sowjetischen Angriffsschwerpunkte auf beiden Flügeln der HGr. Mitte gelegen hatten, so war doch die im Zentrum stehende 17. Armee als Abschirmer von Schlesien beim Gegner gefürchtet, da sie die Gebirgszüge und Paßengen besaß. So konnte sie praktisch bis Kriegsschluß die deutschen Treckwege nach Westen abschirmen. Daß sie der niemals aufgegebenen Absicht, Breslau zu entsetzen, nicht nachkommen konnte, lag daran, daß sie immer wieder Kräfte an die beiden übrigen auf die Flügeln stehenden Armeen abgeben mußte.

Breslau hatte unter zwei Kommandanten, GenMaj. von Ahlfen und GendInf. Niehoff, die gesamte sowjetische 6. Armee gebunden.

Um optimal viele Truppen zu retten, war es notwendig, daß an mehreren Stellen so lange wie möglich gehalten wurde. Um dies abzuklären, war Generalmajor von Natzmer am 3. 5. nach Flensburg-Mürwik zur Reichsregierung Dönitz geflogen. Er stellte die Forderung, daß ein Waffenstillstand erst für den Zeitpunkt abgeschlossen werden dürfe, wenn die Masse der HGr. Mitte soviel Raum nach Westen gewonnen haben würde, daß sie nicht von der Sowjetarmee, sondern von Truppen der Westmächte übernommen würden. Dies war nach von Natzmers Berechnungen am 18. 5. der Fall. Er erhielt die Zusage, daß man nicht vorher kapitulieren werde.

So traf denn die Nachricht von der unmittelbar bevorstehenden Kapitulation die HGr. Mitte wie eine Bombe. Nunmehr konnte die HGr. Mitte nicht mehr damit rechnen, alle Soldaten nach dem Westen zu retten. Doch ob eine Verlängerung des Krieges die Truppen der HGr. Mitte gerettet hätte, steht dahin, denn zu einem späteren Zeitpunkt wäre die Sowjetarmee sehr tief in ihrem Rücken gewesen, da sie nach der Kapitulation von Berlin am 2. 5. nach Süden vorstoßen und der HGr. den Rückweg hätte verlegen können.

Die HGr.-Führung versuchte, das Mögliche zu erreichen. Noch in der Nacht des 6. 5., als General von Natzmer aus FlensburgMürwik zurückkehrte, erhielten die Truppen den Befehl, in der Nacht zum 8. 5. ihre Stellungen zu räumen und über Freiburg - Salzbrunn auf Trautenau zu marschieren.

Die Absetzbewegungen gelangen. Dann erst rollten aus vielen Bereitstellungen sowjetische Panzer, gefolgt von Infanterie, nach vorn. Sie wurden von den als Nachhut in günstiger Feuerstellung stehenden Sturmgeschützen noch einmal abgewiesen. Etwa 15 Feindpanzer blieben brennend liegen. Der Feind stoppte seine Verfolgungsfahrt im Abschnitt des hier die Nachhut bildenden GR 337 unter Oberstleutnant Albinus.

Vielen Gruppen gelang das Durchschlagen zu den US-Truppen. Die Masse der HGr. jedoch fiel in sowjetische Hand. GenMaj. Richard Schmidt blieb lange im tschechischen Gefängnis. General der Infanterie Toussaint, der letzte Kommandant von Prag, und GenLt. Hitzegrad ebenfalls. Sie wurden erst im Jahre 1961 freigelassen.

Generalfeldmarschall Schörner teilte am 7. 5. General von Natzmer mit, daß er mit einem Fieseler »Storch« in die bayerischen Berge fliegen werde. General von Natzmer hielt ihm dagegen vor, daß er jetzt sein ganzes Gewicht als Feldmarschall bei Verhandlungen mit den Amerikanern in die Waagschale werfen müsse, um so viele Soldaten seiner Heeresgruppe wie möglich zu retten. Generalfeldmarschall Schörner flog dennoch am 9. 5. 1945 in den Westen. Er war von Hitler zum Oberbefehlshaber des Heeres ernannt worden.

Der Kampf in Schlesien war zu Ende. Weit über drei Millionen Schlesier mußten ihre Heimat verlassen. Von den über 400.000 Soldaten der Heeresgruppe Mitte ging der Großteil in sowjetische Gefangenschaft. Generalfeldmarschall Schörner stellte sich in Kitzbühel den Amerikanern und wurde von diesen wenige Tage darauf an die Sowjetunion ausgeliefert. Er blieb zehn Jahre in sowjetischer Kriegsgefangenschaft.

Die 77 Tage der Festung Breslau

Breslau war bereits im Sommer 1944 zur Festung erklärt worden, aber erst am 25. 9. 1944 traf GenMaj. Krause als erster Festungskommandant dort ein. Was er an eigenen Truppen vorfand, waren ein Standort-Batl. und das Landesschützen-Batl. 599. Anschließend wurden sechs Festungs-Batterien und je eine Festungs-Nachr.- und PiKp. aufgestellt. Es gelang ihm jedoch nicht, die Stadt bis Ende Januar 1945 in vollen Verteidigungszustand zu versetzen.

Nach dem Plan des OB der Ostfestungen, GenOberst Strauß in Frankfurt/Oder, hätten für Breslau fünf Divisionen zur Verfügung stehen müssen. Drei ostwärts und zwei westlich der Festung, im Vorfeld derselben. Um die insgesamt 120 km langen Stellungen zu besetzen,standen einfach nicht genügend Kräfte zur Verfügung.

General Krause hatte bereits im Winter eine Evakuierung der immer noch eine Million betragenden Bevölkerung von Breslau gefordert. Vor allem regte er bei dem Gauleiter von Niederschlesien und Reichsverteidigungskommissar, Hanke, an, wenigstens die 200.000 Frauen, Greise und Kinder in den Westen zu evakuieren. Hanke lehnte dies ab. Erst am 19. 1. 1945, als die Sowjetarmee mit mehreren Panzerdivisionen dicht an Breslau herangekommen war, wurde der Befehl zur Evakuierung gegeben.

Am 17. 1. 1945 wurden sämtliche Breslauer Ersatz-Truppenteile alarmiert und daraus vier Festungs-Regimenter gebildet. Ein fünftes, das Rgt. Mohr, entstand erst im Februar 1945.

Daß Breslau nicht im ersten Ansturm überrannt wurde, war der 269. ID zu verdanken, die unter Führung von GenLt. Wagner vom 21. bis 28. 1. beiderseits der sowjetischen Vormarschstraße Groß Wartenberg-Oels-Breslau kämpfte und dem Feind den schnellen Durchbruch auf die Stadt verwehrte.

Mit Panzerfäusten, Handgranaten, Tellerminen und Geballten Ladungen sprangen die Grenadiere dieser Division die sowjetischen Panzer an. Panzerfaustschützen schossen an drei Kampftagen allein 76 Feindpanzer ab. Das Tempo der sowjetischen Panzerverbände verlangsamte sich. Dies gab Breslau eine letzte Atempause von fast einer Woche.

Nördlich Breslau erreichten sowjetische Panzerrudel am 26. 1. Märzdorf. Die hier stehende Brücke über die Oder war zwar gesprengt worden, doch das dicke Eis trug selbst die schwersten Sowjetpanzer. Südlich Breslau, bei Peiskerwitz, gelang den Sowjets am 29. 1. die Bildung eines Brückenkopfes.

Bereits am 26. 1. hatte General Krause einen Gegenangriff nach Norden gestartet. Und zwar griffen unter Führung von GenMaj. Schulz 12 soeben durch Breslau rollende eigene Panzer an und brachten die ebenfalls zum Angriff vorprellenden vier Kompanien Luftwaffen-Fahnenjunker nach vorn. Es gelang ihnen, die Sowjets über die Oder zurückzuwerfen.

In der Nacht zum 29. 1. wurde die 269. ID mit Breslauer Fahrzeugen, darunter Omnibussen, nach Süden verlegt. Sie trat am 29. 1. bei Ohlau an und warf auch hier den Feind über den Fluß zurück. Bei Trechen, näher an Breslau heran, führte Hptm. Seiffert mit einer Kpn. der SS-Verwaltungsführerschule einen Gegenstoß. Im ersten Treffen ging eine Breslauer Ärztin mit vor, die die Verwundeten im Feindfeuer versorgte. Sie erhielt als erste Frau Breslaus am 30. 1. 1945 das E.K.II.

Am 31. 1. kämpfte die 269. ID im Raume Ohlau, wo die Sowjets einen Brückenkopf gehalten hatten. GenLt. Wagner fuhr persönlich zum Gut Weidebrück, um den hier lebenden alten GFM von Kleist, der im August 1944 zur

Führerreserve versetzt worden war, bei der Evakuierung zu helfen. (Der GFM wurde 1946 von den Engländern an Jugoslawien ausgeliefert; er kam von dort in sowjetische Gefangenschaft und starb 1954 im Lager Wladimir.)

Aus dem Borsigwerk in Markstädt konnten noch am 23. 1. 100 leichte Feldhaubitzen in die Festung geschafft werden.

Am 31. 1. erkrankte General Krause schwer. GenOberst Schörner, OB der HGr. Mitte, setzte GenMaj. von Ahlfen als neuen Festungskommandanten ein.

Anfang Februar trafen im Bahntransport vom Truppenübungsplatz Königsborn zwei Züge »Goliaths« (Raupenfahrzeuge, wie kleine Panzer gebaut, die durch Fernsteuerung und Fernzündung in jedem Gelände an ein bestimmtes Ziel und dort zur Detonation gebracht werden konnten).

Die 609. ID wurde von GenMaj. Ruff gebildet. Der Volkssturm stand unter Führung von SA-Obergruppenführer Herzog. Immer noch befanden sich Anfang Februar über 200.000 Zivilisten in der Stadt.

Zu einem Stoßtrupp auf Wasserborn, das vom Feind besetzt war, trat in der Nacht zum 3. 2. ein Zug Pioniere mit Flammenwerfern unter Führung von Hptm. Seiffert an. Sie nahmen diesen sowjetischen Stützpunkt im Handstreich. Nun sollte auch der sowjetische Stützpunkt bei Peiskerwitz vernichtet werden. Diese Aufgabe wurde SS-Obersturmbannführer Besslein mit seinem Waffen-SS-Regiment übertragen. Das SS-Festungs-Rgt. 1 griff im Morgengrauen an. Die 1. Kp., geführt von OStuf. Budka, erstürmte die Eckstellung. SS-UScharfhr. Krause rollte einen Graben auf. Der feindliche Brückenkopf wurde vernichtet.

Am nächsten Tage fiel Liegnitz; ein deutscher Entlastungsangriff war liegengeblieben. Den Einbruch der Sowjetarmee nach Breslau hatte auch die 17. ID unter GenMaj. Sachsenheimer verzögert, als sie im Raume Maltsch-Neumark zwei Wochen lang den Gegner hielt und so die Einschließung der Stadt von Westen her weiter hinausschob. In der Nacht zum 14. 2. unternahm diese Division, nachdem sie einige Truppen mit schweren Waffen an die Festung abgegeben hatte, einen Ausbruch nach Süden. Dieser gelang, aber 24 Stunden darauf, am 15. 2., war Breslau völlig eingeschlossen. Von Westen griff eine Sowjet-Division Breslau an, aus der Gegend von Kanth, im Südwesten, kam eine weitere heran, und im Süden versuchten gleich vier Feind-Divisionen Breslau zu erobern.

Der Kampf um die Festung trat in eine entscheidende Phase. Von Süden griff die Sowjetarmee mit starken Kräften an. In den südlichen Vorstädten Breslaus tobte der Straßenkampf. Granatwerfer, Flammenwerfer, Minen und durch Fernzündung hochgejagte Bomben verursachten beim Gegner hohe Verluste, und sogar feindbesetzte Häuserblocks flogen in die Luft.

Ganze Viertel wurden nach nächtlichen Pioniereinsätzen in die Luft gejagt. Am 13. 2. meldete der Wehrmachtsbericht:

»In Niederschlesien vereitelten unsere Verbände im Gegenangriff den erneuten Versuch der Bolschewisten, die Festung Breslau von ihren rückwärtigen Verbindungen abzuschneiden. Südwestlich der Stadt verlor der Gegner auf engem Raum 60 Panzer.« Am 18. 2. hieß es:

»Der gegen die Süd- und Südwestfront Breslaus angreifende Gegner wurde in harten Kämpfen abgeschlagen.«

Immer noch fuhren in Breslau die Straßenbahnen, während die Scheinwerfer der Sowjets bei Nacht die Stadt anstrahlten. Es war den Verteidigern gelungen, 100 »Ofenrohre« mit 6000 Schuß Panzermunition zu finden. Mit dieser »Taschenflak« wurden die Feindpanzer abgeschossen. Hinzugekommen war als panzerbrechende Waffe ein Teil der Sturmgeschütz-Brigade 311, die von der 17. ID an die Festung abgegeben worden war. Sie wurde in die PzjägAbt. Breslau, Oblt. Ventzke, eingegliedert.

Die letzten Evakuierungen erfolgten am 14. 2. Danach blieben immer noch 80.000 Zivilisten in der Stadt zurück.

Am frühen Morgen des 18. 2. wurden die ersten Angriffe der »Goliaths« durch Lt. Kohne gestartet. Sie waren auf die von den Sowjets geschlagene Brücke der Reichsstraße 5 angesetzt. Sie fuhren nacheinander um 06.00 Uhr los. Als sich alle drei Sprengpanzer auf der Brücke befanden, zündete der Leutnant diese »Kraftteier«. Beide Brückenstrecken und ein Pfeiler stürzten mit Donnergetöse in die Weistritz.

Bis zum 20. 2. schoben sich die Russen im Süden 2 km an den Stadtkern heran. Sie drangen in das Straßenbahn-Depot ein, das durch »Goliaths« in die Luft gesprengt wurde. Am späten Nachmittag griff Hptm. Seiffert die in den Südpark eingedrungenen Sowjetkräfte mit dem Volkssturm-Batl. 55 an. Der Feind wurde von den Hitlerjungen geworfen.

Männer des Regimentes Hanf schossen auf die Sowjetpanzer, die zu Dutzenden gegen das Dorf Neukirch vorrollten. Auch die nachfolgende schwere Pak der Sowjets wurde vernichtet.

Am 25. 2. 1945 wurde das I./FJR 26 unter Hptm. Trotz nach Breslau eingeflogen. Ihm folgte am 5. 3. das II./FJR z.b.V. unter Hptm. Schacht. Beide Bataillone wurden in die Verteidigungsfront eingeschoben.

Die Versuche der Sowjets, den Flugplatz Gandau in ihre Hand zu bekommen, wurden mehrfach abgewiesen. Als aber Gandau doch in sowjetische Hand fiel und damit der letzte Versorgungsstützpunkt verlorenging, wurde durch Spreng- und Minenarbeiten die Kaiserstraße im Abschnitt Kaiserbrücke-Scheitniger Stern zu einer provisorischen Rollbahn erweitert und planiert. Am 26. 2. meldete der Wehrmachtsbericht:

»Die Besatzungen von Breslau und Glogau verteidigen sich in erbitterten Straßenkämpfen, so daß dem Feind nennenswerte Erfolge versagt blieben.«

Am Abend des 5. 3. wurde GenLt. Niehoff in die Festung Breslau eingeflogen. Er hatte mit seiner Division vorher im Raume Ratibor gekämpft und war von GenOberst Schörner für diese neue Verwendung benannt worden. Schörners Stab hatte Niehoff versprochen:

»Wenn Sie es fertigbringen, Breslau noch drei bis vier Tage zu halten, dann ist Schörner auf dem Landwege bei Ihnen und reicht Ihnen die Hand.« (Siehe Niehoff Hermann: »So kämpfte Breslau«.)

Man rechnete damit, daß eine 50 km südlich Breslau stehende deutsche Stoßgruppe den Festungsring von außen aufbrechen werde.

Bis zum 7. 3. mußte die Südfront Breslaus auf eine durchgehende Häuserlinie Hancke-Krankenhaus-Steinstraße-Heiliggeistkirche-Friedhof St. Bernhardin-Ohle-Niederung-Pircham zurückgenommen werden. Hier verbarrikadierten sich die Verteidiger in den Trümmern. Das Rgt. Mohr schoß in den Straßenkämpfen binnen 14 Tagen über 100 Feindpanzer und sowjetische schwere Pak ab. Leutnant Leo Hartmann von der StGeschAbt. 311 stand an der Ecke Steinstraße/Gallestraße bei der 609. ID mit seinem Geschütz im Einsatz. Er schoß eine Reihe feindlicher Panzer ab.

Ununterbrochen hämmerte die sowjetische Artillerie auf Breslau ein. Die Stadt brannte lichterloh. Hier kämpften 14jährige Hitlerjungen neben 60jährigen Volkssturmmännern. Unter Oberfeldarzt Dr. Mehling wurde in den drei Hochbunkern ununterbrochen operiert. Bis zu 18 Stunden am Tag. 16 Keller-Lazarette nahmen die Schwerverwundeten auf. Die Stabsärzte Dr. Hohsang, Dr. Gaida, Dr. Haag, Dr. Weil und Dr. Steinbrink, Dr. Weiser und Dr. Joachim kämpfte um jeden Verwundeten. Unter Führung von Feldunterarzt Dr. Greve wurden 6.000 Verwundete ausgeflogen. Der sowjetische Angriff im Süden der Stadt erlahmte, und am 25.3. hieß es im Wehrmachtsbericht:

»Auch die Besatzungen der Festungen Breslau und Glogau wiesen erneut feindliche Angriffe ab.«

Am 26. 3. griffen starke Panzerkräfte an. Sturmgeschütze und Panzerjäger der PzjägAbt. »Breslau« warfen sich diesem Panzerkeil entgegen. Hinzu kamen viele namenlose Panzerfaust- und Ofenrohrschützen, insgesamt blieben 64 Feindpanzer brennend liegen.

Vier Panzerjäger und Sturmgeschütze stoppten am Hafen das Eindringen sowjetischer Sturmverbände. In dem 75 km langen Kanalnetz der Stadt fanden schreckliche Duelle statt. Sowjetische Angreifer ertranken in Abwasserfluten, deutsche Verteidiger wurden verschüttet. Am 1. 5. 1945 hieß es dann:

»Die heldenhaften Verteidiger von Breslau schlugen wiederum alle Angriffe der Bolschewisten ab.« Aber es bestand kein Zweifel mehr darüber, daß Breslau am Ende war. Am 2. 5. telefonierte General der Infanterie (ab 1. 4. zu diesem Rang befördert) Niehoff mit GFM Schörner, der vor genau zwei Monaten versprochen hatte, binnen dreier Tage Breslau zu entsetzen, und meldete die Erfüllung seines Auftrages und daß er nunmehr die Festung übergeben werde.

Am 4. 5. kamen Weihbischof Ferche, Kanonikus Kramer, Pfarrer Hornig und Pfarrer Dr. Konrad zu General Niehoff und baten die Lage zu prüfen und dem Schrecken ein Ende zu bereiten. Aber noch durfte der Kommandant von Breslau seinen Entschluß nicht preisgeben. Der letzte Besucher in diesen Tagen war Gauleiter Hanke, der immer noch versuchte, die Kapitulation der Stadt zu vereiteln. Als dies nichts fruchtete, verschwand auch dieser »Reichsverteidigungskommissar« im Fieseler »Storch« von General Niehoff aus der Festung. General Niehoff zog es vor, das Schicksal seiner Soldaten zu teilen. Er nahm den ihm gebotenen »Ausbruchsweg« nicht wahr.

In der Nacht des 5. 5. versammelte General Niehoff seine Kommandeure und gab bekannt, daß er den Kampf einstellen werde. Am nächsten Tag begab er sich persönlich quer durch die Minenfelder der Kampffronten zu Generaloberst Gludowski, dem OB der 6. Sowjetarmee, dem die Belagerung übertragen worden war. Mit ihm handelte er die Bedingungen aus und beharrte darauf, daß ein Zusatz für die Sicherheit der Soldaten der Waffen-SS eingebaut wurde.

Die Truppen in Breslau stellten am 6. 5. 1945 ab 14.00 Uhr den Kampf ein. In der Nacht zum 7. 5. zogen die sowjetischen Verbände in jene Stadt ein, die sie 77 Tage lang völlig eingeschlossen und immer wieder vergeblich berannt hatten. Entgegen den Bedingungen des Vertrages wurde die Stadt zur Plünderung freigegeben. Bränden und Vergewaltigungen, Morden und Raubüberfällen wurde nicht Einhalt geboten. Die Sowjets zündeten am 11. Mai die Barbarakirche und am 17. Mai die Maria-Magdalena-Kirche an und ließen sie niederbrennen.

Alles dies wurde allerdings nicht von den Kampftruppen des Generaloberst Glusdowski verübt, die sich besonders achtungsvoll gegenüber ihren tapferen Gegnern verhielten, sondern von nachfolgenden nichtkämpfenden Verbänden.

In Breslau blieben deutscherseits 6.000 Tote zurück, 23.000 Soldaten und Zivilisten waren verwundet worden. Die Meldungen der Sowjetarmee wiesen 60.000 Sowjetsoldaten als Tote und Verwundete aus, die der Kampf um Breslau gekostet hatte.

Und warum dieses lange Kämpfen und Sterben?

Die Verteidiger von Breslau hatten durch ihr Ausharren einer Vielzahl deutscher Flüchtlingstrecks auf dem Marsch nach Westen den Weg freigehalten und sie abgeschirmt.

Von den Verteidigern der Stadt wurde GenMaj. Ruff, Kdr. der 609. ID, in Rußland gehenkt (wegen angeblicher Kriegsverbrechen in Riga). Oberst Tiesler, der Vertreter von General Niehoff, starb im Winter 1952 im Ural. Als einziger ging Oberstleutnant Mohr hinter dem Sarg seines Kameraden, der auf einem Panjeschlitten aus dem Lager gefahren wurde.

General Niehoff blieb zehn Jahre in sowjetischer Gefangenschaft. Im letzten deutschen Wehrmachtsbericht vom 9. 5. 1945 hieß es:

»Die Verteidiger von Breslau, die über zwei Monate lang den Angriffen der Sowjets standhielten, erlagen in letzter Stunde der feindlichen Übermacht.«

DIE HEERESGRUPPE SÜD

Eine Übersicht

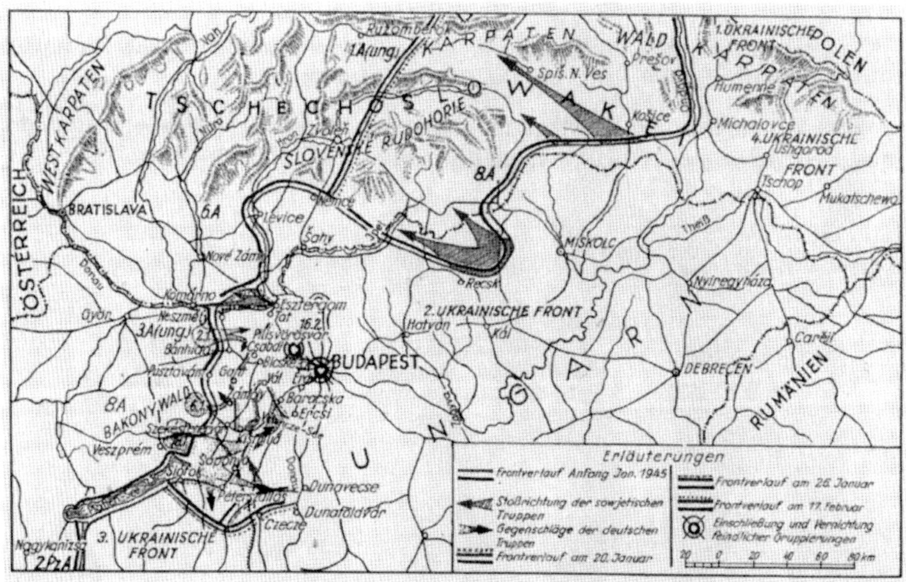

Hitler hatte sich Anfang Dezember 1944 dazu entschlossen, die HGr. Süd, die bereits durch die Kämpfe an der Theiß, in Jugoslawien und um Budapest stark gezeichnet war, wesentlich zu verstärken. Dazu wurden die 3. und 6. PD sowie drei Panther-Abteilungen nach Ungarn in Marsch gesetzt. Die 8. PD kam hinzu, die als erste der genannten Panzer-Divisionen an der Donau eintraf. Durch diese Zuführungen, die dem III. PzK zugeteilt wurden, entstand dort eine starke Stoßgruppe. GenOberst Frießner erhielt den Befehl des OKH, von Stuhlweißenburg aus mit allen verfügbaren Kräften zum Gegenangriff überzugehen. Doch der Boden im Großraum des Plattensees war noch immer tief verschlammt,und erst nach Einsetzen des Winterfrostes bestanden hier Chancen für einen gepanzerten Vorstoß, der nicht im Schlamm steckenblieb.

Die 1. PD im Verband des LVII. PzK, GendPzTr. Kirchner, die der 6. Armee unterstellt war, hielt gemeinsam mit der 23. PD einen Sperr-Riegel, der vom Südostende des Plattensees über Lepseny-Polgardi bis in den Raum südwestlich Stuhlweißenburg verlief. Hier griff die 3. Ukrainische Front immer wieder vergeblich an. Es gelang ihr bis Mitte März nicht, diese HKL zu durchbrechen.

Der Gegner wurde ein letztesmal noch weit vor den Toren von Wien zum Stehen gebracht. Die Front wurde in der Linie der »Margarethen-Stellung«, vom

Plattensee-Velenczesee-Donau südlich Budapest, stabilisiert. In dieser Stellung standen die 1. PD, die 23. PD, die 153. FA-Div., die 271. VGD und Teile der ungar. 1. ID. Auch die Luftwaffe griff hier immer wieder in die Kämpfe ein und entlastete damit die Heeresverbände. Es waren vor allem das Stukageschwader »Immelmann« unter Oberstleutnant Rudel und eine Jagdgruppe unter Major Hartmann, die sich durch schneidige Einsätze mehrfach auszeichneten und mit den Divisionen des Heeres in engster Verbindung standen.

Mitte des Monats übernahm das III. PzK die Führung im Abschnitt Stuhlweißenburg. Ihm unterstanden nunmehr auch die gepanzerten Gruppen der soeben eingetroffenen 3. und 6. PD mit den Panzer-Regimentern 6 und 11.

Der feindliche Druck auf die Gesamtfront der 6. Armee nahm mehr und mehr zu. Vor allem nordostwärts des Velenczesees. Die hier stehende ungar. 1. Husaren-Division wehrte sich tapfer.

In den folgenden Tagen und Wochen versuchte der Gegner laufend zwischen Stuhlweißenburg und Budapest durchzubrechen. Die gepanzerten Gruppen der 6. und 8. PD wiesen diese Durchbruchsversuche sämtlich ab. Doch die Aufklärungsergebnisse zeigten, daß sich der Gegner um den 20. 12. 1944 herum zu größeren Angriffen bereitstellte.

Nach einem gewaltigen Trommelfeuer ihrer Artillerie seit den Abendstunden des 19. 12. wurde von der 3. Ukrainischen Front unter Marschall Tolbuchin am frühen Morgen des 20. 12. 1944 der Großangriff eröffnet. Der Angriff war gegen die Südwestfront der 6. Armee beiderseits des Velenczesees gerichtet. Mit zehn Divisionen im ersten Angriffskeil, im nur 15 km breiten Angriffsstreifen zwischen Velenczesee und Donau, wurde die hier stehende 271. VGD zerschlagen. Zwischen Velenczesee und Plattensee aber standen auf 35 km Frontbreite die 1. und 23. PD und die Rekruten der 153. Feld-Ausbildungs-Division im Abwehr-Igel um die Stadt Stuhlweißenburg gegliedert. Sie hielten bis zum 24. 12. dem Sturmangriff der Sowjetarmee stand. Die Panzer-Verbände konnten nicht in den Kampf eingreifen, weil das Kampfgelände völlig überschwemmt war.

In der Nacht zum 22. 12. wurde das Flugplatzgelände von Stuhlweißenburg geräumt. Von Schlachtfliegerverbänden unterstützt,drang die Sowjetarmee am folgenden Tag gegen Stuhlweißenburg vor. Starke Kräfte des VII. Korps (mot.) und das XXXI. Garde-Korps der 3. Ukrainischen Front nahmen an diesem Tag Stuhlweißenburg in Besitz, nachdem sie die Front der 23. PD durchbrochen hatten.

Nordostwärts des Velenczesees wurde bereits zwei Tage vorher die Front der 6. Armee durchbrochen. Hier war es starken gepanzerten sowjetischen Kräften gelungen, auf der Nahtstelle zwischen der gepanzerten Gruppe der 6. PD und der 1. HusDiv. der Ungarn durchzubrechen und den Durchbruch rasch zu erweitern. Bis zum Abend des 22. 12. schwenkten hier sowjetische Verbände hinter die stehengebliebenen Verteidigungsstellungen des verstärkten PR 11 (der 6. PD) ein. Die 271. VGD war ebenso wie die ungarische Division zerschlagen.

Mit den beweglichen Teilen der Festung Budapest wollte nun GenOberst Frießner den Feind in der Flanke packen. Dies hätte aber die Räumung und Aufgabe von Budapest bedeutet. Darauf antwortete Hitler in der Nacht zum 23. 12. mit dem Befehl, GenOberst Frießner habe die Führung der HGr. Süd an Gen.d.Inf. Wöhler zu übergeben, während der OB der 6. Armee sein Kommando an Gen.d.PzTr. Balck abtreten mußte. Dies änderte jedoch nichts an der Tatsache, daß von nun an das IX. SS-GebKorps in Budapest eingeschlossen war.

Nun folgte eine Fehlentscheidung Hitlers der anderen. Er ließ - ohne den Chef des Generalstabes des Heeres, GenOberst Guderian, auch nur zu Rate zu ziehen - im Narew-Abschnitt der HGr. Mitte das IV. SS-PzK, unter General Gille, mit den SS-Panzer-Divisionen 3 »Totenkopf « und 5 »Wiking« abziehen und über die Karpaten in den Raum der 6. Armee führen, wo der Panzerspezialist General Balck dieses Panzerkorps zu einem neuen Einsatz benötigte.

Die 3. Panzer-Division in Ungarn

Am 10. 12. 1944 wurde die 3. PD aus dem Raum Ostpreußen nach Ungarn verlegt. In der Nacht zum 12. 12. rollten die ersten Transporte über die ungarische Grenze. In einem weiten Raum beiderseits der Donau erfolgte ihre Ausladung. Am 16. 12. erhielt die Division Befehl, sich im Raum Mor zu versammeln. Ein Erkundungskommando unter Oberst Schacke, Kdr. PGR 394, (der 3. PD) fuhr am 17. 12. nach Budapest, um Möglichkeiten für den geplanten Angriff zu sondieren. Am Morgen des 18. 12. traf der Befehl zum Angriff ein. Doch noch ehe dieser hätte stattfinden können, ergriff die Sowjetarmee abermals die Initiative mit einem am 18. 12. begonnenen Angriff nördlich der Donau bei Kismaros. Die SS-Brigade »Dirlewanger« wurde von diesem Angriffsstoß gepackt und auseinandergewirbelt. Der Durchbruch erfolgte, und auch ein sofort angesetzter Gegenstoß der 8. PD schlug nicht durch.

Das OKH befahl nunmehr einen sofortigen Angriff der Panzergrenadier-Regimenter der 3., 6. und 8. PD unter Kommando des LVII. PzK, GendPzTr. Kirchner. Das Korps erhielt Auftrag, die Verbindung mit der abgerissenen Front der 8. Armee aufzunehmen. Die Panzerregimenter blieben als Eingreifreserve im Raum Stuhlweißenburg.

Dieser Angriff, dessen Führung das III. PzK übernahm, lief unter der Bezeichnung »Spätlese«. Gen.d.PzTr. Breith wurden dazu die 1. und 23. PD, das PR 11 der 6. PD und die »gepanzerte Gruppe« der 3. PD (PR 6 und I./PGR 3 sowie II./PzArtRgt. 75) unterstellt. Durch diese Maßnahme war die 3. PD in den nächsten

14 Tagen in zwei Teile gespalten, denn die »Masse« der Division, die den Angriff im Rahmen des LVII. PzK führen sollte, verfügte nur noch in der PzjägAbt. 543 und in der PZAA 3 über einige Panzer. Das gleiche traf für die 6. und 8. PD zu.

Die Führungsstaffel der 3. PD verlegte in der Nacht zum 20. 12. zum LVII. PzK in den Raum nördlich Esztergom. Die Division sammelte in Vamosmikola, um von dort aus gemeinsam mit der 6. PD auf Kistompa anzugreifen.

Am selben Tage waren die 2. und 3. Ukrainische Front beiderseits Budapest zur Offensive angetreten. 20 Schützen-Divisionen und einige Panzerverbände stürmten gegen ein deutsches Korps an.

Am Abend des 20. 12. erhielt das PR 6, Oberstleutnant von der Schulenburg, Alarmbefehl. Es ging darum, Stuhlweißenburg zu verteidigen. Die I./PR 6, Major Fiehl, rollte sofort nach Stuhlweißenburg und erreichte im Morgengrauen des 21. 12. den Stadtrand. Wenig später standen Fiehls Panther mit sowjetischen T-34- und Stalin-Panzern im Gefecht. Die I. Abteilung stand dabei noch vorwärts Stuhlweißenburg im Einsatz. Am Velenczesee standen die 6. und 7. /PR 6 im Einsatz. Die 5. und 8. /PR 6 rollten in Richtung Stuhlweißenburg. Sie erhielten 250 m vor der Stadt Pakfeuer. Eine Panther-Kp. wurde ihnen noch zugeführt. Der Angriff blieb im starken Pak-Abwehrfeuer der Sowjets verlustreich hängen. Dann griffen auch noch T 34 an. Der eigene Angriff mußte eingestellt werden.

Die Wiederholung des Angriffs am Nachmittag brachte einen Geländegewinn von etwa 2.000 m, dann blieb auch er stecken.

Die sowjetischen Panzerverbände, welche die schwachen deutschen Kräfte erkannt hatten, umkurvten die Widerstandsnester und rollten nach Westen weiter. Am 22. 12. war die II. /PR 6 vom Feind eingeschlossen. Durch den feindlichen Einbruch wurden beide Panzerabteilungen etwa 20 km voneinander getrennt.

Oberstleutnant von der Schulenburg gab der ebenfalls eingeschlossenen 1. Abt. den Befehl zum Absetzen. Dieser Gruppe, voraus die Panther, dicht gefolgt von Sturmgeschützen und Panzern IV, denen die Troßfahrzeuge und wieder Panther folgten, gelang der Durchbruch. Die Abt. erreichte im Morgengrauen des 22. 12. die Sicherungslinie der 1./PGR 3, die unter Führung von Oblt. Schirp in und um Stuhlweißenburg gekämpft hatte.

Stuhlweißenburg mußte in der Nacht zum 23. 12. geräumt werden. Die Sowjetarmee stieß mit Panzerverbänden und mot. Kolonnen nach. Ein Gegenstoß drang etwa fünf km durch, ehe er liegenblieb. sowjetische T 34 rollten paarweise immer zehn Stück als Sturmspitze nach vorn. An einer Anhöhe waren die Panzer des PR 6 in Stellung gefahren. Als dort die feindliche Panzerspitze auftauchte, wurden vier abgeschossen. Als auch noch ein fünfter T 34 in die Luft flog, stellten die Sowjets hier den Angriff ein.

Das LVII. PzK trat am Abend des 21. 12. mit den Kampfgruppen der 3. und 6. PD zum Angriff an, um die entstandene Frontlücke zu schließen. Das Ziel, die sowjetische Nachschubstraße bei Kistompa, wurde nicht erreicht. Nur einem Teil der 6. PD gelang es, für kurze Zeit in Kistompa einzudringen. Aber am 22. 12. mußte das Korps diese Angriffe einstellen, weil der Gegner mit weiteren Panzerkräften angriff.

Am Morgen des 25. 12. begann die große Schlacht der Sowjetarmee in Ungarn an der Front beiderseits Budapest. Die ungarische Hauptstadt wurde eingeschlossen. Bei der gepanzerten Kampfgruppe der 3. PD wurde am 25. 12. ein Gegenangriff gestartet. Die in die ungarischen Stellungen eingebrochenen Rotarmisten wurden geworfen. In der kommenden Nacht aber mußte auch das III. PzK seine Front zurücknehmen. Bis zum 31. 12. 1944 blieb die Front dann stehen.

Doch nun zurück zum Gesamtgeschehen.

Das IV. SS-Panzer-Korps kommt

Bereits am 21. 12. wurde im sowjetisch besetzten Debrecen die »Provisorische Nationalregierung Ungarn« gebildet. Diese Regierung brach die diplomatischen Beziehungen zu Deutschland ab und erklärte seinem ehemaligen Verbündeten am 28.12. 1944 den Krieg.

Der sowjetische Einschließungsring um Budapest, der sich bis zum 26.12. endgültig um die ungarische Hauptstadt geschlossen hatte, sollte nunmehr aufgebrochen werden. Budapest sollte unter allen Umständen gehalten werden.

Am 28. 12. waren auf den Ausladebahnhöfen Raab und Komarom die ersten Teile der 3. SS-Division »Totenkopf« eingetroffen, die zusammen mit der 5. SS-Division »Wiking« das von SS-Obergruppenführer Gille geführte IV. SS-PzKorps bildete. Das Panzerkorps war am späten Abend des 24.12. 1944 in Modlin alarmiert worden und hatte Befehl erhalten, im Blitztransport nach Ungarn zu verlegen. Am 1.1. 1945 traf auch der Stab der Division »Wiking« in Raab ein. Im Laufe des Tages folgten Teile dieser Division nach. Sie wurden sofort in die Bereitstellungsräume westlich Tata geführt, wo sich bereits die Kampfgruppe Dorr befand.

Beide Divisionen sollten sofort zu dem gegen Budapest zielenden Entsatzvorstoß eingesetzt werden. Und zwar sollten dieses soeben eingetroffene PzK und das III. PzK von Komarom aus auf Budapest vorgehen. Die aus dem Raum Holland in Marsch gesetzte 711. ID, die allerdings noch nicht eingetroffen war, sollte den Angriff unterstützen.

General Balck hatte einen Angriff aus dem Raum südostwärts Komarom nach Südosten geplant, weil hier eine durch die Donau und das vorgestaffelte LVII. PzK gesicherte Nordflanke vorhanden war. Der Nachteil dieser Richtung war, daß der Angriff durch das nördliche Vertes-Gebirge führte und für Panzer nicht ideal war. Aber man hoffte, die südlichen Donaustraßen rasch zu gewinnen und dadurch auch den Panzern Entfaltungsmöglichkeiten zu bieten.

Das IV. SS-PzK sollte durch die 711. ID, GenLt. Reichert, und die 96. ID, GenMaj. Harrendorf, verstärkt werden. Am rechten Flügel des IV. SS-PzK schlossen sich die »Gruppe Pape« und die »Kampfgruppe Philipp« (das verstärkte PR 11) dem Angriff an.

Am 1.1. 1945 um 22.30 Uhr trat das IV. SS-PzK aus dem Raum Naszaly-Tata-Felsögalla zum Angriff an. Die Artillerie-Vorbereitung unterblieb, um den Überraschungseffekt noch zu vergrößern.

Die Panzer voraus, wurden die ersten Stellungen des Gegners niedergewalzt. Die Division »Wiking« rechts und die Division »Totenkopf« links stießen über Tata in Richtung Tarjan und Bicske vor, während die 96. ID am Nordufer der Donau entlang in Richtung Gran angriff, mit 100 Sturmbooten einiger Pionierlandungsverbände bei Nyergesujfalu die Donau überquerte und dieses Dorf und die Ortschaft Süttö in Besitz nahm. Damit war im Bereich des XXXI. Garde-Schützenkorps (der 4. Garde-Armee der Sowjetarmee) ein für die Sowjets gefährlicher Durchbruch gelungen.

Die Überraschung war geglückt. Das IV. SS-PzK war von den Sowjets unerkannt angetreten. Dem Oberkommando der 4. Garde-Armee wurde diese Offensive erst am Vormittag des 2.1. 1945 bekannt. Der Angriff in Richtung Südosten ging weiter. Der Widerstand der Sowjets verstärkte sich. Dennoch wurde am 3. 1. Vertes-Tolna erreicht.

Gleichzeitig mit dem IV. SS-PzK war auch das III. PzK zum Angriff angetreten, kam aber nur schrittweise vorwärts. Auch das IV. SS-PzK errang am 4. 1. mit dem Regiment »Germania« nur fünf km Bodengewinn. Der Sturm auf Bicske drang nicht durch.

Am 6. 1. erschien der Chef des Generalstabes des Heeres, GenOberst Guderian, auf dem Gefechtsstand des IV. SS-PzK. Guderian betonte noch einmal ausdrücklich, daß der Stoß des IV. SS-PzK in den Raum Budapest hinein von entscheidender Bedeutung sei. General der Waffen-SS Gille, der KommGen. dieses Korps, erließ einen Tagesbefehl. Darin hieß es unter anderem:

»Neben die militärische Notwendigkeit, das Freikämpfen der Besatzung und die Rückgewinnung des Raumes Budapest, tritt die politische; denn Budapest, das bedeutet Ungarn. Darüber hinaus kann diese Operation, wenn sie in vollem Umfange gelingt, eine Wendung des Kampfes im ungarischen Raum herbeiführen und möglicherweise die Kampfführung an der gesamten Ostfront entscheidend beeinflussen ...

Das erste Ziel des Kampfes, das Waldgebiet zu durchstoßen, ist fast erreicht. Wir stoßen weiter auf das Endziel, denn es muß und wird erreicht werden. Die tapfere und schwer kämpfende Besatzung von Budapest blickt auf uns!«

In den Morgenstunden des 8. 1. wurde der neue Angriff angetreten. Doch die eigenen Kräfte waren zu schwach. Es gelang der gepanzerten Gruppe, bis auf den Friedhof von Bicske vorzudringen, weiter aber ging es nicht. Gegen Mittag war der Angriff gescheitert. Zugleich damit war auch der erste Versuch, Budapest zu entsetzen, mißlungen. Es war den Truppen der 3. Ukrainischen Front gelungen, diesen Entsatzversuch abzuwehren.

Nunmehr sollte zum zweiten Entsatzversuch aus dem Raume nordwestlich Szekesfehervar auf Zamoly angetreten werden. Das hieß, daß diesmal der Angriff aus Südwesten erfolgen würde.

Am späten Abend des 10. 1. trat die Division »Wiking« an. Bis zum 12. 1. kam sie bis auf 21 km an Budapest heran. Da geschah an diesem Tage gegen Abend das Unfaßbare: Um 20.00 Uhr traf ein Befehl ein, den Angriff abzubrechen. Die HGr. bestand auf dem Abbruch des Einsatzes. Die Div. »Wiking« erhielt den Befehl, in den Raum Vesprem zu verlegen.

Im mot. Marsch verlegte die Division, die das Ziel Budapest so greifbar nahe vor Augen gehabt hatte, über Komarom, Raab und Papa nach Vesprem, nördlich des Plattensees. Mit ihr versammelten sich in diesem Raum die 1. PD und die 3. PD sowie die zweite Division des SS-Korps, die Div. »Totenkopf«.

Mit diesen Truppen sollte ein dritter Entsatzversuch gegen Budapest gestartet werden, und zwar aus dem Raum westlich Stuhlweißenburg. Das erste Angriffsziel war die Donau südlich Budapest. Auf dem rechten Flügel stand die 3., während die i. PD den linken Flügel übernommen hatte. Das IV. SS-PzK wurde in der Mitte dieses Angriffsverbandes eingegliedert. Dieser neue Angriff war von Hitler persönlich der HGr. Süd befohlen worden. Nach links bestand Anschluß an die 23. PD des III. PzK, nach rechts zum 1. KavK, Gen.d.Kav. Harteneck.

Am 15. 1. traf die 3. PD in ihrem Bereitstellungsraum ein. Die 1. PD erhielt den Bereitstellungsbefehl erst am 17. 1. 1945. Damit war der Aufmarsch zum dritten Entsatzangriff auf breiter Front vollzogen.

Der Angriff selbst begann am 18. 1. 1945 um 05.30 Uhr. Ein Feuerüberfall der Artillerie und der kampfstarken Werfer-Batterien der beiden Waffen-SS-Divisionen eröffnete ihn. Dann rollten die Panzer los, die Panzergrenadiere sprangen aus ihren Löchern und stürmten hinterher.

Beim IV. SS-PzK flogen 135 Maschinen der Luftflotte 4 Unterstützung. Der Durchbruch des ersten Tages konnte am zweiten Angriffstag auf 65 km vertieft werden. Die Div. »Wiking« überschritt am 19.1. den Kanal bei Kaloz, und die 3. PD erreichte am 20.1. bei Dunapentele die Donau. In Dunapentele übernahm OberstLt. von der Schulenburg die Führung der Kampfgruppe. Das gesamte PR 6, das I./PGR 3 und Teile der PzjägAbt. 543 griffen am Nachmittag dieses 20. 1. längs der Budapester Straße nach Norden an. Sowjetische Tiefflieger versuchten, den Angriff aufzuhalten, doch der rollte weiter, erreichte Racz-Almas und Perkata. Erst bei Adony blieb er vor einem tiefgestaffelten Minenriegel liegen.

In der Nacht zum 21. 1. aber schwang das Pendel zurück. Das XVIII. PzK der Sowjets griff mit der 21., 104. und 122. SD die Front der Div. »Wiking« an und brach nach Süden durch. Die Spitzengruppen erreichten die Rollbahn beiderseits Hercegfalva. Die dort stehende PzAA 3 (der 3. PD) unter Hptm. Golze konnte den Feind nicht aufhalten und mußte die Ortschaft räumen. Die Panzergruppe unter Graf von der Schulenburg erfuhr davon nichts. Sie trat am 21. 1. in Richtung Adony an und nahm diese Ortschaft im Sturm. GenLt. Philipp brach den weiteren Vorstoß nach Norden ab und drehte die Kampfgruppe um 180 Grad, um die durchbrechenden sowjetischen Kräfte in der Flanke zu fassen. Aber dieser Angriff kam zu spät, um die durchgebrochenen Feindkräfte noch halten zu können, die mit der Masse bereits die genannte Rollbahn nach Süden überschritten hatten. Die tiefen Schneeverwehungen banden Panzer und SPW an die wenigen vorhandenen Straßen.

In dieser Situation stellte die eigene Luftaufklärung fest, daß der Feind bei Dunaföldvar weitere starke Kräfte über die Donau vorzog, die dort eine Biegung nach Nordwesten beschreibt. Es waren Verbände des XXX. sowjetischen AK mit drei bis vier Schützen-Divisionen. Es mußte – da die Möglichkeit bestand, daß der Feind kehrt machte und nach Norden angriff – eine Abwehrfront nach Süden entlang der bisherigen Rollbahn aufgebaut werden, um die rechte gefährdete Korpsflanke zu sichern. Hierzu mußte Hercegfalva unter allen Umständen zurückgewonnen werden.

Mit der PzKGr. wurde das I. /PGR 394 zum Angriff auf diese Ortschaft angesetzt, in der starke Panzer- und Schützenverbände der Sowjetarmee steckten.

Es dauerte 24 Stunden, ehe der Angriff lief. Der Feind in Hercegfalva wehrte sich verbissen. Seine Panzer schossen auf die angreifenden Panzer der deutschen Kampfgruppen. Sie lagen im Bereich der Ortschaft in gedeckten, unerkannten Stellungen und hatten den Überraschungsfaktor für sich. Dichtes Schneetreiben behinderte zusätzlich den Angriff der gepanzerten Gruppen. Dennoch gelang es der I. /PR 6, als erste nach Hercegfalva einzudringen. Vier Panther der Abt. wurden abgeschossen. Dann wurden die Feindpanzer erkannt und drei T 34 nacheinander abgeschossen. Das II./PGR 394 erreichte die Häuser. Hptm. Berg fiel am Nachmittag; auch der Führer der 5./394, Lt. Deckwerth. Die 5. Kp. wurde zerschlagen. Aber bis zum Tagesende war Hercegfalva in deutscher Hand.

Der Entsatzvorstoß der 6. Armee war auch an den übrigen Angriffspunkten nicht vorwärtsgekommen, wenn man von einigen örtlichen Geländegewinnen absehen will. Das Ziel wurde an keiner Stelle erreicht. Stuhlweißenburg, als Drehscheibe des Angriffs, war Zentrum eines erbitterten Ringens. Das I. mech. Korps der Sowjets verteidigte sich hier zäh. Am 21. 1. befahl General Gille, Stuhlweißenburg im Nachtangriff zu nehmen. Während die 23. PD von Westen antrat, sollten die Div. »Wiking« von Osten und die beiden PGRegimenter der 1. PD von Süden antreten. Hier die Berichte der einzelnen Kampfgruppen.

Der Angriff beim IV. SS-Panzerkorps

Am 18. 1. begann dieser Angriff auf die sowjetischen Stellungen und drang zügig vor. Die KGr. Dorr, die erst nach dem Durchbruch durch die feindliche HKL eingesetzt werden sollte, wurde direkt mit eingesetzt, nachdem GenMaj. Gaedtke, Chef des GenStabes der 6. Armee, auf dem Gefechtsstand der »Wiking« mit General Gille zusammengetroffen war und laut Armeebefehl bekanntgegeben hatte, daß die KGr. Dorr mit angreifen solle. Oberführer Ullrich, der DivKdr., setzte die gepanzerte Gruppe ein, und mit ihrer Hilfe gelang es, gegen Abend die sehr stark mit schweren Waffen bestückte sowjetische HKL zu durchbrechen. Die Gruppe Dorr erreichte am frühen Morgen des 19. 1. um 03.00 Uhr die Ortschaft Kislang, 40 km ostwärts der Feind-HKL. Nachdem gegen Mittag der Kanal überschritten war, ging es zügig weiter. Allerdings wurde der Kanal erst am folgenden Tag von der Div. »Totenkopf« und der 1. PD erreicht.

Am Sonntag, dem 21. 1., hatte sich der Gegner gefangen. Sein Druck konzentrierte sich nun auf Sarosd. Die Spitze der Div. »Wiking, wurde abgeschnitten und Sarosd vom Gegner in Besitz genommen. Aber bis 14.00 Uhr war diese Situation wieder bereinigt. An diesem Tage wurden auf dem Gefechtsstand des Regimentes»Germania«durch einen Pak-Volltreffer mehrere Offiziere, die zu einer Einsatzbesprechung zusammengekommen waren, getötet. SS-Obersturmbannführer Dorr wurde zum 16. Male verwundet.

Die sowjetische Führung bemühte sich, den deutschen Angriffskeil nach Süden abzuriegeln. Marschall Tolbuchin, der am 19. 1. hier von General Zacharow die Führung übernommen hatte, befürchtete, daß die deutschen Truppen bis zur Donau vorstoßen würden und dann gemeinsam mit der 2. PzArmee die 57. sowj. Schützen-Armee und die bulg. 1. Armee in die Zange nehmen könnten. Er teilte die Gefahr der drohenden Einkesselung über Funk dem OB der 57. Armee, GenLt. Scharochin, mit und stellte anheim, über die Donau zurückzugehen. GenLt. Scharochin lehnte dies ab. Er wollte seine erreichten Stellungen nicht aufgeben.

Am 21. 1. wurde Stuhlweißenburg erreicht. Die beiden SS-PDnen stießen an den Nordrand des Velenczesees vor. Der Vorstoß nach Süden, den Marschall

Tolbuchin gefürchtet hatte, blieb jedoch aus, weil er nicht geplant war und Tolbuchin lediglich die deutschen Möglichkeiten überschätzt hatte.

Die ungarische Freiwilligen-Kampfgruppe Ney hatte in Stuhlweißenburg einen opfervollen Einsatz hinter sich gebracht. Ihre Parole lautete dennoch: »Auf nach Budapest!«

Die Umgebung von Stuhlweißenburg wurde von der 1. PD gesäubert, während die »Wiking« am 22. 1. weit nach Nordosten vordrang, gefolgt von der »Totenkopf«-Div., deren Spitzen am 23. 1. bei Adony die Donau erreicht hatten. Die 3. Ukrainische Front war aufgespalten.

Entsprechend dem Befehl wurde nach Erreichen von Adony die Stoßrichtung nach Norden gedreht. Am folgenden Tag griffen die beiden Regimenter »Germania« (rechts) und »Westland« (links) am Donauufer entlang an. Aber der Angriff wurde immer langsamer. Das Wetter und starke Feindmassierungen zwangen am 25. 1. zur Einstellung des Angriffs. Bis zum 28. 1. stand die Division »Wiking« in heftigen Kämpfen gegen den aus Norden und dann auch aus Süden angreifenden Feind.

Beide SS-Divisionen wurden in die Verteidigung gedrängt. Bei Petend kam es zu einer mehrstündigen Panzerschlacht. Wegen des starken Feinddrucks mußte der Frontbogen in der Nacht zum 30. 1. vom Nordrand des Velenczesees bis in Höhe der Linie Baracska-Petend zurückgenommen werden.

Der sowjetische Angriff am 29. 1., der mit starker Flieger-Unterstützung mit Schwerpunkt gegen die linke Flanke beim Batl. »Norge« von einem neu herangeführten Panzerkorps mit 180 Panzern geführt wurde, brachte dem Gegner schwere Verluste. Sturmbannführer Vogt vernichtete allein mit Panzerfaust sechs Feindpanzer. Nur unter Heranführung aller Reserven gelang es, die Feindeinbrüche bis zum Abend abzuriegeln.

Am Morgen des 30. 1. mußte GenMaj. Gaedtke, Chef des GenSt. der AGr. Balck, dem Chef des GenSt. der HGr. Süd melden, daß die Stärken der Panzer-Divisionen stark abgesunken seien. Die Div. »Totenkopf« verfügte noch über neun, die »Wiking« über 14 einsatzbereite Panzer. Am 1. 2. mußten sich die Divisionen von der Donau lösen und nach Westen absetzen. Der Entsatz von Budapest war gescheitert, und es war allen Beteiligten klar, daß dies der letzte Versuch gewesen war.

Der Einsatz der 1. Panzer-Division beim dritten Entsatzvorstoß auf Budapest

Das verstärkte PGR 113, geführt von Major i.G. Marcks, das die 1. PD im vordersten Treffen des dritten Entsatzvorstoßes eingesetzt hatte, war in den vergangenen Tagen voll aufgefüllt worden und stand am Abend des 17. 1. westlich Ösi bereit. Die KGr. Huppert, das verstärkte PGR 1 und das PzArtRgt. 73 (ohne seine I. Abt.) standen westlich und nordwestlich Ösi, das verstärkte PR 1, Oberst Philipp, versammelte mit etwa 45 Panzern, den SPW der verstärkten 10. (Pi)/113, und den Selbstfahrlafetten der I./ArtRgt. 73 um Berhida.

Mit Angriffsbeginn am 18. 1. gingen die Panzerpioniere vor und räumten die ersten Minengassen, wobei sie durch den Feuerschutz des verstärkten PzArtRgt. 73 gedeckt wurden. Danach stieß das I./PGR 113 hinterher und räumte im Zusammenwirken mit der 1./PzPiBatl. 37 weitere Minengassen. Nun erst traten die Panzer des ersten Treffens an. Aber noch immer verzögerten Minen das Vorgehen. Hinzu kam flankierendes Pakfeuer. Birkas wurde vom II. /PGR 113 genommen. Auf dem linken Flügel ging das I./PGR 1 frontal nach Osten vor und nördlich an Ösi vorbei.

Als sich der Angriff durch starkes flankierendes Pakfeuer festzufahren drohte, rollten die Panzer hinter dem I./113 weiter durch und markierten weitere Minengassen, durch welche das Gros der KGr. Philipp vorstoßen sollte.

Es gelang nunmehr, die sowjetische Stellung im Raume Nadasdladany aufzureißen. Das Tagesziel wurde von der gepanzerten Gruppe erreicht, als sie sich bei Falubattyan einigelte.

Die weiter südlich zum Flankenschutz eingesetzte 6./PR 1, die unter flankierendem Pakfeuer stand und Verluste erlitt, fuhr mit dem Zug unter Ofw. Reif an der Spitze schnell vorwärts, durchbrach diesen Pakriegel hart westlich Ilona, um weiter nach Osten anzugreifen. Oberst Philipp und GenMaj. Thunert, letzterer im Funk-SPW der Division, setzten sich hinter Ofw. Reif an die Spitze der 6./PR 1, die weitere Feindgruppen zerschlug und bis Falubattyan vordrang. Hier trafen sie dann auf die Kampfstaffel des PR 1.

Die KGr. Marcks stieß bei Urhida in eine sowjetische Riegelstellung hinein und erbeutete 25 Pak und 20 Lkw. Über den Sarviz-Kanal vorprellend, errichtete sie auf dessen Ostufer einen Brückenkopf. Die Kanalbrücke war stark beschädigt. Sie trug zwar SPW und Sturmgeschütze, aber keine Panzer V. Pioniere bemühten sich um die Wiederherstellung der Brücke.

Über diesen Brückenkopf rollte wenig später die PzKGr. Philipp, dicht gefolgt von der II./PGR 113, auf den Panthern aufgesessen, und dem I./PGR 113 auf SPW. Der Raum Sarpentele wurde erreicht. Hier hatte sich der Gegner in dem Weinberggelände eingegraben. Die PzGrenadiere erstürmten dieses Gelände und räumten die in den Weinbergkellern eingerichteten sowjetischen Bunker systematisch aus. Eine weitere Paksperre wurde im nächsten Anlauf überwunden.

Südlich davon waren die Panzer der KGr. Philipp angetreten. Sie stießen über die Straße Seregelyes-Stuhlweißenburg vor und sperrten sie. In der Nacht zum 20. 1. versuchten sowjetische Sturmgruppen, diese Straße freizuschlagen, weil sie für ihren Nachschub von großer Bedeutung war. Diese Versuche wurden sämtlich abgewehrt. Die KGr. Huppert erreichte bis zum Abend den Raum südwestlich Stuhlweißenburg und besetzte die südlich und westlich der Stadt gelegenen Sperr-Riegel.

Am 20. 1. ging der Angriff weiter. Teile der Kampfgruppe Philipp, der DivKdr. an der Spitze, waren in breiter Front bis an die Südwestgrenze des Velenczesees herangekommen und nahmen die dort liegende Ortschaft Dinnyes in Besitz. Börgönd wurde von der 4./PR 1, Oblt. Hagen, besetzt. Damit waren auch die Durchgangsstraße Stuhlweißenburg-Budapest und die Ausfallstraße nach Süden gesperrt.

Am 21.1. stand die 1. PD im Halbkreis südlich um Stuhlweißenburg herum mit Anschluß rechts an die Div. »Totenkopf« und links an die 23. PD. GenMaj. Thunert entschloß sich nun zu einem Angriff auf Stuhlweißenburg, da der eingenommene weitgespannte Bogen zu starke Kräfte verschlang.

Das IV. SS-PzK sagte Zuführung des PGBatl. »Norge« und einiger Tiger-Panzer zu. Außerdem wurde die 23. PD ersucht, sich von Nordwesten an diesem Angriff zu beteiligen. Das V. ArtKorps, GenLt. Rapke, sollte durch ArtFeuer den Angriff unterstützen.

Der Angriff begann am 21. 1. um 20.00 Uhr. Der Stadtrand von Stuhlweißenburg wurde im ersten Schwung erreicht. Trotz des sich hier versteifenden Feindwiderstandes gelang es, in die Stadt einzudringen, wobei die KGr. Huppert die zurückgehenden Feindpanzergruppen überholte. Die beiden vorn fahrenden Pz IV unter Ofw. Reif und Fw. Weimar stießen an diesen Sherman-Panzern vorbei und schossen sie in der Dunkelheit an einer Straßenkreuzung nacheinander ab. Der KpFhr. der 6./PR 1 schoß zwei Shermans ab, ehe auch sein Wagen einen Treffer erhielt und er schwer verwundet wurde. Ofw. Reif übernahm die Führung der Kompanie. Im Nahkampf wurden die letzten Widerstandsnester des Gegners genommen. Nach Mitternacht meldete Oberstleutnant Huppert:

»Westteil Stuhlweißenburg in eigener Hand!«

Als der Morgen graute, war ganz Stuhlweißenburg in deutscher Hand. 40 Feindpanzer wurden hier erbeutet, eine große Anzahl abgeschossen. Der Gegner flutete über die Straßengabel der Ausfallstraßen nach Zamoly und Kiskeczkemet nach Norden und Nordosten zurück. Der OB der ungarischen 3. Armee, GenOberst Vitez von Heszelenyi, überreichte GenMaj. Thunert das »Ungarische Ritterkreuz«. Auch der Führer des vordersten Stoßtrupps, Oblt. Kohlmann vom PGR 113, erhielt diese hohe ungarische Auszeichnung.

Am 23. 1. als das Kdo. der 1. PD für die Fortsetzung des Angriffs südlich des Velenczesees in den Raum 2 km südlich des Sees verlegte, meldete der Wehrmachtsbericht:

»Stuhlweißenburg wurde im überraschenden Nachtangriff von einer thüringisch-hessischen Panzer-Division genommen.«

Der Kampf ging am 23. und 24. 1. weiter. Der Angriff auf Pettend am Morgen des 24. 1. wurde durch massiertes russisches Pak- und Panzerfeuer zurückgeschlagen. Das I./113 lag im dichten Feindfeuer fest. Ein Entlastungsvorstoß, geführt von GenMaj. Thunert, erlaubte diesem Bataillon, sich vom Feind zu lösen.

Auch bei der Kampfgruppe Marcks ging es am 24. 1. nicht mehr weiter. Im Kampf um Baracska kam es zu schwierigen Situationen, als sich der Gegner überrollen ließ und die deutschen Panzer aus dem Rücken mit Nahkampfmitteln angriff.

Die Kämpfe um Baracska dauerten auch am 25. 1. an. Dort sperrte der feindliche Riegel die Hauptstraße nach Budapest. Es gelang den Divisionen der Angriffsgruppe, auf 15 bis 18 km an die ungarische Hauptstadt heranzukommen. Russische Gegenstöße aus dem Raum nördl. Tordas wurden abgewiesen und dabei eine große Zahl Feindpanzer, darunter viele Sherman-Panzer, abgeschossen. Kurz vor der Abenddämmerung des 26. 1. nahm plötzlich ein Befehlspanzer, der in der Gegend 2 km westl. Gyuroi stand, einen Funkbefehl für die PzKGr. Philipp auf:

»Halt! – Angriff einstellen! – Neuer Befehl folgt!«

Als der KGrFhr. durch Lt. Seibold nachfragen ließ, erhielt er den neuen Funkbefehl, der offenbar direkt von der Armee kam:

»Zurück in die Ausgangsstellung – Sammeln bei Vereb!«

Etwa 16 km westlich des Einschließungsringes, bei zurückweichendem Gegner, mußte der Angriff auf Budapest eingestellt werden. Der Gegner hatte mit starken Panzerverbänden über Bicske auf Lovasberena antretend und von dort mit Teilen nach Süden und Südosten eindrehend, die Einstellung dieses Gegenangriffs erzwungen.

Der Entsatzversuch von Budapest war endgültig gescheitert.

Die 1. PD, als linker Flügel des IV. SS-PzK, wurde noch am 26. 1. nachts nach Nordwesten abgedreht. Die KGr. Philipp rollte in den Raum nordwestlich Pettend, wo die Sowjetarmee mit über 250 Panzern und starken Infanteriekräften angriff. Pettend wurde von ihr in der kommenden Nacht erstürmt. Hier, im Einbruchsraum nördlich Velencze, verstärkte sich der Gegner laufend. Es waren Truppen der 3.

Trotz der ständigen Bombardierungen gelang es der deutschen Rüstungsindustrie, in kleinen, versteckten Produktionsstätten eine große Menge von Flugzeugen (wie hier die Me-262) zu produzieren. Treibstoffmangel verhinderte jedoch ihren Einsatz.

So fanden die Alliierten die deutschen Flugzeuge auf Feldflugplätzen vor. Flugzeugschrott, der erst kurz vorher teuer und aufwendig produziert worden war.

Die Me-262 war ein schnittiges Turbinenjagdflugzeug, das allen alliierten Jägern überlegen war. Bereits ab 1943 serienreif, kam es jedoch erst zum Kriegsende als Jagdflugzeug in den Einsatz.

Der Raketenjäger Me-163 konnte aufgrund seiner geringen Flugdauer nur zu Objektschutzaufgaben eingesetzt werden.

Ein wirkliche „Wunderwaffe“ war die „V 2“, eine Rakete, die in tausend Kilometer Entfernung, aus sehr großer Höhe kommend, einigermaßen genau ein Ziel treffen konnte. Diese deutsche Konstruktion hat die gesamte zivile und militärische Raketenentwicklung der Weltmächte nach dem Krieg maßgeblich beeinflusst.

Eine „V 1“ wird zur Startrampe gerollt. Seit Herbst 1944 im Einsatz, wurde sie aufgrund sehr großer Verluste durch gegnerische Abfangjäger ab Februar 1945 nur noch vereinzelt eingesetzt.

Aus den vorhandenen Flugzeugen wurden sogenannte „Mistel-Gespanne“ gebildet, wobei sich der Jagdpilot mit der darunter hängenden, mit Sprengstoff gefüllten Maschine auf ein Ziel stürzen sollte und den Lastensegler dann ausklinken musste. Es sind nur wenige Einsätze dieser „Mistel-Gespanne“ bekannt geworden. Hier eine Me-109 mit einem Lastensegler DFS 230.

General der Jagdflieger, Adolf Galland, wurde von Göring abgelöst und stellte den legendären Jagdverband 44 auf, der mit der Me-262 ausgerüstet war.

Oberst Gordon Gollob wurde Gallands Nachfolger und damit letzter General der Jagdflieger.

Die hauptsächlich zur Verfügung stehenden deutschen Jagdflugzeuge waren jedoch Propeller-Jäger, wie hier im Bild die Fw-190 des erfolgreichen Jagdpiloten Josef Priller.

Die Tag- und Nachtangriffe der alliierten Bomberflotten nahmen Ende 1944/Anfang 1945 an Intensität nochmal deutlich zu. Nicht nur die Rüstungsindustrie war ihr Ziel, sondern die völlige Zerstörung der deutschen Städte.

Die erfolgreichste deutsche Nachtjagdbesatzung mit 121 bestätigten Luftsiegen bis Kriegsende: Bordschütze Gänsler, Pilot Major Heinz-Wolfgang Schnaufer, Bordfunker Rumpelhardt.

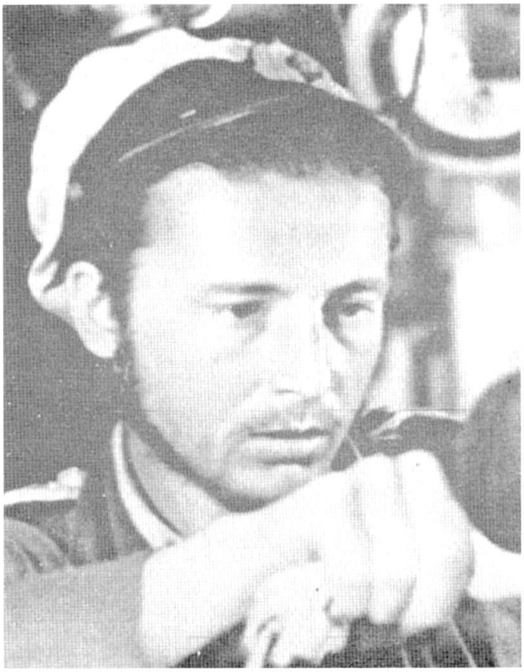

Die U-Boote kämpften auf See 1944-45 gegen eine riesige Übermacht. Im Bild Adalbert Schnee am Periskop seines U-Bootes.

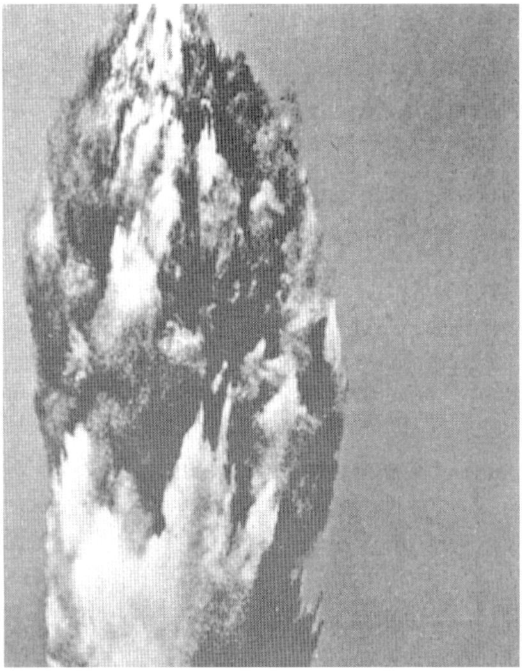

Im Bild die gewaltige Wassersäule einer Minenexplosion in einem Schiffskonvoi.

Mit Kleinst-U-Booten wurde versucht, die gegnerische Versorgungsschifffahrt in Küstennähe und in Flussmündungen zu unterbinden. Hier ein gestrandetes U-Boot vom Typ „Biber".

Albrecht Brandi, einer der erfolgreichsten U-Boot-Kommandanten, von den Kämpfen gezeichnet.

Auch Wolfgang Lüth war ein U-Boot-Ass.

Wolfgang Lüth überlebte das Kriegsende nur wenige Tage. Er wurde versehentlich von einem eigenen Wachposten am 13. Mai 1945 in Flensburg-Mürwik erschossen. Hier sein Staatsbegräbnis, das durch die Engländer genehmigt wurde.

Adolf Hitler hatte vor seinem Selbstmord in Berlin am 30. April 1945 Großadmiral Dönitz zu seinem Nachfolger als Staatsoberhaupt bestimmt. Im Bild Dönitz mit Mitgliedern seiner „Regierung" im isolierten Teil Norddeutschlands.

Im Bild der ehemalige Rüstungsminister Albert Speer, Großadmiral Dönitz und General Jodl.

Am 23. Mai 1945 wird Dönitz verhaftet und gefangengenommen.

So endete die kurze Episode der „Regierung Dönitz" mit der Gefangennahme.

Die Mitglieder seines Stabes bei der Gefangennahme. Wesentlicher Grund für die Gefangennahme war, dass immer noch NS-Führer in der Regierung saßen. Dies wurde von den Alliierten nicht geduldet.

Auch auf dem pazifischen Kriegsschauplatz wendete sich 1944-45 das Blatt endgültig zu Gunsten der Amerikaner. Insel um Insel wurde von ihnen erobert, der Angriff auf das Mutterland Japan begann in Okinawa im April/Mai 1945.

Die dicht besiedelte Insel Okinawa wurde im März/April 1945 von schweren amerikanischen Luftangriffen erschüttert und durch die Schiffsartillerie amerikanischer Schlachtschiffe sturmreif geschossen.

Amerikanische Infanteristen gehen im Dschungel von Okinawa an einem gefallenen Japaner vorbei.

Gefechte auf Neu-Guinea im Mai 1945.

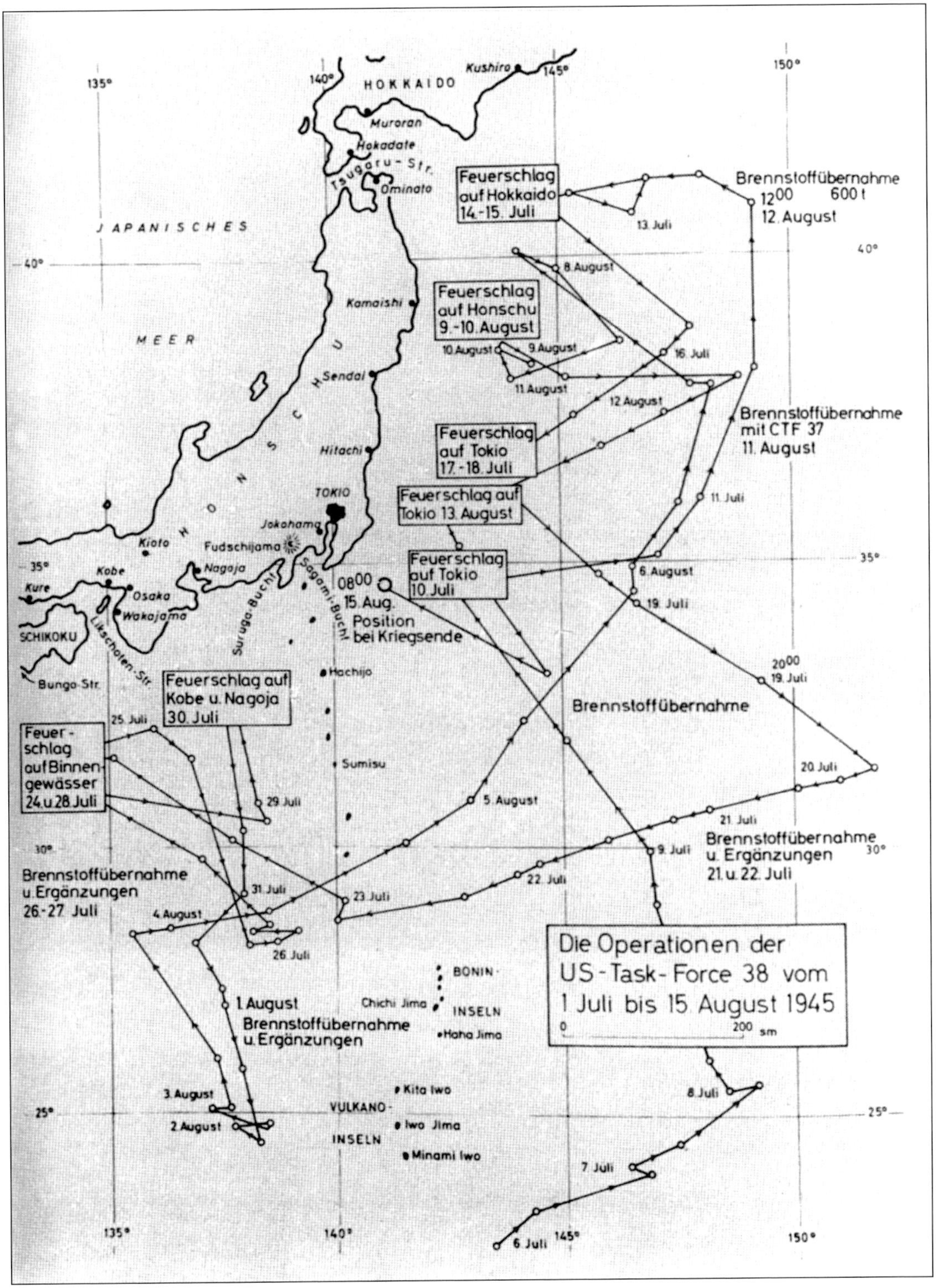

Übersichtskarte über die abschließenden US-Operationen bis zur Kapitulation Japans.

Ministerpräsident Tojo (in Uniform) mit Teilen des japanischen Kabinetts.

Der japanische Kaiser Hirohito (grüßend) wurde nach dem Krieg für seine Befehle und Taten nicht zur Rechenschaft gezogen.

Der neue US-Präsident Harry S. Truman führte die USA zum Sieg und zur absoluten Weltmacht.

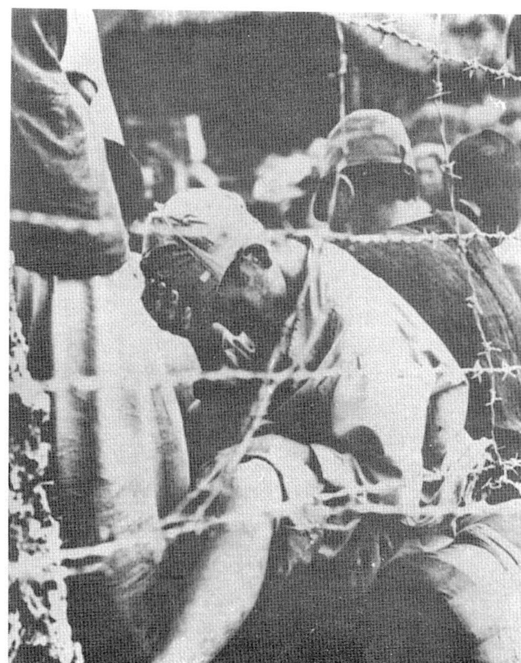

Japaner hinter Stacheldraht – für ihr soldatisches Verständnis eine Schande.

Diese nachgestellte Szene soll die Eroberung der blutig umkämpften Insel Iwo Jima im Februar/März 1945 darstellen. Wie so oft konnten die Amerikaner aus dem Vollen schöpfen und bombardierten die Insel vollkommen. Dennoch fielen fast 7.000 Amerikaner bei der Eroberung der Insel, 22.000 Japaner fanden auf der Insel den Tod.

Am 6. August wurde über Hiroshima die erste und am 9. August 1945 über Nagasaki die zweite Atombombe abgeworfen. Japan kapitulierte daraufhin am 14. August 1945 bedingungslos. Jedoch dauerten die Entwaffnungen und Besetzungen kleinerer Inseln noch bis November 1945 an.

Ukrainischen Front, die gleichzeitig zwischen dem Velenczesee und der Donau angriffen.

Am 27. 1. gingen die Kämpfe ostwärts des Velenczesees zu Ende. Mehr als 200 Feindpanzer waren abgeschossen worden. Der Befehl zum Absetzen wurde mit Erleichterung aufgenommen, in die sich Trauer und Niedergeschlagenheit mischten, das gesteckte Ziel, die Kameraden in Budapest zu befreien, nicht erreicht zu haben.

Wie aber sah es auf dem Südflügel des IV. SS-PzK aus, wo die 3. PD stand?

Die 3. PD stand am 23. 1. 1945 im schweren Kampf bei Hercegfalva. Die Stadt schien mit russischen Panzern vollgestopft, dennoch gelang es, sie in eigenen Besitz zu bringen. Am 24. 1. wurde die 3. PD der ungarischen 3. Armee unterstellt und schied aus der Offensive gegen Budapest aus.

Am 25. und 26. 1. kam es bei Miklos zum Kampf gegen sowjetische Streitkräfte, die sich in Miklos verteidigten und Salvengeschütze und T 34 einsetzten. Der Angriff drang nicht durch.

Als am 26. 1. GenLt. Philipp die Division verließ, weil er schon mit Wirkung vom 1. 1. 1945 zum Heereswaffenamt versetzt worden war, übernahm Oberst Söth, bisher Kdr. des PzArtRegt. 73, die Führung der Division.

Am 27. 1. eröffnete die Sowjetarmee mit einem starken Trommelfeuer den Angriff gegen die Front der 3. PD, die sich über 45 km vom Sarviz-Kanal bis zur Donau erstreckte. Starke Panzerrudel erreichten die rechte Flanke. Sie wurden abgewiesen. Aber beim GR 394 brachen sechs T 34 ein und rollten bis zum RgtsGefStand durch. Mit Panzerfäusten wurden diese Panzer durch den Fernsprechtrupp unter Lt. Grießenbeck abgeschossen. In Dunapentele wurde das II./PGR 3 eingeschlossen. Auf dem linken Flügel kämpften das PR 6 und das PGR 3 gegen starke sowjetische Panzerrudel. Es gelang, eine Reihe T 34 und Sherman abzuschießen. Am 28.1. mußte diese KGr. nach Norden ausweichen.

Am 29. 1. griff die 3. PD mit der Masse nach Süden an. Der Angriff drang nicht durch. Aber dem in Dunapentele eingeschlossenen Bataillon gelang der Ausbruch zur eigenen Division.

Der 1. 2. brachte der 3. PD den Befehl, sich 10 bis 15 km weiter abzusetzen. Sofort stießen sowjetische Stoßgruppen hinterher.

Bei der Division »Wiking« brach dieser Gegner durch. Seregelyes mußte aufgegeben werden, und die Sowjettruppen stießen an der Stadt vorbei weiter vor. GenMaj. Söth (seit dem 30. 1. zu diesem Dienstgrad befördert) befahl nach Rücksprache mit dem Kommandeur der »Wiking« ein örtliches Absetzen seiner Verbände. Wieder stießen die sowjetischen Spitzengruppen dichtauf nach. Westlich Sarosd wurde gehalten. Hier erhielt die 3. PD in der Nacht zum 5. 2. den Befehl zum Absetzen in die »Margarethenstellung«. Doch ein Besetzen dieser Stellung war unmöglich, weil diese völlig unter Wasser stand.

Ein Feindkeil, der links der 3. PD durchgebrochen war, wurde am 7. 2. im Gegenangriff durch die Div. »Wiking« und die 1. PD vernichtet. Bis zum 17. 2. waren die Absetzbewegungen beendet. Die deutschen Truppen waren wieder in die Linie Velenczesee-Soponya-Peterszallas-Plattensee zurückgegangen.

Ausbruch aus Budapest

Am Mittag des 11. 2. 1945 versammelten sich die Kommandeure der Truppenverbände in Budapest auf dem GefStand des IX. SS-GebKorps, SS-Obergruppenführer Pfeffer-Wildenbruch. Der Chef des Stabes, Oberstleutnant i.G. Lindemann, teilte ihnen mit, daß der KommGen. den Ausbruch befohlen habe. Dieser – als Plan von Oberst Jansa ausgearbeitet – sollte in drei Gruppen erfolgen. Während Gruppe 1 in Richtung Budakeszi durchbrechen sollte, würde die 2. Gruppe zwischen Budaörs und Budafok die sowjetischen Linien durchbrechen, und Gruppe 3 wiederum sollte sich der Gruppe 1 nach Budakeszi anschließen.

Der Ausbruch begann noch am selben Tag. Von den ursprünglich 33.000 deutschen und 37.000 ungarischen Soldaten waren nur noch 16.000 kampffähig. Diese traten an und versuchten, mit der blanken Waffe sich durchzuschlagen. Von ihnen erreichten nur 785 Mann die deutschen Linien. Etwa die gleiche Zahl ungarischer Soldaten konnte sich irgendwie durchschlagen.

Das Oberkommando der Sowjetarmee meldete am 13. 2. 1945 die Einnahme von Budapest und die Gefangennahme von 110.000 Soldaten. Sicher ist, daß Zehntausende Zivilisten mit in Gefangenschaft gerieten. Die 8.000 Verwundeten wurden nicht versorgt. Rotarmisten legten in den unterirdischen Lazaretträumen Feuer und gossen Benzinkanister in den Flammen aus. Etwa 1.000 Schwerverwundete verbrannten. Etwa 1.000 Verwundete, die sich in das völlig überfüllte Pajor-Sanatorium flüchten konnten, kamen mit dem Leben davon.

Die letzte Offensive

Bereits im Februar hatte Hitler befohlen, in Ungarn eine neue Offensive zu eröffnen. Dazu wurde die aus den Ardennen zurückgewichene 6. SS-Panzerarmee vom Westen nach Ungarn verlegt. Hitlers Plan, den er gegen die Warnungen von GenOberst Guderian durchsetzte, sah folgendes vor:

Die HGr. Süd, Gen.d.Inf. Wöhler, sollte mit der 6. SS-PzArmee, der 6. und 8. Armee und der ungarischen 3. Armee aus der Seenenge Plattensee-Velenczesee vorstoßen, während südlich des Plattensees die 2. Armee unter GendArt. de Angelis nach Osten angreifen würde. Beide Angriffsgruppen erhielten die Donau als Ziel.

In einem Telefongespräch, das GFM Keitel mit GenMaj. von Grolman, dem Chef des Generalstabes der HGr. Süd führte, wurden folgende Gründe für diese Offensive angegeben:

»Wien, eine Stadt von größter strategischer Bedeutung, ist trotz der dort eingesetzten Panzer-Divisionen unmittelbar bedroht. Der Verlust der in Ungarn lagernden Getreidevorräte gefährdet die deutsche Volksernährung. Ein Verlust der Erdölvorkommen am Plattensee und bei Wien gefährdet die weitere Kriegführung ebenfalls unmittelbar.«

Dies alles hatte Hitler bereits im Januar zu der Überzeugung kommen lassen, daß eine große Offensivschlacht zuerst das gesamte Dreieck zwischen Plattensee-Donau-Drau in deutsche Hand bringen müsse. Danach sollte zwischen Donau und Theiß und schließlich auch auf beiden Donauufern nach Norden angegriffen und Budapest zurückgewonnen werden. Diese Operation sollte unmittelbar nach der Schneeschmelze und dem Abtrocknen des Bodens anlaufen.

Für die HGr. Süd war vorgesehen, daß die 6. Armee, die im Raume Stuhlweißenburg schnellstmöglich aufgefrischt werden sollte, und die in eben diesem Raum aufmarschierende 6. SS-PzArmee mit dem linken Flügel dieses Angriffs nach Südosten auf Dunaföldvar vorgehen und die Donau erreichen sollten.

Die 2. PzArmee würde aus dem Raum ihrer Bereitstellungen zwischen dem Südwestufer des Plattensees und dem Zusammenfluß Drau-Mur über Kaposvar nach Osten bis Bataszek und an die Donau vorstoßen.

Die HGr. E hatte aus dem Raume Miholjac-Esseg südlich der Drau das Vorgehen der 2. PzArmee so zu unterstützen, daß sie mit Schwerpunkt im Westen an zwei bis drei Stellen über die Drau nach Norden vorstoßen müsse. Diese Divisionen der HGr. E sollten, sobald Anschluß an die 2. PzArmee gefunden war, zu dieser übertreten. Mit gesammelter Kraft würde dann die 2. PzArmee zwischen Baja und der Einmündung der Drau in die Donau die Donau überschreiten.

Ende Februar trafen die ersten Transporte der 6. SS-PzArmee unter GenOberst der Waffen-SS Dietrich im Bereitstellungsraum ein. Bis Mitte März waren hier die Waffen-SS-Divisionen »Leibstandarte«, »Hitlerjugend«, »Das Reich« und »Hohenstaufen« versammelt. Diese bildeten das I. und II. SS-PzKorps.

Aber noch vor dem Losbrechen dieser letzten deutschen Offensive erhielt die 12. SS-PzDiv. »HJ« Befehl, im Rahmen der 8. Armee mit dazu beizutragen, den sowjetischen Gran-Brückenkopf zu beseitigen. Hier die Einblendung über das Geschehen am Gran-Brückenkopf.

Beseitigung des Gran-Brückenkopfes

Zur Beseitigung des Gran-Brückenkopfes wurden von der 8. Armee die 44. ID »Hoch- und Deutschmeister«, die 12. SS-PD »HJ« und Teile des PzRgt. der 1. SS-PD »AH« angesetzt.

Die 12. SS-PD »HJ« rückte in der Nacht zum 17. 2. in den Bereitstellungsraum südwestlich Kolta ein und trat am nächsten Mittag zum Angriff an. Bis zum Abend wurde der Raum nördlich Köbölkut erreicht. Die 44. ID auf der linken Flanke hing allerdings noch zurück. Ein Gegenstoß der Sowjets, in der Nacht zum 18. 2. vorgetragen, wurde vom PGR 26 (der 12. SS-PD) abgewiesen. Im weiteren Vorstoß wurde Köbölkut am Mittag des 18. 2. erreicht und vom PGR 25 genommen. Die KGr. des SS-PR 1 (1. SS-PD) hatte inzwischen den Raum nördlich Muzsla erreicht, das am anderen Morgen nach Fortsetzung des Angriffs genommen wurde.

Bei einem sowjetischen Feuerüberfall auf diese Ortschaft fiel Obersturmbannführer Krause, Kdr. des PGR 26. Im gemeinsamen Vorstoß eroberten am Nachmittag des 19. 2. das PGR 25 und Teile der 44. ID Parkany, während das PGR 26 Ebed an der Donau gewann.

Der Brückenkopf der Sowjets war bis auf einen Rest vernichtet. Gegen diesen Rest trat am 22. 2. die 12. SS-PD aus dem Raum nördlich Bart, in dem sie umgruppiert hatte, an. Im starken sowjetischen Abwehrfeuer blieb dieser Angriff vor Bart und Beny liegen. In der Nacht zum 24. 2. erstürmte das PGR 26 nach erbittertem Kampf Beny und erreichte, nachdem um 07.30 Uhr der Gegner geworfen war, den Gran. Noch im Verlauf des verlustreichen 24. 2. wurde auch Bart erobert.

Damit war der Gran-Brückenkopf beseitigt. Diese Operation war das letzte erfolgreiche Angriffsunternehmen der 12. SS.-PD, das allerdings bei einigen Einheiten herbe Verluste gekostet hatte. Über Komorn und Bankesy marschierte die Division vom 25. 2. bis zum 5. 3. in den Raum nördlich der Enge zwischen Platten- und Velenczesee und stellte sich hier in der Nacht zum 5. 3. 1945 bereit.

Am 6. 3. begann um 04.00 Uhr das massierte deutsche Artilleriefeuer auf die sowjetische HKL. Das Hauptquartier des sowjetischen Oberkommandos hatte - auch nachdem die deutschen Vorbereitungen zur Offensive bekannt geworden waren - die Vorbereitungen zur eigenen geplanten Offensive nicht einstellen lassen. Es beabsichtigte, die deutschen Kräfte zunächst in Verteidigungskämpfen zu zermürben, um dann selber zur Offensive überzugehen und den gesamten deutschen Südflügel der Ostfront zu zerschlagen. Dazu erhielten die Truppen der 3. Ukrainischen Front Weisung, sich in der zweiten Februarhälfte und in den ersten Märztagen sowohl zum Angriff als auch für die Verteidigung einzurichten.

Marschall Tolbuchin trug den Erkenntnissen seines Feindnachrichtendienstes Rechnung, daß starke deutsche Panzerkonzentrationen vor seiner Front versammelt seien, indem er ein tiefgestaffeltes Panzerabwehrsystem aufbauen ließ. Er veranlaßte, den Schwerpunkt der Abwehrkräfte im Abschnitt Velenczesee-Plattensee zu verlegen, weil dort mit dem deutschen Großangriff gerechnet werden mußte. Drei Hauptaufgaben hatte diese Verteidigung zu lösen:

» 1. Den Angriff massierter deutscher Panzerverbände abzuwehren;

2. ein rasches Vorstoßen des Gegners in die Tiefe des eigenen Verteidigungsraumes zu verhindern (falls überhaupt die HKL durchbrochen werden würde) und

3. die Bewegungsfreiheit der eigenen Kräfte und Waffen während der gesamten Operation zu gewährleisten.«

Die Panzerabwehr war Schwerpunktprogramm. Panzerartillerie, Pionieranlagen, Panzerminenfelder und Panzersperren wurden in tiefer Staffelung angelegt, um auch stärkste deutsche Panzerangriffe aufhalten zu können.

Damit sollte verhindert werden, daß die Front aufgespalten wurde. Die Manövrierfreiheit in der taktischen und operativen Tiefe der Verteidigung sollte gesichert werden.

Dort, wo mit deutschen Panzermassierungen zu rechnen war, weil das Gelände dazu einlud, wurden alle Mittel zur Panzerbekämpfung in engem Zusammenwirken aufgestellt, um eine entsprechende Feuerdichte von Artillerie und Pak zu erzielen.

Diese Verteidigungsmaßnahmen wurden durch vorbereitende Maßnahmen der sowjetischen Luftstreitkräfte unterstützt. Und zwar sollten 75 % aller Fliegerkräfte der 2. und 3. Ukrainischen Front gegen die Hauptgruppierung der deutschen Panzer angesetzt werden.

Nach dem deutschen Trommelfeuer, das um 04.00 Uhr eingesetzt hatte, eröffnete das III. PzK mit der 1. PD an der Spitze den Angriff. Von Föveny aus antretend, wurde im entschlossenen Vorgehen Belsö-Bar erreicht. Es ging durch tiefen Schlamm und immer wieder durch Pakriegel und Minenfelder vorwärts.

Auf der rechten Flanke des Angriffsstreifens stürmten die Divisionen des I. KavKorps unter GendKav. Harteneck. In der Mitte rollten die Panzerverbände der 6. SS-PzArmee, und links traten die Sturm-Divisionen der 6. Armee an. Deren stärkster Verband, das III. PzK, wurde von GendPzTr. Breith geführt.

Es gelang der 1. PD, im Morgengrauen die feindlichen Stellungen bei Belsöbarand zu durchbrechen und auf Seregelyes vorzustoßen. Die 356. ID, die links von der 1. PD angetreten war, brach in die sowjetische HKL ein und überwand eine Reihe stark befestigter Stützpunkte.

Beim PGR 1 schlug unmittelbar nach Beginn des Angriffs ein Volltreffer in den RgtGefStand ein. Der RgtFhr. Major Ritz, der Kdr. der II./PAR 73, Hptm. Weimar, und einige andere Offiziere wurden dabei schwer verwundet.

Die Kampfgruppe Bradel erstürmte wenig später Seregelyes. Hier aber stockte der Vorstoß. Es gelang am 7. 3. nicht, über den Ostrand von Seregelyes hinaus vorzudringen. In strömendem Regen, auf verschlammten Wegen und Feldern blieb der Angriff liegen, und auch der 8. 3. brachte keine Änderung dieses Bildes. Der 356. ID gelang es, die Nordbrücke in Besitz zu nehmen. Der auf die Ostbrücke vorstoßende gepanzerte Angriffskeil sah, wie diese von den Sowjets gesprengt wurde.

Die vorrollenden Panzer blieben im Schlamm stecken, und erst der 9. 3. brachte wieder zählbare Fortschritte, als der KGr. Bradel ein Durchbruch durch feindliche Pakriegel beiderseits Sceresceny gelang. Über die Höhe 128 hinweg wurde dieser Durchbruch bis in den Raum drei km südlich des Velenczesees vorgetrieben.

Als der vorgestaffelte DivGefStand von einer Fliegerbombe getroffen wurde, erlitt GenMaj. Thunert eine zum Glück nur leichte Verwundung. Aber in dem angrenzenden Gelände mußten die Pioniere 21 tote Kameraden bergen. Oberst i. G. Krantz übernahm bis zur Rückkehr des DivKdrs. die Führung.

Südlich des Velenczesees gewann auch am 10. 3. der Angriff der KGr. Bradel weiter an Raum in Richtung auf Agard und Gardony. In diesen Abschnitt wurden Teile der 3. PD nachgeführt.

Die 3. PD war erst am 9. 3. angetreten. Links von ihr eingeschoben stand die 6. PD. Nach einem Feuerschlag des PAR 75 rollten die Sturmgruppen bei der 3. PD vorwärts. Wenig später griffen sowjetische Schlachtflieger und Bomber in den Erdkampf ein. Die 3./PGR 3 verlor binnen einer Stunde durch Fliegerangriffe sämtliche SPW. Der Führungs-SPW des II./PGR 3 erhielt einen Volltreffer. Der BatlKdr. wurde verwundet.

Der riesige Sumpf zwischen dem Velenczesee und Seregelyes ließ alle Vorwärtsbewegungen erstarren. Die feindlichen Luftstreitkräfte wurden aktiv wie niemals vorher. Der Nachschub kam nicht nach vorn.

Der 10. und 11. 3. sah die Kampfgruppe Bradel noch im weiteren Vorgehen südlich des Velenczesees. Die gepanzerte Gruppe der 1. PD stieß bis nach Gardony vor. Dort blieben die Panzer vor geschickt angelegten Trichtersprengungen liegen. US-Bomber griffen nunmehr laufend in die Kämpfe südlich Stuhlweißenburg ein.

Am Abend des 11. 3. wurde nördlich Stuhlweißenburg die 6. PD aus der Front des IV. SS-PzK herausgelöst und stand um Mitternacht mit ihren vordersten Teilen südlich der Stadt im Anmarsch auf den Raum Seregelyes.

In der Mitte der Front war es dem II. SS-PzK mit den Panzern der 12. SS-PD und der 1. SS-PD gelungen, Simontornya zu erreichen und zu erobern. Eine Stunde später hatte das SS-PGR 1 der LAH unter Sturmbannführer Möllhoff einen Brückenkopf über den Sio-Abschnitt gebildet. Die hier wenig später anbrandenden sowjetischen Gegenstöße wurden abgewehrt.

Hier die Übersicht über die ersten Tage aus der Sicht des II. SS-PzK unter SS-Obergruppenführer Bittrich:

Aus der Enge zwischen Plattensee und Velenczesee sollte das II. SS-PzK am 8. 3. antreten. Südlich davon stand das I. SS-PzK. Beide Korps sollten nach dem Durchbruch durch die sowjetische HKL in breiter Front südlich von Budapest die Donau erreichen und gegebenenfalls, wenn die Kräfte reichten und die Situation es erlaubte, nach Norden drehen und zum letzten Entsatzversuch in Richtung Budapest vorgehen.

Der Bereitstellungsraum konnte infolge einiger Regiefehler höherer Kommandostellen erst in letzter Minute erreicht werden. Am späten Nachmittag des 7.3. wurden die Regimentskommandeure der 2. SS-PD durch den DivKdr. Gruppenführer Ostendorff im Gelände eingewiesen. Der RgtKdr. des Regimentes »Der Führer«, Obersturmbannführer Weidinger, war Zeuge eines Telefongespräches zwischen dem Chef des Stabes des II. SS-PzK Ostubaf. Keller und der 6. SS-PzArmee. Ostubaf. Keller meldete der Armee, daß der Angriff am kommenden Tag unmöglich beginnen könne, weil Teile der Division »Das Reich« noch im Fußmarsch zum Bereitstellungsraum begriffen seien. Doch die PzArmee beharrte auf dem Angriff am 8. 3. 1945. Dieser mißlang und mußte am 9. 3. wiederholt werden.

Mit Beginn des zweiten Angriffs um 05.00 Uhr am 9. 3. stürmten die Panzergrenadiere in Richtung der sowjetischen Höhenstellungen. Mehrere dieser Höhen wurden genommen, doch die Höhe 159 widerstand den Angriffen mittels starken flankierenden Feuers, das die Angreifer niederhielt.

Die gepanzerte Gruppe des Regimentes »DF« wurde im Laufe des Vormittages auf die Höhe 159 angesetzt. Das Regiment »D« blieb in den erreichten Stellungen, um die Flankensicherung zu übernehmen. Zum I. SS-PzK nach Süden klaffte eine breite Lücke auf. Linker Nachbar war die 9. SS-PD »Hohenstaufen«. Aus dem Werk von Otto Weidinger eine Situationsschilderung aus der Sicht des RgtKdr. des Rgt. »DF« :

»Kaum rollen die ersten Panzer über die Höhe 159, als sie heftiges Pakfeuer aus nördlicher Richtung erhalten. Kurz hintereinander werden drei Panzer abgeschossen. Jeder Kampfwagen oder SPW, der über die Höhe fährt, wird also mit Sicherheit abgeschossen. Ein Umgehen ist unmöglich, da die Regenperiode das

Gelände in den Tälern versumpft hat und die Panzer nicht vorwärtskommen können. So bleibt der Angriff zunächst stecken und soll erst weiter vorgetragen werden, wenn der flankierende Pakriegel ausgeschaltet ist.

Der Divisionskommandeur, Gruppenführer Ostendorff, kommt in den späten Vormittagsstunden zum Regimentskommandeur, und in den vordersten Stellungen wird die weitere Durchführung des Angriffs besprochen. Auf der Rückfahrt erhält Gruppenführer Ostendorff einen Volltreffer in seinen VW-Kübel und wird schwer verwundet. Der Begleitoffizier wird tödlich getroffen. Standartenführer Kreutz, Kommandeur des Rgt. 2, übernimmt zunächst die Führung der 2. SS-PD (Gruppenführer Ostendorff erlag dieser Verwundung wenige Tage nach der Kapitulation in Bad Aussee).« Soweit der direkte Bericht.

Der sowjetische Pakriegel konnte am Nachmittag ausgeschaltet werden,und am 11. 3. trat die gepanzerte Gruppe des Regiments »DF« um 09.00 Uhr abermals zum Angriff an. Die II./PR 2 fuhr diesen Angriff mit, der gut vorwärts kam und die Ortschaft Csillag-Major zurückgewann.

Am 12.3. übernahm Standartenführer Lehmann, bis dahin Chef des Stabes beim I. SS-PzK, die Führung der 2. SS-PD. An diesem Tage führte das Rgt. »DF« seinen letzten größeren Angriff, als es am frühen Morgen gegen den stündlich stärker werdenden Feindwiderstand Kulsö-Püsköp-Myr erreichte und darüber hinaus auf Meinrich-Kayor vorstieß. Hier mußte die gepanzerte Gruppe zur Verteidigung übergehen.

Die 12. SS-PD »Hitlerjugend«, geführt von Brigadeführer Meyer, hatte sich bereits in der Nacht zum 5.3. 1945 bereitgestellt. Rechts schloß die 1. KavDiv., links die 1. SS-PD an. Das PGR 25 stand rechts und das PGR 26 links im Divisionsabschnitt, während die gepanzerte Gruppe hinter dem PGR 26 folgen sollte, sobald es die Geländeverhältnisse gestatteten.

Der Angriff des PGR 26 begann um 04.45 Uhr. Stoßrichtung war Ödin-Puszta. Es galt, nacheinander fünf Gräben zu überwinden, aus denen das sowjetische Verteidigungssystem bestand. Dennoch gelang es, bis 05.00 Uhr des 6. 3. Ödin-Puszta zu nehmen. Major-Puszta wurde gegen 11.00 Uhr erreicht und dem Gegner entrissen. Ein sowjetischer Gegenangriff wurde abgewiesen.

Der 7. 3. sah die Division »HJ« im weiteren Angriff, der nach dem Durchbruch durch eine Pakfront bis in den Raum 4 km nördlich Deg führte. Bei einem Fliegerangriff fiel an diesem Tage der Kdr. des PGR 26, Stubaf. Kostenbader.

In der Nacht gelang es den Panzergrenadieren, durch Panzer und Panzerjäger unterstützt, Deg zu nehmen. Mehrere Feindstellungen wurden überwunden und der zurückflutende Gegner noch in der Nacht über Meszezilas hinaus verfolgt.

Alle Gegenangriffe der Sowjets am 10. 3. wurden abgewiesen, und am Morgen des folgenden Tages trat die Division »HJ« zum weiteren Vorstoß auf Simontornya und nach Eroberung dieser Stadt zum Übergang über den Sio an.

Gleichzeitig stießen die Panzer der 12. und 1. SS-PD in die Stadt hinein, und um 14.30 Uhr hatten die Panzergrenadiere den Sio-Kanal erreicht. Das I. /PGR 26 setzte gegen Abend über den Kanal und bildete auf dem Südufer einen Brückenkopf.

Gegen diesen Brückenkopf richteten sich starke sowjetische Gegenangriffe, die abgewiesen wurden. Als es am 12. 3. gelang, die Höhe 503 zu nehmen, war der Brückenkopf gesichert, so daß am 13. und 14. 3. alle sowjetischen Angriffe abgeschlagen werden konnten. Das PGR 26 wurde am 15. 3. im Brückenkopf durch die 1. SS-PD abgelöst.

An das Südufer des Velenczesees angelehnt,weitete sich nunmehr die Angriffsfront der HGr. Süd in einem flachen Bogen nach Südosten aus, sprang dann bis in den Raum ostwärts Seregelyes zurück und verlief danach weiter nach Süden bis an den SioAbschnitt, wo das I. und II. SS-PzK standen. Da zwischen dem Südwestende des Velenczesees bis nördlich Seregelyes ein tiefes Sumpfgebiet lag, konnten die 1., 3. und 6. PD lediglich über Seregelyes versorgt werden. Diese Ortschaft war auf guten Straßen von Belsöbarand und Stuhlweißenburg zu erreichen. Aus diesem Grunde lag diese Ortschaft ständig unter Artilleriefeuer, Luftangriffen und Schlachtfliegereinsätzen der Sowjets.

Dadurch und durch die schwierigen Geländeverhältnisse, Schlamm und von Gräben und Wällen durchzogenes Gelände, hatte das PR 1 der 1. PD bereits bis zum 12. 3. den Hauptteil seiner Panzer verloren. Im Einsatz waren an diesem Tage noch zwei Befehlspanzer und fünf Pz. V unter Oblt. Neumann. Damit verfügte Oberst Streith als Kdr. des PR 1 nur noch über einen Panzerzug.

Am Abend des 13. 3. trat die 1. PD noch einmal zur Fortsetzung des Angriffs an. Gardony wurde genommen. Der Angriff auf Kisvelencze blieb südlich der Uferstraße liegen. Die Panzergrenadiere der KGr. Bradel igelten sich hier über Nacht ein.

Am Abend dieses denkwürdigen 13. 3. 1945 erschien der OB der 6. Armee, GendPzTr. Balck, bei der 1. PD und sprach der Division seinen Dank für ihre Leistungen aus. Die Lageorientierung aber, die der Ic der 6. Armee der Divisionsführung gab, war wenig hoffnungsfroh. Der Tenor der Orientierung war, daß sich der Angriff auf die Donau im verschlammten Gelände und am unerwartet harten Widerstand der Sowjetarmee festgelaufen hatte und nicht über die am Vortage erreichte Linie Ozora-Czecze-ostw. Seregelyes-Gardony hinausgekommen war. Das III. PzK stand im Großraum Seregelyes-Agard-Gardony im harten Abwehrkampf gegen die neue soeben eingeleitete Offensive der Sowjetarmee. Lediglich das I. KavKorps befand sich noch mit der 3. und 4. KavDiv. und der 44. ID im

Angriff nach Süden in den Raum nordostwärts Fünfkirchen. Hier ging es rascher vorwärts, weil der Feind an dieser Stelle nicht über Panzerverbände verfügte. Hier allein ging es weiter, während die 10 Panzer-Divisionen der 6. SS-PzArmee und des III. PzK trotz letzten Einsatzes das Angriffsziel – die Donau zwischen Paks und Dunaföldvar – nicht erreicht hatten.

Der sowjetische Gegenschlag

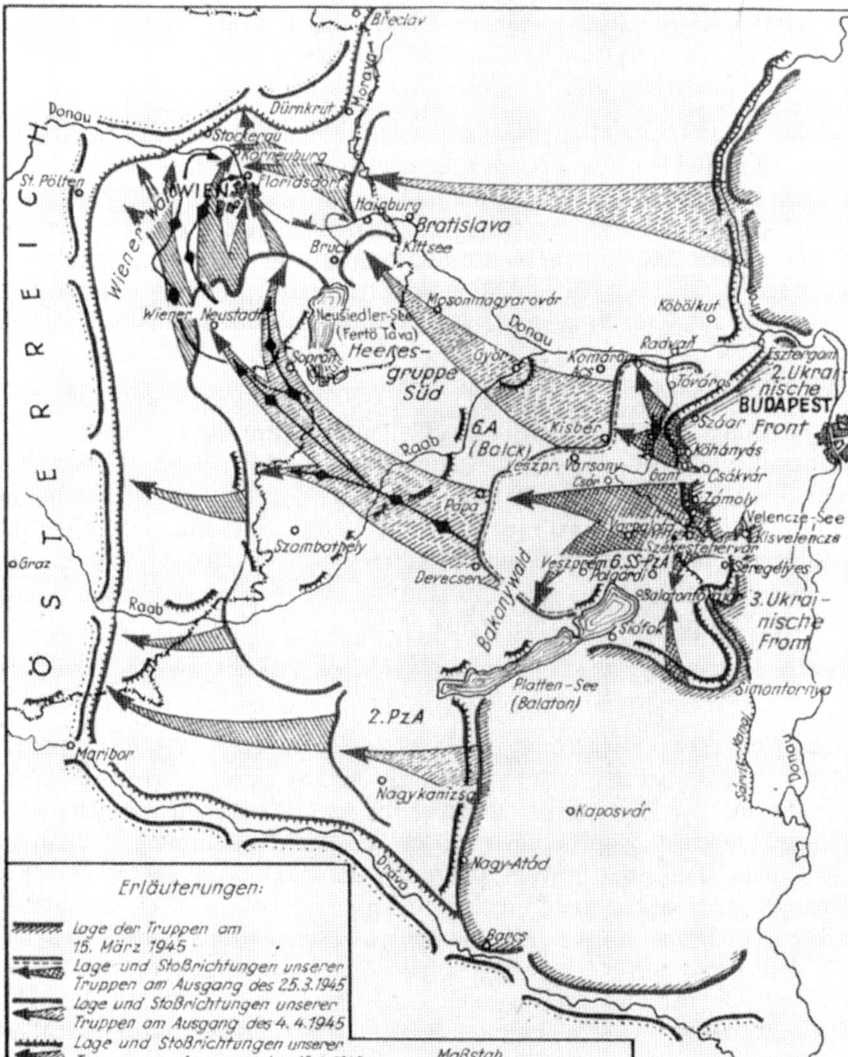

Während die Kämpfe im vorher behandelten Kampfraum der deutschen Offensive auf des Messers Schneide standen, hatte sich der OB der 3. Ukrainischen Front an das Hauptquartier des Oberkommandos der Roten Armee gewandt und um Zuführung von Reserven gebeten. Diese lagen südlich Budapest und waren für den geplanten Offensivschlag in Richtung Wien vorgesehen. Das sowjetische Oberkommando lehnte dies ab und legte in seiner Direktive vom 9. 3. 1945 fest, daß die für die geplante Offensive in Bereitschaft gehaltenen Truppenverbände nicht in die Verteidigungskämpfe einzubeziehen seien, sondern spätestens am 15. 3. zum Offensivschlag antreten müßten, um die feindliche Gruppierung nördlich des Plattensees endgültig zu zerschlagen und den Erfolg in Richtung Wien auszuweiten.

Die Fliegerkräfte der 2. und 3. Ukrainischen Front wurden vom 10. bis 12. 3. gegen die sich nach vorn kämpfenden Kräfte der 1. und 3. PD angesetzt und das Feuer der Artillerie auf diesen Raum verstärkt.

Beim letzten Vorstoß der Kräfte der 1., 6. und 3. PD am 14. und 15. 3. gelang es den sowjetischen Pakfronten, diesen Angriff abzuwehren und in Nachtkämpfen deutsche Panzer abzuschießen.

Am 16. 3. traten die Truppen der 2. und 3. Ukrainischen Front ihrerseits zur Offensive in Richtung Wien an. Dies erzwang die Einstellung der deutschen Offensive.

Nach den sowjetischen Unterlagen wurden in den zehn Tage andauernden Abwehrkämpfen von ihnen etwa 500 deutsche Panzer und Sturmgeschütze abgeschossen und 300 Feldgeschütze und Granatwerfer vernichtet. Hier am Plattensee wurde schließlich die letzte Verteidigungsoperation der Sowjetarmee erfolgreich zu Ende geführt. Die Besonderheit dieses Abwehrkampfes war die Verteidigung nach zwei Richtungen gleichzeitig. Nun kam es darauf an, daß die 2. und 3. Ukrainische Front den letzten großen Offensivschlag gegen Wien führten, für den die Abwehrkämpfe am Plattensee günstige Voraussetzungen geschaffen hatten.

Die noch während der letzten Kämpfe gegen die deutschen Stoßverbände durchgeführten Umgruppierungen der 2. und 3. Ukrainischen Front brachten die Truppen des linken Flügels der 2. und 3. Ukrainischen Front am Abend des 15. 3. in die Sturmausgangsstellungen auf der Linie Esztergom-Velenczesee-Seregelyes-Plattensee-Nagy-Barcs und weiter an der Drava entlang bis Osijek.

Gegenüber dem linken Flügel der 2. Ukrainischen Front zwischen Esztergom und Gant standen die 23. ungar. ID, die 711. und 96. ID, die ungar. 1. KavDiv., Teilkräfte der 6. PD, ferner verschiedene Kampfgruppen und selbständige Truppenverbände.

Im Bereich des rechten Angriffsflügels, bei der 3. Ukrainischen Front, von Gant bis zum Velenczesee stand das IV. SS-PzK mit der 3. SS-PD »Totenkopf«, der ung. 2. PD, der 5. SS-PD »Wiking« und einer Reihe von selbständigen Verbänden.

Alle Wege von Budapest nach Wien führten über das stark bewaldete ungarische Mittelgebirge mit durchschnittlichen Höhen von 400 bis 500 m. Als starke Hindernisse für die sowjetische Offensive galten die Raab, die Donau und die March.

Am 16. 3. 1945 begann diese Offensive. Bis zum 25. 3. durchbrachen die Truppen der beiden eingesetzten Fronten die deutschen Verteidigungslinien in der gesamten Tiefe und erreichten die Westhänge des Bakony-Waldes und das Westufer des Altaler. Dann wurde zu den Verfolgungskämpfen angetreten, die bis zum 4. 4. andauerten und vor die Tore der österreichischen Hauptstadt Wien führten.

Der rechte Flügel der 3. Ukrainischen Front, dem schließlich noch eine westlich Budapest versammelte PzArmee zugeführt werden mußte, kam dennoch nicht wesentlich vorwärts. Ungarische und deutsche Kräfte hielten diese sowjetischen Panzerverbände auf. Immer neue deutsche Gegenangriffe brachten ständig andere sowjetische Verbände in Bedrängnis. Bis zum Abend des 21. 3. kam im Abschnitt Csor-Varpalota dieser Stoßkeil bis auf 10 km an den Plattensee heran.

Der Stoßkeil, der aus dem Südosten hinter dem Nordteil des Plattensees antrat, kam bis zur Linie Polgárdi-Balatonfökájár. Bis zum Abend des 21. 3. war das Gros der 6. SS-PzArmee im Raume südlich Szekesfehervar locker eingeschlossen. 24 Stunden später hatte sich der Ring jedoch soweit verengt, daß nur noch eine schmale Rückzugsschneise für die Armee offen blieb, auf der sowjetisches Artilleriefeuer lag. Die 6. SS-PzArmee zog sich kämpfend durch diesen schmalen Schlauch zurück.

Zur gleichen Zeit überwand der südlich der Donau angreifende linke Flügel der 2. Ukrainischen Front das Vertes-Gebirge und erreichte nördlich Tovaros die Donau. Damit waren die deutschen Truppen in der tiefen Flanke von Süden umgangen, ihr Rückzug nach Westen abgeschnitten.

Gegen diesen Sturmkeil der 2. Ukrainischen Front wurden aus dem Raum südlich des Velenczesees die 2. SS-PD, die 6. PD und die 356. ID in den Abschnitt Komarom-Kisber dirigiert und leisteten dem Gegner entschiedenen Widerstand. Vom 21. bis zum 25. 3. fanden hier täglich deutsche Gegenangriffe statt. Dann mußte sich diese deutsche Kampfgruppe in Richtung Raab zurückziehen.

In zehntägigen Kämpfen gelang es der Sowjetarmee, den gesamten Raum in der Tiefe der deutschen Verteidigung zwischen Donau und Plattensee zu durchstoßen, die Hügel des Bakony-Waldes zu überwinden und zur Verfolgung der zurückweichenden deutschen Truppen überzugehen.

Seit dem 26.3. befanden sich die deutschen Truppen vor dem linken Flügel der 2. und dem rechten der 3. Ukrainischen Front auf dem Rückzug.

Am Hron wurde nördlich der Donau die deutsche Verteidigungslinie durchbrochen. Die Sowjetarmee stieß hier mit dem Zentrum und dem rechten Flügel der 2.

Ukrainischen Front in Richtung Brünn und Prag vor, während Teilkräfte am Nordufer der Donau entlang in Richtung Preßburg vorgingen.

Am 2. 4. nahm der linke Flügel der 2. Ukrainischen Front den Verkehrsknotenpunkt Mosonmagyarovar in Besitz und erreichte zwischen Donau und Neusiedler See die ungarisch-österreichische Grenze. Die hier haltenden deutschen Kräfte wurden am 3. und 4. 4. überwunden, wobei zahlreiche deutsche Gegenangriffe abgewehrt werden mußten. Am Abend des 5. 4. erreichte dieser Stoßkeil den Raum Kittsee-Bruck.

Auf Befehl des sowjetischen Oberkommandos wurden die Truppen des linken Flügels der 2. Ukrainischen Front vom 5. bis 8. 4. auf das linke Donauufer übergesetzt. Sie sollten Wien von Norden umgehen und den in und um Wien verteidigenden deutschen Kräften den Rückzug abschneiden.

Im Angriffsgebiet der 3. Ukrainischen Front standen die Teile der 6. SS-PzArmee, die bis dahin noch nicht zerschlagen worden waren. Diese verfügten noch über etwa 20 Panzer und Sturmgeschütze.

Am frühen Morgen des 28. 3. hatten diese sowjetischen Truppen die Raab erreicht und teilweise überschritten. Am Abend des 30. 3. durchbrach der rechte Flügel der 3. Ukrainischen Front die deutschen Stellungen an der österreichisch-ungarischen Grenze und drang in Österreich ein. Die ungarischen Truppen gaben auf und streckten die Waffen. Die Niederung um Wien wurde vom rechten Flügel dieser Heeresgruppe erreicht. Der Kampf um Wien begann.

Der deutsche Rückzug bis Wien

Mit Beginn des sowjetischen Großangriffs am 17. 3. 1945 stand das III. PzK noch weit südlich Stuhlweißenburg. Es befahl das Absetzen auf den Sarviz-Kanal. Die 1., 3. und 23. PD sowie die 44. ID, die südlich Stuhlweißenburg lagen, zogen sich ebenfalls zurück.

Bereits am 17. 3. erzwang die 2. Ukrainische Front den Durchbruch durch die Front der Ungarn bei Mor. Auch beim IV. SS-PzK wurde der Durchbruch erkämpft. Bei der SS-PD »Totenkopf« gelang es, tiefe Einbrüche zu erzielen. Die aus dem Sio-Abschnitt herausgelösten Teile des II. SS-PzK wurden so rasch wie möglich in diesen bedrohten Abschnitt geworfen, mit dem Befehl, die nach Westen stürmenden Sowjetkräfte aufzuhalten. Dies gelang nicht völlig. Die deutschen Verbände wichen in die Linie beiderseits Zircz aus. Dort wurden sie von den durch den Bakony-Wald vorstürmenden sowjetischen Divisionen nördlich und südlich umgangen.

Aus der Front südlich des Velenczesees eröffnete die Sowjetarmee am frühen Nachmittag des 17. 3. ein starkes Trommelfeuer mit Artillerie und Werfer-Batterien gegen die Stützpunkte des III. PzK. Das PGR 1 der 1. PD wurde aus der Front bei Gardony herausgezogen und in den Raum nördlich Seregelyes verschoben, während das PGR 113 weiter in der alten Front verblieb und die Linie Agard-Gardony mit unterstellten Panzern, Panzerpionieren und Panzerjägern hielt.

In dieser Situation mußte die 6. SS-PzArmee Truppen aus dem Sio-Abschnitt herauslösen und beschleunigt in den Einbruchsraum nördlich Stuhlweißenburg schaffen. Dies bewirkte, daß die Front des III. PzK mehr und mehr nach Westen und Nordwesten herumgedreht werden mußte. Dies schuf bis zum Abend folgende Kräfteverteilung:

Rechts neben der 1. PD hatte sich die 44. ID eingeschoben. Daran anschließend stand die 3. PD, die mit Teilen der 356. ID bis in den Raum südlich Polgardi das Absetzen nach Norden zu decken hatten. Rechter Nachbar der 3. PD war das I. KavKorps, dessen Divisionen noch südlich Lepseny standen. Linker Nachbar der 1. PD war das IV. SS-PzK, das mit Teilen der Div. »Wiking« Stuhlweißenburg verteidigte. Links davon, nördlich der Straße nach Varpalota, waren die Divisionen »Totenkopf« und »Das Reich« eingesetzt, die russische Großangriffe aufzuhalten versuchten.

Als sowjetische Sturmgruppen in den Nordteil von Stuhlweißenburg eindrangen, wurden sie von der KGr. Streith und Teilen des IV. SS-PzK geworfen. Aber weitere sowjetische Streitkräfte umgingen die Stadt nach Westen und erreichten bis zum Mittag des 18. 3. den Raum nördlich Varpalota. Die Division »Das Reich« mußte am Nachmittag diese Ortschaft aufgeben. Ebenfalls am Nachmittag dieses Tages ging bei der Division »Wiking« ein Fernschreiben aus dem FHQ ein, nach welchem Stuhlweißenburg zur »Festung« erklärt wurde, die unbedingt zu halten sei.

Die Division »Wiking«, die Stuhlweißenburg verteidigte, war bereits umgangen. Nur ein schmaler Schlauch führte über die südliche Verbindungsstraße in die Freiheit. In diesem Schlauch lagen Teile von »Wiking« und der 1. PD. Sie hielten ihn auf einer Breite von drei bis acht km und in einer Länge von 15 km offen. Die

Lage beim III. PzK und beim IV. SS-PzK verschlechterte sich stündlich. Am 19. 3. verlegte der Stab der 1. PD in seinen alten GefStand bei Belsöbarand.

Nördlich der Straße Stuhlweißenburg trat die SS-PD »Das Reich« zum Gegenangriff gegen die hier vorprellenden Feindverbände an und warf diese über Varpalota nach Norden zurück.

In der Nacht zum 20. 3. rollte das Gros des II. SS-PzK hinter dem I. SS-PzK über Veszprem nach Norden und Nordwesten, um beiderseits Zircz den dort stehenden Sperr-Riegel zu verstärken und nördlich davon Auffangstellungen zu besetzen.

Am Dienstag, dem 20. 3., ging ein Befehl des III. PzK bei der 1. PD ein, sich aus dem von dieser Division gehaltenen Brückenkopf Seregelyes zurückzuziehen. Die Division verlegte in einem Zuge bis auf die Höhen südlich Stuhlweißenburg zurück.

Zur gleichen Zeit kämpften in Stuhlweißenburg die KGr. Streith und die Division »Wiking« nach allen Seiten gegen angreifende Feindverbände und hielten die einzige Durchgangsstraße nach Südwesten offen, damit die Panzer-Divisionen darüber abrollen konnten.

Am 21. 3. überstürzten sich die Ereignisse. Die deutsche Luftaufklärung meldete im Raume Polgardi über 200 Feindpanzer, die auf Stuhlweißenburg zielten. An diesem Tage faßte Oberführer Ullrich den Entschluß, seine 5. SS-PD aus Stuhlweißenburg herauszuführen. Am Nachmittag, mit beginnender Abenddämmerung, setzte sich die Division in zwei Stoßgruppen nach Südwesten ab. Das Regiment »Westland« unter Obersturmbannführer Hack schirmte die Absetzbewegung nach Norden hin ab. Vom Feind aus Süden angegriffen, gelang es, den Durchbruch zu erzwingen. Immer neue sowjetische Panzerverbände tauchten auf, die einzelne Stoßgruppen der Division abfingen und vernichteten. Alle gepanzerten Teile gingen in diesen Abwehrkämpfen verloren. Daß der Durchbruch überhaupt gelang, war der 9. SS-PD »Hohenstaufen« zu verdanken, deren Kommandeur, SS-Oberführer Stadler, seine Front so weit wie möglich an den Nordteil des Plattensees vorschob, um der Division »Wiking« diesen Abschnitt offen zu halten.

In Balatonfökajär stieß Oberführer Ullrich auf GendPzTr. Breith, der ihn zum gelungenen Durchbruch der Division beglückwünschte. Die Division wurde dem IV. SS-PzK wieder unterstellt und erhielt am 23. 3. neue Einsatzbefehle.

Bei der 3. PD hatte der Gegner seit dem 17. 3. mit starkem Artilleriefeuer versucht, den von ihr gehaltenen Brückenkopf um Seregelyes aufzubrechen. Bis zum 19. 3. mußten die Geschütze der 3. PD nach drei Seiten schießen, um die aus diesen Richtungen angreifenden Feindgruppen abzuwehren. Lediglich nach Westen war der Rückzugsweg noch offen, obgleich die Sowjetarmee bereits südlich Stuhlweißenburg stand. Der DivGefStand verlegte am 19. 3. nach Külsörbarand, südlich des Flugplatzes Stuhlweißenburg. Die 3. PD war die letzte, die sich absetzte. Die deutsche Artillerie, die noch ostwärts des Plattensees stand, verschoß die letzte Munition. Nachdem die Masse des KavKorps und der 6. SS-PzArmee bereits über Veczprem zurückgewichen war, lagen nur noch die 1., 3., 23. PD und die 44. ID südlich Stuhlweißenburg und setzten sich am 21. 3. auf den Sarviz-Kanal ab.

Um 00.00 Uhr des 23. 3. zog die 3. PD ihre ersten Teile aus der Front. Das PR 6, Oberstleutnant Graf von der Schulenburg, war kurz vorher nach Nordwesten aufgebrochen, um die vom Gegner mit 80 Panzern gesperrte letzte Rückzugsstraße freizukämpfen. Es gelang, die Panzer abzudrängen und die Straße freizuhalten, über die wenig später das Gros der 3. PD über Falubattyan nach Polgärdi und Balatonkenese durchrollte. Bombenangriffe paukten auf die Verbände nieder. Munitionswagen flogen in die Luft. Sowjetische Schlachtflieger brausten im Tiefflug über die Kolonnen hinweg. Sowjetische Schützenverbände drängten scharf nach. Es gab schließlich nur noch ein Einigeln und Abwehren der Feindangriffe. Sprungweise ging es weiter zurück. Vor einem Waldstück bei Balatonkenese gelang es den Verfolgergruppen,auf beiden Flanken an den deutschen Trossen vorbeizukommen. Ein verzweifelter Kampf um den Durchbruch begann, der unter schweren Verlusten geschafft wurde. Am frühen Morgen des 24. 3. hatte das Gros der Division den Nordzipfel des Plattensees und damit den Raum Veczprem erreicht. Hier wurde sie dem IV. SS-PzK unterstellt und erhielt Befehl, Veczprem zu verteidigen.

Feindliche Panzerrudel mit bis zu 50 T 34 und Sturmgeschützen griffen nach starkem Artilleriefeuer Veczprem an. Eine Gruppe gelangte in schnellem Vorpreschen in die Stadt und warf die letzten Truppen der 3. PD hinaus. Der feindliche Panzerverband wollte, das war nun klar geworden, die 3. PD noch am Plattensee abschneiden und vernichten.

Durch eine von der PzNA 39 hergestellte Verbindung zur 1. PD wurde gemeinsames Zurückgehen und Operieren vereinbart.

Die Absetzbewegungen gingen ununterbrochen weiter; sie mußten weitergehen, wenn man nicht abgeschnitten und vernichtet werden wollte. Bis zum 27. 3. ging es schrittweise, dann schneller und schneller zurück. Baltavar wurde am 28. 3. von den Resten des PGR 394 der 3. PD geräumt. Im Laufe des 28. 3. traf das IV. SS-PzK mit seinen Divisionen der 1., 3. und der SS-PD »Wiking« an der Raab ein. »Wiking« verteidigte am 29. 3. im Brückenkopf Vasvar an der Raab. Doch der Gegner war bereits südlich und nördlich an der Division vorbeigestoßen.

Auf Schloß Körmend und in der Umgebung desselben verteidigte das I. /PGR 3 noch am 30. 3. An diesem Tage verlegte der DivGefStand »Wiking« in den Südteil des Brückenkopfes Vasvar, wo die einzige Brücke über die Raab noch stand.

Da das IV. SS-PzK sich am 30. 3. bereits abgesetzt hatte und nicht mehr führte, übernahm GenLt. Thunert, Kdr. der 1. PD, als ranghöchster Offizier hier die Führung. Er ordnete die Räumung des Brückenkopfes Eisenburg an. Bei Heiligenkreuz zogen die ersten Teile der 3. PD am 30. 3. über die Reichsgrenze. Am 31. 3. erhielt die Division den Befehl, sich in die Reichsschutzstellung zurückzuziehen.

Bei der 1. PD, die am 22. 3. noch die Linie südlich Felsösomlyo-Falubattyn-Urhida behauptete, wurden alle entbehrlichen Teile zurückgeschickt. Versprengte der 44. ID reihten sich am 22. 3. in die Reihen der 1. PD ein; unter ihnen auch der DivKdr., GenLt. von Rost.

Um Jenö wurde im Laufe dieses Tages die Division vom Gegner eingeschlossen. Von allen Seiten angegriffen, pausenlos unter dichtem Feindfeuer liegend, gelang es, den Kessel bis Einbruch der Dunkelheit zu verteidigen. Dann befahl GenMaj. Thunert den Ausbruch.

Dieser Angriff begann um 19.00 Uhr. Vorn die DivBeglKp., Oblt. Junge, dicht aufgeschlossen das I./PGR 113 und die 10./PiBatl. 113 auf SPW unter Oblt. Fink und Hptm. Hagen mit den letzten sechs Panthern der Division, stürmte dieser Keil los, der von Oberst Bradel geführt wurde. Danach kam das Gros der Division, die Teile der 44. ID und versprengte Teile der SS-Div. »Wiking«. Den Schluß bildeten Teile der I./PAR 73, SPW der FunkKp. und das PiBatl. 37 unter Major Behaim.

Um 20.00 Uhr rollte der Angriff. Die ersten feindlichen Pakstellungen wurden überrollt. Die letzten Panzergranaten der sechs Panther schossen bei Küngös auftauchende Feindpanzer ab.

Als die Straße Berhida-Küngös erreicht war, drehte der Ausbruchsverband nach Süden ab und stieß dort auf die 2. sowjetische Sperr-Linie. Die Feindpak schoß hier aus allen Rohren. Die letzten vier Panther rollten – ohne Munition – in Höchstfahrt auf diesen Pakriegel zu und walzten ihn in den Boden. Durch dieses geschlagene Loch verließ die ganze Kolonne den Einschließungsring.

Als die Spitzengruppe, wieder nach Westen eindrehend, westlich des Punktes 185 auf eine neue russische Sperre stieß, führte Oberst Bradel zwei 2-cm-Vierlingsflak auf Sfl persönlich vor. Die beiden Waffen schossen im schnellsten Salventakt und brachen diesen Sperr-Riegel auf.

Der Nachhut unter Major von Behaim gelang es bei Jenö, den sich wieder schließenden sowjetischen Riegel erneut zu öffnen. Hier waren es vor allem die »Hummeln« der I./PAR 73, Major Theilen, die den Feindriegel knackten, so daß auch der Rest des Ausbruchtrecks durchkam.

Auf diese Art kämpfte sich die 1. PD durch das mehr als 20 km tiefe Feindgelände und stellte den Anschluß an die deutsche Hauptfront wieder her. GenLt. von

Rost, der Kdr. der 44. ID, und sein Ia fielen bei diesem Durchbruch bei der ersten Paksperre, an der ihr SPW durch Volltreffer vernichtet wurde.

Bis zum Eintreffen der Division besetzte das I. KavKorps unter GendKav. Harteneck südlich Balatonfüzfö einen Sperr-Riegel, der die Plattensee-Uferstraße für die 1. PD offenhielt.

Nunmehr wieder dem III. PzK unterstellt, erhielt die 1. PD am 24. 3. den Auftrag, Sperraufgaben im Raume Nagy Vazsony beiderseits der Straße Tomaj zu übernehmen.

Zu dieser Zeit ging die 6. SS-PzArmee nach Norden und Nordwesten auf die Donau zurück, während sich die 6. Armee nördlich des Plattensees schrittweise nach Westen absetzte.

Aufgabe der 1. und 3. PD, ferner von Teilen der 23. PD war es nunmehr, das Absetzen der deutschen und ungarischen Fußtruppen zu sichern, die in dichten Kolonnen auf den wenigen Straßen nach Westen strömten.

Die 1. PD deckte hier die Absetzbewegungen des rechten Flügels der HGr. Süd, der 6. Armee, der infolge der weiter im Norden erzielten Feindeinbrüche bis in die Linie Steiermark-Burgenland zurückgenommen werden mußte.

Alle Versuche, die nördlich von Stuhlweißenburg in die Front der 6. Armee geschlagene Lücke durch herangeführte Sperrverbände wieder zu schließen, scheiterten. Es war der 2. und 3. Ukrainischen Front möglich, stets frische Verbände in den Kampf zu werfen, die Widerstands-Riegel zu umgehen und daran vorbeizumarschieren. Die 6. Armee und die 6. SS-PzArmee wichen bis in den Abschnitt Körmend-Steinamanger-Wien zurück.

Am 27. 3. standen sowjetische Panzerspitzen in Zalahalap. Am Abend des 29. 3. mußte Oloczka von der KGr. Bradel aufgegeben werden, und am Morgen des 30. 3. setzte sich das verstärkte PGR 1 über Vasvar auf das Südufer der Raab ab. Der Raum Körmend wurde am 30. 3. noch gehalten. Am Samstag, dem 31. 3. 1945, überschritt die 1. PD die Reichsgrenze nach Westen.

Am Ostersonntag, dem 1. 4. 1945, griff der Gegner nach starkem Fliegereinsatz zwischen Heiligenkreuz und Inzenhof mehrfach an. Er wurde hier ebenso wie südlich im Raab-Tal gehalten, wo Teile der Division »Wiking« zurückmarschierten. Links von der 1. PD stand nun die 3. PD. Am 2. 4. wurde der Abschnitt der 3. PD von 268 US-Flugzeugen angegriffen, die ihre Bomben auf den Raum der Division warfen.

In der Nacht zum 3. 4. igelten sich die KGr. des PGR 3, der I. /PGR 394 und der PzAA 3 in Vaszentmihaly ein und wehrten am Morgen des 3. 4. einen sowjetischen Voraustrupp ab, der auf Lastwagen Minen mitführte. Diese KGr. wurde von der DivFührung am 5. 4. hinter die Reichsgrenze zurückbefohlen. Die

Front hielt in den nächsten Tagen an dieser Stelle. Der Gegner hatte seine Panzerverbände offensichtlich auf Wien abgedreht.

In der Nacht zum 9. 4. sollte die 3. PD sich absetzen, weil sie im Norden längst überflügelt war. Doch dieses Absetzen wurde von der HGr. Süd, deren Oberbefehl GenOberst Rendulic am 25. 3. übernommen hatte, verboten.

»Die 3. PD bleibt im Frontbogen stehen!« lautete sein Befehl.

Am Morgen des 10. 4. eröffnete das nun auch hier herangekommene sowjetische Gros mit der Artillerie den neuen Angriffsschlag. Rund um Heiligenkreuz hämmerte Feindartillerie die deutschen Stellungen zusammen. Dann griffen die Sowjets mit Panzern und Schützenverbänden an. Das PGR 394 wurde aus Heiligenkreuz geworfen und setzte sich auf Poppendorf ab. Das PGR 3 kämpfte bei Rosenberg und rollte dann in schnellster Fahrt, vom Stalinorgelfeuer begleitet, nach Güssing.

In der kommenden Nacht setzten sich die Truppen befehlsgemäß ab und zogen sich in den Raum Kaltenbrunn mit dem südlich davon liegenden Himlerberg zurück, wo steierischer Volkssturm mit verteidigte und starke Verluste erlitt.

Am 12., 13. und 14. 4. mußte immer mehr Gelände aufgegeben werden. Der Raum Fürstenfeld wurde erreicht und auf den letzten Höhen des Burgenlandes, zwei km vor Fürstenfeld, eine neue HKL aufgebaut. Sowjetische Panzer griffen auch hier an. Die Division zog sich am 15. 4. bis Schloß Kalzdorf zurück. Die vor Fürstenfeld aufgebaute HKL wurde am 15. 4. von sowjetischen Panzerrudeln durchbrochen, die die Verteidiger nach Fürstenfeld hineindrückten. Auf diese Stadt ging nunmehr vernichtendes Stalinorgelfeuer nieder. Feindliche Panzer- und SPW-Verbände eroberten in zehnstündigem Kampf Fürstenfeld. Als letzter deutscher Panzer verließ ein erbeuteter T 34 rückwärts fahrend und mit der Kanone einige T 34 abschießend Fürstenfeld.

Am Morgen des 16. 4. verfügte die 3. PD noch über zwei Panther und 12 Geschütze, zwei Granatwerfer und vier Pak. Dennoch konnte die HKL hinter Fürstenfeld gehalten werden. Die Sowjetarmee blieb mit den Infanterie-Verbänden hinter Fürstenfeld stehen. Ihre Panzer aber rollten in Richtung Wien.

Widerstandskämpfer in Wien und ihr Plan

Die Hauptstreitkräfte von Marschall Tolbuchin hatten sich bis zum 4. 4. 1945 um Wien bereitgestellt. Die 4. Gardearmee (GenLt. Sachwatajew) mit dem 1. mech. Garde-Korps sollte von Südosten gegen das Zentrum von Wien angreifen, während die 6. Garde-PzArmee mit dem V. Garde-PzK gegen den Südwest-Verteidigungsring antreten und ihn durchstoßen sollte. Das IX. mech. Garde-Korps erhielt Befehl, Wien nach Westen zu umgehen, den Verteidigern den Rückzugsweg abzuschneiden und ihre Versorgungsstraßen zu unterbinden. Doch unmittelbar vor Angriffsbeginn wurde noch einmal umgruppiert. Aus gutem Grund, denn am 3. 4. tauchten zwei Mitglieder der Wiener Widerstandskämpfer des Majors Szokoll in Gloggnitz, dem HQ der 9. Gardearmee, GenLt. Glagolew, auf. Sie brachten der Sowjetarmee die Verteidigungsunterlagen Wiens. Der Vorschlag, den Major Szokoll machte, war folgender:

Angriff der Roten Armee aus dem Raum Wiener Neustadt durch den Wienerwald bis St. Pölten. Angriff auf Wien von Westen, Vereinigung mit den Widerstandskämpfern unter Major Szokoll bei Hütteldorf und kampfloser Einmarsch nach Wien, ehe die ostwärts und südostwärts der Stadt stehenden SS-Divisionen Wien erreicht hatten.

Aufgrund dieser Nachrichten, die Marschall Tolbuchin zeigten, daß Wien im Westen nicht verteidigt wurde, änderte er den Angriffsplan. Der Angriffstermin wurde vom 5. auf den 6. 4. verlegt. Bis dahin war die 46. Sowjetarmee der 2. Ukrainischen Front nach Norden über die Donau geschleust worden, um von dort den Verteidigern Wiens in den Rücken zu fallen.

Die Verteidigung Wiens wurde vom II. SS-PzK, General der Waffen-SS Bittrich, geführt. Ihm unterstanden die 2. SS-PD »DR«, die 3. SS-PD »Totenkopf« und die 6. PD. Die Führer-Grenadier-Div. des PzK »Großdeutschland« wurde im Blitztransport zugeführt. In der Nacht zum 6.4. erhielten die drei erstgenannten Divisionen des Korps den Befehl, sich auf den Stadtrand zurückzuziehen.

Durch die Gefangennahme des Kommandanten der Heeresstreife Groß-Wien, Major Biedermann, einem der führenden Köpfe des Wiener Widerstandes, und dessen Hauptfeldwebels, wurde bei Verhören am 5. 4. der Plan, Wien der Sowjetarmee zu übergeben, herausgepreßt. Es kam auch heraus, daß die Schlüsselfigur des Widerstandes, Major Szokoll, zum engsten Stab des Kampfkommandanten von Wien, Gen.d.Inf. Bünau, gehörte. Der Aufstand fand nicht statt. Die gefangengenommenen Mitglieder der Widerstandsführung, Major Biedermann, Hptm. Huth und Oblt. Rasche, wurden am 8. 4. zum Todeverurteilt und im Stadtbezirk Floridsdorf an Straßenlaternen gehenkt. Major Szokoll konnte entkommen.

Der Reichsverteidigungskommissar von Wien, Baldur von Schirach, forderte am 6. 4. die Bevölkerung auf, die Stadt zu verlassen.

Der sowjetische Großangriff begann am Morgen des 6. 4. 1945. Am Abend dieses Tages mußten sich die SS-Divisionen in die Stadt zurückziehen. Wie sie kämpften, sei am Beispiel des Regimentes »Der Führer« der 2. SS-PD dargestellt.

Am 4. 4. 1945 bezog das Regiment »Der Führer« dieser Division ostwärts Leopoldsdorf eine neue Widerstandslinie mit dem RgtGefStand in einer Ziegelei. Die von Nordwesten gegen Wien geführten ersten Angriffe der Sowjetarmee zeigten, daß der Feind einen konzentrischen Angriff vorbereitete. Dies wurde in den nächsten Stunden durch das starke Artilleriefeuer bestärkt. Nach einem Stellungswechsel des DivGefStd. verlegte auch der RgtGefStand nach Vösendorf. Als der sowjetische Panzerkeil am Abend des 5. 4. die Straße Vösendorf-Leopoldsdorf sperrte, traf ein Absetzbefehl ein.

Der sowjetische Großangriff auf Wien begann am Morgen des 6. 4. von drei Seiten. Starke Panzerkräfte und motorisierte Artillerie unterstützten diesen Großangriff. Wien brannte wenig später an mehreren Stellen. Sowjetische Sturmtruppen drangen von allen Seiten in die Randgebiete ein und kämpften sich, von Panzern und Pak unterstützt, Straße um Straße weiter vor.

Bis zum 7. 4. war das Regiment »DF« in das Zentrum Wiens zurückgedrängt. Die ersten sowjetischen Panzer rollten zur Innenstadt. Einige wurden abgeschossen, andere drangen weiter vor. Die Stadtverteidigung zerfiel in einzelne Stützpunkte, die sich selbständig der sowjetischen Angriffe zu erwehren versuchten. Ein neuer Vorstoß der Sowjetarmee in Richtung Donaubrücken drohte das Regiment abzuschneiden. Nun organisierte das Regiment einen neuen Durchbruch zur Donau, der scheiterte. Am späten Abend des 8. 4. wurde bekannt, daß am anderen Morgen Teile der Division »Das Reich« zum Ring und zu den Donaubrücken durchbrechen sollten. Es waren Soldaten des PR 2, denen am Morgen des 9. 4. auch der Durchbruch zum Ring gelang. Der Donaukanal wurde erreicht, und das Rgt. »DF« folgte den sich absetzenden Verbänden. Das ArtRgt. der Division bildete die Nachhut und schoß immer wieder vorprellende Feindpanzer ab. Die Floridsdorfer Brücke wurde erreicht.

Entlang zum Donaukanal verlief am 10. 4. die HKL mit den Regimentern»DF« und »D«. Weiter, bis zur Reichsbrücke, schlossen sich Einheiten der 3. SS-PD an. Der Feind, der am Abend des 10. und am frühen Morgen des 11. 4. über den Kanal zu setzen versuchte, wurde abgewehrt. Den ganzen 11. 4. über wurde gehalten. Auch die starken, mehrfach wiederholten Angriffe des 12. 4. wurden abgewehrt. Dennoch gelang es den Sowjets, einige kleinere Brückenköpfe zu gewinnen.

Nördlich der Donau drückte die Sowjetarmee bereits nach Westen in Richtung Bisamberg vor. Abermals drohte eine Einkesselung, und als sich die 3. SS-PD, der linke Nachbar der 2. SS-PD, über die Reichsbrücke absetzte, fiel diese dem Gegner anschließend kampflos in die Hände.

Der 13. 4. 1945 brachte das Ende in Wien. Der Kampfkommandant der Stadt erteilte zwar den Befehl, die erreichten Stellungen zu halten, aber die mit vielen

Divisionen und gepanzerten Verbänden mitten in der Stadt kämpfenden Sowjets schossen sich eine Gasse durch die Stadtviertel.

Der Brückenkopf des Regimentes »DF« war auf 400 m Durchmesser zusammengeschrumpft. Dieses kleine Gebiet lag unter stärkstem Feuer. Der Regimentskommandeur erteilte nunmehr den Befehl, zuerst die Leichtverwundeten über die Brücke zu entlassen. Die Schwerverwundeten wurden unter den Brückenbögen direkt an der Donau zusammengetragen, um sie vor dem starken Feindfeuer zu schützen. Der Brückenkopf, das war die einhellige Auffassung von RgtKdr. und DivKdr., konnte sich nur noch bis Einbruch der Dunkelheit halten.

Am frühen Nachmittag wurde Standartenführer Lehmann verwundet. Er gab dem RgtKdr. den Auftrag, den Brückenkopf bis zum Einfall der Dunkelheit zu halten.

Gen.d.Inf. von Bünau hatte gegen Mittag seinen Ia zum OB der 6. SS-PzArmee, Sepp Dietrich, geschickt, um neue Weisungen zu holen. Dietrich war der gleichen Auffassung wie der verwundete Kdr. der 2. SS-PD. Am Nachmittag kam in diesem Brückenkopf das Ende. Die eigene Artillerie, von einer Heeresflak-Batterie unterstützt, hielt den anrennenden Gegner noch einmal auf Distanz. Erst nach Einfall der Dämmerung begann das Absetzen. Als letzter Verband setzte sich das III./PGR »DF« unter HStuf. Bickel über die Brücke ab. Keiner der schwerverwundeten Kameraden wurde zurückgelassen. Nachdem alle Soldaten über die Brücke gelangt waren, wurde sie gesprengt.

Die letzten deutschen Soldaten, die nicht in sowjetische Hand gefallen waren, hatten Wien verlassen. Sie zogen sich über Krems nach Gansbach zurück. Bis zum 22. 4. 1945 wurde der Raum St. Pölten erreicht.

Hitler ordnete an, daß alle Soldaten der 6. SS-PzArmee ihre Ärmelstreifen abzulegen hätten und es zu keiner Beförderung mehr kommen solle, weil die Armee ihren Kampfauftrag weder in Ungarn noch im Raume Wien erfüllt habe.

Das Ende der Heeresgruppe Süd

Die Sowjetarmee stieß nach der Einnahme von Wien am 13. 4. mit dem rechten Flügel der 3. Ukrainischen Front nach Nordwesten hinter den zurückgehenden deutschen Verbänden her und erreichte bis zum 15. 4. den Raum Stockerau-St. Pölten. Die Streitkräfte im Zentrum und auf dem linken Flügel der 3. Ukrainischen Front erreichten bis zum 15. 4. den Abschnitt St. Pölten-Maribor.

Der linke Flügel der 2. Ukrainischen Front wiederum, der die Rückzugswege der um Wien stehenden deutschen Divisionen sperren sollte, war bereits am 8. 4. durch die Einheiten der sowjetischen Donauflottille im Raume Preßburg auf das linke Donauufer übergesetzt worden. Sie stießen über die March vor und griffen in Richtung Westen auf Korneuburg-Floridsdorf an. Die rasche Eroberung von Wien machte das Vorhaben der deutschen Führung zunichte, eine »Alpenfestung« einzurichten und sich darin zu verteidigen.

Wie sich die Kämpfe der letzten drei Wochen des Krieges bei der HGr. Süd auswirkten, sei durch die Einsatz-Schilderung einiger Divisionen dargestellt.

Abwehr- und Rückzugskämpfe bei der 3. Panzer-Division bis Kriegsende

In ihren erreichten Stellungen beiderseits der Straße nach Graz nahe Ilz erlebten die Soldaten der 3. PD einige Tage der Ruhe und Erholung. Hier mußte sich am 21. 4. GenMaj. Söth verabschieden. Neuer DivKdr. wurde Oberst Schöne, der allerdings erst am 5. 5. bei der Division eintraf, so daß GenMaj. Söth auch erst am 5. 5. seine neue Dienststellung antreten konnte.

Es kam im Abschnitt der 3. PD zu keinen größeren Kampfhandlungen mehr. Lediglich Stoßtrupps prallten aufeinander, Artillerie schoß hinüber und herüber.

Nach dem Tode von Adolf Hitler übernahm Großadmiral Dönitz die Führung in Deutschland. GenMaj. Söth, bis dahin bei der Division verblieben, fuhr am 5. 5. 1945 im Auftrag des AOK 6 den westalliierten Truppen entgegen, um mit deren Befehlshabern oder Kommandeuren einen Waffenstillstand zu vereinbaren. Mit seinen ihm zugeteilten Einheiten verlegte er nach Gleisdorf bei Graz. Er hatte das SPW-Batl. des PGR 3, die PzAA 3 und Reste des PR 6 mitbekommen, um einen improvisierten Abwehrriegel zu errichten, falls es ihm nicht gelingen sollte, einen Waffenstillstand zu erreichen.

Der Transport rollte am 7. 5. über Graz nach Bruck an der Mur; er hielt in Liezen und wurde entladen. Dort erfuhren die Soldaten, daß der Krieg zu Ende sei. GenMaj. Söth ließ seine Voraustruppe in Radstadt an der Enns zur US-Demarkationslinie fahren, um dort das Durchziehen der eigenen Division zu sichern.

Am 7. 5. fand in Gleisdorf eine Kommandeursbesprechung der 6. Armee statt, die GendPzTr. Balck zusammengerufen hatte. General Balck befahl, daß sich auf das Stichwort »Stabsauflösung« hin die Armee von den Sowjets lösen und zur US-Front absetzen solle.

Am Morgen des 8. 5. erhielt die Division Befehl, die Steiermark in einem Zuge zu räumen und bis zum 9.5. um 07.00 Uhr bei Liezen die Enns zu überschreiten, da alle Einheiten, die zu diesem Zeitpunkt noch nicht über die Enns gelangt seien, von den Sowjets vereinnahmt würden.

Oberst Schöne gab die entsprechenden Befehle aus, und um 08.00 Uhr des 8. 5. rollte die Division, nach links an die 1. GebDiv. angelehnt, rechts von der 1. PD begleitet, in Richtung Liezen.

Die Masse der Division fuhr in der Nacht zum 9. 5. durch und erreichte im Morgengrauen des 9. 5. Liezen. Die ersten Einheiten der Division kamen um 09.00 Uhr über die Brücke der Enns. Erst am späten Nachmittag dieses Tages kamen die Nachhuten an. Alle gelangten über die Brücke zu den Amerikanern, die diese kurze Zeit geschlossen, dann aber gegen Mittag wieder geöffnet hatten.

Am 10.5. 1945 wurden die gefangenen Soldaten der Division in den Raum südlich Braunau gefahren. Zwischen Mattighofen und Braunau entstanden zehn Gefangenenlager, die sich von 20.000 Soldaten des ersten Tages schließlich auf 180.000 Soldaten auffüllten.

Die letzten Tage der 1. Panzer-Division

Auch die 1. PD erlebte ab 15. 4. eine kurze Zeit der Ruhe, als sie bei Fürstenfeld herausgezogen und als Armeereserve in den Raum Ilz verlegt wurde. Am 16. 4. übernahm Oberst Philipp, soeben aus dem Lazarett zurückgekommen, wieder die Führung des PR 1. Sowjetische Angriffe im Raume Vorau-Pöllau wurden abgewiesen. Hier griff steierische HJ in die Kämpfe ein, welche die Ortschaft Fürstenfeld noch einmal zurückgewann, sie dann aber doch den Sowjets überlassen mußte.

Da der Panzerfeind am 16. 4. Birkfeld an der Feistritz, einen wichtigen Straßenknotenpunkt nordostwärts Graz, eroberte, griff die 1. PD mit verschiedenen Teilen am 17. 4. dort an. Birkfeld wurde zurückgewonnen und blieb in deutscher Hand.

Die Kampfgruppe Huppert sicherte am 20. 4. das Feistritztal und trat am 21. 4. entlang der Straße nach Falkenstein zum Entlastungsstoß nach Norden an. Als der Gegner hier wich, stieß Oberstlt. Huppert am 22. 4. nach Osten nach und erreichte bis zum 23. 4. Wenigzell. Hier fielen 20 Feindpanzer in die Hand der scharf nachdrängenden KGr. Huppert. Sie waren fast alle noch einsatzbereit und wurden sofort bemannt.

GendPzTr. Breith, KommGen. des III. PzK, traf am Abend des 22. 4. auf dem GefStand der KGr. ein und billigte den Entschluß von Oberstlt. Huppert, am nächsten Tag auf Vorau anzutreten.

Dieser Angriff begann kurz nach 04.00 Uhr des 23. 4. Tiefangelegte Pak- und Flammenwerferfelder wurden durchstoßen, 35 Feindpanzer eingebracht, das Chorherrenstift von Vorau zurückgewonnen, dessen Wirtschaftsteil von den fliehenden Sowjets in Brand gesteckt wurde. Dies war der letzte gepanzerte Gegenschlag der 1. PD im Zweiten Weltkrieg. Oberstlt. Huppert wurde durch Armeebefehl zum Oberst befördert und zum Eichenlaub eingereicht.

Nach Oberst Bradel (am 24. 4.) wurde auch Oberst Philipp am 1. 5. 1945 in die Führerreserve versetzt. Bis zum 7. 5. verblieb die Division in ihren Stellungen. Am Abend dieses Tages wurde bekannt, daß der Krieg zu Ende sei.

GenMaj. Gaedtke, Chef des Stabes des AOK 6, fuhr am 7. 5. 45 zu den Amerikanern, denen es gelungen war, an diesem Tage den Stab der HGr. Süd gefangenzunehmen, unter ihnen auch den Oberbefehlshaber, GenOberst Dr. Rendulic.

Gen.d.PzTr. Balck, OB der 6. Armee, hatte sich entschlossen, nicht – wie befohlen – auf der erreichten Linie stehenzubleiben und an die Sowjetarmee zu übergeben. Er befahl seinen Korps, sich von der Ostfront in Richtung US-Front abzusetzen und die Demarkationslinie nach Westen zu überschreiten.

Am 7. 5. stellte Gen.d.PzTr. Balck den in Gleisdorf versammelten Kommandeuren die Lage dar. Er erklärte, daß die Amerikaner bis zur Linie Liezen-Salzburg vorgedrungen seien und daß man sich beim Stichwort »Stabsauflösung« nach Westen zu diesen Linien durchschlagen solle.

Bis zu diesem Tage hatte man bei der 1. PD noch gehofft, die Alpenfestung besetzen und hier die Sowjets aufhalten zu können. Diese Parole wurde dadurch genährt, weil die US-Streifen aus Thüringen kommenden Ersatz für die 1. PD nach Prüfung der Marschpapiere anstandslos hatten passieren lassen, ohne auch nur einen Mann gefangenzunehmen. Aber dieser letzte Befehl von Gen.d.PzTr. Balck zeigte an, daß alles zu Ende war.

Die 1. PD löste sich vom Feind, als GenMaj. Thunert in der Nacht zum 8. 5. das Stichwort erhielt. Die Division marschierte nach Westen und benachrichtigte auch noch die 1. GebDiv. (GenMaj. Wittmann) von dem letzten Befehl, die keine Nachricht erhalten hatte, nun aber ebenfalls kehrt machte und losmarschierte.

Aus den Räumen Kaindorf-Birkfeld und Gleisdorf marschierte sie bis zum Abend, ehe die Straße Graz-Bruck an der Mur erreicht war, die von langen Kolonnen der 6. Armee und Verbänden der HGr. E aus dem Balkan überfüllt war. Am Vormittag des 9. 5. wurde Leoben erreicht. Über Eisenerz ging es in Richtung Ennstal weiter.

Als die 1. PD über den Hengstpaß bei Windischgarsten fuhr, stieß das Vorkommando auf die ersten US-Truppen. Mit deren Kommandierendem General ließ GenMaj. Thunert Verbindung aufnehmen. Die Übergabe der 1. PD wurde von diesem angenommen. Am Abend des 9. 5. wurde durch GenMaj. Thunert bei Spittal die erste geschlossene Gruppe der 1. PD in völliger Ordnung an die US-Streitkräfte übergeben. Die aus Liezen kommende Gruppe der Division traf am 10.5. 1945 im KG-Lager Uttendorf bei Braunau ein. Die Division konnte hier im Lager 12.000 Soldaten sammeln. Kein Soldat der 1. PD wurde von den Amerikanern an die Sowjetarmee ausgeliefert.

Auch die Panzer-Division »Wiking« rollte am frühen Morgen des 8. 5. 1945, nachdem Oberführer Ullrich aus Gleisdorf von der Besprechung zurückgekommen war, um 03.00 Uhr los. Da hier die Sowjets stark nachstießen, mußte die Infanterie noch einen letzten Gegenangriff führen, um das Absetzen des Gros zu ermöglichen. Alles gelangte jedoch noch nach Graz. Die letzten Einheiten, die auf Lkw nur Stunden später Graz passierten, wurden bereits beschossen und erreichten Bruck an der Mur, wo sie noch vor der Murbrücke von sowjetischen Panzern und Kavallerie überrascht wurden. Eine andere Gruppe gelangte bis Radstadt in den Tauern, wo sie auf Amerikaner stießen. Im Gebirge aber marschierte das Gros weiter und erreichte in den Nachtstunden zum 9. 5. Mauterndorf. Hier stieß es auf die ersten US-Vorauskommandos. Vor Wagrain entband Oberführer Ullrich die Offiziere ihres Eides und stellte ihnen frei, sich in die Büsche zu schlagen. Er selber wolle aber bei seinen Soldaten bleiben. Alle versammelten Offiziere taten es ihrem Kommandeur nach. Sie gerieten geschlossen in US-Kriegsgefangenschaft.

Die Heeresgruppe Süd bestand nicht mehr. Sie hatte sich aufgelöst, und ihre verschiedenen Divisionen gingen einem ungewissen Schicksal entgegen.

KAMPF IM EINGESCHLOSSENEN KURLAND

Der Überblick

Als die Sowjetarmee Mitte Oktober 1944 auf einer Breite von 120km zwischen der Memelmündung und der Ostseeküste einige km südlich Libau an der Ostsee stand, hatte sie die HGr. Nord vom Reich abgetrennt. Wie war das geschehen?

Die 1. Baltische Front, Armeegeneral Bagramjan, war am 5. 10. 1944 mit drei Armeen westlich Schaulen zum Großangriff angetreten und führte zwei Tage später weitere zwei Armeen in die aufgerissenen deutschen Frontlücken hinein. Dem Panzerkorps Malachow gelang es bereits am Abend des 7. 10., die ostpreußische Grenze zu erreichen. Bis zum 10. 10. standen die Spitzenverbände der 51. Sowjet-Armee, GenLt. Krejser, bei Polangen, nördlich Memel, an der Ostsee. Damit war die HGr. Nord abgeschnitten. Die Häfen Windau und Libau wurden zu Festungen erklärt.

Während die 3. PzArmee außerhalb dieses großen Kessels blieb, am 10. 10. aus der Unterstellung unter die HGr. Nord ausschied und zur HGr. Mitte trat, lagen die 16. und 18. Armee im Kurlandkessel fest.

Der Versuch, im Unternehmen »Geier« mit dem XXXIX. PzK, GendPzTr. von Saucken, den Durchbruch auf das eingeschlossene Memel und dann weiter zur HGr. Nord in Ostpreußen zu erzwingen, sollte am 17. 10. 1944 beginnen. Einen Tag vorher jedoch eröffnete die Sowjetarmee mit der 2. und 1. Baltischen Front die 1. Kurlandschlacht, mit der die HGr. Nord zerschlagen werden sollte. Dieser Angriff drang nicht durch.

Die HGr. Nord erließ am 20. 10. 1944 einen Tagesbefehl, in welchem der Führerbefehl »Kurland zu halten« bekanntgegeben wurde.

Die Lage der Heeresgruppe Nord

Im Norden des Kurlandkessels stand die 16. Armee unter GendInf. Hilpert, dessen XXXXIII. AK den Küstenschutz und das Halten der Baltischen Inseln übernehmen sollte. Die Armeeabt. Grasser hielt die HKL zwischen Doblen und Windau besetzt.

Von Windau aber bis zur Küste stand die 18. Armee, Gendlnf. Boege, mit dem II. AK zwischen Moscheiken und Vainode, dem X. AK bei Vainode, dem III. SS-PzK südlich und südwestlich Prekuln und dem I. AK im Raume südlich Libau.

Im Großraum Libau lag der gefährdetste Punkt der Front der HGr. Nord. Wenn es der Sowjetarmee gelang, Libau zu besetzen, war die HGr. Nord verloren, denn der Hafen dieser Stadt war der einzige große Umschlagplatz für die Wehrmacht und für die Zivilverwaltung.

In der 2. Kurlandschlacht versuchte die Sowjetarmee südostwärts Libau einen Durchbruch zu erzwingen. Der Großangriff wurde unter Abschuß von 62 Panzern abgewiesen.

Am 21. 12. begann die 3. Kurlandschlacht. Die Sowjetarmee versuchte mit der 4. und 3. Stoßarmee, der 10. Garde-Armee und der 42. Armee Frauenburg und Libau zu erreichen. Mehrere Einbrüche wurden erzielt, die jedoch bis zum 23. 12. sämtlich bereinigt werden konnten.

Ab dem 25. 12. wurde von der Sowjetarmee mit Schwerpunkt Dzukste ein neuer Großangriff begonnen, der mit der 6. GardeArmee gegen Libau gerichtet war. Die deutsche HKL stand mit der 126. ID, der 31. ID und der 14. PD unerschütterlich.

Im Raume Dzukste selbst aber wankte die Front am 25. 12. bedenklich. Hier hatte die Sowjetarmee zwei Panzerkorps angesetzt, welche die Front der 19. SS-Division durchbrachen. Eingreifreserven verhinderten am 1. Weihnachtstag ihren Zusammenbruch. Am Abend des 25. 12. trafen die 4. PD und das MG-Batl. »Stettin«, das aus Libau kam, als Verstärkung ein. 111 feindliche Panzer wurden an diesem 25. 12. 1944 von den Soldaten der HGr. Nord abgeschossen.

Die beiden nächsten Tage sahen Dzukste im Brennpunkt sowjetischer Panzerangriffe. Einzelne Einbrüche bis zu zwei km Tiefe wurden erzielt. Am Abend des 27. 12. stellte die Sowjetarmee ihre 3. Kurlandschlacht ein.

Am 31. 12. 1944 meldete der Wehrmachtbericht.

»Die Heeresgruppe Kurland hat 513 Panzer, 79 Geschütze und 267 MG der Roten Armee vernichtet und 145 Flugzeuge abgeschossen. «

Während GenOberst Guderian, Chef des Generalstabes des Heeres, die Rückführung der HGr. Nord forderte, befahl Hitler, daß sie dort stehen bleiben solle, wo sie sich befand.

Am 25. 1. 1945 erhielt die HGr. Nord die neue Bezeichnung Heeresgruppe Kurland. Generaloberst Schörner verließ mit seinem Chef des Generalstabes, GenMaj. von Natzmer, den Nordabschnitt, um die HGr. Mitte zu übernehmen. Neuer Oberbefehlshaber in Kurland wurde GenOberst Dr. Rendulic, sein Chef des Generalstabes wurde GenMaj. Foertsch. Die in Ostpreußen eingeschlossenen Verbände der 2. und 4. Armee, sowie der 3. PzArmee erhielten gleichzeitig die Bezeichnung HGr. Nord.

Die HGr. Kurland verfügte am 15. 1. 1945 über insgesamt 399.500 Soldaten aller Wehrmachtverbände, einschließlich 10.000 zivilen Angestellten. Ihre Front verlief von der Küste 20 km südlich Libau zunächst 10 km nach Osten, knickte dann nach Nordosten ab und führte hart südlich Durben und Schrunden bis in Höhe Frauenburg. Von hier aus nach Nordosten einschwenkend, führte sie hart ostwärts an Tukkum vorbei bei Koapkalnice an den Rigaer Meerbusen.

Unter Oberbefehl von Marschall der Sowjetunion Goworow standen im Raume Libau die 4. Stoßarmee, die 6. Garde-Armee und die 51. Armee mit insgesamt 28 Divisionen sowie das III. (mech.) Garde-Korps mit 18 Panzerbrigaden einsatzbereit.

Im Raume Pampali-Frauenburg standen die 10. Garde-Armee, die 42. Armee, das XIV. Garde-Schützenkorps und das XIX. GardePanzerkorps, während die 1. Stoßarmee, die 22. Armee und die 67. Armee mit dem V. Panzerkorps im Großraum Tukkum eingesetzt waren.

Am 24. 1. 1945 begann die 4. Kurlandschlacht. Beiderseits Prekuln stürmten elf sowjetische Schützen-Divisionen in Richtung Libau vor. Drei Tage dauerte die Schlacht. Die Verteidiger mußten in die zweite Stellung ausweichen.

Die 14. PD wurde am ersten Kampftag alarmiert und in den bedrohten Raum geworfen. Die sPzAbt. 510 unter Major Gilbert kam hinzu. Beide Panzerverbände traten noch am 25. 1. 1945 zum Gegenangriff an. Wie er verlief, sei aus dem Geschichtswerk der 14. PD zitiert:

»Die Kampfgruppen traten am Morgen des 25. 1. in breiter Front (mit unterstellter sPzAbt. 510) nach Osten zum Angriff an und kamen zunächst gut vorwärts. Mehrere in der Tiefe des Einbruchsraumes angelegte Feind-Stützpunkte wurden überrumpelt. Dann aber trafen die Panzergrenadiere überall auf abwehrbereiten Feind, der sich verbissen und zäh mit MG und Werfern verteidigte und bald auch durch das Sperrfeuer seiner Artillerie und Raketenbatterien unterstützt wurde.

Bastion um Bastion mußte nun mühsam aus den Roten Linien herausgebrochen werden. Der Angriff löste sich in eine Vielzahl an Einzelgefechten auf und verlor dadurch an Stoßkraft. Erst als die Panzer, die wegen des überwiegend sumpfigen, von zahlreichen Wasserläufen durchzogenen Geländes in der Masse nicht schnell genug hatten folgen können, in den Kampf eingriffen, konnten die Panzergrenadiere zum Sturm auf die Höhenstellungen antreten.

Auf dem Südflügel wurde so die alte HKL in einer Breite von vier km bereits am Vormittag wieder in Besitz genommen. In der Mitte und am Nordflügel aber leistete der Feind nach wie vor erbitterten Widerstand und konnte nur schrittweise zurückgedrängt werden. Eine ganze Werferbrigade hatte er dicht hinter den Höhen auffahren lassen, die mit pausenlosem Feuer mehrere Gegenstöße mit Panzern unterstützte und ihnen zum Erfolg zu verhelfen suchte. Dennoch gewann der Gegenangriff auch in diesem Abschnitt an Boden.

Die Panzergrenadiere hielten die Rote Infanterie nieder und trennten sie von ihren Begleitpanzern, während die eigenen Kampfwagen unterdessen die amerikanischen Sherman-Panzer abschossen. Einzelne Sowjetpanzer, die im Schutz der Busch- und Kieferngruppen nach Westen durchgebrochen waren, wurden mit Panzerfäusten abgeschossen. Bis zum Abend gelang es, die alte HKL bis zum Nordabschnitt im großen und ganzen wiederherzustellen und gegen neue feindliche Einbruchsversuche zu halten.

Teile des SS-Regiments 24 und andere Einheiten der SS-Division »Nordland« wurden während der Nacht aus den rückwärtigen Auffangstellungen nach vorn geführt und in die vordere Linie eingeschoben, so daß die letzten Lücken geschlossen und zwei tiefere, brückenkopfartige Einbuchtungen mit ausreichenden Kräften abgeriegelt werden konnten.«

Soweit der direkte Bericht. Von der 14. PD wurden an diesem Tage 63 Feindpanzer abgeschossen, elf davon durch Panzerfaust. Die unterstellte sPzAbt. 510 hatte ihren Anteil am Erfolg, und wenn auch immer nur wenige Tiger eingesetzt werden konnten, so war doch ihr Einsatz zwischen Lalerie und Purmsati während der 4. Kurlandschlacht ein Faktor, mit dem die Panzerverbände der Sowjetarmee rechneten.

Die Schlacht ebbte ab. Der Gegner hatte keinen Durchbruch erzwingen können. Auch sein Versuch, bei Frauenburg entlang der Bahnlinie nach Libau vorzustoßen, blieb liegen. Zehn sowjetische Schützen-Divisionen schafften es nicht, die Stellungen der 205. ID, GenLt. von Mellenthin, und der 225. ID, GenLt. Risse, zu durchbrechen. Vor der HKL der 205. ID blieben 117 abgeschossene Feindpanzer liegen. Auch die anschließenden Divisionen, die 122. ID, GenLt. Fangohr, und die 81. ID, GenLt. von Bentivegni, hielten dem Ansturm stand, während Teile der 12. PD, GenLt. Frhr. von Bodenhausen, südlich Tukkum einen sowjetischen Einbruch beseitigten. Ende Januar stellte die Sowjetarmee diese Angriffe ein.

Am 29. 1. 1945 übernahm GenOberst von Vietinghoff die HGr. Kurland. Er ließ sofort eine Studie zum Rücktransport aller Soldaten aus Kurland über See entwerfen, die am 15. und 17. 2. anläßlich der Lagebesprechungen im FHQ Gegenstand der Führerlagemeldungen war. Sowohl GenOberst Guderian als auch Großadmiral Dönitz unterstützten diesen Plan. Großadmiral Dönitz trug Hitler vor:

»Der Plan für die Rückführung ist ausgearbeitet. Bei rücksichtslosem Einsatz der verfügbaren Schiffe, Drosselung aller übrigen Anforderungen an Schiffsraum und stärkster Unterstützung durch die Luftwaffe rechne ich mit vier Wochen für die Rückführung der Mannschaften und des notwendigen Materials ...

Die Verladekapazität von Windau und Libau ist ausreichend.« Hitler starrte Großadmiral Dönitz zuerst wortlos und verblüfft an. Dann wandte er sich GenOberst Guderian zu.

»Eine Rückführung der Kurlandtruppen kommt überhaupt nicht in Frage!« lautete seine einzige und endgültige Antwort.

Kurland war damit abgeschrieben. Die dort im Einsatz stehenden Soldaten mußten sicher sein, nach Ende der Kämpfe in sowjetische Gefangenschaft zu gehen. Daß sie dennoch mit nie erlahmendem Einsatz kämpften, ist der HGr. Kurland hoch anzurechnen.

Ein sowjetischer Großangriff der Luftwaffe im Februar in Richtung Libau wurde von der 6. Flak-Division, GenLt. Anton, zusammengeschossen. 40 Flugzeuge stürzten noch vor Erreichen des Zieles ab.

Die wenigen FW 190 der I./JG 54 unter Major Eisenach, der einzige fliegende Verband, der in Kurland zur Verfügung stand, startete mit allen verfügbaren Maschinen. Sie schossen ebenfalls 60 Feindflugzeuge ab. Oblt. Kittel, Kapitän der2./JG 54, errang an diesem Tag seinen 267. Luftsieg. Er wurde wenig später selbst abgeschossen.

Die weiteren Luftangriffe auf Libau und Windau deuteten eine nahe bevorstehende neue sowjetische Offensive an. Die HKL wurde teilweise geräumt und die Haupttruppen in die 2. und 3. Stellung zurückgenommen.

Am 20. 2. 1945 begann die 5. Kurlandschlacht. Zwischen Dzukste und Preekuln wurde sie mit einem Trommelfeuer begonnen. Dann rollten abermals sowjetische Panzer, dicht gefolgt von Infanterieverbänden, in Richtung Libau vor, während immer noch sowjetische Salvengeschütze und Werfer feuerten.

Die Hauptkampflinie beiderseits Preekuln, in der die 12. LwFeld-Division, die 121., 126., 263. und 290. ID verteidigten, wurde von 23 Schützen-Divisionen der Sowjets und mehreren Panzerbrigaden angegriffen. Um Preekuln kämpfte die 126. ID. Die Regimenter dieser Division hielten bis zum 22. 2. dem Ansturm der Sowjets, die rechts und links bereits an ihnen vorbeigestürmt waren, stand. Dann schlugen sie sich nach Westen durch.

Vor der Vartaja stabilisierte sich die Front. Nördlich Preekuln waren es die 11. ID, GenMaj. Feyerabend, die 14. PD, GenLtUnrein, und die Sturmgeschütz-Brigade 912, die den Gegner aufhielten. Die 121. ID, im Zentrum eines feindlichen Angriffskeiles stehend, kämpfte in dieser Schlacht um das nackte Leben. Sämtliche Bataillonskommandeure dieser Division fielen. GenMaj. Rank hielt seine Division zusammen.

Das AOK 18 schob die 132. ID, Oberst Demme, und die 225. ID, GenLt. Risse, in die Front an der Vartaja ein. Der Angriffsschwung der Sowjets verpuffte an dieser Stelle.

Bei Frauenburg versuchte die Sowjetarmee am 1. 3. einen neuen Großangriff, der diesmal das VI. SS-Korps traf.

Unter SS-Obergruppenführer Krüger wurde die Stadt gehalten. Hier stand die 122. ID, GenLt. Fangohr, die bis auf den Leinzeresee zurückgedrückt wurde. Die 24. ID, GenMaj. Schultz, die 19. SS-Div., Brigadeführer Streckenbach, und die neu aufgestellte PzBrigade »Kurland«, Oberst von Usedom, hielten die Feindangriffe auf. Im Raume Dungaga verteidigte die 21. LwFeldDiv., GenMaj. Barth.

Als Mitte März Tauwetter einsetzte, blieb die Schlacht buchstäblich im Schlamm stecken. Die Sowjetarmee stellte ihren Großangriff ein. Die Einnahme von Dzukste, als einziger Erfolg der fünften Kurlandschlacht, hatte sie insgesamt 70.000 Mann, 608 Panzer, 436 Geschütze und 178 Flugzeuge gekostet.

In der Führerlagemeldung des 17. 3. erklärte Großadmiral Dönitz, vom Chef des Generalstabes des Heeres, GenOberst Guderian, daraufhin angesprochen, daß vom reinen Seekriegsstandpunkt kein Interesse am Halten von Kurland bestehe. Er betonte darüber hinaus, daß das Halten von Kurland und die Versorgung der dort kämpfenden Heeresgruppe lediglich eine Belastung für die Kriegsmarine bedeuteten.

Hitler beauftragte an diesem 17. 3. Großadmiral Dönitz, erneut zu überprüfen, welche Tagesleistungen die Kriegsmarine bei der Räumung von Kurland erbringen könnte.

Am 18.3. führte der Oberbefehlshaber der Kriegsmarine dazu aus:

a) Unter Aufrechterhaltung der augenblicklichen Nachschubaufgaben, des Truppentransportes aus Norwegen im bisherigen Umfange und der Verwundeten- und Flüchtlingstransporte stehen für die Abtransporte aus Kurland zur Verfügung: 28 Schiffe mit 110729 BRT.

b) Mit diesem Schiffsraum können in einmaligem Umlauf abgefahren werden:

23.250 Mann, 4.520 Pferde, 3.160 Fahrzeuge.

c) Unter Berücksichtigung zu erwartender Feindeinwirkung und Störung durch die Wetterlage dauert ein Umlauf zwischen Libau und Swinemünde im Durchschnitt 9 Tage.

d) Die Kapazität von Libau und Swinemünde reicht für diese Transportbewegung aus, unter der Voraussetzung, daß die Flüchtlings- und Verwundetentransporte anstelle von Swinemünde in andere Häfen geleitet werden.

e) Voraussetzung ist die Aufrechterhaltung der Kohlenlieferungen für Geleitstreitkräfte, Transporter und Reparaturwerften im bisherigen Umfang.

f) Ungewöhnliche Steigerung der Feindeinwirkung (starke Schiffsverluste, Zerstörungen der Häfen) kann im voraus nicht berechnet werden und ist daher in vorstehenden Zahlen nicht berücksichtigt.«

Hitler nahm diese Meldung des Großadmirals entgegen, ohne sich noch einmal zu diesem Thema zu äußern.

Die Kurland-Heeresgruppe wurde nicht evakuiert, sie kämpfte weiter gegen einen an Zahl weit überlegenen Feind, der Anfang März eine neue Offensive vorbereitete, mit dem erklärten Ziel, diesmal den Kurlandkessel auszuräumen.

Diese 6. Kurlandschlacht begann am 18. 3. 1945. Mit dem bisher stärksten Trommelfeuer in Kurland wurde die Offensive eröffnet. Zwischen Dangas und Skutini wurde eine Bresche in die deutsche HKL geschossen, ehe Panzerverbände und Infanteriekräfte antraten. Die ersten Einbrüche wurden gemeldet. Immer neue frische Panzerverbände wurden von den Sowjets in die Schlacht geworfen. Die 12., die 14. PD und die 11. ID kämpften als Feuerwehr und bügelten die Einbrüche teilweise aus. Beiderseits der Straße nach Frauenburg versuchten die Sowjets mit starken Panzerverbänden durchzubrechen. 92 dieser Panzer wurden am ersten Tag abgeschossen.

Die sowjetische 10. Gardearmee wiederholte ihre Durchbruchsversuche in den nächsten Tagen. Am 23. 3. stellte das sowjetische Oberkommando bei Frauenburg die Offensive ein. Nur im Norden von Frauenburg ging der Kampf weiter. Hier allein mußte der Rückzug angetreten werden, der von der 24. ID als Nachhut am Bahnhof Josta ermöglicht wurde.

Ende März ging auch die 6. Kurlandschlacht zu Ende, ohne der Sowjetarmee den erhofften und angestrebten Erfolg gebracht zu haben. Geben wir an dieser Stelle dem Chronisten der Sturmgeschütz-Brigade 912 das Wort zu den Einsätzen seiner Brigade während der Kämpfe in Kurland.

Sturmgeschütz-Brigade 912 in Kurland

»Mit Beginn der 4. Kurlandschlacht am 24. 1. 1945 stand die StuGeschBrig. 912 unter Führung von Major Josef Brandner im Brennpunkt der Abwehrkämpfe. In diesen Tagen und Wochen wurde sie für alle Kurlandkämpfer zu einem Begriff.

Der sowjetische Durchbruchsversuch bei Frauenburg begann am 24. 1. 1945. Sowjetische Panzerrudel standen plötzlich am frühen Morgen dieses 24.1. mit aufgesessener Infanterie vor dem Gefechtsstand des GR 358 (der 205. ID), in dem Oberstleutnant Berg hockte. Damit standen sie zugleich auch dicht vor dem Stützpunkt von Oblt. Schubert, der mit seiner 1. Batterie der StuGeschBrig. 912 diesem Regiment zugeteilt worden war.

Aus eigenem Entschluß griff Oblt. Schubert sofort mit seiner Kampfstaffel an und vernichtete mit seinen Geschützen die meisten der durchgebrochenen Feindpanzer. Die sowjetischen Infanteriekräfte wurden ebenfalls zerschlagen. Hierbei verlor die 1./912 zwei Geschütze. Sie waren von Stalinpanzern durch Volltreffer vernichtet worden. Oblt. Schubert erhielt das Ritterkreuz.

Von dem Gehöft Mucikas auf einer Anhöhe bei Frauenburg warf Oblt. Schubert täglich in fünf bis sieben Gegenstößen die in die HKL immer wieder eindringenden Sowjets hinaus. In den ersten drei Tagen dieser 4. Kurlandschlacht schoß allein die 1./912 57 Feindpanzer ab. Davon kamen 11 auf das Konto von Oblt. Schubert. In den folgenden Tagen vernichtete diese Batterie weitere 14 Feindpanzer. Die 3./912, die ebenfalls Oblt. Schubert unterstellt worden war, brachte es auf sechs Abschüsse.

Zu Beginn des Infanterieangriffs stieß der Brigadekommandeur, Major Sepp Brandner, mit seinen drei Stabsgeschützen immer wieder in die Feindangriffe hinein und erzielte mit seiner eigenen Besatzung seinen 57. Abschuß. Als dabei Oblt. Egghardt neben einigen Panzerabschüssen auch noch seinen siebenten Feindpanzer im Nahkampf vernichtete, erhielt auch er das Ritterkreuz.

Noch im Januar 1945 trafen Personalersatz und wenig später neue Sturmgeschütze ein, die von einer auf Ösel eingesetzten StuGeschBrig. stammten, welche am 23. 12. 44 die Insel hatte räumen müssen. Jede Batterie der Brigade 912 erhielt nun zusätzlich zwei Sturmhaubitzen und drei Kanonen. Nunmehr hieß der Verband Sturmartillerie-Brigade 912. Major Brandner stellte dazu eine StuGeschBegleitBatterie auf, die von Lt. Friedel geführt wurde.

So gerüstet, rollte die Brigade am 20. 2. 1945 in die 5. Kurlandschlacht, die erst am 11. 3. enden sollte. Am Knüppeldamm bei Berzini stieß die Sowjetarmee überraschend durch eine zwei km breite Frontlücke durch. Hptm. Schubert warf sich mit der 1. Battr. dem Gegner entgegen.– In der Nacht wurden drei T 34 abgeschossen. Am nächsten Morgen stand die Battr. in einem Gefecht mit einer vielfachen Übermacht von T 34,von denen 37 abgeschossen wurden. Hptm. Schubert erhielt das Deutsche Kreuz in Gold.

Am nächsten Tag erfolgte der Einsatz der gesamten Brigade unter Führung von Major Brandner. Innerhalb von 2 Stunden erzielte die Brigade 45 Panzerabschüsse. Die entstandene Frontlücke wurde geschlossen. Major Brandner erhielt für diesen schlachtentscheidenen Angriff das Eichenlaub zum Ritterkreuz.

In der nächsten Nacht fuhren Major Brandner, Hptm. Schubert und der Ord-Offz., Oblt. Opel, einen Angriff gegen ein Waldstück. Dort war ein deutscher Gefechtsstand von sowjetischer Infanterie eingeschlossen worden. Bei diesem Angriff, der den GefSt. wieder freikämpfte, wurden sieben Feindpanzer abgeschossen.

Einige Tage später geriet Hptm. Schubert mit seinem Geschütz in das Feuer überschwerer sowjetischer 37,5-cm-Werfer. Beide Ketten wurden abgeworfen. In dieser Situation griffen fünf Feindpanzer an. Drei von ihnen wurden von dem unbeweglichen Geschütz abgeschossen. Die beiden übrigen drehten ab und verschwanden. Unmittelbar darauf erzielte Major Brandner seinen 60. und 61. Abschuß. Beim Zurückrollen wurde er von einer sowjetischen Pak abgeschossen, blieb aber mit seiner Besatzung unverletzt.

In diesen Märzkämpfen fiel Lt. Friedel, der noch posthum mit dem Deutschen Kreuz in Gold ausgezeichnet wurde. Auch sein Nachfolger, Lt. Hoffmann, erhielt für seine Leistungen das Deutsche Kreuz in Gold.

Am 18. 3. begann die 6. und letzte Kurlandschlacht. Im Raum Frauenburg sowie bei Danges und Skutini lagen die feindlichen Angriffspunkte. Südlich von Schrunden kämpfte die 1./912 unter Hptm. Schubert. Lt. Krause erhielt auf dem Gefechtsfeld das Deutsche Kreuz in Gold, ebenso der Chef der 3./912, Oblt. Siebenbürger, der in dem Wald- und Kusselgelände viele erfolgreiche Angriffe fuhr.

Die 2./912, Hptm. Egghardt, war im Raume Frauenburg eingesetzt. Als hier die Sowjets am 18. 3. bis auf zwei km an die Bahnlinie Frauenburg-Libau herankamen und diese unter Feuer nahmen, fing Major Brandner die soeben verlegende 2. Battr. ab und rollte mit ihr gegen die feindliche Panzerspitze. Hptm. Egghardt schoß hier seinen neunten Feindpanzer im Nahkampf ab. Durch die Sturmgeschütze wurden 17 Feindpanzer abgeschossen. Kein Panzer dieser sowjetischen Spitzengruppe konnte entkommen.

Am 1. 4. 1945 erhielt die Brigade das soeben gestiftete Ärmelband Kurland. Sie hatte an sämtlichen Kurlandschlachten teilgenommen. «

Soweit der Bericht.

Eine weitere Sturmgeschütz-Brigade kämpfte bei Preekuln und stand hier am 13. 1. 1945 im harten Einsatz. Es war die StuGeschBrig. 202 unter Hptm. Zollenkopf. Dieser Brigade gelang es, der hier kämpfenden Infanterie die notwendige Unterstützung durch schwere Waffen zu geben und die feindlichen Panzer aufzuhalten. Vier Panther der 4. PD griffen ebenfalls in den Abwehrkampf ein.

Am 17. 2. stand die 3./202 nördlich Preekuln in einem Wiesengelände. Es war einigen Feindgruppen gelungen, hier in ein Waldstück einzusickern. Dieser Feind wurde beim Heraustreten bekämpft und zurückgeworfen. Hptm. Zollenkopf stand zur gleichen Zeit mit fünf Geschützen mitten in der HKL, ein sechstes Geschütz unter Uffz. Heimann fuhr Aufklärung und Sicherung. Es fand ein Sturmgeschütz der Brig. 912, das neben einer Brücke mit der Wanne nach oben im Wasser lag. Mit vereinten Kräften wurde dieses Geschütz geborgen. Es gelang, noch zwei Kameraden lebend aus dem Stahlsarg herauszuholen.

Hptm. Spielmann, zu seiner Brigade zurückgekehrt, übernahm nun wieder die Führung und fuhr jeden Angriff in den nächsten Kurlandeinsätzen an der Spitze mit. Auch er erhielt am 23. 3. das Ritterkreuz. Hptm. Zollenkopf, der ihn vertreten hatte, fiel am 6. 3. 1945. Mit der StuArt.Brig. 912 kämpfte auch die Brigade 202 bis zum letzten Tag im Kurlandkessel.

Das bittere Ende

Am 4. 4. 1945 erhielt GenOberst Dr. Rendulic, der von Ostpreußen wieder nach Kurland gekommen war, den Auftrag, die HGr. Süd zu übenehmen und im Südabschnitt der Front der Sowjetarmee das Eindringen in die Alpen und das Vorrücken im Donautal zu verwehren.

Am 1. 4. 1945 standen der HGr. Kurland noch zehn Divisionen zur Verfügung, deren Kampfwert gut war. Sieben weitere Divisionen waren angeschlagen, und eine war durch die harten Kämpfe der letzten Kurlandschlacht zerschlagen worden. GendInf. Hilpert, der die Führung der Heeresgruppe Kurland nach der Abberufung von GenOberst Rendulic übernommen hatte, bat am 13. 4. den Seekommandanten Lettland und den OB der Luftflotte 1, ihm Einheiten für den Erdkampf zur Verfügung zu stellen.

Am 14. 4. ging ein Befehl des OKH beim HGrKdo. ein, in dem neue Kampfanweisungen gegeben wurden. Das HGrKdo. funkte am 14. 4. die getroffenen Maßnahmen zur Abwehr einer 7. Kurlandschlacht an das OKH. Darin heißt es:

»Die HGr. ist entschlossen, durch zähe Abwehr und aktive Kampfführung die augenblickliche Front zu halten. Grundbedingungen dafür sind ausreichende Munition und genügend Betriebsstoff.«

Noch im April stellte die Luftflotte 1 aus Luftwaffenverbänden 17 Bataillone auf, die für den Erdeinsatz zur Verfügung gehalten wurden.

Die Sowjetarmee aber dachte an keine 7. Kurlandschlacht mehr. Die Masse der hier konzentrierten Truppen wurde abgezogen. Im Raum Kurland blieben lediglich die 1. Stoßarmee, die 22. Armee, die 42. Armee, die 4. Stoßarmee, die 6. Gardearmee und die 51. Armee zurück. Sie warteten Gewehr bei Fuß auf das Ende des Krieges.

Am 1. 5. 1945 verkündeten Lautsprecher der Propagandatrupps der Sowjetarmee Hitlers Tod. Am 3. 5. 1945 ließ Großadmiral Dönitz einen Funkspruch an den seit dem 1. 5. zum Generaloberst beförderten OB der HGr. Kurland tasten:

»Die veränderte Lage im Reich erfordert den beschleunigten Abtransport zahlreicher Truppenteile aus den ost- und westpreußischen Räumen sowie aus Kurland. Die Kampfführung der Armee Ostpreußen und der HGr. Kurland hat sich diesen Forderungen anzupassen.

Von den zurückführenden Truppenteilen ist das Personal mit leichten Infanteriewaffen zu verladen. Alles übrige Material, einschließlich der Pferde, ist zurückzulassen und zu vernichten. Die HGr. Kurland erhält Operationsfreiheit zur Zurücknahme der HKL in vorgeschobene Brückenköpfe um die Häfen Windau und Libau. «

Da kein Schiffsraum zur Verfügung stand, konnte diese Rückführung nicht durchgeführt werden. Die 16. Armee erhielt Befehl, Tukkum am 6. 5. zu räumen und eine rückwärtige Linie zu beziehen. Frontvorsprünge im Verlauf der HKL der 18. Armee wurden aufgegeben. Teile dieser Armee gingen auf den Vartaja-Abschnitt zurück.

Als Meldungen nach Kurland gelangten, daß zwischen deutschen und britischen Befehlshabern ein Waffenstillstand abgeschlossen worden sei, erließ GenOberst Hilpert einen Tagesbefehl, in dem er zum Ausdruck brachte, daß der Krieg im Osten weitergehe.

Während dieser letzten Tage waren es die Kleinschiffe der 9. Sicherungs-Division der KM, die von Windau und Libau mit ihren Booten Menschen nach dem Westen zurückschafften. Der Marinebefehlshaber Östliche Ostsee, Admiral Burchardi, verließ am Abend des 5. 5. Libau und ging mit seinem Stab nach Hela, um von hier aus die Gesamttransporte zu organisieren und zu leiten. Schnellboote, Räumboote, Vorpostenboote und Kriegsfischkutter (KFK) der KM fuhren noch bis zum 8. 5. Einsätze nach Libau und Windau und zurück. Als GenOberst Hilpert am 7. 5. 1945 von der Kapitulation erfuhr, setzte er sich über Funk mit dem Oberbefehlshaber der sowjetischen Streitkräfte in Kurland, Marschall Goworow, in Verbindung und bot ihm die Kapitulation der HGr. Kurland an.

Der Marschall war einverstanden. In der folgenden Nacht gab das Heeresgruppenkommando den letzten Befehl an die in Kurland kämpfenden Truppen der deutschen Wehrmacht aus:

»An alle!

Marschall Goworow hat zugestimmt, daß die Waffenruhe bereits am 8. Mai, 14.00 Uhr beginnt. Die Truppe ist sofort zu unterrichten. Weiße Flaggen sind in den Stellungen zu zeigen. Der Oberbefehlshaber erwartet loyale Durchführung, da davon das weitere Schicksal aller Kurlandkämpfer entscheidend abhängt.« Der Kampf in Kurland war zu Ende. Die Waffen schwiegen im äußersten Nordosten der Ostfront, wo eine der beiden Heeresgruppen der Wehrmacht in festgefügter Front gehalten hatte.

Sechs deutsche Geleite sammelten am 8. 5. 1945 unter Führung von FKpt. von Blanc in Libau und Windau. Auf den Booten des ersten Geleites (14. Sicherungsflottille) befanden sich 2.900 Mann. Das zweite Geleit mit Einzelfahrzeugen verschiedenster Flottillen brachte 5.720 Soldaten an Bord. Auf dem dritten Geleit befanden sich 3.780 Mann, das vierte mit den Booten der 1., 2. und 5. Schnellboots-Flottille hatte 2.000 Soldaten aufgenommen, und auf dem fünften und sechsten, bei denen sich 45 Pionier-Landungsboote befanden, die bis zuletzt ihren Dienst versehen hatten, kamen 11.300 Mann nach dem Westen. Alle Geleite kamen, wenngleich angegriffen, unversehrt in den Heimathäfen an.

Um 00.00 Uhr des 9. 5. 1945 gingen in Kurland 42 Generale, 8.038 Offiziere und 181.032 Soldaten der HGr. Kurland und der Luftflotte 1 in die Gefangenschaft. 14.000 lettische Freiwillige teilten dieses Schicksal. Im letzten Wehrmachtbericht wurde der Einsatz der HGr. Kurland noch einmal gewürdigt:

»Unsere Heeresgruppe in Kurland, die monatelang stark überlegenen sowjetischen Panzer- und Infanterieverbänden Widerstand geleistet hat und in sechs großen Schlachten tapfer standhielt, hat unsterblichen Ruhm errungen.«

Generaloberst Hilpert starb am 24. 12. 1948 in sowjetischer Gefangenschaft. Ein Großteil der 203.000 Soldaten der HGr. kehrte ebenfalls nicht mehr aus dieser Gefangenschaft zurück.

DER KAMPF IN OSTPREUSSEN

Die Ausgangslage

Der alten Heeresgruppe Mitte, die nach ihrem Zusammenbruch im Sommer 1944 neu aufgestellt worden war und sich kämpfend bis Ostpreußen zurückgezogen hatte, war am Abend des 12. 1. 1945 klar, daß der Gegner in den nächsten 24 Stunden auch vor ihrer Front zur Offensive antreten würde. Zwei Schwerpunkte waren erkannt worden. Einmal am Narew und zum anderen südlich der Memel. GenOberst Reinhardt, der OB der HGr., hatte alles zur Abwehr des Angriffs Nötige veranlaßt.

Am Narew war es die 2. Belorussische Front mit dem HQ in Zambrow. Südlich des Bug stand die 1. Belorussische Front ostwärts Warschau, die nur noch auf den Südflügel der HGr. Mitte einwirkte, ganz im Norden die 3. Weißrussische Front zwischen Augustow im Süden bis nach Goldap.

Die 1. Baltische Front mit dem zweiten Schwerpunkt, von Memel an der Nordecke des Kurischen Haffs bis hinunter nach Tilsit, stand als äußerster rechter Flügel der Sowjetarmee bereit.

Die 3. Panzerarmee unter GenOberst Raus stand im Norden der Abwehrfront Ostpreußen der 1. Baltischen Front gegenüber. Die 4. Armee, Gen.d.Inf. Hoßbach, in der Mitte der HGr., hatte bereits seit dem 12. 1. kleinere feindliche Angriffe abgewehrt. Auf ihre Stellungen im Raume westlich Suwalki ging ein starker Artillerie-Feuerschlag nieder.

Am frühen Morgen des 13. 1. 1945 begann auch bei der HGr. Mitte die sowjetische Offensive mit einem Trommelfeuer aus 350 Batterien Artillerie und Salvengeschützen, das zwei Stunden andauerte und vor allem nördlich der Straße Ebenrode-Gumbinnen im Abschnitt des XXVI. AK, GenLt. Matzky, der 3. PzArmee niederging.

Die Stellungen der 349. und 549. VGD und der 1. ID wurden schwer getroffen. Deutsche Artillerie erwiderte dieses Feuer. Danach begann der Angriff der sowjetischen Stoßverbände; voran zwei Panzerbrigaden, dicht gefolgt von 13 Schützen-Divisionen.

Da sowjetische Überläufer am Abend des 12. 1. den unmittelbar bevorstehenden Angriff gemeldet hatten, waren die vordersten Gräben geräumt worden. Dadurch wurde der vernichtenden Wucht des Artillerieüberfalls und des Angriffs die erste Stoßkraft genommen. Die Tiefengliederung war vergrößert worden.

Im Hauptkampffeld stieß der sowjetische Angriff auf einen zehnfach unterlegenen Verteidiger. Unter Einsatz aller Divisions- und Korpsreserven wurde der Gegner gehalten. Der sowjetische Stoß auf Schloßberg scheiterte an der Abwehr des II./Füsilier-Rgt. 22 der 1. ID, das den Gegner im Häuserkampf hinauswarf. Bei der 549. VGD gelang jedoch ein Feindeinbruch, der bis Kattenau nordostwärts Gumbinnen durchdrang. Dadurch hatte der linke Flügel der südlich daran anschliessenden 61. ID (der äußersten Division der 4. Armee) keine Flankensicherung mehr.

Gegen diesen Einbruch wurde von der 3. PzArmee – als der Gegenstoß des FüsBatl. 1, Hptm. Schröder, nicht durchdrang – die 5. PD unter Oberst Lippert angesetzt. Am Morgen des 14.1. trat die Division mit dem ersten Büchsenlicht an. Das FüsBatl. folgte dicht aufgeschlossen den Panzern. Hinzu kam eine Sturmgeschütz-Abteilung mit 30 Sturmgeschützen. Von letzteren wurden durch in der Nacht vorgezogene sowjetische Pak 12 abgeschossen. Es gelang trotz der schweren Verluste, Kattenau zurückzugewinnen.

Der in Blumenfeld eingedrungene Feind wurde vom Füsilier-Regiment 22, Oberstleutnant Trautmann, gehalten. Die Füsiliere schossen 54 Feindpanzer ab.

Am 14. 1. trat auch die 2. Belorussische Front am Narew zum Angriff gegen die 2. Armee an.

Am selben Tage befahl Hitler der Heeresgruppe Mitte, zwei Divisionen an die schwer bedrohte HGr. A abzugeben, wo die Sowjetarmee bereits durchgebrochen war. Diese beiden Divisionen sollten eine dort aufklaffende Lücke schließen. Doch bis diese Divisionen den Einsatzort erreichten, war es zu spät, und bei der HGr. Mitte fehlten sie, während sie auf dem Bahntransport waren, zur Verteidigung des Nordflügels der Abwehrfront.

Auch vor der 2. Belorussischen Front eröffnete die Sowjetarmee den Angriff mit einem starken Trommelfeuer. Nun standen die 2. Armee, die 4. Armee und die 3. PzArmee im Abwehrkampf um Ostpreußen. Dieser Abwehrkampf ging am 15. 1. weiter. Sowjetische Panzerverbände, die in ihren Bereitstellungen auf den Befehl zum Losrollen gewartet hatten, griffen an diesem Tage an. Südlich Schloßberg stießen sie mit schwersten Panzern durch. Kattenau ging zum zweitenmal verloren. Um Schloßberg wurde erbittert gekämpft. Erst am Morgen des 16. 1. erhielten die Verteidiger den Befehl, sich abzusetzen.

Ein Zerbrechen der Front konnte jedoch verhindert werden. Im Abschnitt des XXVI. AK führte GenLt. Matzky sein Korps schrittweise zurück. Durch dieses unumgänglich notwendige Ausweichen geriet jedoch der nach Osten vorspringende Frontbogen des IX. AK, GendArt. Wuthmann, zwischen Schirwindt und Trappen in Gefahr, abgeschnitten zu werden. Hitler lehnte den Antrag der HGr., dieses bedrohte Korps in die gut ausgebaute Memel-Inster-Stellung zurückzunehmen, ab.

Die Lage im Norden bei der 3. PzArmee wurde bedrohlich, als die Sowjets Schloßberg in Besitz nahmen, mit starken Panzerkräften auf Kussen angriffen und in die Rominte-Zwischenstellung einbrachen.

Die 5. PD rollte dem Feindpanzerkeil entgegen und brachte ihn nach Abschuß einer Reihe von Panzern zum Stehen. Aus dem noch nicht angegriffenen Abschnitt der 4. Armee wurden Kräfte zur Stabilisierung der Lage bei der 3. PzArmee herausgezogen. Aber auch bei der 4. Armee, vor allem bei deren nördlicher Flügel-Division, der 61. ID und der daran nach Süden anschließenden PGD »HG 2« stand alles im entschlossenen Abwehrkampf. Wenden wir uns diesem Abwehrkampf bei der 61. ID zu.

Die 61. Infanterie-Division im Abwehrkampf

Am 13. 1. 1945 stand diese Division in einer gut ausgebauten Stellung von Jägersfreude über Guddin-Roßbachkanal-Königseichen und Grünhof bis zum

Ostrand des Teufelsmoors. Von rechts nach links waren die Regimenter 151/162/176 eingesetzt.

Als am Morgen des 13. 1. der Feind gegen die 3. Panzerarmee antrat, wurde auch die 61. ID davon betroffen. Die nördlich an sie anschließende 549. VGD der 3. Pz-Armee war bereits gegen Mittag schwer angeschlagen und teilweise aufgerieben worden. Die 61. ID kämpfte verbissen und hielt in ihren Stellungen aus. Als es Abend wurde, hatte sie bereits 1000 Mann an Toten und Verwundeten verloren. Dennoch hielt sie ebenso wie die 21. ID, die 2. PGD »HG« und die 28. JD diesem Ansturm stand und verteidigte unter dem Kommando des FschPzK »HG«, GenLt. Schmalz, ihre Stellungen.

Aus der weniger gefährdeten Front südlich Goldap wurde die 50. ID herausgezogen. Dies war notwendig, weil die Nordflanke der 4. Armee durch das Zurückgehen des XXVI. AK der 3. PzArmee täglich in der Tiefe offener wurde.

Zu ihrem Schutz wurden Truppen des FschPzK »HG« zwischen Gumbinnen und Insterburg eingesetzt.

Aus der Rominte-Stellung Baitschen-Roseneck ging die 61. ID unter starkem, nicht nachlassendem Feinddruck in die Linie Ohldorf-Preussendorf -Blecken hart ostwärts Gumbinnen zurück. Am Bahnhof Trakehnen erhielt Ofw. Ehm für besondere Verteidigungsleistungen das Ritterkreuz. Oblt. Pieper, der die Sturmkompanie der PzjägAbt. 161 führte, erhielt diese Auszeichnung ebenfalls.

Am 19. 1. mußte die 61. ID über eine Zwischenstellung in die Angerapp-Stellung zurückgenommen werden. Gegen den Nordteil dieser Stellung griff der Gegner mit starken Panzerverbänden von Norden her an und rollte sie auf. Die 61. ID wurde über Alt Linden und Krausenbrück nach Süden zurückgedrückt. Das Bataillon Kempas, I./GR 176, wurde dabei eingeschlossen, konnte sich aber am 22. 1. zu den eigenen Linien durchschlagen. Major Kempas wurde mit dem Eichenlaub zum Ritterkreuz ausgezeichnet. Der in den Abwehrkämpfen bei Insterburg mit der II. /AR 161 stehende Major von Kleist erhielt das Ritterkreuz.

In der Nacht zum 24.1. 1945 wurde die Division herausgelöst und bezog südlich Allenburg am Masurenkanal neue Stellungen. Doch wenig später wurde die Stellung abermals unter sowjetischem Druck auf die Linie der Straße Gerdauen-Allenburg zurückgenommen. Erst in der Linie Landsberg-Kreuzburg (nahe dem Truppenübungsplatz Stablack) gelang es Anfang Februar, den Gegner endgültig zu halten. Doch zurück zum Geschehen in der Heeresgruppe.

Bei der 3. Panzer-Armee

Am 16. 1. erhielt die 3. PzArmee die Genehmigung, den nach Osten vorspringenden Frontteil des IX. AK nördlich Schillfelde zu räumen. Das Korps zog sich auf Befehl des PzAOK 3 in die Rominte-Zwischenstellung zurück, die allerdings bei Kussen bereits nach Süden durchbrochen worden war.

GenOberst Reinhardt hatte am 16.1. auch den Antrag gestellt, die noch vorgestaffelt kämpfende 4. Armee in eine kürzere Abwehrlinie zurücknehmen zu dürfen. Diese Zurücknahme wurde von Hitler abgelehnt.

Es gelang zunächst, den Durchbruch der Roten Armee bis zum 17. 1. zu verhindern, wenn auch auf der Linie Gumbinnen-Trappen ein Geländeverlust von 20 km Tiefe hingenommen werden mußte.

In der Nacht zum 19. 1. mußte die 3. PzArmee an alle Korps den Befehl geben, in die Eichwald-Inster-Memel-Stellung zurückzugehen. Aber noch am 18. 1. war es einem sowjetischen Panzerverband gelungen, sechs km nördlich Breitenstein die Eichwald-Inster-Memel-Stellung zu durchbrechen. In der Front der 3. PzArmee klaffte eine erste Lücke, die nicht mehr geschlossen werden konnte. Die deutschen Divisionen bluteten langsam aus, während die Sowjetarmee immer wieder neue Reserven in die Schlacht werfen konnte.

Am 20.1. 1945, dem achten Tag der Schlacht um Ostpreußen, griffen die 2. Belorussische Front im Süden in Richtung Elbing und die 3. Belorussische Front im Norden in Richtung Königsberg an. Die Absicht beider sowjetischer Heeresgruppen war es, die Heeresgruppe Mitte einzukesseln. Wenn die deutsche 4. Armee in der Mitte, die nicht angegriffen wurde, in ihren Stellungen verblieb, mußte sie über kurz oder lang eingekesselt sein, wie ihr dies bereits bei der sowjetischen Sommeroffensive »Bagration« geschehen war.

GenOberst Reinhardt, der dies ganz genau erkannte, versuchte immer wieder Hitler von dieser drohenden Gefahr zu überzeugen, vergebens. Am 20. 1. sprach GenOberst Reinhardt per Telefon persönlich mit Hitler und trug diesem vor, daß in allerkürzester Zeit der Stoß der Roten Armee mit zwei Heeresgruppen von Norden und Süden erfolgen werde. Bei einem Durchbruch auf Elbing-Danzig müsse die HGr. eine neue, nach Westen gerichtete Front bilden, für die sie keine Kräfte zur Verfügung habe. Er forderte die Zurücknahme der 4. Armee auf die Masurische Seenplatte. Hitler lehnte abermals ab und versprach die Zuführung von Kräften aus Dänemark und Kurland.

An diesem 20. 1. 1945 wurden in Marienburg die Särge von Generalfeldmarschall von Hindenburg und seiner Gattin aus dem Tannenbergdenkmal über See in Sicherheit gebracht.

Am Abend des 20. 1. stellte sich die Lage bei der HGr. Mitte wie folgt dar: Die 2. Armee war in zwei Teile gespalten, und durch die Lücke in der Mitte konnte der Panzerfeind ungehindert in Richtung Elbing durchstoßen. Zum Schutz der tiefen Westflanke der 4. Armee standen der HGr. keine Truppen zur Verfügung. Die 3. PzArmee war durchbrochen worden und konnte erst wieder energischen Widerstand leisten, wenn sie in den neuen Stellungen am Masurenkanal, am Pregel und an der Deime angelangt war. Die beiden sowjetischen Durchbruchskeile standen etwa 130 km auseinander, und die 4. Armee stand von dieser gedachten Linie zwischen diesen beiden sowjetischen Verbänden aus gesehen etwa 170 km weiter ostwärts vorgestaffelt.

Am 21.1. bat GenOberst Reinhardt Hitler (nachdem er vorher mit GenOberst Guderian gesprochen und dieser ihm mitgeteilt hatte, daß der Führer die Zurücknahme der 4. Armee beim Lagevortrag am Abend des 20. 1. abgelehnt habe) ans Telefon.

GenOberst Reinhardt schilderte Hitler die Lage und erreichte nach langem Hin und Her, daß Hitler die Genehmigung zur Zurücknahme der 4. Armee in die Seestellungen erteilte. Diese Genehmigung kam allerdings um Tage zu spät.

Die sowjetische Durchbruchsschlacht ging rasant vorwärts. Bis zum Abend des 21. 1. hatte die Stoßgruppe bei der 2. Armee einen tiefen Durchbruch erzielt und sich bis auf 70 km an das Frische Haff herangeschoben. Bei der 3. PzArmee drang der Gegner in den Forst Eichwald ein. Die hier verteidigenden 349. und 549. VGD wurden zurückgeworfen. Die vom Volkssturm besetzten Auffangstellungen Angerapp-Eichwald-Forst Inster erlitten schwerste Verluste. Auch der Gegenstoß von Sturmgeschützen änderte die verzweifelte Lage dort nicht. Der Volkssturm mußte bis zum Westrand des Forstes weichen.

Sowjetische Angriffsspitzen erreichten den Nahbereich des Kurischen Haffs. Der dichte Flüchtlingsstrom aus den Kreisen Insterburg und Wehlau, der bis zuletzt von den Parteispitzen nicht nur hingehalten, sondern sogar am Abzug nach Westen gehindert wurde, verstopfte alle Straßen. Nicht einmal Kradmelder kamen durch. Nördlich des Pregel wurden diese Flüchtlingskolonnen vom Feind überrollt.

Am 22. 1. durchbrach die Sowjetarmee die dünne Sicherungslinie vor Insterburg und drang in die Stadt ein. Wehlau wurde von Kräften der 3. PzArmee verteidigt, die am Südufer des Pregel eine Abwehrlinie aufbaute. Die Stadt blieb in deutscher Hand. Hier trat wieder die 5. PD in Erscheinung, die mit weiteren Verstärkungen von der 4. Armee als Feuerwehr kämpfte. Am 23.1. standen die feindlichen Panzerspitzen vor Elbing. Damit war die Bahnverbindung von Königsberg über Elbing nach Dirschau und in den Westen gesperrt. Die HGr. Mitte war vom westlichen Reichsgebiet abgeschnitten.

Bei der 3. PzArmee hatte sich bis zum Abend des 24.1. die Lage so entwickelt, daß in der Masurenstellung südostwärts Allenburg schwer gekämpft wurde. Die Sowjets standen dicht vor Allenburg. Der Bahnhof Tapiau nordwestlich Allenburg ging verloren. Königsberg lag nur noch etwa 30 km vor den sowjetischen Angriffsspitzen.

In dieser Situation erfolgte am 25. 1. 1945 die Umbenennung der deutschen Heeresgruppen in folgender Weise: Die HGr. A wurde HGr. Mitte, die HGr. Mitte erhielt die Bezeichnung HGr. Nord, und die HGr. Nord bekam den neuen Namen HGr. Kurland.

Von nun an also HGr. Nord, erlebte GenOberst Reinhardt am 25. und 26. 1. schwere Krisenlagen, die es zu meistern galt. Die Masurenstellung wurde an vielen Stellen von sowjetischen Stoßverbänden durchbrochen. Die drei hier verteidigenden Divisionen, die 21., 50. und 61. ID, wurden in mehrere einzelne Kampfgruppen gespalten und aufgerieben. Eine der sowjetischen Angriffsspitzen durchstieß den Forst Frisching und stand bald darauf an der Straße Königsberg-Domnau. Hier war es die PGD »HG 2«, die den Durchbruch des Gegners verhinderte. Die 548. VGD warf den fünf km nördlich Taplau über die Deime gesetzten Gegner im Gegenstoß zurück. Als sie aber nach Süden und Norden umgangen wurde, mußte sie sich nach Westen absetzen.

Die 4. Armee mußte in dieser Notsituation für Königsberg zwei für den Durchbruch nach Westen vorgesehene Divisionen abgeben. Ein sowjetischer Panzerverband stieß bis Neuhausen hart nordostwärts Königsberg durch. Die soeben mit ihren ersten Einheiten herangekommene 367. ID hielt hier den gefährlichen Panzerkeil auf. Dennoch war der Sowjetarmee der Durchbruch auf Königsberg gelungen. Doch nun zurück zum Südflügel der HGr. Nord.

Einsatz der schweren Panzer-Abteilung 511

Angesichts dieser Gesamtlage rang GenOberst Guderian Hitler den Entschluß ab, das zur 3. PzArmee gehörende XXVIII. AK im Brückenkopf Memel für den Einsatz in Ostpreußen freizugeben.

Als erste Einheit erhielt die sPzAbt. 502 - inzwischen gemäß GenStd.H./Org-Abt. Nr. 1/30724/44 G.(AHA Nr. 920/45 g. vom 5. 1. 45) umbenannt in sPzAbt. 511 - den Befehl, sofort nach Ostpreußen zu verlegen. Das XXVIII. AK verabschiedete die Abteilung mit einem Korpstagesbefehl, in welchem zum Ausdruck gebracht wurde, daß diese Abteilung sich im Brückenkopf Memel große Verdienste erworben hatte.

Doch noch war die sPzAbt. 511 nicht abtransportiert. Es galt, Schiffe dafür zu finden, und Hptm. von Foerster trug seine Bedenken gegenüber kleinen Schiffen vor und erreichte, daß das Eisenbahn-Fährschiff »Deutschland« für den Transport der Abteilung befohlen wurde. Inzwischen erhielt Lt. Nienstedt Befehl, mit drei Tigern seiner 1. Kp. auf Marine-Fährprahme zu verladen und in Richtung Pillau abzufahren.

Nach Eintreffen der »Deutschland« begann das Verladen. Bereits nach 15 Minuten, der zehnte Tiger rollte eben an Bord, erschien der Kapitän des Schiffes beim AbtKdr. und meldete, daß sein Schiff bereits bis zur Grenze der Ladefähigkeit beladen sei. Es war gleichzeitig mit den Tigern ein Verband Infanterie an Bord gegangen. Nun mußten eilig das Schwesterschiff, die »PreußenSaßnitz«, und sechs weitere kleine Einheiten herbeigeholt werden.

Noch in der Dunkelheit des frühen 24. 1. 45 erreichte die »Deutschland« nach einer ruhigen Nachtfahrt die Reede von Pillau.

Von der Kampfgruppe Nienstedt wurde inzwischen bekannt, daß sie auf höheren Befehl ohne Kraftstoff und Munition - außer der Bordausstattung - in Richtung Labiau-Deime-Stellung geschickt wurde. Die Stadt Labiau brannte an allen Enden. Dennoch sollte Lt. Nienstedt mitten in der Nacht vorfahren und eine verlorengegangene Brücke zurückgewinnen. Und zwar ohne Begleitinfanterie. Der Leutnant lehnte dies kategorisch ab. Es hätte den Verlust aller Tiger bedeutet.

Die Deime-Stellung war nicht mehr zu halten. Überall sickerte sowjetische Infanterie ein. Auf einer kleinen Bahnstation vor Labiau mußte die inzwischen herangekommene 2. Kpn. bereits entladen werden.

Lt. Rinke kehrte mit dem ersten Kampfauftrag zurück. Er lautete: »Feindberührung suchen und - wenn möglich - sowjetische Angriffsspitzen vernichten!«

Am frühen Morgen des 25. 1. fuhr die 2. Kp. bei eisiger Kälte in nordostwärtiger Richtung gegen den Feind. Die Panzer rollten durch verlassene Dörfer. Erst im Laufe des Tages stießen sie auf Teile der AA 240 (58. ID). Gemeinsam sollte nun versucht werden, Anschluß an die Front zu gewinnen. Dies gelang am Abend.

In der Nacht igelten sich die Panzer ein. Uffz. Carpaneto war jedoch mit seinem Tiger zurückgeblieben, um einen Kettenschaden zu beseitigen. Mit zwei Stunden Abstand folgte er der Kompanie nach.

An einer Straßenkreuzung rollten plötzlich Panzer an ihm vorbei. Er erkannte sie schließlich als Feindpanzer, die hier im Rücken der eigenen Kompanie standen. Er mußte handeln.

Mit knappen Befehlen wies er seinen Richtschützen ein. Der Ladeschütze füllte die Drehbühne mit Panzergranaten. Da tauchte bereits der Schatten des Spitzenpanzers auf. Es war ein JS II. Der erste Schuß setzte seinen Motor in Brand. Die zweite Granate durchschlug die Turmpanzerung. Der JS II explodierte.

Durch den hellen Feuerschein des getroffenen ließen sich auch die übrigen Panzer besser anvisieren. Einer fuhr auf den anderen auf. Fünfzehn Schüsse jagte der Richtschütze hinaus. Fünfzehnmal Volltreffer, und 15 T 34/85 und JS II standen brennend auf diesem überraschend zum Gefechtsfeld gewordenen Straßenstück. Diese sowjetische Panzerkompanie war erledigt.

Carpanetos Erfolg verschaffte den eigenen Truppen eine Atempause. Dennoch war die Front nicht zu halten. Am 26. 1. zog sich auch die 2./sPzAbt. 511 in Richtung Neuhausen zurück.

Die zurückgehende Infanterie, die viele Verwundete mit sich führte, wurde durch die Tiger gesichert, die immer wieder nach links und rechts ausscherten und mit Sprenggranaten die nachdrängenden Rotarmisten niederhielten. Panzer folgten ihnen nicht. Die Sowjets hatten durch die wenigen Tiger 30 Kampfwagen verloren und waren auf der Hut.

Endlich konnte in einem kleinen Dorf Rast gemacht werden. Kerscher, Göring und Carpaneto erhielten Auftrag, in ostwärtiger Richtung aus dem Dorf vorzustoßen, um die weiteren Absetzbewegungen zu sichern. Als in etwa zwei km Entfernung Bewegungen erkannt wurden und man Panzer darunter vermutete, wollte Carpaneto der Sache auf den Grund gehen. Er fuhr weiter vor, beugte sich weit aus dem Panzer heraus, um mit dem Fernglas besser sehen zu können,und die beiden anderen Kommandanten sahen, daß er plötzlich zurücksackte. Fw. Kerscher berichtete darüber:

»Als das Unglück geschah, stand Carpanetos Panzer etwa 20 m neben mir. Knapp vor uns im Wald hatten sich die Sowjets festgesetzt. Wir waren gerade dabei sie niederzukämpfen und benutzten das Fernglas, um besser beobachten zu können.

Als es uns gefährlich um die Ohren summte, rief ich ihm zu, er solle den Kopf mehr einziehen, vergebens!

Wenige Augenblicke später sah ich, wie er im Turm zusammensackte. Nichts Gutes ahnend, ließ ich durch meinen Funker anfragen, was los sei. Niemand gab Antwort. Plötzlich rollte sein Wagen zurück. Hinter einem Haus trafen wir uns. Mit tränenerstickter Stimme sagten mir die Kameraden, daß Carpaneto tot sei. Ein Geschoß einer Panzerbüchse hatte ihn tödlich am Kopf getroffen. So endete das Leben eines Panzerkommandanten, der zehnmal lieber mit seinen sowjetischen Panzergegnern Brüderschaft getrunken hätte, als sie zu bekämpfen. «

Nicht mehr versorgt - die am Bahnhof ausgelagerten Versorgungsgüter waren verschwunden -, konnten die Panzer weder der eigenen Infanterie noch den Flüchtlingen helfen. Nicht einmal die eigenen Kampfwagen konnten weitergebracht werden. Zum Glück erhielten sie in dieser krisenhaften Situation Unterstützung durch die AA 240. Ihr Kommandeur sorgte dafür, daß die Tiger Munition

Der Krieg in Europa ist zu Ende. In Moskau fand eine große Parade statt, bei der die eroberten deutschen Regimentsfahnen demonstrativ auf einen Haufen geworfen wurden.

Sommer 1945: Friedlich vereint spazieren die Marschälle Schukow (mit Schärpe) und Montgomery (mit Barett) durch das eroberte Berlin.

Im alliierten Hauptquartier in London: Von links Bradley, Admiral Ramsey, Luftmarschall Tedder, Eisenhower, Montgomery, Luftmarschall Leigh-Mallory und Generalleutnant Bedell-Smith.

Am 26. Juni 1945 wurden in New York die Vereinten Nationen (UNO) ins Leben gerufen. Diese Organisation war der Nachfolger des „Völkerbundes" und sollte künftige Kriege durch vorherige Verhandlungen mit den Völkern der Welt verhindern.

Am 17. Juli 1945 fand in Potsdam die „Potsdamer Konferenz" der vier Siegermächte statt. Winston Churchill mit Zigarre, ganz unten US-Präsident H. S. Truman.

Die zweite Hälfte des Tisches mit Molotov, Stalin und anderen. Deutschland wird in vier Besatzungszonen aufgeteilt, die teilweise bis zur Wiedervereinigung Deutschlands im Jahr 1989 bestanden.

Ein Blick von oben: Josef Stalin sitzt ganz oben am Tischende.

Freundschaftliche Übereinkunft zwischen Churchill, Truman und Stalin. Die Freude sollte jedoch nicht lange andauern. Bald sollten die Westmächte Stalins Weltmachtanspruch zu spüren bekommen. Churchill sagte später einmal „...ich glaube wir haben das falsche Schwein geschlachtet....“

Während die Sieger konferierten, herrschte in den Ruinen Deutschlands bittere Not.

Ungeheuere Massen an Schutt aus den zerbombten Städten musste fortgeschafft werden.

Auch die Franzosen bekamen am 21. August 1945 einen Sektor im besetzten Berlin zugesprochen.

Die ersten Heimkehrer aus russischer Gefangenschaft kommen an. Sie sind ausgemergelt und kaum wiederzuerkennen. Viele haben ihre Heimat im Osten Deutschlands verloren. Ihre Heimat gehört jetzt zu Polen.

Soldaten, teilweise kriegsversehrt und entwurzelt, gingen einer ungewissen Zukunft entgegen. Auf der Suche nach ihren Familien und einer neuen Bleibe irrten viele Kriegsheimkehrer durch das zerstörte Deutschland.

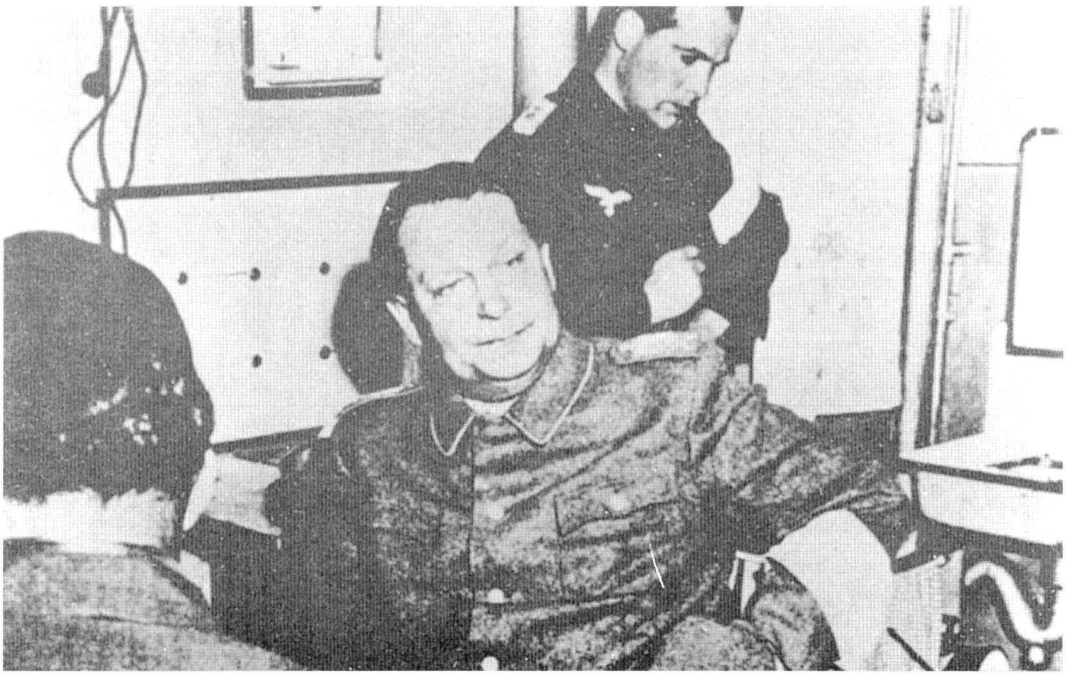

Der gefangengenommene Göring hoffte eine Zeit lang, von den Alliierten als Nachfolger von Adolf Hitler als Staatsoberhaupt eingesetzt zu werden. Er sollte sich bitter irren und nahm Gift, bevor er erhängt werden konnte.

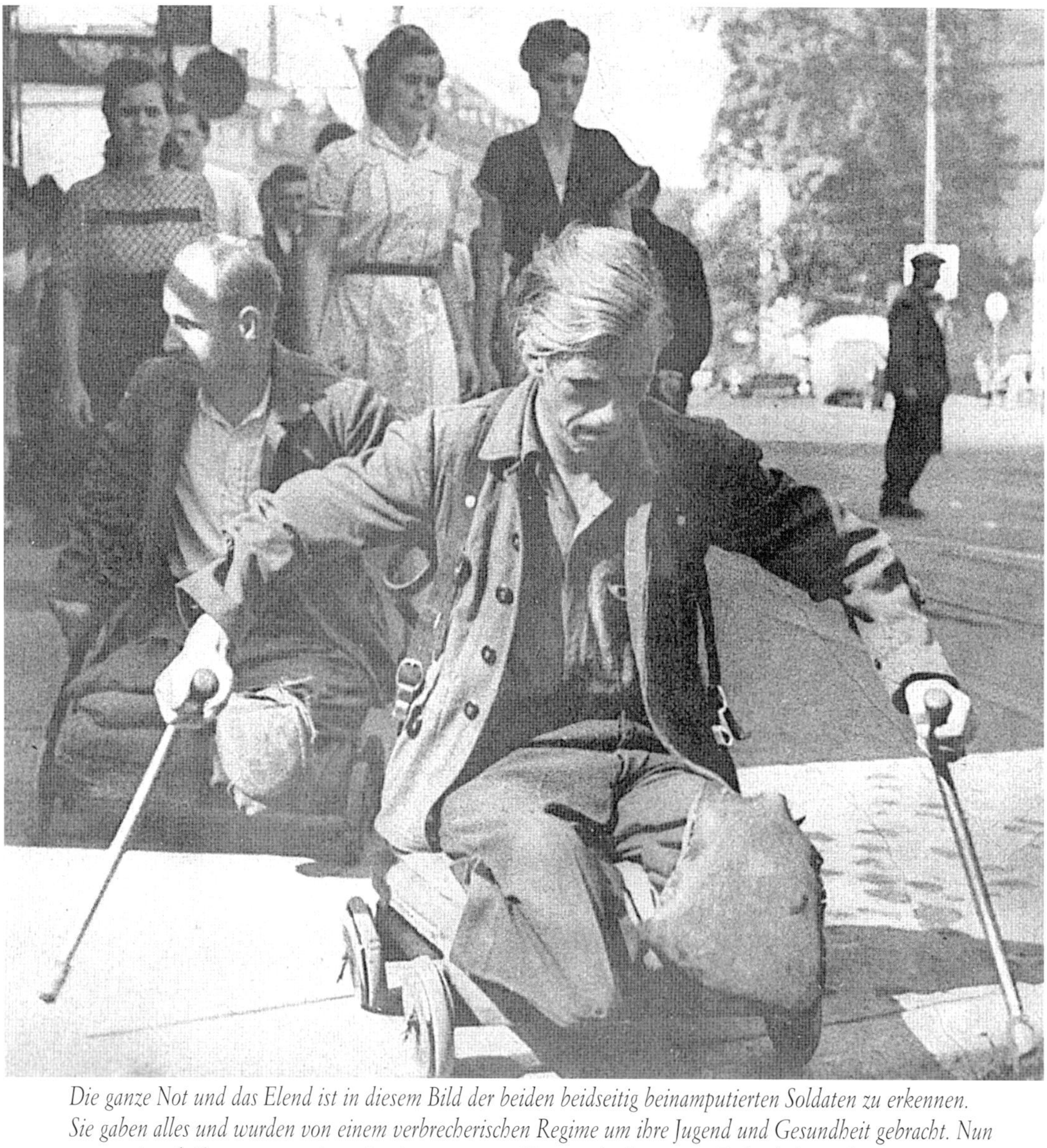

Die ganze Not und das Elend ist in diesem Bild der beiden beidseitig beinamputierten Soldaten zu erkennen. Sie gaben alles und wurden von einem verbrecherischen Regime um ihre Jugend und Gesundheit gebracht. Nun waren sie auf Almosen angewiesen in einer zerstörten Heimat, die kaum eine Zukunft für sie hatte.

Mühsam musste die noch vorhandene Rüstungsindustrie auf zivile Produkte umgestellt werden. Durch den Krieg fehlte es überall an den einfachsten Gegenständen des täglichen Bedarfs. Hier werden aus Granathülsen Töpfe hergestellt.

Bomben werden zu Badewannen. Aus den dünnwandigen Stromlinienkörpern der sogenannten „Versorgungsbomben" werden praktische emaillierte Kinderbadewannen oder große Säurebehälter für die verschiedensten Fabrikationszwecke hergestellt.

Aus Pulver wird Bodenbelag. Die verschiedensten Arten von Schießpulvern werden mit Hilfe eines ebenfalls aus Sprengstoff gewonnenen Zusatzes zu Bodenbelag oder Kunstleder gepreßt. Keine Angst! Sie sind vollkommen explosionssicher.

Aus Bomben werden Wannen hergestellt.

Eine Familie feiert das erste Nachkriegs-Weihnachtsfest 1945 in einem Keller.

Ab dem 14. November 1945 begannen in Nürnberg die Kriegsverbrecher-Prozesse gegen Führende des deutschen Militärs, gegen Politiker und Industrielle. Obere Reihe: von Schirach, Sauckel, Jodl, Frick, Seyss-Inquart, A. Speer. Mittlere Reihe: Göring, Hess, Ribbentrop, Keitel, Kaltenbrunner, Rosenberg, Frank und andere.

Hermann Göring und Rudolf Hess auf der Anklagebank bei den Nürnberger-Kriegsverbrecher-Prozessen. Sie fühlen sich unschuldig.

Innenminister Frick und Julius Streicher können nicht glauben, weshalb sie angeklagt werden.

Der Zweite Weltkrieg hinterlässt Millionen von Opfern und viele zerstörte Städte.

und Sprit erhielten. Es war Rittmeister von Engelbrechten, der für sie im Dorf Prawten Munition und Kraftstoff bereitstellen ließ.

Hinter einer großen Scheune, in der Verwundete lagen, wurden diese Versorgungsgüter gefunden. Der Sprit mußte aus den 200 l fassenden Fässern mit Mundansaugung in die 534 l fassenden Tanks der Tiger abgefüllt werden.

Während dieser Zeit schossen sowjetische Truppen plötzlich aus allen Rohren. Die Scheune geriet in Brand. Es gelang den Fahrern, die Tiger aus der Gefahrenzone zu bringen; jeden Augenblick konnten sie durch die drohende Explosion des restlichen Treibstoffes in Brand geraten.

Durch den dichten Rauch behindert, rammte der Tiger von Ofw. Göring ein Ziegelsteinhaus, fuhr mitten hinein und brachte es zum Einsturz.

Das Flüchtlingselend auf der Rückmarschstraße war für jeden Panzermann erschütternd.

In der Nacht zum 27. 1. 45 standen die Tiger der 2./511 in einer Stellung bei Neuhausen. Keiner der Überlebenden wird diese schreckliche Nacht jemals vergessen. Die Panzerbesatzungen hörten das Schreien und Wimmern der Frauen und Mädchen. Dazwischen fielen immer wieder Schüsse.

Machtlos mußten die Panzermänner zusehen, denn sie hatten sich völlig verschossen, bis Lt. Rinke schließlich Munition fand. Die ganze Nacht wurde aufmunitioniert und aufgetankt. Dann rollten die Tiger vor das Dorf Prawten. Auch hier hörten sie während der kurzen Wartezeit auf das erste Büchsenlicht die Schreie der Gemarterten, die hier noch einmal den Sowjets in die Hände gefallen waren.

Beim ersten Büchsenlicht eröffneten alle Kampfwagen das Feuer auf die Sowjetpanzer. Einige Tiger rollten um das Dorf herum, jagten einige Granaten in die Luft und kamen von der anderen Seite an die Häuser heran. Sie wollten nicht in die Häuser schießen, in denen mit Sicherheit Deutsche waren. Der Gegner floh. Alles was erreicht werden konnte, wurde abgeschossen.

Als die letzten Hilfesuchenden auf den Panzern aufgesessen waren, ging es in Richtung Neuhausen weiter. Von diesem Augenblick an verstummten die oftmals heimlich geführten Diskussionen um den Sinn der Fortführung eines aussichtslos gewordenen Ringens. Hier sahen die Soldaten die Dinge einfacher als jene Männer am 20. Juli 1944 in Berlin. Hier mußten sie bis zur letzten Patrone kämpfen.

Alle Erfolge änderten nichts daran, daß die 2. Kp. mehr und mehr zusammenschmolz. Nach Uffz. Carpaneto traf es Heinz Kramer. Sein Panzer wurde beim Angriff auf Prawten schwer getroffen. Uffz. Kramer wurde in einem Sanka zurückgefahren. Dieser Wagen ist offenbar bei Neuhausen von eingesickerten sowjetischen Trupps abgeschossen worden. Seit diesem 27. 1. gilt Uffz. Kramer als vermißt.

Der Wagen von Ofw. Göring fiel durch Getriebeschaden aus. Da ihm auch noch ein Stück des Leitrades abgeschossen war, wurde er sehr langsam und schließlich abgehängt. Aber Göring schlug sich in einer wahren Odyssee bis zur sPzAbt. 505 durch, die der 5. PD unterstellt war. Ein zweiter Tiger der Abt. 511 fand sich hier ein, der aber nur noch geschleppt werden konnte.

Am 30. 1. 45 unternahm die sPzAbt. 505 gemeinsam mit der 5. PD einen Ausbruchsversuch auf der Reichsstraße 1, Königsberg-Elbing. Königsberg sollte nunmehr geräumt werden. Gegen Mittag stand fest, daß dieser Versuch gescheitert war.

Die beiden Tiger der Abt. standen also in Königsberg. Sie wurden am 6. 2. wieder einsatzbereit, und am Abend dieses Tages wurde Ofw. Göring mit drei Tigern – ein Wagen der Abt. 505 wurde ihm noch zugeführt – zum Einsatz auf der Reichsstraße 1 befohlen. An der Uferstraße am Frischen Haff stand diese kleine Kampfgruppe bis zum 15. 2. 45 im Einsatz und half der hart bedrängten Infanterie.

Oft drangen hier die Sowjets in die deutschen Stellungen ein. Ebenso oft wurden sie mit Hilfe dieser Tiger geworfen. Die Frontabschnitte stabilisierten sich.

Im Kampf um das Dorf Maulen am 9.2. 45 erlitt diese kleine Tiger-Kampfgruppe einen empfindlichen Verlust. Die drei Tiger stießen auf eine starke sowjetische Pakfront und kämpften zahlreiche Pak nieder. Aber auch zwei eigene Wagen blieben getroffen liegen. Ein Wagen hatte 3 Tote und war Totalverlust. Die Gefallenen wurden später geborgen und in Königsberg beigesetzt.

Allein fuhr Ofw. Göring weiter und griff Maulen an. Er durchbrach die Pakfront, der Gegner wich. Doch bald schoß die Feind-Artillerie so starkes Feuer, daß kein Infanterist durchkam, und so stand Görings Wagen plötzlich allein auf der Straße. Im Nahkampf schossen die Rotarmisten auf Sehschlitze und Winkelspiegel. Aus einem Dachfenster schoß ein Sowjet mit Panzerbüchse.

Das Geschoß durchschlug den Ladeschützen-Lukendeckel. Ladeschütze Albrecht erlitt eine glücklicherweise leichte Schädelverwundung.

Göring ließ nun seinen Wagen ein Stück zurückrollen, richtete die Kanone auf den Dachstuhl ein und schoß ihn mitsamt dem Panzerbüchsenschützen herunter. Am Ende aber blieb ihm nichts anderes übrig, als den Rückzug anzutreten.

Soweit das Schicksal der Gruppe Göring. Wenige Tage später sollte ihr noch eine Rolle beim Ausbruch aus der Festung zufallen.

Wenden wir uns nunmehr den wieder in das Samland abgedrängten Kampfgruppen der sPzAbt. 511 zu.

Über das Schicksal der 1. Kp. liegen nur wenige Einzelheiten vor. Die drei Tiger von Lt. Nienstedt gerieten ohne Versorgung und Wartung und ohne den Schutz der Abteilung bald hinter die feindlichen Linien. Vor dem Durchbruch wurde bereits der Tiger von Stabsfeldwebel Christiansen abgeschossen. Sein Fahrer fiel. Die beiden übriggebliebenen Tiger gingen ebenfalls verloren. Lt. Nienstedt schlug sich mit dem Großteil der drei Besatzungen zu den eigenen Linien durch.

Von den Kampfwagen der 2. Kp. waren zum Schluß nur noch die Tiger von Lt. Rinke, Fw. Kerscher und Fw. Köstler ununterbrochen am Feind. Auch sie wurden nicht gewartet und versorgt, und es schien nur eine Frage der Zeit, bis sie aufgeben mußten.

In der Gegend von Thierenberg konnte die KGr. Rinke aufatmen. Der Gegner hielt seinen Vorstoß an. Von hier aus fuhr Lt. Rinke mit Fw. Kerscher nach Fischhausen, wo die Abteilung saß, zu der keine Verbindung mehr bestand. Sie konnten die Versorgung in Gang bringen. Leider wurde der erste Wartungstrupp von den Sowjets abgefangen.

Die Sowjetarmee führte nunmehr frische Kräfte heran. Lt. Rinke und Fw. Köstler erhielten Befehl, eine Straßenkreuzung zu sichern. Von dort aus versuchte der Gegner, die Flanke der eigenen HKL einzudrücken. Fw. Kerscher wurde angewiesen, durch das vor ihm liegende Dorf zu fahren und am jenseitigen Dorfrand zu sichern, bis sämtliche verwundeten Infanteristen, die in den Häusern untergebracht waren, abtransportiert seien.

Nachdem dieser Auftrag beendet war, erhielt Kerscher Weisung, in einem rückwärts gelegenen Gutshof zu versorgen. Die Panzermänner sollten eine Ruhepause erhalten.

Als jedoch in der Nacht zehn durchgebrochene Feindpanzer gemeldet wurden, erhielt die Kampfgruppe den Auftrag, diese zu vernichten.

Binnen weniger Minuten waren Rinkes Tiger bereit. Ohne Licht rollten sie langsam durch die verschneite Landschaft. Nach einigen km Fahrt hielten sie vor einem InfGefStand. Hier wurden die Kommandanten in die Lage eingewiesen.

Der inzwischen eingesetzte Nebel hatte sich bis auf eine Sichtweite von 25 m verdichtet. Dies veranlaßte Lt. Rinke, gemeinsam mit Fw. Kerscher zu Fuß zu erkunden. Sie gingen rechts und links der Straße vor. Kerscher marschierte genau auf ein Gehöft los, aus dem die Infanterie in der Nacht starke Panzergeräusche gehört hatte.

Am Rande einer Sandgrube fand Kerscher deutsche Soldaten. Sie berichteten, daß 50 m weiter im Gehöft der Gegner mit Panzern stecke. Der Nebel war so dicht geworden, daß Kerscher nichts erkennen konnte. Dann wurde dort ein Panzermotor angeworfen. Nun wußte Kerscher, wo der Gegner stand. Die Geräusche näherten sich, und schließlich erkannte Kerscher einen modernen KW 85, der am Rande der Sandgrube hielt. Kerscher fragte nach einer Panzerfaust. Es war keine mehr da. Er bat die Männer in Deckung zu bleiben und sich still zu verhalten. Er würde mit seinem Tiger wiederkommen. Dann lief er los.

Schnell wurden die eigenen Besatzungen in das Vorhaben eingewiesen. Vorsichtshalber blieben Rinke und Köstler in einiger Entfernung vor der Sandgrube stehen. Kerschers Tiger rollte mit gedrosseltem Motor auf die Sandgrube zu. Als sie den Gegner erkannten, hielt der Tiger. Die erste Granate traf die Breitseite des KW 85, sofort schoß eine mehrere Meter hohe Stichflamme empor. Nach dem Schuß machte Kerscher Stellungswechsel und stand nun hinter der Sandgrube in Deckung. Das war sein Glück, denn aus dem Gehöft schossen zwei Panzer auf sein Mündungsfeuer.

Über Funk bat Kerscher seinen Kameraden Köstler, hin und wieder aus seiner Deckung heraus einen Schuß in Richtung Gehöft zu feuern. Während Köstler solcherart die Aufmerksamkeit auf sich lenkte, rollte Kerscher, unter Ausnutzung des dichten Nebels, links ausholend, an das Gehöft heran. Als er um die Hausecke fuhr, sah er einen im Hof stehenden JS II. Dahinter noch einen KW 85. Beide schossen auf das Mündungsfeuer von Köstlers Wagen. Erst im letzten Moment, als die Tigerkanone auf ihn gerichtet war, merkte der sowjetische Kommandant, der weit aus dem Turm herausgereckt stand, diesen neuen Gegner. Wild fuchtelte er mit den Armen. Abschuß und Einschlag verschmolzen miteinander. Die HL-Granate bohrte sich in den JS II und schlug durch. Die Besatzung büchste aus.

Nun wechselte Kerscher die Munitionsart. Der zweite Panzer explodierte nach dem ersten Schuß, als sein Treibstoff in Brand geriet.

Mit der MP bewaffnet, verließ Kerscher den Wagen und kletterte in den verlassenen JS II hinein. Mit 700 deutschen Zigaretten, welche die Sowjets organisiert hatten, kehrte er zurück. Dann wurde dieser Panzer ebenfalls in Brand geschossen.

Die Besatzung Kerscher kehrte zu den beiden Kameraden zurück, und hier erfuhr Kerscher, daß diese ebenfalls zwei Panzer abgeschossen hatten. Damit mußten irgendwo noch fünf der zehn gemeldeten Panzer stehen.

Nachdem die eigene Infanterie beim Besetzen der alten Stellungen unterstützt worden war, wurde die Suche nach diesen Panzern fortgesetzt. Der Nebel hatte etwas nachgelassen. Als sie zwei km ins Niemandsland hineingerollt waren, knallte es rechts der Straße. Mehrere Tiger-Abschüsse waren zu hören. Dann erfuhr Kerscher, der links der Straße rollte, daß Rinke und Köstler weitere drei Feindpanzer abgeschossen hatten. Aber noch waren zwei Panzer irgendwo versteckt.

Nach längerer Suche blies Lt. Rinke die Jagd ab. Sie rollten zurück, lediglich Kerscher fuhr mit seinem Tiger noch bis zur nächsten Mulde vor und rollte dazu zunächst auf einen Hügel zu.

Plötzlich schoben sich dort zwei Panzertürme herüber.

»Halt! - Turm 1 Uhr, Entfernung 600, zwei Feindpanzer! « rief Kerscher. Bevor sein Wagen stand, bellten schon die Panzerkanonen der Sowjets. Die beiden Geschosse flitzten über den Tiger hinweg. Der erste Sowjetpanzer wurde beschossen und am Turm getroffen. Ladeschütze Faßbender schob die nächste Granate ins Rohr. Wieder ein Abschuß, abermals Treffer. Die beiden letzten Gegner waren mit zwei Schüssen vernichtet worden. Nun war der Auftrag erfüllt.

Auf der Höhe hinter dem Gut Kragau, in Richtung Wischehnen und Gut Kallen, wurde die neue Abwehrstellung aufgebaut, die bis zum 19. 2. gehalten wurde. Mitten in der Nacht wurde die Kampfgruppe Rinke noch einmal gegen fünf durchgebrochene Feindpanzer angesetzt. Vier wurden abgeschossen, der fünfte entkam. Trotz aller Verluste griff der Gegner weiter an. Nur mühsam konnte die Front gehalten werden. Ein Angriff auf Gut Kallen wurde abgeschlagen. Dann trat Ruhe ein, bis die Tiger erneut alarmiert wurden, weil sowjetische Panzer mit aufgesessener Infanterie im Gut Kragau verschwunden waren.

Die Tiger bildeten eine Sicherung. Jeweils ein Wagen sicherte die Ein- und Ausfahrt des Gutes. Einmal mußte der Gegner ja wieder auftauchen, dann sollte er vernichtet werden.

Um die Waldsiedlung Groß-Blumenau entbrannte ein erbitterter Kampf. Hier hatten versprengte Troßteile der sPzAbt. 511 und Panzerbesatzungen, die ihre Tiger verloren hatten, Unterschlupf gefunden. Bereits am 31. 1. wurden hier Sowjets gesichtet. JS-Panzer schossen auf der Straße von Groß-Blumenau nach Forken einen Flüchtlingstreck zusammen. Am nächsten Tag drang ein sowjetischer Spähtrupp bis Groß-Blumenau vor. Sowjetische Pak schoß in die Ortschaft hinein. Der Gegner schaffte weitere Verstärkungen hierher und kesselte die Waldsiedlung ein. Es gab Verwundete und Tote. In der folgenden Nacht durchbrach zuerst der Führungs-SPW diesen Umklammerungsring und bezog auf dem Gutshof in Forken eine neue Stellung. Oblt. Krüger, der Nachrichtenoffizier der Abteilung, hielt noch 24 Stunden länger aus. Er mußte schließlich Feuer auf den eigenen Standort befehlen, weil die Sowjets überall eingedrungen waren.

Deutsche Nebelwerfer eröffneten das Feuer, und nach drei Feuerschlägen brach Oblt. Krüger mit seiner Kampftruppe aus und erreichte unter empfindlichen Verlusten die eigenen Linien. Das XXVIII. AK, General Gollnick, erkämpfte sich den Ausgang der Kurischen Nehrung bei Cranz. General Gollnick schlug nunmehr der 3. Pz-Armee vor, weiter in Richtung Königsberg anzugreifen. Der Vorschlag wurde abgelehnt. Nun versuchte das Korps mit den bei Fischhausen stehenden Kräften der 3. PzArmee Verbindung aufzunehmen. Am 3. 2. 45 griff es mit der 58. und 95. ID in Richtung Neukuhren-Pobethen an. Bis zum 7. 2. wurde Thierenberg erobert und südlich davon die Verbindung mit den Verteidigern des Samlandes hergestellt. Bei Germau wurden starke Feindkräfte vernichtet.

Nunmehr verlief die Front von Neukuhren über Pobethen-Thierenberg-Norgau westlich an Powayen vorbei nach Süden ans Haff.

Im Verlauf der Rückzugskämpfe hatten neben der KGr. Rinke auch die übrigen Tiger-Besatzungen der sPzAbt. 511 erfolgreich gekämpft. Fast alle Angehörigen der Abteilung fanden nunmehr bei Fischhausen eine wohlverdiente Ruhezeit. Nur die Werkstatt arbeitete mit Hochdruck. Es gelang ihr, zehn Tiger wieder einsatzfähig zu machen.

Die Abwehrkämpfe der 2. Armee

Die 2. Armee hatte zwei Tage Galgenfrist, ehe die 2. Belorussische Front unter Marschall Rokossowski am Morgen des 14. 1. 1945 nach einem einstündigen Trommelfeuer auf die deutschen Stellungen am Narew zum Angriff antrat. GenOberst Weiß, OB der 2. Armee, war ebenfalls durch Überläufer-Berichte vom Angriffstermin unterrichtet, so daß auch hier die etwas zurückgestaffelte Großkampfstellung eingenommen werden konnte.

Aus den beiden Brückenköpfen am Westufer des Narew bei Serok und Rozan griffen 54 sowjetische Schützen-Divisionen, vier Panzerkorps und weitere Panzer- und mot. Verbände nach dem Trommelfeuer an. Die Feindspitzen drangen beinahe auf der gesamten Angriffsbreite in die deutschen Stellungen ein.

Der aus dem südlichen Brückenkopf vorbrechende Panzerfeind konnte durch Gegenangriffe der Reserven und der dort eingesetzten StGeschBrigade 190, Major Kröhne, im Hauptkampffeld abgefangen werden. Hier ein kurzer Bericht aus der Sicht der StuGeschBrig. 190 aus diesen ersten Tagen des Kampfes.

"Sturmgeschütze vor!"

Als am 14. 1. im Abschnitt der Sturmgeschütz-Brigade 190 die sowjetische Winteroffensive begann, zog die Brigade am Abend des 15. 1. in den Bereitstellungsraum nördlich Nasielsk. Während der Nacht zum 16. 1. vernahmen die Soldaten das nicht abreißende Dröhnen und Brummen sowjetischer Panzerverbände, die in ihre Bereitstellungen rollten.

Alle Sturmgeschütze wurden in der Nacht von Major Kröhne weit auseinandergezogen mit Front nach Osten aufgestellt. Mit dem ersten Büchsenlicht des 16. 1. 1945 rollten die Feindpanzer aus ihren nur 500 m entfernt gelegenen Bereitstellungen heraus. Sie wurden von einem einzigen, geschlossen abgegebenen

Feuerschlag aller Sturmgeschütze empfangen. Abschüsse blitzten, Brände flakkerten auf, Explosionen zerrissen die Morgenluft, Rauchfahnen zogen als Fanale der Vernichtung in den Himmel.

Fünf Minuten lang dröhnten die Kanonen der Sturmgeschütze, antworteten jene der sowjetischen Panzer. Dann lagen 20 Feindpanzer auf der Plaine, und die übrigen drehten und jagten mit Vollgas weit über ihre Bereitstellungsräume zurück.

Major Kröhne ließ nun seine Sturmgeschütze hinter die nächste Bodenwelle zurückrollen und wartete auf den nächsten Feindangriff. Aber die Panzerverbände der 1. Gardearmee der Sowjets griffen an diesem Tag nicht mehr an.

In der folgenden schweren Panzerschlacht bei Plöhnen vom 17. bis 18. 1. wurden abermals unter persönlicher Führung von Major Kröhne 20 Feindpanzer abgeschossen. Die Frontlücke, die aufgeklafft war, konnte wieder unter Kontrolle gebracht werden. Über Plöhnen, Sichelberg und Gollupp ging es in die Drewens-Stellung zurück.

Am 26.1. wurde Graudenz erreicht. Hier sollten die Weichselübergänge gehalten werden. In ständigen Gegenstößen waren es die Sturmgeschütze der Brig. 190, die immer wieder den Gegner banden und ihm schwere Schlappen zufügten. Am 26. 2. 1945 meldete der Wehrmachtbericht:

»In Westpreußen und Pommern hat sich die SturmgeschützBrigade 190 unter Führung von Major Kröhne in ununterbrochenen Angriffs- und Abwehrkämpfen besonders bewährt. Die Brigade hat entscheidenden Anteil an der Abwehr feindlicher Panzerkräfte und schoß bei nur vier eigenen Verlusten innerhalb eines Monats 104 Panzer des Feindes ab."

Doch zurück zum Hauptgeschehen.

Die 5. Jäger-Division unter Führung von GenLt. Sixt wehrte sowjetische Angriffe bei Ostenburg ab. Nördlich Ostenburg aber stieß die Sowjetarmee tief in die deutsche Abwehrfront hinein. Hier waren es die 7. PD, GenLt. Dr. Mauss, und die sPzAbt. (Tiger) 507, die den Gegner in diesem Angriffsraum sicher zum Stehen brachten.

Die Tiger-Abteilung 507, die der 7. ID zugeteilt worden war, hielt in ihrem Abschnitt tagelang die anrollenden sowjetischen Panzerverbände auf. Unter Führung von Hptm. Schröck gelang es im Zusammenwirken mit den Grenadieren der 7. ID, die örtlichen Einbrüche abzuriegeln. Zwei Tage und Nächte ununterbrochen im Einsatz, vernichteten die Tiger in Duellen 66 Feindpanzer, ohne eigene Totalausfälle.

Als der dritte Kampftag an dieser Stelle der Abwehrfront heraufzog, ließ Marschall Rokossowski aus Hunderten Geschützen auf die Tiger-Stellungen trommeln, um sie zum Weichen zu zwingen. Bomber und Schlachtflugzeuge unterstützten diese Aktion, mit der das Rückgrat der Verteidigung, die schwere PzAbt. 507, vernichtet werden sollte. Aber auch dieser Tag endete mit einer Niederlage der nach dem Trommelfeuer angreifenden Panzerverbände.

Die 7. ID und die sPzAbt. 507 mußten jedoch zurückgenommen werden, weil dem Feind auf den Flanken tiefe Einbrüche gelungen waren. Gegen Abend standen die Tiger aber bereits wieder im Raume Stary-Golmin-Zichenau-Praschnitz in einer festgefügten Abwehrfront. Nicht weniger als 70 Feindpanzer wurden an diesem Tage abgeschossen. Als der dritte Tag zu Ende ging, hatte die sPzAbt. 507 insgesamt 136 Feindpanzer abgeschossen. Im Wehrmachtbericht des 19. 1. 1945 heißt es darüber:

»Die schwere Panzer-Abteilung 507 hat unter Führung von Oblt. Wirsching im Raume Zichenau-Praschnitz in drei schweren Kampftagen 136 feindliche Panzer vernichtet, davon in den ersten beiden Tagen 66 ohne eigene Verluste.«

Die Führung dieses Verbandes hatte nach Verwundung von Hptm. Schröck Oblt. Wirsching übernommen. Neben Oblt. Wirsching erhielten die Tiger-Kommandanten Ofw. Ratajczak und Oblt. Koltermann das Ritterkreuz.

Dennoch mußten die sPzAbt. 507 und die 7. ID zurückweichen. Über Grudusk und Mlawa marschierte sie nach Brodnica und dann nach Graudenz.

Wie hatte sich der Angriff der Sowjetarmee vor der 2. Armee weiterentwickelt?

Ein verhängnisvoller Befehl

In der Nacht zum 15. 1. 1945 gab Hitler der HGr. Mitte den Befehl, das PzK »Großdeutschland« mit der PGD »Brandenburg« der FPD »HG 1« an die HGr. A abzugeben.

Als die Sowjets am 15. 1. ihre Angriffe fortsetzten, mit starker Artilleriemassierung die deutschen Verbände zerschlugen und über Nasielsk nach Westen sowie über Praschnitz nach Nordwesten vorstießen, fehlten diese beiden gutbewaffneten, mit Panzern ausgestatteten Divisionen als Reserve, die nun auf der Bahn lagen und weder bei der HGr. Mitte noch bei der HGr. A verfügbar waren.

Pultusk hielt sich noch. Hier stand die 5. JD, die schließlich Befehl erhielt, sich durchzukämpfen und wieder Verbindung mit ihren beiden Nachbarn – der 35. und der 7. ID – zu bekommen, da sie rechts und links überflügelt worden war.

Im nördlichen Einbruchsraum stand die 7. PD, die aber durch starkes Feuer niedergehalten wurde. Bei der 129. ID griff die PGD »Großdeutschland«, GenLt. Lorenz, nach Osten an, schlug den Panzerfeind zurück und schoß 30 Feindpanzer ab. Die sPzAbt. (Tiger) »Großdeutschland« hatte am Abwehrerfolg Anteil. Es gelang der 2. Armee, mit Einsatz aller Reserven, die aufgebrochenen Lücken zu schließen und den Durchbruch der Sowjetarmee zu verhindern.

Am 16. fand der vorher geschilderte Einsatz der StuGeschBrig. 190 an der Straße Modlin-Nasielsk bei Neustadt statt, der die feindliche Panzerlawine so lange aufhielt, bis ein Großteil der Infanterie hatte ausweichen können.

Die im Sommer 1944 neu aufgestellte 18. PGD wurde erwartet.

Sie war als Reserve zugesagt worden. Doch noch ehe sie eintraf, ging der Kampf am anderen Tag weiter. Der Gegner drang von Süden her in Modlin ein.

Am 18. 1. vergrößerten die sowjetischen Panzerkräfte ihren Geländegewinn und warfen die beiden rechts stehenden Korps der 2. Armee - das XXVII. und XXIII. AK - nach Westen und das links stehende XX. AK nach Norden zurück.

An diesem Tag traf die 18. PGD im Raume Milau ein und kämpfte mit der 7. PD und Teilen der PGD »Großdeutschland« gemeinsam gegen die sowjetische Panzerwalze, ohne diese aufhalten zu können. Oberstleutnant Graf Pückler, Kommandeur des PR 25 (der 7. PD), fiel im Kampf gegen sowjetische Panzer.

Beim Absetzen nach Norden versperrten die Sowjets Teilen der PGD »GD« den Weg in Richtung Neidenburg. Trotz Abschuß von drei Panzern mußte die Division nach Westen ausweichen und verlor auf dem Weitermarsch nach Norden zahlreiche Fahrzeuge durch Feindbeschuß und Brennstoffmangel. 16 Stunden später erreichte diese Kampfgruppe Neidenburg. Hier griffen kurze Zeit später sowjetische schwere Panzer des Typs JS an. Sie durchbrachen die dünne Sicherungslinie und schossen die 10. Batterie der Korpsartillerie von »Großdeutschland« zusammen.

Es war der 2. Belorussischen Front gelungen, die rückwärtigen deutschen Stellungen beinahe sämtlich zu durchbrechen,. weil diese einfach zu schwach besetzt und zu wenig mit panzerbrechenden Waffen bestückt waren. Das Schicksal der 2. Armee war trotz versuchter Zuführung zweier neuer Divisionen besiegelt. Auf ihrem Südflügel hielt die Armee noch Schröttersburg. Sichelberg fiel in sowjetische Hand. Die Reste der 2. Armee zogen sich zurück. Auf der rechten Flanke nach Westen auf Drewenz, auf der linken Flanke nach Norden.

Am 22. 1. gingen die Absetzbewegungen weiter. Es fehlte an schnellen gepanzerten Kräften. Der auf diesen feindlichen Stoß angesetzte Angriff der 7. PD wurde von den schnellen sowjetischen Verbänden in Richtung Deutsch-Eylau umgangen. Das Panzer-Regiment der 7. PD, nunmehr geführt von Major Petersdorff-Kampen, hatte nur 20 Panzer einsatzbereit. Südlich Deutsch-Eylau gelang es diesen Panzern schließlich, gegen sowjetische Panzerrudel ins Gefecht zu kommen. Bei diesem Einsatz fiel der Regimentsführer. 12 Panzer mußten – als sie von starken Panzerkräften eingeschlossen waren – nach Verschuß der letzten Granaten gesprengt werden. Die Panzerbesatzungen schlugen sich zu Fuß durch.

Die PGD »GD« griff am 22. 1. sowjetische Panzerrudel an, die im Vorstoß auf Allenstein begriffen waren. Der Feind wurde abgewehrt. Am Abend dieses und am Morgen des nächsten Tages konnte aus Benzinmangel bei Allenstein nicht in den Kampf eingegriffen werden. Die Stadt ging verloren.

Am 23. 1. standen die Sowjets vor Thorn. Über die Bahnlinie Königsberg-Elbing-Marienburg vorstoßend, durchschnitten sie am selben Tage die letzte Verbindung der HGr. Mitte mit dem Reich. Ostpreußen war abgeschnürt. Die 2. Belorussische Front hatte ihr Operationsziel erreicht. Von nun an konnten Truppen und Zivilbevölkerung nur über See nach Westen transportiert werden. Da die 2. Armee durch das schnelle Vorstoßen der Sowjets von der HGr. getrennt wurde, trat sie am 24. 1. unter das Kommando der neugebildeten HGr. Weichsel, die der Reichsführer SS, Himmler, führte. Der Kommandant von Elbing, Oberst Schoepffer, unterstand dem stellvertretenden Generalkommando XX, GenLt. Specht, und dem Kommandanten von Danzig, GenLt. Freytag.

In Elbing selbst standen dem Kommandanten nur die Ersatztruppenteile der PGD »Feldherrnhalle«, ein Volksturm-Batl. und zwei Volkssturm-Batterien zur Verfügung. Am 23. 1. wurden die Panzervernichtungstrupps alarmiert, als sowjetische Panzer bereits in die Randgebiete der Stadt eingedrungen waren. Vier der sieben nach Elbing eingedrungenen Panzer wurden mit Panzerfaust abgeschossen, die drei anderen drehten ab und rollten nach Norden aus der Stadt hinaus. Ein fünfter Panzer wurde von den hinterherfahrenden Nahkämpfern am Stadtrand vernichtet.

Diese sieben Feindpanzer waren im dichten Strom der Flüchtlinge unbemerkt durch die deutsche HKL geschlüpft. Sie wurden für deutsche Panzer gehalten, weil die Besatzungen zum Teil feldgraue Uniformen trugen. Unmittelbar hinter der HKL waren die Panzer, die von einem Landeskundigen geführt wurden, nach Norden auf die Straße Serpien-Elbing abgedreht und drangen, an der Flakkaserne vorbei, in die Stadt ein, um diese im Handstreich zu nehmen.

Damit war von den jungen Panzervernichtungstrupps der erste feindliche Panzerangriff gegen Elbing abgewehrt.

Die auf der Schichauwerft nahe Elbing liegenden drei Torpedoboote erhielten Befehl, in der Nacht zum 27. 1. 45 auszulaufen. Sie wurden – da noch nicht ganz fertiggestellt – mittels Schlepper nach Pillau gebracht. Hunderte Flüchtlinge befanden sich an Bord.

Am 24. 1. stießen abermals Feindpanzer auf Elbing vor, und von dem Tage an ging es Schlag auf Schlag. Inzwischen war jedoch das neu aufgestellte GR 1142 der 561. VGD eingetroffen. Hinzu kamen Urlauber, die nicht mehr nach Königsberg zurück konnten und die in der Verteidigung von Elbing eingesetzt wurden. Teile der 7. PD standen westlich der Nogat an der Straße Elbing-Danzig, um in

Richtung Elbing anzugreifen. Artillerie der 7. PD unterstützte den Feuerkampf. Dazu wurde sie vom Artillerieführer der Festung, Major Kühneck, eingewiesen.

In der letzten Phase des Kampfes um Elbing griffen die beiden deutschen Kreuzer »Lützow« und »Prinz Eugen« von See her mit ihrer schweren Artillerie in den Abwehrkampf ein. Die Elbinger Flak-Batterien unter Oberstleutnant Wolff schossen im Erdkampf eine Reihe Sowjetpanzer ab.

Teile der 7. ID, die unter GenLt. von Rappard mit Teilen des PR der 7. PD in den Niederungen westlich Elbing standen, fingen einen starken Einbruch der Sowjets auf.

Am 27. 1. gelang es den Sowjets, an der Nordfront Geländegewinne zu erzielen. Es kam zu den ersten Straßenkämpfen am Nordrand der Stadt. In der Nacht zum 28. 1. gab Gen.d.Inf. Hoßbach zu verstehen, daß er mit der 4. Armee nach Westen durchzubrechen beabsichtige und daß dazu Elbing gehalten werden müsse.

Dieser Durchbruchsversuch erfolgte wenig später. Er wurde von der Sowjetarmee abgewehrt. Die deutschen Truppen wurden nach Osten zurückgedrängt.

Am Morgen des 2. 2. 1945 eröffneten die Sowjets mit einem starken Fliegerangriff den Sturmangriff auf die Stadt. Diese Angriffe setzten sich in den nächsten Tagen fort. Danach griffen sie in Regimentsstärke, durch Panzer unterstützt, westlich Elbing an und drangen in diesen Stadtteil ein. Das GR 1142 war außerstande, diesen Gegner, der sich laufend verstärkte, zu werfen. Einbrüche und Gegenstöße wechselten einander ab, und noch immer befanden sich Zivilisten zwischen den Trümmern, die den Weg in die Freiheit, der bis vor wenigen Tagen offen war, nicht gegangen waren.

Am Morgen des 9.2. erhielt Oberst Schoepffer den Befehl Himmlers: »Besatzung Elbing hat Erlaubnis, sich nach Nordwesten durchzuschlagen, unter Belassung eines Brückenkopfes nördlich der Stadt, um mit der 7. PD Verbindung aufzunehmen.« Oberst Schoepffer brach am selben Tag gegen 19.00 Uhr in Richtung Norden aus. In der Nacht kam es zu Kämpfen, und in schnellen Stößen drangen die Soldaten weiter vor und hatten am Morgen des 10. 2. mit 3200 Mann und 850 Verwundeten, die nicht in die Hand des Feindes fallen sollten, unter ihnen auch eine Anzahl Frauen und Kinder, den Einschließungsring durchbrochen. Um Elbing herum lagen dreißig von Nahkampftrupps und Flak abgeschossene Panzer.

Der Weg nach Westen ist dicht

Am 21.1. 1945 hatte die Sowjetarmee mit ihren Panzerverbänden eine Linie zwischen Osterode-Allenstein im Südabschnitt des Angriffs erreicht. Hier zeichnete sich der Stoß auf Elbing bereits deutlich ab. Im Nordabschnitt wiederum war der Sowjetarmee die Besetzung von Kreuzingen, Heinrichswalde und Tilsit gelungen. Dieser Vorstoß zielte direkt auf Königsberg.

In der Mitte dieser beiden vorher schon dargestellten Angriffskeile lag weit vorgestaffelt nach Osten die 4. Armee, die an ihren beiden Flügeln in heftige Abwehrkämpfe verstrickt war. Auf dem rechten Flügel stand das XX. AK im Abwehrkampf im Raume Scharfenwiese. Der linke Flügel wurde vom FschPzK »HG« gehalten. Lediglich an seinem linken Flügel, bei Rominte, gelang dem Feind ein Durchbruch. Gumbinnen war Kampfgebiet geworden. Auf der gesamten Mittelfront der 4. Armee waren Jedoch nur Fesselungskämpfe im Gange.

GenOberst Reinhardt erhielt von Hitler zu spät die Genehmigung zum Durchbruch nach Westen. General Hoßbach, der OB der 4. Armee, hatte bereits seit Tagen den Rückzug vorbereitet. Er wollte seine Armee vor dem Eingeschlossenwerden bewahren.

Die Absetzbewegungen begannen in der Nacht zum 22. 1. 1945. Ein Teil der Truppen zog sich in dieser Nacht auf die Masurische Seenstellung zurück, die zwischen Johannisburg-Festung Lötzen-Angerburg lag. Ein anderer Teil marschierte zur neu zu bildenden Westfront. Der nachstoßende Feind erzielte bei Goldap zwar einen Einbruch, der jedoch abgeriegelt werden konnte.

Den Angriffsdivisionen des VI. AK, Gen.d.Inf. Großmann, mit der 170. und 131. ID sowie der 547. VGD, mit Teilen der 299. ID, wurden zwei ArtAbt., zwei Sturmgeschütz-, eine Panzerjäger- und eine Panzerstör-Abt. als schwere Waffen unterstellt. Der rechte Flügel sollte von Arnsdorf, die Schwerpunkt-Division (131. ID) von Guttstadt-Liebstadt aus in Richtung Stuhm vorgehen.

Diesem Plan entsprechend rollten und marschierten die Divisionen in Gewaltmärschen bei dichtem Schneefall nach Westen und legten die Entfernung von 150 km (Luftlinie) in vier Tagen zurück.

Mit dem Vorstoß der Sowjets auf Elbing und Abdrehen der Aufklärungsspitzen nach Osten gegen die Westflanke der 4. Armee entstand eine Krisensituation, die unter Umständen den gesamten Plan vereiteln konnte. Am selben Tag erreichten sowjetische Panzerrudel mit aufgesessener Infanterie Lötzen. Hier verteidigten die Division Hauser und die auf die Seen um Lötzen zurückgehenden Teile der 4. Armee, die 367. ID und die Polizeigruppe »Hannibal«. Der am 24. 1. beginnende Angriff auf Lötzen wurde abgewiesen, ein bis zur Stadtmitte vorgestoßener Feindpanzer abgeschossen.

In der Tagesmeldung der HGr. Mitte, die am nächsten Tag in Heeresgruppe Nord umbenannt wurde, an das OKH heißt es:

»Am Nachmittag schloß der Feind mit stärkeren Kräften gegen die Ostfront von Lötzen auf und erzielte ostwärts Lötzen einen Einbruch von vier km Tiefe. Da hier Kräfte zur Bereinigung des Einbruchs und Schließung der Lücke nicht zur

Verfügung stehen, muß die Front auf den Westrand der Seenplatte zurückgenommen werden.«

Die Sowjets drangen am nächsten Tag weiter zum Stadtrand vor. Sie drückten die verteidigenden 605. und 367. ID weiter zurück und drangen in Lötzen ein. Am Abend des 25. 1. wurden sämtliche Brücken gesprengt. Der 26. 1. sah dann das Ende. »Lötzen«, so meldete die HGr. Nord an das OKH, »ging durch weit überlegenen Feindangriff verloren.«

Immer noch lag zwischen der 4. Armee bei den Masurischen Seen und den ostwärts Elbing kämpfenden sowjetischen Verbänden eine Distanz von etwa 130 km. Aber auch die 3. PzArmee war am Ende ihrer Kraft. Dort waren die Sowjets am 25. 1. bis unmittelbar an Königsberg herangekommen.

GenOberst Reinhardt meldete am Abend des 26. 1. dem OKH seine Absicht, den nach Südosten vorspringenden Frontbogen der 4. Armee auf die Alle zurückzunehmen. In einem Ferngespräch mit Hitler wiederholte GenOberst Reinhardt diesen Entschluß.

Hitler stellte seine Entscheidung bis 17.00 Uhr in Aussicht, meldete sich aber nicht mehr. Um 19.00 Uhr, nach vielen Anrufen und Nachfragen, meldete die HGr. dem OKH, daß sie nunmehr die Truppe – wie beantragt – auf die Alle zurücknehmen werde.

Um 21.00 Uhr ging ein Fernschreiben bei der HGr. ein, in dem der am 25. 1. 1945 verwundete Oberbefehlshaber, GenOberst Reinhardt, und sein Chef des Generalstabes, GenLt. Heidkämper, abgelöst wurden.

Der Nachfolger von GenOberst Reinhardt wurde GenOberst Rendulic. Rendulic, der sich gerade in Seewalchen am Attersee in Urlaub befand, flog am 26. 1. 1945 nach Kurland und erhielt am 27. 1. Befehl, die Führung der HGr. Nord zu übernehmen und Ostpreußen zu verteidigen. Er hatte soeben die Lappland-Armee, nach dem Abfall der Finnen vom Bündnis, nach Norwegen zurückgeführt.

Inzwischen aber hatte General Hoßbach den versammelten Kommandeuren und Offizieren in Borken bei Bartenstein seine Befehle für den Angriff und die Durchbruchsweisung gegeben. Doch sein Plan kam nicht zur Durchführung, weil zum einen die 558. ID im Kampf gebunden blieb und zwei weitere zu seiner Angriffsgruppe gehörende Divisionen auf Befehl der HGr. an die 3. PzArmee abzugeben waren. Dadurch wurde sein Stoßkeil entscheidend geschwächt. Ihm blieben zum Durchbruch nur noch die 28. JD, die 170. und 131. ID übrig.

Der Angriff begann am 26. 1. 1945 um 19.00 Uhr. Nach einem Anmarschweg von über 200 km traten die Sturmverbände ohne Ruhepause zum Durchbruchskampf an. Der Feind wurde überrannt, niedergeschossen, gefangengenommen. Die 170. ID erbeutete 96 Geschütze einer sowjetischen Artillerie-Brigade. In den zurückgewonnenen Ortschaften sahen die Soldaten Bilder des Grauens. Ein Junge mit HJ-Abzeichen war von einem Panzer zu Tode gewalzt. Eine vergewaltigte Frau lag mit einem Messer in der Brust auf einem Dunghaufen. Männer waren gefesselt, mit Benzin übergossen und verbrannt worden.

Die drei Angriffsdivisionen – 28. JD, GenMaj. König, 170. ID, GenLt. Haß, und die 131. ID, GenLt. Schulze – drangen 72 Stunden lang gegen ständig härter werdenden Widerstand vor. Am 29. 1. kam dieser Durchbruch zum Stehen, da (durch Abgabe an die 3. PzArmee) keine frischen Kräfte, wie dies von General Hoßbach beabsichtigt war, nachgeschoben werden konnten. Am 30. 1. wurde auch General Hoßbach seines Kommandos als OB der 4. Armee enthoben. Dies geht auf ein Telegramm des Gauleiters von Ostpreußen, Koch, zurück, das direkt an Hitler gerichtet war:

»Die 4. Armee auf der Flucht ins Reich. Versucht feige, sich nach Westen durchzuschlagen. Ich verteidige Ostpreußen mit dem Volkssturm weiter!«

General d. Inf. F. W. Müller übernahm die Führung der 4. Armee. Ihm befahl Hitler, den Angriff nach Westen sofort einzustellen, die erreichten Stellungen zu halten und »Ostpreußen in fester Verbindung mit Königsberg zu verteidigen«.

Ein verzweifelter Kampf begann. Schrittweise mußten die an der Westfront der 4. Armee kämpfenden Divisionen vom Frischen Haff über Mühlhausen bis Liebstadt weichen. An der Südfront der Armee zwischen Guttstadt-Bischofsburg-Sensburg ging ebenfalls Gelände verloren. An der Ostfront kämpften sich Teile der 50. ID auf die Masurenstellung nördlich der Straße Gerdauen-Nordenburg zurück.

Südlich Königsberg erreichten feindliche Panzerrudel das Frische Haff bei Maulen-Waldburg, 9 km nordostwärts von Brandenburg und auch den Ostrand dieser Stadt. Damit war die 4. Armee zwischen Frauenburg und Brandenburg eingekesselt.

Der Gauleiter und Reichsverteidigungskommissar von Ostpreußen, Erich Koch, der die Zivilbevölkerung in Ostpreußen festgehalten hatte, ließ seine persönliche Habe in zwei Bahnwaggons nach dem Westen schaffen. Er verfügte über einen gepanzerten Kraftwagen und einen »Fieseler Storch«. Zwei Eisbrecher standen bereit, um ihm eine Fahrrinne zur Flucht freizubrechen.

Die Handelsschiffahrt versuchte zusammen mit der Kriegsmarine alle Menschen über See abzutransportieren, doch dies war nicht genug. Die von GenOberst Reinhardt rechtzeitig beantragte Erklärung Ostpreußens zum Operationsgebiet und die damit verbundene Evakuierung der Menschen Ostpreußens hätte Hunderttausenden das Leben gerettet. Aber auch dieser Antrag wurde von Hitler abgelehnt.

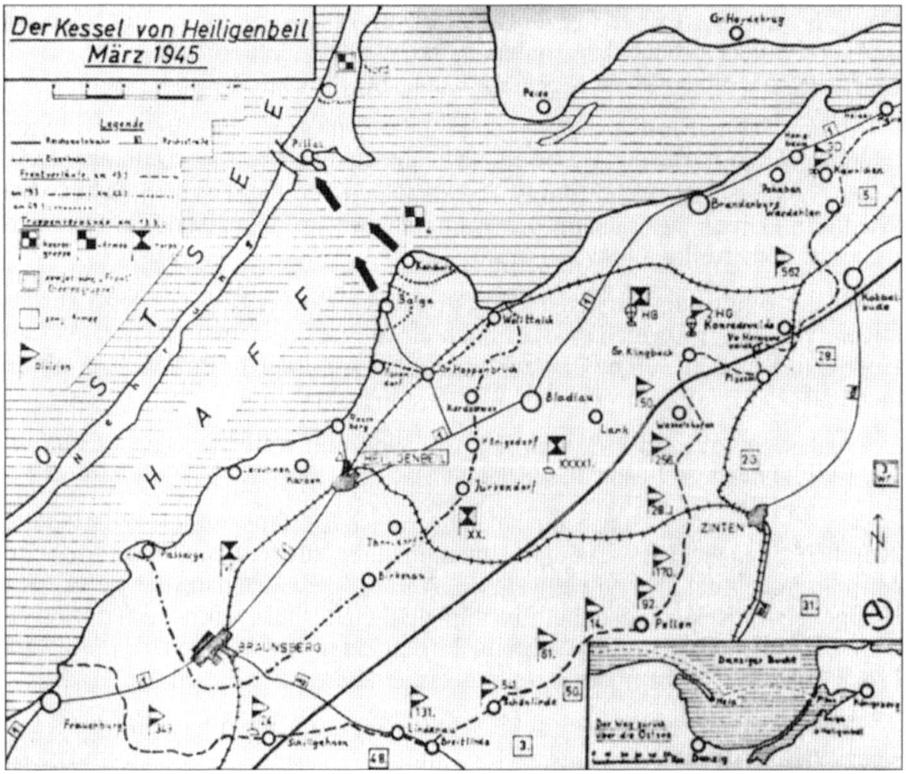

Am 27. 1. hatte GenOberst Rendulic in Zinten die HGr. Nord übernommen. Sein Chef des GenSt. wurde GenMaj. von Natzmer, der von der HGr. Mitte kam.

Die 4. Armee unter GendInf. Müller stand mit dem Rücken zum Haff in der Linie Braunsberg-Wormditt-Heilsberg-Bartenstein-Domnau-Brandenburg. Sieben Korps standen ihr zur Verfügung: Das VI., XX., XXVI., IX. und XXVIII. AK und das XXXXI. PzK und das FschPzK »HG«. Etwa 100 sowjetische Divisionen und eine Reihe selbständiger Panzer-Brigaden der 2. und 3. Belorussischen Front griffen die insgesamt 24 deutschen Divisionen an, die sämtlich angeschlagen waren. Die Aufgabe der 4. Armee war: Zeit zu gewinnen und den verteidigten Raum so lange wie möglich zu halten, um dem in die Hunderttausende gehenden Flüchtlingsstrom den Weg zum Haff der Frischen Nehrung offen zu halten. Südlich Königsberg hatte die Sowjetarmee das Frische Haff bereits erreicht und die Landverbindung nach Königsberg unterbrochen.

Die PGD »Großdeutschland« erhielt Befehl, den Weg nach Königsberg freizukämpfen. Im heftigen Schneesturm antretend, konnte sie unter Führung von GenLt. Lorenz den Weg freikämpfen. Hier tobten die Kämpfe wochenlang. Aus Königsberg heraus griffen Panzer der 5. PD in diese Kämpfe ein. Ein schmaler Schlauch wurde nach Königsberg hinein freigehalten. Pioniere hatten eine »Haffstraße« gebaut, über die der Weg nach Königsberg noch frei war.

Anfang Februar spitzte sich der Kampf dramatisch zu. Um Waldburg wurde erbittert gekämpft. Die PGD »GD« stand hier im opfervollen Einsatz immer bereit, diesen Zugangsweg nach Königsberg zu halten. Im Dohnaschen Schloß bei Waldburg kam es zu dramatischen Kämpfen, wobei einige Male Sowjets und Deutsche gleichzeitig im Schloß saßen.

Wieder wurde ein Antrag der HGr., den Ausbruch aus Königsberg zu genehmigen, von Hitler abgelehnt. Aber auch einen Vorstoß massierter Kräfte zum Angriff in Richtung Elbing und zur Vereinigung mit der HGr. Weichsel lehnte Hitler ab.

Frauenburg ging am 8. 2. verloren. Um Wormditt wurde tagelang gekämpft. Die 131. ID blieb im Besitz dieser Stadt.

Am 19. 2. gelang es den im Samland stehenden Truppen, die Verbindung zwischen Pillau und Königsberg freizukämpfen. Schrittweise mußte die 4. Armee den ganzen Februar über zurückweichen. Anfang März kam dann der Verlust des Heiligenbeiler Kessels. Nunmehr beantragte die HGr. das Übersetzen der Reste ihrer 4. Armee auf die Frische Nehrung. Es bestand noch die Möglichkeit, sie vom Hafen Rosenberg aus zurückzuschaffen. Hitler lehnte auch diesen Antrag ab.

Der Heiligenbeiler Kessel war bis Anfang März zu einem flachen Kessel mit einer schmalen Landverbindung nach Königsberg zusammengedrückt worden. Er verlief vom Haff westlich Braunsberg – 14 km südlich und 20 km ostwärts Heiligenbeil – wieder zum Haff nach Heide Maulen, neun km ostwärts Brandenburg.

Der am 6. 3. 1945 von der PGD »GD« geführte Angriff zur Verbesserung der Abwehrstellung südlich Konradswalde wurde durch einige Tiger verstärkt. Dieser Angriff blieb in einem wüsten Feuerorkan der sowjetischen Artillerie liegen. Der Gegenangriff der Sowjets mit Sturmgeschützen warf die Panzergrenadiere wieder in ihre alten Stellungen zurück.

Am 12. 3. übernahm GenOberst Weiß, der selbst aus Tilsit stammte, die Führung der HGr. Nord, während GenOberst Rendulic den Befehl über den Kurlandkessel übernahm.

Am 13. 3. begann der sowjetische Großangriff gegen den Kessel von Heiligenbeil. Die 4. Armee sollte im selben Angriffszug ins Haff geworfen werden. Ein kaum vorher gesehenes Trommelfeuer aus Geschützen und Salvengeschützen eröffnete diesen Großangriff. Schlachtflieger griffen mit Bomben und Bordwaffen in diesen Kampf ein. Es gelang der Sowjetarmee nicht, die Abwehrfront zu durchbrechen.

Im Schwerpunkt Brandenburg stand die PGD »GD« im Abwehrkampf. Die Tiger der sPzAbt. »GD« kämpften Verzweifelt gegen feindliche Panzerrudel. Schließlich blieben nur drei übrig, von denen noch einer durch Treffer ausfiel. Der Feind gewann ostwärts Brandenburg die Küste des Haffs. Damit war die Verbindung nach Königsberg endgültig unterbrochen. Am 18. 3. wurden Wermten, Waltersdorf, Rehfeld, Königsdorf und andere Ortschaften vom Feind in Besitz genommen, und in der Nacht zum 20.3. mußte der rechte Flügel der Armee ebenfalls zurückgenommen werden. Der Einschließungsring wurde immer enger. Braunsberg fiel am Morgen des 20.3. in Feindeshand.

Am 21. 3. eröffneten die Sowjets den neuen Großkampftag mit einem dichten Trommelfeuer. Dann folgte ein Angriff dem anderen. Einbrüche wurden abgeriegelt und beseitigt. Immer noch war es möglich, vom Hafen Rosenberg aus wertvolles Gerät und Menschen zum Übersetzen auf die Nehrung, über das Haff zu schaffen. Der 9. Antrag, mit dem Oberst Frhr. von Ledebur, Chef des Generalstabes des VI. AK, zum Führerhauptquartier flog, um ihn Hitler persönlich zu übergeben, wurde abgelehnt.

Der 22. 3. sah harte Kämpfe an der Bahnlinie nach Heiligenbeil und am Stadtrand. Nach der sowjetischen Artillerie-Feuerwalze folgten die Schlachtflieger, und dann kamen die Panzerrudel mit nachfolgender Infanterie. In der Heiligenbeiler Kaserne hatte GenLt. Schulze sich mit dem Stab der 131. ID eingerichtet. Hier wurde er hinausgeschossen und ging mit dem Gefechtsstab zur Ostdeutschen Maschinenfabrik, die ebenfalls in Trümmer geschossen und gebombt wurde. Nördlich des Bahnhofs, im Keller der Siedlung war der letzte GefStand. Heiligenbeil wurde nun mit Phosphorbomben belegt und brannte überall. Am Bahnhofsgelände begann der Endkampf um Heiligenbeil. Hier lagen sich Deutsche und Sowjets auf etwa 100 m gegenüber. Am 24. 3. mußte Heiligenbeil aufgegeben werden. Der Gegner stieß nicht nach, als sich die letzten Grenadiere absetzten.

Deutsch-Bahnau, das von der 102. ID, GenLt. von Bercken, gehalten wurde, ging am 25. 3. verloren. Hitler genehmigte an diesem Tage das Übersetzen der Reste der 4. Armee. Aber es war zu spät. Rosenberg war soeben von den Sowjets besetzt worden. Bei Balga und Kahlholz konnten noch Übersetzbewegungen durchgeführt werden. Diese wurden von den letzten Kräften der 4. Armee gesichert. Nacheinander setzten Gruppen verschiedenster Divisionen über, während die Teile der 102., 131., 170., 292. und der PGD »GD« die angreifenden sowjetischen Sturmgruppen aufhielten und zerschlugen und in einem engen Gürtel um Balga und Kahlholz verteidigten. Das letzte Schiff legte hier in den frühen Morgenstunden des 29. 3. ab und erreichte an der Frischen Nehrung verhältnismäßige Sicherheit. Die 4. Armee hatte sich nur noch mit Resten retten können. Das Gros blieb auf der Erde, auf der es gekämpft hatte.

DER KAMPF UM KÖNIGSBERG

KARTE 1: DIE BEFESTIGUNGEN VON KÖNIGSBERG

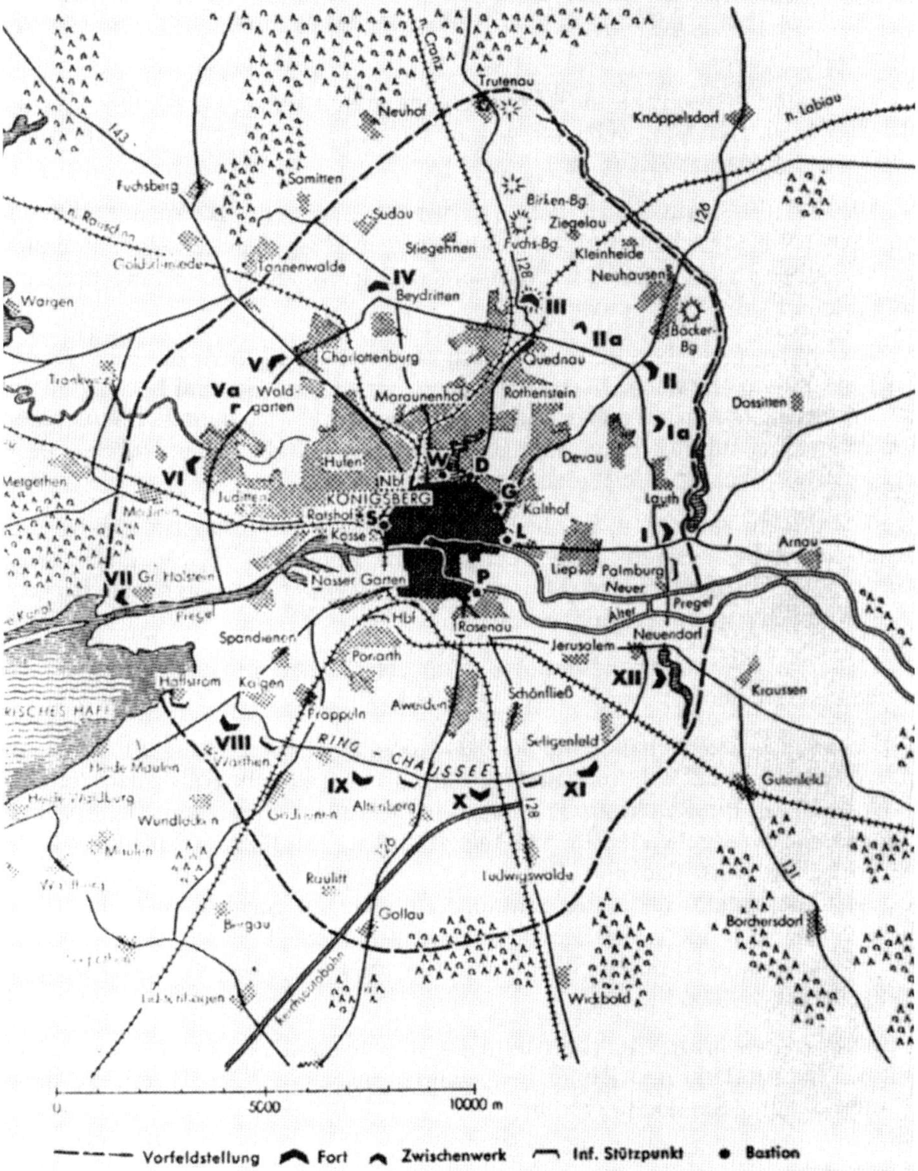

Die Lage in der Festung am 27.1. 1945

An diesem Tage hatten die auf Königsberg zielenden sowjetischen Sturmverbände die Stadt im Abstand von etwa zwei km von Süden über Osten nach Norden im Halbkreis umfaßt. Sie standen im Norden bei Karmitten hart nördlich der Stadt am Fuchsberg, hart ostwärts des Bäckerberges im Nordosten, vorwärts Dossitten und Arnau im Osten, bei Gutenfeld im Südosten und bei Wickbold-Ludwigswalde im Süden.

Von Süden in umgekehrter Richtung verteidigten Königsberg: die 5. PD, die 561. VGD, 367. ID, 548. VGD und weit im Norden gegenüber dem bei Karmitten stehenden Feind die 551. VGD.

Am 25. 1. 1945 war GenLt. Schittnig mit dem Stab der 1. ID mit der Verteidigung von Königsberg beauftragt worden. Aber am Morgen des 28. 1. 1945 wurde dann GendInf. Lasch »zum Befehlshaber der Befestigungen bei Königsberg und der Festung Königsberg« ernannt.

Auf seinem Befehlsstand in Moditten erschien am Morgen des 28. 1. GenOberst Rendulic, der neue OB der HGr. Nord. Er erklärte General Lasch, daß der Führer entschieden habe, daß er, Lasch, die Festung Königsberg zu übernehmen habe. GenLt. Schittnig träte als z.b.V. zu seinem Stabe. Damit waren nach mehrmaligem Wechsel die Weichen gestellt.

In der Nacht zum 29. 1. erfolgte ein sowjetischer Panzerangriff aus Norden beiderseits der Straße Cranz-Königsberg. Das GR 947 der 367. ID, Major Schaper, und die PzjägAbt. der Division, Major Hartmann, wehrten den Angriff ab, bei dem die Sowjets 30 Panzer verloren.

Der Gegner stellte in diesem Abschnitt den Angriff ein. Die Reichsstraße konnte nun in Höhe des Fuchsberges gesichert werden.

Bis zum 29. 1. 1945 hatten die Sowjets Königsberg eingeschlossen, als sie im Südwesten bei Heide-Waldburg und Haffstrom an das Frische Haff gelangten und im Norden über die Reichsstraße hinaus bis Metgethen vorstießen. Die nördlich Königsberg zurückgehende 548. VGD setzte sich auf Fischhausen ab. Dort bildete sie zum Schutz von Pillau einen Brückenkopf. Metgethen wurde in der Nacht zum 30.1. im Handstreich von lautlos eindringenden Sowjets genommen. In derselben Nacht wurde auch Seerappen besetzt. In der Nacht zum 31. 1. erreichte der Feind die Reichsstraße 131 nach Pillau und stieß im Laufe der Nacht bis an den Königsberger Seekanal vor.

Am 8. 2. 1945 wurde der Stab der 3. PzArmee nach Pommern verschifft. Die Truppen im Samland und Königsberg wurden nun vom XXVIII. AK als neue »Armeeabteilung Samland« geführt.

Von der HGr. Nord war beabsichtigt, nachdem die Armeeabteilung Samland den Westen des Samlandes freigekämpft hatte, durch einen Angriff von Westen nach Osten und durch gleichzeitigen Gegenangriff aus der Festung nach Westen die Verbindung nach Königsberg wieder herzustellen.

Der Angriff aus Königsberg wurde von GendInf. Lasch mit der 1. ID, der 5. PD und den Resten der sPzAbt. 505 sowie der gesamten 561. VGD geplant.

Von der Gegenseite standen zum Durchbruch nach Königsberg die 58. und 93. ID und die 548. VGD bereit.

Der Angriff begann am 19. 2. 1945 um 05.30 Uhr. Die Angriffsdivisionen in Richtung Königsberg arbeiteten sich gegen starken Feindwiderstand vor. Bei den Höhen von Galtgarben wurde tagelang gekämpft. Aber am 20.2. trafen sich beide Angriffsgruppen. Aus der Festung waren die 1. ID und die 5. PD nach Metgethen vorgestürmt und gewannen diese Ortschaft zurück. Die 5. PD stieß darüber hinaus bis Seerappen vor. Die Bahnstrecke nach Pillau wurde in den nächsten Tagen freigekämpft. Der Gegner wich nach Norden aus. Metgethen glich einem Breughelschen Höllenbild. In einem Sprengtrichter allein wurden die Leichen von 32 Frauen gefunden.

Wie dieser Angriff aus der Sicht der sPzAbt. 505 und der sPzAbt. 511 verlief, sei im folgenden Abschnitt dargestellt.

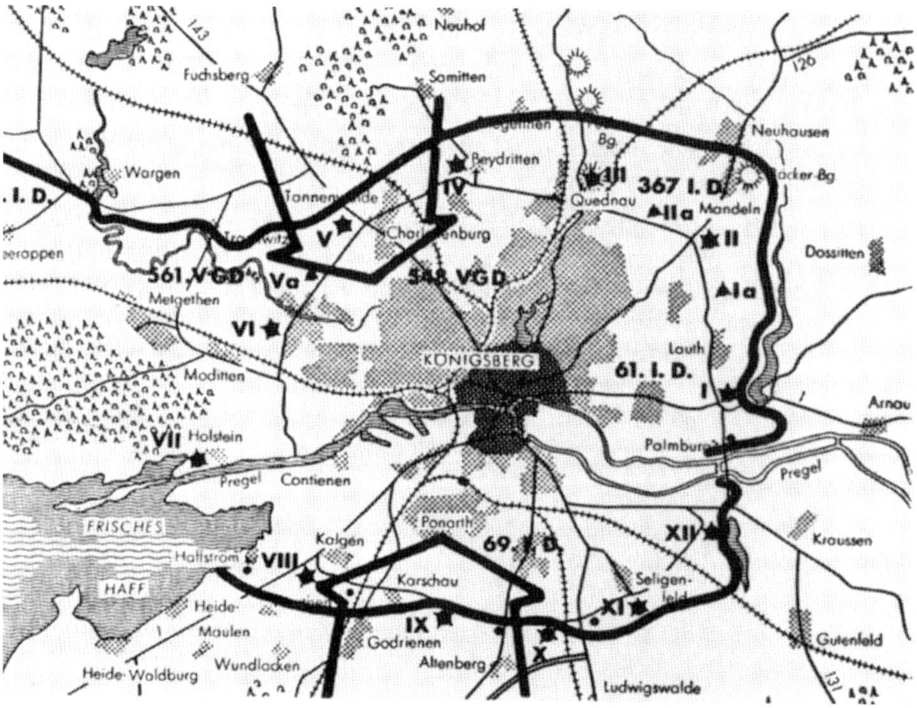

Um die verlorengegangene Verbindung mit Königsberg wieder herzustellen, begannen im Samland und in der Festung selbst umfangreiche Vorbereitungen. Die Lage in der Festung war am Abend des 18. 2. folgendermaßen:

Entgegen der Weisung der Heeresgruppe, zum Vorstoß nach Westen nur die 1. ID und Teile der 5. PD anzusetzen, nahm General Lasch das Risiko auf sich, für diesen Angriff die gesamte 1. ID, die ganze 5. PD - mit den Resten der Tiger-Abt. 505 - sowie die gesamte 561. VGD bereitzustellen.

Ofw. Göring, der bereits seit drei Wochen von seiner 2. Kp. getrennt war, berichtete über die dramatischen Stunden des Angriffs:

»Wir sollten aus der Festung Königsberg ausbrechen, uns mit den Samlandtruppen vereinigen und die unterbrochene Landverbindung mit Pillau wieder herstellen.

Die Samlandtruppen wiederum sollten am 19. 2. in Richtung Königsberg angreifen. Sobald dieser Angriff rollte, sollten wir aus Königsberg nach Westen antreten. Bereitstellung war in Juditten. Der Angriff führte über Metgethen mit dem Ziel Flugplatz Seerappen. Hier Vereinigung mit den Samlandtruppen, u.a. mit der im Schwerpunkt angesetzten sPzAbt. 511. Anschließend Aufbau einer Sicherungslinie nach Norden und Säuberung der Straße Königsberg-Fischhausen-Pillau.

Ich sollte mit meinem Tiger als erster die Minengasse durchfahren. Hinter mir kamen dann vier weitere Tiger, zwei davon vom neuen Typ II.

Vor unserer Kampfgruppe sollte ein erbeuteter T 34 mit deutscher Besatzung in sowjetischen Uniformen fahren. Sein Kommandant, ein Fw., sprach perfekt russisch.

Zur X-Zeit rollte dieser T 34 los. Ohne zu schießen, fuhr er vor, während sein Kommandant auf russisch die erreichten sowjetischen Posten und Infanteristen aufforderte, zurückzugehen, weil die Deutschen ihm auf den Fersen seien. Der Gegner raste teilweise in Hemd und Unterhose los.

In kurzen, erbitterten Nahgefechten wurde die gesamte feindliche Pakfront von rückwärts aufgerollt und vernichtet. Die Tiger rollten auf Anhieb bis zur sowjetischen Artilleriefront durch.

Ohne Panzerausfälle erreichten wir die HKL des Gegners. Trosse und Artillerie waren vor uns auf der Flucht. In Metgethen sahen wir – tief erschüttert –, was die Sowjets dort Ende Januar angerichtet hatten. Auf dem Bahnhof stand ein Flüchtlingszug. Frauen und Mädchen waren darin vergewaltigt und ermordet worden. Man schrieb nun auf die Flanken der Wagen: »Rache für Metgethen!«

Von nun an ging der Kampf gnadenlos weiter.

In der Morgendämmerung des 20. 2. wurde der Angriff fortgesetzt. Der Gegner hatte sich verstärkt. Dennoch erreichten wir den Flugplatz Seerappen. Allerdings war der geplante, auf den Flanken gesicherte Korridor nicht geschafft. Wir wurden drei km weiter nördlich auf den Gutshof Regitten verlegt, da der Gegner aus der Flanke angriff. Die Schlacht stand auf des Messers Schneide. Dieser Gutshof mit dem Mühlenberg – der Höhe 28 – beherrschte weithin das Gelände und auch den Gabelpunkt Seerappen.

In der Nacht griffen die Sowjets hier bereits an. Dreimal nacheinander wurden sie blutig abgewiesen. Im Laufe des folgenden Tages wechselte der Gutshof sechsmal den Besitzer. Diese entscheidende Höhenstellung durfte nicht verlorengehen.

Am Nachmittag des 21. 2. setzte der Gegner Schlachtflieger und Bomber ein. Beim Ausbruch aus der Festung hatten wir sowjetische Signalmunition erbeutet, diese setzten wir nun ein und schossen ununterbrochen Weiß. Der Gegner fiel auf diese List herein und lud seine Bomben jenseits der Höhenstellung ab.

Die Hoffnung, mit unseren alten Kameraden der 2. Kp. zusammenzutreffen, erfüllte sich zunächst nicht, denn diese standen bei Medenau in schweren Kämpfen. Erst am 26. 2. konnten wir unsere Heimkehr feiern.« Soweit Ofw. Göring.

Auf der Samlandseite verlief dieser Angriff ungleich schwieriger. Die Tiger standen in der motorisierten Kampfgruppe unter Major Frey, zu der die AA 240, Teile der PzjägAbt. 158 und zehn Tiger der sPzAbt. 511 gehörten. Sie sollte erst antreten, wenn es der Infanterie gelungen war, den Höhenrücken zwischen Wischehnen und Kragau zu nehmen.

Die Grenadiere blieben jedoch vor diesem Höhenrücken liegen. Nur dem II./GR 154 gelang es, sich über Kragau nach Moschnen durchzukämpfen. Hier stand es dann allein und wurde von herangeführten Reserven des Gegners eingeschlossen und vernichtet. Unter den Toten befand sich auch der Kommandeur, Major Schindel.

Die Tiger-Bereitstellung war den Sowjets inzwischen aufgefallen. Sie schossen aus 36 Granatwerfern darauf und versuchten, sie auszuschalten. Die Tiger-Kanonen konnten diese auf dem Hinterhang stehenden Werfer nicht erreichen. Mit schwierigen Ausweichmanövern versuchten die Kommandanten, dem Einschlaghagel zu entkommen. Dann wurde es Uffz. Supper von der 2. Kp. zuviel. Ohne Befehl jagte er mit seinem Tiger über die Höhe und bis vor den Gutshof. Fw. Kerscher und die anderen folgten ihm. Ohne anzuhalten wurde Gut Kragau überrollt. Kerscher selbst fuhr nicht bis zum Gut. Am Hinterhang angekommen, machte er rechtsum und schoß die Werferstellung völlig zusammen. Nachgerückte Pioniere nahmen den Gegner gefangen.

Ohne Verluste hatten die Tiger diesen Erfolg errungen, der Uffz. Supper und seiner Initiative zu verdanken war und wahrscheinlich den Erfolg des ganzen Unternehmens herbeiführte.

Hier offenbarte sich das Schicksal der Gutsfamilie. Die Frau hing erschlagen an einem Fensterkreuz. Der Besitzer und seine Tochter wurden mit schrecklichen Verstümmelungen tot aufgefunden.

Teile der 58. ID kämpften sich in der Nacht weiter durch das Höhengelände ostwärts Kragau. Im Laufe des 20. 2. wurde das Dorf Powayen zurückerobert.

Erst am 23. 2. begann der Vorstoß auf Groß-Medenau. Stundenlang dauerte der Kampf. Erst nachdem die Tiger die Paksperre durchbrochen und vernichtet und alle Sprenggranaten auf Infanterieziele abgeschossen hatten, konnte Groß-Medenau genommen werden.

Auch hier fanden die Panzermänner erschlagene und verstümmelte Zivilisten; sie lagen – vom Säugling bis zum Greis – auf der Dorfstraße, in den Häusern und aneinandergereiht in den Gärten.

Dies war keine Goebbels-Propaganda. Dies war schauerliche Wirklichkeit. Sie war schlimmer als alles Gehörte.

Es gelang schließlich, eine schmale Landverbindung zwischen Königsberg und dem Samland herzustellen. Hier wurden die Tiger mehrfach in kleinen KGr. eingesetzt, um diese Landverbindung abzuschirmen. Hieraus entwickelten sich Einsätze, die zu den härtesten des Krieges zählen. Beim Gut Sickenhöfen war Fw. Kerscher erfolgreich. Er vernichtete zunächst in einem dramatischen Gefecht drei Feindpanzer, danach abermals zwei, und dann vernichtete er ein Geschütz vom Kaliber 17,2 cm. Dann mußte er in eine Mulde hinunter, weil von der Höhe eine Reihe Pak auf ihn schoß. Jetzt konnte er nur noch auf Rettung durch die Kameraden hoffen. Allein kam er nicht mehr heil aus der Mulde heraus.

Lt. Rinke rollte mit vier Tigern und einigen inzwischen eingetroffenen SPW auf die pakgespickte Höhe zu, während die übrigen Tiger Schnellfeuer auf die Geschützbedienungen eröffneten.

Alle Pak wurden von Lt. Rinkes Tigern zusammengeschossen. Kerscher sicherte nunmehr die linke Flanke dieser KGr. Danach wurde im entschlossenen Vorfahren das Gut Sickenhöfen zurückgewonnen.

Nach diesem Erfolg waren die nächsten Tage angefüllt mit weiteren Einsätzen. Kerschers Tiger wurde sowohl von der eigenen Pak angeschossen als auch von sowjetischer Pak. Uffz. Baresch wurde mitten in der Nacht geweckt, als zwei Panzer die Front durchbrochen hatten. Er rollte hinterher und schoß beide ab. Alle Tiger wiesen Beschußschäden auf. Aber sie hatten es geschafft. Teile zweier Sowjetarmeen waren geschlagen. Der Wehrmachtbericht des 26. 2. 45 meldete dieses Ereignis, und im Divisionsbefehl der 58. ID wurde die sPzAbt. 511 gewürdigt, denn dort hieß es.

»Die Abteilung, die während der schweren Kämpfe um die Wiederherstellung der Landverbindung zur Festung Königsberg der Division unterstellt war, hat an den Erfolgen, die die Division erringen konnte, wesentlichen Anteil ... Der hervorragende Ruf, den sich die Abteilung bereits in früheren Einsätzen bei der Division erworben hat, ist erneut gefestigt worden. Gez. Siewert, GenLt.«

Königsberg war durch diesen Schlag befreit worden. In den nächsten Wochen breitete sich hier trügerische Ruhe aus. Allerdings waren der Festung die 5. PD und die 1. ID entzogen und an der Samlandfront eingesetzt worden. Dafür wurde die 548. VGD, GenLt. Sudau, in die Festung gelegt. Vergeblich protestierte GenInf. Lasch gegen die »Ausplünderung« von Königsberg, der nicht weniger als 72 Flak entzogen wurden. Als alle Proteste nichts fruchteten, bat Gen. Lasch Ende März den neuen OB der HGr. Nord, GenOberst Weiß, um eine Entbindung von diesem Posten. Dem konnte GenOberst Weiß nicht zustimmen.

30 sowjetischen Schützen-Divisionen standen in Königsberg vier deutsche Divisionen gegenüber. Das Verhältnis an Panzern war hundert zu eins. Die

Sowjetarmee führte zum Sturmreifschießen von Königsberg starke Artillerieverbände heran.

Durch einige Stoßtruppunternehmen, bei denen Gefangene eingebracht wurden, erkannte man, daß der sowjetische Großangriff vom 5. bis 7. 4. 1945 erfolgen würde.

Dieser erwartete Angriff setzte am 6. 4. 1945 ein. 30 sowjetische Divisionen, unterstützt von zwei Luftflotten und Artillerie in Stärke von tausend Rohren, einschließlich Salvenwerfer, schleuderten Verderben nach Königsberg hinein. Sämtliche Nachrichtenverbindungen wurden durch dieses massierte Trommelfeuer zerstört. Dann griffen mehrere Schützen-Divisionen, von Panzerverbänden unterstützt, Charlottenburg an, wo die 548. VGD verteidigte. Auch beim anschließenden GR 1143 der 561. VGD erzielte der Feind tiefe Einbrüche. Nach Einsatz aller Reserven beantragte General Lasch bei der Armee die sofortige Zuführung der 5. PD. Sie sollte die verlorengegangenen Stellungen zurückgewinnen.

Am 7. 4. setzte die Sowjetarmee ihre Angriffe fort. Bei Amalienau und Juditten wurde der Einbruch des Vortages erweitert. Als eben der Ia des Festungskommandanten mit der 5. PD die Verbindung aufnahm, erfolgte ein neuer sowjetischer Angriff auf die Front der links an die 561. VGD anschließenden 1. ID. Die Unterstellung der 5. PD wurde rückgängig gemacht. Sie sollte, in mehreren Gruppen aufgeteilt, bei der 561. VGD und bei der 1. ID antreten und dort den Gegner vernichten.

Im Süden gelang es Verbänden der Sowjetarmee, bei der 69. ID bis zur Mündung des Pregel durchzustoßen. General Lasch beantragte die Genehmigung zum Ausbruch der gesamten Festungsbesatzung nach Westen. Dieser Antrag wurde von der Armee abgelehnt. Am Abend des 7. 4. verlief die HKL im Südabschnitt Königsbergs bei der Reichsstraße-Hauptbahnhof-Habersberger und Friedländer Straße zur Alten Wiesenschanze.

Um den erwarteten Pregel-Übergang der Feindverbände im Abschnitt der 69. ID zu verhindern, verlegte General Lasch Teile der 61. ID in diesen Raum, aber diese kamen zu spät. Bis zum Abend des 7. 4. 1945 bestand nur noch eine schmale freie Verbindung nach Westen.

Am frühen Morgen des 8. 4. setzten sowjetische Sturmtruppen von Süden her über den Pregel. Damit war der Einschließungsring dicht. Im Verlauf des 8. 4. setzte sich die 61. ID auf die Stadt ab.

Der stellvertretende Gauleiter Großherr, der sich noch in Königsberg befand, beantragte bei Gauleiter Koch, der in Neutief zum Absetzen nach Westen bereitstand, notwendige militärische Kräfte zum Ausbruch nach Westen. Das Feigenblatt dieser Flucht war die »noch zu rettende Zivilbevölkerung«.

General Lasch schlug vor, mit allen Kräften auszubrechen, weil ihm dies der sicherste Weg schien. Aber die Armeeführung entschied, daß »die Festung Königsberg zu halten« sei.

Nur Stoßtrupps erhielten Genehmigung, nach Westen durchzustoßen und die Verbindung zur dort stehenden 561. VGD herzustellen. Diese Division sollte in Verbindung mit Teilen der 5. PD von Westen her angreifen, um den Durchbruch zu erleichtern. »Aber die 5. PD darf den Ostrand von Juditten nicht überschreiten«, wurde befohlen.

Um diesem Ausbruchsversuch wenigstens eine geringe Erfolgschance zu geben, setzte General Lasch den Stab der 61. ID., GenLt. Sperl, mit allen an der Ostfront entbehrlichen Bataillonen, Teile der 548. VGD, GenLt. Sudau, und Teile der Artillerie der 367. ID ein.

Der Ausbruch begann nach mehrstündiger Verspätung um 02.00 Uhr des 9. 4. und lief sich bald fest. GenLt. Sudau fiel, GenLt. Sperl wurde schwer verwundet; der stellvertretende Gauleiter Großherr fand ebenfalls den Tod. Alles flutete nach Königsberg zurück.

Dieser 9. 4. 1945 brachte schließlich das Ende. Es gab keine HKL mehr. General Lasch faßte den Entschluß, zu kapitulieren. In einem Funkspruch an das OKH meldete er um 17.30 Uhr den Schluß des Kampfes in Königsberg. Die sowjetische Führung versprach in der Kapitulationsurkunde, Sorge für die Zivilbewohner und die Verwundeten zu tragen und den Soldaten eine würdige Behandlung in der Kriegsgefangenschaft zuteil werden zu lassen. Das Gegenteil war jedoch der Fall. 48 Stunden erhielten die sowjetischen Soldaten freie Hand zur Plünderung.

General Lasch wurde durch ein von Hitler eingesetztes Kriegsgericht in Abwesenheit zum Tode verurteilt. Er kehrte 1955 aus sowjetischer Kriegsgefangenschaft zurück.

Das Ende in Ostpreußen war nunmehr nur noch eine Frage von Tagen oder wenigen Wochen.

General Müller wurde abgesetzt, sein Nachfolger wurde am 8. 4. 1945 General der Panzertruppe von Saucken, der den Befehl über die auf Hela und in der Weichselmündung zusammengedrängten Reste der 2. Armee geführt hatte. Er wurde neuer Oberbefehlshaber der nunmehr in »Armee Ostpreußen« umbenannten Verbände im Samland.

Die Kämpfe bei der 2. Armee

Die 2. Belorussische Front eröffnete am 12. 2. 1945 unter Führung von Marschall Rokossowski mit fünf Armeen ihre neue Offensive gegen die lange Südfront der 2. Armee, die bis Ende des Monats die Linie Mewe-Schlochau-Boden erreichte. Graudenz wurde am 16. 2. eingeschlossen. Auf Hitlers Befehl hin wurde die Stadt gehalten, bis sie am 5. 3. 1945 dem sowjetischen Sturmangriff erlag. Am 5. 3. fiel auch Mewe.

Als schließlich am 26. 2. 1945 die 1. Belorussische Front unter Marschall Schukow aus dem Raum südlich Neustettin antrat, unterbrachen die sowjetischen Stoßtruppen bereits zwei Tage später die für die Versorgung der 2. Armee entscheidend wichtige Bahnlinie zwischen Schlawe und Köslin und erreichten Anfang März in breiter Front die Ostsee. Am 5. 3. wurde Köslin besetzt. Kolberg wurde belagert und hielt sich bis zum 18. 3. 1945, bis die dorthin gelangten Flüchtlinge abtransportiert waren. In Kolberg verteidigte Oberst Fritz Fullriede. Hier sein Bericht über jene entscheidenden Tage in seinem Soldatenleben.

Die Verteidigung von Kolberg

»Am 14. 2. 1945 erfolgte meine Ernennung zum Kommandanten der Festung Kolberg. Hitler wünschte angesichts der geschichtlichen Erinnerung an den Kampf gegen Napoleon, daß diese Stadt bis zuletzt verteidigt werden sollte. Aber ich hatte ein anderes Ziel.

Für mich hatte dieser Abwehrkampf nur so lange einen Sinn, bis die in der Stadt eingeschlossenen Flüchtlinge und die Bevölkerung über See gerettet waren. Deshalb erklärte ich meinen Soldaten, daß sie nicht die Stadt Kolberg, sondern die Bevölkerung und alle in dieser Stadt lebenden Menschen zu verteidigen hätten.

Vom 4. 3. 1945 an mußte die Besatzung der Stadt nach allen Seiten kämpfen. Dieser Kampf dauerte bis zum 18. 3. an. Zweimal wurde ich von den Sowjets zur Kapitulation aufgefordert. Aber ich durfte nicht aufgeben, bis alle 80.000 Menschen aus der Stadt über See gerettet worden waren. «

Soweit der direkte Bericht. Kolberg hielt einer vielfachen Übermacht stand. Als alle Menschen gerettet waren – dies nicht zuletzt dank des unermüdlichen Einsatzes von Zerstörern und anderen Fahrzeugen der Kriegsmarine –, brachen die letzten Soldaten durch. Als letzter Soldat seines Kommandos verließ Oberst Fritz Fullriede die Stadt und wurde mit einer Jolle zum Zerstörer Z 43 gebracht. Um 06.30 Uhr des 18. 3. 1945 verließ diese letzte Jolle den Hafen. Zurück blieb eine Brandfackel, die Kolberg hieß.

Der rechte Flügel der 2. Armee versuchte den sowjetischen Vormarsch in ihrem Abschnitt mit den Divisionen des XXIII. und XXVII. AK und des VII. PzK aufzuhalten oder wenigstens zu verlangsamen. Hier war es wieder die 7. PD, die am 26. 1. mit ihren Räderteilen die Weichsel bei Marienwerder über eine Eisbrücke passiert hatte. Die Kettenfahrzeuge mußten über Graudenz ausholen, um eine passierbare Brücke zu finden.

Am 27. 1. erreichte sie Dirschau, wo die eintreffenden Truppenteile sofort nordostwärts Dirschau in den Einsatz geworfen wurden. Andere Teile kämpften bei Einlage, westlich der Nogat, an der Straße Elbing-Danzig, 10 km westlich Elbing. Sie griffen in Richtung Elbing an, das von sowjetischer Einschließung bedroht war. Doch der sowjetische Panzerfeind, um ein vielfaches überlegen, drückte die Division weiter und weiter zurück. Die ausbrechende Besatzung von Elbing – der Entsatz der Stadt wurde nicht geschafft – traf in der Nacht zum 11. 2. auf die vordersten Teile der 7. PD und wurde aufgenommen.

In Marienburg und Elbing kämpfte die Gruppe von Rappard (Kdr. der 7. ID), während GenLt. Dr. Mauss die 7. PD in den vielen Gegenstößen und Abwehrgefechten führte.

Der Angriff des Feindes auf Danzig zeichnete sich in diesen Kämpfen des Februar deutlich ab. Aus dem Raum Marienwerder-Graudenz rollten die Stoßdivisionen der Sowjetarmee nach Westen. Gegen diese Panzerflut wurde die 7. PD am 13. 2. 1945 über Tiegenhofen-Dirschau in den Raum Konitz an der pommersch-westpreußischen Grenze geworfen. Am 14. stand sie bereits im Kampf um Konitz, wo gegen stärksten Feind bis zum 24. 2. gekämpft wurde. Major Brandes, AbtKdr. im PR 25, und Lt. Hans-Babo von Rohr, Fhr. einer Panzerkompanie dieses Regimentes, fielen in diesen Kämpfen. Beide waren mit ihren Panzern in das vom Feind genommene Konitz eingedrungen, packten den Panzerfeind von mehreren Seiten und vernichteten diese feindliche Gruppe völlig. Lt. von Rohr schoß in diesem Einsatz allein acht Feindpanzer ab und vernichtete zwei weitere im Nahkampf. Damit erhöhte sich die Zahl seiner Panzerabschüsse auf 58, von denen er sechs im Nahkampf vernichtet hatte.

Beim Vorstoß aus Elbing aber war es GenLt. Dr. Mauss, der an der Spitze der Grenadiere der 7. PD, mit einem MG kämpfend den Weg nach Westen bahnte. Am 26. 2. mußte die Division aus diesem Kampfraum herausgelöst werden. Sie wurde in einen neuen sowjetischen Durchbruchsraum Baldenburg-Rummelsburg, in Ostpommern, geworfen und kämpfte am 27. und 28. 2. mit nur noch 15 Panzern in und um Flötenstein und am 1. 3. um Reinwasser. Vom 2. bis 4. 3. stand sie im Abwehrkampf um Briesen. Südlich der Division stürmten bereits Verbände der Sowjetarmee nach Pommern hinein. Diese zwangen die 7. PD zum Ausweichen nach Nordosten über Groß-Tuchen, Bütow und Dübzow in den Raum Lauenburg und Neustadt, nur noch 20 km westlich von Gotenhafen. Teile der Division mußten nach Karthaus ausweichen. Die Sowjets standen bereits westlich Danzig.

In den nächsten Tagen bis zum 9. 3. kämpfte sich die Division in den Raum westlich Gotenhafen zurück und befand sich schließlich auf der Oxhöfter Kämpe, nördlich Gotenhafen.

Die starken sowjetischen Panzerverbände erreichten am 11.3. bei Putzig die Danziger Bucht. Es gelang mit vereinten Kräften deren Vordringen auf die Putziger Nehrung bei Großendorf zu verhindern und Gotenhafen abzuschirmen.

Weitere sowjetische Panzerkeile waren am 7. 3. zur gleichen Zeit über Preußisch-Stargard auf Schöneck vorgestoßen. Ihre Absicht war es, die westlich kämpfenden Divisionen der 2. Armee von Danzig abzudrängen. Der Armeeführer, GenOberst Weiß, faßte den Entschluß, alle Korps auf die Höhenzüge rings um Danzig-Gotenhafen, mit Anlehnung des linken Flügels an die Weichsel, zurückzunehmen. Durch diese Verkürzung der Front konnte der Raum Danzig noch mindestens 14 Tage gehalten und ein Großteil der noch in Danzig auf Rettung wartenden Zivilisten über See nach dem Westen transportiert werden.

Karthaus und Dirschau gingen am 11. und 12. 3. verloren. In der Nacht zum 9. 3. mußte Marienburg geräumt werden, das seit dem 25. 1. belagert wurde. Selbst als die Stadt bereits von sowjetischen Truppen besetzt war, kämpften in den starken Mauern der Burg noch die Verteidiger.

Das Danziger Werder wurde besetzt. In dieser Situation hatte auch die 2. Armee nur noch zwei Hauptaufgaben:

Den Schutz der Marinebasis auf Hela sicherzustellen, aus der heraus allein die HGr. Kurland versorgt werden konnte;

zweitens das Halten der Danziger Bucht, um den Abtransport der in die Hunderttausende gehenden Flüchtlinge zu sichern.

Am 12. 3., dem Vortag des sowjetischen Sturmangriffs auf den Heiligenbeiler Kessel, übernahm als Nachfolger von GenOberst Rendulic, der die HGr. Kurland führen sollte, GenOberst Weiß die Führung der HGr. Nord. GendPzTr. von Saucken wurde OB der 2. Armee.

Im neuen Brückenkopf waren zwar fünf Armeekorps versammelt, doch ihre Stärke war zusammengeschmolzen, jede ihrer Divisionen war entscheidend geschwächt. Hinzu kam das XX. AK, GenLt. Specht, der zugleich Stadtkommandant von Danzig war und der später auch den Befehl über die Truppen auf Hela übernahm.

Seit dem 10. 3. griff die Kriegsmarine mit den Kreuzern »Prinz Eugen«, »Leipzig« und dem alten Linienschiff »Schlesien« mit ihrer schweren Artillerie in die Landkämpfe ein.

Angriffsschwerpunkt der Sowjetarmee war der Norden an der Straße Quatschin-Gr. Katz. Bis zum 19. 3. arbeitete sich der Feind hier schrittweise bis an Oliva-Zoppot-Danzig heran.

Der angestrebte Durchbruch der Sowjets gelang am 21. und 22. 3. nördlich Zoppot bei Kl. Katz. Hier drangen sie bis an die Küste der Ostsee vor. Die Front in Ostpreußen war geteilt. Zoppot ging am 23. 3. verloren. Der Südteil von Gotenhafen konnte durch Abwehrerfolge bei Steinberg für einige weitere Tage gehalten werden. Dadurch wurde eine Räumung ermöglicht.

Drei Tage andauernde schwere sowjetische Fliegerangriffe ab 22. 3. zeigten an, daß der Sturmangriff auf Danzig dicht bevorstand. In der eng gebauten Altstadt stand alles in Flammen. Am 24. 3. flatterten Hunderttausende Flugblätterauf Danzig und auf die Abwehrstellungen der 2. Armee herunter mit der Aufforderung von Marschall Rokossowski, die Waffen zu strecken.

Am 25. 3. fiel Oliva. Langfuhr wurde in der kommenden Nacht von den deutschen Verteidigern geräumt, ebenso der Westteil von Danzig, in den die sowjetischen Sturm-Divisionen am 28. 3. eindrangen.

In der Nacht zum 27. 3. setzte sich Gauleiter und Reichsverteidigungskommissar Forster in einem Salondampfer aus Danzig ab. Er lief am Morgen des 27.3. an einer Notsignale schießenden, mit Flüchtlingen überfüllten Hafenfähre vorbei, ohne sich um die Hilflosen auf dieser Fähre zu kümmern. Das deutsche Torpedoboot T 23, das mit einem anderen T-Boot den Kreuzer »Lützow« sicherte und soeben zur Hilfeleistung auf die treibende,von Fliegern angegriffene Hafenfähre zulief, drehte auf diesen offenbar leeren Dampfer zu, um ihn zu stoppen und aufzufordern, die Hilfeleistung zu übernehmen. Der Dampfer wurde angerufen:

»Was halten Sie von Hilfeleistung auf See? – Nehmen Sie die Fähre in Schlepp mit nach Hela!«

Als Antwort kam herüber: »Hier Gauleiter Forster. Sie haben uns nichts zu befehlen!«

Beide Torpedoboote drehten zu dem Dampfer ein, und die Richtschützen der 2-cm-Flawaffen schwenkten die Rohre herunter, bis sie den Salondampfer des Gauleiters im Visier hatten. Dieses Zeichen wurde verstanden. Der Dampfer stoppte, und ein paar Herren stürzten unter Deck.

Der Kommandant von T 23, Kptlt. Weinlig, meldete sofort über Funk an Vizeadmiral Thiele auf der »Lützow« und bat um Handlungsfreiheit, die ihm sofort zugestanden wurde. Dieser befahl, den Dampfer notfalls mit Gewalt zur Hilfeleistung anzuhalten.

T 23 lief an den gestoppten Dampfer heran. Noch ehe Kptlt. Weinlig seine Weisungen über das Megaphon herüberrufen konnte, tauchte drüben auf Deck Gauleiter Forster auf.

»Hier spricht Gauleiter Forster von Danzig-Westpreußen. Ich werde Sie zur Rechenschaft ziehen!«

Die Antwort lautete: »Hier spricht Kapitänleutnant Weinlig. Dies ist ein Befehl! Veranlassen Sie sofort, daß Ihr Dampfer die Fähre abschleppt, sonst werden Sie beschossen!«

Der Dampfer gehorchte und schleppte die Fähre nach Hela. Mehr als alle anderen Dinge zeigen diese Fakten auf, wes Geistes Kinder die »Goldfasanen« und Reichsverteidigungskommissare im allgemeinen waren, auf deren Konto so hohe Zivilistenverluste kamen.

Bis zum 30.3. konnte die Linie bei Motlau gehalten werden, nachdem die Armeeführung am 27.3. die Weichseldämme hatte öffnen lassen, so daß auf dem Ostufer der Weichsel ein 20 km breites Fronthindernis entstand.

In Danzig selbst hatte sich seit dem 19. 3. 1945 die Situation nach einem Bericht von GendPzTr. von Saucken folgendermaßen entwickelt.:

»Die 4. Panzer-Division, und mit ihr das PR 35, war am Brückenkopf Gotenhafen-Danzig, etwa zehn km südwestlich der Stadt in Stellung gegangen. Am 19. 3. wurde ihre Verteidigungslinie unter dem ununterbrochenen Feuer aller Waffen, besonders Artillerie und Salvengeschütze, bis auf zwei km an den Stadtrand herangezogen. Hier befand sich die Division, als ich, ihr früherer Kommandeur, zu General Betzel kam, um mir einen Eindruck von der Lage und von der Verfassung zu machen. Ich hatte Mitte März den Oberbefehl dieses mit dem Rücken an das Meer angelehnten Brückenkopfes übernommen.

Noch nie während des ganzen Krieges waren unsere Stellungen mit einem so dichten Feuer belegt worden. Der Gegner hatte in dieser letzten Phase des Krieges Munition, Rohre und Kämpfer im Überfluß.

Inwieweit das Festhalten der beiden Brückenköpfe Kurland und Hela einen Einfluß auf die Große Lage und die sowjetischen Operationen im Großen gehabt hat, wird wohl kaum jemals festzustellen sein. Indessen gibt es eine Beurteilung der Lage, die meint, daß die Sowjetarmee ohne diese Bedrohung ihrer tiefen Flanke noch viel weiter nach Westen, zum mindesten bis zum Rhein, vorgedrungen wäre.

Durch unsere Armee verlief, etwa an der Weichsel, die Grenze zwischen den Heeresgruppen Rokossowski und Wassilewski. Beide hatten starke Kräfte gegen den Brückenkopf angesetzt, die damit dem großen Schwerpunkt des sowjetischen Angriffs entzogen waren. Wenn die Sowjets, wie man nach der Kapitulation erfahren konnte, drei Luftflotten gegen uns angesetzt hatten, so spricht auch das dafür, daß sie einen wichtigen Grund hatten, diesen Brückenkopf auszuräumen.

Wir bildeten den Schild für alle, die aus den Räumen Danzig, Pillau und Hela den Westen erreichten.«

Soweit der direkte Bericht. Wie der Einsatz der 4. PD und insbesondere des PR 35 dieser Division aussah, soll an den Aufzeichnungen von Oberfeldwebel Hermann Bix dargestellt werden.

»Die Kompanie Tautorus, bei der ich jetzt bin, hat den Auftrag, die Russen im Raume Kletschau einige Zeit aufzuhalten. Ich führe eine Panzergruppe von drei Jagdpanthern mit der 8,5-cm-Kanone. Die Kommandanten der beiden anderen Wagen sind Igel und Schwaffert.

Am Nachmittag ist ein Gegenstoß geplant. Kletschau, in dem der Russe sitzt, soll noch einmal genommen werden, um der Truppe hinter uns Luft zum Ausbau der Stellungen zu verschaffen. Ein Maior der Grenadiere bittet mich, mit meinen Panzern etwas nachzuhelfen, damit der Ortsrand schneller erreicht werden kann. Ich lasse mich überreden und fahre mit den Grenadieren zum Ortsrand. Im Ort selbst leistet der Gegner harten Widerstand. Ich versuche einige MG-Nester niederzukämpfen, erhalte aber unangenehmes Panzerbüchsenfeuer, stoße dennoch bis zur Dorfmitte vor. Da bekomme ich von Leutnant Tautorus einen Sonderauftrag über Funk. Ich flehe ihn an, noch etwas zu warten, da sonst die Grenadiere wieder zurückgeschlagen würden. Aber der Chef unterrichtet mich, daß 20 Feindpanzer auf der Hauptstraße (wo ich eigentlich aufpassen sollte) in Richtung Danzig vorrollen.

Schweren Herzens setze ich zurück. Unterwegs erhalte ich Auftrag, auf das Gut am Fuße des Toten Kopfes anzutreten. Der Tote Kopf, ein nicht zu übersehender Hügel, ist das Wahrzeichen der Gegend. Feindpanzer, so wird mir bedeutet, seien im Gut. Als wir uns diesem Gut nähern, suche ich durch mein Fernglas das Gelände ab und erkenne plötzlich große weiße Turmnummern von Feindpanzern. Schwaffert und Igel melden per Funk Feindpanzer, die ebenfalls auf das Gut zurollen.

Wir schieben uns vorsichtig näher. Dann gebe ich Feuererlaubnis. In dem schwachen Licht zielen wir auf die weißen Nummern. Der erste Panzer brennt auf Anhieb. Nun ist es taghell im Gutspark.

Die Russen wissen nicht, wie ihnen geschieht. Sie fahren wild durcheinander. Wir hören sie bis hierher schreien. Ich traue meinen Augen kaum. Ein zweiter Feindpanzer brennt, ehe wir den zweiten Schuß abschießen. Der Russe muß nun aus der Deckung heraus, weil sonst seine übrigen Panzer auch Feuer fangen. Er fährt auf das freie Feld und steht dort wie auf dem Präsentierteller, während uns die Dunkelheit einhüllt. Wir jagen Granate um Granate in das Panzerrudel, kaum eine verfehlt ihr Ziel. Der letzte sowjetische Panzer will gerade in einer Mulde verschwinden, da erhält auch er noch einen Volltreffer. Er brennt noch nicht. Aus der Senke stößt wenige Sekunden später eine hohe Stichflamme in den Himmel empor.

Schwaffert und Igel melden je vier Abschüsse an der Straße, wo der Gegner durchzubrechen versuchte.

Hinter einer ausgebrannten Scheune mit einer Reihe leerer Fensterhöhlen rührt sich plötzlich etwas. An der Antenne erkenne ich, daß es ein Panzer sein muß. Wir richten die nächste Fensterhöhle an, und als er dort erscheint, schießen wir. Schon brennt wieder einer.

Dann holen wir die völlig verstörten Volkssturmmänner aus den Kellern des Gutes, in denen sie sich vor dieser Panzerlawine verkrochen hatten.«

Insgesamt wurden 19 abgeschossene Feindpanzer gezählt. Dies bedeutete, daß die Besatzung Bix elf abgeschossen hatte.

Zurück zur Lage der 2. Armee ab Ende März, wäre zu berichten, daß sich ihre Front hart westlich von Heubude bis zum 5. 4. hielt, ehe sich die dort verteidigenden Einheiten am 5. 4. auf die schützende Mündung der Alten Weichsel bei Neufähr-Bohnsack zurückzogen.

Der Ring um Gotenhafen hatte sich enger zusammengezogen. Entlang der Straße Sargosch-Kielau drangen die Sowjets vor. Granaten und Bomben hämmerten auf die Stadt herunter. Ab Ende März hatten mit Booten der 13. Räumboot-Flottille, KKpt. Wassmuth, die Räumungsbewegungen begonnen, die nach Oxhöft und Hela schafften, was möglich war. Die Molen und Hafenanlagen von Gotenhafen wurden gesprengt. Die Einfahrt durch die Versenkung des Schlachtschiffes »Gneisenau« blockiert. Am 28. 3. war Gotenhafen leer. Das dort stehende PzK setzte sich befehlsgemäß auf die Oxhöfter Kämpe ab. Hitler erklärte auch diese schmale Hochfläche zum »Festen Platz«.

Die wenigen Truppen des VII. PzK, GenLt. von Kessel, darunter die 7. PD unter GenLt. Dr. Mauss, kämpften hier um einen letzten Zeitgewinn, um das Übersetzen der Flüchtlinge und Verwundeten nach Hela zu sichern, während die Marine nach wie vor mit allen verfügbaren schwimmenden Untersätzen den Strom der nach dem Westen fliehenden Menschen aufnahm und wegbrachte.

Schrittweise mußten die Soldaten weichen. Feindpanzer standen brennend vor den Stellungen. Die ersten vier Apriltage brachten immer neue Feindangriffe. An diesem 4. 4. gab GendPzTr. von Saucken den Befehl zum Räumen und Absetzen auf Hela. Mit 30 MFP, 25 KFK und einer Reihe schwerer Artillerieträger fuhren mit Ausgabe des Stichwortes »Walpurgisnacht« die Soldaten nach Hela hinüber. Um 06.00 Uhr des 5. 4. legten die letzten Boote von den Stegen der Oxhöfter Kämpe ab. Kein Soldat blieb zurück. Dies war durch den Befehl von General von Saucken erreicht worden, der sich über den Führerbefehl hinweggesetzt hatte.

Auf der Halbinsel Hela wimmelte es nun von Menschen, die aus Gotenhafen und Danzig herübergekommen waren. Von hier aus gelangten allein im April 1945

387.000 Menschen in die Freiheit. Insgesamt wurden aus Hela 1.347.000 Menschen per Schiff in den Westen gebracht.

Das Ende in Ostpreußen

Nach dem Fall von Königsberg wurde GendInf. F. W. Müller abgelöst. GendPzTr. von Saucken übernahm alle noch übriggebliebenen Teile der HGr. Nord unter der neuen Bezeichnung »Armee Ostpreußen«.

Die Front verlief nach dem Ende in Königsberg vom Kobbelbudder Forst zwischen Gut Holstein und Nautzwinkel, hart westlich Metgethen, ostwärts Seerappen und ab Prilacken in der alten, seit Ende Februar festliegenden HKL, die mit einer Einbuchtung nach Westen ostwärts von Thierenberg über Pobethen nach Norden an die Ostsee führte.

Während ihrer Angriffe auf Königsberg hatte die Sowjetarmee auch an der südlichen Samlandfront mehrfach angegriffen. Die 1., 58. und 93. ID hatten diesen Angriffen immer wieder standgehalten. Die 58. ID konnte vom 6. bis 8. 4. 45 ihren Abschnitt bis auf einen Feindeinbruch bei Prilacken halten. Im Raume Metgethen war man dabei, eine neue HKL mit den Resten der 561. VGD und der soeben herangeführten 21. ID zu bilden und zu verstärken. GenLt. Matzky hatte mit seinem XXVI. AK das Kommando im südlichen Samland übernommen, nachdem die Armeeabteilung Samland aufgelöst worden war. Im Norden dieser Front stand das IX. AK, GendArt. Wuthmann. Volkssturm, Alarmeinheiten, Versprengte waren in die einzelnen Divisionen und Kampfgruppen eingereiht worden. Die Flak-Batterien der 18. Flak-Division hatten Anteil am Abwehrerfolg gegen sowjetische Panzer.

Das Luftwaffenkommando Ostpreußen, GenMaj. Liebe, verfügte noch über etwa 25 Maschinen. Der Betriebsstoffmangel ließ jedoch einen stärkeren Einsatz aller Flugzeuge nicht mehr zu.

Die Armee Ostpreußen verfügte als Reserve über die in der Neuauffrischung befindliche 5. PD und jene Teile der PGD »GD«, die aus dem Heiligenbeiler Kessel entkommen waren.

In der Festung Pillau befehligte seit dem 22. 3. GenLt. Chill mit dem Stab des LV. AK. Er führte die Verteidigung bis zum Tenkitter Riegel. Peyse war von ganz besonderer Bedeutung, weil hier das Großkraftwerk Ostpreußen lag, das noch bis April Königsberg und das gesamte Samland mit elektrischer Energie versorgte. Darüber hinaus befanden sich im Fischhauser Wald dieser Halbinsel ausgedehnte Anlagen und Baracken sowie Bunker des Marine-Sperrwaffen-Arsenals und der

Munitionsanstalt Peyse, in denen Torpedos, Seeminen und Sprengmittel aller Art hergerichtet und aufbewahrt wurden.

Der sowjetische Großangriff

Nach der Einnahme von Königsberg gelang es Marschall Wassilewski binnen vier Tagen, den Aufmarsch der 3. Belorussischen Front gegen das westliche Samland zu vollziehen. Zwei starke Luftflotten standen ihm zur Verfügung. Mit einem Flugblatt forderte er am 11.4. die Samland-Truppen zur Waffenstreckung auf. General von Saucken und seine Soldaten wußten, was sie von den Versprechungen dieses Flugblattes zu halten hatten.

Am 13. 4. 1945 begann der Angriff der 3. Belorussischen Front nach einem starken Trommelfeuer. Danach begann unter der Deckung durch etwa 250 Panzer der Infanterieangriff. Noch im Verlauf des Vormittags ging die HKL größtenteils verloren. In den Riegeln und Laufgräben, um die Regimentsgefechtsstände und an anderen Stellen, versteifte sich der letzte Widerstand. Die gesamte Front geriet unter diesem übermächtigen Druck ins Wanken. Es gelang einem sowjetischen Panzer-Regiment, bis zur Försterei Seerappen durchzubrechen und die dort anschließende 1. ID in der südlichen Flanke zu bedrohen. Beim FüsRgt. 22 gelang den Sowjets ebenfalls ein tiefer Einbruch, und bei der 58. ID standen sich beide Seiten im Nahkampf gegenüber. Die Division hielt, mußte aber nach einem tiefen Einbruch bei ihren beiden Nachbarn bis in die eigene Artillerie-Schutzstellung zurückweichen. Der Zusammenhang zwischen der 58. und 1. ID blieb erhalten.

Weiter nördlich aber erzielten die Sowjets einige noch tiefere Einbrüche bei Poierstieten-Thierenberg. General von Saucken setzte dagegen die als Armeereserve zurückgehaltene 5. PD ein. Oberst Herzog führte sie ins Treffen. Ihr gelang es zunächst, einen Durchbruch zu verhindern. Aber die 95. ID und die 551. VGD konnten gegenüber der Panzerwucht des Gegners nicht standhalten. Die 551. VGD mußte sich in der Nacht zum 14. 4. absetzen. Die 95. ID wurde zerschlagen. Der DivKdr., GenMaj. Lang, fiel.

Der Nordteil der Front im Samland konnte nicht mehr gehalten werden. Eine neue Abwehrfront wurde nach Norden aufgebaut, in die die 5. PD, Teile der PGD »GD« und die mit Anfängen herangekommene 32. ID einrückten. Die 28. JD verstärkte die Abwehr an der Südfront. Allerdings waren alle Divisionen – mit Ausnahme der 5. PD – nur noch Kampfgruppen, deren Offiziere größtenteils gefallen waren.

Der sowjetische Großangriff wurde am 14. 4. fortgesetzt. Es begann abermals mit einem starken Artilleriefeuer mit nachfolgendem Panzer- und Infanterieangriff. Ständige Tieffliegerangriffe hielten den ganzen Tag über an. Mit seinen starken Panzerverbänden kam der Gegner im waldreichen Südabschnitt nicht weit vorwärts. Hier mußten die deutschen Verteidiger bis zum Abend in die Linie Haff-Elenskrug-Powayen zurückgehen. Die 1. ID und die 58. ID konnten einige Feindeinbrüche ausbügeln, mußten aber beide in die vorgesehene Riegelstellung ausweichen.

Weiter nördlich, im offenen Gelände des nordwestlichen Samlandes, stürmte die feindliche Panzerlawine vorwärts. Die deutsche HKL wurde durchbrochen. General von Saucken bemühte sich, mit den letzten Reserven zwischen Kragau und Germau eine nach Nordosten gerichtete Front aufzubauen. Als Georgenswalde geräumt war, schwenkte der Nordflügel der Armee zurück und entging so der Einschließung.

Auch am dritten Tag des Großangriffs stürmte die 3. Belorussische Front mit der Wucht der Vortage weiter. Die deutsche Front wurde aufgerissen, die zurückweichenden Verbände versuchten den rettenden Hafen Pillau zu erreichen. Unter den Soldaten befanden sich immer noch Flüchtlinge, die bis zuletzt in ihren Höfen geblieben waren. Die Trecks wurden auf den Straßen teilweise von sowjetischen Panzern überwalzt, wie dies schon einmal im Samland geschehen war. Fast die gesamte Artillerie ging verloren. Es gelang nicht mehr, den Sperr-Riegel im Nordosten bei Germau zu besetzen.

Am Abend dieses Tages ging Bludau verloren. Große Teile des XXVI. AK wurden in den Raum Peyse abgedrängt. Nur noch eine schwache Front hielt südlich Kobbelbudde in der Bludauer Heide.

Um Fischhausen schloß sich ein enger Halbkreis in der Linie Kallen-Kauster Berg-Schloß Gaffken-Littausdorf. In der Nacht wurde die Fischhausen-Ost-Stellung durch Teile der 1. und 58. ID besetzt. Es gab nun nur noch zwei enge Brückenköpfe, den von Peyse und jenen bei Fischhausen.

Am 16.4. wurden diese beiden Brückenköpfe weiter eingeengt. Pausenlose Luftangriffe gingen darauf nieder. Fischhausen wurde völlig durch Luftangriffe zerstört. Nachdem sämtliche Nachrichtenmittel ausgefallen waren, war an eine einheitliche Befehlsgebung nicht mehr zu denken. Im Kampf fiel hier der letzte Kommandeur der 1. ID, GenLt. von Thadden. Im Laufe des 16. 4. brach die Front bei Fischhausen zusammen. Die Sowjets drangen von Norden in die Stadt ein und besetzten sie während der Nacht.

Auf der Halbinsel Peyse drang der Gegner ebenfalls am 16. 4. gegen schwachen Widerstand weiter vor. Hier verteidigten noch Teile der 561. VGD unter Oberst Becker und der 28. JD unter Oberst von Tempelhoff. Die Armee versuchte noch in der Nacht des 17. 4. durch Pionierboote und Marinefahrzeuge möglichst viele Menschen zu retten. Am Strand bei Rosenberg-Balga und an einigen anderen Stellen wurden in Eigeninitiative Flöße gebaut, mit denen man versuchte, den Wasserstreifen bis zur Nehrung zu überwinden. Peyse fiel am 17. 4. 1945. Versprengte haben sich noch bis zum 18. 4. in den Waldstücken halten können, ehe auch für sie das Aus kam. Auf den Verwundetenbunkern wurden weiße Flaggen aufgesteckt, um diese zu retten.

Am Tenkitter Riegel hatte die erst am 15. und 16. 4. in diesem Raum eintreffende 32. ID, GenMaj. Boekh-Behrens, von der Lungenheilstätte Lochstädt aus den letzten Einsatz geführt. Die aus dem Raume Kahlberg herangeführte 170. ID stand um diese Zeit in der Tiefe des Hauptkampffeldes und wurde binnen dreier Tage bis zum 21. 4. völlig zerschlagen.

Am Tenkitter Riegel stießen die Rotarmisten am 17. 4. auf den letzten entscheidenden Widerstand. Vier Tage dauerte es, ehe es ihnen gelang, diesen Riegel zu knacken.

Hinter dem Riegel konnte derweilen etwas Ordnung geschafft werden. Auf dem 30 Quadratkilometer großen Nehrungsteil bei Pillau drängten sich die Reste der Samlandtruppen zusammen. Von hier aus konnten die Kriegsmarine unter FKpt. Brauneis und die Pionier-Landungsverbände unter Generalmajor (der Pioniere) Henke im ständigen Bombenhagel aus dem Tief, wo die letzten Einschiffungsmöglichkeiten bestanden, noch Rettungsfahrten durchführen.

Die übrigen Riegelstellungen nördlich Pillau wurden neun Tage lang gehalten, nicht um einen sinnlosen Widerstand bis zum letzten zu leisten, sondern um zu retten, was noch zu retten war. Hier hielten unbekannte Soldaten aus, um verwundeten Kameraden und Zivilisten, Frauen und Kindern den Weg nach dem Westen offen zu halten.

Vom 21. bis 23. 4. tobte der Abwehrkampf in dem 4 km tiefen Waldstück hinter dem Tenkitter Riegel. Die alte Burg Lochstädt war das Haupt-Verteidigungswerk in diesem Raum. Hier waren es die Reste der 18. Flak-Division und die Marinebatterie Lochstädt, die bis zuletzt kämpften. Auch vor Neuhäuser tobte der Kampf in ungekannter Erbitterung, bis die Stadt in der Nacht zum 24. 4. fiel.

Der Kampf um die Festung Pillau begann. GenLt. Chill erlebte mit seinen Soldaten hier Dutzende schwerster Luftangriffe und Artillerie-Bombardements. Vom 13. bis 23. 4. standen die Verteidiger im Abwehrkampf, bevor die Sowjetarmee am Morgen des 24. 4. die äußerste Befestigungslinie erreichte, wo die 21. ID kämpfte. Der Einsatz der 83. ID unter GenMaj. Wengler, die noch am Abend des 24.4., von Hela kommend, in Pillau landete, war ein Verzweiflungskampf. Der DivKdr. fiel am 25. 4. bei Pillau-Neutief.

Der Seekommandant Pillau, Kpt.z.S. Strobel, gab am Morgen des 25. 4. den Befehl zur Sprengung der Molen und der Hafeneinrichtungen sowie zur Verminung des Seetiefs und Sperrung der Hafeneinfahrten. Danach setzte er als letzter mit seinem engsten Stab über das Seetief zur Frischen Nehrung über.

Noch am 25. 4. wurde die Altstadt gehalten. Dann war auch der Kampf um Pillau zu Ende gegangen.

Bereits am 23. 4. 1945 hatte Gauleiter und Reichsverteidigungskommissar Koch mit seinem engeren Stab, darunter Dargel und Knuth, mit den Eisbrechern »Ostpreußen« und »Pregel« Pillau verlassen. Ohne auch nur einen Flüchtling mitzunehmen, lief die halbleere »Ostpreußen« aus dem Hafen von Pillau. Auch während des Zwischenanlegens in Hela weigerte sich Koch, Flüchtlinge oder Verwundete an Bord zu nehmen. Er ließ Kurs auf Kopenhagen nehmen, zog dort eine feldgraue Uniform an und tauchte als Major der Reserve Berger in Hasenmoor bei Hamburg unter. Erst 1949 wurde er dort erkannt und nach Verurteilung durch ein britisches Gericht nach Polen ausgeliefert.

Generalmajor Henke, der das Übersetzen mit seinen Pionierlandungsverbänden bis zuletzt geleitet hatte, bildete am frühen Morgen des 25. 4. 1945 aus Soldaten aller Wehrmachtsteile eine Kampfgruppe, um die letzten Anlandungen sichern zu können. Diese Kampfgruppe wurde am 26. eingeschlossen. Sie setzte dennoch den Kampf fort, weil sie noch auf einlaufende Boote hoffte. Sie verteidigte bei der Flakbatterie Lehmberg in Neutief. Diese war von den Sowjets umgangen worden. Am 27. 4. fiel sie um 15.30 Uhr dem Feind nach letztem Abwehrkampf in die Hände. Bei diesen Kämpfen fand GenMaj. Henke den Tod. Seine Landungspioniere aber führten von dem letzten Flecken beim Weichseldurchbruch von 1848 noch Tausende Flüchtlinge und Soldaten auf die Reede von Hela zurück.

DER KAMPF UM BERLIN

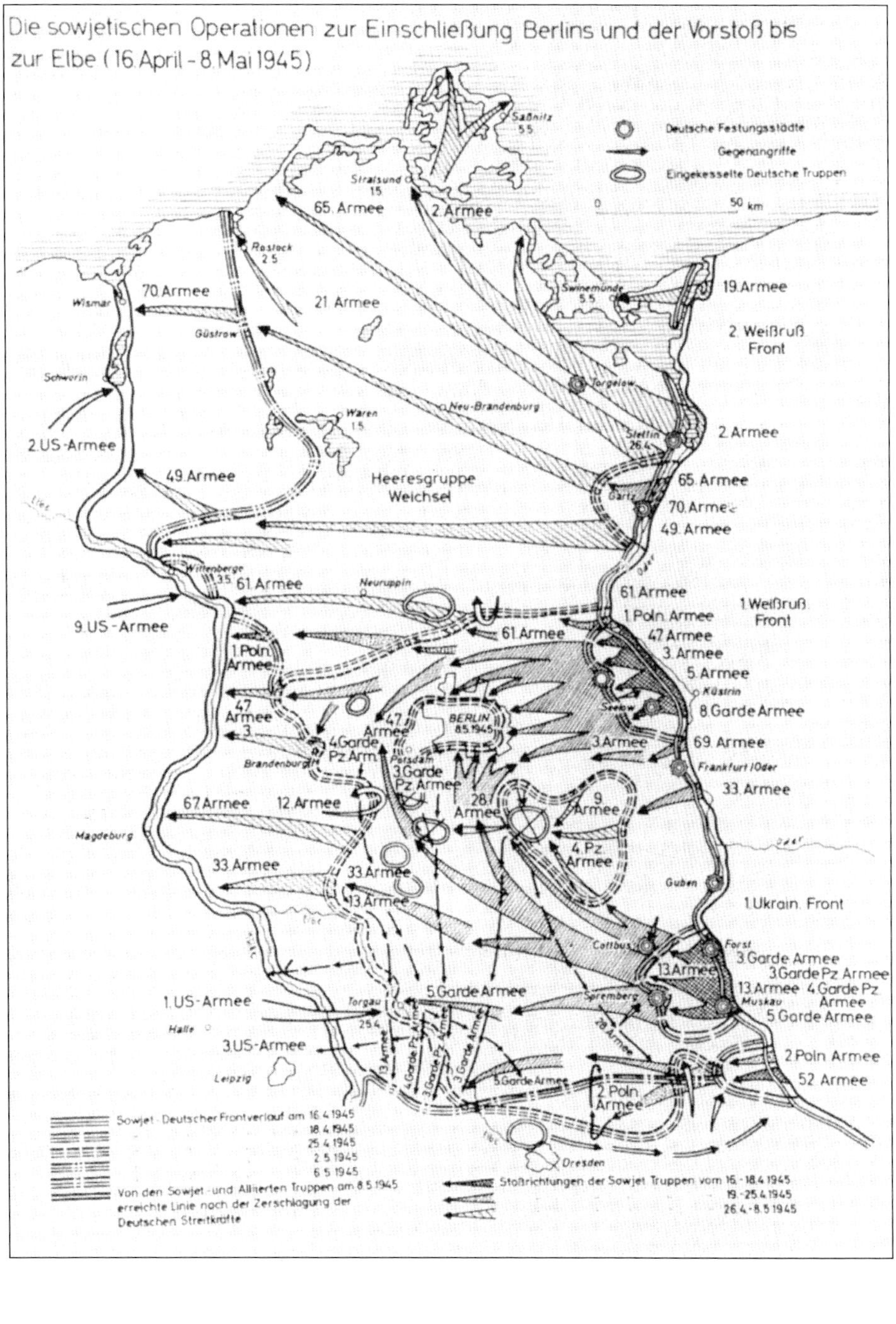

Übersicht über die geplanten Operationen der Sowjetarmee

Die abschließende Großoffensive der an der Oder stehenden Streitkräfte der Sowjetarmee richtete sich gegen Berlin. Zu diesem Großangriff standen die Verbände der 1. Belorussischen Front unter Führung von Sowjetmarschall Schukow auf dem Ostufer von Oder und Neiße und vom Raum südlich Schwedt bis nach Groß-Gastrose. Darin eingeschlossen waren der 50 km breite und zehn km tiefe Brückenkopf bei Küstrin auf dem Westufer der Oder. Die polnische 1. Armee wurde dieser Front zugeführt.

Von Groß-Gastrose nach Süden, bis zu den Ausläufern der Sudeten, war die 1. Ukrainische Front unter Marschall Konjew aufmarschiert. Ihr gehörte die polnische 2. Armee an.

Am Südflügel dieser strategischen Front führten die 2. und 4. Ukrainische Front den Kampf gegen die HGr. Mitte im Raum der Tschechoslowakei.

Folgende Planungen waren für die zu Mitte April angesetzte letzte Offensive vorgesehen: Die 2. Belorussische Front, Marschall Rokossowski, im Norden der breiten Ausgangsstellung, löste die 1. Belorussische Front am Unterlauf der Oder im Abschnitt Kolberg-Schwedt ab. Teilkräfte dieser Front waren zur Vernichtung der letzten noch kämpfenden deutschen Truppen in Pommern und an der Danziger Bucht eingesetzt. Sie sollte mit dem Gros den Unterlauf der Oder mit seinen breiten Flußarmen, die oft vier bis fünf Kilometer auseinander lagen, überwinden.

Die 1. Belorussische Front erhielt Weisung, aus dem Brückenkopf Küstrin heraus anzugreifen. Hier galt es ein tiefgestaffeltes deutsches Verteidigungssystem zu überwinden. Die 1. Ukrainische Front sollte im Angriff auf einer Breite von einigen Kilometern zunächst die Neiße überwinden. Hier konnte es zu einem Gegenschlag der HGr. Mitte kommen. Alle drei HGr., die 2. und 1. Belorussische und die 1. Ukrainische Front,sollten die deutschen Verteidigungsstellungen aufreißen, sie an mehreren Stellen durchbrechen und die hier stehenden Kräfte des deutschen Heeres in drei Gruppen aufspalten. Danach sollten die einzelnen Teile vernichtet werden.

Die Durchbruchsversuche waren an folgenden Stellen angesetzt: Bei Schwedt an der Oder durch die 2. Belorussische Front, die in den Raum Neustrehlitz vorstoßen und die deutsche 3. PzArmee von den übrigen deutschen Truppen abschneiden sollte.

Mit Stoßrichtung auf Berlin wurde die 1. Belorussische Front angesetzt. Flankenverbände dieser HGr. sollten die Reichshauptstadt von Süden und Norden umholen und sich westlich von Berlin mit der 1. Ukrainischen Front vereinigen. Dadurch sollten die 9. Armee und alle in und um die Reichshauptstadt eingesetzten Verbände vernichtet werden. Gleichzeitig sollten von dieser Front zwei Nebenangriffe geführt werden. Im Norden mit der polnischen 1. Armee nördlich des

Küstriner Brückenkopfes entlang dem Südufer des Hohenzollernkanals auf Fehrbellin und im Süden aus dem Brückenkopf Küstrin südlich Frankfurt in Richtung PotsdamBrandenburg. Dadurch sollte die 9. Armee von Berlin abgeschnitten werden.

In allgemeiner Richtung Belzig sollte die 1. Ukrainische Front aus den Bereitstellungen im Abschnitt Forst-Muskau antreten, die Neiße überwinden und mit den Spitzenverbänden bis in den Raum westlich Berlin vorstoßen. Hierdurch sollten der linke Flügel der deutschen 4. PzArmee zerschlagen und die 9. Armee von Süden umfaßt werden.

Als wichtigste Aufgabe dieser Front wurde die Einschließung der 9. Armee und Groß-Berlins gemeinsam mit der 1. Belorussischen Front angesehen. Den Nebenangriff in Richtung Dresden führte die polnische 2. Armee mit einigen unterstellten Verbänden.

Diese Offensive sollte für die 1. Belorussische und 1. Ukrainische

Front am 16. 4. und für die 2. Belorussische Front am 20. 4. 1945 beginnen.

An der gesamten Offensive nahmen teil: drei HGr. mit 41.600 Geschützen und Granatwerfern, über 6.300 Panzer, 8.000 Flugzeuge und viele andere Kampfmittel.

Der letzte Großangriff

Nach der durchgeführten Aufklärung traten die Truppen der 1. Belorussischen und der 1. Ukrainischen Front am 16. 4. 1945 zum Großangriff an. Zwei Stunden vor Morgengrauen bereits wurde der Angriff von der 1. Belorussischen Front aus dem Küstriner Brückenkopf begonnen, wie Marschall Schukow dies vorbereitet hatte.

Um 05.00 Uhr begann das Artilleriefeuer, gleichzeitig damit griffen sowjetische Nachtbomber der Front- und der Fernaufklärerverbände die rückwärtigen Linien des Hauptverteidigungsstreifens an. Sie konzentrierten sich auf erkannte Artilleriestellungen und Gefechtsstände. Nach Ende dieses 20 Minuten dauernden Feuerschlages wurden die in Position gebrachten 140 starken Scheinwerfer eingeschaltet.

Infanterie, Panzer und Sturmgeschütze traten hinter diesem Lichtfeld zum Angriff an. Dieser erste Angriff drang bis zu zwei km vor, ohne auf Widerstand zu stoßen. Dann aber versteifte sich der Widerstand, die Angriffstruppen blieben teilweise im Schlamm stecken.

Bis zum Abend des ersten Angriffstages war die 1. Belorussische Front nur 3 bis 8 km tief vorgedrungen. Dies, obgleich auch die 1. und 2. Garde-Panzerarmee unter den GenObersten Katukow und Bogdanow in den Einsatz fuhren.

Der Kampf dauerte hier insgesamt vier Tage, ohne daß diese Front wesentliche Fortschritte erzielt hätte. Deutsche Gegenangriffe hielten die sowjetische Panzerlawine im Verein mit dem Schlamm auf. Dennoch gelang es den massierten Panzerkräften des Feindes mit nachfolgender Infanterie auf einer Frontbreite von 70 km bis zu 30 km tiefe Geländegewinne zu erzielen. Der deutsche Oder-Neiße-Abschnitt wurde auf einer Breite von 20 km durchbrochen. Dabei überholten diese Truppen auf der rechten Flanke die Truppen des Hauptangriffs und stießen weiter vor, um Berlin von Norden zu umfassen. Diese beiden Armeen wurden sofort verstärkt, als sich bei ihnen der rasche Vorstoß abzeichnete.

Bei der 1. Ukrainischen Front wiederum begann die Offensive am 16. 4. um 06.55 Uhr. Hinter einem künstlichen Nebelschleier überwand die Truppe auf Pionierstegen und Behelfsbrücken die Neiße und bildete zunächst auf deren Westufer Brückenköpfe. Danach wurden von Pionierverbänden Pontonbrücken gebaut, über die weitere Kräfte nachgezogen wurden. Um 08.45 Uhr begann der Angriff mit dem Ziel, die deutsche HKL nahe dem Westufer zu durchbrechen. Auf einer Breite von 26 km gelang dies am ersten Tage in einer Tiefe bis zu zehn km. Damit war ein genügend großer Brückenkopf geschaffen, um alle Kräfte der 1. Ukrainischen Front über den Fluß und in die endgültige Sturmausgangsstellung zu schaffen.

Die Nebengruppierung, die ebenfalls an diesem Tage die Neiße überwunden hatte, durchbrach die deutsche HKL und stieß in Richtung Bautzen fünf km vor. Ihren Spitzenverbänden gelang es bis zu zehn km weit voranzukommen.

Am 17. 4. wurde der Angriff des Gros in Richtung Durchbruch der zweiten Verteidigungslinie fortgesetzt. Die Panzer voran,wurde die Spree überwunden. Die dritte deutsche Verteidigungslinie westlich der Spree wurde beiderseits Spremberg durchbrochen.

Die beweglichen schnellen Truppen der Front lösten sich am 19. 4. von den übrigen Truppenverbänden. Sie setzten ihren Vorstoß selbständig fort und stießen dabei bis zum südlichen und südwestlichen Stadtrand von Berlin vor. Cottbus und Spremberg, die sich noch verteidigten, wurden umgangen.

Durch diese Operation zeichnete sich bereits am 19. 4. die Umgehung der 9. Armee und der 4. Panzerarmee ab, die den Frontbogen von Frankfurt entlang dem Westufer der Oder und Neiße sowie ostwärts und westlich Cottbus immer noch verteidigten.

Die 1. Ukrainische Front zerschlug den linken Flügel der 4. Panzerarmee. Das Gros der 4. Panzerarmee, das im Großraum Spremberg verteidigte, wurde umgangen. Auch die Nebenangriffe gingen zügig vorwärts.

Die Vorausabteilungen der 2. Belorussischen Front im Norden des Angriffsstreifens überwanden das Ostufer der Oder bis zum 19. 4. und bereiteten sich auf den Angriff über die Oder nach Westen und Nordwesten vor. Ihr Angriff band die 3. PzArmee, so daß diese keinen Verband zur Unterstützung der schwer kämpfenden 9. Armee abstellen konnte.

Am Morgen des 20.4. begann hier erst der Angriff des Gros der 2. Belorussischen Front über das erhöhte Westufer der Oder nach Westen. Die Kämpfe zur Errichtung eines breiten und tiefen Brückenkopfes dauerten bis zum 25.4. Danach standen die Hauptverbände auf einem 30 km breiten Abschnitt in 20 km Tiefe zum, Schlußangriff bereit gegen die deutsche Verteidigung in Vorpommern.

Währenddessen hatte die 1. Belorussische Front am 20. 4. mit ihrem rechten Flügel den äußeren Verteidigungsriegel um Berlin in etwa 15 km Breite aufgerissen und eröffnete die Umfassung der Reichshauptstadt von Norden. An diesem 20. 4. 1945, Hitlers Geburtstag, schickte die Artillerie der Sowjetarmee die »ersten Geburtstagsgrüße« in Gestalt von Feuerüberfällen ihrer Artillerie in die Reichskanzlei. Am 21. 4. drangen die Verbände dieser Front bis an die Stadtränder im Norden und Nordosten Berlins vor. Am 22. und 23. 4. ging es in ununterbrochen andauernden Kämpfen weiter in Richtung Stadtkern. Marschall Schukow befahl dem zum Nordwestrand Berlins vorprellenden Stoßkeil, Berlin von Norden zu umgehen, Potsdam zu erobern und sich dann mit den von Süden herankommenden Truppen der 1. Ukrainischen Front zu vereinigen. Durch diese Operation sollten die Verteidiger von Berlin von den im Waldgebiet südostwärts Berlin stehenden Kräften der 9. Armee und den dort haltenden Teilkräften der 4. Panzerarmee abgeschnitten werden.

Gegen diese beiden deutschen Gruppierungen im Südosten der Stadt richteten sich die Angriffe der sowjetischen Luftstreitkräfte.

Im Abschnitt der 1. Ukrainischen Front waren die Panzertruppen der 3. und 4. Garde-Panzerarmee unter den GenObersten Rybalko und Leljuschenko zum südwestlichen Stadtrand von Berlin vorgestoßen und drangen am Abend dieses Tages in den ersten Berliner Verteidigungsriegel ein. Spremberg wurde von einer Teilgruppe dieser Front am Abend des 20. 4. in Besitz genommen.

Am 21. 4. führte Marschall Konjew die 28. Armee unter GenLt. Lutschinski in den Kampf, die ihm aus der Reserve des Oberkommandos zur Verfügung gestellt wurde. Sie sollte hinter Rybalkos 3. Garde-Panzerarmee aufschließen und auf Berlin vorstoßen.

Diese beiden Armeen stürmten in den folgenden zwei Tagen zum Teltow-Kanal am Südrand von Berlin vor. Die 4. Garde-Panzerarmee wiederum stieß auf Potsdam vor, drang in den Südteil ein und stand mit Teilgruppen bei Treuenbrietzen im Abwehrkampf gegen die dort von Westen angreifende 12. Armee, GendPzTr. Wenck.

In der Nacht zum 23. 4. befahl das sowjetische Oberkommando Marschall Konjew, mit seiner 1. Ukrainischen Front spätestens am 24. 4. die 9. Armee (Gen.d.Inf. Busse) und Teilkräfte der 4. Panzerarmee südostwärts Berlin einzukesseln. Und zwar mit Truppen der 3. Garde-Panzerarmee und den soeben am Südrand Berlins eingetroffenen Verbänden der 8. Garde-Armee, Generaloberst Tschuikow, und der 1. Garde-Panzerarmee der 1. Belorussischen Front unter Generaloberst Katukow.

Die Panzerverbände beider Fronten trafen sich und hatten damit diese starke deutsche Kräftegruppe gespalten.

Am 25. 4. wurde die Einschließung Berlins vollendet, als sich um 12.00 Uhr Teile der 47. Armee unter GenMaj. Perchorowitsch mit Spitzengruppen der 4. Garde-Panzerarmee, GenOberst Leljuschenko, bei Ketzin die Hand reichten. Damit war westlich Berlin der Einschließungsring vollendet.

Am selben Tag stießen Truppen unter GenOberst Schadow (5. Garde-Armee) bei Torgau bis zur Elbe vor und reichten den soeben dort angelangten Truppen der 1. US-Armee die Hand. Damit war Deutschland in eine nördliche und eine südliche Hälfte gespalten.

Die deutsche Wehrmacht verfügte noch über zwei freie Verbände, die 12. Armee, die westlich Berlin stand, und die HGr. Mitte, die noch auf dem Boden der Tschechoslowakei kämpfte.

In dieser Endphase des Kampfes auf deutschem Boden drang der Großangriff der 2. Belorussischen Front im Norden durch den zweiten deutschen Verteidigungsgürtel und rollte bis zur Elbe, nach Schwerin und Rostock vor. Dann vereinigte sie sich mit den im Norden vorgerückten englischen Truppen. Die 3. Panzerarmee (Gen.d.PzTr. v. Manteuffel) wurde zerschlagen, und ein Teil dieser Armee geriet in englische Kriegsgefangenschaft.

Der Kampf um Berlin aber rückte in seine letzte Phase. Nach der Vernichtung der 9. Armee und der Teile der 4. Panzerarmee im Raume Frankfurt-Guben durch Truppen der 13. Armee, GenOberst Puchow, und der 4. Garde-Panzerarmee unter GenOberst Leljuschenko, durchbrachen Reste der 9. Armee die sowjetische Umklammerung und schlugen sich zur 12. Armee durch, die diesen Durchbruch vorbereitet hatte und so lange stehengeblieben war, bis die durchgekommenen Teile der 9. Armee aufgenommen waren. Am 1. 5. 1945 war das Schicksal dieser Gruppe entschieden, als sich die 12. Armee mit den Resten der 9. Armee kämpfend zur Elbe zurückziehen mußte.

In Berlin tobte seit dem 26. 4. der Straßenkampf. Teile der 1. Belorussischen Front stießen von Norden, Osten und Westen zum Zentrum der Reichshauptstadt vor. Von Süden und Südwesten drangen Verbände der 1. Ukrainischen Front zum Stadtkern vor, in dem seit dem 27. 4. bereits gekämpft wurde.

Endkampf in der Tschechoslowakei

Als die Sowjetarmee im April 1945 Wien und einen Teil von Mähren erobert hatte, waren die Voraussetzungen zu einer Schlußoffensive ins Herz der Tschechoslowakei mit Stoßrichtung Prag frei.

In dieser Situation während des 20. April 1945 hatte General Eisenhower, der Oberkommandierende der westalliierten Streitkräfte, seine 3. US-Armee, die von Westen her Chemnitz zu erreichen versuchte, und die 7. US-Armee, die Nürnberg erreicht hatte, nach Süden und Südosten angesetzt mit dem Ziel, Westösterreich zu besetzen. Ganz Bayern war bis Ende April in der Hand der US-Truppen. Linz wurde am 1. 5. in Besitz genommen, und die 3. US-Armee, die den Raum Linz-Salzburg erreicht hatte, marschierte auf dem Wege dorthin etwa 300 km an der tschechischen Grenze entlang. Auf der Linie der Flüsse Elbe und Mulde und entlang der tschechischen Westgrenze blieben die US-Truppen stehen.

Anfang Mai verfügte die deutsche Wehrmacht nur noch über Böhmen und den nordwestlichen Teil von Mähren. Hier verteidigte sie in der HGr. Mitte mit der 1. und 4. Panzerarmee (letztere nur noch in Teilen vorhanden). Die 17. Armee und die Reste der im Wiener Raum dezimierten 8. Armee der HGr. Süd, die 7. Armee, die aus dem Westen zurückgegangen war, und Teile des Ersatzheeres kamen hinzu. Diese Truppen unter Generalfeldmarschall Schörner waren die einzigen, die der Sowjetarmee noch entscheidenden Widerstand leisten konnten.

Am 1. 5. 1945 befahl das sowjetische Oberkommando, daß die 1. Belorussische Front bis zum 4. 5. die im Großraum Berlin eingesetzten Teile der 1. Ukrainischen Front abzulösen habe. Der OB der 1. Ukrainischen Front, Marschall Konjew, erhielt Befehl, seine Heeresgruppe nördlich Dresden bereitzustellen und von dort aus in Richtung Prag anzugreifen. Einen Tag später wurde vom Oberkommando der Sowjetarmee der Befehl an Marschall Malinowski, OB der 2. Ukrainischen Front, gegeben, seinen Angriff mit Teilkräften auf Olmütz fortzusetzen und mit der Hauptgruppe im Raum Brünn zu sammeln und von dort aus in Richtung Jihlava (Iglau)Prag anzugreifen.

Die 4. Ukrainische Front befand sich bereits im Angriff von Nordosten auf Olmütz. Das tschechoslowakische AK kämpfte innerhalb der 4. Ukrainischen Front bei Ostrava (Mär.-Ostrau).

Dies bedeutete, daß die 4. Ukrainische Front von Nordosten und der rechte Flügel der 2. Ukrainischen Front von Süden vorstoßen würden, während die 1. Ukrainische Front von Nordwesten anrückte.

Bis zum Abend des 6. 5. hatte die 1. Ukrainische Front nach ihrer Umgruppierung die Ausgangsstellungen bei Dresden und Görlitz erreicht. Bei Dresden hatten sich 6.000 Geschütze und etwa 1.000 Panzer versammelt. 2.000 Flugzeuge sollten diese Stoßgruppe aus der Luft unterstützen. Bei Görlitz, wo die Versammlung erst am Abend des 8. 5. beendet war, standen zum Angriff 3.500 Geschütze und Selbstfahrlafetten zur Verfügung, ferner 350 Panzer und Sturmgeschütze. Hier sollten 350 Flugzeuge den Angriff aus der Luft unterstützen.

Die Umgruppierung war bei der 1. Ukrainischen Front rasch vonstatten gegangen. Schwieriger hatte es Marschall Malinowski mit seiner 2. Ukrainischen Front, die erst am 7. 5. umgruppiert hatte.

Am 6. 5. begann der Angriff in Richtung Prag, als durch die Aufklärung festgestellt wurde, daß der Gegner westlich Meißen seine Stellungen verließ und sich nach Süden zurückzog. Marschall Konjew hatte daraufhin um 14.00 Uhr antreten lassen. Aber am Abend prallte dieser Stoßverband im Raume Dresden auf entschiedenen deutschen Widerstand.

Am Mittag des 5. 5. lagen Teile des Fallschirmpanzerkorps "HG" im Raume Oelsnitz fest. Das Korps ging zur Verteidigung über und setzte sich in der kommenden Nacht vom Feind ab. Das offensive Vorgehen in Richtung Berlin, das dem Korps am 2. 5. befohlen worden war, hatte keinen Erfolg mehr gebracht. Nördlich von Dresden wurden neue Stellungen bezogen.

Die unter dem Befehl von Sowjetmarschall Konjew stehenden Feindverbände wurden am 6. 5. gehalten, doch am nächsten Morgen wurden auch diese Stellungen geräumt. Der Feind drang entlang der Elbe nach Nordwesten vor und griff dann von Osten direkt auf Dresden zu an. Damit bestand die Gefahr, daß die noch nördlich Dresden stehenden Truppen abgeschnitten wurden und ihre geplante Überführung ins Erzgebirge nicht mehr möglich sein würde.

Am 7. 5. wurde der Divisionsgefechtsstand der FallschirmPanzergrenadierdivision 2 "HG" in Heide-Mühle, in der Dresdener Heide, ebenfalls geräumt. Der Befehl mußte gegeben werden, weil sowjetische Sturmtruppen von Osten her nach Dresden eingedrungen waren. Nunmehr galt es, die Elbebrücken *so lange* offen zu halten, bis die letzten deutschen Truppen sie überschritten hatten.

Um 16.00 Uhr dieses 7. 5. 1945 standen sowjetische Panzer am Dresdener Albertplatz und versuchten, von hier aus die Brücken zu erobern; diese wurden nunmehr von eigenen Kräften gesprengt.

Der Abzug der Truppen in Richtung Glashütte und in den Raum südlich davon verlief störungsfrei. Am 8. 5. marschierte die Division im Rahmen des Korpsverbandes – vermischt mit vielen Flüchtlingstrecks – weiter zurück. GenMaj. Lemke, der Kdr. der FschPzGrenDiv. 2 "HG", erhielt an diesem Tage um 19.00 Uhr einen Funkspruch vom Korps:

»Ab 20.00 Uhr Waffenruhe, Bedingungslose Kapitulation! Alle Bewegungen einstellen.«

Das FschPzKorps "HG" trat den Marsch in die Gefangenschaft an.

DIE 12. ARMEE ZWISCHEN ELBE UND ODER

Aufstellung und Aufgabe

Ende März 1945 erhielt das OKW die Weisung, im Bereich der Elbe, in den Räumen Dessau und Wittenberge, eine neue Armee aufzustellen, die zum Kampf im Westen bestimmt sein sollte. Diese Armee rekrutierte sich aus den jüngsten Jahrgängen des Reiches zwischen 17 und 19 Jahren. Hinzu kam das Personal verschiedener Waffenschulen, von RAD-Führerschulen und anderen Einrichtungen.

Der Auftrag für diese Armee lautete: "Versammlung im Harz westlich der Elbe. Angriff nach Westen zum Entsatz der Heeresgruppe B. Dadurch Aufspaltung der westlichen alliierten Streitkräfte und durch weitere Angriffsoperationen Herstellung einer geschlossenen Westfront."

Das Oberkommando der HGr. Nord, das Anfang April für die Führung der auf engstem Raume in Ostpreußen eingeschlossenen Truppen entbehrlich war, wurde als neues Oberkommando der 12. Armee vorgesehen. Es traf jedoch erst zwischen dem 15. und 20. April auf dem Seewege in Warnemünde ein. Damit kam es zu einem Zeitpunkt bei der 12. Armee an, als diese bereits formiert war und sich in schweren Abwehrkämpfen befand.

Der Armeeoberbefehlshaber, Gen.d.PzTr. Walther Wenck, hatte mit einem kleinen Arbeitsstab, einer kleinen Stabsgruppe und einer Funkstelle die Führung der Armee übernommen. Er hatte sich am 7. April befehlsgemäß im FHQ gemeldet, wo man ihn mit der neuen Aufgabe bekanntgemacht hatte:

"Der Führer hat Sie zum Oberbefehlshaber der 12. Armee ernannt", wurde ihm von General Burgdorf verkündet. "Alles Nähere erfahren Sie durch den Führer persönlich."

Wenig später stand General Wenck Hitler gegenüber. Nach der üblichen Lagebesprechung wandte sich Hitler direkt an ihn: "Herr General Wenck, ich ernenne Sie zum Oberbefehlshaber der 12. Armee", sagte Hitler und reichte dem neuen Armeeoberbefehlshaber die Hand.

Anschließend fuhr Wenck nach Dahlem zum OKW, wo er von GenOberst Jodl, dem Chef des Wehrmachtsführungsstabes, über die Lage an der Westfront unterrichtet wurde. Wenck erfuhr folgende Einzelheiten:

"Im Ruhrgebiet war die HGr. B, GFM Model, eingeschlossen. Die Front klaffte in der Mitte auseinander. Der neue OB-West, GFM Kesselring, wurde mit seinem rechten Flügel auf den Harz, mit dem linken Flügel auf die Alpen zurückgedrückt. Zwischen dem Harz und den im Ruhrkessel eingeschlossenen Truppen klaffte eine Lücke, durch die die westalliierten Truppen nach Osten stürmten.

Im Norden wurde der OB Nordwest, GFM Busch, neu bestätigt.

Bei den schweren Kämpfen in Nord- und Süddeutschland waren bereits einige Divisionen, die der 12. Armee zugeteilt waren, zum vorzeitigen Einsatz gelangt. Sie kamen also nicht mehr für die Zusammenziehung in Mitteldeutschland in Frage.

Alle der 12. Armee gegebenen Befehle stellte General Wenck unter das Motto:

a) Rettung möglichst vieler Menschen, vor allem der Flüchtlinge, vor dem Zugriff der Sowjetarmee.

b) Diesen Krieg, der nunmehr fast sechs Jahre dauert, für das deutsche Volk zu beenden. Es sollte noch ein Funke von Anstand, selbstloser Disziplin und selbstlosem Helfen hinübergerettet werden in eine Zeit, die für die Deutschen damals mehr als dunkel erschien.

Unter diesen Vorstellungen wurde die Aufstellung jener zehn Divisionen betrieben, die für die 12. Armee vorgesehen waren. Diese trugen sämtlich klangvolle Namen:

Panzer-Division "Clausewitz",
Panzergrenadier-Division "Albert Leo Schlageter" z.b.V.,
Infanterie-Division "Potsdam",
Infanterie-Division "Scharnhorst",
Infanterie-Divisiön "Ulrich von Hutten",
Infanterie-Division "Friedrich Ludwig Jahn",
Infanterie-Division "Theodor Körner",
Infanterie-Division "Ferdinand von Schill".
Eine Infanterie-Division in Norddeutschland (diese kam nicht im Rahmen der 12. Armee zum Einsatz).
Eine SS-Panzer-Division in Süddeutschland; bei ihr Teile der SS-Junkerschulen (auch sie kam nicht zur 12. Armee) (SS-PGD »30. Januar«).
Zuletzt noch die Panzer-Jagdabteilung 3.

An Führungsstäben wurde das voll verwendungsfähige Generalkommando des XXXIX. PzK der Ostfront übernommen. Ferner das GenKdo. des XXXXI. PzK, das ohne Nachrichtenmittel und Kfz war. Drittens das Generalkommando des XX. AK (Gen.d.Kav. Köhler), das nicht verwendungsbereit war.

Darüber hinaus sollten die Reste der zerschlagenen 11. Armee General Wenck unterstellt werden. Mit dieser Armee sollte Wenck dann aus dem Aufstellungsraum Harz heraus antreten, um die HGr. B im Ruhrgebiet zu entsetzen.

Gen.d.PzTr. Wenck fuhr nach Blankenburg im Harz, wo das OKW das HQ der 12. Armee vorgesehen hatte.

Am späten Abend des 12. April erfuhr General Wenck nach Aufnahme der Verbindung mit GenLt. Raegener, dem Kommandanten von Magdeburg, daß US-Panzer den Westrand der Stadt erreicht hatten. Nach Abwehr ihres ersten Angriffs seien sie nach Süden abgedreht und hätten mit anderen US-Truppen zwischen Magdeburg und Barby das Elbeufer erreicht und übersetzen können. Truppen der 2. US-PD hätten 16 km flußabwärts Magdeburg einen kleinen Brückenkopf auf dem Ostufer des Flusses bilden können.

General White plante, mit seiner Division, die den Spitznamen "Hell on Wheels – Hölle auf Rädern" führte, unmittelbar zum Sturmangriff auf Berlin anzusetzen.

Die ersten Kampfhandlungen

Als sich das Armeehauptquartier am Abend des 12. April in Dessau-Roßlau eingerichtet hatte, stand die 12. Armee oder das, was bereits von ihr vorhanden war, südlich Wittenberge bis Grimma ostwärts von Leipzig an der Mulde verstreut.

Das OKW wollte nunmehr mit dem XXXIX. PzK die Zugänge zum Harz von Norden her aus dem Raume Uelzen über Braunschweig nach Süden, und von Osten her durch einen Angriff der 12. Armee aus den Bereitstellungen westlich der Elbe, freikämpfen.

Der Angriff des XXXIX. PzK fand am 16. April statt. Jener der 12. Armee jedoch konnte nicht geführt werden, da alle Verbände Wencks sogleich in örtliche Kämpfe verwickelt wurden.

Die ID "Potsdam" wurde noch während ihrer Aufstellung in die Kämpfe der 11. Armee im Harz verwickelt. Die ID "Scharnhorst" würde frühestens am 16. April verfügbar sein, und die Aufstellung der ID "Ulrich von Hutten" war am 12. April beendet. Am weitesten aber hing die Aufstellung der ID "Friedrich Ludwig Jahn" zurück.

Dem Kommandeur der Sturmgeschütz-Schule Burg bei Magdeburg, Major Müller, befahl General Wenck die Aufstellung einer neuen, teilbeweglichen Division mit dem Namen "Ferdinand von Schill". Diese Division, die im wesentlichen am 24. April stand, kämpfte aber bereits lange vorher mit ihren einsatzbereiten Teilen an der Elbe.

Bereits am 12. April begannen die erwarteten Feindangriffe gegen die Saale-Linie beiderseits Halle bis südlich Merseburg. Hier stand das XXXXVIII. PzK unter Gen.d.PzTr. Frhr. von Edelsheim. Die Stellungen dieses Korps konnte der Gegner an keiner Stelle durchbrechen. Lediglich nordwestlich von Halle gelang es ihm, einen Brückenkopf über die Saale zu bilden.

Bei Camburg, 15 km ostwärts Apolda, konnte die Sowjetarmee ebenfalls die Saale überwinden und mit Panzerkräften über Weißenfels bis in den Raum Pergau-Zenkau vordringen. Damit war Leipzig von Süden und Osten bedroht. Gen.d.PzTr. Frhr. von Edelsheim versuchte, so viele Reserven wie möglich zu bekommen, um einen sicherlich auch geplanten sowjetischen Vorstoß zur Mulde bei und südlich Grimma zu vereiteln.

Am selben Tage traf auch die PD "Clausewitz" unter GenLt. Unrein, die dem XXXIX. PzK, General der PzTr. Decker, unterstellt war, ins Gefecht gegen britische Panzerverbände, die seit dem 10. April aus Südwesten auf Uelzen vorfühlten.

Als am 12. April die britischen Truppen von Süden auf Uelzen antraten und in die deutsche HKL eindrangen, rollten 30 Panzer und Sturmgeschütze der Division "Clausewitz" dem Gegner entgegen. Von den Flanken drangen die SPW gegen die eingebrochene Feindinfanterie vor, überflügelten die Spitzengruppen und klemmten sie ab. Im Duell der Panzer gegeneinander wurden 14 englische Panzer abgeschossen. Die englischen Truppen wichen zurück, sie sparten Uelzen aus und setzten ihren Vorstoß 10 km westlich dieser Stadt in Richtung Bienenbüttel fort.

GendPzTr. Decker, der am Abend des 12. April auf General Unreins GefStand eintraf, befahl die Vernichtung der im Raume Hollenstedt südlich Uelzen stehenden britischen Kräfte. Dann sollte nach Süden eingedreht werden. GenLt. Unrein entschloß sich zu einem Nachtangriff mit einer Kampfgruppe aus 20 Panzern, 10 Sturmgeschützen und 80 SPW.

In der Nacht zum 15. April trat diese KGr. an. Sie rollte nach Nettelkamp hinein. Hier tauchten die ersten Feindpanzer auf, und immer mehr folgten ihnen. Das Panzerduell entbrannte. Die Nacht wurde von den Abschußflammen der Kampfwagenkanonen durchzuckt.

Über Sprechfunk befahl der vorn führende KGr.-Kommandeur: "Durchstoßen! – Alles mir nach!"

Aus einer Mulde gelang es einem feindlichen Panzerrudel, zwei deutsche Panzer abzuschießen. Die zehn Sturmgeschütze rollten vor und vernichteten diesen Gegner.

Als es hell wurde, lagen 40 Feindpanzer auf dem Gefechtsfeld. Nur drei eigene Panzer und zwei Sturmgeschütze waren durch Beschußschäden ausgefallen.

Der weichende Gegner wurde von schnellen Angriffsspitzen bis zur Straße Braunschweig-Uelzen verfolgt.

Als die KGr. die Straße Gifhorn-Salzwedel erreichte, wurde diese gesperrt. GenLt. Unrein ließ von hier aus eine zweite kleinere KGr. in Richtung Brome rollen, um die große KGr. für den weiteren Vorstoß zum Weser-Elbe-Kanal zu verstärken.

Im Angriff auf den Übergang über den Weser-Elbe-Kanal erlitt die gesamte KGr. starke Verluste. Es kam zu erbitterten Panzerduellen mit einigen starken Feindpanzerrudeln, die in mehreren in die Tiefe gestaffelten Verteidigungslinien aufgefahren waren. Die KGr. wurde nach Osten abgedrängt und erreichte den Raum nördlich von Gardelegen. Von nun an erhielt die Division keine Nachricht mehr.

Dies veranlaßte GenLt. Unrein, eine dritte KGr. unter Major Benningsen zusammenzustellen, bei der sich auch der DivStab befand. Sie bestand aus 12 Panzern und Sturmgeschützen, einer Kp. der AA 2, zwei Batl. PzGren. und einer schweren Flak-Abt.

Die beiden PzGrenBatl. erlitten, aus dem Kampfraum südlich Uelzen herausgelöst, auf dem Marsch in den Versammlungsraum schwere Verluste und fielen mitsamt ihren zehn "Hetzer-Panzerjägern" für die 3. KGr. aus. Sie sollten nunmehr als vierte KGr. in der allgemeinen Richtung Brome-Fallersleben folgen.

Die PD "Clausewitz" wurde solcherart vom OKW kleckerweise eingesetzt und zerschlagen. Das OKW befahl auch den Angriff der 3. KGr. noch am 18. April. Die Panzer, die vorausrollten, stießen bei Haselhorst auf US-Truppen. Die hier stehenden Panzer und Pak der US-Armee wurden vernichtet, die MG-Nester mit Sprenggranaten ausgeschaltet. Haselhorst fiel der KGr. zu. Da der Gegner nun mit Artillerie in die Ortschaft schoß, ließ Major Benningsen im Walde südlich von Bergmoor sammeln. Artilleriefeuer, das durch Beobachtungsflieger gelenkt wurde, zerschlug die Restgruppe, die im Wald südlich Lindhof versammelt war. Der Kampf der Division ging zu Ende. Teile wurden am 20. April gestellt oder vernichtet, die letzten 12 Panzer und Sturmgeschütze, einige SPW und etwa zwanzig Lastwagen fuhren unter Major Benningsens Führung in Richtung des Elmrückens südlich Fallersleben. Die vorgetriebene Aufklärung fand die Brücke über den Weser-Elbe-Kanal feindbesetzt. Aus Fallersleben waren die Motorengeräusche eines Panzerverbandes zu hören, die anzeigten, daß der Gegner bereits in der Stadt war.

Kurz vor der Brücke stießen die vorn rollenden Panzer auf Panzerfeind. Es war inzwischen völlig finster geworden. Noch einmal entbrannte ein Panzerduell, in dem neun Feindpanzer abgeschossen wurden, zwei eigene Kampfwagen gingen verloren.

Die Spitzenpanzer erreichten den Elm im Raume südlich Bornum. Der DivKdr. gelangte mit zwei SPW und drei VW, in der vorgeschriebenen Richtung fahrend, gegen 06.30 Uhr zum Elm südlich Abbenrode.

Bis zum 24. April konnte sich die Gruppe um GenLt. Unrein bis in den Raum Roxförde in der Letzlinger Heide durchschlagen, ehe sie als letzte in Gefangenschaft gerieten.

Die 12. Armee an der Elbe.

Der US-Vorstoß mit den Panzer-Divisionen der 12. Armeegruppe unter General Bradley kam mit der 3. und 1. US-Armee rasch vorwärts. Auch die 9. Armee, die Bradley wieder zugeführt worden war, setzte ihren Vormarsch fort. Am 10. April erreichte GenLt. Simpson Hannover. Die Stadt wurde mit Hilfe der 2. PD der 2. brit. Armee genommen, die sofort weiter auf Magdeburg vorstieß und Braunschweig besetzte.

Die 5. PD zielte auf Tangermünde, weil die für sie als Übergang über die Elbe bei Schönebeck gelegene Brücke bereits gesprengt war.

Als die Panzer am Mittag in Tangermünde einrollten, erscholl plötzlich das Geheul von Luftschutzsirenen. Auf dieses Zeichen hin eröffneten der Volkssturm und Hitlerjungen den Kampf mit Panzerfäusten gegen diese Panzer, von denen eine Anzahl vernichtet wurde. Als die Spitzenpanzer bis unmittelbar zu der Brücke gelangt waren, flog diese mit Donnergetöse in die Luft.

Damit war der Vorstoß der 5. PD nur 85 km vor Berlin beendet.

Nunmehr setzte General Bradley alles auf den Erfolg des Kampfkommandos B der 2. PD unter BrigGen. Hinds. Dieser erhielt Befehl, mit seinen Amphibienpanzern südlich von Magdeburg über die Elbe zu setzen, einen Brückenkopf zu bilden und eine Pontonbrücke über den Fluß zu schlagen.

Am 12. April setzten die ersten Amphibienpanzer gegen 20.00 Uhr über den Fluß. Sie fanden keinen Widerstand. In den frühen Morgenstunden des 13. April standen bereits drei Bataillone auf dem Ostufer der Elbe. Sie bildeten den ersten Brückenkopf. Gegen 7.30 Uhr meldete GenMaj. White an GenLt. Simpson: "Wir sind drüben!"

25 km weiter südlich von diesem Geschehen erreichten die Spitzeneinheiten der 83. US-ID unter GenMaj. Macons bei Barby ebenfalls die Elbe. Oberstleutnant Crabil, Kdr. des IR 331, jagte jeden eintreffenden Mann in die Sturmboote. Die Pioniere gingen ungehindert daran, eine Pontonbrücke herzustellen, über welche die Artillerie auf das Ostufer gelangen konnte.

Am Abend des 13. April war die gesamte 83. ID auf dem Ostufer der Elbe versammelt. Wenig später war auch die Pionierbrücke fertig; an ihrer Auffahrt wurde ein Schild angebracht. "Truman-Brücke – Tor nach Berlin! (Eine kleine Aufmerksamkeit der 83. ID)."

Das Korps erhielt Meldung vom vollzogenen Flußübergang, und GenLt. Simpson meldete dies sofort der 12. Armeegruppe weiter. Unmittelbar darauf unterrichtete General Bradley seinen Vorgesetzten Eisenhower. Dieser fragte: "Brad, was meinen Sie, wird es uns kosten, von der Elbe aus durchzubrechen und Berlin zu nehmen?" General Bradley erwiderte: "Ich schätze, daß es uns 100.000 Mann kosten wird." Und nach einer kleinen Pause fügte er hinzu: "Ein hoher Preis für ein Prestigeziel, vor allem, wenn man in Betracht zieht, daß wir uns wieder zurückziehen und das von uns eroberte Gebiet den Sowjets überlassen müssen." (Siehe Cornelius Ryan: Der letzte Kampf).

Dies gab offenbar den Ausschlag, die 9. US-Armee, deren Nachschublinien bereits sehr weit ausgedehnt waren, an der Elbe stehen zu lassen.

Am 13. April erhielt die ID "Scharnhorst" den Befehl, ein verstärktes Rgt. für ein Eingreifen im Raume Magdeburg bereitzuhalten. Dieses Regiment, verstärkt durch Sturmgeschütze unter Major Alfred Müller, dem ehemaligen Kdr. der Sturmgeschützschule Burg, erhielt die Bezeichnung KGr. "Burg". Ihr Kern war die Sturmgeschütz-Abt. Burg.

Am Morgen des 14. April fuhren die Sturmgeschütze den Angriff gegen den Nordteil des südlich Magdeburg installierten Brückenkopfes. Dieser wurde von Oberstleutnant Anderson verteidigt. Sieben Sturmgeschütze durchbrachen die erste Infanterie- Linie. Sie schossen mit Sprenggranaten und MG-Feuer in die Stellungen der Feindinfanterie hinein. Unangefochten rollten sie weiter vor. Die US-Infanteristen ergriffen die Flucht.

Auf der linken Flanke dieses Stoßkeiles rollten einige Panzer vor, denen die Sturmgeschütze der Division "Scharnhorst" folgten. Weitere Sturmgruppen griffen an einer dritten Stelle an. Wo sich der Widerstand versteifte, rollten die Sturmgeschütze vor und kämpften die MG-Nester nieder. Immer mehr US-Soldaten gerieten in Gefangenschaft oder wurden in den Fluß gedrückt. Gegen Mittag befahl Hinds die Zurücknahme aller Truppen auf das Westufer.

Nach der Beseitigung dieses Brückenkopfes faßte General Wenck auch die Vernichtung des zweiten US-Brückenkopfes bei Barby ins Auge.

GenMaj. Götz, Kdr. der ID "Scharnhorst", erhielt Befehl, diesen Brückenkopf abzuriegeln. Dazu wurden der Div. zwei Sturmgeschütz-Battr. zur Verfügung gestellt.

Mit Einfall der Abenddämmerung des 14. April stießen Sturmgeschütze und Infanterie vor und erreichten die vordersten Stellungen der 83. ID des Gegners. Diese wurden auf ihr Gros zurückgedrückt. Dennoch gelang die Beseitigung dieses Brückenkopfes nicht, da ein Teil der Division "Scharnhorst" bereits in den Raum Köthen umdirigiert worden war, weil ein Feindvorstoß auf Dessau gemeldet wurde.

Die ID "Hutten" marschierte am 14. April auf Befehl der Armee aus ihrem Versammlungsraum Wittenberg über Gräfenhainichen in den Raum Bitterfeld, westlich der Mulde. Diese Verlegung erfolgte, um den Gegner möglichst lange hier zu halten.

Trotz Feindberührung auf dem Marsch dorthin konnte GenLt. Engel seine Division in den Einsatzraum führen und vorwärts der Autobahn Dessau-Leipzig einen großen Brückenkopf bilden.

Hier stießen die Spitzenpanzer der Amerikaner in den frühen Morgenstunden des 15. April auf die vorgeschobenen deutschen Sicherungen. Mit Pak, Flak und ein paar Sturmgeschützen wurden diese Feindpanzer abgeschossen.

Drei Stunden später erfolgte hier der erste wirkliche US-Angriff. Dieser und die folgenden Angriffe des 15. und 17. April, die mit starker Panzerunterstützung geführt wurden, drangen nicht durch. Die ID "Hutten" stand eisern.

Dennoch konnte es nicht ausbleiben, daß dieser Brückenkopf mehr und mehr zusammengedrückt wurde. Er wurde schließlich in zwei Teile aufgespalten. Der eine Teil stand bei Jeßnitz, der andere bei Bitterfeld. Gen.d.PzTr. Wenck erteilte GenLt. Engel Befehl, beide Brückenköpfe zu halten, weil sie starke Feindverbände banden.

Bei Barby aber führte der Gegner am 15. April weitere Kräfte über die Elbe. Es war die 2. US-PD, die ihre Panzer auf der "Truman-Brücke" der 83. ID über den Fluß schaffte.

Als diese Panzer soeben über die Brücke rollten, hatte General Eisenhower einen Funkspruch an den Generalstabschef, General Marshall, in Washington geschickt, daß der Vorstoß seiner mittleren Streitkräfte mit dem Erreichen der Elbe abgeschlossen sei. Er wolle nur "eine feste Front an der Elbe" halten und die "Alpenfestung aufzubrechen" versuchen."

Noch während die Panzer der 2. PD über die "Truman-Brücke" rollten, rief General Bradley den OB der 9. US-Armee, GenLt. Simpson an und bat ihn, ins HQ der 12. Armeegruppe nach Wiesbaden zu kommen.

Als Simpson in Wiesbaden aus der Maschine stieg, wurde er von General Bradley empfangen. Dieser sagte ihm nun auf freiem Felde, was er keinem Telefon anvertrauen wollte:

"Also, Simpson, Sie müssen an der Elbe stehenbleiben. Sie dürfen nicht weiter in Richtung Berlin vorstoßen. Es tut mir leid, Simp, aber es ist nun einmal so."
"Von wem, zum Teufel, kommt dieser Befehl?" fragte Simpson erregt.
"Von Ike", antwortete Bradley.
Der OB der 9. US-Armee flog wieder in seinen GefStand zurück.

Als er hier GenMaj. Hinds erklärte, daß dieser nicht weiter vorgehen dürfe, starrte dieser ihn an, als zweifle er am Verstand seines Gegenüber.

"Erklären Sie mir das noch einmal!" bat Hinds.

"Wir stoßen nicht nach Berlin vor, Sid. Für uns ist der Krieg hier an der Elbe zu Ende."

Auch die 12. Armee wollte nunmehr gegenüber den Amerikanern an der Elbe halten, und Gen.d.PzTr. Wenck gab seine diesbezüglichen Befehle.

Am Morgen des 16. April erfuhr das AOK 12, daß die Sowjetarmee von der Oder aus zum letzten Sturmangriff nach Westen angetreten war. Dies stellte die Armee vor eine weitere Aufgabe, die darin bestand, Truppen aus der Westfront herauszuziehen und mit ihnen eine Sicherungslinie nach Osten aufzubauen, um einem sowjetischen Gegner standhalten zu können.

Am 17. April wurden diese Bewegungen eingeleitet, während zur gleichen Zeit die Division "Scharnhorst" mit einer unterstellten Sturmgeschütz-Kpn. von Norden und Osten gegen den Brückenkopf Barby antrat.

Diesmal kam es zum Duell mit US-Panzern, die geschickt aus tiefgestaffelten Stellungen in den Kampf eingriffen. Alle Sturmgeschütze wurden alarmiert. Major Müller rollte mit ihnen vor. Aber dieser Angriff schlug nicht durch. Der Gegner hatte einen Brückenkopf bereits zu stark mit Flak, Pak und Panzern ausgebaut. General Wenck befahl das Heranführen der ID "Theodor Körner", die mit "Scharnhorst" gemeinsam am 22. April den Brückenkopf ausräuchern sollte.

In der Zwischenzeit hatte das XXXXVIII. PzK unter General d.PzTr. Frhr. von Edelsheim den Kampf um die Stellungen des Halle-Saale-Abschnittes geführt. Halle, das sich unter dem Kampfkommandanten, GenMaj. Radtke, verbissen verteidigt hatte, mußte aufgegeben werden. In der Nacht zum 17. April mußten sich die Reste kämpfend auf die Mulde-Stellung zurückziehen.

Der Kampf um Leipzig, der von den US-Truppen energisch geführt wurde, endete am 17. April mit dem Einbruch der Amerikaner in die Stadt. Insgesamt hatten drei US-Divisionen um Leipzig gekämpft. Diese US-Truppen stießen unmittelbar nach der Einnahme der Stadt ostwärts Leipzig gegen die Mulde bei Grimma und Würzen vor. Hier wurden sie angehalten.

Als Auswirkung des sowjetischen Großangriffes mit Stoßrichtung Berlin, ab dem 16. April 1945, machte sich ein weiterer Druck auf den Abschnitt des XXXXVIII. PzK vom 18. April an bemerkbar. Am 19. April wurde von Edelsheim nach Dessau-Roßlau befohlen. Hier erteilte Gen.d.PzTr. Wenck ihm Weisungen, die Mulde vom Abschnitt der angrenzenden ID "Hutten" aus bis zur südlichen Armeegrenze zu verteidigen. Darüber hinaus erhielt von Edelsheim den Auftrag, in der Linie der Schwarzen Elster eine neue Ostfront vorzubereiten und auszubauen.

Gen.d.PzTr. Frhr. von Edelsheim mußte damit rechnen, daß nicht nur die bei Leipzig-Halle stehenden vier US-Großverbände vom nächsten Tag ab angreifen konnten, sondern daß auch der Südflügel der HGr. von Marschall Konjew zum Flankenschutz seiner auf Berlin angetretenen Verbände die Elbe-Linie anstreben würde.

Es stand also vom 19. April an ein Kampf des XXXXVIII. PzK mit zwei Fronten nach entgegengesetzten Seiten bevor. Falls dann die Schwarze-Elster-Stellung verloren ging, rückten diese beiden Fronten auf nur 30 km Distanz zusammen.

Bis zum 21. April wurden alle Feindversuche, Brückenköpfe auf dem Ostufer der Mulde zu bilden, vereitelt. Lediglich ein Brückenkopf des Korps bei Eilenburg ging bei einem starken Panzerangriff verloren. Eine größere Anzahl Feindpanzer konnte mit Panzerfäusten vernichtet werden.

Im Raume Bitterfeld ging nach dreitägiger Verteidigung auch der von der Div. "Hutten" gehaltene Brückenkopf Jeßnitz-Bitterfeld verloren. 30 Feindpanzer wurden hier durch Panzerfaust vernichtet. Dann mußte "Hutten" hinter die Mulde zurückgehen. Die Division richtete sich neben dem XXXXVIII. PzKorps zur Verteidigung ein.

Es waren Divisionen der 5. Gardearmee (GenOberst Schadow) der Sowjets, die diese Versuche unternahmen. Sie hatten sich nördlich Senftenberg von der 3. und 4. Garde-Pz.Armee getrennt, um auf die Schwarze Elster und darüber hinaus auf Torgau vorzustoßen.

Am 20. April erhielt Gen.d.PzTr. Frhr. von Edelsheim Weisung, daß das XX. AK, das inzwischen einsatzbereit war, aus der Front herausgezogen werden mußte, um im Raume Belzig für die geplante Verteidigung nach Osten bereitzustehen. Aus diesem Grunde sollte das XXXXVIII. PzK bei Wittenberg und Coswig die Elbe überschreiten, um nördlich davon wieder die Flanke der 12. Armee zu schützen.

Am 20. April begann der Abmarsch bei Grimma und Riesa. Entsprechend dem Abfluß wurden die weiter nördlich stehenden Truppen Zug um Zug abgerufen. Bis zum 25. April war der Flußübergang geschafft, die Bewegungen waren abgeschlossen.

Nach dem Abmarsch des XXXXVIII. PzKorps hatte sein US-Gegner, über die Linie Eilenburg-Torgau vorrollend, mit Aufklärungsverbänden die Verbindung mit den bei Torgau stehenden Truppen der Sowjetarmee hergestellt.

Am 25. April kam der Spähtrupp von Lt. Kotzebue in Stärke von 26 Mann bei der Ortschaft Leckwitz an, dort ritt ihm ein einzelner Reiter entgegen. Es war der erste Russe, der über die Elbe gesetzt war und Einmann-Aufklärung betrieb. Der Stoßtruppführer ließ nun weiterfahren. Die Männer erreichten die Elbe und ruderten mit einem Boot zum anderen Ufer. Auf der anderen Seite stieß Kotzebue mit seinen Boys auf Rotarmisten der 58. Garde-Division.

Die Begrüßung war frostig, denn vorher hatten die Amerikaner eine Gruppe deutscher Zivilisten passiert, die ermordet auf dem Ostufer der Elbe lagen und auf das Konto dieser "Waffenbrüder" kamen.

Ein anderer Spähtrupp der 69. US-ID drang 30 km weiter nördlich zur Elbe vor und traf hier auf Rotarmisten, die ihrerseits das Westufer erreicht hatten. Hier trafen sich Truppen der 1. US-Armee und solche der 1. Ukrainischen Front. Dieses Zusammentreffen gilt offiziell als erstes der beiden Verbündeten.

Die Kampfgruppe Burg

Die KGr. Burg, unter Führung von Major Müller – er wurde in diesen Tagen zum Oberstleutnant befördert –, wurde durch den Festungskommandanten von Magdeburg zum Gegenangriff gegen die, im Kessel südlich der Stadt liegenden, Amerikaner angesetzt.

Als das XIX. US-Korps zum Angriff auf Zerbst ansetzte, hatten die Sturmgeschütze eine entscheidende Abwehrrolle zu spielen. Beim Aufbruch der Amerikaner aus dem Brückenkopf Barby erscholl wie schon oftmals vorher der Ruf "Sturmgeschütze vor!"

Die Sturmgeschütz-Lehrbrigade aus Altengrabow, der Sturmgeschützschule Burg unterstellt, rollte vor und eröffnete das Feuer. Sie schlug die bereits bis zum Stadtrand von Zerbst vorgedrungenen Amerikaner zurück und schoß einige Feindpanzer ab.

Die KGr. Burg wuchs durch Zuführungen und Unterstellungen weiter an und erreichte binnen weniger Tage Divisionsstärke. Sie wurde in Division "Ferdinand von Schill" umbenannt. Oberstleutnant Müller erhielt Befehl, nach Osten zu drehen und in den Raum Belzig zu verlegen. Als die neue Division dort eintraf, wurde sie neben der dort stehenden Division "Theodor Körner" angesetzt.

Als hier am 21. April die ersten Sowjet-Panzer JS und vier T 34 mit aufgesessener Infanterie am vorgeschobenen GefStand der Division "Körner" vorbeirollten, als ihnen Infanterie folgte und alles in Richtung Wittenberg vorstieß, rollten die Sturmgeschütze, geführt von Major Nebel, heran und schossen alle 12 vorbeigekommenen Feindpanzer ab. Das Gefecht dauerte drei Stunden. Es rettete auch das Armee-HQ in Dessau-Roßlau, das dennoch am späten Abend des 21. April in die Medewetzer Hütte, 22 km nordostwärts von Zerbst, verlegt wurde.

Die Sowjets aber drangen nicht mehr weiter nach Westen vor, sondern drehten kurz vor Jüterbog nach Norden und Nordwesten ab und schlossen Potsdam ein. Eine kleine sowjetische Panzergruppe fühlte direkt auf Potsdam vor.

Eine Lagebesprechung im Führerbunker

Am Nachmittag des 22. April 1945 begann die tägliche Führerbesprechung im Führerbunker der Reichskanzlei wie immer. Den ganzen Vormittag hatte Hitler versucht, den GefStand des AOK 11 in Liebenwerda zu erreichen. SS-Obergruppenführer Steiner hatte Befehl erhalten, die 11. Armee zu bilden und das AOK 11 aufzustellen. Er sollte Truppen zur Verteidigung der Reichshauptstadt sammeln. Der Feind stand vor den Toren Berlins und Eile war geboten.

Die 9. Armee unter Gen.d.Inf. Busse war eingekesselt und lag südlich Frankfurt/Oder zwischen Cottbus und Baruth fest.

GenOberst Jodl begann die Lagebesprechung mit dem Vortrag. Anschließend sprach Gen.d.Inf. Krebs. Beide hatten Nachricht erhalten, daß General Steiner noch nicht genügend Truppen versammelt hatte und daß die Sowjetarmee auch am Südflügel der 3. PzArmee durchgebrochen war. Noch bevor Jodl seinen Vortrag beendet hatte, fiel ihm Hitler ins Wort und fragte abermals nach Steiner. Er mußte erfahren, daß Steiner nicht nur nicht zur Befreiung Berlins angetreten war, sondern daß er überhaupt noch keine Armee habe.

Dies war für Hitler, der sich an den einen Strohhalm geklammert hatte, zuviel. Er erlitt einen Nervenzusammenbruch. Er schrie und tobte, und seine letzten Worte waren: "Alles ist aus, aus, aus!"

Als GenOberst Jodl wenig später an den Fernsprecher gerufen wurde, bat GFM Keitel den Führer um eine Unterredung unter vier Augen. Hitler schickte alle übrigen Anwesenden hinaus, und nun trug der GFM vor, daß es nur noch zwei Möglichkeiten gebe:

Erstens:	Die Kapitulation anzubieten.
Zweitens:	Nach Berchtesgaden zu fliegen und von dort die Kapitulationsverhandlungen einzuleiten.

Hitler fiel Keitel ins Wort:
"Ich habe meinen Entschluß bereits gefaßt. Ich werde Berlin *nicht* verlassen. Ich werde die Reichshauptstadt bis zum Schluß verteidigen. Entweder gewinne ich die Schlacht um Berlin, oder ich falle als Symbol des Reiches."

Nachdem alle wieder hereingerufen waren und auch Jodl erschienen war, trug Jodl Hitler seinen Plan vor, den er soeben überlegt hatte. Dieser schien die einzige Möglichkeit zu bieten, Berlin doch noch zu entsetzen. Kern dieses Planes war: die Elbefront aufzugeben und sich ausschließlich zur Abwehr der Sowjets nach Osten zu wenden. In diesem Sinne sollte die am Ostufer der Elbe stehende 12. Armee dort herausgelöst, nach Osten gedreht und zum Angriff auf Berlin angesetzt werden.

GFM Keitel erbot sich, persönlich zum Armeegefechtsstand von General Wenck zu fahren und dafür Sorge zu tragen, daß dieser Führerbefehl erfüllt werde.

Hitler billigte den Plan und während GenOberst Jodl in seinen neuen GefStand nach Krampnitz zurückfuhr, machte sich GFM Keitel auf den Weg zur 12. Armee.

Das Treffen Keitel / Wenck

Als am 23. April gegen 1.00 Uhr im Armeegefechtsstand der 12. Armee der Feldfernsprecher klingelte, war General Wenck gerade von einer Frontfahrt zurückgekehrt und vor Übermüdung in einem Lehnstuhl eingeschlafen. Er ging selbst an den Apparat und nahm die Meldung eines Offiziers des XX. AK entgegen, daß sich GFM Keitel auf dem Weg in den Armeegefechtsstand befinde.

Walther Wenck ließ seinen Chef des GenSt., Oberst i.G. Reichhelm, wecken. Als dieser den Grund des Weckens erfuhr, kam der Wagen des Feldmarschalls auch schon angefahren. Als nach der Begrüßung einer der Adjutanten die Karte auf dem Tisch ausbreitete, begann GFM Keitel ohne jede Einleitung: "Wir müssen den Führer befreien!"

Er unterbrach sich, denn er ahnte, daß dies ein schlechter Anfang sei, und ließ Gen.d.PzTr. Wenck erst den Lagebericht geben.

Danach berichtete der Chef des Oberkommandos der Wehrmacht, daß die Schlacht um Berlin bereits begonnen habe und daß von nun an das Schicksal des Führers und damit das Schicksal von ganz Deutschland auf dem Spiele stehe. "Es ist Ihre Pflicht, Wenck, anzugreifen und Berlin zu befreien."

"Die Armee wird angreifen, Herr Feldmarschall", erwiderte Wenck, der genau wußte, wie man Wilhelm Keitel zu nehmen hatte.

Der GFM entwickelte nunmehr seinen Angriffsplan, der sich jedoch nicht auf die tatsächlichen Kräfteverhältnisse stützte, sondern darauf, was auf dem Papier stand und meistenteils nicht mehr vorhanden war. Der Kernsatz seiner Überlegungen lautete:

"Die 12. Armee geht über die Linie Wittenberg-Niemegk auf Belzig-Treuenbrietzen vor und greift von dort aus in Richtung Jüterbog an. Dort vereinigt sie sich mit der 9. Armee und entsetzt im gemeinsamen Weiterstoßen Berlin und befreit den Führer."

An der Lagekarte wies General Wenck nach, daß die 9. Armee keinen großen Einsatz mehr in Richtung Berlin führen könne. Er erklärte:

"Anhand der Lagekarte und der zu Verfügung stehenden Kräfte hat ein Angriff lediglich nördlich der Havel aus dem Raum ostwärts von Rathenow Aussicht auf Erfolg. Nur dort ist eine Zusammenfassung aller Kräfte der Armee möglich. Nur dort kann die Trennung der Armee durch die Havel in zwei auseinanderklaffende Gruppen vermieden werden."

Dies würde jedoch bedeuten, daß die neue Angriffsoperation zwei Tage Vorbereitungszeit brauche.

"So lange können wir nicht warten!" erklärte Keitel schroff. "Die Lage um Berlin duldet keinerlei Aufschub. Die Armee hat unverzüglich das Erforderliche zu tun, um den Befehl des Führers durchzuführen."

Gen.d.PzTr. Wenck und sein Chef des Generalstabes, Oberst i.G. Reichhelm, kamen nach stundenlangen Beratungen zu dem Schluß, daß selbst in nicht sehr aussichtsreicher Lage versucht werden *mußte*, nach Osten vorzustoßen, um der 9. Armee den Weg in die Freiheit zu erkämpfen und so viele Flüchtlinge wie möglich zu retten.

"Es muß erwähnt werden, daß sich im Laufe der Kämpfe Tausende und Abertausende von Flüchtlingen aus den verlorenen Ostgebieten in den Schutz unserer Armee gerettet hatten.

Die Soldaten der 12. Armee aber sahen die grauenerregenden Bilder und vernehmen die Schilderungen der gequälten Menschen, welche nach den ersten Erlebnissen mit der sowjetischen Besatzung hatten fliehen können. Sie stellten sich daher noch einmal in bewunderungswürdiger Tapferkeit dem Feind und kämpften, um durch ihren Einsatz diesen Flüchtlingen – in der überwiegenden Mehrheit Frauen und Kinder – den Weg nach Westen zu ermöglichen. Darin lag der Sinn des erschütternden Heldentums der letzten, jüngsten Soldaten unseres Vaterlandes." (Wenck, Walther: Bericht an den Autor).

Der Endkampf der 12. Armee.

Am Morgen des 24. April ging der Funkbefehl des OKW bei der 12. Armee ein, sofort kampfkräftige Teile in Divisionsstärke nach Osten zu drehen und zum Angriff bereitzustellen.

Die Division "Hutten" erhielt Weisung, sich unter Belassung schwacher Sicherungen an der Elbe-Mulde-Front in Marsch zu setzen, um im Raum Wittenberg einen möglichst großen Brückenkopf zu bilden. GenLt. Engel schaffte dies. Mit seinen zwei Regimentern, einer Handvoll Sturmgeschützen und Flak-Batterien warf er binnen 12 Stunden die drei angreifenden Feind-Divisionen 10 km zurück und bildete um Wittenberg einen 15 km tiefen und 30 km breiten Brückenkopf.

Von hier aus stieß die Division "Hutten" in der Nacht zum 27. April gegen Belzig vor. Kämpfend wurde dieser neue Aufmarschraum erreicht.

Ebenfalls am 24. April wurde die Division "Friedrich Ludwig Jahn" alarmiert. Oberst Weller führte sie in Richtung Potsdam, wo er den dortigen Kampfkommandanten, General Reimann, unterstützen sollte. Vor Jüterbog stieß die Division auf einen sowjetischen Panzerkeil. Mit Panzerfäusten und Sprengmitteln wurden diese Panzer vernichtet. Anteil am Abwehrerfolg hatten auch die Sturmgeschütze der Division "Hutten", die den Kameraden zur Hilfe eilten.

Ostwärts Beelitz kam es zu einem weiteren Gefecht. Die hier stehenden Feindkräfte wurden ebenfalls durchstoßen und Potsdam erreicht, wo sich die Division der Korpsgruppe unter General Reimann anschloß.

Die Division "Theodor Körner" wurde auf Treuenbrietzen angesetzt. Dort waren Panzerverbände der Sowjetarmee eingedrungen. Die mit dem Jäger-Batl. eingesetzten Sturmgeschütze unterfuhren das feindliche Panzerfeuer und schossen eine Lücke in die sowjetischen Panzerverbände. Im Häuserkampf wurden die Sowjets geworfen. Treuenbrietzen war in deutscher Hand.

Damit hatten sich am 25. April die Divisionen der 12. Armee zum Angriff nach Osten umgegliedert. Am selben Tag ging der OKW-Befehl ein: "12. Armee tritt mit allen verfügbaren Truppen über die Linie Wittenberg-Niemegk nach Osten in Richtung Jüterbog an und vereinigt sich dort mit der 9. Armee, die sich nach Westen durchkämpft, um sodann gemeinsam nach Norden, zum Entsatz von Berlin, anzugreifen.

Am frühen Morgen des 28. April, nachdem alle Divisionen in Feindberührung gekommen waren, besprach General Wenck mit Oberst i.G. Reichhelm die Chancen, auf die 9. Armee vorzustoßen und gleichzeitig mit den Divisionen "Schill" und "Hutten" in Richtung Potsdam zu marschieren und der dortigen Korpsgruppe und der Division "Jahn" die Gelegenheit zum Ausbruch zu verschaffen.

"Das sind unsere letzten Aufgaben!" sagte Wenck. "Wenn wir das geschafft haben, werden wir uns auf die Elbe zurückziehen und unsere Armee den Anerikanern übergeben."

Mit dem ersten Büchsenlicht gab er den Befehl bekannt: "Angriff nach Osten!"

Die Division "Schill" stieß direkt nach Nordosten in den Lehniner Forst hinein. Die Sturmgeschütz-Brigade "Schill" rollte an der Spitze vor und bildete den Stoßkeil der linken Flanke und die Flankensicherung nach Norden.

Rechts von dieser Division stürmte "Hutten" unter GenLt. Engel vor. Ihr Ziel war die Beelitzer Heilstätte, die von den Rotarmisten besetzt worden war.

Die Sturmgeschütze und schwere Achtrad-PzSpäh-Wagen rollten an der Spitze und schossen den Weg frei.

An der breiten Flanke von "Hutten" nach Süden rollten die Divisionen "Körner" und "Scharnhorst" durch das waldreiche Gelände.

Der entschlossene Vorstoß ließ den Gegner auseinanderstieben. Erst in den dichten Wäldern südwestlich Potsdam versteifte sich der Feindwiderstand. Pak und Artillerie und schließlich auch Panzer griffen ein. Doch "Hutten" erreichte 15 km nordostwärts Belzig die zweite sowjetische Widerstandslinie.

Mit Brisanzmunition und Flak-Leuchtspurschießen gelang es, den Gegner in die Flucht zu schlagen. Am Nachmittag drangen "Hutten" und "Schill" auf ihrer linken Flanke in den Lehniner Forst ein. In der Nacht zum 29. April mußten mehrere sowjetische Erkundungsvorstöße abgewehrt werden. Im schweren Waldkampf kämpften sich die "Huttener" und die "Schiller" in den Wald vor und durch ihn hindurch. Sechs feindbesetzte Dörfer wurden bis Mittag in Besitz genommen. Nachrichten von "Scharnhorst" und "Körner" besagten, daß diese beiden Divisionen in schwere Kämpfe gegen zwei mechanische mot. Korps der Sowjets standen und daß erbittert um Beelitz gekämpft werde.

Diese beiden Divisionen hielten dem feindlichen Ansturm stand und ermöglichten den Durchstoß der Division "Hutten" in Richtung Potsdam. Als diese Division die große Autobahnspinne südostwärts von Potsdam erreichte, gelang es trotz des gegen sie eingesetzten schweren roten Panzerverbandes mit Josef-Stalin-III-Panzern, das "Leipziger Dreieck" zu gewinnen und damit die Möglichkeit zur Aufnahme der 9. Armee zu schaffen.

Die Division "Hutten" meldete: "Zugänge über die Havel und die Nord- und Südufer des Schwielowsees fest in unserer Hand. Sicherung auf beiden Flanken. Rechts stehendes Regiment wird auf Beelitz angesetzt, um schwer ringende Divisionen 'Körner' und 'Scharnhorst' zu unterstützen."

Auf der rechten Flanke der 12. Armee stieß die ID "Körner" vor. Sie sollte den Hauptstoß der Armee auf Berlin und Potsdam an der Ostflanke abschirmen. Die Division hielt allen sowjetischen Angriffen des 27. und 28. April stand.

Das Regiment Malow der Division "Scharnhorst" jedoch war neben der Division "Hutten" direkt auf die Beelitzer Heilstätten vorgestürmt. Am Nachmittag des 28. April wurden die Heilstätten erreicht, in denen über 3000 verwundete und lungenkranke deutsche Soldaten und Zivilisten untergebracht waren. Die Sowjets wurden hinausgeschossen, die Fernsprechleitungen von einem Leutnant zerschnitten.

Als General Wenck von diesem Erfolg erfuhr, raste er im Stabswagen nach Beelitz, um die Rückführung der Kranken und Verwundeten persönlich zu leiten und sicherzustellen.

Was die Armee an Fahrzeugen freimachen konnte, rollte nun nach Beelitz. Sankas, Lastwagen und sogar ein Lazarettzug wurden aufgeboten und brachten die Verwundeten und Kranken im Pendelverkehr nach Barby.

Der Angriff ging weiter. Am 28. April hatten die Spitzengruppen des XX. AK bereits Ferch südlich Potsdam erreicht. Dank der Vermittlung des Vertreters des Internationalen Roten Kreuzes, der sich gerade in Beelitz aufgehalten hatte, konnten die Amerikaner dazu bewogen werden, die ersten vom 29. April an in Barby eintreffenden Kranken über die Elbe zu lassen.

Am Mittag des 28. April ließ Walther Wenck einen FT-Spruch nach Potsdam tasten: "XX. AK hat Ferch erreicht. Mit allen Mitteln Verbindung aufnehmen und zur 12. Armee durchstoßen."

General Reimann handelte sofort. Er ließ seine Truppe, noch weit über 20.000 Mann, sich zum Ausbruch formieren und wartete auf die Verbindungsaufnahme.

Die Division "Schill" unter Oberstleutnant Müller war durch den Wald in Richtung Potsdam vorgestoßen. Die Sturmgeschütz-Brigade "Schill" nahm den Kampf mit den in den Waldschneisen stehenden Feindpanzern und Pak auf. Das Kampfgetöse hallte zur Korpsgruppe Reimann hinüber. Dann kam der Funkspruch: "Wir kommen, ausbrechen!"

Und während die Division "Schill" von Südwesten den Umklammerungsring der Sowjetarmee Stück für Stück aufbrach und die stark armierten Feindstellungen am Süd- und Südwestrand von Potsdam niederkämpfte, rannten ihnen die Männer aus dem Kessel entgegen, stürmten sie auf die hallenden Abschüsse der Sturmgeschütze zu, wo für sie Rettung winkte.

Als General Reimann Oberstleutnant Müller erreichte, gaben sich diese beiden Soldaten stumm die Hand. Dann fuhr Reimann weiter, um der 12. Armee Meldung zu machen. Die entkommenen Soldaten der Korpsgruppe Potsdam wurden in die Division "Schill" eingegliedert.

In Berlin aber machte bereits das Gerücht die Runde: "Wenck steht vor Potsdam! Wenck kommt und befreit uns!"

Am Abend des 29. April wurde die Lage auf beiden Flanken der 12. Armee kritisch. Im Süden versuchten sowjetische Truppen, mit starker Panzerunterstützung, im Raum Treuenbrietzen durchzubrechen und die Spitzen der 12. Armee abzuschneiden. Immer wieder griffen sowjetische Panzerrudel auch Beelitz an. Der Gegner wurde abgewiesen.

Schließlich rollten sowjetische Verbände in drei Stoßkeilen aus Richtung Treuenbrietzen-Jüterbog heran. Auch dieser dreifache Angriff konnte unter Aufbietung der letzten Reserven abgewehrt werden.

Die Sturmgeschütze mußten sich schrittweise aus dem Wald von Lehnin zurückziehen. Brandenburg/Havel, westlich Berlin gelegen, wurde von sowjetischen Truppen eingeschlossen. Damit war die gesamte Nordflanke der 12. Armee offen.

Noch hatte die 12. Armee die Aufgabe, die 9. Armee zu entsetzen und die Truppe an die Elbe und über den Fluß hinüberzubringen. Nach drei Seiten verteidigend, überstand sie diesen kritischen 29. April. Ein FT-Spruch Wencks, daß die Besatzung von Potsdam übernommen sei, die Armee aber den Angriff auf Berlin nicht mehr durchführen könne, erreichte zwar das OKW, wurde von diesem aber nicht mehr in die Reichskanzlei und in den Führerbunker weitergeleitet, weil sich dieses am Nachmittag des 29. April gezwungen sah, aus seinem Waldlager bei Fürstenberg weiter nach Norden auszuweichen. Es erreichte am Abend das Gut Dobbin und bezog hier Quartier.

Dort traf dann am späten Abend des 29. April Hitlers letzter Funkspruch ein. Er klang verzweifelt und beschwörend:

"An Chef des Wehrmachtsführungsstabes, GenOberst Jodl:
1. Wo Spitze Wenck?
2. Wann tritt er an?
3. Wo 9. Armee?
4. Wo Gruppe Holste?
5. Wann tritt er an? - - - gez. Adolf Hitler."

Am 29. April ließ General Wenck einen Funkspruch an die 9. Armee tasten: "12. Armee liegt in hartem Abwehrkampf. Durchbruch ist zu beschleunigen. Wir warten auf euch!"

General Busse im Kessel las den FT-Spruch und reichte ihn an seinen Chef des Generalstabes, GenMaj. Hölz, weiter. Dieser verlor keine Zeit:
"Wir werden alles, was wir haben, zusammenkratzen und zum Westteil des Kessels schaffen, Herr General." General Busse stimmte zu. Nun kam es darauf an.

Die wenigen im Kessel noch vorhandenen Tigerpanzer und die SPW wurden aufgetankt, die letzte Munition gefaßt. Geben wir an dieser Stelle General der Infanterie Busse das Wort zu jenen entscheidenden Stunden für die 9. Armee:

"Wir wurden mit drei Armeekorps, mit etwa noch 40.000 ausgemergelten Soldaten und Tausenden Flüchtlingen eingeschlossen. Immer wieder waren unsere Versuche, mit marschfähigen KGr. im Raume Baruth nach Westen durchzustoßen, gescheitert. Der körperliche und seelische Zustand dieser Soldaten gestattete kein langes Durchhalten mehr. Besonders belastend war die erschütternde Not der im Kessel zusammengepreßten Zivilbevölkerung. Nur durch die von sämtlichen Generalen getroffenen Maßnahmen war es gelungen, die Haltung der Truppe bis zum Schluß zu gewährleisten. Der Durchbruch zur 12. Armee sollte unser letzter Versuch sein. Wir *mußten* raus aus dem Kessel." (Siehe: Bericht an den Autor).

Am Abend des 29. April setzte sich der Ausbruchsverband, der in der Nacht zum 29. April Dorf und Schießplatz Kummersdorf erreicht und den Feind hinausgeschossen hatte, in Bewegung.

Nördlich von Luckenwalde wurde eine Straße überwunden. Dahinter bargen Wälder die Truppen. Um Mitternacht erreichten sie Berkenbrück. Die Försterei Martinsmühle lag dicht vor den Spitzengruppen. Nun kam es darauf an, in einem letzten entschlossenen Ansprung die Sowjet-Umklammerung zu öffnen und zur 12. Armee durchzustoßen.

Den ganzen 30. April tobte der Kampf um den Durchbruch. Mit dem Mute der Verzweiflung durchbrachen in der Nacht zum 1. Mai die erschöpften Kämpfer die Sperrstellungen des Gegners. Die beiden letzten Königstiger von Ustuf. Klust und Uschf. Streng wurden mehrfach getroffen und konnten während des Durchbruchs eine Reihe Feindpanzer abschießen. Dann wurde Strengs Königstiger von einer Pakgranate getroffen. Der Benzintank brannte lichterloh. Diesmal war der Panzer nicht mehr zu retten. Wenig später ging auch der Tiger von Klust verloren. Die beiden letzten Kampfwagen der sSS-PzAbt. 502 hatten den Durchbruch ermöglicht und diesen mit dem eigenen Untergang bezahlt.

Als vor den taumelnden und total erschöpften Ausbrechenden im ersten fahlen Morgenlicht des 1. Mai 1945 Leuchtkugeln in den Himmel aufstiegen und ihnen anzeigten, daß dort die 12. Armee stand, da rafften sich die Panzergrenadiere noch einmal auf und stürmten, die MGs im Hüftanschlag, nach vorn und schossen, was die MGs hergaben. Dann sahen sie, wie vor ihnen die Rotarmisten aufsprangen und zur Seite rasten. Dort tauchten deutsche Stahlhelme, deutsche Uniformen auf. Die 12. Armee stürmte ihnen entgegen und schoß eine breite Gasse frei, die sie offenhielt und durch die die Reste der 9. Armee in die Auffangstellungen der 12. Armee abfließen konnten.

Aus der Kolonne löste sich eine hagere ausgemergelte Gestalt: General Busse. Walther Wenck, vorn bei seinen Soldaten, eilte auf Busse zu. Wortlos drückten sich die beiden Offiziere die Hand.
"Der Durchbruch ist abgeschlossen, dank Ihrer Hilfe. Meine Männer sind fertig. Durch nichts in der Welt sind sie mehr zu bewegen, weiterzumarschieren und zu kämpfen."

30.000 Menschen, darunter mindestens 5.000 Flüchtlinge, waren hinter den Linien der 12. Armee in Sicherheit. Alles, was Räder hatte, wurde nun aufgeboten, die Flüchtlinge aus der Gefahrenzone zur Elbe zurückzuschaffen. Dort angekommen, versperrten die US-Truppen ihnen den Weg über den Fluß in die Freiheit.

Die 12. Armee kämpfte sich nun mit allen Divisionen in Richtung zur Elbe zurück, nachdem sie bis zum Morgen des 2. Mai hart südlich Brandenburg mit

Front nach Norden verteidigt hatte. Immer wieder mußten die Sturmgeschütze das Feuer eröffnen und die nachdrängenden sowjetischen Panzerrudel aufhalten.

Am frühen Morgen des 3. Mai war der Zeitpunkt gekommen, in Kapitulationsverhandlungen mit der 9. US-Armee einzutreten. Gen.d.PzTr. Wenck entsandte Gen.d.PzTr. von Edelsheim mit einem kleinen Sonderstab und einem schriftlichen Kapitulationsangebot zur Elbe.

Am Morgen des 4. Mai begannen im Rathaus von Stendal die Kapitulationsverhandlungen. Hier wurde festgelegt, daß die Benutzung der beschädigten Tangermünder Brücke freigestellt sei. Der Fährverkehr der 9. und 12. Armee wurde bei Schönhausen, Tangermünde und Ferchland freigegeben. Die Übergabe von Verwundeten mit ihrem Sanitätspersonal wurde ebenfalls genehmigt, nicht aber der Übergang von Zivilpersonen aller Art.

Oberstleutnant i.G. Seidel, der General Wenck über die Bedingungen unterrichtete, mußte diese Scheußlichkeit zweimal wiederholen. Wenck wollte nicht glauben, daß den Zivilisten der Übergang verwehrt wurde.

Am frühen Morgen des 5. Mai begann zunächst das Übersetzen der Verwundeten und der unbewaffneten Soldaten über die Elbe. In der Nacht zum 6. Mai holten deutsche Pioniere in Sturmbooten, Barkassen und Ruderbooten, sogar in Schlauchbooten, die Flüchtlinge über den Fluß.

Die Divisionen "Körner" in Schönhausen und "Hutten" im Brückenkopf auf dem Ostufer hielten die nachstürmenden Sowjets zurück.

Die letzten Nachhuten der ID "Scharnhorst" unter Lt. Henning und Oblt. Denk zogen sich von Fischbeck aus am 7. Mai um 10.00 Uhr nach Verschuß der letzten Munition über den Fluß zurück.

Bei der Division "Körner" ging am Nachmittag des 7. Mai als letzter der DivKdr., GenLt. Frankewitz, in das Sturmboot, das ihn und seine Umgebung als letzte Soldaten der Division abholte.

Die Division "Schill" sprengte am Nachmittag dieses Tages auf den Elbedämmen die letzten Sturmgeschütze und setzte auf das Westufer der Elbe über.

Mit den letzten deutschen Soldaten gingen bei Ferchland General Wenck und sein Chef des GenSt., Oberst i.G. Reichhelm, der Ia, Oberst von Humboldt, zwei Ord.Offz. und einige Soldaten ins letzte Boot.

Der Kampf der 12. Armee zwischen Elbe und Oder war zu Ende. Die Zahl der von dieser Truppe insgesamt über die Elbe geschmuggelten Zivilisten liegt bei etwa 20.000 Menschen. 100.000 Soldaten gelangten auf diesem Wege in den Westen.

"UNSER ZIEL IST BERLIN!"

Moskaus Pläne zum Sturmangriff auf die Reichshauptstadt

Am 1. April trafen sich im STAWKA – dem sowjetischen Hauptquartier in Moskau – die Sowjetmarschälle Schukow und Konjew, um an einer Besprechung mit Stalin teilzunehmen.

Als sie im zweiten Stockwerk Stalins Büro betraten, sahen sie sich nicht nur dem roten Diktator, sondern auch Außenminister Molotow, dem Chef der Geheimpolizei Berija, dem Sekretär des Zentralkomitees Malenkow, und dem Mitglied des Verteidigungsrates Mikojan gegenüber.

Das sowjetische Oberkommando war durch den Chef des Generalstabes der Roten Armee, General Antonow und General Schtemenko, Chef der Führungsabteilung des Generalstabes, vertreten.

Marschall Stalin kam gleich zur Sache:

"Die kleinen Verbündeten" (gemeint sind die Westalliierten) "haben die Absicht, *vor* der Sowjetarmee in Berlin zu sein. Das muß verhindert werden."

Damit war das Ziel des Gespräches bekannt: Ein Angriffsplan, mit dem die Sowjetarmee so schnell wie möglicht Berlin erreichte und den Westalliierten den Rang ablief.

Um die Stimmung anzuheizen, verkündete Stalin, daß die "kleinen Verbündeten" zwei Luftlandedivisionen zum Absprung über Berlin vorbereiteten.

Marschall Konjew versicherte: "Wir werden Berlin erobern. Vor den Engländern und vor den Amerikanern!"

Gegenüber General Eisenhower, der Stalin bereits vor dem 1.4. ein Telegramm geschickt hatte, daß *er* keinen Wert auf Berlin lege, beteuerte Stalin im Antworttelegramm:

"Die Sowjetarmee wird den Angriff auf Berlin in der zweiten Maihälfte beginnen, denn Berlin hat seine frühere strategische Bedeutung verloren. Mein Oberkommando wird auf Berlin nur Truppen der zweiten Linie ansetzen." (Siehe Adam B. Ulam: Stalin, The Man and his Era, New York 1973).

Am 3. 4. aber waren die Offensivpläne für Berlin fertig. Stalin entschied sich für Schukows Plan, der lautete:
"Antreten mit der 1. Belorussischen Front aus dem 44 km breiten Oderbrückenkopf. Im vordersten Treffen sechs Armeen, davon zwei Panzerarmeen. Insgesamt 681.000 Mann. 11.000 Geschütze leiten den Angriff mit einem einstündigen

Trommelfeuer ein. Wir werden die 100 Kilometer bis Berlin in einem Zuge durchrollen."

Die 2. Belorussische Front unter Marschall Rokossowski sollte nach Norden bis an die Ostseeküste dem Angriff angeschlossen bleiben und *nicht* am direkten Angriff auf Berlin teilnehmen, sondern nach Überwinden des deutschen Widerstandes in Ostpreußen durch Norddeutschland nach Westen durchstoßen, um sich so *weit wie möglich* im Westen mit der 21. Armeegruppe Montgomerys zu treffen. Dazu standen Rokossowski 314.000 Mann zur Verfügung.

Der Durchbruch nach Westen

Am Morgen des 16. April 1945 begann der Sturmangriff der Sowjetarmee aus der Oderfront auf Berlin. Insgesamt waren es 22.000 Geschütze, die das Feuer eröffneten, darunter 400 Salvengeschütze. Die Stellungen der 9. Armee wurden umgepflügt. Hunderte sowjetischer Schlachtflieger jagten über die deutschen Stellungen hinweg.

35 Minuten darauf verstummte das Feuer und die Divisionen der 1. Belorussischen Front stürmten aus ihrem fast 50 km breiten Brückenkopf bei Küstrin auf dem Westufer der Oder, zum Sturmangriff nach Westen los.

Auf der daran anschließenden Frontlinie eröffnete die 1. Ukrainische Front von Groß-Gastrose bis zu den Sudeten ihre Offensive. Schwerpunkt aber war der Brückenkopf Küstrin.

Die 9. Armee unter Gen.d.Inf. Busse mit HQ in Fürstenwalde erlebte die volle Wucht dieses Trommelfeuers. Dennoch wurde die Sowjetarmee bei Eberswalde über die Oder zurückgeworfen.

Die Festung Frankfurt behauptete sich ebenfalls. Im Raume westlich Küstrin und bei Wrietzen drangen sowjetische Sturmgruppen jedoch durch und erreichten den Höhenrand westlich der Odemiederungen. Hier wichen die deutschen Divisionen drei bis acht km zurück, ehe sie sich wieder festsetzten.

Auf den Westhöhen der Oder kämpften in den späten Abendstunden des 16.4. die deutschen Verbände, nur schrittweise dem übermächtigen Druck weichend, vergebens gegen diesen Druck. Lediglich die PD »Müncheberg« konnte unter Führung von GenMaj. Mummert den angreifenden sowjetischen Panzerkeil aufhalten. Am 17. 4. klaffte zwischen dem CI. AK und dem XI. SS-AK eine Lücke auf. Das CI. AK (Gen.d.Art. Berlin) mußte weichen. Die Divisionen dieses Korps bestanden aus Ausbildungsverbänden. Diese kampfunerfahrenen Divisionen hielten nicht mehr stand.

Generaloberst Heinrici, OB der HGr. Weichsel, gab an diesem Tage sein LVI. PzK, GendArt. Weidling, zum Einsatz frei. Es sollte die beim CI. AK entstandene Lücke schließen. Gen. Weidling schob die 11. SS-PGD, Brigadeführer Ziegler, und die 18. PGD, Oberst Rauch, in die Front bei Wrietzen ein. Doch auch diese beiden kampferfahrenen Verbände genügten nicht mehr, um die Flut der sowjetischen Panzer zum Stehen zu bringen. Am 18. 4. brach die Front. Sowohl beim V. AK der 4. PzArmee im Süden bei Cottbus als auch im Norden bei Wrietzen im Abschnitt des CI. AK stieß der Gegner durch. Die 9. Armee wurde beiseite gefegt, und vor dem Feind zog sich die Hauptgruppe des LVI. PzK auf Berlin zurück.

GenOberst Heinrici bat um die Genehmigung zur Zurücknahme der 9. Armee. Hitler verweigerte dies. Er verlangte, daß die 9. Armee die Oder-Front halte und daß sie auch noch nach Süden antrete, um die an der Neiße entstandene Durchbruchslücke zu schließen.

Den zurückweichenden Verbänden des LVI. PzK folgten sowjetische Panzerrudel dichtauf. Am 19. 4. eroberte die Sowjetarmee Strausberg. Bei Spremberg überschritt sie am selben Tag die Spree. Die ersten Fernkampfbatterien eröffneten das Feuer auf die Reichshauptstadt. Am 20. 4. standen Panzerverbände der 1. Ukrainischen Front bereits tief im Rücken der 9. Armee. General Busse wurden an diesem Tage die Divisionen des V. AK, die 33. und 36. SS-Div., die 342. ID und die 391. SichDiv., unterstellt.

Diese zogen sich unter dem wachsenden sowjetischen Druck auf Lübben zurück.

Das von der 9. Armee zum Schutz der Nordflanke in den Abschnitt Fürstenwalde verlegte XI. SS-AK (Obergruppenführer Kleinheisterkamp) hatte sich gegen die 3. und 69. Sowjetarmee und gegen die 8. Garde-PzArmee zu wehren. Alle Versuche halfen jedoch nichts, und als sich am 21. 4. bei Königswusterhausen die Angriffsspitzen der beiden sowjetischen Heeresgruppen trafen, war die 9. Armee im Raume Guben-Müllrose-Königswusterhausen-Lübben eingeschlossen.

Noch hielt die Oder-Front der Armee zwischen Frankfurt und Guben an der Oder. Die Festung Frankfurt, in deren Großbereich die 32. SS-PGD, die 286. und 391. ID verteidigten, wehrte in den ersten vier Tagen des Kampfes jeden Übersetzversuch der Sowjets ab. Erst am 21. 4. gelang es der 33. Sowjetarmee, auf das Westufer des Flusses überzusetzen. Nun wich die Front zurück, und die Festung Frankfurt/Oder stand allein und isoliert da. Oberst Bieler verfügte nunmehr nur noch über 30.000 Mann, etwa 100 Geschütze und 25 nicht mehr fahrbereite Panzer.

Da die 9. Armee mehr und mehr umschlossen wurde und sich gegen die 3. und 69. Sowjetarmee im Norden, gegen die 33. Sowjetarmee im Osten und im Süden gegen die 3. Garde-PzArmee und die 28. Armee (GenLt. Lutschinski) zu verteidigen hatte, genehmigte des OKH am 23. 4. ihre Zurücknahme. Am 24. 4. erhielt auch die Besatzung von Frankfurt die Genehmigung zum Ausbruch nach Westen.

Es gelang General Busse, seine Divisionen aus der Oder-Front zu lösen und im Raume Fürstenwalde-Beeskow-Lübbenau-Lübben-Halbe nach Zossen zurückzuziehen.

Bis zum 25. 4. hatte die Sowjetarmee starke Kräfte zwischen Berlin und Zossen eingeschoben, und die 9. Armee wurde – da sie ihren Nordflügel weit nach Süden herumbiegen mußte – auf einem enger und enger werdenden Raum um Lübben-Halbe-Zossen zusammengedrängt.

Im Führerbunker der Reichskanzlei stand am 20. 4. 1945, nach der Geburtstagsfeier Hitlers, Reichsmarschall Göring vor seinem Führer und versetzte diesem einen schweren Schlag, als er fragte:

»Mein Führer, Sie haben wohl nichts dagegen, wenn ich jetzt nach Berchtesgaden fahre?« Hitler starrte Göring eine Weile überrascht an, dann antwortete er kühl:

»Meinetwegen, fahr los!« (Siehe Irving: »Hitler und seine Feldherren«.)

Als wenig später die von der Sowjetarmee aufgerissenen Lücken sich ausweiteten und die Feindpanzer mit Stoßrichtung Berlin vordrangen, meldeten General Krebs, Chef der Führungsgruppe des OKH, und GenMaj. Dethleffsen, der stellvertretende Generalstabschef des OKH, daß Gefahr für die Reichshauptstadt bestünde.

Hitler erwiderte offenbar sehr ruhig: »Verrat!«

»Mein Führer«, entgegnete Dethleffsen, »Sie sprechen soviel von Verrat der militärischen Führung und der Truppe. Glauben Sie, daß wirklich so viel verraten wird?«

»Die ganzen Mißerfolge im Osten sind auf Verrat zurückzuführen«, erwiderte Hitler sofort.

Hitler, der seine ganze Hoffnung auf die Armeegruppe Steiner setzte und diesem befohlen hatte, Berlin zu entsetzen, sollte auch in dieser Hinsicht enttäuscht werden. General der Waffen-SS Steiner hatte gegenüber dem OKW in Fürstenberg und gegenüber der HGr. Weichsel die Durchführung des Angriffs auf Berlin abgelehnt, weil seine Armeegruppe (später zur 11. Armee hochstilisiert) nur die Stärke eines schwachen Armeekorps hatte. Er schickte die ihm zugeführten, nur unzulänglich bewaffneten und nicht für den Infanterieeinsatz vorbereiteten Hitlerjungen ebenso zurück wie die Luftwaffensoldaten aller Dienstgrade, weil ihr Einsatz unverantwortlich gewesen wäre.

Als GFM Keitel ihn am 22. 4. umzustimmen versuchte, blieb Steiner hart. Er marschierte nicht auf Berlin. Hitler, der bereits am 21. 4. gegen 20.30 Uhr General der Flieger Koller, Chef des GenStabes der Luftwaffe, angerufen hatte, forderte von diesem den Einsatz eines jeden verfügbaren Soldaten der Luftwaffe für den

Angriff der Armee Steiner auf Berlin. Als Koller mit einigen Telefonaten Klarheit der Lage zu gewinnen trachtete und auch General Krebs im Führerbunker anrief, schaltete sich plötzlich Hitler in das Gespräch ein. Er hielt Koller einen Lagevortrag und schloß mit den Worten:

»Sie werden sehen, der Russe erleidet die größte Niederlage seiner Geschichte vor den Toren von Berlin.«

Am Nachmittag des 22. 4. erlitt Hitler beim Lagebericht einen schweren Nervenzusammenbruch. Anschließend diktierte er Dr. Goebbels den Wortlaut einer Bekanntmachung, in der er verkündete, daß er in Berlin bleiben werde. Alle Versuche von Goebbels, Bormann und Keitel – und telefonisch auch von Dönitz und Jodl –, diesen Entschluß rückgängig zu machen, fruchteten nichts. Hitler blieb dabei und bekräftigte ihn mit den Worten:

»Ich sehe den Kampf als verloren an und fühle mich von denen, denen ich mein Vertrauen geschenkt habe, betrogen und belogen. Ich habe mich entschlossen, in der Hauptstadt des Kampfes gegen den Bolschewismus zu bleiben und die Verteidigung Berlins selbst zu übernehmen.« (Siehe Irving a.a.O.)

Am nächsten Tag versetzte Hermann Göring Hitler einen neuen schweren Schlag mit einem Funkspruch aus Berchtesgaden:

»Mein Führer!
Sind Sie einverstanden, daß ich nach Ihrem Entschluß, in der Festung Berlin zu verbleiben, gemäß Ihres Erlasses vom 29. 6. 1941 als Ihr Stellvertreter sofort die Gesamtführung des Reiches übernehme, mit voller Handlungsfreiheit nach innen und außen?
Falls bis 22.00 Uhr keine Antwort erfolgt, nehme ich an, daß Sie Ihrer Handlungsfreiheit beraubt sind. Ich werde dann die Voraussetzungen Ihres Erlasses als gegeben ansehen und zum Wohle von Volk und Vaterland handeln. Was ich in diesen schwersten Stunden meines Lebens für Sie empfinde, wissen Sie und kann ich durch Worte nicht ausdrücken. Gott schütze Sie und lasse Sie trotz allem baldmöglichst hierher kommen.
Ihr getreuer Hermann Göring.«

Gleichzeitig versuchte Göring mit einem Fernschreiben vom 23. 4. 1945 17.59 Uhr den Reichsaußenminister zu sich zu zitieren, um mit ihm die notwendigen Schritte zu beraten, die gerüchteweise auch die Reichshauptstadt erreichten. Kern dieser Gerüchte war ein beabsichtigter Flug Görings ins HQ. des Alliierten Oberbefehlshabers in Europa, General Eisenhower, um diesen um die Friedensbedingungen zu bitten. Hitler handelte blitzschnell. Er ließ Göring folgende Antwort per Funk übermitteln:

»Der Führererlaß vom 29. 6. 1941 ist hiermit für ungültig erklärt. Ihr Verhalten und Ihre Maßnahmen sind ein Verrat an meiner Person und an der nationalsozialistischen Sache. Ich bin im vollen Besitz meiner Handlungsfreiheit und verbiete jede weitere Maßnahme.«

Er legte Göring nahe, alle seine Ämter niederzulegen. Doch dazu kam es gar nicht, denn Reichsleiter Bormann hatte ebenfalls einen Funkspruch zum Obersalzberg absetzen lassen. Empfänger war jedoch nicht Göring, sondern SS-Obersturmbannführer Dr. Frank, der Kdr. der SS-Wacheinheiten war. Der Text:

»Göring hegt hochverräterische Absichten. Ich befehle Ihnen, Göring festzunehmen, um alle Möglichkeiten zu unterbinden. Vollzugsmeldung hierher.«

Aufgrund dieses Befehls ließ Dr. Frank mit drei Kpn. Waffen-SS den gesamten Obersalzberg hermetisch abriegeln. Göring wurde festgenommen und nach Österreich geschafft. Dort blieb er bis zu seiner Gefangennahme durch die Amerikaner.

Die Verteidigung der Reichshauptstadt

Noch am 22. 4. mußten das OKH und das OKW verlegen. Das OKH zog nach Potsdam-Eiche, während das OKW nach Krampnitz ging. Lediglich General Krebs, Chef des GenSt. des Heeres, blieb in Berlin zurück.

Bis zum Abend des 22. 4. hatten die sowjetischen Truppen von Süden aus bei Klein Machnow den Teltowkanal erreicht.

Von Nordosten waren Panzerverbände mit Spitzengruppen in die Bezirke Weißensee und Pankow eingedrungen. Nördlich Spandau erreichten andere Verbände die Havel und überschritten sie. Die Stadtrandsiedlungen wurden zur neuen HKL der Verteidigung.

Im Berliner Norden schossen sowjetische Panzer bereits die Straßensperren zusammen; als sie in das Gebiet des Tegeler Sees kamen, wurden sie von einem Werkschutz-Batl. aufgehalten, das sich mit Karabinern und Panzerfäusten zur Wehr setzte. Nachdem mehrere Feindpanzer in Brand geschossen waren, drehten die übrigen ab. Um Mitternacht zum 23. 4. griffen die ersten Stoßtrupps dieses Verteidigungsbollwerk an. Aber das Batl. hielt diesen Angriffen stand.

Am westlichen Stadtrand mit dem Flugplatz Gatow stand das Volkssturm-Batl. Komorowski. Major Komorowski verfügte über einige 12,8-cm-Flak, die auf der Plattform des Hochbunkers am Zoo standen. Sie konnten den ersten Angriff abwehren. Dann verstärkten die Sowjets die Stoßgruppen. Große Panzerrudel rollten heran und walzten das Bataillon in seinen Stellungen nieder. Nur die Flak und ein InfGeschZug hielten noch weitere 24 Stunden durch.

Die Verteidigungskraft von Berlin bestand vor dem Eintreffen des LVI. PzK lediglich aus zwei Wach-Bataillonen, einigen Pioniereinheiten und 30 Volkssturm-Bataillonen. Als schwere Waffen waren nur Flak vorhanden. Und zwar auf den Flaktürmen am Zoo, im Humboldtshain und Friedrichshain.

Erst am 24. 4. wurde Gen.d.Art. Weidling von Hitler zum Kampfkommandanten von Berlin ernannt. Ihm standen von diesem Tage an die Reste seines Korps, einige Waffen-SS-Verbände, eine Panzervernichtungsbrigade der HJ (die bald aus Berlin hinausgeschafft wurde), einige Polizeikräfte und Flaksoldaten zur Verfügung. Die Verteidigung der Stadt wurde organisiert. Der engere Verteidigungsring um den Führerbunker – die Zitadelle – wurde SS-Brigadeführer Mohnke unterstellt. Ihm stand das Erste Rgt. der Waffen-SS aus Berlin-Lichterfelde zur Verfügung. Angehörige der Waffen-SS-Div. »Charlemagne« stießen im Verlauf der Kämpfe um Berlin bis zur Zitadelle durch. Mohnke selbst unterstand direkt Hitler.

Am Nachmittag des 25. 4. wurden weitere Verteidigungsabschnitte gebildet. Im Osten entstanden Abschnitt A und B. Hier zogen die Soldaten der PD »Müncheberg«, GenMaj. Mummert, in Stellung. Der Abschnitt C, der den Südosten umschloß, wurde SS-Brigadeführer Ziegler, Kdr. der 11. SS-FreiwPGD »Nordland«, unterstellt.

Beiderseits des Flughafens Tempelhof befand sich der Verteidigungsabschnitt D. Hier verteidigte Oberst Wöhlermann, ArtKdr. des LVI. PzK, mit unterstellten Verbänden.

Im Abschnitt E, im Südwesten Berlins und im Grunewald, standen die Reste der 20. PGD, die sich bereits am Vortage dort im Kampf befand.

Spandau und Charlottenburg erhielten die Bezeichnung F. Hier verteidigte Oberstleutnant Eder mit seiner Kampfgruppe. Die Abschnitte G und H im Norden der Reichshauptstadt wurden von der 9. FJD, Oberst Herrmann, verteidigt, und den Abschnitt Z, im Zentrum der Stadt, führte Oberstleutnant Seifert.

Von nun an stießen die Sowjets auf ständig härter werdenden Widerstand. Dennoch gelang es ihnen – wenn auch unter schweren Verlusten – den Teltowkanal zu überwinden und zum Flugplatz vorzudringen. Damit war der allgemeine Flugverkehr von und nach der Reichshauptstadt unterbrochen.

Die Bunker im Stadtkern hielten sich, auch wenn sowjetische Truppen daran vorbeigerollt waren. Flak und Einzelkämpfer mit Panzerfäusten vernichteten jeden Tag weit über 100 sowjetische Panzer. Nach Aussagen von Sowjetmarschall Konjew gingen in den sechs Tagen des Kampfes in Berlin über 800 sowjetische Panzer und Sturmgeschütze verloren.

Daß es einem Flugzeug gelang, nach Berlin durchzukommen und dort zu landen, war Hanna Reitsch zu verdanken, der Testpilotin und Weltrekordfliegerin. Generaloberst Ritter von Greim, der anstelle von Göring zum neuen OB der Luftwaffe ernannt werden sollte, erhielt Befehl, nach Berlin zu kommen. Er bat Hanna Reitsch am 25. 4. zu sich nach München, wo er ihr eröffnete, daß er nach

Berlin müsse, und sie bat, ihn zu begleiten. Hanna Reitsch stimmte sofort zu. Sie starteten, und als sie nach mehrmaligem Umsteigen in andere Maschinen in Berlin-Gatow zur letzten Etappe in einen Fieseler Storch stiegen, stand Hanna Reitsch hinter dem steuernden Generaloberst. Dies sollte sich als Rettung erweisen.

Ihre Maschine wurde beim Einfliegen in das Zentrum Berlins beschossen. Ein Panzersprenggeschoß durchschlug den Fuß des Generalobersten. Ritter von Greim verlor die Besinnung. Steuerlos geworden geriet der Storch ins Trudeln.

Da griff Hanna Reitsch über den Bewußtlosen hinweg nach dem Steuerknüppel und Gashebel. Sie hielt den Storch in Wedelbewegungen und entging dadurch weiteren Treffern. Dicht vor dem Brandenburger Tor, auf der Ost-West-Achse, setzte sie sicher auf und half dem zu sich kommenden Generalobersten hinaus.

In einem Kraftwagen, der anhielt und sie mitnahm, fuhren sie durch die Wilhelmstraße in die Voßstraße und hielten vor dem Eingang zum Luftschutzbunker der Reichskanzlei an. SS-Wachen brachten Ritter von Greim in den Operationsbunker, in dem Dr. Stumpfegger sofort die ärztliche Behandlung übernahm.

Im Führerbunker trafen nachher von Greim und Hanna Reitsch in dem kleinen, dielenartigen Gang Adolf Hitler. Mit fast tonloser Stimme begrüßte dieser sie. Generaloberst Ritter von Greim erstattete Bericht. Dann erfuhr er durch Hitler, warum dieser ihn hatte rufen lassen. Er glaubte sich von Göring verraten.

Hitler ernannte Ritter von Greim zum Generalfeldmarschall und als Nachfolger Görings zum neuen OB der Luftwaffe.

Vorausgeschickt sei hier die Schlußepisode des Aufenthaltes dieser beiden Flieger im Führerbunker. Kurz nach Mitternacht des 28. 4. 1945 betrat Hitler das Krankenzimmer Greims. In der Hand einen Funkspruch und eine Karte haltend, wandte er sich an Greim:

»Nun hat auch Himmler mich verraten«, sagte er. »Sie beide müssen so schnell wie möglich den Bunker verlassen. Ich habe Nachricht, daß der Russe im Verlauf des Vormittags die Reichskanzlei erstürmen wird.«

Hitler erklärte, daß er beiden eine Arado 96 an der Siegessäule im Tiergarten zur Verfügung gestellt habe. GFM von Greim und Hanna Reitsch fuhren dorthin, sie kletterten in die Maschine, und die Ar 96 startete über ein 400 m langes Stück der Achse, das von Bombensplittern frei war. Sie flogen nach Rechlin. Von dort ging es nach dem Auftanken weiter nach Flensburg.

Was aber war mit Himmler? Was hatte Hitler zu der Überzeugung gebracht, daß auch dieser ihn verraten habe?

Himmler und seine Friedensfühler

Etwa zur Jahreswende 1944 wandte sich der norwegische Gesandte Ditleff, der in der Gesandtschaft von Stockholm arbeitete, an den Grafen Bernadotte, den damaligen Vizepräsidenten des Schwedischen Roten Kreuzes, und schlug diesem vor, alles zu versuchen, um die in Deutschland in verschiedenen Lagern einsitzenden norwegischen Zivilgefangenen zu befreien. Die einzige Möglichkeit zum Erfolg war, daß man sich direkt mit Himmler in Verbindung setzte. Bei der schwedischen Regierung kam man überein, daß Graf Bernadotte versuchen sollte, mit Himmler Kontakt aufzunehmen. Bernadotte flog am 16. 2. 1945 von Bromma nach Berlin. Offiziell,um sich mit der schwedischen Gesandtschaft dort um die Heimreise von Schwedinnen zu kümmern.

Graf Folke Bernadotte sprach zunächst am 17. 2. mit dem Chef der deutschen Sicherheitspolizei, Obergruppenführer Dr. Kaltenbrunner. Bei diesem Gespräch war auch Brigadeführer Schellenberg, Chef des Nachrichtendienstes, zugegen.

Ein zweites Gespräch mit Reichsaußenminister von Ribbentrop im Auswärtigen Amt zeigte Bernadotte, daß auch von Ribbentrop mit seinem Vorschlag einverstanden war, gewisse Arbeiten in den deutschen Konzentrationslagern auszuführen.

Himmler selbst erklärte sich nach Vortrag Schellenbergs dazu bereit, im Lazarett Hohenlynchen, 120 km nördlich Berlin, mit Bernadotte zu sprechen.

Himmler, der wenig vorher mit dem früheren schweizerischen Bundespräsidenten Musy eine Vereinbarung zur Freilassung von Juden aus dem Konzentrationslager Theresienstadt in die Schweiz und von dort zur Weiterbeförderung in die USA getroffen hatte, stand bei Hitler nicht mehr in voller Gunst. Durch Veröffentlichungen in der Auslandspresse war dieser Austausch bekannt geworden. Deutsche Presseleute hatten Hitler informiert, und dieser wiederum zitierte Himmler zu sich. Als Himmler bekennen mußte, daß Deutschland keine Entschädigung für diese Transaktion erhielt, wurden die Transporte, die schon angelaufen waren, angehalten. Jean-Marie Musy war sofort nach Berlin gereist, um zu retten, was zu retten war. Aber er wurde nicht mehr zu Himmler vorgelassen.

Vor diesem für Himmler nachteiligen Hintergrund fand nunmehr das Gespräch zwischen ihm und dem Grafen Bernadotte statt. Das Gespräch dauerte 150 Minuten. Schließlich trug Bernadotte seinen Plan vor, die in deutschen Lagern festgehaltenen Dänen und Norweger nach Schweden zu überführen und dort zu internieren. Dies lehnte Himmler vorerst ab. Daraufhin trug Bernadotte vor, daß das Schwedische Rote Kreuz in jenen Konzentrationslagern arbeiten wolle, in denen Norweger und Dänen untergebracht seien. Himmler erklärte sich damit einverstanden und nahm auch den Vorschlag an, Greise, Kranke und Mütter nach Norwegen zurückkehren zu lassen. Es bestand Grund zu gedämpftem Optimismus.

Vor seiner Abreise nach Schweden unterrichtete Schellenberg den Grafen Bernadotte darüber, daß er mit Himmler noch einmal alles durchgesprochen habe, und daß dieser auch seinen ersten Vorschlag gutgeheißen habe.

Am 12. 3. 1945 traf die daraufhin zusammengestellte Fahrzeugkolonne des Schwedischen Roten Kreuzes in Friedrichsruh ein. Hier wurde Quartier gemacht, weil das Lager Neuengamme bei Hamburg den heimzuführenden Norwegern und Dänen als Sammelpunkt dienen sollte. Es gelang, trotz der Durchkreuzungsversuche Kaltenbrunners, 2.200 Dänen und Norweger aus dem KZ Sachsenhausen, 600 Skandinavier aus Dachau und 1.600 dänische Polizeibeamte aus den Lagern nahe Dresden nach Neuengamme zu schaffen.

Am 30. 3. besuchte Graf Bernadotte Neuengamme. Er war der erste Mensch aus einem neutralen Land, der ein Konzentrationslager besuchen durfte.

In Hohenlynchen stand er am 2. 4. abermals Himmler gegenüber. Dieser erklärte ihm im Gespräch, daß er bereit sei, »für das deutsche Volk alles zu tun«. (Siehe Graf Folke Bernadotte: »Das Ende«.)

Als Himmler wenig später ans Telefon gerufen wurde, wandte sich Brigadeführer Schellenberg mit der Frage an Bernadotte, ob dieser nicht Verbindung mit General Eisenhower aufnehmen könne, um die Möglichkeit einer Teilkapitulation im Westen zu erkunden. Bernadotte erklärte, daß es eine solche Möglichkeit nicht gebe.

Nach Himmlers Rückkehr drehte sich das Gespräch um den Heimtransport der dänischen und norwegischen Frauen und Kranken und von 461 norwegischen Studenten nach Schweden. Himmler erklärte sich bereit, auch eine Reihe norwegischer Zivilinternierter und mehrere französische Staatsbürger freizulassen, die Bernadotte auf einer Liste hatte.

In den folgenden Tagen trafen Schellenberg und Bernadotte noch einige Male zusammen. Dabei erklärte Schellenberg, daß auch Himmler eine Reise des Schweden ins HQ von General Eisenhower wünsche. Bernadotte erklärte sich jedoch nur unter der Bedingung dazu bereit, daß Himmler öffentlich verkünden müsse daß »er zum Nachfolger Hitlers an der Spitze des deutschen Volkes bestimmt worden« sei. (Siehe Graf Folke Bernadotte a.a.0.)

Am 18. 4. kam Graf Bernadotte noch einmal nach Friedrichsruh. Dort herrschte helle Aufregung. Himmler hatte die Transporte kranker Skandinavier zwischen Neuengamme und Schweden, die bereits seit einiger Zeit liefen, stoppen lassen. Himmler erklärte dem Grafen, daß die Publizität, welche die Alliierten den Zuständen in Buchenwald und Bergen-Belsen gegeben hatten, an der Sperre schuld sei. Es gelang Bernadotte, die Wiederaufnahme der Transporte zu erreichen.

Am 20. 4. fuhr Graf Bernadotte nach Berlin weiter. Es kam dann noch ein weiteres Gespräch in Hohenlynchen mit Himmler zustande. Während dieses Gespräches - am Morgen des 21. 4. 1945 - stimmte Himmler zu, daß alle ausländischen Frauen aus dem KZ Ravensbrück, wo überwiegend Französinnen gefangensaßen, freigelassen würden. Als dies in die Wege geleitet war, erhielt Graf Bernadotte um 03.00 Uhr des 23. 4. einen Telefonanruf von Himmler. Dieser sagte, daß Schellenberg den Grafen unbedingt sprechen müsse. Dieses Treffen kam am 23.4. um 15.00 Uhr in Flensburg zustande, Schellenberg erklärte Bernadotte:

»Mit Hitler ist es aus. Man rechnet damit, daß er höchstens noch ein paar Tage zu leben hat ...

Himmler hat beschlossen, eine Begegnung mit General Eisenhower herbeizuführen, um ihm mitzuteilen, daß er bereit ist, die deutschen Streitkräfte an der Westfront kapitulieren zu lassen. Wären Sie geneigt, General Eisenhower eine solche Botschaft zu überbringen?« (Siehe Graf Folke Bernadotte: a.a.0.)

Der Schwede äußerte seine Zweifel an der Durchführbarkeit und Wirksamkeit dieses Vorgehens. Dennoch kam es kurz nach Mitternacht des 24. 4. in Lübeck, im Hause der schwedischen Gesandtschaft, zur entscheidenden Besprechung Bernadottes mit Himmler. Letzterer erklärte, daß Hitler wahrscheinlich schon tot sei und daß er in der dadurch entstandenen Lage »freie Hand« habe und bereit sei, an der Westfront zu kapitulieren, um möglichst große Teile Deutschlands vor einer sowjetischen Invasion zu bewahren. Er sei aber nicht in der Lage, an der Ostfront zu kapitulieren.

Bernadotte war bereit, diesen Vorschlag an den schwedischen Außenminister weiterzuleiten, wenn auch Dänemark und Norwegen in die Kapitulation im Westen einbezogen würden. Himmler sicherte dies zu.

Um 02.30 Uhr des 24. 4. war diese Besprechung beendet. Bernadotte flog nach Stockholm und erstattete dort Außenminister Günther Bericht. Eine Stunde später waren Günther und Bernadotte beim schwedischen Ministerpräsidenten zum Vortrag. Noch in der Nacht kam es zu einer Sitzung zwischen Außenminister Günther, dem englischen Gesandten Sir Victor Mallot, dem US-Gesandten Herschel Johnson, Kabinettssekretär Boheman und Graf Bernadotte.

Die politischen Mühlen begannen zu rotieren. 48 Stunden vergingen, und am Abend des 26. 4. teilte Kabinettssekretär Boheman Bernadotte mit, daß US-Präsident Truman dem US-Gesandten seine Antwort geschickt habe. Auf der US-Botschaft konnte Graf Bernadotte wenig später dieses Telegramm lesen:

»Eine deutsche Kapitulation kann nur unter der Bedingung angenommen werden, daß diese Kapitulation an allen Fronten, sowohl vor Großbritannien und der Sowjetunion als auch vor den Vereinigten Staaten vollständig stattfindet. Ist diese Bedingung erfüllt, so müssen die deutschen Streitkräfte an allen Fronten und auf allen Kriegsschauplätzen sofort vor den örtlichen Kommandierenden der Alliierten die Waffen strecken. Wo auch immer der Widerstand fortdauert, werden die Angriffe der Alliierten so lange rücksichtslos fortgesetzt, bis ein vollständiger Sieg errungen ist.« Am 27. 4. flog Graf Bernadotte nach Odense, wo er Brigadeführer Schellenberg die Antwort auf Himmlers Angebot aushändigte. Es wurde vereinbart, daß man sich am 28. 4. in Lübeck mit Himmler treffen könne. Am Morgen des 28. 4. kam Schellenberg nach Aabenraa (Apenrade), Bernadottes Quartier, und berichtete, daß Himmler nicht nach Lübeck fahren könne. Nun sollte Schellenberg allein zum neuen Aufenthaltsort Himmlers fahren und diesem die Antwort überbringen.

Am Mittag des 28. 4. 1945 um 13.55 Uhr wurde im Rundfunk der Alliierten die Nachricht verbreitet, daß Graf Folke Bernadotte nach Informationen aus London und New York mit dem Chef der SS, Heinrich Himmler, Verhandlungen über eine deutsche Kapitulation eingeleitet habe.

Damit wurde auch Himmler von der Liste der Nachfolger Hitlers gestrichen. Hitler schloß nun auch Himmler (nach Göring) aus der Partei aus und setzte eine Persönlichkeit zu seinem Nachfolger ein, an die niemand in diesem Zusammenhang gedacht hatte: Großadmiral Karl Dönitz. Damit waren die Weichen für ein rascheres Verhandeln gestellt, weil Großadmiral Dönitz gegenüber allen Alliierten als Verhandlungspartner anerkannt wurde. Er war nicht mit irgendwelchen nazistischen Greueltaten in Verbindung zu bringen, weil er ausschließlich Soldat war. Mit ihm konnten die Alliierten verhandeln. Doch nun zurück zu den kriegerischen Ereignissen in der Reichshauptstadt und zu den spektakulären Ereignissen in der Reichskanzlei und im Führerbunker.

Die letzten Tage in der Reichskanzlei

Aus der Reichskanzlei war am 27. 4. der Verbindungsoffizier Himmlers zu Hitler, SS-Gruppenführer Fegelein, verschwunden. Er hatte am Nachmittag dieses Tages von Erich Kempka, dem persönlichen Fahrer Hitlers und Verwalter des Wagenparks, zwei Wagen zu einer Informationsfahrt erbeten. Beide Wagen kehrten nach 30 Minuten in die Reichskanzlei zurück, nicht aber Fegelein. Martin Bormann, der Kempka nach Fegelein fragte, erhielt diese Auskunft.

Als wenig später Fegeleins Adjutant in die Reichskanzlei zurückkehrte, wurde er sofort von Kriminaldirektor Högl, dem Chef der Dienststelle des Reichssicherheitshauptamtes beim Führer, verhört. Man erfuhr, daß Fegelein, Eva Brauns Schwager, in seine Privatwohnung gegangen sei und sich dort Zivilkleider angezogen habe.

Kurz nach Mitternacht wurde Fegelein im Kohlenbunker der Reichskanzlei gestellt und zum Verteidigungskommandanten des Regierungsviertels, SS-Brigadeführer Mohnke, geschafft. Er hatte eine Aktentasche mit wichtigen Dokumenten aus seinem Zimmer hinter dem Kohlenbunker holen wollen. In dieser Aktentasche wurden weitere Unterlagen für seinen und Himmlers Verrat gefunden. In einem Reisekoffer, den Fegelein ebenfalls aus seinem Zimmer holen wollte, fand man zwei lange Rollen englischer Goldmünzen und Pfund- und Dollarnoten in Millionenhöhe.

Das sofort einberufene Kriegsgericht verurteilte Fegelein wegen Hochverrats zum Tode durch Erschießen. Das Urteil wurde wenig später im Garten des Auswärtigen Amtes vollstreckt.

Die Panzer der Division »Müncheberg«, die sich in der Nacht zum 24. 4. aus den südostwärtigen Vororten Berlins in Richtung Tempelhof zurückzogen, wurden von einem sowjetischen Panzerrudel verfolgt, das durch Pak und Flak abgeschossen wurde.

In dieser Nacht wurde auch im Stabsquartier der 33. SS-Gren.-Division »Charlemagne« Alarm gegeben. Ihr Kdr., SS-Brigadeführer Krukenberg, erhielt Befehl, sofort nach Berlin zu kommen und sich bei General Krebs zu melden. Er ließ die Division »Charlemagne« zum sofortigen Einsatz bereitstellen und veranlaßte, daß 700 Mann seiner Division als Kampfgruppe unter Führung von SS-Hauptsturmführer Fenet nach Berlin abmarschieren konnten.

Dicht hinter Brigadeführer Krukenberg rollte dieses Sturm-Bataillon, bewaffnet mit Panzerfäusten und MG, am 24. 4. um 08.30 Uhr aus Neustrelitz los. Vorbei an sowjetischen Infanteriekolonnen, gelang es diesem Verband, auf der letzten freien Straße nach Berlin zu kommen. Kurz nach Mittag erreichte er die Kanalbrücke bei Falkenrehde. Unmittelbar vor dem Gros flog die Brücke in die Luft. Hierbei wurde auch Brigadeführer Krukenberg leicht verwundet.

Über die Trümmer der Brücke überquerten die Freiwilligen den Kanal. Es waren Männer des Volkssturms gewesen, die die Brücke gesprengt hatten, weil sie die Anrückenden für Sowjets gehalten hatten.

Zu Fuß marschierte die Kolonne, die alle Fahrzeuge jenseits der Brücke hatte zurücklassen müssen, über die Ringbahn und Glienicke nach Gatow weiter. Sie fanden hier die ersten Verteidiger: Hitlerjungen, die mit Panzerfäusten ausgerüstet waren.

Im Grunewald, nicht weit vom Reichssportfeld, wurde biwakiert. In den ersten Morgenstunden erreichte der weiterfahrende Brigadeführer Krukenberg mit seinem Adjutanten die Reichskanzlei. Als Krukenberg wenig später vor General Krebs stand, erfuhr er, daß sie die einzige Kampfgruppe seien, die den Befehl, nach Berlin zu kommen, befolgt hatte.

Krukenberg meldete sich am Vormittag im Gebäudeblock des Kommandierenden Generals des III. Wehrkreises bei Gen.d.Art. Weidling. Dieser erklärte Krukenberg unter vier Augen, daß das LVI. PzK nur noch ein Torso sei. Er befahl ihm, mit der 11. SS-PGD »Nordland« und dem Sturmbataillon »Charlemagne« den Verteidigungsabschnitt C zu übernehmen. Am späten Nachmittag des 25. 4. traf das Batl. der Div. »Charlemagne« im Einsatzraum Neukölln-Hasenheide ein.

Der erste Einsatz führte die französischen Freiwilligen nach einigem Vorgeplänkel am frühen Morgen des 26. 4. zum noch nicht feindbesetzten Rathaus von Neukölln. Von dort aus wurden die Gegenstöße zur Bereinigung feindlicher Einbrüche angesetzt.

Der erste dieser Angriffe begann um 06.00 Uhr in einem dramatischen Ringen, bei dem schwere Verluste durch Feindpanzer verursacht wurden. Als auch ein deutscher Panzer, mit Rotarmisten besetzt, durchrollte und aus nächster Nähe das Feuer eröffnete, kam es schließlich zum Nahkampf. Der Angriff blieb liegen, und die französischen Freiwilligen mußten sich wieder zum Rathaus Neukölln zurückziehen.

Das Rathaus wurde zur Festung. 300 Hitlerjungen kamen den Franzosen zu Hilfe. Der nächste sowjetische Panzerangriff wurde abgewehrt. Die sowjetische Infanterie umging dieses Bollwerk der Verteidigung und griff aus Rücken und Flanke an. Im Gegenstoß wurden diese Infanteriegruppen vernichtet. Sie hatten sich bereits bis auf 50m dem Rathaus genähert.

Danach griffen sowjetische Panzer an. Die ersten wurden von den Panzervernichtungstrupps mit Panzerfäusten abgeschossen. Aber immer neue T 34 tauchten aus dem Dunst auf. Ein von der Division »Nordland« zugeführter Königstiger, der in einer Querstraße stand, wurde herbeigeholt. Er schoß mehrere angreifende T 34 ab. Hauptsturmführer Fenet leitete die Verteidigung.

Als Feindpanzer bereits den Hermannplatz, rund 900m hinter dem Rathaus, erreicht hatten, kämpften sich die Männer um Hauptsturmführer Fernet zurück. Sie erreichten die Nachbar-Kp. unter HStuf. Rostand, nahe dem Hermannplatz. Hier erhielten alle verteidigenden Soldaten gegen Mitternacht den Befehl zum Absetzen.

In der Umgebung des Anhalter Bahnhofs richteten sie sich erneut zur Verteidigung ein. HStuf. Fenet ging zum GefStand der Div. »Nordland«, der sich im Keller der Oper befand. Er erfuhr, daß die Divison und das Sturm-Batl. »Charlemagne« neue Verteidigungsabschnitte erhalten hatten. Die Verbände sollten nunmehr in einem Abschnitt verteidigen, der im Westen die Wilhelmstraße, im Osten den Dönhoffplatz, die Kommandantenstraße und die Alexanderstraße als Grenze hatte.

Während dieser Besprechung lag pausenloses Artilleriefeuer auf der Oper und ihrer Umgebung, dem Berliner Stadtschloß. Wenig später verlegte Brigadeführer

Krukenberg den GefStand aus der Oper ins Schauspielhaus und schließlich in den U-Bahn-Schacht Mitte.

Am Samstag, dem 28. 4., erreichte das Batl. »Charlemagne« die HKL am Belle-Alliance-Platz. Wenig später griffen auch hier sowjetische Panzer an. Der erste wurde mit Panzerfaust abgeschossen. Drei, vier weitere Feindpanzer erlitten das gleiche Schicksal. Ihr Vorstoß war zunächst abgewehrt.

Als es der Roten Armee am Morgen des 28. 4. gelang, am Halleschen Tor über den Landwehrkanal Behelfsbrücken zu schlagen, rollten weitere Panzer darüber vor. Die Regimenter »Norge« und »Danmark«, die Truppen der Division »Nordland« und das Sturm-Batl. »Charlemagne« verteidigten mit letztem Einsatz. Aber nicht nur sie waren es, die in der Reichshauptstadt kämpften.

Das LVI. Panzerkorps in Berlin

Die letzten 12 einsatzbereiten Panzer der PD »Müncheberg« standen im Großraum Tempelhof seit dem Morgen des 24. 4. im Einsatz, nachdem sich die Division in der Nacht zuvor aus den Vororten südostwärts von Berlin hierher zurückgezogen hatte. Als hier sowjetische Panzer auftauchten, eröffneten die wenigen deutschen Panzer das Gefecht und schossen die sowjetischen T 34 zusammen. Infanterie aber drang durch die Häuserblocks zum Flugplatzrand vor. Im GefStand der Division, im Flughafengebäude, gab GenMai. Mummert den Auftrag zum Gegenstoß des PzRgt. auf dem Mariendorfer Damm mit Richtung Ullsteinhaus. Panzergrenadiere saßen auf oder schlossen sich den vorrollenden Panzern an.

Es war Nacht geworden. Schemenhaft tauchten feindliche T 34 auf. Das Feuer wurde eröffnet, die T 34 schossen zurück. Grelle Mündungsflammen durchzuckten die Nacht, Brände loderten empor. Der erste deutsche Panzer ging in Flammen auf; die Besatzung konnte aussteigen. Dieses Gefecht vor dem Tempelhofer Feld dauerte bis zum Morgen des 25. 4. an.

Zur gleichen Zeit kämpften die Männer der Heeres-Feuerwerkerschule in Lichterfelde gemeinsam mit dem Volkssturm gegen die auch in diesem Abschnitt angreifenden Sowjets. Zwischen Lichterfelde-Steglitz und Lankwitz waren HJ-Einheiten mit Panzerfäusten in Stellung gegangen und hatten die angreifenden Feindpanzer aufgehalten.

Am Morgen dieses 25. 4. eröffnete die Sowjetarmee den Sturmangriff auf das Stadtzentrum Berlins mit einem einstündigen Trommelfeuer. Dann stürmten die Panzer-Stoßkeile auf Tempelhof, Dahlem, in Richtung Flugplatz Gatow und zum Alexanderplatz vor. In Gatow verteidigten 2.000 Fahnenjunker der Luftkriegsschule Kladow den Flugplatz. Bis zum Mittag dieses Tages schloß sich der Ring um das Zentrum.

An diesem Tage war General Weidling beinahe pausenlos unterwegs. Er erlebte im Flakbunker am Zoo auf dem GefStand von GenMaj. von Sydow, dem Kdr. der Luftverteidigung von Großberlin, einen starken sowjetischen Luftangriff und richtete anschließend seinen GefStand im Bendlerblock ein, weil er von dort aus schnell zur Reichskanzlei und zum Führerbunker gelangen konnte.

Im Raume Spandau wurde an diesem Tage eine HJ-KGr., unter Obergruppenführer Heißmeyer eingeschlossen. Bei Zehlendorf griffen frische sowjetische Kräfte an.

Als General Weidling am Abend des 25. 4. um 22.00 Uhr zur Führerlagebesprechung kam, gab er den Lagebericht. Er trug die Feindlage vor, gab auf vorbereiteten Skizzen die Stoßrichtungen der sowjetischen Hauptangriffe und deren Stärken bekannt und stellte diesen die eigenen Kräfte gegenüber.

Danach sprach Hitler und legte dar, daß nach dem Fall von Berlin die Niederlage Deutschlands besiegelt sei und daß er aus diesem Grunde hierbleiben und »siegen oder untergehen« wolle. General Krebs nährte die verzweifelten Hoffnungen, indem er vortrug, daß trotz der falschen Angriffsrichtung der 9. Armee, die nicht auf Berlin ziele, und trotz des breiten und tiefen Einbruchs der Sowjets im Bereich der HGr. Weichsel Hoffnung vorhanden sei, weil die Armee Wenck sich mit dreieinhalb Divisionen unterwegs befinde, um den Blockadering um Berlin zu durchbrechen und die Reichshauptstadt zu entsetzen. Mitten in dieser Besprechung wurde im Rundfunk der Wehrmachtbericht verlesen. Über Berlin hieß es darin:

> »In der Schlacht um Berlin wird um jeden Fußbreit Boden gerungen. Im Süden drangen die Sowjets bis in die Linie Babelsberg-Zehlendorf-Neukölln vor. Im südlichen und nördlichen Stadtgebiet dauern heftige Kämpfe an. Westlich der Stadt erreichten feindliche Panzerspitzen den Raum von Nauen und Ketzin. Nordwestlich Oranienburg wurde das Nordufer des Stettiner Kanals gegen heftige Angriffe gehalten. Wiederholte Angriffe des Feindes auf Eberswalde führten zu Einbrüchen.«

Am Abend des 25. 4. übernahm Oberst Wöhlermann den Befehl über alle im Stadtgebiet stehenden Art.-Einheiten. Die erste Besprechung mit Oberstleutnant von Plathow, dem vorherigen ArtKdr., Major Bollinger, und GenMaj. von Sydow, mit Oberstleutnant Jacobi, dem Kdr. des in Berlin stehenden Heeres-ArtRgt., und Oberst von und zu Gilsa, dem ArtKdr. der 18. PGD, brachte Wöhlermann zu der Überzeugung, daß ein Kampf in dieser zerstörten Stadt Wahnsinn sei, da nicht einmal die Munitionslage einen längeren Abwehrkampf erlaubte.

Am Morgen des 26. 4. wurden die Abschnitte A und B im Osten der Stadt mit einem gewaltigen Trommelfeuer belegt. Es traf die Panzergrenadiere der 18. PGD am Rande und die Soldaten der Pz.-Div. »Müncheberg« voll, denn letztere hatten diese beiden Abschnitte zu verteidigen. Nach Südosten schlossen die SS-Verbände an.

General Weidling war am Morgen bei der Div. »Müncheberg«. Von dort fuhr er zur 18. PGD weiter, die in der Enge zwischen Schlachtensee und Krumme Lanke stand und ebenfalls von starkem Feuer überrascht worden war, dennoch aber den Durchstoß der Sowjetarmee in den Grunewald vereitelte. Daneben kämpfte die 20. PGD unter GenMaj. Scholze. Auf der Nahtstelle zwischen diesen beiden PGDivisionen brachten sowjetische Sturmgruppen den Widerstand zu Fall und stießen am Morgen des 28. 4. durch. Die 20. PGD stand im Zentrum des Abwehrkampfes im Raume Potsdam. GenMaj. Scholze war vorn bei seinen Panzergrenadieren in Stellung, wie er dies seit 1941 in Rußland getan hatte. Als die HKL überrannt wurde, gab er sich selbst den Tod.

An diesem 28. 4. 1945 arbeitete General Weidling einen Ausbruchsplan aus und bereitete schon den Ausbruchsbefehl vor, um nach dessen Genehmigung durch Hitler sofort damit starten zu können. Der Plan lautete:

»Die Besatzung von Berlin bricht in drei KGr. beiderseits der Heerstraße aus. Die Havelbrücken südlich Spandau sind unter allen Umständen zu halten, um den ausbrechenden KGr. die Absetzbewegungen zu ermöglichen. Die Aufstellung:

Kampfgruppe I:
9. FJD mit unterstellter Kampfgruppe E. Rechts und links die 18. PGD mit der Masse der noch vorhandenen Panzer und Sturmgeschütze.

Kampfgruppe II:
Restverbände der Waffen-SS mit SS-Dienststellen und Polizeieinheiten. Bei dieser KGr. werden der Führer und sein Gefolge am Ausbruch teilnehmen. Für die Sicherheit des Führers ist SS-Brigadeführer Mohnke verantwortlich, der zugleich Kampfgruppenführer ist.

Kampfgruppe III:
Division »Müncheberg« und Division »Nordland«. Kampfgruppe Bärenfänger übernimmt die Nachhut.«

Dieser Plan, so vertraute General Weidling seinen Offizieren an, bot die einzige Aussicht, das Leben vieler Berliner auch jetzt noch zu retten, die beim Weiterkämpfen in der Reichshauptstadt mit Sicherheit ihr Leben verlieren würden.

Die Berliner Innenstadt war am Abend dieses 28. 4. noch immer fest in deutscher Hand. Alle Außenbezirke hingegen waren schon von der Sowjetarmee besetzt, mit Ausnahme des Grunewaldes. Am Abend erließ Generaloberst Bersarin, OB der 5. sowjetischen Stoßarmee, einen Befehl an die sowjetischen Streitkräfte und gleichzeitig an die Einwohner von Großberlin:

»Befehl Nr. 1 des Chefs der sowjetischen Besatzung der Stadt Berlin:

Heute bin ich zum Chef der Besatzung und zum Stadtkommandanten von Berlin ernannt worden. Die gesamte administrative und politische Macht geht laut Vollmacht des Kommandos der Roten Armee in meine Hände über.

N. Bersarin, Generaloberst.«

Am Abend dieses 28. 4. befahl General Weidling alle Abschnittskommandeure für 23.30 Uhr in die Reichskanzlei. Er wollte sie zur Hand haben, wenn sein Ausbruchsvorschlag akzeptiert wurde, um sogleich losschlagen zu können. Er selbst betrat kurz vor 22.00 Uhr die Reichskanzlei. Als erster wurde er aufgefordert, seinen Bericht zur Lage zu geben. Er berichtete, daß die Sowjetarmee weitere Verstärkungen in die Stadt geschafft hätte und daß es den Kampfgruppen nicht gelungen sei, die Feindeinbrüche zu beseitigen. Am Schluß seines Vortrages trat Weidling entschlossen einen Schritt vor und wandte sich nun ausschließlich an Hitler:

»Mein Führer«, eröffnete er diesen wichtigsten Punkt, »Ihre Truppen können den Kampf um Berlin höchstens noch 48 Stunden lang durchhalten. Dann ist unsere Munition verschossen, und wir müssen kapitulieren. Deshalb erlaube ich mir, Ihnen den Vorschlag zu machen, den Truppen den Ausbruch aus Berlin befehlen zu wollen. Allein dieser Ausbruch rechtfertigt noch unseren Einsatz. Er macht dem furchtbaren Leiden der Bevölkerung in der Stadt ein Ende.«

Danach trug er nüchtern und sachlich die einzelnen Phasen des Ausbruchs der drei Kampfgruppen vor und demonstrierte das Gesagte an einer großen Karte. Wortlos hörte Hitler ihm zu. General Krebs, Bormann und Goebbels standen um den Kartentisch herum. Hitler blickte auf und sah General Weidling prüfend an.

»Mein Führer«, begann Weidling noch einmal, »ich verpflichte mich mit meinem Kopf dafür, daß Sie gesund und wohlbehalten aus Berlin herauskommen. Geben Sie den Befehl zum Ausbruch! – Sie retten damit Berlin!«

Es war Dr. Goebbels, der den Plan sofort kategorisch ablehnte und von Feigheit sprach und Verantwortungslosigkeit. General Weidling erwiderte, daß er, Goebbels, als Reichsverteidigungskommissar von Berlin nichts getan habe und daß er die Stadt mit ihren Millionen Menschen unvorbereitet ins Feuer geschickt habe.

In dieser Phase war es General Krebs, der die Situation, die eskalierte und zum offenen Ausbruch von Feindseligkeiten geführt hätte, entspannte, indem er zwischen Weidling und Dr. Goebbels trat und das Wort ergriff:

»Mein Führer, der Plan des Herrn General Weidling ist nach militärischen Gesichtspunkten einwandfrei und realisierbar. Sie, mein Führer, wollen entscheiden, ob die Besatzung von Berlin ausbrechen oder in der Reichshauptstadt weiterkämpfen soll.«

Hitler entschied nach langem Nachdenken: »Wenn schon das Ende kommt, dann in der Reichskanzlei! Es gibt für mich keinen Kompromiß! Eine Gefangennahme schon gar nicht! Ich bleibe in Berlin!«

General Weidling verließ wenig später den Führerbunker, stieß im Vorraum auf seinen Chef des Stabes, Oberst Refior, und ging mit diesem zu den versammelten Kommandeuren hinüber, die im Adjutantenbunker warteten.

»Meine Herren«, eröffnete er die Unterrichtung der Generale und Kampfgruppenführer, »ich habe soeben die größte Niederlage meines Lebens erlitten. Es bleibt uns nichts erspart. Der Führer hat den Ausbruch verboten.«

Nach einer kurzen Pause gab General Weidling die Kampfanweisungen für den 29.4. 1945 aus. Er ernannte Brigadeführer Mohnke zum Kommandeur aller im Stadtzentrum liegenden Truppen.

Kurz vor Mitternacht dieses 28. 4. 1945 heiratete Hitler seine Verlobte Eva Braun. Die Familie Goebbels, Bormann, Burgdorf, Hewel, Frau Christian, Hitlers Sekretärin, die vorher noch das Testament Hitlers aufgenommen hatte, Axmann und Oberst von Below waren anwesend. Dr. Goebbels und Martin Bormann waren die Trauzeugen.

In der Nacht zum 29. 4. berieten Goebbels, Bormann und Hitler über die Zusammensetzung der neuen Reichsregierung, denn Hitler hatte sich entschlossen, mit seiner Frau gemeinsam aus dem Leben zu scheiden. Hitler bat Goebbels, das Amt des Reichskanzlers zu übernehmen. Dann ließ er die Bombe platzen, als er verfügte, daß Großadmiral Karl Dönitz mit den Geschäften eines Reichspräsidenten beauftragt werden sollte. Damit war die entscheidende Sitzung im Morgengrauen des 30. 4. 1945 zu Ende.

Als Hitler Dr. Goebbels befahl, mit seiner Familie die Reichshauptstadt zu verlassen, widersetzte sich dieser Hitlers Befehl.

In der Nacht zum 30. 4. unterschrieb Hitler sein Testament. Dr. Goebbels, der nach Hitlers Befehl, Berlin zu verlassen, ebenfalls sein Testament hatte schreiben lassen, tat dies zur gleichen Stunde. Lorenz, der Vertreter von Reichspressechef Dietrich, Oberst von Below und SS-Standartenführer Zander, Bormanns Adjutant, erhielten je ein Exemplar des Testamentes, mit der Weisung, den Ausbruch aus Berlin zu wagen und zu versuchen, Großadmiral Dönitz zu erreichen und diesem die Dokumente zu übergeben.

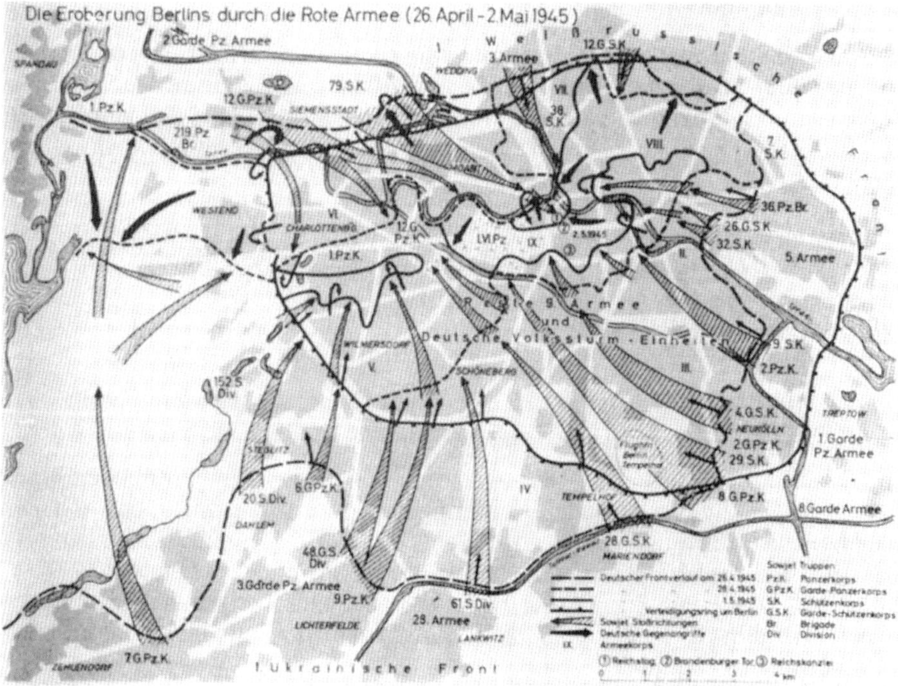

In der letzten Lagebesprechung mit Hitler am 29. 4. 1945 trug General Weidling vor, daß die Versorgung der Truppe mit Munition und Verpflegung praktisch zusammengebrochen sei. Die Versorgungsabwürfe von sechs Tonnen hatten nur etwa 20 Panzerfäuste enthalten, die einzige Waffe, mit der die Grenadiere und Hitlerjungen der feindlichen Panzerflut trotzen konnten. Weidling erklärte, daß die Lage aussichtslos sei.

Noch einmal kam es zu einer Kontroverse zwischen ihm und Dr. Goebbels. Reichsleiter Bormann packte Goebbels am Arm und zog ihn zurück. Weidling wandte sich noch einmal direkt an Hitler.

»Mein Führer! Ich darf in Zusammenfassung meines Berichtes ergänzen, daß mit aller Wahrscheinlichkeit die Schlacht um Berlin morgen beendet sein wird.«

Hitler wandte sich fragend an Brigadeführer Mohnke. Dieser bestätigte General Weidlings Prognose.

General Weidling erklärte noch einmal, daß ein Ausbruch immer noch Aussicht auf Erfolg böte. Nunmehr genehmigte Hitler den Ausbruch jener Kampfgruppen, die keine Munition mehr hatten. Alle anderen sollten bis zum Verschuß der letzten Munition kämpfen.

Am Morgen des 30. 4. 1945 stürmten die sowjetischen Schützen-Regimenter 380, 674 und 756 durch die Trümmer der Innenstadt zum Reichstagsgebäude. Die Sergeanten Jefgorow und Kantarija erkletterten die Kuppel desselben und hißten um 14.25 Uhr die Rote Fahne. Der Kampf um die Reichskanzlei und um das Regierungsviertel war in vollem Gange.

Nach dem Mittagessen, das Hitler mit seiner Frau Eva und den Sekretärinnen Frau Junge und Frau Christian sowie der Diätköchin, Fräulein Manziali, einnahm, rief Hitler seinen Adjutanten Günsche zu sich und befahl ihm, genügend Benzin zur Verbrennung seiner eigenen und der Leiche seiner Frau bereitzustellen. Als Erklärung sagte er:

»Ich wünsche nicht, nach meinem Tode in einem sowjetischen Panoptikum ausgestellt zu werden.« (Siehe Kempka, Erich: Die letzten Tage mit Adolf Hitler.)

Danach hörte Hitler den letzten Lagebericht von Brigadeführer Mohnke. Dieser Bericht zeigte, daß sowjetische Sturmtruppen am Potsdamer Platz, am Anhalter Bahnhof und im Tiergarten standen, daß aber die Waffen-SS noch immer kämpfte und daß Teile des LVI. PzK die 8. sowjetische Gardearmee, General Tschuikow, aufhielten. Danach unterzeichnete Hitler seinen letzten Führerbefehl, in dem er General Weidling das Einverständnis zum Ausbruch gab, falls es zu einem akuten Munitionsmangel komme.

Gegen 14.30 Uhr erschoß sich Hitler und zerbiß gleichzeitig eine Zyankalikapsel. Seine Frau Eva starb ebenfalls durch Zyankali.

Dr. Stumpfegger stellte den Tod der beiden fest. Dann trugen Stumpfegger und Linge, Hitlers Kammerdiener, die in eine Felddecke gehüllte Leiche Hitlers hinaus. Martin Bormann trug Eva Hitler. Kempka nahm ihm die Leiche der Frau ab und trug sie mit Günsche hinaus. Im Artilleriefeuer der Sowjets wurden beide Tote drei Meter rechts neben dem Bunkerausgang niedergelegt, mit Benzin übergossen, und als Günsche einen mit Benzin getränkten angezündeten Lappen auf die Leichen warf, züngelten sofort die Flammen empor.

Die Verbrennung dauerte bis in die Abendstunden. Währenddessen hatte Dr. Goebbels die Generale Burgdorf und Krebs, Brigadeführer Mohnke und Martin Bormann zu einer Lagebesprechung gebeten. Das Ergebnis dieser Besprechung war, daß General Krebs, als Beauftragter des neuen Reichskanzlers Goebbels, zu General Schukow fahren sollte, um über freien Abzug zu verhandeln.

General der Polizei Rattenhuber hatte nach Erlöschen des Feuers die Knochenüberreste Hitlers und seiner Frau durch einige Polizeimänner und Hitlers Kammerdiener Linge zusammenscharren und an der Wand des Wohnhauses von Kempka beisetzen lassen.

General Krebs fuhr als Parlamentär zu Marschall Schukow. Er kam erst vor Mitternacht zurück und berichtete, daß dieser die bedingungslose Kapitulation verlange. Die Gefangenen und Verwundeten würden nach der Genfer Konvention behandelt.

Nunmehr wurde alles zum bereits vorher besprochenen Ausbruch vorbereitet, der am 1. 5. ab 21.00 Uhr erfolgen sollte. Am Nachmittag des 30. 4. hatten gegen 17.00 Uhr Reichsleiter Bormann und General Krebs einen Funkspruch an das OKW absetzen lassen:

»Großadmiral Dönitz. – Anstelle des bisherigen Reichsmarschalls Göring setzt der Führer Sie, Herr Großadmiral, als seinen Nachfolger ein. Schriftliche Vollmachten unterwegs. Ab sofort sollen Sie sämtliche Maßnahmen verfügen, die sich aus der gegenwärtigen Lage ergeben.«

Am Abend dieses 30. 4. erschien im GefStand von General Weidling ein Melder von Brigadeführer Mohnke aus dem Führerbunker. Er überbrachte ein Schreiben, in dem General Krebs ihn bat, sofort zur Meldung in die Reichskanzlei zu kommen. Als General Weidling das Arbeitszimmer Hitlers erreichte, wurde er von General Krebs empfangen, der ihn wortlos in den Raum zog. Der General erblickte auf Hitlers Platz Dr. Goebbels. Außerdem war nur noch Reichsleiter Bormann im Raum. General Krebs setzte den Verteidigungskommandanten von Berlin darüber ins Bild, daß Hitler Selbstmord begangen hatte und daß Sowjetmarschall Schukow davon unterrichtet worden sei.

General Weidling erfuhr, daß der neue Reichskanzler Dr. Goebbels sein würde, daß Großadmiral Dönitz Reichspräsident, Reichsleiter Bormann Parteiminister, Dr. Seyss-Inquart Außenminister und Generalfeldmarschall Schörner Kriegsminister werden würden. Er erkannte, daß Dr. Goebbels sein Spiel noch immer nicht verlorengab und daß dieser Mann keiner bedingungslosen Kapitulation zustimmen werde. Er selbst brachte unmißverständlich zum Ausdruck, daß die Sowjets nur eine bedingungslose Kapitulation akzeptieren würden. Goebbels wurde so lange von Krebs und Bormann bestürmt, bis er sich einverstanden erklärte, daß General Weidling die Kapitulation einleitete.

Der von Hitler genehmigte und von General Weidling vorbereitete Ausbruch wurde angehalten. General Krebs, Oberst von Duvfing und Oblt. Neilandis, als Dolmetscher für Russisch, erreichten am 1. 5. gegen 03.00 Uhr die sowjetischen Linien. Von dort aus wurden sie zum Schulenburgring 2 gefahren, wo Armeegeneral Tschuikow sein HQ aufgeschlagen hatte.

Während sie hier die Kapitulation einleiteten, kämpften die Soldaten der PD »Müncheberg« immer noch. GenMaj. Mummert, in den letzten Kampftagen in

Berlin noch dreimal verwundet, befand sich in den vordersten Stellungen und kämpfte im Nahkampf gegen vorrollende Feindpanzer.

Im Keller des Reichssicherheitshauptamtes hatten sich die letzten Gruppen des Sturm-Batl. »Charlemagne« verschanzt. Hier und im Bereich der Saarlandstraße, entlang der Bahnlinie vom Anhalter Bahnhof bis zum Potsdamer Platz, hielten sie noch immer die vorstürmenden sowjetischen Kampfgruppen nieder.

Am 1. 5. gegen 19.00 Uhr wurde Brigadeführer Krukenberg zur Reichskanzlei befohlen. Mit seinen Begleitem erfuhr er durch Brigadeführer Mohnke von Hitlers Tod und von der Weigerung der Sowjets, mit General Krebs zu verhandeln. Krukenberg erhielt Weisung, sich mit seinen Männem zum Ausbruchsversuch bereitzuhalten, der in der Nacht zum 2. 5. stattfinden sollte.

Am 1. 5. 1945 ging dann gegen 20.00 Uhr folgender Befehl von Brigadeführer Mohnke an die GefStände aller KGr. der von ihm verteidigten Zitadelle:

»Der Führer ist tot. Jeder Soldat ist seines Fahneneides entbunden. Die Stadt wird morgen mittag 14.00 Uhr russisch sein. Der Feind hat auf bedingungsloser Kapitulation beharrt. Das Schicksal der deutschen Truppen ist also nach der Waffenruhe völlig von seiner Willkür abhängig.

Ein Freikorps unter Führung des letzten Kommandeurs der Leibstandarte Adolf Hitler, bestehend aus kampfkräftigen Freiwilligen aller Verbände, wird unverzüglich gebildet und in der kommenden Nacht den gewaltsamen Ausbruch durchführen. Die Einheiten des Freikorps sammeln an den befohlenen Plätzen bis 20.00 Uhr und ziehen von dort in die Bereitstellungen.«

Nach Rückkehr von Oberst von Duvfing erfuhr General Weidling von den Verhandlungen General Krebs' mit den Sowjets. General Krebs selbst war dort zurückgeblieben.

Nunmehr faßte auch Weidling den Entschluß zur Aufgabe des Kampfes und ließ durch einen Funktrupp Verbindung mit dem sowjetischen Oberkommando aufnehmen. Dann ließ er, »an alle«, funken:

»Hier ist das LVI. Panzerkorps! Wir bitten, das Feuer einzustellen! Um 05.00 Uhr Berliner Zeit entsenden wir Parlamentäre auf die Potsdamer Brücke. Erkennungszeichen: Weiße Flagge vor rotem Licht! Wir bitten um Antwort.«

Sofort nach Erhalt dieses Funkspruchs ließ sich Armeegeneral Tschuikow mit Marschall Schukow verbinden. Dieser erteilte ihm die Genehmigung, und am 2. 5. 1945 um 01.00 Uhr überschritt Oberst Duvfing die sowjetischen Linien und wurde zum Schulenburgring geführt. Dort stand er wenig später General Tschuikow gegenüber, und dieser fragte nur:

»Bedingungslose Kapitulation, ja oder nein?« »Ja«, erwiderte Oberst von Duvfing.

In der Reichskanzlei herrschte in der Nacht zum 2. 5. 1945 fieberhafte Tätigkeit. Die Kampfgruppen in der Zitadelle sammelten zum Ausbruch. Zehn Gruppen waren von Brigadeführer Mohnke gebildet worden. Sie sollten im Abstand von 30 Minuten zueinander ab 23.00 Uhr den Ausbruch wagen. Ziel war es, über Wedding nach Nordwesten durchzubrechen. Bei Schwerin sollten sich diese Gruppen wieder sammeln und geschlossen nach Plön weiterziehen, wo Großadmiral Dönitz saß.

Die erste Gruppe, geführt von Mohnke, in Stärke von 20 Mann und vier Frauen, brach um 23.00 Uhr auf. Sie kam zunächst gut durch, bis sie um 01.00 Uhr des 2. 5. vor Erreichen der U-Bahn-Station Mitte auf ein eisernes Tor stießen, das den U-Bahn-Schacht hermetisch abschloß. Diese Tür wurde ihnen nicht geöffnet. So schwenkten sie ab und suchten sich einen neuen Weg über die Spree links der Weidendammer Brücke.

Die Gruppe mit Bormann, Naumann, Dr. Stumpfegger und Erich Kempka war etwa zur gleichen Zeit bei der Weidendammer Brücke auf eine sowjetische Sperre gestoßen. Eine dritte Gruppe mit Arthur Axmann kam hier zur zweiten Gruppe. Der letzte Panzer der Div. »Nordland«, der die Gruppe bis hierher begleitet hatte, wurde nun von sowjetischer Pak abgeschossen. Von diesem Augenblick an blieb Bormann spurlos verschwunden. Lediglich Arthur Axmann und Günter Weltzien sagten aus, daß sie auf die beiden Toten Dr. Stumpfegger und Martin Bormann gestoßen seien. Daß dies wirklich so war, wurde erst im Jahre 1973 bestätigt, als man anhand eines Zahnvergleichs eines am Lehrter Bahnhof gefundenen Totenschädels diesen als von Martin Bormann stammend identifizierte.

Von den zehn Gruppen kam keine einzige geschlossen durch. Lediglich der Kampfgruppe des Wachregimentes »Großdeutschland« unter Führung von Major Lehnhoff gelang im Stalinorgel- und Panzerfeuer der Durchbruch und Ausbruch in den Raum Oranienburg, wo die KGr. mit fünf Panzern und noch 68 Mann eintraf. Dort mußten die Panzer wegen Benzinmangels gesprengt werden. In vier Gruppen aufgeteilt, schlugen sich diese Soldaten in Richtung Elbe und Schleswig-Holstein durch.

Am Mittag des 2. 5. 1945 erließ Generalissimus Stalin einen Tagesbefehl an die Sowjetarmee:

»Die Truppen der 1. Belorussischen Front, unter dem Befehl des Marschalls der Sowjetunion Schukow, haben im Zusammenwirken mit den Truppen der 1. Ukrainischen Front, unter dem Befehl des Marschalls der Sowjetunion Konjew, nach hartnäckigen Straßenkämpfen die Zerschmetterung der deutschen Heeresgruppe in Berlin vollendet und heute, am 2. 5. 1945, Berlin, die Hauptstadt Deutschlands, das Zentrum des deutschen Imperialismus und den Herd der deutschen Aggression, vollständig besetzt.

DIE KRIEGSMARINE IM JAHRE 1945

Allgemeine Übersicht

Im Oberkommando der Kriegsmarine sah man den Hauptgrund zum Durchhalten am 1. 1. 1945 und später darin, daß der Gegner als oberstes Kriegsziel die Vernichtung des deutschen Volkes verkündet hatte. Damit war Deutschland keine Alternative gegeben.

Hinzu kam, daß Millionen deutscher Flüchtlinge vor der sowjetischen Bedrohung nach Westen flohen "und dort Rettung vor sowjetischem Vandalismus suchten."(Siehe: Arbeitskreis für Wehrforschung, Hrgb. Wagner Gerhard: Lagevorträge des Oberbefehlshabers der Kriegsmarine vor Hitler 1939-1945).

Drei Millionen deutscher Soldaten würden mitten im Winter den Befehl, die Waffen zu strecken und *dort* stehen zu bleiben, wo sie sich gerade befanden, *nicht* befolgen, sondern sich mit Waffengewalt nach Westen durchschlagen wollen, jenes bösen Schicksals gewiß, das ihnen drohte, wenn sie in sowjetische Hände fielen.

Daß der Winter die Lage der Flüchtlinge noch *weiter* verschärfen mußte und unabsehbare weitere Opfer fordern würde, war klar. Dies waren die Gedankegänge, die den Oberbefehlshaber der Kriegsmarine, Großadmiral Dönitz, bewogen, weitere Auslaufbefehle für alle Verbände der Kriegsmarine zu geben.

"Es mußten die letzten Möglichkeiten des militärischen Widerstandes ausgeschöpft werden, um den Winter zu überstehen. Für die Marine traten mehr und mehr auch Aufgaben an den Landfronten in den Vordergrund, weil ihre letzten Möglichkeiten des Abwehrkampfes zur See immer mehr eingeschränkt wurden. Eine meiner Schwerpunktaufgaben war die Wiederbelebung des U-Bootkrieges.

Bis Ende Januar 1945 ergaben sich für uns die erfreulichen Feststellungen, daß durch die Ausrüstung der Boote mit dem Schnorchel die Erfolgszahlen wieder anstiegen und der Wirkungsgrad der U-Boote genau so groß war, wie im August 1942. Auch die Verluste waren erheblich abgesunken."(Siehe Dönitz, Karl: Zehn Jahre und Zwanzig Tage).

Die deutschen U-Boote operierten unter der Küste des Gegners und setzten dem Geleitzugsverkehr so zu, daß Winston Churchill am 13. Mai 1945 im Britischen Unterhaus erklärte, daß die U-Boot-Gefahr vor England bei Kriegsende genau so groß gewesen sei, wie im erfolgreichsten Jahr der deutschen U-Boot-Kriegführung 1942. (Siehe Churchill, Winston: Memoiren, Bd. VI, S. 474 der engl. Ausgabe).

Bis zum 9.2. 1945 waren das Oberkommando der Marine und die Seekriegsleitung im Stabsquartier "Koralle" bei Bernau vereinigt. An diesem 9.2. 1945 ließ der OB der Kriegsmarine, GA Dönitz, die Seekriegsleitung nach Sengwarden bei Wilhelmshaven verlegen.

"Ich war der Auffassung, daß der Führungsstab der Marine in der Nähe der Küste bessere und direktere Führungsmöglichkeiten hatte, als im Landesinnern. Ich selber aber mußte mit meinem engsten Stab im Lager Koralle verbleiben, um dem Führerhauptquartier nahe zu sein und meiner Verantwortung gegenüber der Staatsführung gerecht zu werden.

Ich nahm fast täglich an den Lagebesprechungen in der Reichskanzlei teil. Erst als Hitler mich zum Oberbefehlshaber im Nordraum ernannt hatte, verlegte auch ich am 22. April 1945 in den Nordraum, weil meine Anwesenheit dort notwendig war.

Dort übernahm ich nachHitlers Tod dessen Nachfolge und leitete die Beendigung des Krieges ein."(Siehe Dönitz Karl: Gespräche mit dem Autor und Lüdde-Neurath: Regierung Dönitz).

Ende Januar 1945 entschloß sich Dönitz, die einsatzbereiten U-Boote erneut vor die Küste des Feindes zu entsenden.

U-Boote am Feind

Die Erfolge der deutschen U-Boote im Januar 1945 betrugen 10 versenkte und acht torpedierte Schiffe. Dabei torpedierte U 482 unter Kptlt. Graf von Matuschka einen Geleitträger. Das Boot ging am 15. 1. 1945 im Nordkanal verloren, als es von Geleitfahrzeugen gestellt und mit Wasserbomben belegt wurde.

U 1172, am 20.4. 1944 durch Oblt.z.S. Kuhlmann in Dienst gestellt, torpedierte einen Zerstörer. Das Boot wurde am 26. 1. 1945 in der Irischen See durch Geleitfahrzeuge versenkt.

Dennoch liefen die übrigen Besatzungen weiter aus. Im Februar konnten sie 14 Schiffe versenken. Unter ihnen auch die Korvette "Vervain".

Auch der März sah wiederum eine Versenkung von 13 Schiffen und zwei Torpedierungen. Nach zwei eigenen Erfolgen wurde U 714 unter Kptlt. Schwebcke vor dem Firth of Forth durch die südafrikanische Fregatte "Natal" am 14. 3. 1945 versenkt. Eine Woche später kollidierte U 1003 im Unterwassermarsch mit der Fregatte "Glasgow". Das Boot war nicht mehr tauchklar, es glitt an die Wasseroberfläche zurück. Die Besatzung ging über Bord und die letzten Männer des Maschinenpersonals versenkten das Boot selber. Die Fregatte "Thetford Mines" nahm die Überlebenden dieses deutschen U-Bootes auf.

Am 27. 3. 1945 fielen U 965, Oblt.z.S. Unverzagt, und U 722, Oblt. z.S. H. Reimers, der 21th Escort Group zum Opfer. Dieser Gruppe gelang es am 30. 3. auch noch U 1021, Oblt.z.S. Holpert, zu vernichten.

U 1202 unter Kptlt. Thomsen stand am 1. 4. 1945 südwestlich von Irland und dehnte seine Feindfahrt in den Kanal hinein aus. Er griff einen Geleitzug an, schoß auf zwei Korvetten und einen großen Dampfer, ohne einen Erfolg zu erzielen.

Nach den Verlusten von sechs Booten im Januar stiegen die U-Boot-Verluste bis April auf 29 Boote in diesem Monat an. Als erstes der Elektroboote des Typs XXIII gelang es U 2321, Oblt.z.S. Barschkis, die "Gasray" mit 1.406 BRT zu versenken.

Am 6. April griff U 1195, KptLt. Cordes, den Konvoi VWP an und versenkte den 11.420 BRT großen Dampfer "Cuba" mit Zweierfächer. Die Verfolgungsjagd der Geleitfahrzeuge auf dieses Boot entdete mit der Vernichtung desselben durch den Geleitzerstörer "Watchman". Mit seiner gesamten Besatzung ging auch Kapitänleutnant E. Cordes unter.

Die 3. Support Group vernichtete mit ihrem Führerboot, dem Zerstörer "Duckworth", U 246, KptLt. Raabe, und U 399. Unmittelbar vor seiner Versenkung war es U 246 gelungen, die Fragatte "Teme" zu versenken.

Von Mitte April bis zum 5. Mai kam es zu den letzten Einsätzen deutscher U-Boote vor England. Drei neue Elektroboote – U 2324 (KptLt. v. Rappard), U 2329 (Oblt.z.S. Schlott) und U 2322 (Oblt.z.S. Heckel) – waren in dieser Phase erfolgreich, aber *sehr* viele Boote gingen in diesem letzten Monat des Krieges verloren. U 1206, KptLt. Schlitt, mußte nach einer Tauchpanne aufgegeben werden. U 1274 versenkte den Motortanker "Athelduke" mit 8.966 BRT und wurde anschließend durch den britischen Zerstören "Viceroy" versenkt. Oblt. z.S. Fitting fiel mit seiner gesamten Besatzung am 16. April.

Vor der schottischen Ostküste ging U 398 (Oblt.z.S. Cranz) aus ungeklärter Ursache verloren, U 396 und U 1017 wurden bereits auf dem Hinmarsch ins Operationsgebiet durch Liberatorbomber versenkt. Am 21. 4. traf es U 634, das von Fahrzeugen der 4th Escort Group vernichtet wurde. U 326 wurde vermißt. Es blieb südwestlich von Irland verschollen.

Die Fregatte "Loch Lillin" vernichtete U 1063. U 285 wurde von einem Zerstörer der 5th Escort Group in die Tiefe geschickt.

Kptl. Parduhn gelang es mit U 1107 aus dem Konvoi HX 348 zwei große Schiffe mit insgesamt 15.209 BRT herauszuschießen. Das Boot wurde am 25. 4. von einer Liberator versenkt. Am 30. 4. fand U 1055 bei Quessant sein Ende.

Als letztes Opfer des U-Bootkrieges wurde U 853 unter Oblt.z.S. Frömsdorf, nachdem er zwei Schiffe versenkt hatte, durch Wasserbomben der US-Zerstörer "Atherton" und "F. Moberly" vernichtet.

Den letzten Erfolg in diesem Seeraum erzielte am 7. 5. 1945 U 2336 unter Kptlt. Klusmeier, das zwei Dampfer versenkte. Damit war der Einsatz deutscher U-Boote im Atlantik zu Ende gegangen.

Kriegsschauplatz Indischer Ozean und Nordmeer

U 862 (KKapt. Timm), das aus dem deutschen Stützpunkt in Djakarta am 18.11. 1944 zur Feindfahrt ausgelaufen war und die Südflanke Australiens umrundet hatte, kam erst vor der Ostküste bei Sidney zum Schuß. Die 7.180 BRT große Beute – ein Libertyschiff – sank. Am 15. 12. lief das Boot wieder in Djakarta ein.

Die Rückfahrt der deutschen Ostasienboote nach Europa begann am 6. Januar 1945. U 510 unter Kptlt. Eck war das erste Boot. Es versenkte am 23. 2. 1945 den 7.136 BRT großen Dampfer "Point Pleasant Park". Wegen Brennstoffmangels mußte das Boot am 24. 4. die Seefestung St. Nazaire anlaufen.

Als nächstes Boot legte U 532 unter FKpt. Junker am 13. 1. 1945 ab. Bereits am nächsten Tag gab es einen Zwischenfall, der beigelegt werden konnte. Am 10.3. versenkte das Boot die "Baron Jedburgh" mit 3.656 BRT und am 28.3. noch die 9.298 BRT große "Oklahoma". Während der Kapitulation stand das Boot noch in See und lief befehlsgemäß am 10. 5. 1945 in Liverpool ein.

Im April 1945 trafen die beiden Ostasienboote U 843 (KptLt. Herwatz) und U 861 (KKpt. Oesten) in Bergen ein. U 195 (Oblt.z.S. Steinfeldt) mußte wegen einer Motorenpanne umkehren und das zuletzt ausgelaufene U 183 unter Kptlt. Schneewind wurde am 24. 4. 1945 in der Javasee durch das US-U-Boot "Besugo" versenkt.

Dennoch war es den zurückkehrenden Booten möglich, Rohgummi, Chinin, Opium und Molybdän – jene dringend benötigten Mangelrohstoffe – nach Deutschland zu bringen.

Das letzte Boot, das in die Gegenrichtung, von Kiel aus, *nach* Ostasien lief, war U 234. An Bord befanden sich neben der Besatzung zwei japanische Offiziere und der Luftwaffen-Attaché , General der Flieger Kessler. Das Boot beförderte reines Uran U 235 und eine große Anzahl technisch wichtiger Unterlagen nach Japan. Es kam allerdings nicht dort an.

Kommandant des Bootes war Kptlt. Heinrich Fehler. Weitere Gäste, die auf diesem Boot gen Japan fahren sollten, waren Oberst Fritz von Sandrart, Fliegeroberleutnant Menzel, ein Spezialist für Flugzeugtorpedos, und der zum Fähnrich ernannte Ingenieur Klug. Die beiden japanischen Offiziere waren FKpt. Ing. Hideo Tomonaga, ein U-Boot-Ingenieur, und Oberst M. Shosi, Experte für Flugzeugbau. Von der deutschen Abteilung Kriegsschiffbau war FKpt Falk, von der Abteilung

Rechtswesen der Marine, Geschwaderrichter Nieschling an Bord. Dieser sollte den deutschen Botschafter in Tokio wegen des Spionagefalls Sorge vor Gericht stellen. Der Hochfrequenzspezialist KKpt. Dr. Toni Schlicke und die Flugzeugkonstrukteure Ing. Bringewald und Ing. Ruf, sowie Oblt.z.S. Hellendorn, vervollständigten die Gästeliste.

An Geräten und anderen Teilen und Waffen für Japan waren ein zerlegter Raketenjäger und verschiedene Raketentypen an Bord. Außerdem einige ominöse Päckchen von 25 cm Kantenlänge, die in dickes Packpapier eingeschlagen waren. Die Aufschrift lautete U 235. Niemand wußte, was dies war.

Am 8. Mai 1945 wurde ein FT-Spruch aufgenommen, in dem der Führer der U-Boote West, Kpt.z.S. Rösing, dem Boot befahl: "U 234 weiterlaufen, *oder* nach Bergen gehen."

In der Mitte des Atlantik stehend, wies Kptlt. Fehler die Rückkehr zurück. Er wollte nach Japan weiterlaufen. Erst nachdem ein Reuter-Meldung einging, wonach Japan die Beziehungen zu Deutschland abgebrochen habe, war die Fahrt sinnlos geworden. Kptlt. Fehler beschloß zu kapitulieren. Die beiden japanischen Offiziere begingen Harakiri. Am 13. Mai wurde mit Halifax der Funkverkehr aufgenommen. Das Boot erhielt Weisung, nach Halifax einzulaufen.

Die beiden Japaner wurden der See übergeben und wenig später erfolgte die "Enterung des Bootes" durch den Zerstörer "Sutton" (siehe Hirschfeld, Wolfgang: Feindfahrten).

Am 19. Mai lief U 234 und die "Sutton" mit der Besatzung des U-Bootes an Bord in den Hafen von Portsmouth, USA, ein.

Erst von diesem Tage an ist sicher, daß die USA reines Uran hatten.

Im Nordmeer wurde im Januar ein Angriffsversuch mit "Bibern" (Kleinst-U-Boote deutscher Bauart) gegen das im Kolafjord liegende sowjetische Schlachtschiff "Archangelsk" geführt. Diese Kleinst-U-Boote wurden von den U-Booten U 295, U 716 und U 739, jeweils zwei auf einem Boot, bis kurz vor das Ziel gebracht. Der Einsatz mußte jedoch wegen technischer Pannen abgebrochen werden.

Die Boote U 293, U 295, U 636, U 956 U 968 und U 997 standen vor der Kolaküste im Einsatz. Sie kamen wegen der dichten Luftüberwachung kaum zum Schuß. Nur U 997, Oblt.z.S. Lehmann, konnte mit einem T-5-Torpedo den sowjetischen Zerstörer "Dejatelnyj" versenken.

Im Februar verlief ein Angriff gegen den Konvoi JW 64 ergebnislos. U 992 (Oblt.z.S. Falke) gelang es als einzigem Boot, zum Schuß zu kommen. Es torpedierte die Korvette "Denbigh Castle",die eingeschleppt werden konnte.

U 711, KptLt. Lange, versenkte am 14. 2. die 7.200 BRT große "Horace Gray". Am selben Geleitzug BK 3 griff auch U 968, Oblt.z.S. Westphalen, an. Es versenkte den Sowjettanker "Norfjelln" mit 8.129 BRT. Drei weitere Schiffe dieses Geleitzuges wurden torpediert.

Auch am 17. 2. konnte Oblt.z.S. Westphalen mit U 968 aus dem Konvoi RA 64 den US-Dampfer "Thomas Scott" mit 7.176 BRT herausschießen. Am selben Tage versenkte U 711, Kptlt. Lange, die Korvette "Bluebell", während die Sloop "Lark" von U 968 torpediert wurde. Sie konnte eingeschleppt werden.

Der Kampf in der Sibirischen See ging weiter. Die Boote U 995, Oblt.z.S. Heß, U 716, Oblt.z.S. Thimme und U 997, Oblt.z.S. Lehmann, erzielten einige weitere Erfolge und am 4. 5. 1945 versenkte U 711 als letztes Boot im Nordmeer das britische Depotschiff "Black Watch" und einen Tanker.

Der Kampf der deutschen U-Boote war zu Ende. Bei offiziellem Kriegsende wurden in den Stützpunkten 215 U-Boote gesprengt. In der "Operation Deadlight" wurden 153 Boote in britische und alliierte Hände übergeführt. Von den 863 U-Booten, die während des Zweiten Weltkrieges zum Einsatz kamen, wurden folgende Erfolge erzielt:

148 Kriegsschiffe versenkt.
45 Kriegsschiffe torpediert.
2.779 Schiffe mit insgesamt 14.119.413 BRT versenkt.

Von den insgesamt 39.000 U-Bootfahrern blieben 27.082 am Feind.

In seinem letzten Tagesbefehl wandte sich Großadmiral Dönitz an alle noch in See stehenden Boote:

"9. Mai 1945, 0140-2026/8/k2 0 an alle Boote:
U-Bootmänner!
Nach einem heroischen Kampf ohnegleichen habt Ihr die Waffen niedergelegt. Das höchste Opfer müßt Ihr jetzt Eurem Vaterland bringen, indem Ihr bedingungslos folgende Weisungen durchführt. Zahlreiche Opfer werden dadurch in der Heimat vermieden. Der mit FT 341/314/316/319 auf Küste erteilte Befehl zum Rückmarsch nach Norwegen ist aufgehoben.

Euer Großadmiral."

Was folgte, war die Weisung, daß alle Boote von nun an direkt zum nächsten US- oder englischen Hafen laufen und sich ergeben mußten.

Von den 43 Booten, die zum Zeitpunkt der Kapitulation in See standen, liefen 23 englische, drei amerikanische und 4 kanadische Häfen an. Sieben fuhren nach Kiel oder Norwegen. Eines strandete bei Amrum, ein weiteres lief in der Elbe auf eine Mine, zwei weitere strandeten ebenfalls und vernichteten sich an der portugiesischen Küste, zwei liefen bis nach Argentinien.

Aus Stavanger legten am 29. 5. drei Boote und am 31. 5. sechs weitere Boote ab. Am 29. 5. liefen 16 Boote aus Christiansand-Süd aus und von Horten legten an diesem Tage neun Boote ab.

Von diesen letzten Booten wurden sieben sowjetische, eines US-, sechs britische und zwei französische Kriegsbeute.

Die deutschen Überwasserschiffe im Jahre 1945

In den ersten Januartagen 1945 lief die "Prinz Eugen" in Richtung Samland aus. Ihr alter Liegeplantz war Gotenhafen. Sie sollte bei dieser Unternehmung von See aus zur Unterstützung deutscher Heerestruppen in den Kampf eingreifen. In diesem Raum versuchte die Sowjetarmee in Richtung Königsberg vorzustoßen und die Landverbindung zwischen dieser Stadt und Pillau abzuschneiden.

Durch einen VB von Land aus eingewiesen, dauerte die Beschießung sowjetischer Truppenbewegungen von 8.00 Uhr bis 15 Uhr. "Prinz Eugen" war das Flaggschiff der Kampfgruppe 2 unter Vizeadmiral Thiele. Zu diesem Verband gehörte noch Z 25, "Paul Jacobi", T 23 und T 33. Dieser Verband lief immer wieder zu weiteren Küstenbeschießungen aus. Als er am 29. 1. 1945 nördlich von Königsberg ins Samland vordringende sowjetische Truppen aufhalten sollte, war das Ergebnis der Beschießung derart gut, daß der Aufmarschraum des deutschen XXVIII. AK hundertprozentig gedeckt wurde.

Vom 2. bis zum 5. Februar stand dieser Verband gemeinsam mit der "Lützow" und der weiter nach See hin eingesetzten "Admiral Scheer" mit allen einsatzbereiten Zerstörern und Torpedobooten im Kampf gegen die Sowjetarmee. Die "Admiral Scheer" schoß aus ihren 15 cm- und 28 cm-Geschützen im Salventakt gegen die vorstoßenden Truppen der Sowjetarmee und brachte sie zum Stehen.

Die "Admiral Hipper", erhielt, in Gotenhafen liegend, am 29. 1. 1945 Befehl, nach Kiel auszulaufen. Bis zum 30. 1. waren 1.530 Flüchtlinge übernommen und unter Sicherung von T 36, Kptlt. Hering, lief die "Hipper" aus Gotenhafen aus. Sie stieß auf die untergehende "Wilhelm Gustloff". Während T 36 eine Reihe im Wasser schwimmender Flüchtlinge rettete, mußte "Hipper" bei U-Bootalarm ablaufen, um seine 2.500 Mann Besatzung und Flüchtlinge nicht zu gefährden. Sie lief am 2. 2. 1945 in Kiel ein.

Unter der Führung von Kpt.z.S. Freiherr von Wangenheim, liefen die Boote der 4. Zerstörer-Flottille am 26. 1. 1945 aus dem Kaafjord in die Heimat zurück. Sie waren die letzten Kriegsmarine-Einheiten im Hohen Norden gewesen.

Der Verband stieß zwei Tage später auf Höhe von Bergen auf die britischen Kreuzen "Diadem" und "Mauritius". In dem folgenden Gefecht wurden auf beiden

Kreuzern Treffer erzielt. Dann wurde Z 31 stark eingedeckt und alle drei Zerstörer liefen nach Bergen ein. Z 31 blieb hier zurück, während Z 34 und Z 38 am nächsten Abend ausliefen und am 1. 2. 1945 Kiel erreichten.

Am 29. und 30. Januar hatten die Schiffe der Kampfgruppe 2, "Prinz Eugen", Z 25, "Paul Jacobi"" T 23 und T 33 die nördlich Königsberg ins Samland vorstoßenden sowjetischen Truppen unter Feuer genommen.

Am 8. Februar kämpfte die "Lützow" als Ablösung und in den beiden folgenden Tagen beschoß die "Admiral Scheer" den Feind. So gelang es, den Gegner immer wieder aufzuhalten und die Flüchtlinge vor ihm zu sichern.

Zur Wiederherstellung des Landweges zwischen Pillau und Königsberg beschossen am 18. und 19. 2. "Admiral Scheer", Z 38, Z 43, T 28 und T 35 bei Peyse und Groß-Heydekrug sowjetische Truppenansammlungen, die fluchtartig zurückwichen. Damit war der 93. ID die Chance gegeben, den freien Durchmarsch durch die Landenge zu erzwingen.

Am 26. 2., dem Beginn des sowjetischen Angriffs auf Hinterpommern, wurde zur Deckung des deutschen Brückenkopfes gegenüber Wollin die Kampfgruppe 2 mit "Admiral Scheer", Z 38, Z 31, "Paul Jacobi" und T 36 eingesetzt. Sie halfen am 9. 3. entscheidend mit, den Brückenkopf zu halten.

Seit dem 10. 3. war es wieder an "Prinz Eugen" unter Kpt.z.S. Reinicke, den Abfluß der Flüchtlinge aus den Häfen dicht an der Front zu ermöglichen.

Am 15. 3. trat noch einmal das alte Linienschiff "Schlesien" unter Kpt.z.S. Busch an, das nach einer Woche durch die "Lützow" ersetzt wurde.

Gotenhafen und Pillau sahen alle Einheiten der Kampfgruppe 2 immer wieder. Die "Admiral Scheer" kämpfte mitten im Hafenbecken von Pillau am Morgen des 19. 2. 1945 von 3.00 bis 5.00 Uhr gegen vorrückende Feindverbände. Dann zog sie sich zurück, als ein sowjetischer Schlachtfliegerverband den Hafen angriff.

Im Hafen von Königsberg am 21. 2. das gleiche Bild. Durch einen dichten Flakvorhang aller Waffen wurde der Fliegerangriff abgelenkt.

Vom 22. bis zum 28. 2. lag die "Scheer" teils im Gotenhafen-Liegeplatz Oxhöft, teils auf Hela-Reede. Wegen der Fliegergefahr mußte der Liegeplatz oftmals gewechselt werden. Am 6. März übernahm die "Admiral Scheer" 800 Flüchtlinge und 200 Schwerstverwundete. Um 17.00 Uhr lief sie aus. Der Schwere Kreuzer "Lützow" und Zerstörer sowie Torpedoboote sicherten das Geleit. Auf der Höhe von Bornholm grüßte die "Lützow" noch einmal und drehte ab zum Einsatz vor der Kolberg-Front.

In Swinemunde gab die "Scheer" Flüchtlinge und Verwundete von Bord. Proviant und Munition wurden ergänzt und am 10. März stand die "Scheer" im Frontabschnitt Dievenow wieder im Einsatz. Drei Tage und Nächte beschoß sie, dicht unter der Küste laufend, feindliche Panzer- und Artilleriestellungen. 18 Stunden standen die Wachen an den Geschützen und am Ausguck. Einem aus Kolberg kommenden Flüchtlingstreck und einer eigenen Einheit wurde der Weg in den Brückenkopf Dievenow freigeschossen. In Swinemünde wurden von der "Scheer" bis 19.00 Uhr des 14. 3. noch die letzten Flüchtlinge nach Kiel übernommen.

Das Schiff lief am 18. 3. 1945 in die Kieler Förde ein. Die Flüchtlinge wurden ausgeschifft.

Die "Scheer" sollte nunmehr die Geschützrohre auswechseln. Bei dem schweren Luftangriff in der Nacht zum 9. April 1945 erhielt die "Scheer" von Maschinen des Bomber Command mehrere Volltreffer und kenterte. "Admiral Hipper", der Leichte Kreuzer "Emden" und mehrere Kleinfahrzeuge wurden schwer beschädigt. Ein T-Boote, zwei U-Boote, ein M-Boot und drei Handelsschiffe wurden versenkt.

Der Kreuzer "Prinz Eugen" lief am 9. 3. 1945 wieder aus, um die deutschen Truppen in der Danziger Bucht zu unterstützen. Am 10. 3. begann die Beschießung der Feindstellungen um 6.30 Uhr. Selbst kleine Panzerrudel wurden, von dem VB an Land gelenkt und zerschossen. Durch feindliche Flugzeuge wurden Verluste an Toten und Verwundeten unter der Besatzung von "Prinz Eugen" verursacht.

Dennoch ging die Beschießung der Sowjetarmee weiter. Bei Zoppot und auf Julienthal und auf mehrere weitere Ortschaften ging das Feuer auf die sowjetischen Truppen nieder. Panzer-Großangriffe direkt auf Danzig wurden gegen Mittag und am Nachmittag durch Beschuß der Schiffsartillerie abgewehrt.

Am 28. gelang es der Sowjetarmee, Stadt und Hafen von Gotenhafen zu besetzen. Der deutsche Schlachtkreuzer "Gneisenau" war kurz vorher zur Hafeneinfahrt geschleppt und dort gesprengt worden.

Am 29. 3. wurde die "Prinz Eugen" von einer 17,3 cm-Batterie der Sowjetarmee beschossen, die auf einer beherrschenden Höhe von Gotenhafen stand. Die Batterie wurde mit der zweiten Salve getroffen und mit einer weiteren zum Schweigen gebracht. Ein Flugzeugangriff auf die "Prinz Eugen" wurde abgewiesen und am 31. 3. griff ein riesiger Pulk sowjetischer Schlacht-, Torpedo- und Bombenflieger erneut an. Das Schiff erhielt keine Treffer. Mehrere Feindflugzeuge wurden von der Bordflak abgeschossen.

Der 8. April 1945 sah die "Prinz -Eugen" immer noch im Einsatz. Auch die "Lützow" war wieder voll dabei. Sie hatte bis März an den Landzielbeschießungen teilgenommen und war dann zur Überholung zurückgelaufen. Sie lief mit allen verfügbaren Zerstörern und Torpedobooten in der Nacht zum 5. April aus der Oxhöfter Kämpe, die noch gehalten worden war, aus, um die dort noch kämpfenden 8.000 Soldaten und 30.000 Flüchtlingen herauszuholen. "Lützow" und T 38 sowie der durch Bombentreffer beschädigte Z 31 liefen am 8. April aus der Odermündung ab.

In der Nacht zum 9. April war auch die "Hipper" schwer getroffen worden.

Damit schwammen nur noch die "Prinz Eugen und die "Lützow". Die vor Anker in der Odermündung liegende "Lützow" wurde am Nachmittag des 16. 4. 1945 von sowjetischen Tiefflieger angegriffen, die Lufttorpedos warfen. Das Schiff wurde förmlich hochgeschleudert und dann sackte es weg und legte sich auf Grund.

Von allen Seiten drang Wasser ins Schiff ein, aber die "Lützow" lag noch immer mit dem Oberdeck etwa eineinhalb Meter über Wasser. Sie hatte vier Volltreffer erhalten. Die Besatzung verließ nun das Schiff, indem sie über Bord sprang.

Die nächste Bomberwelle flog die "Lützow" an. Hier der Bericht von Herbert Dammert, der als Funker auf dem Schiff Dienst tat:

"Es waren etwa 14 Flugzeuge, die in schätzungsweise 8.000 Meter Höhe herankamen. Sie wurden von einem dichten Flakfeuer empfangen, denn die "Lützow" war zwar waidwund geschlagen, aber nicht besiegt. Die in der Nähe liegenden Torpedoboote und Zerstörer fielen in dieses Feuer ein. Drei der angreifenden Bomber wurden getroffen und stürzten brennend in die See. Die übrigen drehten ab und nahmen Kurs auf Land. Es fielen keine weiteren Bomben auf unser Schiff."

Am 4. Mai 1945 wurde die "Lützow" gesprengt, damit sie nicht vom Feind gehoben werden konnte.

Übrig geblieben waren nur die "Prinz Eugen" und der Leichte Kreuzer "Nürnberg", denn zwei Tage vor der "Lützow" waren in Kiel auch die "Admiral Hipper" und eine Reihe kleinerer Einheiten vernichtet worden.

Die beiden überlebenden deutschen Schiffe, die nach Kopenhagen eingelaufen waren, kehrten am 24. Mai 1945 nach Wilhelmshaven zurück und fielen in britische Hand.

Doch dort blieben sie nicht. Die "Prinz Eugen" wurde als US-Beute in den Pazifik geschleppt und diente dort am 17. Juni 1946 bei dem Bikini-Atoll zu Atombombenversuchen, um am 15. November 1946 in Kwaijalein versenkt zu werden.

Die "Nürnberg" wurde sowjetische Beute und lief in der Rotbannerflotte als "Admiral Makarow".

Was aber war mit den Zerstörern, die nicht im Rahmen der genannten Kampfgruppe im Einsatz standen?

Zerstörer im Endkampf und bei der Rettung deutscher Menschen

Als Großadmiral Dönitz zu Beginn des Jahres 1945 den Befehl gab, die Seestreitkräfte aus dem Raum um Norwegen und aus der Nordsee in die Ostsee zu verlegen, weil sie dort dringend zur Sicherung des Seeweges und der Handelsschiffe in der Ostsee benötigt wurden, die für die Ostfront und die Rückführung der Flüchtlinge eingesetzt waren, kamen auch die Zerstörer in diesen Kampfraum.

So die 6. Zerstörerflottille mit den Zerstörern Z 25, Z 28, Z 43, "Karl Galster" und "Paul Jacobi".

Die 5. Torpedobootflottille mit den Booten T 23, T 28, T 33, T 35 und T 36.

Die 2. Torpedobootflottille mit den Booten T 1, T 3, T 4, T 5, T 8, T 9, T 11 und T 12.

Die 4. Zerstörerflottille mit den Booten Z 34, und Z 38, die ab dem 1. 2. 1945 in die Ostsee kamen. Gefolgt von Z 31 und Z 39 dieser Flottille, die in der Schlußphase noch in Aktion traten.

Die 3. Torpedobootflottille kam schließlich noch mit ihren Booten T 17 und T 19 hinzu.

Neben den Sicherungsaufgaben für die deutschen Küstenbeschießungsgruppen geleiteten Zerstörer und Torpedoboote eine Reihe von Handelsschiffen, wie bereits an anderer Stelle vermerkt.

Vor Kolberg waren es beispielsweise Z 34 und Z 43 sowie T 33, die vom 11. bis zum 18. 3. 1945 Hilfe leisteten.

Vor Hela ermöglichten die Boote das Einschiffen der Flüchtlinge. Erst am 15. 4. liefen Z 34, "Paul Jacobi", Z 39, T 33, T 23, T 28 und T 36 mit den letzten M-Booten und einem Geleitzug von vier Schiffen von Hela aus.

Was aber vor allem für die Zerstörerwaffe unter Vizeadmiral Leo Kreisch für alle Zeiten zu einem Ruhmesblatt wurde, waren ihre letzten Einsätze im Mai 1945. Noch immer ging es von Hela aus nach Westen in die Freiheit. Vizeadmiral Kreisch kämpfte um jeden einzelnen Menschen. Als in einer Lagemeldung aus Hela vom 2. Mai in West- und Ostpreußen noch immer 225.000 Soldaten und 26.000 Flüchtlinge gemeldet wurden, von denen alle Flüchtlinge auf Hela und 150.000 Soldaten ebenfalls dort warteten, während sich der Rest noch in der Weichselniederung befand, befahl Leo Kreisch weitere Fahrten.

Die Torpedoboote und Zerstörer liefen weiter aus. Eine der letzten großen Fahrten war jene vom 5. 5. 1945 als die Boote von Kopenhagen ausliefen. Es waren neben den Frachtern noch die Boote "Karl Galster" unter FKpt. Kuno Schmidt, "Hans Lody" unter FKpt. Haun, "Friedrich Ihn" unter KKpt. Richter-Oldekop, "Theodor Riedel" unter KKpt. Blöse., Z 25 unter FKpt. Gohrbandt und die T-Boote

T 17, Kptlt. Liermann, T 19, Kptlt Frhr. von Luttitz, T 23, Kptlt. Weinlig und T 35, Kptlt. Buch. Bei Bornholm schloß sich ihnen das in Rönne liegende T 28, Kptlt. Temming, an.

Das Minenschiff "Linz" und der Hilfskreuzer "Hansa" liefen mit. Auch sie sollten Flüchtlinge übernehmen.

Zusammen mit einer Reihe von Kleinfahrzeugen übernahmen die genannten Schiffe und Boote 45.000 Flüchtlinge. Auf jedem Zerstörer befanden sich 1.500 Menschen, auf den Torpedobooten jeweils 700. Sie wurden nach Kopenhagen gebracht, wo der Transport am 6. 5. eintraf. Auf Reede entladen, kehrten die Torpedoboote und Zerstörer sofort nach Hela zurück.

Inzwischen hatten andere Boote Swinemünde geräumt und die dort freigewordenen Boote Z 38, KKpt. Lyncker, Z 39, KKpt. Loerke und T 33, Kptlt. Priebe, kamen ebenfalls nach Hela, wo sie in der Frühe des 8. Mai eintrafen. Am Abend des 8. Mai, es war bereits Waffenstillstand und Kapitulation der Deutschen Wehrmacht eingetreten, erhielten die Boote von einer sowjetischen Landbatterie Feuer.

Vizeadmiral Kreisch erließ noch einen letzten Befehl für die Zerstörerwaffe:

"8. 5. 45, 2323 Uhr/AD/53 KR-Blitz:
An alle im Osttransport eingesetzten Einheiten!
Im Sinne Aufgabe handeln: Beeilt Euch!
Führer der Zerstörer."

Die Booe liefen am späten Abend und in der Nacht zum 9. 5. 1945 auf die Reede von Hela. T 29 übernahm allein die 2.000 Mann des Grenadier-Regimentes 61. Die Soldaten der Sturmgeschützbrigade 232 wurden von T 23 abgeholt. Aus dem KTB von T 28, das als letztes Boot aus Hela lief, wissen wir, daß es insgesamt "nur" 1.237 Soldaten dieses GR 61 waren, die das Boot aufnehmen konnte. Der Rest war von anderen Fahrzeugen übernommen worden.

Im Verlaufe des 9. Mai erreichten die letzten Boote Kiel und Glücksburg. Diese letzte Fahrt der Zerstörer brachte 21.000 Flüchtlingen und Soldaten die Freiheit.

Alle Boote hatten bis zuletzt und noch am 9. 5. 1945 ihre Pflicht getan. 19 Torpedoboote wurden neben 15 Zerstörern an die Siegermächte ausgeliefert, wo einige noch bis zum Jahre 1961 in Dienst standen.

Lassen wir nunmehr zum Schluß des Einsatzes der Kriegsmarine im letzten Kriegsjahr noch das "Unternehmen Rettung" Revue passieren.

* * *

DAS UNTERNEHMEN RETTUNG

Zweieinhalb Millionen Menschen gerettet

Als im Herbst 1944 die sowjetischen Armeen in Richtung Ostpreußen marschierten, erreichten sie zunächst die deutsche Grenze bei Memel. Der zweite Angriff stieß bis an die deutsche Ostseeküste bei Heiligenbeil durch. So bildeten sich in Deutschland die ersten Kessel in Memel und Ostpreußen. Durch deutsche Handelsschiffe wurde zunächst ohne feindliche Störung, die Stadt Memel und Umgebung von 40.000 deutschen Flüchtlingen geräumt.

Als Mitte Januar 1945 die Sowjets bis an die Grenze von Königsberg vorstießen, die Eisenbahn nach Westen abschnitten, floß der unabsehbare Flüchtlingsstrom auf Pillau zu. Vom 15. Januar 1945 bis zur endgültigen Aufgabe der Stadt am 25. 4. 1945 verließen 418.500 Personen Pillau. Von ihnen waren 290.000 Flüchtlinge, 100.000 Verwundete und 28.000 Soldaten. Gleichzeitig gingen mit Schiffen von Königsberg 43.000 Menschen, 40.000 Flüchtlinge, 1.300 Verwundete und 2.000 Soldaten, nach Westen. Memel wurde ebenfalls mit Schiffen von 18.000 Soldaten geräumt.

Als durch einen neuen sowjetischen Vorstoß die weitere Verbindung mit dem Westen bei Köslin abriß, konzentrierte sich der Abtransport auf Danzig und Gotenhafen. Von dort wurden bis Ende April 576.000 Menschen, 435.000 Flüchtlinge, 129.000 Verwundete und 12.000 Soldaten abgefahren.

Der Rest der Truppen und Flüchtlinge marschierte, bzw. zog sich kämpfend auf Hela zurück. Von dort wurden 496.000 Menschen zurückgefahren, von denen 247.000 Flüchtlinge, 163.000 Verwundete und 85.000 Soldaten waren.

Der nächste Kessel entstand in Pommern, bei Kolberg und Stolpmünde.

Hier wurden bis zur Räumung Kolbergs bis Mitte März 1945 134.000 Menschen, von denen 121.000 Flüchtlinge, 2.000 Verwundete und 11.000 Soldaten waren, abgefahren. Die Marinefestungen Pillau, Gotenhafen, Danzig und Hela wurden durch die Truppe bis zum äußersten verteidigt, damit die Flüchtlingsmassen den Weg in die Freiheit fanden. Dasselbe galt später für Kolberg und Swinemünde.

Es entstand in diesen 115 Tagen eine Zusammenballung der abtransportierten Menschen in Saßnitz mit 210.000, in Swinemünde mit 578.000, in Kiel mit 173.000 und in Kopenhagen mit über 470.000 Personen. Alle Abtransporte wurden zwar unter dem Schutz und der Leitung der Kriegsmarine, aber zu 90 % durch deutsche Handelsschiffe vorgenommen.

Unter Verantwortung der Seekriegsleitung des OKM leitete der Seetransportchef der Wehrmacht, Konteradmiral Engelhardt, mit allen Handelschiffen und den zur Verfügung stehenden Sonderschiffen der Kriegsmarine, den Einsatz der Flüchtlingsschiffe ebenso wie Verwundetentransporte und Lazarettschiffe.

Vom 1. - 8. 5. 1945 spitzten sich die Verhältnisse dramatisch zu. Von Libau wurden noch 75.000 Verwundete und 25.000 Soldaten und von Swinemünde noch über 70.000 Menschen herausgebracht. Verheerend wirkten sich die Bombenangriffe auf die Häfen Libau, Pillau, Danzig/Gotenhafen, Hela, Saßnitz und Swinemünde aus. Hier gingen viele Schiffe und Menschen verloren. Besonders verheerend waren die letzten Bombenangriffe auf die vollbeladenen Schiffe in der Kieler und Lübecker Bucht am 3. 5. 1945, wo allein auf "Cap Arkona" und "Thielbeck" mindestens 5.000 KZ-Häftlinge untergingen. In der Kieler Bucht versenkten die Engländer vom 2. - 4. 5. 1945 26 Schiffe mit 95.538 BRT. Die Menschenverluste hielten sich dabei nur deshalb in Grenzen, weil sich in dem großen Strom der Schiffe viele kleine Kriegs- und Handelsschiffe befanden, die die Schiffbrüchigen aufnehmen konnten.

"Am Flüchtlingstransport waren während dieser Rückführungs-Aktionen 366 Schiffe mit über 1 Million BRT beteiligt. Von ihnen wurden im ganzen 1.900.000 Menschen, darunter 1,2 Millionen Flüchtlinge, 450.000 Verwundete und 300.000 Soldaten gerettet. Diese Leistung war nur durch den persönlichen Einsatz und Mut der Handelsschiffsbesatzungen möglich.

Einzelleistungen:

"Eberhard Essberger"	66.500 Menschen nach Westen gefahren,
"General San Martin"	29.000 Menschen nach Westen gefahren,
"Deutschland"	69.000 Menschen nach Westen gefahren,
"Potsdam"	54.000 Menschen nach Westen gefahren.

Schiffsverluste:

Während der Abtransporte gingen 223 Schiffe mit 464.000 BRT durch Feindeinwirkung verloren. Die Menschenverluste sind nicht genau festzustellen, betragen aber etwa 30.000, sind also etwa 2 % der an Bord genommenen Menschen.

Die Kriegsschiffe haben naturgemäß immer wieder Flüchtlinge mitgenommen, obgleich ihr Platz nur beschränkt war.

Große Schwierigkeiten entstanden durch Minenabwürfe, U-Bootsangriffe, Bombenangriffe, die Wetterlage und – bis tief in den Februar hinein – die Eislage. Viele tausend Flüchtlinge haben z.B. das Frische Haff zu Fuß, trotz Bomben- und Artilleriefeuers überquert, um den Einschiffungshafen zu erreichen. Es müssen auch noch die Flugzeuge und die Seenotschiffe der Luftwaffe erwähnt werden, die allein nachweisbar über 100.000 Menschen nach dem Westen gerettet haben.

Im Heiligenbeiler Kessel wurden die Verwundeten und die Truppen durch Landungspioniere des Heeres und kleine Kriegsschiffe versorgt und abgefahren.

Besonders erwähnenswerte Persönlichkeiten, die sich durch unermüdlichen Einsatz und nie erlahmende Hilfsbereitschaft hervorgetan haben, sind Korvettenkapitän Bartels in Danzig und Hela, Korvettenkapitän Kolbe in Kolberg, Korvettenkapitän Harries in Libau. Alle Persönlichkeiten des Seetransportes der Kriegsmarine waren im Zivilberuf Handelsschiffsoffiziere. Die Steuerung sämtlicher Schiffe oblag Kapitän z.See a.D. Eschricht vom Marineoberkommando Ostsee.

Engelhardt
Konteradmiral a.D.
früherer Seetransportchef der Wehrmacht."

Am 12. 1. 1945 eröffnete die Sowjetarmee ihre Großoffensive gegen Deutschland. Starker Frost lag über dem Land ostwärts der Weichsel, als die Sowjets antraten und schnell vorankamen. Durch die Straßen der alten Stadt Elbing, am Anfang des Frischen Haffs, heulte der eiskalte Wind. Der Wind treibt sie vor sich her, die unendlichen Kolonnen der Flüchtlinge, die dichter und dichter werden. Mit Pferd und Wagen eilten die Ostpreußen aus ihrer Heimat und das war gut so, denn bereits am 20.1. hatten die Sowjets die Ostpreußen-Schutzstellung durchbrochen und stürmten weiter. Wenige Wochen vorher hatte noch Gauleiter Koch erklärt:

"Die Provinz Ostpreußen wird nicht geräumt. Ostpreußen hält der Roten Flut stand!"

Und nun kamen sie, sowjetische Panzer auf den Hacken. Binnen zehn Tagen waren es 100.000 Ostpreußen, die durch Elbing zogen. Dennoch lehnte Gauleiter und Reichsverteidigungskommissar Forster in Danzig die Evakuierung von Elbing – und seien es nur die Frauen und Kinder – kategorisch ab. Lediglich der Oberbürgermeister der Stadt Elbing, Dr. Hans Leeser, gab seinen Beamten und Angestellten Urlaub und empfahl ihnen, diesen Urlaub ein paar hundert Kilometer weiter im Westen zu verbringen.

In Elbing begann der Sturm auf die Züge, die von Königsberg nach dem Westen fuhren. Die Menschen hingen auf Trittbrettern und Puffern. In Güterzügen, wie Vieh verladen, hofften sie auf den Weg in die Freiheit.

Und zur gleichen Zeit, da die Sowjets auf die Oder vorstießen, da sie bereits Elbing und Memel ansteuerten, versammelte der neuernannte Oberbefehlshaber der Heeresgruppe Weichsel, Reichsführer SS Himmler, auf der Marienburg die Volkssturm-Kommandeure und erklärte ihnen, daß sich die Lage grundlegend gewandelt habe. Er würde seine frischen Panzerarmeen gegen die Sowjets ansetzen, sie aufhalten, zusammenschlagen, kurz: vernichten!

Zwei Tage später standen sowjetische Truppen in Preußisch-Holland. Und diese Ortschaft lag nur 20 km vor Elbing. Ein paar Stunden später wurden sowjetische Panzer bei Pomehrendorf – 8 km vor Elbing – gemeldet. Was hatte Gauleiter Forster noch gesagt?

"Elbing ist nicht gefährdet!"

Zwei Stunden später rumpelten sieben sowjetische Panzer in die Stadt hinein. Sie walzten alles nieder, sie schossen aus ihren Kanonen, ihre MG peitschten immer neue Feuerstöße in die Häuser hinein. Eine vollbesetzte Straßenbahn wurde von einer Panzergranate durchstanzt. Dann waren die Panzer durch die Stadt gerollt. Sie erreichten die Trecks und walzten alles in den froststarren Boden ein, Wagen, Pferde und – Menschen.

Bei 22 Grad Kälte rasten die Bewohner auf die Straße. Eine Massenflucht setzte ein. Aber die Sowjets wollten überhaupt nicht nach Elbing. Ihren sieben Stahlgiganten folgte – nichts. Der Stoß der Sowjets richtete sich auf die Küste des Frischen Haffs, ostwärts Elbing. Sie wollten die Einkesselung Ostpreußens und der dort noch haltenden 4. Armee vollenden.

Auf der Schichau-Werft, am Ufer der Elbing, lagen noch drei neue Torpedoboote. Sie waren fahrbereit. Ihre Kommandanten wollten Flüchtlinge mitnehmen. Am Nachmittag des 25. 1. meldeten sie sich im Bunker des Elbinger Polizeipräsidenten und trugen ihren Vorschlag vor.

Die Aktion sollte noch in der Nacht zum 26. 1. beginnen. Tausende Flüchtlinge eilten zu den Kais und warteten. Sowjetische Stalinorgeln – Katjuschas – eröffneten das Feuer auf die Wartenden. Raketengeschosse schmetterten in den Wall aus Menschen, warfen sie für immer zu Boden. Andere wurden durch die Luft gewirbelt, stürzten in das eisige Wasser, schrien um Hilfe und – gingen unter.

Die drei T-Boote – T 37, T 38 und T 39 – fuhren trotz des starken Feuers an die Kais heran. Die Boote wurden gestürmt, noch ehe sie angelegt hatten. Die Springenden, die nicht mehr Kraft genug hatten, stürzten zwischen Bordwand und Kai ins eisige Wasser. Szenen des Grauens spielten sich ab, die im Wasser Schwimmenden mußten zerquetscht werden, wenn die T-Boote anlegen. Sie drehten zurück.

Wildes Geheul folgte ihnen, ihr Zurückgehen wurde als Flucht gedeutet. Verzweifelte Schreie gellten über das Wasser, paukten gegen die Ohren der Torpedobootsmänner. Und immer wieder hämmerten Granaten in den Pulk der Flüchtlinge hinein.

Mit Verkehrs- und Rettungsbooten wurden nun die Flüchtlinge an Bord geholt. Dreitausend Menschen fuhren in die Freiheit, Hunderte waren hier zu Grunde gegangen und Zehntausende warteten noch immer verzweifelt am Ufer.

Die SAT (Schwere Artillerieträger) "Soemba", "Polaris", "Joost", "Parat", "Ostsee", "Westflandern" und "Nienburg" griffen in die Rettungsaktionen ein. Sie beschossen die Küstenstellungen der Sowjets, karrten Verwundete und Flüchtlinge zurück und stießen wieder vor. Am Ufer des Haffs warteten bereits Hunderttausende auf Rettung. In den Kreisen Heiligenbeil und Braunsberg strömten unablässig neue Verwundeten- und Flüchtlingstrecks zum Haff. Der Zug stockte an der 30 m breiten Fahrrinne, die das Eis des Haffs durchschnitt.

Männer steckten den Treckweg ab. Eisiger Wind, Schneetreiben, Beschuß und Bombardierungen wechselten einander ab. Ende Januar fror die Rinne zu. Nun konnten die Trecks über die 18 km lange Straße auf dem Eis das Haff überqueren.

Aus Tolkemit und Frauenburg an der Haffküste schossen die sowjetischen Geschütze auf diese Elendszüge. In Bombenkratern, mit oftmals trügerischer Eisdecke, brachen die Wagen ein und versanken. Zu beiden Seiten dieser Straße des Grauens lagen sie aufgestapelt – Leichen von Kindern und Greisen, Pferdekadaver, zerschmetterte Wagen.

Eingangs Februar taute es wieder. Bei den Halten sackten die Wagen ein und versanken mitsamt den schreienden Pferden. Und dennoch hielten die Trecks ihren Weg bis Ende Februar durch. Mindestens 450.000 Menschen aus Ostpreußen sind diesen Weg gegangen, wie Dr. Prof. Theodor Schieder in seinem Werk "Dokumentation der Vertreibung der Deutschen aus Ost-Mitteleuropa" darlegte.

In Gotenhafen und Danzig bereiteten sich Ende Januar 1945 sämtliche Einheiten – ob Handels- oder Kriegsschiffe – auf die Evakuierung von Flüchtlingen vor. Verwundetentransporte und Truppenverschiebungen kamen hinzu.

Gotenhafen war seit Jahren der Hauptstützpunkt der Kriegsmarine in der östlichen Ostsee. Gotenhafen hatte das in Kiel von Bombentreffern beschädigte Schlachtschiff "Gneisenau" aufgenommen. Die Schweren Kreuzer "Prinz Eugen", "Hipper", "Scheer" und "Lützow" machten hier fest, wenn sie von den Beschiessungen der Landfront zurückkamen.

Und von hier aus lief auch am 30. Januar 1945 das KDF-Schiff "Wilhelm Gustloff" aus. Dieser Riese von 25.480 BRT nahm 6.100 Flüchtlinge an Bord. Sie sollte auf hoher See mit anderen Transportern zusammentreffen und im Konvoi heimfahren. Als Wohnschiff der U-Bootwaffe in der Ostsee hatte sie ausgedient. Torpedoboot "Löwe" und Torpedofangboot TF 18 geleiteten das Schiff, mußten aber wegen zu starker See nach Hause entlassen werden.

Auf dem Sammelpunkt wurde kein Schiff getroffen. Die "Wilhelm Gustloff" wartete lange Zeit gestoppt auf den Fahrgastdampfer "Hansa", der aber irgendwo zwischen Gotenhafen und Hela wegen Ruderhavarie gestoppt lag.

Als dies über Funk bekannt wurde, setzte die "Wilhelm Gustloff" ihre Fahrt fort.

Zwischen Rixhöft und Stolpmünde sichtete gegen 21.15 Uhr Kapitän 3. Ranges A.J. Marinescu, der Kommandant des sowjetischen U-Bootes "S-13", den Dampfer. Er ließ alles zum Unterwasserschuß klarmachen. Dann kam der Befehl:

"Fächer aus Rohr I bis III – 11 los!"

Drei Torpedos jagten der "Gustloff" entgegen. Drei Torpedos, die in ihren Sprengköpfen jeweils 350 kg Trinitrotoluol mitführten. Der dreifache Donnerschlag der Explosion ließ alle Passagiere erstarren. Im Schwimmbad der Gustloff schreckten die Nachrichtenhelferinnen auf, die hier ihr Domizil aufgeschlagen hatten. Sie sahen die Wassermassen eindringen, sahen sie höher und höher steigen und konnten sich doch nicht befreien, denn alles war verklemmt und verrammelt. Sie ertranken im Schwimmbad.

Der Notruf der "Wilhelm Gustloff", auf der falschen Welle durchgetastet, erreichte die 9. Sicherungsdivision erst über einen Umweg. So konnten ihre Boote erst gegen Mitternacht ablegen und mit AK auf die Untergangsstelle zulaufen.

Tödlich getroffen legte sich das Schiff weiter und weiter über. An Bord geschahen unbeschreibliche Dinge. Taten des Helfenwollens, Bilder des Entsetzens in verklemmten Kammern.

Der Schwere Kreuzer "Admiral Hipper" und T 36, die auf dem Wege nach Westen waren und ebenfalls insgesamt 1.500 Flüchtlinge aufgenommen hatten, trafen als erste an der Unfallstelle ein. Im eisigen Wasser schwammen die Menschen. Mütter hielten ihre Kinder hoch und flehten Gott an. Die See glich einer Breughelschen Höllenszenerie. Die Retter überliefen Schauder des Entsetzens, als sie die Toten fanden.

Torpedoboot "Löwe" nahm die ersten Schiffbrüchigen auf. Dann folgten die anderen Schiffe. Als schließlich das sowjetische U-Boot geortet wurde, mußte die "Hipper" ablaufen.

Die Männer fischten steifgefrorene Menschen aus dem Wasser. Viele am Rande des Todes, sterbend noch um Hilfe flehend. Die Nacht wurde durchgellt vom Geschrei der Verzweifelten. Und dazwischen hackten die Funksprüche und einer lautete:

"Kleinkind Gustloff gerettet."

Ein Vorpostenboot hatte ein Rettungsboot gesichtet und ein kleines Kind darin gefunden. Niemand kannte es. Es war aus dem Wasser gekommen und der Bootsmannsmaat, der es gerettet hatte, behielt es und versorgte es zusätzlich zu seinem Dienst.

904 Menschen wurden gerettet. 5.200 kamen in den Fluten der Ostsee ums Leben. Um ein Haar wäre auch T 36 durch einen Zweierfächer versenkt worden.

Längst war die "Wilhelm Gustloff" gekentert, als die Retter noch immer fischten.

Die "Hansa" und die "Deutschland" die noch nicht auslaufbereit waren, liefen wenig später unter starker Geleitsicherung aus. An Bord der Deutschland 12.000

Flüchtlinge. Wenig später lief die "Cap Arcona" aus. Sie hatte 14.000 Menschen an Bord. Und so ging es weiter. In Gotenhafen und Danzig, in Pillau und Hela.

Hunderttausende wurden durch den kleinen Hafen Pillau in die Freiheit geschleust. Aus Königsberg und dem Samland kamen sie hierher und hofften. Sie flohen viel zu spät, hatten kaum eine Chance. Und der Herr Gauleiter floh bei Nacht und Nebel am 28. Januar aus der Stadt Königsberg nach Fischhausen bei Pillau. 150.000 Einwohner aber blieben zurück und zwei Tage später waren sie eingeschlossen, als sowjetische Panzer westlich Königsberg bis an die Küste des Frischen Haffs durchstießen.

Am 27. 1. flog in Pillau das riesige Munitionslager des Fort Stiehle in die Luft und verwüstete das Zentrum der Stadt. Am 5. 2. 1945 griffen die Sowjets Pillau mit dreihundert Maschinen an und bombten die Stadt zusammen. Unter den Trümmern blieben die Menschen einfach liegen.

Aber immer wieder liefen Schiffe ein, nahmen Verwundete, Flüchtlinge und Soldaten auf und verließen den Hafen mit Generalrichtung Westen. Schier endlos war der Zug der Verwundeten, teilweise in offenen Güterwaggons, der in Pillau ankam. Leichenkommandos mußten die Toten aus den Waggons werfen. Kinder spielten daneben. Den Seeleuten, die allerhand gewohnt waren, stockte der Atem bei diesem Anblick. Dann mußten die Verwundeten noch über eine Gangway die zum Lazarettschiff führte. Einige dutzend Schritte davor stand der Generalarzt. Er weinte und mußte doch so handeln wie er es tat.

Er sortierte die Menschen aus. Die vom Tode gezeichneten Verwundeten wurden zur Seite getragen, in einen Schuppen. Dort blieben sie, bis – die Leichenkommandos sie wegschafften. Die anderen wurden an Bord getragen.

Am 9. 2. beschossen der Schwere Kreuzer "Admiral Scheer" und einige Boote der 5. T-Flottille die rollenden sowjetischen Panzerangriffe bei Tolkemit und Frauenburg an der Küste des Haffs. Sie zerschlugen die Panzerspitze der Sowjets und nahmen auf dem Rückmarsch vor Kahlberg Tausende Flüchtlinge auf.

Als die T-Boote wenig später alarmiert wurden, war wieder ein harter Schlag durch ein sowjetisches U-Boot geführt worden. Um 15.30 Uhr des 9. 2. war das Lazarettschiff "Steuben" aus Pillau ausgelaufen. Auf der Höhe der Stolpebank erhielt sie gegen 1.00 Uhr einen Torpedotreffer. Das 14.660 BRT große Schiff sank sehr schnell. Von den 3.000 Verwundeten und Flüchtlingen konnten 300 gerettet werden, alle anderen gingen mit der "Steuben" unter.

Dennoch wurden vom 25. 1. bis 15. 2. 1945 allein aus Pillau 204.000 Flüchtlinge und 60.000 Soldaten nach Westen abtransportiert.

In der Festung Kolberg, die bis zur letzten Patrone gehalten werden sollte, strömten die Flüchtlinge zusammen, die aus Pommern vor den Sowjets davonliefen. Zu Zehntausenden kamen sie in diese Stadt.

Oberst Fritz Fullriede, der Ende Februar zum Kampfkommandanten von Kolberg ernannt worden war, zählte am 1. 3. 1945 nicht weniger als 22 Züge, die bis auf den letzten Platz mit Flüchtlingen vollgestopft waren.

Es gelang Fullriede, der in Tunesien und auf Sizilien große Erfolge errungen hatte, die Zivilisten nach Westen in Marsch zu setzen. Dicht am Strand der Ostsee entlang zogen die Trecks nach Westen. Tag und Nacht, so lange die Füße sie trugen, denn: die Sowjets kamen nach.

Als alles schon verloren schien, als sowjetische Panzerkolonnen dicht hinter den Trecks den Ostseestrand erreichten und nachstießen, da tauchten Zerstörer, Artillerieträger und Torpedoboote vor der Küste auf und hämmerten die sowjetischen Panzerspitzen zusammen. Der schmale Fluchtkorridor wurde offen gehalten, bis viele Menschen aus Kolberg heraus waren.

Am 7. 3. erhielt Fritz Fullriede einen Befehl vom OKW auf dem Funkwege. Darin wurde ihm verboten, eine Ausbruchstraße nach Westen freizukämpfen. Er solle seine Kampfkräfte in einem Ring um Kolberg formieren. Die Flüchtlinge würden über See abgeholt.

Wieder einmal mehr hatte nun Konteradmiral Engelhardt, dem die Führung sämtlicher Ostseetransporte durch Großadmiral Dönitz anvertraut war, eine zusätzliche Aufgabe zu übernehmen. Der zähe Seeoffizier schaffte auch diese, wie so viele andere vorher.

Von Großadmiral Dönitz abgeschirmt, der dafür sorgte, daß niemand, weder örtliche noch überörtliche Stellen, hindernd in den Werft- und Hafenbetrieb eingriffen, arbeitete Konteradmiral Engelhardt mit seinem Spezialstab Tag und Nacht unermüdlich. Im Falle von Kolberg war eine Evakuierung über See inzwischen unumgänglich geworden, denn die Sowjets hatten beiderseits der Stadt den Strand erreicht und Kolberg eingeschlossen.

Es befanden sich noch 75.000 Flüchtlinge und 3.300 Soldaten in der Stadt. Auf der Reede aber standen trotz der vielen Fliegerangriffe die beiden Zerstörer Z 34 und Z 43 und schosssen in die sowjetischen Angriffskeile hinein. Inmitten dieses Getöses, des hin- und herwogenden Kampfes, in den Kellern der brennenden und zusammenstürzenden Häuser,warteten die Menschen auf Rettung. Oberst Fullriede hatte ihnen Rettung versprochen.

In der Nacht zum 12. März gelang es zwei Marine-Fähr-Prahmen, vollbesetzt mit Flüchtlingen, auszulaufen und auf die Zerstörer zuzuhalten, die über die Köpfe der Flüchtlinge hinweg auf die Sowjets schossen. Die Prahme wurde von erfahrenen Seeleuten nach Feuerlee gesteuert. Alle freien Zerstörersoldaten halfen den Menschen, an Bord zu kommen. Als die beiden Zerstörer abliefen, hatte Z 34 zusätzlich zu seiner Besatzung noch 1.000 Flüchtlinge an Bord. Um 11.30 Uhr passierte dieser vollbesetzte Zerstörer Swinemünde.

Am 14. 3. hatte Oberst Fullriede nur noch 2.200 Soldaten zur Verteidigung der Festung. Die Sowjetarmee kämpfte bereits in den Vororten. Fullriede jagte sie wieder hinaus. Aber dann kamen die Panzer,die jedes einzelne Widerstandsnest zusammenschossen. Um die Waldenfelsschanze wurde erbittert gekämpft. In diesen Kampf griff Z 43 ein und schoß ein Dutzend Panzer im direkten Beschuß ab, denn: die Waldenfelsschanze mußte gehalten werden, wenn eine Chance auf Rückführung der Flüchtlinge bestehen bleiben sollte.

Im Hafen trug Fregattenkapitän Kolbe die Verantwortung. Er trommelte sämtliche Boote zusammen, aber das reichte nicht. Küstenmotorschiffe und Kutter kamen hinzu. Am 15. 3. standen die Sowjets mitten in der Stadt.

Noch einmal kehrte Z 34 zurück, der Z 43 abgelöst hatte, welcher ebenfalls 1.000 Flüchtlinge mitnahm. Systematisch zerschoß Z 34 die Werferstellungen der Sowjets, die den Hafen bestreichen konnten. Endlich konnten die letzten Frauen und Kinder an Bord genommen werden. Es warteten noch Tausende Männer und die letzten Soldaten mit dem Oberst.

Z 34 nahm in der nächsten Nacht 1.700 Menschen auf. 250 Schwerverwundete waren in der ersten Nacht übernommen worden. Und noch immer blieb der Zerstörer auf der Reede und deckte den Rückzug der Soldaten aus den Trümmern der Festung.

Am Morgen des 17. März standen nur noch Oberst Fullriede und 2.000 Soldaten im Hafen. Sie erwarteten den Gegner, der – nicht kam. Lediglich Feindartillerie hämmerte pausenlos auf den Hafen herunter.

"Erbitte zum Strand Verkehrsboote und Kutter zur Übernahme meiner Soldaten", ließ Fullriede an Fregattenkapitän Kolbe funken.

Am Nachmittag des 17. 3. trafen Z 43 und T 33 vor Kolberg ein und beteiligten sich am Feuer von Z 34 auf die Sowjetstellungen.

"Jetzt klappt es, Männer", munterte Fullriede die Soldaten auf, die auf einem 400 m tiefen und 2 km breiten Stück Strand zusammengedrängt waren.

In dem Augenblick, als er dies sagte, stellten sich dreißig Sowjetpanzer zum Flankenstoß bereit. Der Feind wurde erkannt und von Z 34 zusammengeschlagen. Dutzende brennender Panzer lagen auf der Plaine am Strand.

In der Nacht wurden die Soldaten zu den Schiffen hinübergekarrt. Im Morgengrauen schiffte sich auch Oberst Fullriede mit seinen letzten Soldaten ein. Vom Werfer- und MG-Feuer des Gegners verfolgt, erreichte der Verteidiger von Kolberg Z 34.

Kolberg war durch Oberst Fullriede entgegen dem Führerbefehl, aufgegeben worden. Fullriede hatte dabei 70.000 Zivilisten, 2.000 Verwundete und insgesamt 5.500 Soldaten und Volkssturmmänner zurückführen lassen.

Und Hitler? Was tat er gegen diesen Soldaten, der entgegen seinem Befehl gehandelt hatte? Hitler verlieh Fullriede am 23. März das Eichenlaub und ließ ihn zum Generalmajor befördern.

Tankergeleit nach Pillau

Während der Kampf um Kolberg tobte, ging auch weiter im Osten der Einsatz der Marine und der Kriegsmarine weiter. Und auch westlich Kolbergs, vor Swinemünde, schlug der Feind zu. Am 12. März griffen sowjetische Bomber die 2.995 BRT große "Androß" an. Bomben durchschlugen das Schiff. Riesige Wasserfontänen stoben in den Bauch der überfüllten "Androß" hinein. Das Schiff rollte herum, zeigte für eine Minute den rotgemennigten Kiel und wurde dann von der See verschluckt.

In einem tosenden Hexenkessel gingen von den an Bord befindlichen 2.500 Flüchtlingen insgesamt 2.300 unter. Nur 200 Menschen konnten von den kleinen Kolchern, die im Bombardement herbeiliefen, aufgefischt und gerettet werden.

In dieser Phase des Kampfes bildete vor allem die Brennstoffversorgung eine für die Seerückführung entscheidende und schließlich – am Ende des Krieges – nicht mehr zu lösende Schwierigkeit. Folgen wir einem dieser Tankergeleite.

Es war der große Marinetanker "Sassnitz", der am 26. 3. 1945 von Pillau auslief. Bestimmungsort war Libau. Über Libau lief der gesamte Nachschub für die Kurlandarmee. Die "Sassnitz" brachte 12.000 Tonnen Sprit für Panzer und kleine Schiffe. Sie mußte nach Libau durchkommen, sagte die deutsche Führung.

"Die 'Sassnitz' muß unter allen Umständen versenkt werden!" befahl die sowjetische Führung, als ihre Luftüberwachung das Schiff sichtete. Die sowjetische Luftwaffe, U-Boote, Motor-Kanonenboote (MGB) und Motor-Torpedoboote (MTB) griffen an.

Von R 260, R 145, R 257 und R 69 geleitet, lief die "Sassnitz" mit 15 Knoten Fahrt durch die See. In 30 sm Entfernung von der Küste, stampfte das Schiff nach Norden. Die See ging mit Stärke 4. Die Besatzungen der Geschütze standen auf permanenter Gefechtsstation. Schon bald sichtete R 260 ein MGB der Sowjets und vertrieb es durch Leuchtgranatenschießen. Als es hell wurde, griffen 15 sowjetische Torpedoflieger an. Die vorderste Maschine wurde von der Achtacht der "Sassnitz" getroffen und barst in einer grellen Flammenrosette auseinander. Die daneben fliegende Maschine wurde von der Detonation ebenfalls zerrissen. Alle übrigen warfen ihre Torpedos. Zwei Torpedos liefen genau auf die "Sassnitz" zu. Einer mußte vorn vorbeigehen, aber der zweite ...

Durch Wasserbombenwerfen ließ der Kommandant der "Sassnitz" den Torpedo ausschalten. Die mit flacher Einstellung geworfenen Wabos brachten den Torpedo zur Detonation.

Von der Dreisieben-Brücke der "Sassnitz" wurde eine dritte Torpedomaschine abgeschossen. Dann drehten die Maschinen. Der erste sowjetische Luftangriff war abgeschlagen.

Zwei Stunden später griffen Boston-Hochbomber an. Sie erzielten einen Treffer auf dem Tanker, aus dessen Vorschiff eine masthohe Feuersäule emporstieg. Ein zweiter Treffer an Steuerbord ließ die "Sassnitz" auf 6 Knoten heruntergehen. Bereitschaftsmunition ging in die Luft. Die Lecksicherungsgruppen löschten den Brand. Wenig später machte die "Sassnitz" wieder 15 Knoten Fahrt. Der Kommandant des Tankers ließ zwei Funksprüche absetzen. Einen an den Admiral östliche Ostsee, Vizeadmiral Burchardi, den anderen an den Oberbefehlshaber Ost, Generaladmiral Kummetz in Kiel. Er bat um Jägergeleit.

Sechs Meilen vor Polangen griffen abermals 25 Pe-2 Stukas der Sowjets an. Drei Bomben rauschten dem Tanker entgegen. Eine ging hart an der Steuerbordseite vorbei. Die zwei anderen trafen die "Sassnitz". Die ohrenbetäubende Doppelexplosion ließ den Tanker in allen Verbänden erzittern. Männer starben im Mannschaftslogis; auf der Brücke wurden Kommandant und Wachgänger zu Boden geworfen. Flammen züngelten aus den Trefferlecks.

Fünf Minuten nach diesem Angriff kamen 2 Rotten Torpedoflieger. Diesmal war eines der Räumboote "dran". Ein Torpedo schlug an der Unterkante Brücke in R 260 hinein. Der zweite traf etwas weiter achtern. R 260 wurde förmlich aus dem Wasser gerissen. Flammen, Stahl, Holz und durch die Luft wirbelnde Menschen bildeten ein einziges unentwirrbares Knäuel. R 260 sackte nach vorn weg. Die noch rotierenden Schrauben kamen aus dem Wasser heraus, rasselten eine, zwei, drei Sekunden leer, ehe das Boot rasch nach unten stieß.

Sechzehn Männer der Besatzung von R 260 schwammen im Wasser und sahen, wie plötzlich eine riesige Feuersäule aus dem Tanker emporstob. Eines der Räumboote, das auf die Schiffbrüchigen eingedreht hatte, kam heran und nahm sie auf.

Eine Stunde darauf tauchten 40 Boston Bomber auf. Bomben fielen um die "Sassnitz", P 154 erhielt einen Treffer und noch war die letzte Bombe nicht gefallen, als Pe-2 Stukas angriffen. Ihnen folgten Torpedoflieger. Der Tanker brannte und lag jetzt gestoppt. Als das Feuer unter Kontrolle war, nahmen er und die drei übriggebliebenen R-Boote wieder Fahrt auf. Die Hölle war noch nicht zu Ende.

Der Tag war noch nicht alt, als neue Bomberverbände angriffen. Diesmal erhielt R 145 einen Treffer ins Vorschiff. Die "Sassnitz" erhielt neue Treffer und brannte lichterloh. Sie machte jetzt noch 5 Knoten Fahrt. Der Maschinenraum der Backbordmaschine brannte.

Eine fürchterliche Explosion ließ den Tanker erzittern. Aus dem Heizerdeck sprang eine Flamme durch die platzenden Bodenplatten. Von Ölgasen betäubt, sackten die Löschmannschaften um.

"Alle Mann aus dem bedrohten Schiffsteil heraus und an Deck!" befahl der Kommandant.

Mit Kurs 35 Grad lief die brennende "Sassnitz", in deren Heizerdeck Wasserstrahlen hineingepumpt wurden, auf Libau zu. Wenn sie noch eine Stunde durchhielt, dann konnte sie es schaffen.

Sowjetische Stukas griffen zehn Minuten später an. Sie erzielten Treffer auf R 257 und abermals auf der "Sassnitz". Nach einer gewaltigen Kesselexplosion blieb der Tanker liegen. Schwarzer Qualm puffte aus den Lecks empor. Zwei Lufttorpedos zerlegten R 145 in seine Einzelteile.

Ein weiterer Torpedo surrte direkt auf R 257 zu. Er durchschlug die Backbordseite des Bootes, zischte durch den Funkraum und kam an der Steuerbordseite wieder heraus, ohne zu detonieren. Wassereinbrüche ließen das Boot rasch sinken. Nur noch R 69 war übriggeblieben und die von acht Bomben und zwei Lufttorpedos getroffene "Sassnitz".

Einzeln flogen die sowjetischen Maschinen R 69 an. Aber dieses Boot schien unverwundbar, es entkam dem Bombenhagel. Und in diesem Augenblick trafen acht Jäger des Jagdgeschwaders 54 ein.

"Voraus Kuriere!" meldete der Staffelkapitän.

"Pauke – Pauke!" hieß es wenige Sekunden später. Eine wilde Kurbelei begann. IL-2-Maschinen stürzten vom Himmel. Sowjetische Ratas tauchten auf. Die Kanonensalven der Me 109 ließ sie auseinanderbersten. Boston-Bomber flogen heran. Und wieder hallte der Befehl des Staffelkapitäns:

"Pauke – Pauke!"

Eine Rotte Me 109 begleitete R 69 in den Hafen von Libau, als die Feindflugzeuge vom Himmel verschwunden waren. Ein einziges Boot war in den Bestimmungshafen gelangt.

In der Nacht versuchten sowjetische Motor-Torpedoboote, die "Sassnitz" zu entern. Zur gleichen Zeit stießen sieben Boote der 1. Schnellboot-Flottille unter Korvettenkapitän Büchting zur "Sassnitz" durch. Es kam zu einem nächtlichen Duell. Das sowjetische MTB TK 207, das bei der "Sassnitz" längsseits gegangen war, wurde gekapert. TK 166 sank nach Torpedotreffer. TK 181 folgte ihm schnell nach. Das deutsche Boot S 64 erhielt mehrere Artillerietreffer. Dann sank ein drittes MTB und die Schnellboote liefen wieder ein. Das letzte Boot, das ablief, versenkte die "Sassnitz" mit einem Torpedo.

Das war die Geschichte des Tankergeleites nach Libau und sie zeigt, unter welchen Bedingungen die Seeleute zu kämpfen hatten.

SAT "Soemba" und die Kriegsmarine

Ein Boot machte in diesem Abschnitt von sich reden, das vorher überhaupt nicht in Erscheinung getreten war. Der Schwere Artillerieträger "SAT Soemba". Von Gotenhafen holte er mit jeder seiner Fahrten 600 Flüchtlinge nach Hela. Dazwischen reihte es sich in die Kampfgruppen ein, die zur Küstenbeschießung ausliefen. Am 17. 3. erledigte "Soemba" eine schwere sowjetische Batterie bei Großendorf mit 12 Schuß. Am 19. 3. schoß die "Soemba" eine IL-2 ab. Am 23. 3. war es eine Boston, die den Angriff auf die "Soemba" mit ihrem Ende bezahlte.

Als Gotenhafen am 25. 3. völlig von den Sowjets eingeschlossen war, lief SAT "Soemba" in der Nacht nach Gotenhafen, übernahm 600 Flüchtlinge, um genau nach 50 Minuten abermals Richtung Gotenhafen auszulaufen. Sie kam um 3. 11 Uhr dort an, übernahm weitere 600 Flüchtlinge und setzte sie um 6.30 in Hela an Land. Und übertags hatte sie es übernommen, diese Flüchtlinge zur "Potsdam" zu bringen. Dieses 17.528 BRT große Schiff war bis 1944 Wohnschiff der 2. U-Boot-Lehr-Division in Gotenhafen gewesen. Jetzt karrte es ebenfalls die Fracht des Jammers nach Westen. Unablässig ging es weiter. Mit zwei weiteren SAT übernahm die "Soemba" in Hexengrund Soldaten und Verwundete. Hexengrund, das war der Strand der Hoffnung aller Menschen, die ihr Heil auf den Westen gesetzt hatten. Hierbei flüchteten sie vor den Sowjets, die am 28. 3. Gotenhafen eroberten. Von Hexengrund hallte der stündlich gesendete Funkspruch in die Ohren der Funker.

"Holt uns! Flüchtlinge, Verwundete und Soldaten warten in Hexengrund!"

Mit anderen Booten durchlief SAT "Soemba" die Werfer-Teppiche der Stalinorgeln. Sie brachten Flüchtlinge zur wartenden "Charlotte" und auf die "Urundi" und liefen wieder nach Hexengrund, wo Frauen und Kinder warteten.

Vom Wrack der selbstversenkten "Gneisenau" leuchteten die Sowjets mit Scheinwerfern nach Hexengrund hinüber. Fünf Tage und Nächte hintereinander lief SAT "Soemba" nach Hexengrund. Dann ging dieser letzte deutsche Stützpunkt im Raume Danzig verloren.

Damit war ein großer Teil des großen Umschlagplatzes für die Hunderttausende aus dem Osten verloren gegangen. Nur Danzig hielt sich jetzt noch. Der Leiter der Kriegsmarinedienststelle Danzig, Fregattenkapitän Bartels, erreichte schließlich, daß die großen Schiffe nur nach Danzig liefen und nicht mehr nach Pillau. Der Ring der Angreifer, der sich im März enger und enger um Danzig und Hela gezogen hatte, wurde durch die schweren Kriegsmarine-Einheiten immer wieder geöffnet und zerschlagen. Hier gelang es "Prinz Eugen" unter Vizeadmiral Rogge am 14. 3., einen rollenden Panzervorstoß zusammenzuschießen. Die "Lützow" unter Vizeadmiral Thiele griff ebenfalls in den Kampf ein.

Am 23. 3. stieß Z 34 nach Zoppot vor und nahm mit seinem vorderen 15 cm-Doppelturm sowjetische Panzer unter Feuer. So konnte am Nachmittag des 23. 3. noch die "Walter Rau" mit ihren 13.750 BRT mit Flüchtlingen vollgepackt werden. über drei Landungsbrücken schoben sich Tausende Schritt um Schritt vorwärts. Als 6.000 Menschen im Schiff waren, legte die "Walter Rau" ab. Sie war überfüllt.

Am Palmsonntag, dem 25. 3. war es die 9. Sicherungs-Division, die mit allen Einheiten 35.000 Menschen nach Hela brachte. Am nächsten Tag waren es 40.000 und in der Nacht zum 5. April wurden die Reste von drei Divisionen des VII. Panzerkorps abgeholt.

Am Morgen des 5. 4. drangen sowjetische Sturmtruppen vor, sie überschwemmten den Strand bei Gotenhafen, Oxhöft und die Kämpe.

Der Freihafen Danzig-Neufahrwasser sah noch einmal die 10.000 Tonnen große "Ubena" einlaufen. Sie ging nur eineinhalb Kilometer vor den sowjetischen Stellungen entfernt an den Anlegeplatz. Und als eben die "Ubena" mit den letzten 4.000 Flüchtlingen aus Neufahrwasser abgelegt hatte, erhielt der Munitionsfrachter "Weser" einen Volltreffer. Ein zweiter Munitionsfrachter daneben flog durch Selbstzündung mit in die Luft. Die kleinen noch im Hafen liegenden Schiffe wurden in Stücke gerissen. Aber die "Ubena" mit ihrer 4.000-köpfigen Fracht war draußen.

Hela lautete jetzt das magische Zauberwort.

Vom 28. 1. 1945 bis zum 25. 3. 1945 waren in Danzig-Neufahrwasser über 500.000 Flüchtlinge nach Westen verschifft worden. Würde Hela diesem Hafen noch den Rang ablaufen? Würde es möglich sein, von Hela noch mehr Flüchtlinge zurückzukarren?

Von Hela aus fuhren die letzten Kreuzer, Zerstörer und Torpedoboote ihre Einsätze zur Küste.

Zu allem Unglück wurde am 1. 4. das Wetter schlecht. Wind und Seegang steigerten sich rapide. Dennoch liefen zwei Riesenschiffe in dieser Nacht aus. Es waren die "Deutschland" mit 21.000 BRT und die "Pretoria" mit 16.600 BRT. An Bord dieser Riesen befanden sich 18.000 Menschen, darunter 1.500 Schwerverwundete und 2.700 Leichtverwundete. Und mit diesem ersten Transport im April 1945 begann eine Leistung, die einfach unglaublich klingt. Im Feuer und Bombenhagel der sowjetischen Flieger wurden sie beladen.

Die "Cap Arkona" mit ihren 27.000 BRT hatte in drei Fahrten über 30.000 Flüchtlinge verschifft. Nun trat sie zur letzten Rückfahrt an und nahm 4.000 Verwundete und 5.000 Flüchtlinge mit. Einen Tag vor dem Waffenstillstand sollte sie im Westen von den tödlichen Bomben getroffen werden. Die "Mars", "Askari", "Minden", die "Urundi" und wieder die "Walter Rau", die 3.000 Soldaten der 7. Panzer-Division – Rommels Gespensterdivision – aufnahm, fuhren durch die Hölle und zurück. Die "Wangoni", die "Eberhard Eßberger", die "Neidenfels" und die "Potsdam" und alle die schnellen Dampfer der Hamburg-Süd-Linie und des Norddeutschen Lloyd mit ihren tapferen Kapitänen und Besatzungen, trugen die Last der Rettungsarbeit.

Am 9. April traf es die "Albert Jensen", die zum Glück noch unbeladen auf Hela-Reede lag, tödlich. Zwei Tage später wurde die "Moltkefels" mit 4.500 Flüchtlingen an Bord durch Bomber versenkt. Mit ihr gingen 3.500 Menschen unter. Am selben Tag traf es auch die "Posen", die mit der "Moltkefels" gleichzeitig unterging.

Die kleine "Karlsruhe" mit 1.000 Flüchtlingen, wurde auf dem Küstenweg in Pommern durch Bomben und Lufttorpedos versenkt. Von den 1.000 Flüchtlingen konnten 850 gerettet werden.

Die Schweren Kreuzer und ihr Geleitschutz mußten in diesen Apriltagen nach Swinemünde zurückgezogen werden. Für sie gab es keinen Brennstoff mehr. Mit Flüchtlingen beladen waren wenige Tage vorher auch die "Hipper" und die "Leipzig" nach Westen gedampft.

Insgesamt fielen 12 Schiffe den Bomben und Torpedoangriffen der Sowjets im April zum Opfer. Zwei wurden durch U-Boote versenkt und 10 durch Fliegerkräfte.

Am 16. 4. verließen 8 Handels- und Geleitschiffe den Hafen von Hela, darunter auch der 5.230 BRT große Dampfer "Goya". Ungefähr 60 sm von Stolp, vor Rixhöft, wurde dieser Konvoi von einem sowjetischen U-Boot angegriffen.

Die "Goya", die bereits durch den vorhergegangenen Luftangriff auf der Reede von Hela getroffen worden war, ging mit 60 Schwerverwundeten, 325 Leichtverwundeten, 1.500 Soldaten des VII. Panzerkorps und 3.500 Flüchtlingen ankerauf. Wenige Minuten vor Mitternacht schoß das sowjetische U-Boot L-3 den Dreierfächer, von dem zwei Torpedos die "Goya" trafen. Unter der Wucht der Torpedo-Explosion und der anschließenden Kesselexplosion brach die "Goya" binnen weniger Minuten auseinander.

In den Räumen unter Deck spielten sich grausige Szenen ab. Vergebens versuchten die Eingeschlossenen, die verklemmten Schotts aufzubekommen. Wasser drang in die Räume ein, überflutete sie und dann ging die "Goya" zur letzten Fahrt auf Tiefe hinunter.

Schnellboote und Sicherungsfahrzeuge bemühten sich um die im Wasser schwimmenden Schiffbrüchigen. Ein Geleitfahrzeug barg 94 Soldaten und vier Zivilisten. Schnellboote bargen 82 Menschen. 5.305 Menschen gingen mit der "Goya" unter.

Am 10. April ging auch ein Räumboot unter, das den Todesmarsch der "Sassnitz" überlebt hatte. Es war R 69. Vor Hela kämpfte das Boot verzweifelt gegen eine Übermacht an Flugzeugen, bis eine schwere Bombe mittschiffs sein Schicksal besiegelte.

Danzig war bereits am 27. 3. gefallen und nur durch die Sprengung der Weichseldämme konnten die letzten Stellungen in Westpreußen vor Hela gehalten werden.

Am 25. 4. wurde die "Emily Sauber" auf Hela-Reede durch Bomben und Artilleriefeuer versenkt. Sie nahm von den eingeschifften 2.000 Flüchtlingen 50 mit in die Tiefe. Die anderen wurden von Kleinkampfschiffeinheiten gerettet.

Mit letztem Einsatz

Nach Hitlers Tod faßte Großadmiral Dönitz den Entschluß zur Kapitulation. Am 29. 4. war Vizeadmiral Thiele als neuer Admiral östliche Ostsee in Hela eingetroffen. Er sah einen unheimlichen Stau von Flüchtlingen, der von Hela-Hafen bis nach Heisternest reichte. Am 3. 5. funkte er nach Flensburg, dem Sitz der Regierung Dönitz:

"Infolge gänzlichen Aufhörens des Ostgeleitverkehrs auf Hela in Kürze über 200.000 Menschen massiert. - - -

Erbitte sofort großzügige Inmarschsetzung von Schiffsraum für Abtransport. Am 2. und 3. 5. nur je ein Dampfer nach Westen ausgelaufen. Abhilfe zwingend erforderlich."

Aus dem Bereich des AOK Ostpreußen waren noch 225.000 Soldaten und 25.000 Flüchtlinge zurückzuschaffen. Von ihnen befanden sich bereits 175.000 auf Hela.

Aus Swinemünde liefen am Abend des 4. 5. die letzten deutschen Kriegsschiffe aus, die unter dem Befehl des Führers der Zerstörer, Vizeadmiral Kreisch standen. Sie liefen Kopenhagen an und brachten Tausende Flüchtlinge in Sicherheit. Der auf Reede von Swinemünde liegende Hilfskreuzer "Orion" erhielt – vollbeladen mit Truppen – einen Bombentreffer, dann noch mehrere und brannte lichterloh. Als Fackel trieb er auf See. Und an diese Fackel, die jeden augenblick kentern konnte, liefen MFP, Minensuch-, Vorpostenboote heran und bargen die Menschen, bis der letzte gerettet war. Dann gab T 33 der ruhmreichen "Orion" den Fangschuß.

Bereits am 3. 5. hatte das OKM die Selbstversenkung der Kriegsschiffe bestätigt und am 4. Mai wurde die Kapitulationsurkunde für den Nordwestraum unterzeichnet. Als Generaladmiral von Friedeburg dem Großadmiral Dönitz meldete, daß die Engländer auch nach der Kapitulation weitere Rückführungen aus dem Osten nicht verhindern würden, ließ Großadmiral Dönitz den Selbstversenkungsbefehl für die Flotte widerrufen und befahl:

"Keine Zerstörungen! Schiffsversenkungen verhindern! In See befindliche Transporte laufen weiter!"

So erhielt auch Vizeadmiral Kreisch, dessen Zerstörer auf dem Ankerplatz "Nanny" vor der Einfahrt in den Drogden-Sund lagen, Befehl, wieder nach Osten zu laufen. Die letzten Brennstoffreserven wurden in die Einheiten gepumpt und am Morgen des 5. 5. liefen sie aus Kopenhagen aus: 5 Zerstörer und vier Torpedoboote.

Sie wurden von britischen Flugzeugen überflogen und – zum erstenmal seit dem 3. September 1939 – nicht gebombt.

Das Minenschiff "Linz" und der Hilfskreuzer "Hansa" schlossen sich an. Sie erreichten in der Nacht zum 6. 5. Hela. Kurz vorher war hier auch mit S 216 und S 217 der Kommandierende General aus Libau eingetroffen.

In dieser Nacht wurden sämtliche Einheiten bis auf den letzten Winkel beladen. Allein die "Hansa" übernahm 16.000 Menschen. Jeder Zerstörer 1.500; "Linz" 4.500 und die T-Boote je 700. Sie wurden nach Kopenhagen zurückgebracht. Es waren insgesamt 43.000 Menschen. Hier ließ Vizeadmiral Kreisch alle Kommandanten zusammenrufen.

"Die Kapitulation tritt am 9. Mai um 1.00 Uhr in Kraft. Bis dahin können wir noch einmal Hela anlaufen!"

Mehr brauchte er nicht zu sagen. Wieder lief die ganze Mahalla nach Hela aus und traf dort am 7. 5. zwischen 6.00 und 7.00 Uhr ein.

Ein Ereignis, das T 28 betraf, das auf der Rückfahrt von Hela nach Kopenhagen ein brennendes sowjetisches Schnellboot sichtete, sei hier vermerkt. Sofort ließ der Kommandant von T 28 auf das treibende Boot abdrehen und rettete vier überlebende Sowjets, die seit 20 Stunden auf den Wellen trieben.

Am 7. 5. wurden noch 20.000 Flüchtlinge übernommen. Am Abend des 8. 5. wurde Glücksburg erreicht. Und am Abend des 8. 5. ließ Vizeadmiral Kreisch noch einmal nach Hela auslaufen. Drei Zerstörer, "Karl Galster", "Friedrich Ihn", "Z 25" und "T 23" machten sich auf den Weg. Am Abend fuhren sie bis an die Mole des Kriegshafens heran. Der alte Bäderdampfer "Rugard" kam noch nach und übernahm weitere 1.300 Soldaten. Eine Stunde vor Mitternacht legten die letzten zwei Schiffe ab. Unterwegs mußten die Landser aufgelesen werden, die auf Flößen und Baumstämmen reitend die See der Gefangenschaft vorgezogen hatten.

Aber auf Hela blieben dennoch etwa 60.000 Menschen zurück.

Zur gleichen Zeit liefen die letzten Einheiten der 9. Sicherungs-Division Libau an. Hier sollten 11.400 Männer, und in Windau 5.500 Männer übernommen werden. Um 14.00 Uhr am 8. 5. begann die Einschiffung.

Schnellboote, Räumboote, U-Boote, U-Jäger, KFK, AF, SAT, FP und die "Tsingau" waren dabei.

Drei Geleite liefen nebeneinander aus. Um 23.00 Uhr lief in Windau bereits das 5. Geleit mit 6.300 Mann aus. Wenig später das sechste mit 2 KFK und 45 Pinonier-Landungsbooten, die zusammen 5.000 Menschen an Bord hatten. Anstatt der vorgesehenen 16.900 Mann wurden von diesen kleinen Kolchern 25.700 Mann zurückgefahren.

Einheiten, die keinen Platz mehr fanden, marschierten auf Befehl ihrer Offiziere wieder zurück in die Unterkunftsräume. Heeresoffiziere kamen an Bord, gaben die Listen ihrer noch lebenden Soldaten ab und – verließen die sicheren Untersätze, obgleich sie gebeten wurden, doch zu bleiben. Sie lehnten ab. Einer kleidete die Ablehnung in Worte, die für alle Gültigkeit hatten.

"Unser Platz ist dort, wo der letzte Soldat unserer Einheiten steht."

Die Zurückbleibenden sangen das Deutschlandlied und die sowjetischen Salvengeschütze brüllten das Echo hinterher.

Der Krieg war zu Ende.

Von Pillau wurden vom 25. 1. bis 25. 4. 1945 insgesamt 592.000 Soldaten und Zivilisten über See zurücktransportiert.

Von Danzig, Gotenhafen und Hela waren es insgesamt 1.347.000 Menschen, darunter allein 300.000 Verwundete und Soldaten.

Von Kolberg erreichten 77.500 Menschen den rettenden Westen. Aus Libau - Windau waren es 100.000 Verwundete und Soldaten. Von Swinemünde wurden 70.000 Menschen gerettet.

Zu den reinen Transportzahlen – die nicht durch eine einfache Addition dieser vorgenannten Zahlen zu ermitteln sind, weil z.B. Flüchtlinge und Soldaten aus Pillau in Hela umgeladen wurden und demzufolge doppelt gezählt worden sein konnten – kommt hinzu, daß allein im März 100.000 Soldaten von Kurland nach Hela verschifft worden sind. 265.000 Soldaten wurden aus den Brückenköpfen der Danziger Bucht nach Hela und in den Westen über See transportiert. Alles in allem belaufen sich die Schätzungen für die letzten fünf Monate des Krieges auf folgende Gesamtzahlen:

1.500.000 Flüchtlinge,
300.000 Verwundete,
700.000 Soldaten.

Am 14. 5. 1945, sechs Tage nach Kriegsschluß, lief ein Binnenkahn im Schlepp eines Fischkutters in die Kieler Förde ein. Er brachte die allerletzten:

75 Verwundete, 25 Frauen und Kinder und 45 Männer.

Vorn am Bug des Kahns war ein halb abgewaschener Name zu lesen. Die Männer auf der Pier konnten ihn kaum entziffern. Er lautete:

"Hoffnung!"

* * *

DIE FESTUNG BRESLAU

77 Tage: Kämpfen, Leiden und Sterben einer Stadt

Die sowjetische Winteroffensive, die am 12. 1. 1945 losbrach, war bereits einmal vorgespielt worden. Und zwar hatte der Chef des Generalstabes der Heeresgruppe A (später umbenannt in HGr. Mitte), Generalleutnant von Xylander mit den Oberbefehlshabern der Armeen, den Kommandierenden Generalen und den Generalstabsoffizieren ein Planspiel durchgeführt. Es fand im Dezember 1944 statt.

Der sowjetische Angriff wurde so durchgespielt, wie er vermutlich stattfinden würde. Das Ergebnis dieses Planspieles war, daß die Sowjets am 6. Tage ihrer Offensive die schlesische Grenze überschritten hätten. Dies vor allem, weil die Heeresgruppe A im November so viele Divisionen in den ungarischen Kampfraum werfen mußte, daß ihr nur noch die Hälfte ihres Bestandes verblieb.

Das ist eine der wenig angesprochenen Tragödien der sowjetischen Winteroffensive, auch wenn sie bereits vorher stattfand.

Die geplanten Vorbeugemaßnahmen, einschließlich der Operation "Schlittenfahrt" (gemeint ist die rechtzeitige Überführung der 6. SS-Panzerarmee mit ihren fast noch voll ausgerüsteten Panzerdivisionen aus dem Westen nach dem Osten) wurden von Hitler verworfen.

Am 12. Januar 1945 begann diese gefürchtete sowjetische Offensive. Mit 210 Infanterie-Divisionen, 22 Panzerkorps, 3 Kavalleriekorps und 27 selbständigen Panzerbrigaden.

Die gesamten deutschen Kräfte bestanden in nicht einmal 100 angeschlagenen Divisionen.

Mit ihren 53 Infanterie-Divisionen, 7 Panzerkorps, 1 Kavalleriekorps und 4 Panzerbrigaden, stieß die 1. ukrainische Front unter Marschall Konjew in Richtung Kattowitz-Oppeln südlich Breslau vor.

Teile der 1. weißrussischen Front unter Marschall Schukow drehten von Lodz aus auf einen Punkt nördlich Breslau ein. Andere Teile dieser Heeresgruppe nahmen sich Glogau und Posen zum Ziel.

Der Angriff begann am 12. 1. 1945 um 3.00 Uhr. Zuerst wurde eine "creeping Barrage" geschossen. Um 10.30 Uhr begann dann das eigentliche Trommelfeuer von acht Stunden. Dann rollten die Panzer in zwei Flutwellen vorwärts, flankiert von schweren Sturmgeschützen. Hinter diesen Verbänden kam die Infanterie, in drei tiefen Wellen gegliedert.

Als es Nacht wurde, hatten die Sowjets zwar 200 T 34 und Stalin-Panzer verloren, aber zugleich einen Einbruch von 15 - 20 Kilometer Tiefe gewonnen. Am 13. 1. erklärte ein Sprecher des OKW anschließend an den Wehrmachtbericht:

"Vertrauensvoll sehen wir in der Reichshauptstadt der Entwicklung der Lage entgegen, denn das Überraschungsmoment hat keine Rolle gespielt."

Zwei Tage später war die gesamte Front der Heeresgruppen Mitte und A tief aufgerissen. Vor allem waren es die schnellen Verbände von Marschall Konjew, die in den nächsten vierundzwanzig Stunden bis zu 115 Kilometer weit vorstießen. Tschenstochau wurde passiert. Oppeln und Breslau waren in Gefahr, einfach überrannt zu werden.

Im Norden stießen die Truppen der 2. weißrussischen Front unter Marschall Rokossowskij bis an das Frische Haff durch und besiegelten das Schicksal von Ostpreußen. Folgen wir weiter Marschall Konjew, der am 19. 1. mit seinem rechten Flügel Wielun durchfuhr. Sein linker Flügel erreichte bereits Krakau. Mit seiner 3. Garde-Panzerarmee unter Generaloberst Rybalko und der 4. Garde-Panzerarmee unter Generaloberst Leljuschenko wurde bei Kreuzberg-Guttentag die deutsche Grenze überrollt. Am 21. 1. standen die sowjetischen Panzer bei Groß Strehlitz und unterbrachen hier die Straße Breslau-Kattowitz. Die 10. Panzergrenadier-Division, die sich ihnen mit dem Mute der Verzweiflung entgegenwarf, wurde vernichtet. Generalleutnant Schmidt geriet in Gefangenschaft. Am 23. 1. standen die roten Panzer bei Oppeln, der alten Hauptstadt Oberschlesiens. Hier wurden von ihnen Übergangsmöglichkeiten über die Oder erkundet. Am 24. 1. bauten sie ihre Erfolge bis vor Breslaus Tore aus und zum erstenmal meldete der Wehrmachtbericht am 24. 1. 1945:

"Im Kampfraum ostwärts Breslau warfen entschlossene Gegenangriffe unserer Verbände die Bolschewisten aus mehreren Ortschaften."

Zum erstenmal stand damit Breslau im Brennpunkt der Interessen und sollte darin bleiben, bis zum letzten Wehrmachtbericht am 9. Mai 1945.

Am nächsten Tag schoben sich feindliche Kampfgruppen näher an Breslau heran. Ostwärts der Stadt wurden sie aufgehalten und zusammengeschossen. Was war in Breslau getan worden?

Breslau war bereits im Sommer 1944 zur Festung erklärt worden. Am 25. 9. 1944 traf der erste Festungskommandant, Generalmajor Krause, dort ein. Er fand an eigenen, ihm direkt unterstehenden Truppen lediglich ein Standort-Bataillon und das Landesschützen-Bataillon 599 vor. Anschließend wurden sechs Festungs-Batterien und je eine Festungs-Nachrichten- sowie eine Pionier-Kompanie aufgestellt.

Trotz intensiver Arbeit gelang es GenMaj. Krause nicht, bis Ende Januar 1945, als der Feind an die Tore der Festung klopfte, diese in einen brauchbaren Verteidigungszustand zu versetzen.

Nach dem Oberbefehlshaber der "Ostfestungen", Generaloberst Strauß in Frankfurt/Oder, hätten für Breslau fünf Divisionen zur Verfügung stehen müssen. Drei ostwärts und zwei westlich der Festung.

Die Hauptstellung sollte ostwärts der Oder liegen und zwar bis zu 25 km von den Breslauischen Oderbrücken entfernt. Diese Stellung ist jedoch, als es soweit war, nur zu Vorfeldkämpfen benutzt worden. Es standen einfach nicht genügend Kräfte zur Verfügung, um diese insgesamt 120 Kilometer lange Stellung durchgehend zu besetzen.

In dieses Tohuwabohu mischte sich auch noch der Gauleiter von Niederschlesien und Reichsverteidigungskommissiar Hanke ein.

General Krause hatte bereits im Winter eine Evakuierung der immer noch eine Million betragenden Einwohner der Stadt gefordert. Er regte bei Gauleiter Hanke an, bereits frühzeitig 200.000 Frauen, Greise und Kinder im Bahntransport auszufahren. Denn wenn Breslau Festung wurde, dann würde das den Tod für die Zivilisten bedeuten. Gauleiter Hanke lehnte ab.

Erst am 19. Januar, als die sowjetischen Panzerarmeen bereits dicht an Breslau herangekommen waren, wurde der Befehl zur Evakuierung gegeben. An den Häuserfassaden las man die Sprüche:

"Jedes Haus eine Festung!"

Mit Beginn der Evakuierung verließen viele Geistliche die Stadt und als der zurückgebliebene Pfarrer von St. Elisabeth, Dr. Joachim Konrad, am 23. 1. im Konsistorium anläutete, teilte ihm der Hausmeister mit, daß die Kirchenleitung nach Görlitz verlegt habe. Auch Bischof D. Zänker habe Breslau bereits verlassen.

Am 17. 1. 1945 wurden sämtliche Breslauer Ersatztruppenteile alarmiert und daraus vier Festungsregimenter gebildet.

Das fünfte Regiment, das sogenannte "Regiment Mohr", wurde erst im Februar gebildet. Daß Breslau nicht im ersten Ansprung überrannt wurde, konnte man der 269. Infanterie-Division verdanken, die unter Generalleutnant Wagner vom 21. bis 28. 1. beiderseits der Vormarschstraße Groß Wartenberg-Oels-Breslau kämpfte. Diese Division war der erste Prellbock. Mit Panzerfäusten und Handgranaten, Tellerminen und Geballten Ladungen sprangen die Grenadiere die sowjetischen Panzerkolosse an. Panzerfaustschützen schossen an drei Tagen 76 Feindpanzer ab. Das Tempo der stählernen sowjetischen Speerspitze verlangsamte sich und gab Breslau eine letzte Atempause von fast einer Woche.

Die Grenadiere dieser Division hatten es noch einmal geschafft.

Nördlich Breslau erreichten die sowjetischen Panzer am 26. 1. Märzdorf. Zwar war hier die Brücke über die Oder gesprengt, doch das dicke Eis trug selbst die schwersten sowjetischen Panzer.

Südlich Breslau gelang den Sowjets am 29. 1. die Bildung eines Brückenkopfes bei Peiskerwitz.

Am 26. 1. ließ General Krause zu einem Gegenangriff nach Norden antreten. Zwölf gerade durch die Stadt rollende Panzer wurden Major Schulz mit vier Kompanien Luftwaffen-Fahnenjunker unterstellt. Unter Führung des Generals griffen diese Verbände an. Es gelang ihnen, die Russen über die Oder zurückzuwerfen.

In der Nacht zum 29. 1. wurde schließlich die 269 ID mit Breslauer Fahrzeugen, darunter Omnibussen, nach Süden verlegt. Am 29. 1. trat sie bei Ohlau an und warf auch hier den Feind über den Fluß zurück. Bei Trechen, näher an Breslau heran, führte Hauptmann Seiffert mit einer Kompanie der SS-Verwaltungsführerschule einen Gegenstoß. Im ersten Treffen dieser Kampfgruppe ging auch eine Breslauer Ärztin mit vor, die die Verwundeten versorgte und in vorderster Front unter schwersten Bedingungen operierte.

Sie erhielt als erste Frau Breslaus am 30. 1. 1945 das Eiserne Kreuz II. Klasse.

Am 31. 1. kämpfte die 269. ID im Raume Ohlau, wo die Sowjets einen Brückenkopf hielten. In diesem Raum oblag es Generalleutnant Wagner, auch den auf seinem Gut Weidebrück lebenden Feldmarschall von Kleist, der im April 1944 zur Führerreserve versetzt worden war, zur Evakuierung aufzufordern. Der Sohn des Feldmarschalls, der gerade auf Genesungsurlaub zu Hause war, übernahm die Führung des um seine Heimat eingesetzten Volkssturm-Bataillons (Generalfeldmarschall von Kleist wurde 1946 aus englischer Gefangenschaft nach Jugoslawien ausgeliefert, kam von dort 1948 in sowjetische Gefangenschaft und starb 1954 im Lager Wladimir).

Aus dem Borsigwerk in Markstädt konnten noch bis zum 23. 1. über 100 leichte Feldhaubitzen in die Festung Breslau geholt werden. Der Rest wurde kurz vor dem Eindringen der Sowjets gesprengt.

Am 31. 1. erkrankte General Krause schwer. Generaloberst Schörner, Oberbefehlshaber der Heeresgruppe Mitte, setzte Generalmajor von Ahlfen zu seinem Nachfolger ein.

Insgesamt waren 40 Oder- und Oderkanalbrücken zur Sprengung vorbereitet, als Generalmajor von Ahlfen das Kommando in der Festung übernahm. Um die vielen einzelnen Pionier-Einheiten zu koordinieren, wurde vom Heerespersonalamt Major Hameister in die Festung eingeflogen.

Eingangs Februar trafen auch im Bahntransport vom Truppenübungsplatz Königsbrück zwei Züge "Goliaths" ein. Jeder dieser Züge besaß 48 "Goliaths"

(Raupenfahrzeuge, wie kleine Panzer geformt, die durch Fernsteuerung in jedem Gelände mit ihren 75 Kilogramm Sprengstoff ans Ziel gebracht werden konnten).

Die 609. Infanterie-Division wurde von General Siegfried Ruff aufgestellt. SA-Obergruppenführer Herzog übernahm die Organisierung und Führung des Volkssturms.

Immer noch befanden sich eingangs Februar 200.000 Menschen in der Stadt, die Zivilstatus besaßen.

In der Nacht zum 3. 2. trat ein Zug Pioniere mit Flammenwerfern, geführt von Hauptmann Seiffert und Oberfeldwebel Schultze, zum Sturm auf das vom Feind besetzte Wasserborn an.

Hauptmann Seiffert hatte sich geweigert, mit zwei Kompanien Urlaubern anzugreifen, die kampfunerfahren waren und keinen Zusammenhalt besaßen.

Mit den Pionieren aber, kampferprobten Soldaten, stürmte er vor. Rauschend stoben die Flammenstrahlen aus den Düsen der Werfer. MG hämmerten. Die Sowjets rannten brennend aus den Deckungen heraus und wälzten sich im Schnee. Handgranaten und Sprengladungen traten in Aktion. Der Stützpunkt der Sowjets war gefallen. Gefallen war auch Oberfeldwebel Schultze.

Noch immer besaßen die Sowjets einen Brückenkopf bei Peiskerwitz. Hier griff das Waffen-SS-Regiment Besslein unter SS-Obersturmbannführer Georg Robert Besslein am 8. 2. an. Dieses SS-Festungsregiment 1 – "das beste Regiment in der Stadt", so General Niehoff – griff im Morgengrauen an. Die Männer der 1. Kompanie unter SS-Obersturmführer Franz Budka erstürmten die erste feindliche Eckstellung. SS-Unterscharführer Krause rollte ein Grabenstück auf und nahm siebzig Sowjets gefangen. Der feindliche Brückenkopf wurde ausgeräumt.

Am nächsten Tag fiel Liegnitz. Ein deutscher Entlastungsangriff von Westen her war liegengeblieben.

Eine weitere Division, die 17. Infanterie-Division unter Generalmajor Sachsenheimer, hatte ebenfalls viel für die Festung getan. Diese Division, geführt von einem der besten Soldaten, hatte sich in schweren Ausbruchskämpfen von der Weichsel bei Pulawy bis zur Oder durchgeschlagen. Hier hatte sie im Raume Maltsch - Neumarkt zwei Wochen erbittert gekämpft, dadurch den Feind aufgehalten und so die Einschließung Breslaus von Westen her verzögert. In der Nacht zum 14. 2. unternahm die Division, nachdem sie einige Truppen mit schweren Waffen an die Festung abgegeben hatte, einen Ausbruch nach Süden.

Der Ausbruch gelang; aber 24 Stunden später, am 15. 2. war Breslau vollständig eingeschlossen. Von Westen ging eine Feind-Division auf Deutsch Lissa vor. Von Südwesten, aus der Gegend von Kanth, eine weitere Feind-Division; eine Gruppe von vier Divisionen versuchte, Breslau von Süden zu erobern.

Der Kampf um die Festung trat in die entscheidende Phase. Bald tobte in den südlichen Vorstädten der Festung ein erbitterter Straßenkampf. Die Besatzung schlug sich verzweifelt. Granatwerfer versuchten die eingebrochenen Sowjets zu dezimieren. Flammenwerfer, Minen und Bomben wurden gezündet. Vom Feind besetzte Häuserblocks flogen in düsteren wuchtigen Wolken aus Schutt und Pulverdampf in die Luft. Von Stockwerk zu Stockwerk, von Haus zu Haus kämpfte das Regiment Besslein in Deutsch Lissa. In den von den sowjetischen Pionieren vorgetriebenen Stollen tobte der Nahkampf. Ganze Gänge stürzten im Getöse der Sprengladungen ein und begruben Freund und Feind unter sich.

Der Kampf fraß sich Meter um Meter in die Stadt hinein, die zudem ständig von feindlicher Artillerie und Fliegern beschossen und bombardiert wurde.

Hitlerjungen und Volkssturm bauten Barrikaden und Panzersperren. Ganze Viertel wurden nach nächtlicher Minenarbeit der Pioniere in die Luft gesprengt, um Schußfeld zu haben und die eingedrungenen Gegner zu vernichten.

Am 13. 2. meldete der Wehrmachtbericht:

"In Niederschlesien vereitelten unsere Verbände im Gegenangriff den erneuten Versuch der Bolschewisten, die Festung Breslau von ihren rückwärtigen Verbindungen abzuschneiden. Südwestlich der Stadt verlor der Gegner auf engem Raum 60 Panzer."

Am 18. 2. hieß es:

"Der gegen die Süd- und Südwestfront Breslaus angreifende Gegner wurde in harten Kämpfen abgeschlagen."

Geben wir an dieser Stelle Leutnant Leo Hartmann von der Sturmgeschütz-Brigade 311 – der Löwenbrigade – das Wort: (Diese Sturmgeschütz-Brigade war von der 17. ID an die Festung abgegeben worden.)

"Es fiel uns überhaupt nicht auf, daß wir in einer belagerten Stadt lebten. Sogar die Straßenbahn fuhr noch. Scheinwerfer der Sowjets tasteten in den Nächten den Himmel ab. Ich kam zur Panzerkompanie der Panzerjäger-Abteilung Breslau. Chef der Kompanie war Oberleutnant Ventzke. Wir machten uns für einen Angriff bereit."

Es war den Verteidigern gelungen, 100 Ofenrohre mit 6.000 Schuß in den Depots aufzustöbern. Diese "Taschenflak des kleinen Mannes" sollte gute Dienste bei der Abwehr feindlicher Panzerangriffe leisten. Am 14. 2. waren die letzten Evakuierungen erfolgt. Insgesamt blieben danach noch 80.000 Zivilisten in der Stadt zurück.

In den Kellern der Liebichshöhe richtete sich das Festungs-Generalkommando ein.

In den frühen Morgenstunden des 18. 2. ließ Leutnant Kohne im Abschnitt Bellein an der Weistritz-Linie seine ersten Goliaths über die hier von den Sowjets geschlagene Brücke der Reichsstraße 5 rollen. Drei Goliaths fuhren hintereinander um 6.00 Uhr los. Die Artillerie Bessleins schoß Geräuschkulisse und bevor die Sowjets etwas merkten, stand der vorderste Sprengpanzer auf der Mitte der zweiten Brückenstrecke, das zweite "Kraftei" stand über einem Pfeiler und der dritte befand sich auf der ersten Brückenstrecke.

Leutnant Kohne zündete sie alle drei gleichzeitig. Mit donnerndem Krachen stiegen dicke Rauchwolken auf und als diese sich verzogen, lagen beide Brückenstrecken und ein Pfeiler zerstört in der Weistritz.

Bis zum 20. 2. schoben sich die Sowjets zwei Kilometer im Süden an den Stadtkern heran. Sie drangen in das Straßenbahn-Depot ein und wurden durch Goliaths in die Luft gesprengt. Der Südteil der Vorstadt war nur eine einzige Brandfackel. Einige Pak-Batterien der Sowjets schossen in direktem Beschuß in die Widerstandsnester hinein. Brandgranaten setzten ganze Häuserblocks in Flammen. Die Hitze wurde unerträglich. Die Kürassierkaserne mußte aufgegeben werden.

Am späten Nachmittag des 20. 2. griff das Volkssturm-Bataillon 55 unter der Führung von Hauptmann Seiffert im Südpark die eingedrungenen Sowjets an. Die Hitlerjungen dieses Bataillons kämpften verzweifelt. Über hundert Jungen fielen, oder wurden verwundet. Die übrigen schafften es. Der Feind wich zurück.

Als sowjetische Panzer zu Dutzenden auf das Dorf Neukirch anrollten, schossen die Männer des Regiments Hanf von der Kirchhofsmauer herunter mit Panzerfäusten. Zischend blafften die Rückstoßflammen, Sprengtöpfe flitzten den Panzern entgegen, bohrten sich durch den Stahl und ließen sie aufbrennen. Sowjetische schwere Pak zog auf den beiden Dorfstraßen vor. Sie wurde ebenfalls durch Panzerfaustfeuer von den Straßen heruntergefegt.

Vom 20. 2. an war Gauleiter Hanke täglich bei den Lagebesprechungen des Festungskbmmandanten zugegen. Er schlug den Einflug von Fallschirmjägern vor. Was ihm vorschwebte, war ein zweites Monte Cassino. Gegenbenenfalls konnte mit diesen Fallschirmjägern dann ein Ausbruchskorridor nach Süden freigeschlagen werden.

So wurde am 25. 2. das I./Fallschirmjäger-Regiment 26 unter Hptm. Trotz eingeflogen. Das II./Fallschirmjäger-Regiment z.b.V. Schacht, unter Hptm. Skau, folgte am 5. 3. nach.

Natürlich war dies zu wenig.

Zwischen den Häusern, auf freien Plätzen in den Anlagen entlang der Oder stand die Festungsartillerie und jagte den Angreifern ihre Granaten entgegen. Der Feind versuchte, den Flugplatz Gandau und damit den letzten Versorgungsstützpunkt in die Hand zu bekommen. Als er schließlich fiel, wurde in mühseliger Spreng- und Minierarbeit die sog. Kaiserstraße im Abschnitt Kaiserbrücke-Scheitniger Stern zu einer provisorischen Rollbahn erweitert. Bombenangriffe legten mehr und mehr Häuser in Trümmer. Volkssturm, Hitlerjungen und reguläre Truppen verteidigten jeden Meter Boden.

Am 26. 2. meldete der Wehrmachtbericht:

"Die Besatzungen von Breslau und Glogau verteidigen sich in erbitterten Straßenkämpfen, so daß dem Feind nennenswerte Erfolge versagt bleiben."

Am Abend des 5. März 1945 wurde dann Generalleutnant Niehoff in die Festung Breslau eingeflogen. Beim nächtlichen Anflug auf die Stadt sah er die vielen Brände und die rauchenden Trümmer, ebenso die Frontlinie am Verlauf des aufzuckenden Trommelfeuers der Sowjets.

General Niehoff, ab 1. 4. 1945 General der Infanterie, der bis dahin mit seinen Truppen im Raume Ratibor kämpfte, war auf Vorschlag von Generalfeldmarschall Schörner für diese neue Verwendung ausersehen worden. Man hatte Niehoff versprochen:

"Wenn Sie es fertigbringen, Breslau noch drei bis vier Tage zu halten, dann ist Schörner auf dem Landwege bei Ihnen und reicht Ihnen die Hand." (Siehe Niehoff: "So kämpfte Breslau").

Man rechnete damit, daß eine 50 Kilometer südlich Breslau aufgestellte Stoßgruppe den Festungsring von außen aufbrechen sollte.

Bis zum 7. 3. wurde die Südfront Breslaus auf eine durchgehende Häuserlinie vom Hancke-Krankenhaus - Steinstraße - Heiliggeistkirche - Friedhof St. Bernhardin - Ohle - Niederung - Pircham zurückgenommen. Hier konnten sich die Soldaten in den Trümmern verbarrikadieren. In diesem Straßenkampf schossen die Männer des Regimentes Mohr mit dem Ofenrohr binnen 14 Tagen über 100 sowjetische schwere Pak ab. Und hier war auch das Wirkungsfeld der Panzerjäger, hier wurde Leutnant Leo Hartmann eingesetzt. Er berichtet darüber:

"Im Süden an der Ecke Steinstraße - Gallestraße, bei der 609. Infanterie-Division, schossen wir einige Pak ab. Als an meinem eigenen Geschütz beim Überqueren eines Grabens die Kette riß, sprang Major Schulz, der gerade rauchgeschwärzt von einer Sprengung aus dem Keller kam, hinzu und half uns. Dann rollten wir vor und schossen die Pak ab, die zwischen der Cretius- und Helmutstraße stand und einen unserer Panzer II abgeschossen hatte."

Im Nahkampf gingen die Männer gegen die eingedrungenen Sowjets vor. Fähnleinführer Nordberg war einer der Verwegenen, die beim Hancke-Krankenhaus einen Stoßtrupp bildeten. Sie schlichen durch ein Gewirr von Verbindungsgängen, sahen sich plötzlich einem sowjetischen Stoßtrupp gegenüber und eröffneten das Feuer. Als der Fähnleinführer mit einer Tellermine vorging, erhielt er einen Brustschuß und flog mit der zündenden Mine in die Luft. Die Sowjets wurden unter einer einstürzenden Decke begraben.

Dazwischen hämmerte Feindartillerie auf die Stadt ein. Schwere Granaten bohrten sich durch Decken und Wände, ehe sie – mit Verzögerungszünder versehen – tief in den Kellern explodierten.

Dort, wo das SS-Regiment eingesetzt wurde, grüßten Spruchbänder zu den Sowjets hinüber mit den Aufschriften:

"Hier kämpft das SS-Regiment Besslein!"

In den glühenden Trümmerhaufen in der Augustastraße hatte sich Franz Budka mit seiner Waffen-SS-Kompanie eingerichtet. Die Männer saßen unter dem brennenden Gebäude und wurden von gegenüber aus dem Gebäude der Landesversicherungsanstalt, beschossen. Mit nacktem Oberkörper, bei Hitze von 50 und mehr Grad, kämpften sie um das Überleben. Sie bauten ihre Handgranatenkatapulte, wie die Jungen vom sogenannten "Hitlerjungen-Eck".

In den Kellern wurden Todesfallen aufgebaut, die aus Sprengladungen mit Sauerstoff- und Azetylengas-Flaschen bestanden. Sobald der Gegner diese Keller erreichte, zogen sich die Verteidiger zurück und sprengten sie in die Luft.

Breslau wurde auch für die Sowjets zu einem Menetekel, zu einer Hölle, aus der es für viele Tausende kein Entrinnen mehr gab. Ihre Wut auf alles, was Breslau hieß, wuchs und wuchs. Die Stadt brannte lichterloh. Hier vollzog sich ein Untergang, der dem an den Thermopylen gleichkommt. Hier kämpften Vierzehnjährige neben ihren sechzigjährigen Großvätern.

Die Fracht der Verwundeten aus dieser permanenten, großen Schlacht floß in die einzelnen Lazarette und Verbandsplätze. Oberfeldarzt Dr. Mehling, der später in sowjetischer Gefangenschaft gestorben ist, mußte jeden Arzt und jeden Helfer einsetzen. In den drei Hochbunkern am Scheitniger Stern, am Odertorbahnhof und am Striegauer Platz, kämpften die Ärzte um jedes Leben. In den vier Tiefbunkern und den zehn Krankenhaus-Lazaretten wurde bis zu 18 Stunden am Tage operiert. Sechzehn Keller-Lazarette nahmen die Schwerverwundeten zur ersten Behandlung auf. Die Oberstabsärzte Dr. Hohsang, Dr. Joachim, Dr. Janschyk und St. Steinbrink, die Stabsärzte Dr. Gaida, Dr. Haag, Dr. Weil und Dr. Weiser erlebten Tage und Nächte des Grauens. Unter Führung von Feldunterarzt Dr. Greve wurden 6.600 Verwundete ausgeflogen. Es war eine Schinderei für das Personal, in den Nächten die Ju 52, die in Gandau unter Feindbeschuß gelandet waren, zu beladen. Während dieser Beladungen fiel unter anderem auch einer der namenlosen Soldaten, die immer wieder über sich hinauswuchsen, wenn es galt, verwundete Soldaten zu retten, ein unbekannter Sanitätsoberfeldwebel durch sowjetischen Bombenvolltreffer.

Die sowjetischen Angriffe im Süden der Stadt erlahmten. Der Wehrmachtsbericht des 25. 3. lautete kurz und einfach:

"Auch die Besatzungen der Festungen Breslau und Glogau wiesen erneut feindliche Angriffe ab."

Am 26. 3. griffen die Sowjets erneut mit starken Panzerkräften an.

Es kam zu einem Kampf auf Biegen und Brechen. Wieder waren Sturmgeschütze und Panzer der Panzerjäger-Abteilung "Breslau" erfolgreich. Hinzu kamen die vielen namenlosen Panzerfaust- und Ofenrohr-Schützen. 64 Panzer wurden abgeschossen.

Von nun an wurden die Angriffe heftiger, in schnelleren Abfolgen, mit stärkeren Kräften geführt. Als die Sowjets versuchten, entlang des Westufers der Oder vorprellend, einen Keil durch die Stadt zu treiben und diesen Keil mit schweren Sturmgeschützen spickten, rollten die deutschen Sturmgeschütze – zunächst nur die Geschütze Hartmann und Uffz. Maier – in Richtung Hafen. Maier und Hartmann schossen je eines der schweren Sturmgeschütze ab. Als in dieser Situation ein Volkswagen-Kübel mit Essen anrollte, fuhr Leutnant Hartmann den Fahrer an:

"Verschwinden Sie bloß mit Ihrem Fraß. Wir haben keinen Hunger! Wir brauchen Munition!"

Ein drittes Geschütz brachte schließlich die ersehnte Munition. Am Abend erschien auch Oberleutnant Ventzke mit dem vierten Geschütz. Diese vier Geschütze bremsten alle Durchbruchsversuche und schossen mehrere Feind-Pak ab. Kurz nachdem Leutnant Hartmann dem Uffz. Maier seine Beförderung zum Feldwebel überbracht hatte, erhielt das Geschütz des Kameraden einen Werfertreffer. Feldwebel Maier erhielt mehrere Splitter in die Lunge und starb eine Stunde später im Lazarettbunker am Odertor.

In diesen Tagen häuften sich die Selbstmorde unter der Zivilbevölkerung. In den Kellern und Bunkern vegetierten die Kranken und Alten. Pausenlos brandeten jetzt die Angriffe gegen die Stadt. In dem 75 Kilometer langen unterirdischen Kanalnetz, welches in Mauerwerk ausgeführt war, fanden Kämpfe von unvorstellbarer Schrecklichkeit statt.

Sowjetische Angreifer ertranken in den Abwässern. Deutsche Verteidiger wurden von Wasserfluten weggespült und kamen ums Leben.

Am 27. April stießen die Sowjets weiter vor. Der Stadtkern aber hielt sich noch immer. Hier kämpften Männer und Greise und halbe Kinder. Hier wurde geschossen, geflucht und – gestorben. Am 28. 4. 1945 meldete der Wehrmachtbericht:

"In Breslau erzielten die sowjetischen Truppen weitere tiefe Einbrüche."

Aber am 1. 5. 1945 hieß es schon wieder:

Die heldenhaften Verteidiger von Breslau schlugen wiederum alle Angriffe der Bolschewisten ab."

Am 2. Mai morgens telefonierte General Niehoff letztmalig mit Feldmarschall Schörner, der vor genau zwei Monaten versprochen hatte, ihm binnen dreier Tage zur Hilfe zu kommen.

General Niehoff meldete die Erfüllung seines Auftrages und seine Absicht, nunmehr die Festung Breslau angesichts der unhaltbar gewordenen Lage durch Kapitulation übergeben zu wollen. Schörner widersprach dem zunächst und forderte weiteres Ausharren. Doch billigte er nachträglich den Entschluß Niehoffs.

Am 4. Mai kam noch eine Abordnung der höchsten kirchlichen Würdenträger zu General Niehoff. Es waren dies: Weihbischof Ferche, Kanonikus Kramer, Pfarrer Hornig und Pfarrer Dr. Konrad.

Sie baten um eine Prüfung der Lage aus menschlicher Sicht. Noch durfte General Niehoff hier seinen bereits gefaßten Entschluß nicht preisgeben, um die Vorbereitung zur Kampfeinstellung nicht zu stören. Aber seine Antwort deutete bereits eine Kapitulation an.

Der letzte Besucher in diesen schicksalsschweren Tagen war Gauleiter Hanke. Als dieser es selbst unter schweren Drohungen nicht vermochte, den General umzustimmen und die Kapitulationsabsicht zu vereiteln, verschwand der Gauleiter aus der Festung in Niehoffs Fieseler Storch. Dieser Storch war dem General aus dem Führer-Hauptquartier für den Ausflug geschickt worden.

General Niehoff zog es jedoch vor, das Schicksal seiner Soldaten zu teilen: und zwar bis zum bitteren Ende.

Am 5. Mai, noch in der Nacht, versammelte General Niehoff zum letzten Male seine Kommandeure und verkündete ihnen die Absicht, den Kampf einzustellen. Schweigend, mit vor Überanstrengung verzerrten Gesichtern, vernahmen seine Getreuen den endgültigen Befehl ihres Kommandanten. Als er geendet hatte, streckten sie ihm in spontaner Aufwallung die Hände entgegen und dankten ihm für diesen schwerwiegenden Entschluß, der eine der härtesten Kampfhandlungen des Zweiten Weltkrieges abschloß: den Opfergang einer kleinen Schicksalsgemeinschaft auf verlorenem Posten, die unbesiegt, trotz erdrückender Überlegenheit 77 Tage durchgehalten hatte.

Am 6. Mai 1945 begab sich General der Infanterie Niehoff, quer durch die Minenfelder der Kampffronten, zu Generaloberst Glusdowski, dem Oberbefehlshaber der sowjetischen 6. Armee, dem die Belagerung übertragen worden war.

Er trug ihm die Kapitulationswünsche vor und Generaloberst Glusdowski schlug folgende Bedingungen vor:

1. Alle unter Ihrem Befehl stehenden Truppen stellen die Kampftätigkeit am 6. 5 ab 14.00 Uhr, Moskauer Zeit, ein.
2. Sie übergeben den Mannschaftsbestand, Waffen, alle Kampfmittel, Transportmittel und technische Einrichtungen unbeschädigt.
3. Wir garantieren Ihnen, allen Ihren Offizieren und Soldaten, die den Widerstand eingestellt haben, das Leben, Ernährung, Belassung des persönlichen Eigentums und der Auszeichnungen und nach Beendigung des Krieges Rückkehr in die Heimat. Dem gesamten Offizierkorps ist das Tragen der blanken Waffe gestattet.
4. Allen Verwundeten und Kranken wird sofortige medizinische Hilfe durch unsere Mittel zuteil.
5. Der gesamten Zivilbevölkerung werden Sicherheit und normale Lebensbedingungen garantiert.
6. Ihnen persönlich und anderen Generalen werden Pkw mit Bedienung belassen ebenso die entsprechende Bedienung für Generale in der Gefangenschaft.

Der Befehlshaber der 6. russ. Armee:
gez. Glusdowski, General.

Der Chef des Stabes:
gez. Panow, Generalmajor,
am 6. 5. 1945.

General Niehoff vermißte einen besonderen Zusatz für die Sicherheit seiner Soldaten der Waffen-SS. Dieser Zusatz wurde wie folgt aufgenommen:

"Ich habe noch zu den Richtlinien der Übergabe der Festung hinzuzufügen, daß die von mir versicherten Garantien betreff der Offiziere und Einheiten sich ebenso auf die Waffen-SS, die an der Verteidigung teilgenommen hat, erstrecken."

In der Nacht zum 7. 5. 1945 zogen die Sowjets in die sterbende Trümmerstadt ein, die sie in 77 Tagen nach der Einschließung nicht hatten erobern können.

Walzer von Strauß brüllten aus Panzern. Gejohle und Gekreisch fielen darin ein, denn die Stadt war entgegen den Bedingungen zur Plünderung freigegeben worden. Brände, Vergewaltigungen und Morde setzten ein und hielten wochenlang an.

In den Nächten zog die Soldateska durch die Stadt. Sie zündete am 11. Mai die Barbara-Kirche und am 17. 5. die Maria-Magdalena-Kirche an und ließen sie niederbrennen.

Die tapfere deutsche Besatzung aber zog in die Gefangenschaft. Viele von ihnen sollten die Heimat nie wiedersehen, darunter auch Generalmajor Ruff, der Kommandeur der 609. ID, der in der Sowjetunion gehenkt wurde, wegen angeblicher früherer Kriegsverbrechen in Riga.

Zwar benahmen sich die Kampftruppen des Generaloberst Glusdowski besonders achtungsvoll gegenüber ihrem entwaffneten Gegner, aber bald diktierte die Politik das, was mit den Gefangenen geschehen sollte. Und so blieb auch General Niehoff zehneinhalb Jahre in Gefangenschaft. Und zwar abwechselnd in Straflagern und sowj. Gefängnissen.

Das Wunder von Breslau war, daß diese Stadt mit ihren wenigen Truppen so lange einer ganzen Armee hatte standhalten können. Vergegenwärtigen wir uns: Breslau hatte diesen Kampf bei großer Munitionsknappheit mit 40.000 schlecht bewaffneten Soldaten, Hitlerjungen und Volkssturmmännern durchgestanden. Gegen eine vollausgerüstete Armee in Stärke von 150.000 Mann.

Die Verluste an Toten und Verwundeten unter den Soldaten in der Festung und den noch 80.000 Einwohnern betrugen insgesamt 29.000 Menschen; darunter 6.000 Tote.

Die Sowjetarmee gab in einem abschließenden Bericht über die Kämpfe bei Breslau zu, daß sie allein im Kampf um diese Stadt 60.000 Mann an Toten und Verwundeten verloren hatte. Südlich Breslau wurde von den Sowjets ein Soldatenfriedhof angelegt, auf welchem allein 5.000 sowjetische Offiziere bestattet sind.

Eine große feindliche Streitmacht war durch das zähe Ausharren in und um Breslau gefesselt worden. Die Verteidiger dieser Stadt hatten eine Vielzahl deutscher Flüchtlingstrecks auf dem Marsch nach Westen abgeschirmt.

In die Gefangenschaft ging auch Oberst Tiesler, der Vertreter von General Niehoff. "Papa Tiesler" starb im Winter 1952 im Ural. Als einziger ging Oberstleutnant Mohr hinter dem Sarg her, der auf einem Panjeschlitten aus dem Lager gefahren wurde.

Am 9. 5. 1945 hatte der letzte Wehrmachtbericht gemeldet:

"Die Verteidiger von Breslau, die über zwei Monate lang den Angriffen der Sowjets standhielten, erlagen in letzter Stunde der Übermacht."

* * *

DIE REGIERUNG DÖNITZ

Verlegung nach Plön

Aus seinem HQ in Bernau, nördlich Berlin, fuhr der OB der Kriegsmarine, Großadmiral Dönitz, am 16. 4. 1945 zur Lagebesprechung ins FHQ. Hier erfuhr Dönitz, daß Hitler am Vortage angeordnet hatte, daß im Falle einer Trennung von Nord- und Süddeutschland durch Feindoperationen ihm, Dönitz, für den Nordraum und GFM Kesselring für den Südraum Vollmachten für die Verteidigung gegeben würden. Dazu wurde die Aufstellung einer Außenstelle »A« – für den Nordraum – und »B« – für den Südraum – befohlen. Allerdings hatte Hitler sich die Befehlsgewalt für die Führung der Operationen an allen Fronten vorbehalten.

Als Großadmiral Dönitz zwei Tage darauf, am 18. 4., zur Lagebesprechung in den Führerbunker kam, war der sowjetische Durchbruch immer noch nicht in der gefürchteten Weise erfolgt. In einem Gespräch mit GFM Keitel erfuhr Dönitz, daß »ein Angriff sich festgefahren habe, wenn er nicht bis zum dritten Tage zum entscheidenden Durchbruch geführt hat«.

Mit dem Chef des OKW besprach der ObdM, daß der Führungsstab der Außenstelle »A« unter Führung von GenLt. Kinzel so rasch wie möglich aufgestellt werden sollte, um die Voraussetzungen für die Führung durch diesen Stab vorsorglich zu schaffen und die übrigen Teilstäbe von vornherein straff zusammenzufassen.

Als Großadmiral Dönitz am 19. 4. von der Lagebesprechung im FHQ ins Lager »Koralle« bei Bernau zurückkehrte, befahl er für 23.30 Uhr die Verlegung seines Stabes nach Dahlem.

Am frühen Morgen des 20. 4. wurde die Dienstwohnung des Großadmirals in Bernau erreicht, wo eine befehlsmäßige Führungsstelle eingerichtet wurde. Ein im Garten abgestellter Funkwagen diente als Funkstelle. Von hier aus fuhr Großadmiral Dönitz auch am 20. 4. in Begleitung seines Adjutanten, KKpt. Lüdde-Neurath, zur Führerlagebesprechung in den Führerbunker der Reichskanzlei. An diesem Abend setzte Hitler den Befehl über die Verteidigung des Nordraumes in Kraft.

Am 21. 4. 1945 fand gegen Nachmittag ein letztes Treffen zwischen Dönitz und Hitler statt. Da Berlin in den nächsten 24 Stunden wahrscheinlich eingeschlossen sein würde, entließ Hitler Dönitz zur Durchführung seiner Aufgaben als Befehlshaber des Nordraumes.

Um 02.00 Uhr des 22. 4. erfolgte dann die Verlegung. Durch eine Lücke im bis jetzt nur sehr losen Umklammerungsring um Berlin verließ der Truppenkonvoi in nordwestlicher Richtung die Stadt. Flüchtlingszüge und Wehrmachtkolonnen wurden passiert, und gegen 11.00 Uhr war Plön in Holstein, das neue HQ des

ObdM, erreicht, das aus einigen Baracken bestand. Seit Wochen hatte die Seekriegsleitung alles vorbereitet. Hier verfügte Großadmiral Dönitz über gute Funk- und Drahtverbindungen und konnte so alle Befehlsstellen im Nordraum unverzüglich erreichen.

Für die Aufgaben zu Lande wurden Dönitz als Reichskommissar für den zivilen Sektor der Bremer Gauleiter Wegener, für die militärischen Landoperationen GenLt. Kinzel zugeteilt.

»Daß die in der Anordnung Hitlers vorgesehene Verteidigung des Nordraumes praktisch nicht durchführbar war, erkannte ich bald in aller Klarheit, aufgrund der in Plön sofort angestellten Untersuchungen. Aber meine Ernennung versetzte mich doch in die Lage, auch die zivilen Dienststellen und Staatsorgane, soweit erforderlich, für die Weiterleitung der über Land aus Ostpreußen und ganz Ostdeutschland kommenden Flüchtlingstrecks zu koordinieren.«

Am 23. 4. bat GA Dönitz die Gauleiter von Mecklenburg, Schleswig-Holstein und Hamburg zu sich nach Plön. Der Gauleiter von Hamburg, Kaufmann, erschien nicht. Er strebte, das wurde sehr bald klar, eine eigenmächtige Übergabe der Stadt an die Engländer an. Dies war jedoch zu dem Zeitpunkt, da die Flüchtlinge über See zu Zehntausenden nach dem Westen kamen, unmöglich. Für diese Flüchtlinge waren Schleswig-Holstein und Hamburg das Ziel. In Schleswig-Holstein lag Kiel, Stützpunkt und Ausgangsort beinahe aller Transportdienste der Kriegsmarine in der Ostsee und Sitz der dazu gehörenden Befehlsorganisation. Wenn Hamburg fiel, würde den englischen Truppen auch Schleswig-Holstein zufallen. Dadurch aber würden jene Häfen verlorengehen, die für die Rückführungsoperationen einfach notwendig waren.

»Demnach konnte eine vorzeitige, selbständige Kapitulation von Hamburg nur mit dem Verlust einer nicht abschätzbaren Zahl an Flüchtlingen und deutschen Soldaten aus dem Ostraum bezahlt werden.« (Siehe: Karl Dönitz: »Zehn Jahre und zwanzig Tage«.)

Der Kampfkommandant von Hamburg, GenMaj. Wolz, erhielt durch GA Dönitz ein Panzervernichtungs-Batl. zugeführt, das unter Befehl von KKpt. Peter Erich Cremer aus U-Boot-Männern aufgestellt worden war.

Am 23. 4. abends erhielt GA Dönitz aus der Reichskanzlei Nachricht, daß Göring zu putschen versucht und Hitler ihn seines Postens enthoben hatte. GenOberst Ritter von Greim sollte neuer OB der Luftwaffe werden.

Das Oberkommando der Wehrmacht wurde nach Rheinsberg verlegt, und am 28. 4. fuhr Großadmiral Dönitz dorthin, um sich persönlich über die Lage an der Ostfront zu orientieren. Dort traf er mit Himmler zusammen, der nach der Lagebesprechung im Gespräch mit Dönitz die Nachfolgeschaft Hitlers zur Sprache brachte. Himmler, der gerade seine Geheimverhandlungen mit dem Grafen Bernadotte geführt hatte und an diesem 28. 4. entlarvt wurde, fragte Dönitz, ob dieser ihm zur Verfügung stehen würde, wenn er als Hitlers Nachfolger ihn mit einer Staatsfunktion betrauen würde. GA Dönitz erwiderte, daß es jetzt vor allem darauf ankomme, ein Chaos zu vermeiden, das nur weiteres Blut kosten würde, und daß er sich jeder legalen Regierung zur Verfügung stellen werde.

Der 30. 4. brachte dem HQ von GA Dönitz eine weitere Überraschung. Ein mit völlig neuem und niemand anderen bekanntem Schlüsselmaterial ausgerüsteter Marine-Funktrupp meldete aus Berlin.

»Neuer Verrat im Gange. Laut Feindrundfunk hat Reichsführer SS Himmler über Schweden Kapitulationsangebot gemacht. Führer erwartet, daß Sie gegen alle Verräter blitzschnell und stahlhart vorgehen.

Bormann.«

Himmler, der sich in Lübeck aufhielt, konnte ein Chaos heraufbeschwören, das alle weiteren Rettungsaktionen in Frage stellte. Deshalb bat Dönitz ihn um ein Treffen, und Himmler stimmte zu.

Als der Großadmiral gegen Mittag des 30. 4. nach Lübeck zu Himmler fahren wollte, wurde er vom Chef der Seekriegsleitung, Admiral Meisel, und von Gauleiter Wegener gebeten, eine Wache nach Lübeck in die Polizeikaserne mitzunehmen, weil sich Himmler dort mit einem dichten Ring von SS-Leuten umgeben hatte.

Es gehe nicht an, führte Admiral Meisel aus, daß der Großadmiral lediglich von seinem Schäferhund bewacht dorthin reise. GA Dönitz erklärte sich mit einer Wache aus U-Boot-Männern des Batl. Cremer einverstanden.

In der Polizeikaserne in Lübeck, wo Himmler wie der zukünftige Führer des Reiches bereits residierte, ließ er Dönitz zuerst geraume Zeit warten, ehe er sich dazu herabließ, den Großadmiral zu empfangen. GA Dönitz ging sofort auf sein Ziel los. Er fragte, ob die Nachricht zutreffe, daß er, Himmler, über den Grafen Bernadotte Verbindung mit den Alliierten aufgenommen habe. Himmler verneinte dies entschieden.

Großadmiral Dönitz kehrte gegen 18.00 Uhr nach Plön zurück. Dort erstattete ihm der Marineoberbefehlshaber Ostsee, Generaladmiral Kummetz, über die Lage der laufenden Seetransporte Bericht. Anschließend besprach sich Dönitz mit Rüstungsminister Speer. Gegen Abend trat der Adjutant von Dönitz, KKpt. Lüdde-Neurath, ein und legte einen Funkspruch vor, der aus dem Führerbunker in Berlin kam. Er war nach dem nicht zu knackenden Marine-Sonderschlüssel verschlüsselt und lautete:

»FRR Großadmiral Dönitz.

Anstelle des bisherigen Reichsmarschalls Göring setzt der Führer Sie, Herr Großadmiral, als seinen Nachfolger ein. Schriftliche Vollmacht unterwegs. Ab sofort sollen Sie sämtliche Maßnahmen verfügen, die sich aus der gegenwärtigen Lage ergeben.

Bormann.«

Großadmiral Dönitz wurde von dieser Mitteilung überrascht. Als er den Funkspruch gelesen hatte, war er sicher, daß er diesen Auftrag übernehmen mußte. Er schrieb darüber:

»Ich hatte in den letzten Tagen befürchtet, daß das Fehlen einer verantwortlichen, zentralen Befehlsinstanz ein Chaos herbeiführen würde, welches noch Hunderttausende von Menschen ohne Sinn und Zweck ins Verderben stürzen könnte. Ich glaubte, diesem Zustand durch schnelles Handeln und durch Anordnungen, die für alle verbindlich waren, zu steuern.«

Die erste drohende Gefahr, die GA Dönitz klar erkannte, war Heinrich Himmler, der sich ihm gegenüber noch am Nachmittag dieses Tages als kommendes Staatsoberhaupt aufgespielt hatte. Es galt, diesen Mann unschädlich zu machen.

Dönitz beauftragte nach Erhalt dieses Telegramms seinen Adjutanten, Himmler nach Plön zu bitten. Lüdde-Neurath telefonierte mit der Polizeikaserne in Lübeck. Doch Himmler lehnte ab. Darauf ließ sich Dönitz selbst mit Himmler verbinden und erklärte, daß sein Kommen notwendig sei. Diesmal sagte Himmler zu.

Gegen Mitternacht traf der Reichsführer SS, begleitet von sechs schwerbewaffneten SS-Offizieren, in Plön ein. Während die Bewaffneten draußen vor der Tür blieben, bat GA Dönitz Himmler in sein Arbeitszimmer. Er selbst setzte sich hinter den Schreibtisch, auf dem, unter Papieren verborgen, griffbereit eine entsicherte Pistole lag. Dönitz war fest entschlossen, Himmler zu töten, wenn dieser zu erkennen gab, daß er ein Chaos verursachen wollte, indem er die Macht an sich zu reißen versuchte.

Der Großadmiral reichte Himmler mit den Worten »Bitte lesen Sie!« den Funkspruch mit seiner Ernennung zum Staatsoberhaupt.

Himmlers Gesicht drückte eine ganze Skala von Empfindungen aus,als er den Inhalt las. Dann stand er auf, legte den Funkspruch auf die Tischplatte zurück und sagte:

»Lassen Sie mich in Ihrem Staate der zweite Mann sein!«
Jetzt kommt die Entscheidung! durchzuckte es Dönitz.

Seine Stimme war fest und drückte unbeugsame Entschlossenheit aus, als er antwortete: »Das kommt nicht in Frage! Ich habe keine Verwendung für Sie!«

Heinrich Himmler stand wie versteinert. Dann beugte er sich dieser felsenfesten Entschlossenheit und verließ den Raum.

»Ich hatte nun Freiheit zu weiterem Handeln«, notierte GA Dönitz. »In derselben Nacht noch bekamen GFM Keitel und GenOberst Jodl Befehl, zu mir nach Plön zu kommen. Für meine weiteren Maßnahmen wollte ich mir so schnell wie möglich ein persönliches Bild von der militärischen Lage machen.« (Siehe Karl Dönitz a.a.0.)

Am Vormittag des 1. 5. 1945 ging ein zweiter Funkspruch aus der Reichskanzlei in Plön ein. Er war nur kurz:

»FFR Großadmiral Dönitz (Chefsache).

Testament in Kraft. Ich werde so schnell wie möglich zu Ihnen kommen. Bis dahin m.E. Veröffentlichung zurückstellen.

Bormann.«

Am Nachmittag dieses 1. 5. 1945 traf dann noch ein dritter Funkspruch aus dem FHQ in Plön ein:

»FFR Großadmiral Dönitz (Chefsache).

Führer gestern 15.30 Uhr verschieden. Testament vom 29. 4. überträgt Ihnen das Amt des Reichspräsidenten, Reichsminister Dr. Goebbels das Amt des Reichskanzlers, Reichsminister Bormann das Amt des Parteiministers, Reichsminister Seyss-Inquart das Amt des Reichsaußenministers. Das Testament wurde auf Anordnung des Führers an Sie, Feldmarschall Schörner und zur Sicherstellung für die Öffentlichkeit aus Berlin herausgebracht. Reichsleiter Bormann versucht noch heute zu Ihnen zu kommen, um Sie über die Lage aufzuklären. Form und Zeitpunkt der Bekanntgabe an Truppe und Öffentlichkeit bleibt Ihnen überlassen.

Eingang bestätigen. Goebbels – Bormann.«

Großadmiral Dönitz hatte in der zwischen dem zweiten und dritten Telegramm verstreichenden Zeit bereits am Nachmittag eine Rundfunkansprache und einen Tagesbefehl an die Wehrmacht aufgesetzt.

In der Rundfunkmeldung am Abend des 1. 5. 1945 um 22.30 Uhr heißt es zu den Ereignissen:

»Aus dem Führerhauptquartier wird gemeldet, daß unser Führer Adolf Hitler heute nachmittag in seinem Befehlsstand in der Reichskanzlei, bis zum letzten Atemzug gegen den Bolschewismus kämpfend, für Deutschland gefallen ist. Am 30. April hat der Führer Großadmiral Dönitz zu seinem Nachfolger ernannt.«

Die Rundfunkansprache von Großadmiral Dönitz am selben Abend nach den Meldungen lautete im Auszug:

»Der Führer hat mich zu seinem Nachfolger bestimmt. Im Bewußtsein der Verantwortung übernehme ich die Führung des deutschen Volkes in dieser schicksalsschweren Stunde. Meine erste Aufgabe ist es, deutsche Menschen vor der

Vernichtung durch den vordrängenden bolschewistischen Feind zu retten. Nur für diesen Zweck geht der militärische Kampf weiter. Soweit und solange die Erreichung dieses Zieles durch die Briten oder Amerikaner behindert wird, werden wir auch gegen sie weiter verteidigen und weiter kämpfen müssen. Die Angloamerikaner setzen dann den Krieg nicht mehr für ihre eigenen Völker, sondern allein für die Ausbreitung des Bolschewismus in Europa fort.«

In seinem Tagesbefehl an die Wehrmacht sagte GA Dönitz.

»Der Führer hat mich zu seinem Nachfolger als Staatsoberhaupt und als Obersten Befehlshaber der Wehrmacht bestimmt. Ich übernehme den Oberbefehl über alle Teile der deutschen Wehrmacht mit dem Willen, den Kampf gegen die Bolschewisten so lange fortzusetzen, bis die kämpfende Truppe und die Hunderttausenden von Familien des deutschen Ostraumes vor der Versklavung oder Vernichtung gerettet sind. Gegen Engländer und Amerikaner muß ich den Kampf so lange fortsetzen, wie sie mich in der Durchführung des Kampfes gegen den Bolschewismus hindern.«

Als KKpt. Lüdde-Neurath im Auftrage von GA Dönitz nach dem ehemaligen Außenminister Frhr. von Neurath suchte, weil dieser das Außenministeramt in der neuen Regierung Dönitz erhalten sollte, erschien noch am 1. 5. Reichsaußenminister von Ribbentrop, der sich in der Nähe von Plön aufhielt, bei GA Dönitz und erklärte, daß er der rechtmäßige und geeignetste Außenminister sei. Dönitz lehnte von Ribbentrop ab und bat Graf Schwerin-Krosigk zu sich. Dönitz bat ihn, sich als Vorsitzender eines zu bildenden Kabinetts zur Verfügung zu stellen. Von Schwerin-Krosigk, der bereits in der Regierung von Papen und von Schleicher Reichsfinanzminister gewesen war, bat um 24 Stunden Bedenkzeit. Er kam am 2. 5. ins HQ von Dönitz und erklärte sich bereit, dieses Amt anzunehmen.

In der Nacht zum 1. 5. waren auch GFM Keitel und GenOberst Jodl in Plön eingetroffen. Großadmiral Dönitz, der anstelle von Keitel sehr gern GFM von Manstein zum neuen Chef des Oberkommandos der Wehrmacht berufen hätte, konnte von Manstein jedoch nicht erreichen. So blieben Keitel und Jodl, die obersten Chefs der Führungsstellen der Wehrmacht, im Dienst.

Ebenfalls ins neue HQ nach Plön bestellt wurden GFM Schörner, der Reichsprotektor für Böhmen und Mähren, Frank, Reichskommissar Dr. Seyss-Inquart für die Niederlande, Reichsbevollmächtiger für Dänemark, Dr. Best, der OB für Dänemark, GenOberst Lindemann, ferner noch Reichskommissar Terboven und Gen.d.GebTr. Boehme für Norwegen. Es kam GA Dönitz in bezug auf diese besetzten Fremdgebiete vor allem darauf an, dort jedes unnötige Blutvergießen zu verhindern und alle Kriegshandlungen zu vermeiden. Dies ist ihm auch hundertprozentig gelungen.

Die Teilkapitulationen

Am 2. 5. 1945 erfuhr die neue Reichsregierung über den Rundfunk von der Kapitulation in Italien. Am selben Tag hatten die Engländer Schleswig-Holstein in ihre Hand gebracht. Nun hing es nur noch von der englischen Zustimmung ab, ob Soldaten und Flüchtlinge aus dem Osten nach Schleswig-Holstein hineingelassen wurden. Dies zwang GA Dönitz zum Handeln. Er gab Befehl, die Kapitulationsverhandlungen, wie sie in einem vorsorglich vorbereiteten Plan vorgesehen waren, aufzunehmen. Dazu wurde Generaladmiral von Friedeburg ins HQ von Feldmarschall Montgomery in Marsch gesetzt. Er sollte eine Teilkapitulation für den nordwestdeutschen Raum anbieten. In Begleitung von Konteradmiral Wagner und GenLt. Kinzel fuhr er los.

Generalmajor Wolz erhielt durch das OKW Weisung, am 3. 5. um 08.00 Uhr einen Parlamentär zu den Engländern zu entsenden, der die Übergabe von Hamburg vereinbaren und das Nahen der Delegation von Friedeburgs ankündigen sollte.

In dieses hektische Treiben hinein erfolgte am 2. 5. 1945 auch die Ankunft von GFM Ritter von Greim, der von Hanna Reitsch nach Plön geflogen worden war.

Am Abend des 2.5. bestellte GA Dönitz Generaladmiral von Friedeburg zur Levensauer Hochbrücke über dem Kaiser-WilhelmKanal, nahe Kiel. Als Dönitz mit KKpt. Lüdde-Neurath und Reichsminister von Schwerin-Krosigk dort eintrafen, war von Friedeburg bereits zur Stelle. Dönitz forderte ihn auf, Feldmarschall Montgomery die rein militärische Teilkapitulation für den gesamten norddeutschen Raum anzubieten, unter besonderem Hinweis auf die Flüchtlings- und Rückführungsprobleme. Erreicht werden sollte unter allen Umständen, daß durch die Kapitulation die Rückführungen aus dem Osten zu Lande und zur See nicht behindert werden durften.

Mit seiner Begleitung fuhr GA Dönitz nach Flensburg-Mürwik weiter. Am Morgen des 3.5. erhielt Dönitz einen Funkspruch von GFM Kesselring, daß dieser – entgegen anfänglicher Widerstände – die von der HGr. Südwest, GenOberst von Vietinghoff, erklärte Kapitulation mit seinem Namen decke und um Dönitz' Zustimmung bat, für seinen Frontabschnitt im Südwesten selbständig mit dem Westgegner verhandeln zu können. Diese Zustimmung wurde sofort erteilt, weil man »über jeden Raum, in den die Amerikaner und nicht die Russen einmarschierten, erfreut« sei.

In Mürwik angekommen, wurde GA Dönitz mit seiner Begleitung von Kpt.z.S. Wolfgang Lüth, dem letzten Kommandeur der Marinekriegsschule in Flensburg, begrüßt und zum Wohnschiff »Patria« geleitet, wo Dönitz noch den Reichsminister für die besetzten Ostgebiete, Rosenberg, sprach.

Kpt.z.S. Lüth räumte am 3. 5. sein eigenes Standortgebäude, um dort die Arbeitsräume für den Reichspräsidenten, für die Regierung Dönitz und das OKW einrichten zu können. Reichskommissare, Wehrmachtbefehlshaber und Kommandeure von Heer, Luftwaffe und Marine gaben sich hier am 3. 5. 1945 die Türklinken in die Hände. Den ganzen Tag über warteten Dönitz und sein Stab auf die Rückkehr von Generaladmiral von Friedeburg. Dieser kehrte erst kurz vor Mitternacht zurück und erstattete dem Großadmiral Bericht. Er trug vor, daß Feldmarschall Montgomery die Teilkapitulation nicht abgelehnt habe.

Um 09.00 Uhr des 4. 5. hielt GenAdm. von Friedeburg vor allen verbliebenen führenden Persönlichkeiten des Reiches Vortrag. Neben GA Dönitz waren Graf Schwerin-Krosigk, GFM Keitel, GenOberst Jodl und Oberstleutnant i.G. Brudermüller, Jodls Adjutant, anwesend. Von Friedeburg erklärte, daß Feldmarschall Montgomery die Teilkapitulation annehme, wenn auch Dänemark und Holland darin eingeschlossen würden. Er forderte weiterhin, daß keine deutschen Kriegsschiffe versenkt werden dürften. Aber er hatte auch zu erkennen gegeben, daß er den Übertritt von Soldaten und Flüchtlingen nicht verwehren werde.

Da diese Forderungen Montgomerys die Kompetenzen von GenAdm. von Friedeburg überstiegen, habe er gebeten, Großadmiral Dönitz Bericht erstatten zu können.

Am Ende dieser Morgenbesprechung gab GA Dönitz den Befehl an das OKW, ein Verbot gegen die Vernichtung von Waffen aller Art zu erlassen. Der Chef der Skl erhielt Anweisungen, das Stichwort »Regenbogen«, mit dem alle Schiffe der Kriegsmarine versenkt werden sollten, nicht in Kraft treten zu lassen. Generaladmiral von Friedeburg erhielt die Vollmacht, die Forderungen Montgomerys anzunehmen und die Teilkapitulation zu unterzeichnen.

GenAdm. von Friedeburg flog ins HQ Montgomerys und unterzeichnete am 4. 5. 1945 um 18.30 Uhr die Kapitulationsurkunde »der gesamten deutschen Streitkräfte in Holland, Nordwestdeutschland, einschließlich aller Inseln und Dänemark«.

Auf britischer Seite unterzeichnete Feldmarschall Montgomery allein. Deutscherseits setzten GenAdm. von Friedeburg, GenLt. Kinzel und die GenMaj. Wagner, Poleck und Friedel ihre Unterschriften unter dieses Dokument. Die Kapitulation sollte am 5.5. um 08.00 Uhr in Kraft treten. Um dies sicherzustellen, erging ein Befehl des OKW zur Durchführung der Kapitulation im Nordraum an die dortige Truppe:

»Ab 5. 5. 1945, 08.00 Uhr deutscher Sommerzeit, Waffenruhe gegenüber den Truppen des Feldmarschalls Montgomery. Sie umfaßt alle Verbände des Heeres, der Kriegsmarine, der Luftwaffe und der Waffen-SS im Bereich der Niederlande, Friesland, einschließlich der Westfriesischen und Ostfriesischen Inseln und Helgoland, Schleswig-Holstein und Dänemark. Sofort an sämtliche unterstellten

Truppen bekanntgeben. Eingang des Befehls nachprüfen. Truppe bleibt mit ihren Waffen in Stellung. In See befindliche Transportbewegungen der Kriegsmarine laufen weiter. Keinerlei Zerstörungen, Schiffsversenkungen und Kundgebungen. Sicherung aller Vorräte. Gehorsam und Disziplin mit eiserner Strenge aufrechterhalten. Weitere Befehle folgen. gez. Keitel.« (siehe: OKW FührStab. B. Nr. 003 007/45.)

Generaladmiral von Friedeburg flog aus dem HQ Montgomerys direkt nach Reims in das HQ von General Eisenhower weiter, um auch im Westen, gegenüber den US-Truppen, eine Teilkapitulation zu erzielen. Erst wenn man diese erreichte, war sichergestellt, daß so lange gegen die Sowjetarmee gehalten werden konnte, bis alle deutschen Soldaten und Flüchtlinge aus dem Osten nach dem Westen geschafft werden konnten.

Aber in Reims redete von Friedeburg vor tauben Ohren. Am Morgen des 6. 5. traf Generalleutnant Kinzel in Mürwik ein und erstattete GA Dönitz Bericht über die mit General Eisenhower geführten Verhandlungen. Eisenhower stimmte nicht zu. Er forderte die bedingungslose Kapitulation auch gegenüber der sowjetischen Front. Alle Truppen hätten dort stehenzubleiben, wo sie sich befänden, und die Waffen niederzulegen. Alle Kriegs- und Handelsschiffe sollten dies gleichfalls tun. Ein Eingehen auf diese Forderungen Eisenhowers am Mittag des 6. 5. 1945 hätte das deutsche Heer im Osten sofort den Sowjets ausgeliefert. Die Truppe im Osten hätte einen solchen Befehl, stehenzubleiben und sich den Sowjets gefangen zu geben, nie befolgt, sondern versucht, nach Westen durchzubrechen. Damit aber wären sie Freiwild geworden und hätten einfach erschossen werden können.

Generaloberst Jodl wurde von Dönitz beauftragt, nach Reims zu fliegen und Eisenhower zu erklären versuchen, warum eine Teilkapitulation auch gegenüber den Amerikanern angestrebt wurde. Jodl erhielt Weisungen mit auf den Weg, daß bei einer neuerlichen Weigerung Eisenhowers er eine Gesamtkapitulation in zwei Etappen vorschlagen sollte. Der erste Termin sollte als Datum zur Feuereinstellung dienen und der zweite Termin erst das Recht auf freie Bewegung beenden. Die Zeitspanne zwischen diesen beiden Terminen sollte so groß wie möglich angestrebt werden, um noch möglichst viele Soldaten zu retten.

GenOberst Jodl erhielt Vollmachten, die ihn auch dazu berechtigten, eine Gesamtkapitulation zu unterzeichnen. Dies aber erst dann, wenn er die Teilkapitulation nicht erreicht und vorher GA Dönitz über den Inhalt der Gesamtkapitulation unterrichtet hatte.

Am 6. 5. flog GenOberst Jodl nach einer abschließenden Besprechung mit GA Dönitz und Graf Schwerin-Krosigk nach Reims. Er verhandelte dort den ganzen Tag und ließ gegen 00.00 Uhr zum 7. 5. einen FT-Spruch nach Mürwik absetzen, in dem er Dönitz folgendermaßen unterrichtete:

»General Eisenhower besteht darauf, daß wir heute noch unterzeichnen. Andernfalls werden die alliierten Fronten auch gegenüber denjenigen Personen geschlossen werden, die sich einzeln zu ergeben versuchen, und alle Verhandlungen werden abgebrochen. Ich sehe keinen Ausweg, als Chaos oder Unterzeichnung. Erbitte sofortige drahtlose Bestätigung, ob ich Vollmacht habe, die Kapitulation zu unterzeichnen. Sie kann sofort wirksam werden. Feindseligkeiten werden dann am 9. Mai, 00.00 Uhr aufhören.

Jodl.«

Danach standen GA Dönitz nach der Unterzeichnung des Kapitulationsvertrages in der ersten Stunde des 7. 5. noch etwa 48 Stunden Zeit zur Verfügung. Er ließ daher gegen 01.00 Uhr des 7. 5. seine Zustimmung zur Gesamtkapitulation nach Reims übermitteln.

Keine zwei Stunden später, am 7. 5. 1945, um 02.41 Uhr, wurde die Kapitulation der deutschen Wehrmacht durch die Unterschrift von GenOberst Jodl in Reims vollzogen. Um 10.55 Uhr war GA Dönitz im Besitz des genauen Wortlautes der Kapitulationsbedingungen, die sofort über Draht- und Funkverbindungen an alle Teilstreitkräfte der Wehrmacht übermittelt wurden. Um 12.45 Uhr verkündete Minister Schwerin von Krosigk über den Sender Flensburg des Reichsrundfunks den Waffenstillstand. Damit wollte die provisorische Reichsregierung den Feindmeldungen zuvorkommen, was ihr auch gelang.

Die Bekanntmachungen der bedingungslosen Kapitulation an das deutsche Volk endeten mit dem Satz: »Möge Gott uns im Unglück nicht verlassen und unser schweres Werk segnen.«

In den Kapitulationsbestimmungen Eisenhowers war auch eine nochmalige »offizielle und feierliche Unterzeichnung der Gesamt-Kapitulation in Karlshorst« vorgesehen. Diese wurde auf direktes Drängen der Sowjets inszeniert und fand am 8.5. 1945 in Karlshorst statt. Unter diese militärische Kapitulationsurkunde, die in englischer, russischer und deutscher Sprache abgefaßt war, unterzeichneten für das Oberkommando der Wehrmacht von Friedeburg, Keitel und Stumpft. Für den Obersten Befehlshaber der Alliierten Expeditionsstreitkräfte Air Marshal Tedder, für das Oberkommando der Sowjetarmee Marschall Schukow. Als Zeugen waren zugegen: der Oberkommandierende der franz. Ersten Armee, General de Lattre-Tassigny, und der Kommandierende General der Strategischen Luftstreitkräfte der Vereinigten Staaten, General Spaatz.

In den beiden letzten Tagen, die nach der Unterzeichnung der Gesamtkapitulation in Reims noch zur Rettung zur Verfügung standen, wurde alles, was schwamm, eingesetzt. Die 1. Abt. der Skl ließ am Abend des 7. 5. ein Blitzfernschreiben durchgeben, das an alle im Einsatz befindlichen Schiffe über Funk weitergegeben wurde und das auch die 9. und 10. Sicherungs-Division erreichte, welche die Rückfahrten betreuten:

»1) Infolge der durch die Kapitulation veränderten Lage müssen sämtliche See- und Sicherungsstreitkräfte sowie Handelsschiffe bis zum 9. 5., 01.00 Uhr die Häfen Kurlands und Hela verlassen haben. Schiffe und Boote bis an die Grenze des Fassungsvermögens mit Menschen und kleinstem Gepäck beladen. Zielhäfen sind Kiel, Eckernförde und Neustadt. Zwischenlaufen dänischer Häfen aufgrund der Lageentwicklung ausgeschlossen.

2) Kriegs- und Handelsschiffe auf Ostmarsch, deren Wiederauslaufen aus den Osthäfen nach Beladen mit Menschen bis 01.00 Uhr nicht gewährleistet ist, machen kehrt und laufen Flensburg an.

3) In Marsch gesetzte Geleite mit Zahl der geretteten Menschen, getrennt nach Truppen, Verwundeten, Flüchtlingen, zeitgerecht melden. – MOK Ost, Führungsstab F 1, 68 OP.« (Siehe: 1. Skl, Teil D, PG 31798 und PG 31801.)

Nur wenige Stunden vorher waren ein KR-Blitz-Fernschreiben um 18.00 Uhr und ein Funkspruch auf allen Ostseewellen an alle abgesetzt worden:

»Transport deutscher Menschen aus dem Osten mit höchster Beschleunigung durchführen. – 1. Skl (Siehe: B.Nr. 1076/4.5 Skl). «

Als letzter Funkspruch wurde am 8. 5. 1945 an alle Einheiten, die sich in See befanden, folgender Klartext abgesetzt:

»An alle!
7. 5. vorläufige Unterzeichnung Kapitulation in Reims.
8. 5. Unterschreiben Keitel, Stumpff, Friedeburg in Berlin.

Endgültige deutsche bedingungslose Kapitulation. Danach Waffenruhe an allen Fronten am 9. 5. 00.00 Uhr –
ObdM, 1. Skl.«

Bis zuletzt fuhren Handels- und Kriegsschiffe aus dem Osten nach Westen. Die deutschen Torpedoboote und Zerstörer liefen noch am Abend des 8.5. 1945 ein letztesmal nach Hela zurück, um so viele wie möglich an Verwundeten und Flüchtlingen sowie Soldaten abzuholen. Es waren die Einheiten »Karl Galster« (Z 20), »Friedrich Ihn« (Z 14), »Hans Lody« (Z 10), »Theodor Riedel« (Z 6), Z 25, T 17, T 19, T 23 und T 28, die dem Aufruf des Führers der Zerstörer, Vizeadmiral Kreisch, gefolgt waren:

»Beeilt euch! Rettet!«

Allein T 28 übernahm 2.000 Mann des Grenadier-Regimentes 61, TA 23 rettete 1.237 Mann einer Sturmgeschütz-Brigade. Von diesen wenigen genannten Einheiten wurden in der letzten Nacht noch einmal 21.000 Menschen nach dem Westen gefahren.

Die Gesamt-Transportleistungen der Kriegs- und Handelsmarine im Rücktransport aus den Häfen Königsberg, Pillau, Danzig, Gotenhafen und Hela nach dem Westen betrugen vom 23. 1. bis zum 8. 5. 1945:

679.541 Flüchtlinge,
345.477 Verwundete und
181.775 Soldaten.

Im Pendelverkehr zu den Abflußhäfen, wo sie auf Handelsschiffe geleitet und westwärts gefahren wurden, transportierte die Kriegsmarine:

498.485 Flüchtlinge,
154.291 Verwundete und
79.355 Soldaten.

Von der Pommernküste wurden in den Westen gefahren

136.579 Flüchtlinge,
10.340 Verwundete und
33.634 Soldaten.

Ab dem 29. 4. 1945 wurden aus Vorpommern-Mecklenburg

25.000 Flüchtlinge,
7.000 Verwundete und
30.000 Soldaten nach Westen geschafft.

Aus Libau gelangten vom 1. 5. 1945 an

7.000 Verwundete und
18.000 Soldaten in den Westen.

Damit betrugen die Gesamt-Transportleistungen der Kriegs- und Handelsmarine in den wenigen Monaten des Jahres 1945 2.022.602 Menschen.

Samuel E. Morrison, der Chef der amtlichen US-History of the United States Naval Operations in World War II, sagte dazu:

»Die Rückführungen über die Ostsee sind sicherlich die gewaltigste Rückführung in der modernen Geschichte, voll der größten Gefahren und Schwierigkeiten.«

Es besteht bei allen Experten nicht der leiseste Zweifel daran, daß ein Großteil dieser Geretteten – wäre der Krieg beispielsweise im Januar 1945 beendet worden – nicht mehr in die Freiheit gelangt wäre. Ebenso wäre es jenen Divisionen der Wehrmacht ergangen, die zu dieser Zeit teilweise noch tief auf fremdem Boden standen.

Daß die Rückführungen gelangen, ist den deutschen Seeleuten der Kriegs- und Handelsmarine zu danken, an ihrer Spitze dem Seetransportchef für die Wehrmacht, Konteradmiral Engelhardt. Daß nicht noch Hunderttausende, ja möglicherweise über eine Million Soldaten und Flüchtlinge mehr den Weg in die Freiheit gehen durften, geht auf das Konto der US-Führung in Europa, die – anders als Feldmarschall Montgomery – auf der bedingungslosen Kapitulation an allen Fronten beharrte und so das angestrebte Ziel der provisorischen deutschen Reichsregierung, noch bis zum 15. Mai Zeit zu gewinnen, die in der Tschechoslowakei stehende 1. Panzerarmee zu retten und ebenso sämtliche in Ostpreußen und Kurland stehenden deutschen Verbände, vereitelte.

Die letzten Tage der Regierung Dönitz

"Wehe den Besiegten!"

Bereits am 5. 5. 1945 wurde nach den Beratungen von Großadmiral Dönitz mit Graf Schwerin von Krosigk und Reichsminister Speer eine geschäftsführende Reichsregierung aufgestellt. Die Gesamtleitung sowie die Führung der Geschäfte eines Reichsaußenministers und Finanzministers wurden Graf Schwerin von Krosigk übertragen. Innen- und Kulturminister wurde Dr. Stuckart, Reichswirtschafts- und Produktionsminister Albert Speer, Reichsminister für Ernährung, Landwirtschaft und Forsten Dr. Backe, Reichsarbeits- und Sozialminister Dr. Seldte, Reichsverkehrs- und Postminister Dr. Dorpmüller.

Diese vorläufige Kabinettsliste wurde auch Feldmarschall Montgomery und General Eisenhower übergeben. Daß diese Regierung in absehbarer Zeit nicht aktiv werden konnte, war klar, doch jeder der Ressortminister begann unverzüglich damit, Pläne zur Steuerung der Not und zur Versorgung der deutschen Bevölkerung zu erstellen.

Großadmiral Dönitz hatte Himmler am 6. 5. aller Ämter enthoben. Er sagte dazu:

"Daß ich ihn gehen ließ, bereute ich, als ich in der folgenden Zeit von KZ-Greueln hörte. Ich war der Ansicht, daß diese Dinge eine deutsche Angelegenheit seien, daß wir selbst alles, was an Unmenschlichem geschehen war, zu klären hatten und die Schuldigen zur Verantwortung ziehen sollten.

Graf Schwerin von Krosigk und ich waren uns in der Betrachtung dieses Problems einig. Er legte mir alsbald eine Anordnung vor, wonach das Reichsgericht die Untersuchung und Aburteilung aller dieser Greueltaten durchzuführen habe. Ich sandte den Text dieser Planung mit einem eingehenden Bericht an General Eisenhower und bat darum, das Reichsgericht für diese Aufgabe arbeitsfähig zu machen.

Bei einem Gespräch, das ich mit dem amerikanischen Botschafter Murphy, dem politischen Berater Eisenhowers, hatte, wies ich nochmal ausdrücklich auf diesen Antrag hin und bat ihn um Hilfe. Er sagte mir auch eine Unterstützung zu. Ich hörte aber nichts mehr von dieser Angelegenheit.« (Siehe Karl Dönitz, a.a.0.)

Dr. Goebbels, der ja von Hitler als neuer Reichskanzler vorgesehen war, hatte bereits am Abend des 1. 5. 1945 seine sechs Kinder von einem Arzt durch Einspritzen von Gift töten lassen. In der Nacht zum 2. 5. 1945 hatte sich dann Dr. Goebbels erschossen, während Frau Magda Goebbels, wie Eva Hitler, eine Zyankalikapsel zerbissen hatte. Dies erfuhren die Männer der 1. Ausbruchsgruppe, als sie gegen 02.00 Uhr morgens am 2. 5. auf den Trupp unter Führung von Bormann stießen, bei dem sich auch SS-Hauptsturmführer Schwägermann befand, der bis zum Schluß bei Dr. Goebbels geblieben war.

Dies hatte GA Dönitz davon befreit, auch Goebbels verhaften zu lassen, denn mit Goebbels in einer provisorischen Regierung hätte diese bei den Alliierten keine Chance gehabt.

Heinrich Himmler aber war von der Bildfläche verschwunden. Er war in der Uniform eines Feldwebels des Heeres in einem Lüneburger Kriegsgefangenenlager untergetaucht. Als dort aber am 23. 5. seine Identität festgestellt wurde, gab er sich den Tod, indem er eine Giftkapsel zerbiß.

Dr. Dorpmüller, der sich bereit erklärte, das Verkehrs- und Transportwesen in Deutschland binnen sechs Wochen wieder zu normalisieren, wenn man ihm die Spezialtruppen und Pioniere der Straßenbau-Bataillone aus den Kriegsgefangenenlagern überlasse und die OT mit Material zur Verfügung stellen würde, wurde von der Alliierten Kontrollkommission immer wieder vertröstet. Minister Backe und sein Staatssekretär Riecke, die auf dem Ernährungssektor wichtige Voraussetzungen zur Vermeidung einer Hungerkatastrophe und zum Tode Tausender Deutscher durch Hunger ausgearbeitet hatten, kamen ebenfalls nicht zum Zuge. Es bestand überhaupt nicht die Absicht der Alliierten, in Deutschland wieder normale Zustände einkehren zu lassen.

Als am 15. 5. 1945 Dr. Backe von den Alliierten Anweisung erhielt, ins US-HQ zu fliegen, schienen sich seine und der provisorischen Reichsregierung Hoffnungen zu erfüllen. Für alle erschien dieser Flug nach Reims als Anfang des Wiederaufbaus. Zwei Tage darauf wurde auch Dr. Dorpmüller nach Reims befohlen. Damit schien klar: Die Amerikaner und Engländer wollten der provisorischen Reichsregierung letzte Direktiven für ihre Arbeit geben.

Die Wahrheit sah jedoch ganz anders aus. Beide Herren wurden auf dem Rollfeld in Reims festgenommen und hinter Stacheldraht geschafft. Dr. Dorpmüller, ein alter Mann, starb, nachdem er zu Tode erkrankt nach Malente-Gremsmühlen entlassen worden war, dort am 5. 7. 1945. Dr. Backe wurde als Kriegsverbrecher unter Anklage gestellt und nahm sich im Gefängnis das Leben.

Für Großadmiral Dönitz, der seine Aufgabe nunmehr als beendet ansah, stellte sich jetzt die Frage nach der Auflösung des Kabinetts. Ganz Deutschland - mit Ausnahme der Enklave in Flensburg-Mürwik - wurde vom Gegner regiert. Es gab für die Regierung Dönitz kein selbständiges Handeln mehr. Dennoch riet Graf Schwerin von Krosigk von einem Rücktritt ab, weil nach seiner Meinung der Reichspräsident und seine behelfsmäßige Regierung die Reichseinheit darstellten. In der bedingungslosen Kapitulation hatte ausdrücklich nur die deutsche Wehrmacht kapituliert. Der deutsche Staat hatte also nicht aufgehört zu bestehen. Wenn Dönitz auch als Staatsoberhaupt daran gehindert werde, Regierungshandlungen zu vollziehen, so ändere es - nach der Meinung von Schwerin von Krosigk - nichts daran, daß er dennoch deutsches Staatsoberhaupt sei.

Dies sei auch von den drei Feindmächten anerkannt worden, als sie ausdrücklich von ihm – Dönitz – eine Vollmacht für die drei Chefs der deutschen Wehrmachtsteile, die die Kapitulationsverhandlungen unterzeichneten, anerkannten.

Großadmiral Dönitz ließ sich überzeugen, daß er jetzt keinesfalls mit der Reichsregierung zurücktreten dürfe. Geschähe dies, hätte der Gegner freie Hand und konnte erklären, daß nach dem Weglaufen der Reichsregierung er einzelne Regierungen für die Besatzungsgebiete einrichten müsse. Wenn die Reichsregierung zurücktrat, dann hätte sie nach der Meinung der Fachleute damals in politischer Beziehung zumindest formell die Handhabe zur Spaltung Deutschlands gegeben. Sie tat dies nicht.

»Es mußte also im Mai 1945 mein Bestreben sein, das mir nun einmal zugefallene Amt bis zur Durchführung von Wahlen oder bis zu einer gewaltsamen Entfernung durch die Alliierten zu behalten.« (Siehe Karl Dönitz, a.a.0.)

Die nach der Gesamtkapitulation in Mürwik erschienene Alliierte Kontroll-Kommission unter Führung des US-Generals Rooks und des englischen Brigadiers Foord, der sich später der sowjetische Vertreter anschloß, war zunächst zurückhaltend, dennoch bahnte sich zwischen ihr und der provisorischen Reichsregierung ein reger Geschäftsverkehr an. Am 13.5. wurde Großadmiral Dönitz für 12.00 Uhr auf das Wohnschiff »Patria«, den Sitz der Kommission, gebeten. General Rooks unterrichtete ihn über die bevorstehende Verhaftung von GFM Keitel. Bei dieser Gelegenheit wies Dönitz nachdrücklich darauf hin, daß in Deutschland so rasch wie möglich wieder geordnete Verhältnisse einkehren müßten und daß die Reichsregierung dies tun könne und müsse.

Generalfeldmarschall Keitel wurde 30 Minuten später verhaftet und hatte noch Gelegenheit, sich von GA Dönitz zu verabschieden.

Das zweitemal wurde GA Dönitz an Bord der »Patria« gebeten, als General Rooks und Mr. Murphy, der Berater Eisenhowers, ihm Fragen über seine Legitimation als Staatsoberhaupt stellten. GA Dönitz wies auf die Funksprüche und

Telegramme hin und wurde gebeten, diese abschriftlich Mr. Murphy zugehen zu lassen.

Im Dienstzimmer von GA Dönitz fand kurz vor dem Eintreffen des sowjetischen Stabes der Kommission schließlich noch eine dritte Besprechung statt. Diesmal sprach Dönitz ausschließlich zur innerdeutschen Lage und zu den ihm notwendig erscheinenden Maßnahmen zur Ingangsetzung des öffentlichen Lebens. Er wies eindringlich auf die sich damals bereits abzeichnenden Gefahren der Ost-West-Konflikte, durch die Spaltung Deutschlands, hin.

Nachdem gegen Abend des 17. 5. der sowjetische Stab der Kontroll-Kommission unter Führung von GenMaj. Truskow in Flensburg eingetroffen war, gab es keine persönlichen Zusammenkünfte mehr mit Vertretern der Kontroll-Kommission. Es war von Interesse, die ausgesuchte Höflichkeit der sowjetischen Vertreter der Kommission zu erleben und gleichzeitig damit in der sowjetischen Presse und im Rundfunk die Haßtiraden zu lesen und zu hören, die sich gegen die Regierung Dönitz richteten. Für den aufmerksamen Beobachter bestand kein Zweifel mehr daran, daß die Sowjets eine für alle Zonen gemeinsame Regierung unter keinen Umständen dulden würden.

Die sowjetische Propagandamaschinerie heizte sich mehr und mehr auf und forderte immer lauter die Liquidierung der Reichsregierung. Danach rechneten die Mitglieder dieser Regierung seit dem 19. 5. 1945 stündlich mit ihrer Verhaftung.

Am 22. 5. erhielt Dönitz' Adjutant, KKpt. Lüdde-Neurath, einen Anruf aus dem Stab von General Rooks. GA Dönitz wurde aufgefordert, am nächsten Morgen um 09.45 Uhr mit GenOberst Jodl und Generaladmiral von Friedeburg auf der »Patria« zu erscheinen.

Als die drei Deutschen am anderen Morgen das Fallreep der »Patria« erreichten, warteten dort schon die Pressefotografen. Der sonst zum Empfang bereitstehende Oberleutnant und der präsentierende Posten aber waren verschwunden.

Die drei Repräsentanten Deutschlands wurden in die Bar der »Patria« geführt, die als Verhandlungsraum hergerichtet war. Nachdem sie hier fünf Minuten gewartet hatten, betraten General Rooks, Brigadier Foord, GenMaj. Truskow und die Dolmetscher den Raum. Beide Gruppen ließen sich an je einer Längsseite des großen Tisches nieder.

General Rooks ergriff das Wort. Er sagte, er habe aus dem Alliierten HQ von General Eisenhower Befehl erhalten, ihn, Großadmiral Dönitz, die deutsche Reichsregierung und das OKW zu verhaften. In seiner kurzen Rede erklärte Rooks, daß diese Verhaftung in Übereinstimmung Eisenhowers mit dem sowjetischen Oberkommando erfolge. Als er abschließend den Reichspräsidenten fragte, ob dieser ihm noch etwas zu sagen habe, erwiderte Dönitz:

»In dieser Lage erübrigt sich jedes Wort.«

Mit einem Begleitoffizier fuhren die Verhafteten zur Marinekriegsschule Flensburg-Mürwik zurück. Sie hatten bis Mittag Zeit zum Packen erhalten. Vor dem Gebäude gingen Dönitz und von Friedeburg noch auf und ab, und von Friedeburg erklärte, daß er die Entehrungen nicht mitmachen werde. Großadmiral Dönitz widersprach, denn zu diesem Zeitpunkt glaubte er noch daran, daß sich der Gegner an die Genfer Konvention halten werde.

Gegen 11.00 Uhr, lange Zeit vor der vereinbarten Frist, die den Gefangenen gesetzt worden war, erschien ein englischer Captain mit einigen Soldaten auf der Bildfläche, die GA Dönitz zur Eile antrieben und dabei das Trauerhaus Lüth derart durchstöberten, daß Frau Lüth weinend die Flucht ergriff. (Kpt.z.S. Lüth wurde in der Nacht des 14. 5. 1945 im Park der Marinekriegsschule von einem deutschen Posten versehentlich erschossen, als er, angerufen, die Parole nicht wußte.)

Unter starker Bewachung wurden schließlich die Männer zum Polizeipräsidium Flensburg gefahren, wo eine Leibesvisitation stattfand, »bei der nichts undurchforscht blieb«. (Siehe Lüdde-Neurath a.a.0.) Gleichzeitig wurde in Abwesenheit der Inhaber das Gepäck durchstöbert, wobei Füllhalter, Fotos und andere Gegenstände spurlos verschwanden. Großadmiral Dönitz wurden der Marschallstab und der Interimsstab gestohlen.

Nach einstündiger Wartezeit in der Halle des Polizeipräsidiums wurden dann auch unter schwerer Bewachung Reichsminister Graf Schwerin von Krosigk mit den Mitgliedern der geschäftsführenden Reichsregierung und GenOberst Jodl mit den Offizieren des OKW eingeliefert.

Die geschäftsführende Reichsregierung war bereits um 10.00 Uhr von Soldaten der brit. 11. PD verhaftet worden. Diese hatten das Regierungsgebäude mit Panzern umstellt, waren unter Leitung von Brigadier Churcher, dem britischen Stadtkommandanten von Flensburg, mit schußbereiten Maschinenpistolen und Handgranaten in den Sitzungsraum eingedrungen und hatten mit Rufen wie »Hände hoch!« und »Hosen runter!« die Mitglieder der Reichsregierung überrascht. Danach wurden alle auf dem Hof zusammengetrieben, wo sie mit erhobenen Händen im Kreuzfeuer der Fotografen standen, bis ihre Zimmer durchwühlt und alle Wertgegenstände daraus gestohlen waren. GenOberst Jodl prägte für diese Fehlleistung eines im Felde bewährten britischen Panzerverbandes die zutreffende Bezeichnung »organisierte Plünderung«.

Generaladmiral von Friedeburg, der letzte Oberbefehlshaber der Kriegsmarine, nahm in seiner Wohnung Gift. Seine Leiche selbst wurde noch von den britischen Soldaten gefleddert. In einem Brief vom 26. 5. 1945 äußerte sich GA Dönitz zu diesen Vorkommnissen. Er sei an dieser Stelle in vollem Wortlaut zitiert:

»Der Großadmiral den 26. 5. 1945

An den Oberbefehlshaber der 21. englischen Armeegruppe
Herrn
Generalfeldmarschall Sir Reginald Montgomery.

Herr Generalfeldmarschall!

Ich sehe mich gezwungen, Ihnen folgendes mitzuteilen:

Nach meiner Verhaftung durch Ihrem Oberbefehl unterstellte Truppen am 23. 5. 1945 in Flensburg mußte ich mich einer, jeder Rücksicht auf meinen Dienstgrad entehrenden Leibesvisitation unterziehen. Gleichzeitig wurde mein Privatgepäck durchsucht. Es wurden diesem außer einer Reihe von Wertgegenständen auch mein Marschallstab entnommen, den ich in der Überzeugung, daß dieses Ehrenzeichen eines Soldaten meiner Stellung auch vom siegreichen Gegner geachtet werden würde, bewußt in meinem Privatgepäck gelassen hatte. Ich habe weder für die entnommenen Wertsachen, noch für den Marschallstab und den mir ebenfalls bei der Leibesvisitation abgenommenen Interimsstab irgendeine Quittung erhalten.

Da ich sicher bin, daß von Ihnen, Herr Generalfeldmarschall, irgendwelche Verstöße gegen ehrenvolles Verhalten und die Unantastbarkeit privaten Eigentums nicht geduldet werden, bringe ich Ihnen diese diffamierenden Vorkommnisse zur Kenntnis und bin überzeugt, daß auf diesem Wege die Rückgabe des Marschall- und Interimsstabes und der entnommenen Privatsachen an mich erfolgen wird.

Ich bin mit vorzüglicher Hochachtung!
gez. Dönitz. «

Großadmiral Dönitz sollte sich getäuscht haben. Es gab weder eine Antwort, noch wurden ihm die Privatsachen zurückgegeben. Einzig für die einfach nicht zu ignorierende Leichenfledderung, begangen an dem in den Tod getriebenen Generaladmiral von Friedeburg, ist später eine offizielle Entschuldigung erfolgt.

Die deutsche Reichsregierung war nicht mehr. Sie war nicht zurückgetreten, sondern von den Alliierten verhaftet und damit gewaltsam aus dem Amt entfernt worden.

Großadmiral Karl Dönitz, der letzte deutsche Reichspräsident, wurde in Nürnberg vor Gericht gestellt. Ihm wurde der Prozeß gemacht, nach einem Statut, das im August 1945 von Rechtswissenschaftlern und Juristen in London formuliert wurde. Es gab den Alliierten, nun war auch Frankreich mit dabei, eine neue Rechtssatzung, nach welcher Kriegsverbrechen bestraft werden konnten. Neue

Begriffe wurden in das Völkerrecht eingeführt, ein Strafrecht mit rückwirkender Kraft eingesetzt.

Im Mai 1946 fand die Verhandlung gegen die beiden deutschen Großadmirale Raeder und Dönitz in Nürnberg statt. Am 31. 8. 1946 sprach Großadmiral Dönitz sein Schlußwort, nachdem der Chefankläger Justice Jackson ihn als »Hitlers Erben in der Niederlage« beschimpft hatte, »der ein Rudel seiner U-Boot-Männer anwies, den Krieg zur See mit der gesetzlosen Wildheit des Dschungels zu führen«. Dönitz sagte:

»Mögen Sie über die Rechtmäßigkeit des deutschen U-Boot-Krieges urteilen, wie es Ihnen Ihr Gewissen gebietet. Ich halte diese Kriegführung für berechtigt und habe nach meinem Gewissen gehandelt. Ich müßte das genauso wieder tun ...

Als letzter Oberbefehlshaber der deutschen Kriegsmarine und als letztes Staatsoberhaupt fühle ich mich dem deutschen Volk gegenüber verantwortlich für alles, was ich tat und ließ.«

Bei den Urteilsverkündungen wurde siebenmal der Spruch »Death by hanging« durch Lordrichter Lawrence verkündet, ehe der Name »Karl Dönitz« aufgerufen wurde. Der Spruch des Lordrichters fiel in die Stille:

»Angeklagter Karl Dönitz, gemäß den Punkten der Anklageschrift, unter welchen Sie für schuldig befunden wurden, verurteilt Sie der Internationale Militärgerichtshof zu zehn Jahren Gefängnis.«

Lordrichter Lawrence fügte noch hinzu: »Diese Strafe steht nicht im Zusammenhang und ist nicht verhängt worden wegen Regelwidrigkeiten in der Führung des Seekrieges und des U-Boot-Krieges.«

Mit Handschellen gefesselt, wurde von nun an auch der Häftling Dönitz zu den Sprechboxen geführt, wenn er Besuch empfing. Die Verurteilung erfolgte also nicht wegen jener Delikte, die man dem Großadmiral angehängt und die Justice Jackson so drastisch vorgestellt hatte, sondern »wegen Anzettelung und Führung eines Angriffskrieges«. Wie ein Kapitän zur See – das war Dönitz zu Beginn des Zweiten Weltkrieges und dazu ein kaum bekannter Seeoffizier – einen Angriffskrieg angezettelt haben könnte, das wurde von diesem Gericht nicht erörtert, weil es sich einfach zu lächerlich angehört hätte.

Der Zweite Weltkrieg war zu Ende.

KRIEGSSCHAUPLATZ PAZIFIK

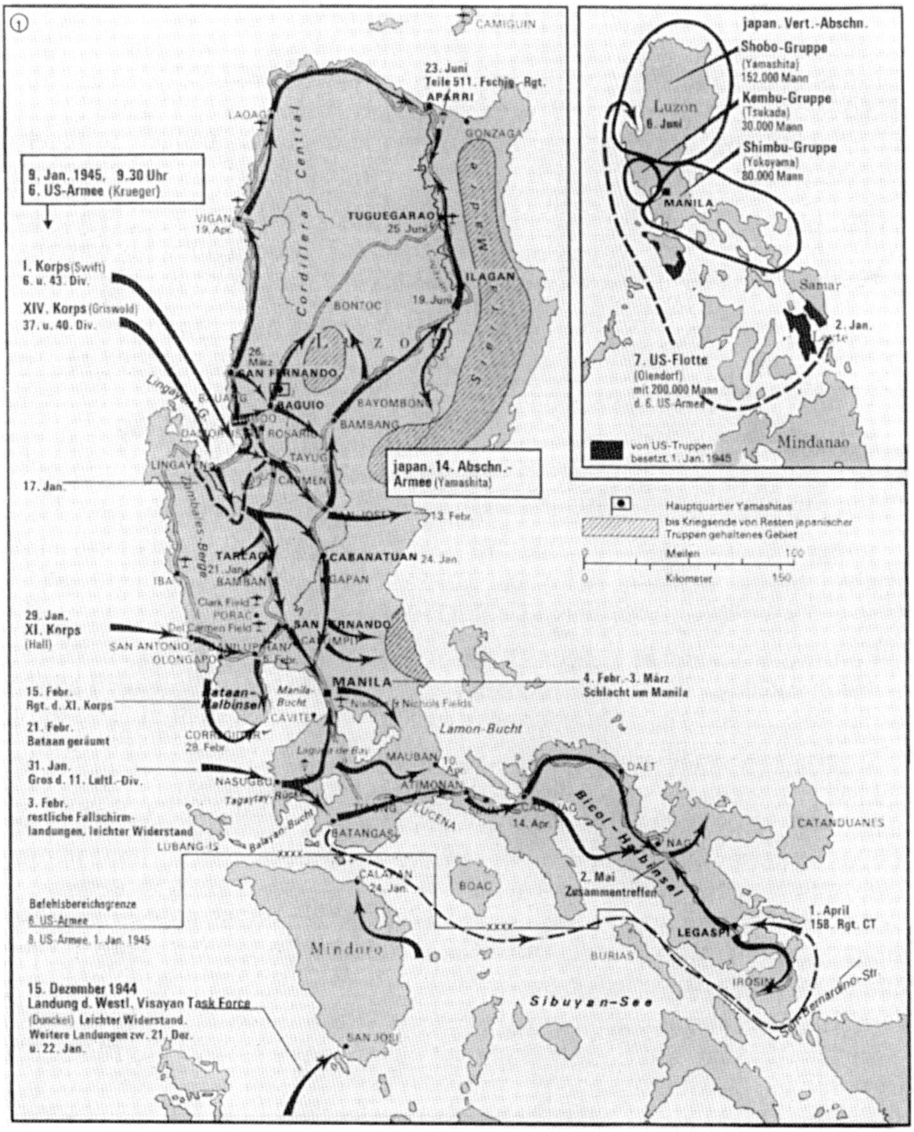

Der Weg Japans in die Heimatsee: Kampf im Lingayen-Golf

Bereits am 2. Jan. 1945 marschierten US-Landungsverbände vom Leyte-Golf durch die Surigao-Straße und die Zulu-See zur Mindora-Straße im Lingayen-Golf. Als erste liefen Minensuch- und Vermessungsschiffe aus. Diese Kampfgruppe 77.6 verfügte über 68 Minensucher, die durch Zerstörer, Fregatten und andere kleinere Kriegsfahrzeuge gesichert wurden.

Am 3. Jan. 1945 folgte die Task Group 77.2, VAdm. Oldendorf, als Fire Support Group nach und gleichzeitig damit die Geleitträgergruppe 77.4, KAdm. Durgin, dem fünf Geleitträger und neun Zerstörer zur Verfügung standen.

Die zweite Kampfgruppe für den Lingayen-Golf unter KAdm. Stump verfügte über sechs Geleitträger und sieben Zerstörer. Den Schluß bildete eine Killer Group unter Captain Cronin mit einem Geleitträger und vier Geleitzerstörern für die U-Boot-Bekämpfung. Ein Underwater Demolation Team (UDT) -- Froschmännergruppen zur Beseitigung und Anlage von Unterwasserhindernissen -- folgte auf zehn schnellen Transportern nach.

Von Leyte aus ging schließlich am 4. Jan. die San Fabian Attack Force 78, VAdm. Barbey, ankerauf. Sie transportierte folgende Kampfverbände zur Landung: I. AK, GenMaj. Swift, mit der 43. ID, GenMaj. Wing, und der 6. ID, GenMaj. Patrick.

Die Task Force 79, VAdm. Wilkinson, ging am 5. Jan. als Lingayen-Angriffsgruppe in See. Sie schaffte das XIV. AK, GenMaj. Griswold, zum Ziel, und zwar in folgender Reihenfolge: Task Group 79.1 -- KAdm. Kiland, die 37. ID, GenMaj. Geightler. -- Task Group 79.2, KAdm. Royal, die 40. ID, GenMaj. Brush. Die Luftsicherung bestand in einer von KAdm. Ofstie gebildeten Kampfgruppe aus zwei Geleitträgern und einigen Zerstörern.

Gegen diese bereits am 3. Jan. erkannten Bewegungen setzte die Jap. 2. Luftflotte, VAdm. Onishi, Kamikazeflieger an. Außerdem versuchten Klein-U-Boote, von Sebu aus heranzukommen. Die Kamikazeflieger waren erfolgreich. Bereits am 3. Jan. wurde der Tanker "Cowansque" beschädigt. Am nächsten Tag westlich von Panay der Geleitträger "Ommaney Bay", der so schwer getroffen wurde, daß KAdm. Stump dem Zerstörer "Burns" die Bergung der Trägerbesatzung und die anschließende Versenkung des Trägers durch Torpedos befehlen mußte.

Am 5. Jan. 1945 starteten von Mabalacat auf Luzon 35 Kamikazeflieger in drei Gruppen gegen die Task Force 77. Es gelang den Todesfliegern, die Kreuzer "Louisville" und "Australia", den Geleitträger "Manila Bay", drei Transporter und einen Zerstörer schwer zu treffen. Der Geleitträger "Savo Island" und zwei

Zerstörer wurden durch Nahtreffer beschädigt. Am 6. Jan. setzten die Kamikazeverbände ihre Angriffe fort. Diesmals bekämpften 29 Todesflieger, die von verschiedenen Plätzen aus starteten, die Task Group 77.2, die zur Beschießung in den Lingayen-Golf eingedrungen war. Das Schlachtschiff "New Mexico" erhielt einen schweren Treffer; sein Kommandant, Captain Fleming, fiel. Der britische General Lumsden, der als Beobachter eingeschifft war, fand ebenfalls den Tod. Das Schlachtschiff "California", die Kreuzer "Columbia", "Australia" und "Louisville" (zum zweitenmal) wurden ebenfalls getroffen. KAdm. Chandler an Bord der "Louisville" fand den Tod. Der Minensucher "Long" sank, und "Minneapolis" sowie drei Zerstörer wurden durch Nahtreffer leicht beschädigt. Damit war diese Task Group schwer angeschlagen, wenn auch die Verluste mit 156 Toten und 432 Verwundeten gering geblieben waren.

Am Morgen des 7. Jan. griffen Kamikazeflieger erneut an und erzielten einige Treffer, ohne eines der Schiffe zum Sinken bringen zu können. Im letzten Überwassergefecht des Pazifiks versenkten in der Nacht zum 8. Jan. 1945 die US-Zerstörer "Charles Ausburne", "Braine", "Shaw" und "Russell" den japanischen Geleitzerstörer "Hinoki". Nach diesen vorbereitenden Schlägen kamen die US-Landungsverbände ein weiteres Mal zu Worte.

Die Operation "Mike I"

Das I. US-Korps wurde vom 9. - 17. Jan. 1945 im Lingayen-Golf in Stärke von 70.000 Mann gelandet. Die hier verteidigende 14. jap. Armeegruppe, General Yamashita, leistete zunächst nur geringen Widerstand, weil sich ihre 23. ID, GenLt. Nishiyama, und die 58. Brigade aufgrund des dichten Feuers der amerikanischen Unterstützungswaffen vom Strand ins Gebirge zurückgezogen hatten. Damit hatten sie die verheerende Wirkung der Küstenbeschießung durch die Task Forces 78 und 79 unterlaufen, die ergebnislos verpuffte.

Um diese Landungen zu unterbinden wurden abermals Kamikazeeinheiten eingesetzt. Sie starteten am 9. Jan. mit neun Maschinen. Ihre Sturzflüge auf das Schlachtschiff "Mississippi" sowie die Kreuzer "Columbia" und "Australia" erzielten Treffer, ohne daß diese Schiffe ernstlich gefährdet worden wären. Aus der Landungsflotte wurden in der Nacht zum 10. Jan. drei Fahrzeuge von japanischen Sprengbooten versenkt. Die in der kommenden Nacht abermals angreifenden Sprengboote konnten diesmal nur ein Landungsschiff beschädigen. Kamikazeflieger waren etwas erfolgreicher und beschädigten einige Fahrzeuge, von denen aber keines sank.

Die Landungen gingen zügig weiter, und am 11. Jan. traf auch die 3. Amphibische Gruppe unter KAdm. Conolly ein. Sie schaffte die 25. ID, GenMaj. Mullins, das 158. RTC sowie die 13. Panzergruppe in den Lingayen-Golf.

Wieder starteten Kamikazeflieger, als die sechs angesetzten japanischen U-Boote nicht zum Schuß gekommen waren. Die Kamikazes trafen einige Landungsfahrzeuge, von denen jedoch nur eines sank. Auf Höhe von Bataan waren sechs Kamikazeflieger jedoch erfolgreicher, als sie in einem entschlossenen Angriff vier Libertyschiffe und einen Transporter des Typs LST (Tanklandungsschiff) versenkten. Der Angriff der letzten Todesflieger im Lingayen-Golf erfolgte am 13. Jan.; dabei wurde der US-Geleitträger "Salamaua" getroffen.

Bis zum 17. Jan. war die gesamte 6. US-Armee gelandet und nicht mehr auf Hilfe von See angewiesen. GenLt. Krueger hatte seine Armee genau dort gelandet, wo drei Jahre zuvor General Hommas Sturmtruppen an Land gegangen waren.

Bis zum 10. Jan. hatten die ersten gelandeten Truppen zehn Meilen Geländegewinn erzielt. Dieser Brückenkopf war tief genug, um sämtliche Truppen darin nachzulanden. Eine Woche darauf war das XXIV. AK an der rechten Flanke 30 Meilen weit vorgedrungen und hatte dabei nur 30 Mann an Toten verloren. Auf der linken Flanke war das I. AK entlang der Küste weit vorgedrungen und hatte ebenfalls nur 220 Mann Verluste erlitten.

GenLt. Yamashita befahl in der Nacht zum 18. Jan. einen Gegenangriff, der ihm die Zeit geben sollte, sich mit den übrigen Truppen nach Norden zurückzuziehen und die rauhe Gebirgszone von Nord-Luzon zu erreichen, wo eine Verteidigung besser möglich war als in dem bisher gehaltenen Zentralgebiet der Manila Bay. Aus dem Gebirge heraus wollte er dann eine Abnützungsschlacht einleiten, die den Gegner dezimieren sollte.

Premierminister Koiso mußte am 21. Jan. 1945 vor dem japanischen Reichstag gestehen, daß die militärische Lage auf dem pazifischen Kriegsschauplatz in ein Stadium eingetreten sei, das keinen Grund zum Optimismus biete. Aber dennoch beschönigte er die Lage mit den Worten: "Wie die Lage auch immer sein mag: Die ausgedehnten Nachschublinien des Feindes an allen Fronten sind unseren Angriffen ausgesetzt, und diese Tatsache, so glaube ich, wird uns eine goldene Gelegenheit bieten, den Sieg zu erringen. Nun erst beginnt in Wahrheit für unsere 100 Millionen Japaner die Chance, sich Luft zu verschaffen, voll flammenden Eifers in die Fußstapfen der kämpfenden Truppe zu treten und einmal mehr dem Geist des sicheren Sieges auf dem Felde der Produktion zu folgen."

Die weiteren "Mike"-Operationen

Zur Verstärkung der 6. US-Armee wurden am 27. Jan. 1945 die 23. ID und die 1. KavDiv. im Lingayen-Golf gelandet. Ferner landete in der Operation Mike VII die Amphibische Kampfgruppe 9 unter KAdm. Struble mit der 38. ID unter GenMaj. Hall und dem 134. RCT des XI. AK des GenMaj. Sibert bei Zambales nördlich der Subic Bay.

An diesem Tage wurden von 22 Transportern und 35 LST insgesamt 30.000 Mann gelandet. Teile der 38. ID wurden am 30. Jan. auf der Gramble-Insel in der Subic Bay an Land gesetzt.

Die Operation "Mike VI" brachte die amphibische Gruppe 8 des KAdm. Fechteler am 31. Jan. bei Nasugbu südwestlich der Manilabucht an Land. In dieser Gruppe befand sich auch die 11. Luftlandedivision unter GenMaj. Swing.

Am 13. Febr. 1945 drangen erstmals wieder US-Schnellboote in die Manilabucht ein. Am selben Tage begannen US-Minensucher mit der Aufnahme der Minen in der Bucht, während die Südspitze von Bataan, der beabsichtigte Landeraum, von der Task Group 74.3 des KAdm. Berkey beschossen wurde. Ebenso wurde auch der Landeraum von Corregidor unter Feuer genommen. Die Beschiessung wurde am folgenden Tage fortgesetzt.

Am 15. Febr. landete die Amphibische KGr. 9 auf 62 Landungsfahrzeugen das 151. und das 34. RTC der 38. ID mit insgesamt 5.300 Mann an der Südspitze von Bataan. Am nächsten Morgen erfolgte der Sprungeinsatz des 305. FschJägRgt. auf Corregidor. Gleichzeitig damit landete ein Teil des I./RTC 34 in Landungsbooten auf dieser Insel. Sie wurde vorher von den Flugzeugen der 5. USAAF mit insgesamt 3.200 Tonnen Bomben belegt. Damit war das Schicksal von Corregidor entschieden.

Der erste große Trägerangriff auf Tokio

Die Task Force 58 unter VAdm. Mitscher lief am 10. Febr. 1945 aus Ulithi aus. Ihr Ziel war es, zur Unterstützung der Landungsoperationen auf Iwo Jima Tokio zu bombardieren.

In fünf Task Groups aufgeteilt, stellte die Task Force 58 eine Streitmacht von acht Schlachtschiffen, sechs Flugzeugträgern, 15 Kreuzern und 77 Zerstörern dar. Acht U-Boote waren vorausgelaufen, um die japanischen Vorpostenboote zu versenken, die als Wachboote in See standen. Es gelang den U-Booten, vier der

"Augen" zu versenken. Sechs weitere wurden durch US-Zerstörer aufgefaßt und zusammengeschossen. Damit gelang eine ungemeldete Annäherung an die Ziele.

Am 16. Febr. starteten aus einer Distanz von nur 125 Seemeilen südostwärts von Tokio die Hellcat-Jäger und Corsair-Maschinen zum Angriff auf Tokio. Durch die Jäger konnten nach deren eigenen Meldungen etwa 300 japanische Flugzeuge abgeschossen werden. Den Japanern gelang es, 60 US-Jäger abzuschießen.

Danach starteten von den Trägern die Stukas und Bomber zur Bombardierung der japanischen Flugzeugfabriken im Großraum Tokio. Das schlechte Wetter ließ diesen Angriff zu keinem vollen Erfolg werden. Außerdem kämpften hier erfahrene japanische Piloten, die über schnelle Jäger des Typs A 6M und N1K1-J "George" verfügten.

Am 17. Febr. wurde der Angriff wiederholt, diesmal gegen Schiffsziele im Raume Yokohama. Insgesamt wurden 2761 Einsätze geflogen. Es gingen abermals 60 US-Flugzeuge verloren, 28 weitere machten Bruchlandungen.

Am 16. Febr. begannen auch die Vorbereitungen zu den Landungsoperationen auf Iwo Jima, die bis zum 19. Febr. andauerten. Die Task Force 54 mit KAdm. Rodgers hatte diesen Raum am 16. Febr. mit sechs Schlachtschiffen, fünf Kreuzern und 16 Zerstörern erreicht und die vorher vermessenen Landeräume unter Feuer genommen.

Diese Vorbereitungen der Vermessung, des Minensuchens und der Beseitigung von Unterwasserhindernissen hatte die Task Force 52 unter KAdm. Blandy mit einer Minensuchgruppe, einer UDT-Gruppe und den Support Groups, bestehend aus Infanterie-Landungsbooten, LCI, übernommen.

Die Beschießung ging am 17. Febr. weiter. Die japanische Küstenartillerie erwiderte das Feuer und erzielte auf dem Schlachtschiff "Tennessee" einen und auf dem Kreuzer "Pensacola" sechs Treffer. Durch die Küstenartillerie wurden auch 12 LCI schwer getroffen; von ihnen sanken neun.

Die Geleitträger starteten 226 Einsätze, die zum Teil mit Napalmbomben geflogen wurden. Hinzu kamen 42 Einsätze von B-24-Bombern der 7. USAAF. Der 18. Febr. sah die weitere Fortsetzung der Beschießung und neue Luftangriffe; danach waren die vorbereitenden Angriffe beendet. Man kam nun auch hier zum Hauptthema.

Landungsunternehmen auf Iwo Jima

Die Operationen begannen unter dem Codenamen "Detachement". Am 19. Febr. landete, durch die Task Force 51 geleitet und unterstützt, das V. Amphibische

Korps des GenLt. Holland M. Smith, während die Task Force 54 die Feuervorbereitung für deren Landeräume übernahm. Nachdem das Feuer der Beschießungsgruppen zurückverlegt war, begannen die Landungen durch die Task Force 53 des KAdm. Hill in folgender Reihenfolge: Norden: 4. Mar.InfDiv. unter GenMaj. Cates. Süden: 5. Mar.InfDiv. unter GenMaj. Rockey.

Die 3. Mar.InfDiv. war auf einem weiteren Kampfgeschwader als Reservetruppe verladen, um schnellstens an jene Stellen gebracht zu werden, wo es brannte. Sie mußte teilweise noch am ersten Tage an Krisenpunkten eingesetzt werden. Trotz des harten Widerstandes gelang am ersten Tage die Landung von 30.000 Soldaten.

Die gut bewaffneten und in ausgezeichnet ausgebauten Stellungen befindlichen Verteidiger, vor allem die 109. ID des GenLt. Kuribayashi, fügten durch flankierendes Feuer aus einigen Bunkerstellungen am Mount Suribachi dem landenden Gegner schwere Verluste zu. Erst am 23. Febr. konnte diese japanische Widerstandlinie überwunden werden. Ebenso wurde der Landeraum aus dem nördlichen Bergland unter Feuer genommen.

Trägerflugzeuge versuchten, die Hauptstellungen auszuschalten. Zu diesem Zweck flogen sie am ersten Landungstag 606 Einsätze und warfen 274 Tonnen Bomben, 2.252 Raketen und 100 Napalmbomben. Japanische Kamikazeflieger versuchten, dem Gegner entscheidenden Schaden zuzufügen. Am 21. Febr. griffen 32 Todesflieger an. Sie versenkten den Geleitträger "Bismarck Sea"; zwei Flottentransporter wurden beschädigt.

Der Kampf auf Iwo Jima dauerte bis zum 16. März. Er war von unvorstellbarer Härte. Die letzten japanischen Soldaten, die sich auf der Insel hielten, blieben bis lange nach Kriegsschluß im Dschungel verborgen. In den folgenden 16 Jahren wurden noch auf vielen Atollen und Inseln entlang des Weges von Saipan bis Mindoro japanische Soldaten gefunden. Zwei Soldaten auf Guam ergaben sich 16 Jahre nach der Befreiung der Insel den dortigen Behörden.

Die japanischen Streitkräfte verloren auf dieser Insel insgesamt 20.703 Mann an Toten. Nur 216 Japaner ergaben sich. Das US Marine Corps erlitt hier seine schwersten Verluste mit 5.931 Toten und 17.272 Verwundeten.

Todesflieger greifen an

Die Task Force 58 unter VAdm. Mitscher lief am 14. März 1945 abermals zu einem großen Luftangriff auf das japanische Mutterland aus Ulithi aus. In den vier Gruppen standen diesmal insgesamt 16 Träger, acht Schlachtschiffe, 18 Kreuzer und 63 Zerstörer.

Der erste Angriff begann am 18. März 1945. Er richtete sich gegen Kyushu und die dortigen Flugfelder, um zunächst die japanische Luftabwehr auszuschalten.

Unter Führung der Jap. 5. Luftflotte des VAdm. Ugaki starteten 48 Todesflieger gegen die vier Trägergruppen. 18 fanden die Ziele nicht. Der Hauptangriff erfolgte gegen die Task Group 58.4 und "Intrepid", einen Träger dieser Gruppe, er wurde durch einen direkt neben dem Träger ins Wasser stürzenden Flieger in Brand gesetzt. "Yorktown" und "Enterprise" wurden leicht getroffen. Die drei Einheiten konnten im Einsatz bleiben.

Die Trägerangriffe des 19. März richteten sich gegen japanische Luftbasen in der Inlandsee, so gegen Kure, wo die Träger "Amagi", "Katsuragi", "Kaiyo" und der soeben fertiggestellte Träger "Ikoma" getroffen wurden, daneben traf es die Schlachtschiffe "Yamato", "Hyuga", "Haruna", den Kreuzer "Oyodo" sowie drei U-Boot-Neubauten. Ein japanischer Bomberverband der 5. Luftflotte erzielte einen Treffer auf dem Träger "Wasp", der in Brand geriet. Es gab 101 Tote und 269 Verwundete. "Franklin", ein weiterer Träger, erhielt zwei schwere Treffer und geriet in Brand. Seine Bomben und die Artilleriemunition explodierten. Hier waren die Verluste erschreckend: 724 Tote und 265 Verwundete. Unter letztem Einsatz gelang es den Kreuzern "Santa Fe" und "Pittsburgh" etwa 1700 Schiffbrüchige zu retten. Captain Gehres schaffte das Unglaubliche: er bekam das schwerbeschädigte Schiff wieder unter Kontrolle und lief mit eigener Kraft in die Werft. Auch auf der "Enterprise" wurden Treffer erzielt, Die "Essex" wurde durch eigenes Flakfeuer beschädigt.

Nach einem weiteren Kamikazeangriff mit Bomben einen Tag später erfolgte am kommenden Tag der Angriff von 18 Zweimot.-Bombern der Japaner mit "Oka"-Bomben (bemannte Raketenbomben) und 55 Kamikazefliegern. Von letzteren mußten 45 wieder umkehren, weil sie den Feind nicht fanden. Der Rest wurde rechtzeitig geortet und durch US-Abfangjäger bis auf einen abgeschossen.

Okinawa im Fadenkreuz.

Die Vorbereitungen zur Landung auf Okinawa begannen am 23. März 1945. Zunächst wurde Okinawa von Schlachtschiffen und Kreuzern beschossen und bis zum 25. März mit rollenden Bombenangriffen bedacht.

Die am 23. März aus Ulithi ausgelaufene British Pacific Fleet des VAdm. Rawlings griff unter ihrer neuen Bezeichnung Task Force 57 mit den Trägern "Indomitable", "Victorious", "Illustrious" und "Indefatigable", den Schlachtschiffen "King George V." und "Howe", "Euryalus" und elf Zerstörern am 26. und 27. März in die Kämpfe ein und beschoß die Sakishama-Inseln und die Gunto-Inselgruppe, um die dort liegenden japanischen Flugfelder auszuschalten. Diese Beschießungen wurden nach einer Versorgung am 31. März fortgesetzt.

Inzwischen war auch die Task Force 52, VAdm. Blandy, vor Okinawa eingetroffen und beteiligte sich am Kampf. Nach der nächtlichen Räumungsarbeit der UDT und der Beschießung der Landeplätze auf Kerama Retto landete dort im ersten Frühlicht des 26. März die Western Island Attack Group mit der 77. ID unter GenMaj. Bruce. Die Fire Support Group begann am 26. März mit der Beschießung von Okinawa.

Schon tags zuvor befahl das Kaiserliche Hauptquartier in Tokio aufgrund der vorangegangenen Vorbereitungskämpfe die "Operation Tengo", die den Zweck hatte, Okinawa und das gesamte südliche Japan zu verteidigen. Die Verbände der 10. und 3. Luftflotte wurden der 5. Luftflotte des VAdm. Ugaki operativ unterstellt. Die 5. Luftflotte operierte von Kyushu, die Reste der 1. Luftflotte von Formosa aus. In der Abenddämmerung des 25. März packte der erste Kamikazeangriff mit 25 Flugzeugen zu. 23 kamen in Angriffsposition, mehrere US-Schiffe erhielten Treffer. 24 Stunden darauf erfolgte ein weiterer Kamikazeangriff, diesmal von elf Bombern, die einen Treffer auf dem Schlachtschiff "Nevada" erzielten. Treffer hatten auch der Kreuzer "Biloxi", vier Zerstörer und ein Minensucher erhalten. Ein weiterer Zerstörer wurde nach einem Treffer aufgesetzt, um sein Sinken zu verhindern. Bis zum Abend des 30. März erfolgten weitere Kamikazeangriffe. Einer traf am Abend dieses Tages das Flaggschiff der 5. US-Flotte, die "Indianapolis", die allerdings rasch wieder repariert werden konnte, um kurz vor Kriegsschluß noch ein schreckliches Schicksal zu erleiden.

Am 31. März war nach einem weiteren Kamikazeangriff die Zeit der Vorbereitungen zu Ende.

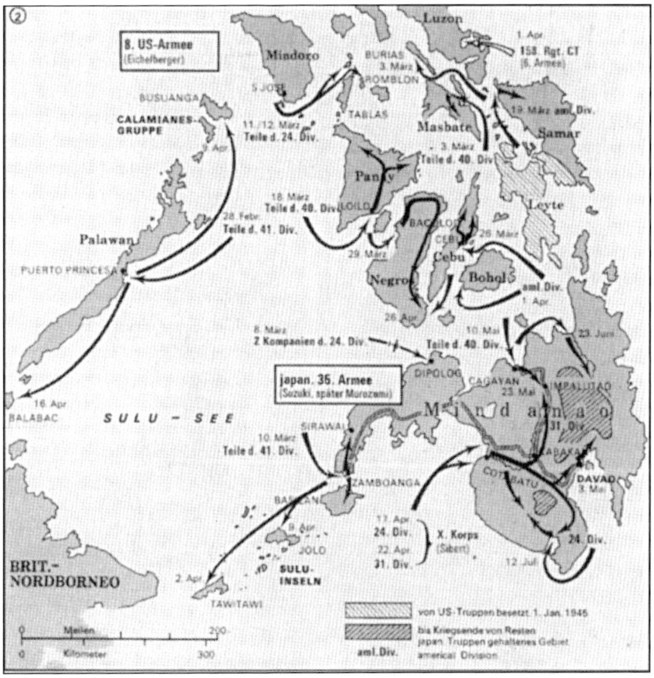

Die Landungen der Task Force 51 unter VAdm. Turner auf Okinawa mit insgesamt 1.213 Schiffen, darunter 603 Landungsfahrzeugen, sollten die 10. US-Armee des GenLt. Buckner an Land bringen; die Operation begann am 1. April 1945. Einschließlich der drei Reservedivisionen wurden 451.866 Mann eingeschifft, die größte Streitmacht, die der Pazifik je gesehen hatte.

Die Northern Attack Force unter KAdm. Reifsnider landete das III. Amphibische Korps des GenMaj. Geiger, bestehend aus der 6. MarInfDiv. unter GenMaj. Shepherd und der 1. MarInfDiv. unter GenMaj. de Valle.

In der Southern Attack Force (KAdm. Hall) befand sich das XXIV. AK (GenMaj. Hodges), dem die 7. ID unter GenMaj. Arnold und die 96. ID unter GenMaj. Bradley zur Verfügung standen.

Der anfänglich geringe Widerstand, der die US-Truppen empfing, rührte daher, daß sich die japanischen Truppen aus dem stark beschossenen und gebombten küstennahen Raum zurückgezogen hatten. Die jap. 32. Armee, kommandiert von GenLt. Ushijima, hatte sich im südlichen Bergland eingegraben und Bunkerlinien sowie MG-Stellungen errichtet, aus denen hinhaltender Widerstand geleistet werden sollte.

Der Abend des 1. April brachte einen Kamikazeangriff auf die Landungsflotte, dem sich Oka-Bomben-Angriffe anschlossen. Das Schlachtschiff "West Virginia" und drei Transporter wurden getroffen. Die nachfolgenden Horizontal- und Sturzkampfbomber trafen ebenfalls einige Schiffe, darunter einen Zerstörer. Der britische Träger "Indomitable" wurde von einem Todesflieger getroffen, ebenso der Zerstörer "Ulster", der von dem Kreuzer "Gambia" nach Ulithi zurückgeschleppt werden mußte. Der nächste Kamikazeangriff am 2. April brachte für die US-Landungsflotte einige Transporterverluste, und in den heftigen Stürmen des 4. April wurden einige LST auf den Strand geworfen und kenterten.

Japanische Gegenangriffe auf die Landungsflotte

Vom 6. bis 10. April unternahm die japanische Führung einen großangelegten Versuch, die Gegner vor Okinawa zu vernichten. Eine Reihe Kamikazeangriffe wurden angesetzt, denen beim Hauptangriff von 198 Todesfliegern 27 Schiffe zum Opfer fielen; allerdings waren nur wenige tödlich getroffen. Das Schlachtschiff "Maryland" und der Zerstörer "Bennett" erhielten dabei schwere Treffer, ebenso die Träger "Illustrious" und "San Jacinto". Der Träger "Hancock" und der Zerstörer "Wesson" erhielten mittelschwere und einige weitere Einheiten leichte Treffer. Die Landungsoperationen wurden jedoch durch diese Einsätze in keiner Weise beeinträchtigt. Die Überlegenheit der US-Amerikaner zur See und in der Luft war dazu viel zu groß.

Am 6. April begann auch die japanische Flotte mit ihren Aktionen vor Okinawa. Aus Tokuyama in der Inlandsee lief eine starke Kampfgruppe unter VAdm. Ito mit dem größten Schlachtschiff der Welt, der "Yamato", aus. Diese Kampfgruppe wurde unmittelbar danach gesichtet und gemeldet. Auch beim Durchlaufen durch die Enge des Bungo-Kanals konnten U-Boote sie sichten. Aufklärer der Task Groups 58.1 und 58.3 stellten den Verband am Morgen des 7. April im Raum südlich Amami-Oshima fest und nahmen Fühlung auf. Die Task Group 58.4, die über Okinawa Jagdschutz flog, versuchte nun, so rasch wie möglich aufzuschließen.

Um 10.00 Uhr starteten von den beiden erstgenannten Gruppen nacheinander 280 Flugzeuge als Hauptangriffsgruppe. Sie durchstießen den Flakvorhang der japanischen Schiffe und begannen das Bombardement. Der Kreuzer "Yahagi" erhielt 13 Bomben- und sieben Torpedotreffer. Zerstörer "Hamakaze" sank wie "Yahagi" nach schweren Treffern. Schlachtschiff "Yamato" erhielt zunächst zwei Bomben- und einen Torpedotreffer. Als Brände auf dem Schlachtschiff ausbrachen, befahl KAdm. Ariga, sein Kommandant, Wasser in die Munitionsräume zu pumpen. Dieser Befehl konnte nicht durchgeführt werden, weil der Posten des Wasserkontrollkommandos zerstört war. Flammen leckten bereits aus den Munitionsräumen heraus, jeden Augenblick konnte eine Explosion erfolgen. Beim Angriff der zweiten Welle wurde "Yamato" durch weitere Torpedos und Bomben getroffen, und um 14.15 Uhr schlug der 12. Torpedo der 100 Flugzeuge starken zweiten Angriffswelle, deren Angriff um 14.00 Uhr begonnen hatte, in das Superschlachtschiff hinein. Drei weitere Bombentreffer kamen hinzu.

Drei Zerstörer wurden binnen weniger Minuten von der Wasseroberfläche hinweggefegt. KAdm. Nomura, der befehlsführende 1. Offizier an Bord der "Yamato", gab Befehl, das Schiff zu verlassen. Das "unsinkbare" Schlachtschiff neigte sich zur Seite, die Backbordreeling, die sonst 7,5 Meter über der Wasseroberfläche lag, schöpfte nun bereits Wasser. Als "Yamato" 30 Grad Schlagseite hatte, rief KAdm. Nomura zu KAdm. Ariga, dem Kommandanten des Schiffes, hinüber: "Das Ende ist nahe!" Über das Sprachrohr informierte dieser Admiral Ito, daß es mit dem Schiff zu Ende gehe: "Flottenbefehlshaber, Ihre Person ist unersetzbar. – Bitte verlassen Sie das Schiff mit der Besatzung! Ich allein werde zurückbleiben!" meldete Ariga. Danach gab der Kommandant des Schiffes der Besatzung Weisung, auf das Oberdeck zu kommen. KAdm. Nomura stand noch auf der zweiten Brücke. Auch er wurde von KAdm. Ariga aufgefordert, das Schiff zu verlassen und der Vereinigten Flotte Meldung von den Ereignissen zu machen. Nomuras Protest wurde von KAdm. Ariga ignoriert. Dieser rief zurück: "Ich bleibe an Ihrer Seite!" – "Erster Offizier, dies ist ein Befehl!" gab KAdm. Ariga zur Antwort und legte den Hörer der Bordsprechverbindung auf. Admiral Ito weigerte sich, das Schiff zu verlassen. Er schüttelte seinem Chef des Stabes, Kpt.z.S. Morishita, die Hand und bat, ihm nicht nachzufolgen. Dieser aber rief:"Baka! Die jungen Leute sollen leben, um das Leben des Kaisers zu sichern."

Um 14.25 Uhr kam das Ende der "Yamato". Das Schlachtschiff rollte plötzlich herum. Schreie wurden laut, die sich zu einem einzigen wilden Ruf fanden: "Banzai!"

"Yamato" lag wie ein gestrandeter Wal auf der Seite. Das Licht erlosch. Die Männer, die noch nicht im Wasser schwammen, rutschten das steile Deck hinunter. Dann sank das Schlachtschiff und unter Wasser erfolgte eine gewaltige Kesselexplosion. Das Ende war gekommen. Das größte Schlachtschiff der Welt war gesunken.

An Bord seines Zerstörers sah KKpt. Terauchi, wie die "Yamato" überrollte; er meldete dies an Kpt.z.S. Yoshida, dem neuen Senioroffizier der Flotte, der sich an Bord des Zerstörers "Fuyutsuki" befand. Dieser befahl ihm, nahe heranzulaufen und die Überlebenden aus dem Wasser zu fischen. Die schwimmenden Schiffbrüchigen wurden systematisch von amerikanischen Flugzeugen beschossen.

Eine Woche nach der Landung auf Okinawa drückten die beiden Armeedivisionen den Gegner nach Süden. Dennoch hatten sie immer noch Schwierigkeiten mit den japanischen Außenposten. Admiral Turner ließ am 8. April an Admiral Nimitz tasten: "Ich will verrückt sein, wenn die Japaner nicht alle Hoffnungen auf einen Sieg aufgegeben haben, nicht zuletzt durch unseren großen Erfolg." Die Antwort von Admiral Nimitz lautete: "Streichen Sie alles nach 'verrückt'!"

Das Superschlachtschiff "Yamato" hatte 2.498 Soldaten mit in den Untergang gerissen. Der Führer der Kampfgruppe I, VAdm. Ito und der Kommandant der "Yamato" gingen mit unter. Insgesamt verloren die Japaner in dieser Seeschlacht allein 3.665 Mann. Von den gegen sie eingesetzten 386 Flugzeugen gingen nur 10 verloren.

Kamikazeflieger greifen weiter ein

Die Task Force 58 unterstützte die an Land gegangenen Truppen vom 8. bis 14. April 1945 mit jeweils zwei Gruppen im Einsatz, während eine versorgte und die vierte auf dem Hin- oder Rückmarsch zum Kampfgebiet war.

Am 22. April erlebte die US-Flotte einen Kamikazeangriff, bei dem das Schlachtschiff "Missouri", der Träger "Enterprise" und drei Zerstörer Treffer erhielten.

Das Unternehmen "Kikusui 2" mit 83 Marine- und 60 Heereskamikazefliegern begann am 12. April. Hinzu kamen zwölf Bomber, die bemannte "Oka"-Bomben mitführten. Zwei dieser bemannten Bomben versenkten einen und beschädigten einen zweiten Zerstörer. Eine Reihe kleinerer Fahrzeuge wurde getroffen, und zwischen Okinawa und Kerama Retto erwischte es die Schlachtschiffe "Idaho" und "Tennessee", einen Zerstörer und zwei kleinere Kriegsschiffe. Vier Geleitzerstörer erhielten ebenfalls zum Teil schwere Treffer. Gemessen an den amerikanischen Erfolgen, waren dies zwar empfindliche, aber dennoch nur Nadelstiche. Und auch der nächste Kamikazeangriff, der die "New York" und drei Zerstörer traf, war nicht mehr als dies. Dennoch verdient die große Zahl der Kamikazeflieger, die bewußt für ihr Land in den Tod ging, höchsten Respekt.

Die Operationen bei Okinawa wurden von der Task Force 58 bis zum 26. April fortgesetzt. Bei dem Unternehmen "Kikusui 3" mit 126 Flugzeugen und sechs Okabombern, von denen 42 Kamikazes umkehren mußten, erhielten der Träger "Intrepid" und das Schlachtschiff "Missouri" schwere Treffer. Die Task Group 28.2 mußte aufgelöst werden. Dies war ein bedeutsamer Erfolg der Kamikazeflieger. Der Schwerpunkt dieses Angriffs richtete sich gegen die Landungsflotte, aus der mehrere Zerstörer und eine Reihe Kleinfahrzeuge zerstört und weitere beschädigt wurden.

Am 16. April landete eine amphibische KGr. unter KAdm. Reifsnider mit der 77. ID auf der Okinawa vorgelagerten Insel Iwo Jima, die von den Japanern mit letzter Kraft bis zum 21. April verteidigt wurde. Die Stellungen der jap. 62. und

63. ID in der Shuri-Linie auf Iwo Jima wurden am 18. und 19. April durch insgesamt 640 Einsätze der Air Force angegriffen. Auf diese Linie schossen sich am frühen Morgen des 18. April auch 27 US-Heeres-ArtAbt. ein, und die Task Force 58 eröffnete ebenfalls das Feuer auf sie.

Hinter dem Schutz dieser Feuerglocke trat das XXIV. AK mit der 27., 96. und 7. ID zum Angriff an. Die Japaner verteidigten sich erbittert und wiesen die Angriffstruppen ab, die erhebliche Verluste erlitten. Erst am 23. April mußte die 1. Shuri-Linie aufgegeben und die 2. Shuri-Linie bezogen werden.

In der Operation "Victor V" landete vom 17. April an das X. US-Korps unter GenMaj. Sibert mit der 24. ID, GenMaj. Woodruff, und der 31. ID, GenMaj. Martin, an der Küste des Moto-Golfs auf West-Mindanao, Philippinen. Die Landung gelang bis zum 22. April mit starker Feuerunterstützung durch die Task Group 74.2.

Vom 3. bis 29. Mai wurden die Operationen gegen und auf Okinawa fortgesetzt. Hierbei kam es noch zu einer Reihe schwerer Gefechte. Am 11. Mai wurde der Träger "Bunker Hill" durch Kamikazeflieger schwer getroffen. Es gab 392 Tote und 264 Verwundete.

VAdm. Mitscher stieg auf "Enterprise" über und ließ am 12. und 13. Mai mit den Task Groups 58.1 und .3 die dortigen Kamikazestartplätze angreifen. Auf dem Rückmarsch am frühen Morgen des 14. Mai wurde auch die "Enterprise" schwer getroffen. Abermals stieg Flottenbefehlshaber Mitscher auf ein anderes Flaggschiff, den Flugzeugträger "Randolph", über.

Die Task Force 57 unter VAdm. Rawlings und VAdm. Vian führte am 3. und 4. Mai einen Trägerangriff gegen die Sakashima-Gunto-Inseln durch. Vor allem die Flugplätze dieser Inseln wurden von allen Einheiten dieses Verbandes beschossen. Dabei erhielt "Formidable" einen Kamikazetreffer. "Indomitable" mußte ebenfalls leichte Treffer hinnehmen.

Die Task Groups 52.1 und 52.2 traten bei Versorgung der Task Force 57 an deren Stelle und bombten am 6. und 7. Mai weiter.

Danach setzte vom 9. bis 25. Mai die Task Force 57 den Kampf fort.

"Victorious" und "Formidable" wurden dabei von Kamikazefliegern schwer beschädigt. Letztere mußte nach Ulithi zurückmarschieren.

Das Unternehmen "Kikusui 5" kam ebenfalls zu einigen Erfolgen; neben einer Reihe kleinerer Kriegsfahrzeuge versenkten die Todesflieger in diesem Unternehmen die auf Vorpostenstationen stehenden Zerstörer "Little", "Luce", "Morrison" und die Landungsboote LSM 190, 194 und 195. Der in der Unterstützungsgruppe stehende Kreuzer "Birmingham" und einige kleinere Kriegsfahrzeuge wurden vor Okinawa durch Kamikazes beschädigt. Damit waren die japanischen Todesfliegeraktionen sehr wirksam geworden und die "Nadelstiche" wirkten sich nun bereits auf die Kampf- und Einsatzbereitschaft vieler Einheiten aus. Beachtung verdient der Umstand, daß die Kapitulation der Deutschen Wehrmacht am 7. und 8. Mai an den Kämpfen im Fernen Osten nichts änderte.

Der am 10. Mai beginnende Großeinsatz "Kikusui 6", mit 70 Kamikaze der Marine und 60 des Heeres, führte zur Vernichtung von vier weiteren Zerstörern. Am 12. Mai wurde das Schlachtschiff "New Mexico" vor Okinawa schwer getroffen. Es blieb dennoch bis zum 28. Mai im Einsatz, ehe es nach Ulithi zurückkehrte.

Mit "Kikusui 7" erfolgte am 24. und 25. Mai wieder ein großer Todesfliegereinsatz. Insgesamt waren 165 Flugzeuge, davon 100 vom Heer, an dieser Operation beteiligt. Einige Schiffe wurden beschädigt und auch beim folgenden Unternehmen "Kikusui 8" fielen weitere kleinere Schiffe den 170 Kamikazefliegern zum Opfer. Dennoch waren diese beiden mit so großem Einsatz geflogenen Unternehmungen nicht sehr erfolgreich. Es zeigte sich, daß kleine Gruppen entschlossener Flieger mehr vermochten, zumal sie meistenteils unentdeckt angriffen, was bei den Großoperationen nicht möglich war.

In der Wewak-Bucht auf Neuguinea erfolgte am 9. Mai die erste Landungsunternehmung, die bis zum 23. Mai andauerte. Die austr. 6. Brigade mit GenMaj. Stevens griff dort die Reste der Jap. 18. Armee an. Am 11. Mai wurden die ersten Australier in der Dove-Bucht gelandet. Sie eroberten die Wewak-Halbinsel, und bis zum 23. Mai war der letzte Widerstand gebrochen.

Bereits am 10. Mai war ein Teil der Amphibischen KGr. des KAdm. Struble mit dem 108. ECT der 40. ID in der Macalajar-Bucht auf Nord-Mindanao gelandet.

Die letzten Kämpfe um Okinawa.

Vom 29. Mai bis zum 13. Juni 1945 wurden die Operationen ostwärts Okinawa fortgesetzt, und zwar durch die Task Force 38 unter VAdm. Halsey. Am 5. Juni geriet die gesamte Task Group 38.1 in das Zentrum eines Wirbelsturms. Die Träger "Hornet", "Bennington", "Bellau Wood", "San Jacinto", die Schlachtschiffe "Massachussetts", "Indiana", "Alabama", die Kreuzer "Pittsburgh" (von dessen Vorschiff 35 Meter abgerissen wurden), "Baltimore", "Quincy", "Duluth" und "San Juan" sowie elf Zerstörer erlitten zum Teil schwere Beschädigungen. Die meisten Schiffe konnten nach Notreparaturen ihren Einsatz fortsetzen. Am 7. und 8. Juni führte diese Gruppe Versuchseinsätze mit Napalmbomben gegen Okino-Daito-Shima durch.

Die letzte Phase der Kämpfe um Okinawa begann am 3. Juni, sie endete am 22. Juni. Die Japaner führten ihre Operation "Kikusui 9" durch. Dabei erhielten vor Okinawa das Schlachtschiff "Mississippi", der Kreuzer "Louisville", der Geleitträger "Natoma Bay" und drei Zerstörer zum Teil schwere Treffer. Der Zerstörer "William D. Porter" wurde am 10. Juni durch einen Kamikazevolltreffer versenkt.

Ein japanisches Torpedoflugzeug vernichtete den Zerstörer "Twiggs".

Die letzten Kamikazeangriffe, von Marine und Heer, "Kikusui 10", fanden am 21. und 22. Juni statt. Diesmal konnten nur insgesamt 45 Flugzeuge aufgeboten werden. Sie beschädigten vor Okinawa zwei Flugzeugtender, einen Geleitzerstörer, einen Minensucher und drei Landungsboote.

Die Landkämpfe auf Okinawa wurden Ende April, Anfang Mai immer erbitterter. Der Kampf um Maeda nahm tragische Züge an. In diesen Stellungen nahe der Stadt Tanabaru stand das Bataillon von Hauptmann Koichi Ito mit 600 Mann im Abwehrkampf. Es gelang diesen eingeschlossenen Japanern, mit einer Hand voll Panzern, die in der Nacht zu ihnen durchbrachen, die amerikanischen Linien zu durchstoßen und Tanaburu zu erreichen.

Im Klartext meldete Hptm. Ito (sein Schlüsseloffizier war gefallen), daß er mit 450 seiner Soldaten die neue Verteidigungsstellung am Hang des vorgesehenen Hügels erreicht habe. Hptm. Ito lag nunmehr oberhalb von Tanaburo in Stellung. Er wurde von allen Seiten angegriffen. Während des 5. Mai waren weitere 100 seiner Kämpfer durch Flammenwerfer, MG- und Granatfeuer getötet worden.

Abermals 24 Stunden später griffen US-Truppen an. Hptm. Ito erhielt Befehl, sich wieder in seine alten Stellungen hinein abzusetzen. Als er in der finsteren Nacht ausbrach und das Feindgebiet durchlaufen hatte, waren mit ihm höchstens noch ein Dutzend Soldaten durchgekommen. In der Mitternacht des 8. Mai eröffneten die Amerikaner aus allen Waffen das Feuer, in das auch die Schiffsgeschütze einfielen. Diese schossen plötzlich drei Vollsalven. Diese waren nicht gegen den Feind gerichtet, sondern ein Freudensalut: Deutschland hatte bedingungslos kapituliert.

Der Maeda-Rücken war zu einer blutigen Version des "Königs aller Hügel" aufgestiegen. Erst hielt die eine Seite die Höhe, dann die andere. Das I. Bataillon des 307. US-IR verlor hier binnen acht Tagen mehr als die Hälfte seines Bestandes einschließlich acht Kompaniechefs, die während eines 36-Stunden-Angriffs der Japaner den Tod fanden. Die japanischen Verluste waren noch schmerzlicher. Hptm. Shimura beispielsweise verlor hier von seinen 600 Soldaten über 450 Mann; die letzten 150 waren sämtlich schwer verwundet. Er ging allein als Einzelkämpfer und sagte seinen Kameraden: "Wer mit mir gehen will, der kann dies tun. Die anderen sind von ihrem Eid entbunden. Wir werden von diesem Hügel heruntergestoßen, bevor wir hier sterben." Die wenigen noch kampffähigen Männer folgten ihm und fielen in diesem Kampf. Die Schwerverwundeten ergaben sich den Amerikanern.

Nach dem Fall von Maeda begann die amerikanische Offensive quer über die Insel. Zwei Marinedivisionen des III. Amphibischen Korps hielten die westliche Flanke. Nach einem schweren Gefecht besetzte die 61. ID den Sugar Loaf Hill, den westlichsten Punkt der Verteidigungslinie, weniger als eine Meile von Shuri entfernt. Die 1. Mar. Inf.Div., die seit Guadalcanal im Einsatz war, stieß durch eine Felsenpassage, die den Weg in die vormalige Hauptstadt der Insel bildete, bis Wana Draw durch.

Weiter nach Osten auf dem Weg zur Küste vorgehend, erreichten die drei Divisionen des XXIV. AK den Chokolate Drop, Flattop und andere Hügel bis hart ostwärts Shuri. In der Abenddämmerung des 21. Mai wurde die City von drei Seiten umklammert. Aber der in der Dunkelheit einsetzende sintflutartige Regen verwandelte die Straßen in Moraste. Für eine volle Woche erlahmten alle Bewegungen.

GenLt. Ushijima erwog bereits, Shuri aufzugeben. Mehr als 6.000 seiner Soldaten waren während der Verteidigung dieser Stadt getötet worden. Die 62. und 24. ID und die 44. unabhängige gemischte Brigade, "das Herz der japanischen Armee", wurden im feindlichen Schiffsgeschützfeuer, dem Artilleriefeuer und den Luftbombardements ebenso wie durch Infanterie- und Panzerangriffe zerschmettert.

Am 27. Mai gab GenLt. Buckner dem XXIV. AK Befehl, den Feind unentwegt anzugreifen. Kampfpatrouillen sollten entlang der Shuri-Front Tag und Nacht angreifen und ihn zermürben. Am 29. Mai erstürmte die 1. MarInfDiv. den Shuri-Rücken, der nur noch schwach verteidigt wurde. In den Ruinen von Shuri-Castle jedoch versteifte sich die Verteidigung.

Hinter einem dauernden Regenvorhang entkam in der Nacht General Ushijima mit den meisten seiner Truppen der Umklammerung und richtete sein neues Hauptquartier neun Meilen südlich Shuri-Castle in einer Felsenhöhle auf einer steilen Klippe ein.

Am letzten Tag des Mai erstürmten Marines und GIs Schulter an Schulter von zwei Seiten die Hauptstadt. Shuri lag in Trümmern. Zwei Häuser standen noch: die Normalschule und die Methodistenkirche.

Die Japaner hatten ihre letzte Verteidigungslinie sechs Meilen unterhalb von Shuri eingerichtet. Am 10. Juni bereitete sich die 96. ID zum Angriff auf den Yaedu-Dake vor, den sie "Big Apple" nannten. Nach 48-stündigem Trommelfeuer begann der Angriff, und bis Mitternacht des 13. Juni war die Verteidigung auf der Hälfte des Rückens dem Zusammenbruch nahe.

Der Angriff auf die Oroku-Halbinsel kostete die 6. ID 1.608 Mann an Toten. Am 15. Juni wurden die Leichen von KAdm. Minoru Ota, dem japanischen Befehlshaber hier, und von fünf seiner Stabsoffiziere in ihrem unterirdischen

Hauptquartier gefunden. Sie lagen nebeneinander ausgestreckt auf einer errichteten Plattform mit blutbefleckten Matratzen und hatten Harakiri begangen.

Etwa 1.000 Japaner wurden in dieser letzten Phase des blutigen Ringens auf Okinawa jeden Tag getötet. Der Kampf hatte sich zu einer Art wilden, verbissenen Höhlenkrieges entwickelt.

Am 15. Juni ließ Oberst Kanayama, Kommandeur des IR 27, seine Offiziere zu einer Besprechung in seinen Gefechtsstand bitten. Er befahl ihnen einen Großangriff des gesamten Regimentes in der Abenddämmerung. Aber sein Regiment war nur noch etwa 120 Mann stark, und jeder wußte, was dieser Befehl bedeutete. Mit Petroleum setzte der Oberst unmittelbar vor Kampfbeginn die Regimentsfahne in Brand. Er dankte seinen Männern, daß sie vorbildlich gekämpft hatten. Wer nach Hause zu kommen wünschte, den gab er frei. Danach stieß er sich das Schwert in den Leib. Sein Adjutant, Hptm. Sato, zog den Säbel und schlug dem Kommandeur den Kopf ab, ehe er sich selbst erschoß. Ein anderer Offizier, Oberleutnant Adachi, riß die Pistole aus der Tasche und schrie: "Tenno Heika banzai!" bevor er sich eine Kugel in den Kopf schoß. Am 17. Juni 1945 war die japanische 32. Armee restlos vernichtet.

GenLt. Simon Bolivar Buckner, der Sieger auf Okinawa, aber stieg am Nachmittag des 18. Juni zu einem Beobachtungsposten auf den Klippen empor, um die letzten Einsätze eines neu in den Kampf gebrachten Regimentes zu beobachten. Als direkt über seinem Kopf eine japanische Granate einschlug, ging er nicht in Deckung. Die Granate riß ein Stück Korallengestein aus der Klippe; dieses drang dem General in den Schädel ein. Zehn Minuten später war er tot.

Sein Gegenspieler, GenLt. Ushijima, der in einer tiefen Höhle nahe dem Oberrand der Klippen auf den Tod wartete, erließ noch einen Befehl an die Okinawa-Kämpfer: "Wir kämpfen bis zum letzten für die ewige Sache der Treue zu unserem Tenno." Er instruierte die überlebenden Soldaten der 32. Armee, in Zivilkleidern durch die feindlichen Linien zu sickern und kleine Guerillagruppen zu bilden. Mit Einfall der Dunkelheit zogen die ersten dieser Gruppen los. Sie wurden entdeckt und im Licht der geschosssenen Leuchtfallschirme mit heftigem MG- und Werferfeuer eingedeckt und niedergemacht.

In der folgenden Nacht schossen die US-Panzer, die Mabuni erreicht hatten, in den GefStand von GenLt. Ushijama hinein. Aber noch waren die letzten Verteidiger in den etwa 100 Höhlen der Klippe nicht am Ende. Erst nach Sonnenaufgang des 22. Juni bat GenLt. Ushijima seinen Friseur, Jinsai Higa, ihm den letzten rituellen Haarschnitt zu machen. Bis zum Nachmittag hatten die Amerikaner den oberen Teil des Rückens erobert. Am späten Nachmittag beging GenLt. Ushijima Harakiri. Sieben seiner Stabsoffiziere folgten ihm in den Tod.

Am 2. Juli war der Kampf auf Okinawa offiziell zu Ende. In genau drei Monaten des schwersten Kampfes im ganzen Feldzug hatten die amerikanischen Truppen hier 12.520 Mann an Toten und Vermißten verloren. Die Zahl der Verwundeten lag bedeutend höher, Tausende Kranke kamen hinzu. Dies war das größte Blutopfer, das sie an einem Kriegsschauplatz im Pazifik bringen mußten. Die Verluste der Japaner beliefen sich auf etwa 110.000 Mann. Die Verluste unter der Zivilbevölkerung der Insel betrugen nach offiziellen Schätzungen 75.000 Menschen, überwiegend Frauen und Kinder.

Japan hatte die größte Schlacht des Krieges, die es außerhalb seines Heimatlandes kämpfen mußte, verloren.

Der Endkampf der japanischen U-Boote im Pazifik

Seit September 1944 standen die japanischen U-Boote sowohl im Einzeleinsatz als auch in Rudelkämpfen. Für die Schlacht im Leyte-Golf wurden die japanischen U-Boote unter VAdm. Miwa – dieser wurde am 20. Okt. 1944 durch VAdm. Ieraoka abgelöst – in vier Gruppen aufgestellt: "A"-Gruppe mit I 26, I 45, I 56; "B"-Gruppe mit I 38, I 41, I 46, Ro 41, Ro 43 und Ro 46; "C"-Gruppe mit Ro 109, Ro 112.

Bereits im September wurden durch die japanische U-Boot-Führung fünf Boote in den Einsatzraum Morotai und zu den Palau-Inseln entsandt. Eines der Boote, Ro 41, griff die Trägergruppe unter VAdm. Sprague an und torpedierte den Zerstörer "Sherton". Zwei Offiziere und elf Mann wurden getötet, 22 weitere verwundet. Die übrigen Zerstörer dieser Gruppe drückten Ro 41 unter Wasser und belegten das Boot mit Wasserbomben. Dabei gelang es ihnen, ein U-Boot zu versenken. Es war jedoch nicht Ro 41, sondern das eigene Boot "Seawolf", das in diesen Gewässern getaucht lief. – Mehrere U-Boote der Japaner erzielten Versenkungserfolge gegen US-Transporter. Ro 47 und I 177 gingen dabei verloren.

Als sich die US-Streitmacht dem Leyte-Golf näherte, erhielt VAdm. Shigeyoshi Miwa, noch Befehlshaber der japanischen U-Boote, Weisung, den Gegner abzufangen. Eine ganze Reihe Boote wurde eingesetzt, von denen lediglich I 45 den Zerstörer "Eversole" vernichtete. Wenig später fiel dieses Boot dem Zerstörer. "Whitehurst" zum Opfer. Dieser japanische Mißerfolg führte zur Absetzung von VAdm. Miwa. Neben diesem U-Boot wurden nämlich noch I 46 und I 26 versenkt. Ein Erfolg gelang I 41, das am 3. Nov. den Kreuzer "Reno" vor die Rohre bekam und ihn mit vier Torpedos schwer traf. "Reno" konnte jedoch, von vier Zerstörern gesichert, nach Ulithi zurücklaufen. Wenig später wurde auch I 41 versenkt.

Die japanischen U-Boot-Verluste wurden in immer rascherer Folge vergrößert. Die Einsätze der Kleinst-U-Boote und Einmanntorpedos erbrachten keine überraschenden Erfolge. Ein Kaiten versenkte allerdings im Hafen von Ulithi den US-Flottentanker "Mississinewa" mit 11.315 BRT. Der Zerstörer "Taylor" wurde ebenfalls durch ein Kaitenboot (Ha 82) versenkt. Ein Kaiten-Großeinsatz dagegen führte zu einem Desaster. Er war gegen Ulithi, Seeadlerhafen und den Hafen der Admiralitäts-Inseln gerichtet. Von den eingesetzten 24 Kaiten kehrte kein einziger zurück. Auch der Februar brachte weitere Kaiteneinsätze gegen die US-Landungsverbände von Iwo Jima. Nur der Geleitzerstörer "Renshaw" wurde versenkt, aber von Ro 43 und nicht von einem Kaiten. Die 20 eingesetzten Kaiten blieben erfolglos. Die beiden Kaitenträgerboote I 370 und I 368 wurden versenkt.

Eine Reihe von Ro-Booten versuchte vor Okinawa zum Schuß zu kommen. Nur der Zerstörer "Haggart" wurde versenkt. Die Torpedoschüsse auf die Kreuzer "Wichita", "Pensacola" und "St. Louis" gingen vorbei. – Die Gruppe "Tatara" mit vier Träger-U-Booten und 16 Kaiten, die im Zentralpazifik auf Jagdpatrouille gehen sollten, hatte keinen Erfolg. I 44 wurde am 10. April 1945 durch einen Geleitzerstörer vernichtet, I 56 durch Zerstörer und Flugzeuge des Trägers "Bataan", nur I 47 und I 48 kehrten zu ihrer Basis zurück.

Die Versuche der japanischen U-Boote, gegen die unaufhaltsam näher an das Mutterland heranrückenden Geschwader des Gegners zum Schuß zu kommen, waren größtenteils erfolglos; oft endeten sie mit der Vernichtung des angreifenden U-Bootes. Lediglich I 36 unter KKpt. Sugamasa gelang es am 22. Juni 1945, das Werkstattschiff "Endymion" zu torpedieren. I 165 wurde im Marianengebiet gestellt und durch Flugzeuge versenkt.

Im Juli 1945 wurden schließlich im Zentralpazifik die letzten japanischen U-Boot-Einsätze gefahren, wobei I 372 durch Flugzeuge des Trägers "Yorktown" unterging. Zur letzten Kaiten-Operation lief die Gruppe "Tamon" am 16. Juli 1945 aus. Sie bestand aus den Träger-U-Booten I 47, I 53, I 58, I 366, I 367 und I 373. Alle Boote trugen jeweils vier Kaiten. Der erste Kaitenangriff erfolgte am 21. Juli. Die Kleinst-U-Boote von I 47 griffen einen in der Philippinensee laufenden Konvoi an und torpedierten den Transporter "Marathon", 7.607 BRT. Einer der Kaiten von I 53 versenkte den Geleitzerstörer "Underhill". Der Zerstörer "Lowry" wurde von Kaiten des Bootes I 58 in der Nacht zum 28. Juli torpediert. Und den großen Schlußpunkt setzte I 58, KKpt. Hashimoto, der in der Nacht zum 30. Juli 1945 ostwärts von Luzon den Schweren Kreuzer "Indianapolis" angriff. (Siehe den Abschnitt: Der Tod eines Kreuzers). Die Kaiten von I 58 versenkten noch ein Landungsschiff und trafen den Zerstörer "Thomas F. Nickel".

I 373 wurde beim Ausmarsch von dem U-Boot "Spikefish" versenkt, und zwar am 14. Aug. 1945, gewissermaßen während der Schlußstunden des Krieges im Pazifik.

Das japanische Fazit des U-Boot-Krieges lautete: Vom 7. Dez. 1941 bis zum 15. Aug. 1945 verlor die U-Boot-Waffe Japans mit 127 Booten den Großteil ihrer U-Boote. Sie hatten nicht den überragenden Erfolg erzielt, den man sich von ihnen versprach. Dies trotz aller Tapferkeit der Japaner, nicht zuletzt dank der ausgefeilten Abwehrtaktik der Amerikaner, deren Zerstörerflottillen und Trägergeschwader den Angriffen oftmals vor dem Ziel ein Ende setzten.

US-U-Boote auf der Straße des Sieges

Im Januar 1945 hielt der Erfolg der US-U-Boote wie im Vorjahre an.

Japanische Trägergruppen und Zerstörerverbände oder Flugzeugpulks, die Jagd auf die US-U-Boote hätten machen können, gab es nur noch in Ausnahmefällen. Die einzelnen japanischen Zerstörer, die mit Transportaufgaben beschäftigt waren und auf den Zwangswechseln liefen, wurden teilweise abgefangen und von den US-U-Booten versenkt. So "Shigure" von "Blackfin", "Nokaze" von den Torpedos der "Pargo".

Das U-Boot "Bathfish" mit Cdr. Five machte seinem Namen alle Ehre, indem es vom 9. bis zum 12. Febr. drei japanische U-Boote angriff und versenkte. Es waren dies: Ro 55, Ro 112 und Ro 113.

Die Versenkungserfolge im War Diary Commander Submarines Seventh Fleet, KAdm. Five, wurden von Tag zu Tag größer. Mit dem Zerstörer "Nokaze", der am 19. Febr. von "Pargo" angegriffen und versenkt wurde, hatten es die U-Boote der US Navy auf 39 versenkte Feindzerstörer gebracht. Es war gleichzeitig auch der letzte japanische Zerstörer, der in diesem Krieg U-Booten zum Opfer fiel.

Der japanische Kreuzer "Isuzu", der am 6. April 1945 von Bombern beschädigt wurde, erhielt am folgenden Tage von "Gabilan" einen Torpedotreffer, konnte aber seinen Marsch in Richtung Heimat fortsetzen. Erst nach dem Fächerschuß von "Charr" mit Cdr. Boyle, brach der Kreuzer auseinander und sank.

KAdm. Five verlegte noch im April sein Hauptquartier von Freemantle in die Subic Bay. Damit war er näher am Ort des Geschehens, an dem im Mai und Juni wieder eine Reihe Transporter und kleinere Kriegsschiffe versenkt wurden.

Die beiden U-Boote "Bugura" unter Cdr. A.F. Schade und "Blenny" mit Cdr. W.H. Hazzard kämmten vom 3. Juli bis zum 11. Aug. 1945 den Golf von Siam durch und versenkten insgesamt in diesem Seegebiet 220 Fischerboote, Fähren und Kleinfahrzeuge der Landesbewohner, wobei Hunderte von Zivilisten ums Leben kamen, ohne daß dies in den USA auch nur einen Menschen aufgeregt hätte.

Im gesamten letzten Jahr des U-Boot-Krieges im Pazifik versenkten US-U-Boote 338 Handelsschiffe mit 1.174.402 BRT. An Kriegsschiffen gingen durch U-Boot-Einwirkung im selben Zeitraum verloren: ein Schlachtschiff, ein Kreuzer, vier Flugzeugträger oder Geleitträger, acht Zerstörer, 19 Korvetten, neun Fregatten, sechs Minenleger, acht Minensucher, 14 U-Jäger und Hilfs-U-Jäger, ein

Kanonenboot, sechs Torpedoboote, zehn U-Boote, vier Landungsschiffe, drei Schnelltransporter und zehn Radarfrühwarnboote. Weitere 13 Kriegsschiffe wurden torpediert.

Die Verluste der US-Navy an U-Booten beliefen sich auf insgesamt 51 Boote durch Feindeinwirkung oder Unfall. Im ganzen war der Einsatz der US-U-Boot-Waffe erfolgreicher und kampfentscheidender als jener der Japaner.

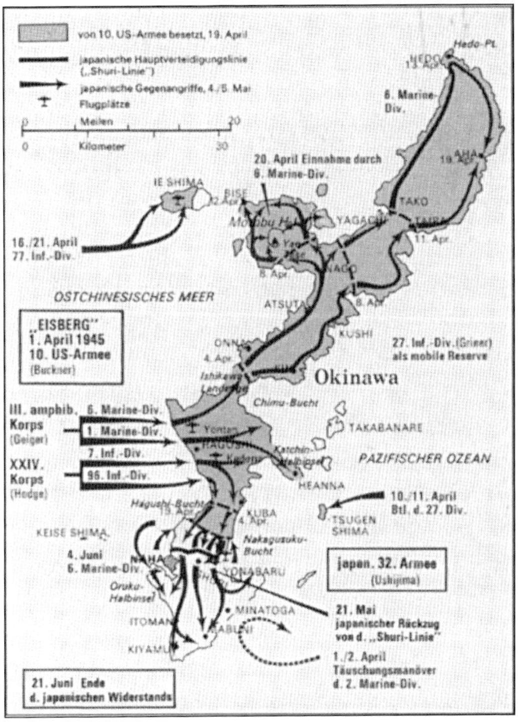

Bis zum bitteren Ende: Tokio im Fadenkreuz.

Nachdem die Operation Oboe II, die Landungen in Balikpapan auf Borneo, vom 15. Juni bis zum 9. Juli 1945 durchgeführt waren, bei denen die Australische 7. ID mit 33.446 Mann im Einsatz gestanden hatte, gab es für die US-Führung nur noch den Angriff gegen Japan selbst.

Die Task Force 38 unter dem Befehl von VAdm. Halsey/VAdm. McKain lief am 1. Juli aus Leyte aus. Am 10. Juli griffen die Flugzeuge der Träger dieser Force, die am 7. und 8. Juli auf See beölt hatten und versorgt worden waren, mit 1.022 Maschinen Tokio an. Die Zahl der eingesetzten Schiffseinheiten waren: 15 Träger, acht Schlachtschiffe, 15 Kreuzer und 56 Zerstörer.

Schwerpunkt der am 10. Juli beginnenden Luftangriffe waren die japanischen Luftbasen. Danach schwenkte die Task Force 38 auf Nordkurs und versorgte am 12. Juli ostwärts der Tsugaru-Straße.

Am 14. Juli startete mit 1.392 Flugzeugen die größte Streitmacht, die jemals gleichzeitig im Pazifik von einer Seite aus in der Luft war. Ihre Ziele waren: Nord-Honshu, Süd-Hokkaido sowie der Fährverkehr in der Tsugaru-Straße. Am folgenden Tag wurde der Großangriff wiederholt. Insgesamt wurden sechs kleinere Kriegsschiffe bis zum Zerstörer versenkt. Hinzu kamen 37 Fähr- und Transportschiffe. Eine Reihe von insgesamt 40 kleinen Kriegs- und Transportschiffen wurden beschädigt.

Am 14. Juli beschossen Einheiten der Task Group 38.4 erstmals mit Schlachtschiffen, Kreuzern und Zerstörern die japanische Hauptinsel, und zwar die Stahlwerke von Kamaishi. Das Eisen- und Stahlwerk Muroran wurde am 15. Juli von der Task Force 38.1 beschossen. Ein schwerer Trägerangriff richtete sich am 17. und 18. Juli gegen den Gesamtraum Tokio-Yokohama. Er galt zunächst der Flak- und Jagdabwehr. Nachdem diese ausgeschaltet waren, waren die japanischen Großkampfschiffe an der Reihe. Dabei gelang es Flugzeugen des Trägers "Yorktown", das japanische Schlachtschiff "Nagato" schwer zu treffen. Ein Geleitzerstörer, ein U-Boot, ein U-Jäger und ein Schnellboot wurden versenkt, der Schulkreuzer "Kasuga" und einige weitere kleinere Einheiten getroffen.

In der Nacht zum 18. Juli beschossen die Einheiten der Task Group 34.1, bestehend aus dem britischen Schlachtschiff "King George V." mit zwei Zerstörern Industrieziele im Raume Hitachi nordostwärts von Tokio. Gleichzeitig damit griff die Task Group 35.2 unter KAdm. Holden Ziele bei Kap Nojima südostwärts von Tokio an. Nach Abschluß dieser Einsätze drehten die Verbände auf hoher See ab.

Eine Reihe weiterer Angriffe führten verschiedene Kampfgruppen in der Ostchinasee, im Gelben Meer und vor der chinesischen Küste bei Tinghai durch. Okinawa sah das Duell der "Pennsylvania" mit japanischen Torpedoflugzeugen, die dem Schlachtschiff einen Torpedotreffer beibrachten. – Gegen die Insel Wake erfolgten in der Zeit vom 18. Juli bis zum 9. August einige Trägerangriffe, an denen die Task Group 95.1 beteiligt war.

Die Angriffe häuften sich, und neben der Task Force 38 hatten die Task Forces 37, 35 und 34 Anteil am Erfolg, der in diesem letzten Abschnitt des Krieges fast ohne jede Gegenwehr erfolgen konnte, wenn man von der Flak absah. Japan war schon besiegt.

Gewissermaßen als Abschluß der Kämpfe zur See waren sie ein Ereignis, bei dem der Schwere Kreuzer "Indianapolis" die Hauptrolle spielte, ein Ereignis, das in seiner Art ebenso unbegreiflich ist wie manch anderes zuvor und danach.

Der Schwere Kreuzer "Indianapolis" war, wie zuvor geschildert, in der Schlacht um Okinawa von einem Kamikazeflieger getroffen worden und mußte zur Reparatur nach Mare Island laufen. Diese Reparatur wurde ausgeführt. Danach oblag der "Indianapolis" eine Aufgabe, in einer Hochgeschwindigkeitsfahrt die Schlüsselelemente und die Hülle der gegen Japan zum Einsatz kommenden Atombomben von San Francisco nach Tinian zu schaffen.

Diese Fahrt beendete der Schwere Kreuzer reibungslos bis zum 26. Juli. Danach wurde die "Indianapolis" auf der Route über Leyte nach Guam beordert, wo sie zwei Wochen trainieren sollte, ehe sie zu KAdm. Oldendorfs Task Force 95 stoßen sollte, die im Seeraum Okinawa operierte.

Im Hafen von Guam angekommen, erhielt Captain McVay mit seinem Navigationsoffizier vom Hafendirektor die zu laufenden Kurse und eine Mitteilung, nach welcher die Hauptfeindkräfte und die feindlichen U-Boote nicht in jenen Seebereichen stünden, die der Kreuzer auf seinem Weg zum Einsatzort durchlaufen werde.

Am 28. Juli ging die "Indianapolis" um 09.00 Uhr ankerauf. Sie sollte bei mittlerer Fahrt von 15,7 kn Leyte am 31. Juli um 11.00 Uhr erreichen. Diese Daten wurden über Funk an alle Häfen auf der Route und ebenso auch an den Commander Philippines Sea Frontier, VAdm. Kaufman, ferner an KAdm. McCormick, den Chef des Training Command im Leyte-Golf, weitergeleitet. Diese sollten alle Maßnahmen zur Sicherung des Kreuzers übernehmen.

Der FT-Spruch darüber erreichte das HQ von KAdm. McCormick auf dem Schlachtschiff "Idaho" verstümmelt und unleserlich. Der Nachrichtenoffizier ließ dennoch keine Wiederholung tasten. Ungeleitet – das von Captain McVay angeforderte Geleit wurde verweigert – lief die "Indianapolis" aus. Man sah höheren Ortes für den Kreuzer keinerlei Gefahr.

Am Sonntagabend, dem 29. Juli, es war der zweite Tag nach dem Auslaufen aus Guam, befand sich der Kreuzer auf der Schnittlinie der Kurse Guam-Leyte und Pelelieu-Okinawa. Dort hatte sich auch das Kaiten-U-Boot I 58 auf die Lauer gelegt. Als dieses Boot um 23.05 Uhr auf Sehrohrtiefe auftauchte, sichtete KKpt. Hashimoto durch das Sehrohr in 10.000 m Distanz ein großes Kriegsschiff, das er als Schlachtschiff ansprach. Es war die "Indianapolis". Der Kreuzer lief auf Gegenkurs und mußte das U-Boot in geringem Seitenabstand passieren.

Es war genau 23.32 Uhr, als KKpt. Hashimoto den Befehl zum Schießen eines Sechserfächers gab. Der Schuß fiel und sechs der schnellen Torpedos liefen dem Kreuzer entgegen. Zwei von ihnen trafen die "Indianapolis" an der Steuerbordseite vorn unter Turm 1, die anderen unter dem Wachraum. Zwei schwere Explosionen erfolgten, die einen Teil des Schiffskiels aufrissen. Alle Sprechverbindungen fielen schlagartig aus. Das Schiff schlug sehr schnell voll Wasser, seine Maschinen überdrehten, und "Indianapolis" lief noch etwa eine Minute lang voll voraus, ehe die Maschinen stillstanden und das Schiff sich rasch nach Steuerbord überlegte.

Captain McVay befahl dem überlebenden Radiomann, folgenden FT-Spruch zu senden: "Wir haben zwei Torpedotreffer erhalten und benötigen sofort Hilfe." Dies geschah unter Beigabe des genauen Standortes, dem noch einige SOS-Rufe nachfolgten. Da das Schiff sich im schnellen Sinken befand, gab Captain McVay den Befehl: "Alle Mann aus dem Schiff!" Einige Minuten vor Mitternacht, nur 15 Minuten nach den Treffern, kam das Ende der "Indianapolis". Sie rollte über die Seite und sank auf 1.200 Faden Tiefe hinunter.

Es konnte später ermittelt werden, daß durch die Torpedodetonationen und die beiden nachfolgenden Explosionen im Schiff von der 1.199 Mann starken Besatzung etwa 350 bis 400 Mann getötet worden sein mußten oder verwundet mit dem Schiff untergingen. 800 bis 850 Überlebenden war es gelungen, sich auf die See zu retten. Bis Tagesanbruch starben davon 50 bis 100 Soldaten, die entweder verwundet waren oder keine Schwimmwesten hatten.

Am Montagmorgen, den 30. Juli, wurde mit Sonnenaufgang der Himmel abgesucht. Dreimal sah man im Laufe des Tages Flugzeuge, doch diese nahmen die Schiffbrüchigen nicht wahr, weil sie nicht danach suchten, denn die Überfälligkeit der "Indianapolis" war noch nicht bemerkt worden. Sie sollte ja erst am 31. Juli in Leyte einlaufen.

An diesem Tag des geplanten Eintreffens der "Indianapolis" in Leyte wurden keine Flugzeuge gesichtet. Viele im Meer schwimmende Schiffbrüchige starben daher am 31. Juli an Entkräftung und Wassermangel.

Am Dienstag, den 1. August, sichtete man erneut Flugzeuge. Wieder wurden Leuchtkugeln und Buntsternschüsse geschossen. Um 10.00 Uhr des 2. Aug. – volle 48 Stunden nach der vorgegebenen Ankunft in Leyte – flog Lieutenant Wilbur C. Gwinn seine normale Routenaufklärung von Pelelieu zur Landbasis Ventura. Als er seine Radioantenne prüfte und sich zur Seite beugte, um so weit wie möglich hinunterblicken zu können, bemerkte er direkt unter sich einen riesigen Ölfleck im Wasser. Er ging bis auf 900 Fuß hinunter, folgte dem Fleck und sah plötzlich mitten darin Menschen schwimmen. Sofort ließ er einen Funkspruch tasten: "Gesichtet etwa 30 Männer im Wasser, Position 110°30' Nord - 133°30' Ost."

Das Zerstörergeleitschiff "Cecil J. Doyle" unter dem Befehl von LtCdr. Claytor und zwei weitere Zerstörer aus Ulithi liefen mit AK auf die Untergangsstelle der "Indianapolis" zu. Ihnen gelang es, alle noch lebenden Männer zu fischen und auch die 56 Mann aus dem Flugboot zu übernehmen. Die letzte Gruppe, die gefunden wurde, war jene mit Captain McVay; sie wurde erst am Mittag dem 3. Aug. aus der See geholt.

Trotz der weiteren Mißerfolge wurde die Suche bis zum 8. Aug. fortgesetzt. Meter um Meter im Untergangsgebiet wurde abgesucht. Es waren noch 316 Überlebende gegenüber 883 Soldaten, die entweder mit der "Indianapolis" untergingen oder in der See schwimmend ihr Leben verloren.

* * *

DAS INFERNO VON TOKIO, HIROSHIMA UND NAGASAKI

Bombenangriffe auf das japanische Mutterland

Als in der letzten Phase des Krieges im Pazifik für die landgestützte US-Bomberflotte die Möglichkeit bestand, auch das japanische Mutterland anzugreifen, begann eine sechs Monate dauernde Schreckenszeit für die Bewohner der Inseln Japans.

Nach den ersten Scharmützeln eröffnete das 21. US-Bomber-Command am 11. März 1945 diese Angriffe mit 285 Bombern des Typs B 29 mit einem Brandangriff auf Nagoya. Dieser Brandbombenangriff wurde am 19. März wiederholt. Danach lag die Hauptstadt des japanischen Ken Aitschi in Mittel-Honsu in Trümmern. Die größtenteils aus Holz errichteten Häuser waren niedergebrannt. Kobe folgte am Abend des 16. März. Diesmal überzogen 307 Fernbomber B 29 die Stadt mit verheerendem Feuer. Es waren reine Terrorangriffe. Sie galten vor allem der Zivilbevölkerung.

Die Superfortresses des 21. Bomber Command (GenMaj. LeMay) setzten am 7. April ihre Angriffe fort. Diesmal war Tokio ihr Ziel, und der Angriff wurde am 12. April und in der Nacht zum 14. wiederholt. Doch dies sollte erst der Auftakt sein zu jenem großen Paukenschlag, der folgen würde. Er begann in den späten Abendstunden des 23. Mai und wurde bis zum nächsten Morgen fortgesetzt. Diesmal warfen 520 B 29 rund 750.000 Phosphorbrandbomben auf die japanische Hauptstadt. Tokio war ein Flammenmeer und in die Flammen hinein warfen in der Nacht zum 26. Mai weitere 500 Fernbomber des Typs Superfortress ihre Bomben. 50 Prozent der gesamten, weitausladenden Stadt waren danach dem Erdboden gleichgemacht.

Nach diesem Vernichtungsfeuer wurde am 31. Mai die Millionenstadt Osaka zum Zielpunkt gewählt. Diesmal hatte das 21. Bomber Command noch Fernjäger P 51 als Jagdschutz dabei, wenngleich die Jagdabwehr nahezu zum Erliegen gekommen war. Am 1. Juni wurde der Angriff mit 450 Fernbombern wiederholt. Auch Osaka brannte lichterloh.

Am 5. Juni war Kobe an der Reihe. 470 Superfortresses des 21. Bomber Command warfen 3.000 Tonnen Brandbomben auf die Stadt und äscherten sie teilweise ein. Wir kennen diese Art Kriegführung aus Deutschland gerade aus unseren Fachwerkhäuserstädten, aber auch aus so vielen "Dresden" zur Genüge, doch in Japans Holzhausstädten war die Wirkung noch entsetzlicher.

Unter dem Eindruck dieser Massenvernichtungsangriffe stehend, kündigte der japanische Rundfunk am 2. Juli die Evakuierung von Tokio an. Diese damals sechs Millionen Einwohner zählende Stadt sollte bis auf 200.000 in der Stadt benötigte Menschen evakuiert werden.

Am selben Abend warfen weitere 600 B 29 eine Reihe japanischer Großstädte in Brand, und noch ehe die Evakuierung angelaufen war, erfolgte ein weiterer Angriff gegen Tokio, der alles bisher Dagewesene überstieg. 2.000 alliierte Bomber verschiedener Bauart und Verbände griffen Japans Hauptstadt an und bombten auch die umliegenden Städte.

Der 24. Juli sah einen weiteren Angriff von 570 B 29, diesmal der gesamten 20. USAAF und der aus Europa kommenden 8. USAAF unter Gen. Spaatz zusammengefaßt, im Angriff auf Nagoya und Osaka. Beide Städte wurden abermals schwer beschädigt. Die Zahl der Todesopfer konnte nicht ermittelt werden.

Die Gesamtzahl der Toten, die Tokio zu beklagen hatte, wird von halbamtlichen Instituten auf etwa 200.000 Menschen geschätzt, von denen der Großteil während des ersten Angriffs auf die Hauptstadt des Landes, der abschließend geschildert werden soll, zu Tode kam.

Der 2. Aug. sah den Anflug von rund 800 B 29, die den materiell stärksten Angriff des Zweiten Weltkrieges flogen und über 6.000 Tonnen Phosphorbrandbomben auf vier japanische Städte warfen.

Am nächsten Tag gab Admiral Nimitz bekannt, daß B-29-Flugzeuge alle wichtigen Häfen Japans und Koreas vermint hätten, womit die Blockade Japans vollkommen geworden war.

Bliebe noch der absolute Höhepunkt der Bombardierungen mit Superfortresses nachzutragen, der bereits am späten Abend des 9. März 1945 stattfand und wegen seiner Wirkung an den Schluß dieser Angriffe gestellt werden soll. Es waren "nur" 279 Fernbomber des Typs B 29 von ihren Stützpunkten auf Saipan, Guam und Tinian gestartet. Sie belegten das Zentrum von Tokio mit Brandbomben. Ein Viertel der Stadt wurde eingeäschert, und die Ausmaße der Vernichtungen zeigten sich an der Zahl der Todesopfer, die unter der Zivilbevölkerung zu beklagen waren. Es waren 83.793 Tote und 40.918 Verwundete. – Von den angreifenden B 29 wurden 14 abgeschossen.

Der Tod ereilt Hiroshima und Nagasaki

Zum ersten Ziel eines Atombombenangriffes war Hiroshima an der Südostküste von Honshu ausgesucht worden. Diese achtgrößte Stadt Japans hatte etwa 365.000 Einwohner, von denen allerdings zu diesem Zeitpunkt Anfang August 1945 bereits 120.000 evakuiert waren.

Der Bomber, der die tödliche Last nach Hiroshima tragen sollte, war eine B 29 mit der Bezeichnung "Enola Gay". Ihr Kommandant: Oberst Tibbetts. Die Einheit: 509. Sonderkampfgruppe der 20. USAAF.

Mit Tibbetts an Bord befanden sich der Navigator, Captain Theodore van Kirk, der Bombenschütze, Major Thomas Ferebee, der Co-Pilot Lewis, der Heckschütze, StaffSergeant George R. Caron, Captain Parsons und First Lieutenant Morris Jeppson.

Am 6. Aug. um 04.52 Uhr begann die bis dahin sehr niedrig fliegende "Enola Gay" zu steigen und erreichte binnen weniger Minuten 3.000 Meter Flughöhe. Sie wurde von zwei Flugzeugen eskortiert, die auch als Wetterbeobachter und Aufklärer vorausflogen.

Auf Iwo Jima, der Not-Stand-by-Basis, wartete derweilen Major William Uanna, Colonel Tibbetts Sicherheitschef, auf den ersten Anruf. Dieser erfolgte: "Bud, wir sind im Vorgehen auf das Ziel!" Als die japanische Küste erreicht war, meldete Oberst Tibbetts folgendes: "Dies ist für die Geschichte: Wir befördern die erste Atombombe!"

In Hiroshima selbst hatte an diesem Tage seit Mitternacht bereits die dritte Luftwarnung stattgefunden; die Menschen störten sich nun nicht mehr daran, daß bald darauf eine neue Luftwarnung erfolgte, sondern blieben bei ihren Verrichtungen und auch auf der Straße.

Als First Lieutenant Kenneth Wey, der Beobachterbombenschütze, Hiroshima sehen konnte, war die "Enola Gay" bereits auf 32.000 Fuß (etwa 9.000 m) gestiegen. Um 07.25 Uhr Tinianzeit, die eine Stunde später als Japanzeit war, kehrte das vorausfliegende Wetterflugzeug "Straight Flush" zur Basis Tinian zurück. Major Claude Eatherly, der Pilot dieser Maschine, befahl einen Funkspruch an die Basis: "Advice: Bomb primary!". Dies bedeutete, daß die Bombe einsatzbereit war. Die Würfel waren gefallen. Hiroshima würde das Ziel sein und nicht die als Ausweichziele genannten Städte Kokura oder Nagasaki.

Um 07.50 Uhr – die Uhren der Männer in der Maschine zeigten 08.50 Uhr an – erreichte das Flugzeug Shikoku Island. Genau darüber lagen Honshu und Hiroshima. Die weit auseinandergezogene Stadt dehnte sich wenig später unter ihnen.

"Sind Sie sicher, daß dies das Ziel ist?" fragte Tibbetts. "Yes", antwortete Parsons. Es war 08.09 Uhr, und über die Bordverständigung instruierte Tibbetts die Besatzung, daß er jetzt den Anflug starten werde. "Legen Sie Ihre Schutzbrillen bereit!" befahl er. "Sobald der Countdown beginnt; setzen Sie sie auf und lassen sie dort bis nach dem Blitz."

Der Bombenschütze der "Enola Gay", Major Ferebee, beugte sich nach vorn und preßte sein linkes Auge gegen das Bombensichtfenster. Um 08.13 Uhr und 30 Sekunden rief Tibbetts ihm zu: "Es ist Ihre Zeit!" In 31.600 Fuß Höhe mit gedrosselter Geschwindigkeit von 285 Meilen in der Stunde flog die Superfortress über Hiroshima. Ferebee konnte alles deutlich erkennen.

Es war genau 08.15 Uhr und 17 Sekunden, als sich automatisch die Bombenklappen öffneten. Die Freigabe der Bombenzeit wurde elektrisch bestätigt. Dann stoppte abrupt der Radioton. Die Bombe fiel, sie drehte sich und stieß mit der Nase voraus, schneller und schneller werdend, auf Hiroshima herunter.

"Setzten Sie die Brillen auf!" befahl Tibbetts. "Die Bombe wird in 35 Sekunden detonieren." Als die Bombe 600 Yards über dem Boden detonierte, blieben alle Uhren in Hiroshima gleichzeitig und für immer stehen. Sie zeigten 08.15 Uhr an. Die Atombombe explodierte in einem Feuerball von 110 Yards Durchmesser. Die Hitze, die durch die Detonation freigesetzt wurde, betrug 300.000 Grad Celsius und schmolz die Oberfläche von Granit auf einer Distanz von 2.000 Yards im Durchmesser auf der Erde. Die Dachziegel der Häuser wurden weich und wandelten ihre Farbe von schwarz zu oliv und braun.

Momente später erfolgte eine noch nie auf Erden erlebte Erschütterung: selbst erdbebensicher gebaute Häuser stürzten in einem Umkreis von zwei Meilen wie Kartenhäuser zusammen. Die Besatzung der "Enola Gay" sah durch die schwarzgefärbten Schutzbrillen einen Ball aus purpurrotem Feuer. Eine gewaltige Masse von Flammen und ein riesiger Qualmpilz stiegen bis zu einer Höhe von 50.000 Fuß empor. Eine harte Druckwelle traf die "Enola Gay".

Die erste Atombombe war gefallen. Sie hatte 80 Prozent der Stadt Hiroshima vernichtet. Mindestens 92.167 Tote waren zu beklagen, 37.425 Verwundete wurden gezählt. Professor Shogo Nagaoka, der erste Kurator des Friedens-Memorial in Hiroshima, ermittelte, daß alles in allem bei der Bombardierung und an deren Folgen 200.000 Menschen ums Leben gekommen seien. Unter den Toten befanden sich auch 23 US-Kriegsgefangene.

Präsident Truman, der sich an Bord des schweren Kreuzers "Augusta" auf dem Rückweg von der Potsdamer Konferenz nach den USA befand, wurde beim Lunch durch Captain Franklin Graham vom Abwurf der Atombombe unterrichtet. Der US-Präsident erhob sich, schlug mit der Gabel an sein Glas und gab bekannt: "Gentlemen, erheben Sie sich von Ihren Sitzen! Wir haben gerade eine Bombe auf Japan geworfen, die mehr Gewalt als 20.000 Tonnen Trinitrotoluol hat. Es war ein überwältigender Erfolg. – Wir gewinnen das Spiel!"

Am 9. Aug. 1945 wurde dann aus einer von Major Sweeney geführten B 29 die zweite Atombombe auf Nagasaki geworfen. Hier gab es mindestens 40.000 Tote und etwa 60.000 Verwundete unter der Zivilbevölkerung. Als hier die Bombe gefallen war, rief der Co-Pilot der Maschine dem Bombenschütze zu: "Well, Bea (der Bombenschütze hieß Beahan), dies sind hunderttausend Japse, die du gerade gekillt hast." Beahan antwortete nicht. Major Sweeneys erster Bericht nach Tinian lautete: "Nagasaki um 09.01 Uhr und 58 Sekunden gebombt. Keine Jäger, keine Flak. Ergebnis: Technisch erfolgreich!"

Inzwischen hatte der japanische Botschafter aus Moskau berichtet, daß seine Versuche, die Russen aus dem Krieg herauszuhalten, gescheitert seien. Die UdSSR erklärte Japan am 8. Aug. 1945 den Krieg und marschierte sofort in die Mandschurei und nach Korea ein, um sich eine Scheibe von dem Kuchen abzuschneiden, der nun ausgebacken war.

Dem Frieden entgegen

Der 9. Aug. sah in Tokio mehrere Beratungen der "Big Seven", der Führungsspitze des Landes. Am selben Tage noch flogen vier Träger Groups der Amerikaner mit den verfügbaren landgestützten Flugzeugen – insgesamt etwa 1.500 Maschinen – Angriffe gegen Flugplätze und Schiffsziele in Nord-Honshu und Hokkaido. Der 10. Aug. sah einen weiteren Trägerangriff gegen Schiffsziele, Flugplätze und Bahnlinien in Nord-Honshu; und am 13. Aug. führten die fünf einsatzbereiten Task Groups der beiden im Einsatz stehenden Task Forces einen neuen Angriff gegen Tokio.

Unter dem drohenden Verhängnis eines möglicherweise dritten Atombombenangriffs auf Tokio stehend, den ein abgeschossener Bomberpilot vorausgesagt hatte, waren in den Beratungen des 9. und 10. Aug. 1945 wieder die großen Sieben zusammengetreten. Nach endlosen Diskussionen und Auseinandersetzungen waren schließlich der Außenminister Admiral Togo, Admiral Yonay und der Präsident des Staatsrates, Baron Hirahuma, mit einer Kapitulation Japans einverstanden.

Am frühen Morgen des 10. Aug. sagte Premierminister Admiral Suzuki: "Meine Herren, wir diskutieren seit vielen Stunden, während die Entscheidung, dir wir zu treffen haben, keinerlei Aufschub gestattet. Es wird nun die Entscheidung Eurer Kaiserlichen Majestät erbeten, welcher Vorschlag angenommen werden soll." Admiral Suzuki warf sich vor dem Tenno, der dieser Beratung wie immer schweigend von seinem erhöhten Sitz beigewohnt hatte, zu Boden. Der Kaiser befahl ihm, aufzustehen und sich wieder zu setzen. Dann ergriff er das Wort.

Seine Rede, in welcher er seine Erschütterung über die Leiden seines Volkes zum Ausdruck brachte, gipfelte in den Worten: "Die Beendigung des Krieges ist die einzige Möglichkeit, den Weltfrieden wieder herzustellen und das Volk von dem schrecklichen Elend zu erlösen, das auf ihm lastet."

Kaiser Hirohito nahm die Bedingungen der Kapitulation an. In den Morgenstunden des 10. Aug. 1945 wurde eine Note an die japanischen Botschaften in Bern und Stockholm geschickt, in welcher die Potsdamer Erklärung der Alliierten unter der Voraussetzung angenommen wurde, daß sie nichts enthalte, was die Hoheitsrechte des Kaisers beeinträchtige.

Über den Rundfunk wurde am 12. Aug. die amerikanische Antwort darauf veröffentlicht. Der Hauptsatz lautete: "Vom Zeitpunkt der Kapitulation an wird die Staatsführung des Kaisers und der japanischen Regierung dem Oberbefehlshaber der Alliierten Streitkräfte untergeordnet."

Am 15. Aug. 1945 dröhnte aus allen Rundfunkgeräten Japans die Stimme des Tenno, die das Volk bisher noch nie gehört hatte. Er wünschte, daß der Krieg beendet werde. Die Dynastie sprach sich für den Weg des Heiligen Kranichs – für den Frieden – aus.

Am 2. September 1945 verließ eine Regierungsdelegation, die den Waffenstillstandsvertrag unterzeichnen sollte, den Palast Akasaka, um sich an Bord des US-Schlachtschiffes "Missouri" zu begeben, das in der Sagamibucht lag. Außenminister Shigemitsu und der Generalstabschef der japanischen Armee, General Umezu, unterzeichneten die Urkunde. Auf alliierter Seite nahm General McArthur die Kapitulation entgegen. Die Urkunde unterschrieben für die USA Admiral Nimitz, für China General Su Yungchan, für Großbritannien Admiral Sir Bruce Fraser, für die Sowjetunion Generalleutnant Derewjanko, für Australien General Sir Thomas Blamey, für Kanada Oberst Moore-Gosgrove, für Frankreich General Leclerc, für die Niederlande Vizeadmiral Helfrich und für Neuseeland Vizeluftmarschall Isitt.

Die letzten Worte, die General McArthur nach der Zeremonie in die Mikrophone sprach und mit denen auch in den USA dieses Ereignis bekanntgegeben wurde, lauteten: "Ab heute schweigen im Pazifik die Waffen! Eine große Tragödie ist zu Ende. Ein entscheidender Sieg wurde errungen. Aus dem Himmel regnet nicht länger der Tod, die See wird nur noch von Handelsschiffen durchfurcht werden. Unsere heilige Mission ist beendet."

Bis zum 30. Sept. 1945 hatten die US-Truppen alle japanisch besetzten Räume von den Philippinen bis nach Tientsin in Besitz genommen. Der Krieg im Pazifik, der mit dem Donnerschlag von Pearl Harbor begonnen hatte, war mit dem Inferno der Atombombenwürfe von Hiroshima und Nagasaki zu Ende gegangen.

PERSONENLISTE DER HELFER

Seit mehr als 50 Jahren haben Soldaten aller Waffengattungen und aller Dienstgrade dem Redakteur, Franz Kurowski, dieses einmaligen Sammelwerkes über den Zweiten Weltkrieg ihre Unterlagen, Kriegstagebücher, Befehle, Berichte und Fotos zu diesem Werk zur Verfügung gestellt.

Franz Kurowski hat in sehr vielen Teilabschnitten diese Unterlagen bereits ausgewertet und Bücher geschrieben, die nicht nur in Deutschland, sondern auch in Frankreich, England, den Niederlanden, in den USA, Kanada, Japan, Griechenland und Belgien verlegt wurden.

Darüber hinaus hat er in seinem Archiv alles Material gesammelt, das ihm zur Verfügung gestellt worden ist. Daraus und aus den vielen Titeln seiner Editionen entstand in fünfjähriger Arbeit das siebenbändige Werk

SO WAR DER ZWEITE WELTKRIEG,

dessen letzter Band nunmehr rechtzeitig am Ende des Zweiten Weltkrieges in Ostasien vorliegt.

Aus der Fülle der in die vielen Tausende gehenden ehemaligen Soldaten *aller* kriegführender Staaten, seien im Folgenden all Jene genannt, die mehr als nur Einzelhinweise gaben.

Ihnen (von denen bereits ein Großteil zur Großen Armee abberufen wurde) sei an dieser Stelle für ihr Vertrauen und ihre Hinwendung von Herzen gedankt.

Wenn Franz Kurowski bereits zu seinem 60. Geburtstage von einer großen Soldatenorganisation -- der Ordensgemeinschaft der Ritterkreuzträger -- bestätigt wurde, daß er sich "um die Rehabilitierung der deutschen Soldaten verdient gemacht" habe, so trifft dies heute mehr denn je zu, wo er im Auslande immer wieder aufgefordert wird, über deutsche Soldaten im Zweiten Weltkrieg zu schreiben, nicht so, wie es sich mancher gern vorstellt, oder gern hätte, sondern *so, wie es war!*

Dieser Verpflichtung hat sich Franz Kurowski auch in dieser jetzt abgeschlossenen Arbeit gestellt und ein Werk verfaßt, das ohne seine -- ein halbes Jahrhundert währende -- Arbeit, ohne sein Engagement und sein Durchhaltevermögen *niemals* hätte geschaffen werden können.

Berg am Starnberger See, den 03. 09. 1995

Der Herausgeber: Dr. Gert Sudholt

Personenregister der Helfer am Werk:

Adam, Helmut
Angelmaier, Heinz
Arent, Ernst
Arent, Peter
Audorff, Paul
Augenstein, Fritz
Arnim, Jürgen, von
Arnim, Frau von

Baade, Ernst Günther
Baake, Werner
Bach, Wolfgang
Bäke, Dr. Franz
Baer, Bern von
Barckow, Gisela
Barkmann, Ernst
Bannert, Josef
Barnikol, Hans-Albert
Bartels, Oberst
Barth, Oblt.
Bayerlein, Fritz
Beekman, Frans
Bleßhing, Axel, von
Bleichrodt, Heinrich
Boehmer, Wolfgang
Böhmler, Rudolf
Benz, Heinrich
Berger, Fritz
Bernig, Heinrich
Beschwitz, Werner v.
Beukemann, Helmut
Bierbrauer, Günther
Birnbacher, Heinz
Bix, Hermann
Bob, Hans-Eckehard
Bölter, Hans
Bose, Georg
Bräuer, Bruno
Brandenberger, Erich
Bradtke, H.
Brandi, Albrecht
Brandner, Sepp
Brasche, Rudolf
Brehm, Karl-Heinz
Brehm, Werner
Brosch, Theodor
Briel, Georg
Brux, Albert
Buchner, Hermann
Buhse, Rudolf
Bundesmann, Konrad
Burgemeister, Alfred
Busch, Fritz-Otto
Busse, Heinrich
Busse, Theodor

Carius, Otto
Chappius, Friedrich-Wilhelm v.
Chevallerie, Kurt von der
Choltitz, Dietrich, von
Cossel, Detloff von
Cramer, Hans
Cremer, Peter-Erich
Crüwell, Ludwig

Dammeier, Heinrich
Darnedde, Erich
Deckert, Georg, Dipl.-Ing.
Deckert, H.
Denk, Josef
Denz, Fritz, Dr.
Deutsch, Heinz
Diener, Horst
Diekwisch, Erwin-Peter
Diggins Kpt.z.S.
Dipberger, Willi
Dönitz, Karl
Dominik, Hans
Dröscher, Wilhelm
Düschel, PK
Duanne, Roger, F.

Eberbach, Heinrich
Edelsheim, Mamimilian v.
Edert, Hermann
Ehle, Curt
Ericht, Gerhard
Ehrt, Siegfried
Eichhorn, Karl
Endrass, Engelbert
Engel, Gerhard
Engelhard, Konrad
Ernst, Albert
Ernst, Rudolf

Fath, Friedel
Feig, Georg
Felber, Karl-Gustav
Fellgiebel, Walter-Peer
Fessmann, Fritz
Fey, Willi
Fink, Martin
Fink, Viktor
Fischer, Gerhard
Fleckenstein, Max
Foerster, Ferdinand, von
Foreman, Percy F.
Forstner, Wolfried, Frhr.v.
Frantz, Peter
Franzisket, Ludwig
Fretter-Pico, Maximilian
Fries, Walter
Fries, Walter (General)
Friessner, Hans
Fröhlich, Stefan
Funck, Hans, Frhr.v.
Fullriede, Fritz

Gärtner, A.
Gallenkamp, Kurt
Galland, Adolf
Gartzen,Wierich, von
Gasteyer, Walter
Gauld, James, R.
Gause, Alfred
Genz, Alfred
Gerhardt, Rudolf
Gericke, Walter
Germer, Manfred
Giehl, Hans
Gietmann, Gerd
Glaser, Friedrich
Goldschmidt, Karl
Götzel, Hermann
Görlitz, Walter
Golter, Konrad
Gollob, Gordon
Grabler, Josef
Gradl, Hans
Grau, Hans-Joachim
Greeven, Hugo
Greim, Robert, Ritter v.
Greiner, Heinz
Griesbach, Franz
Grimminger, Hannes
Grimminger, Robert
Großkreutz, Friedrich
Grün, Werner
Gunther, William P.C.

Hackl, Anton
Halder, Franz
Harlinghausen, Martin
Hambuch, Rudolf
Hardegen, Reinhard
Hartmann, Leo
Hartmann, Walter
Hartmann, Werner
Haupt, Werner
Heilmann, Ludwig
Heilmann, Ludwig und Grete
Havighorst, Ludwig
Hein, Gerhard
Helbig, Joachim
Hellmich, Heinz
Henkenschuh, Hans
Hennig, Helmut
Hesske, Dr. Benno
Helmke, Hildegard
Herb, Wilhelm
Heß , Karl
Hessler, Günther
Herget, Wilhelm
Herr, Traugott
Hetz, Karl
Heydte, Prof.Dr. F.A.von der
Hilpert, Karl
Hissmann, Josef
Hirschfeld, Wolfgang
Hoffmann, Heinrich
Hoffmann, Hellmuth
Hoffmann, Karl
Hoffmann-Schönborn, Günter
Hogrebe, Heinz
Holleben, Heinz
Hollekamp, Josef
Hollidt, Karl-Adolf
Hollmann, Hugo
Holtz, Günther, Dr.
Hoppe, Harry
Hoppe, Wolf-Horst
Hopf, Theodor
Hoth, Hermann
Howel, Hugh W.
Huebner, Arnold
Hübner, Anselm

Ihlefeld, Herbert
Irving, David

Jähde, Willy
Jaenecke, Erwin
Jäger, Rolf, Dr.
Jagolski, Georg
Jakobs, Martin
Jamrowski, Siegfried
Jauer, Georg
Jena, Frhr v.
Jensen, Hans
Jochim, Berthold K.
Jodl, Alfred
Johannesson, KKpt.
Jones, R.V.
Jürgens, Heinrich
Jüttner, Arthur

Kaczmarek, Anton
Kahler, Hans-Joachim
Kammhuber, Josef
Kanert, Bruno
Karbe, Kurt-Georg
Karcher, Karl Erhard
Karczewski, Bruno
Kals, Ernst
Keese, Heinrich
Keller, Werner
Kemnade, Friedrich
Kempf, Werner
Kentrat, Eitel
Kerutt, Helmut
Kesselring, Albert
Kiefer, Martin
Kiwe, Tilman
Kirchheim, Heinrich
Kirchheim, Hildegard
Klatt, Paul
Kleffel, Philipp
Kleine, Egon
Kleinschmidt, Maj.
Knight, Timothy
Knobelsdorff, Otto, von
Knobelsdorff, Alix, von
Knoche, Wilhelm
Koerber, Detlev, von
König, Heinrich
Körber, Wilfried
Kohler, Hans-Georg
Koitschka, Siegfried
Kolbe, Gerhard
Koltermann, Wolfgang
Kollatz, Karl
Konrad, Rudolf
Korten, Hans-Joachim
Kothe, F.
Kraus, Werner
Krause, Ernst
Kreisch, Leo
Kreipe, Werner
Kriegel, Paul
Kroh, Hans
Kroschinski, Hans-Joachim
Kühn, Volkmar
Kugler, Rudolf
Kümmel, Hannes
Kurze, Max
Kustermann, PK

Lainer Josef
Langkeit, Willy
Lange, Bernhard
Lange, Georg
Lange, Hans-Günther
Lange, Werner
Langemeyer, Dr. Carl
Lanz Hubert
Lassen, Georg
Lauterbach, Ernst
Laux, Paul
Lechleitner, Dr. Harry
Lehmann, Rolf
Lehmann-Willenbrock, Heinrich
Lemm, Hans-Georg
Lemelsen, Frau A.
Liebenstein, Gustav Frhr. v.
Lessing, Hermann
Linnekogel, Dietrich
Lepkowski, Erich
Lochmann, Dr. F. W.
Lüdde-Neurath, Walter
Lueder, H. G.

Mackensen, Eberhard v.
Malachowski, Wilhelm
Manstein, Erich v.
Manteuffel, Hasso v.
Marcks, Werner
Mathes, StArzt Dr.
Matten, Heinz
Matthiesen, Walter
Matzky, Gerhard
Mauchenheim, Theodor Frhr.v.
Mauss, Dr. Karl
Mauss, Gisela
Mayer, Willi
Meyer-Abich, Dr. Helmuth
Maierhöfer, Dr. Hansjosef
Meentzen, Wilhelm
Memmninger, Fritz

Mende, Dr. Erich
Merten, Friedrich-Karl
Michael, Georg
Metzler, Jost
Mieth, Friedrich
Milch, Dr. Werner
Milch, Erhard
Model, Walter
Möller, Viktor
Möller-Witten, Hans
Mühlenkamp, Johannes Rudolf
Müller, Alfred
Müller, Gerhard
Müller, Uffz.
Müllers Albert
Munzel, Oskar
Murawski, Dr. Erich
Musculus, Friedrich-Heinrich

Naumann, Horst
Naumann, Johann
Nebel, Peter
Nehm, Heinz
Nehring, Walther K.
Neigl, Ludwig
Neiter, Hermann
Neubauer, Hans
Neumann, Dr. Heinrich
Niedermeyer, Karl
Niehoff, Hermann
Niemack, Horst
Nietert, Georg

Obermaier, Ernst
Odendahl, Friedrich-Wilhelm
Oehrn, Viktor
Oppeln-Bronikowski, Hermann v.
Otte, Alfred
Oventrop, Hptm.

Pastofski, Hans
Pollmann, Otto
Pollmann, Lieselotte
Panzenhagen, Albert
Pardy, Edgar
Paul, Friedrich-Karl
Paulus, Friedrich
Petermann, Erich
Pfeffer, Johann
Pfiff, Hans PK
Philipps, Dr. Karl
Pipet, Albert
Plocher, Hermann
Polag, Dr. Hans
Possell, Maj. Dr.
Prade, Heinz
Puddu, Mario
Pulko Helmut
Primozic, Hugo

Rademacher, K.
Ramcke, Bernhard-Hermann
Raus, Erhard
Rechel, Kurt
Recknagel, Hermann
Reichhelm, Günther
Regeniter, Dr. Alfred
Reißmann, Werner
Remmert, Heinz
Rendulic, Dr. Lothar
Reuss, Franz
Ribbentrop, Rudolf v.
Richter, Werner
Richter-Oldekop, Carl A.
Riebl, Alois
Riehl, Nikolaus
Ringel, Julius
Rintelen, Josef v.
Ripke, Otto
Ritter, Hans
Rödel, Gustav
Rodt, Eberhard
Rösing, Hans-Rudolf
Rosen, Richard Frhr. v.
Ruddies, Dieter
Rudel, Hans-Ulrich
Ruge, Friedrich
Ryll, Wolfgang

Sachsenheimer, Max
Saucken, Dietrich v.
Sachse, Ulrich
Sauerbruch, Peter
Saunders, Hrowe H.
Schäufler, Hans
Schaub, Frau Milly
Schaulen, Joachim v.
Schacht, Gerhard
Scheibert, Horst
Scheller, Walter
Schemmel, Frau
Schepke, Hans-Joachim
Scherer, Theodor
Scherf, Walter
Schilling Walter
Schirmer Gerhard
Schlang, Gerhard
Schlosser, Heinrich
Schmalz, Wilhelm
Schmidt, Anton
Schmidt, Rudi
Schmitz, Franz
Schneckenberger Wilhelm
Schneider, Josef
Schneidereit, Alfred
Schönwerth, Elisabeth
Schreiber, Josef
Schrijnen, Remy
Schroer, Werner
Schubert, Erich
Schuhart, Otto
Schultz, Günther
Schulz, Adalbert
Schulz, Joh.
Schulz, Karl-Lothar
Schulze-Hinrichs, Alfred
Schwinge, Hans
Seidensticker, August
Sevenich, Friedel
Sixt, Hans-Heinrich
Smid, Karl
Soreby, Frank
Sodenstern, Georg v.
Sorge, Ernst
Stahlschmidt, Hans-Arnold
Stahlschmidt, Hilde
Stopf, Otto
Stapfer, Hans-Heinrich
Stemmermann, Wilhelm
Steinkeller, Friedrich-Karl v.
Steglich, Martin
Stotten, Hans-Günter
Streich, Johannes
Streng, Ernst
Strohmeyer, Josef
Stronk, Wolfram
Student, Kurt
Stüdemann, Gerhard

Teske, Hermann
Teusen, Hans
Thyben, Gerhard
Tiemann, Otto
Tippelskirch, Kurt v.
Tönnes, Walter
Tönnies, Hans
Topp, Erich
Tornau, Gottfried

Totzek, Oberst
Trettner, Heinz
Trojer, Hans

Unrein, Martin

Vaerst, Gustav v.
Vielwerth, Erich
Vierow, Ernst
Vehreschild, Josef
Volz, Heinz
Vorsteher, Heinz

Wahl, Wolfgang
Wachsmuth, Günther
Weber, KrBer.
Wenck, Walther
Wendt, Wilhelm
Westmeyer, Rudolf
Weyher, Kurt
Wessels, Johann-Friedrich
Wickelmayer, Anton
Westphal, Siegfried
Wietersheim, Wend von
Witte, Helmut
Wittmann, Michael
Witzig, Rudolf
Wollesen, Richard
Wolz Alwin
Wüster, Rudolf
Wurmbach, Reinhard

Zahn, Eberhard
Zechler, Kurt
Zeller, Konrad
Ziedrich Erich
Ziegler, Heinz
Zillmann, Erich
Zimmermann, Herbert
Zimmermann, Horst
Zorn, Eduard
Zürn, Erich
Zymalkowski, Felix

Besonders zu danken ist jenen Persönlichkeiten der ehemaligen Deutschen Wehrmacht, die dem Autor und Redakteur seit nunmehr 50 Jahren mit Rat und Tat zur Seite gestanden haben. Sie übergaben ihm ihre Unterlagen, lasen Abschnitte der bisher veröffentlichten Werke und stellten ihm ihre Biographien zur Verfügung. Sie besonders zu nennen, ist eine Verpflichtung, der sich Autor und Redakteur mit Freuden unterzieht:

Generalleutnant Fritz Bayerlein
Generalmajor Hermann-Heinrich Behrend
Generalleutnant Helmut Beukemann
Fregattenkapitän Albrecht Brandi
Oberst Alfred Brux
Korvettenkapitän Peter-Erich Cremer
Großadmiral Karl Dönitz
General der Panzertruppe Heinrich Eberbach
Generalleutnant Maximilian Reichsfreiherr von Edelsheim
Oberstleutnant Georg Feig
Generalmajor Heinz Greiner
Generalmajor Franz Griesbach
Kapitän zur See Werner Hartmann
General der Panzertruppe Traugott Herr
Generalmajor Günther Hoffmann-Schönborn
Generalleutnant Harry Hoppe
Generaloberst Hermann Hoth
Oberst Joseph Franz Irkens
Oberst Arthur Jüttner
General der Artillerie Walter Hartmann
Generalmajor Joachim Kahler
Generalleutnant Paul Klatt
General der Panzertruppe Otto von Knobelsdorff
Vizeadmiral Leo Kreisch
General der Panzertruppe Joachim Lemelsen (durch seine Mutter)
Generalfeldmarschall Erich von Manstein
General der Panzertruppe Hasso von Manteuffel
Generalleutnant Gerhard Matzky
Kapitän zur See Karl-Friedrich Merten
General der Panzertruppe Walther K. Nehring
Generalmajor Horst Niemack
Generalmajor Hermann von Oppeln-Bronikowski
Oberst Albert Panzenhagen
General der Fallschirmtruppe Bernhard-Hermann Ramcke
General der Infanterie Hermann Recknagel

Generaloberst Dr. Lothar Rendulic
Vizeadmiral Friedrich Ruge
Generalmajor Max Sachsenheimer
General der Panzertruppe Dietrich von Saucken
Generalleutnant Wilhelm Schmalz
General der Infanterie Friedrich Schulz
Generalmajor Karl-Lothar Schulz
Generalmajor Friedrich-Karl von Steinkeller
Generalleutnant (BW) Heinz Trettner
Generalleutnant Martin Unrein
General der Panzertruppe Gustav von Vaerst
General der Panzertruppe Walther Wenck
General der Kavallerie Siegfried Westphal
Generalleutnant Wend von Wietersheim
Major Konrad Zeller

Ohne diese selbstlose Hilfe, hätte ein Werk wie *SO WAR DER ZWEITE WELTKRIEG* nicht erstellt werden können.

Ihnen allen gebührt Dank für diese Hilfeleistung und dafür, daß sie sich mir anvertraut haben.

Dortmund, im Mai 1995

Franz Kurowski

QUELLENANGABE UND LITERATURVERZEICHNIS

(Im Auszug)

Abels, Julius:	The Truman Scandals, Chicago 1956
Ahlfen, Hans v.:	Der Kampf um Schlesien, München 1961
ders. und Niehoff Hermann:	So kämpfte Breslau, München 1959
Alman, Karl:	Panzer vor!, Rastatt 1971
ders.:	Sprung in die Hölle, Rastatt 1964
ders.:	Mit Eichenlaub und Schwertern, Rastatt 1971
ders.:	Ritter der Sieben Meere, Rastatt 1963
ders.:	Großadmiral Karl Dönitz – Vom U-Boot-Kommandanten zum letzten deutschen Staatsoberhaupt, Leoni 1983
Alperovitz, Gar.:	Atomic Diplomacy: Hiroshima und Potsdam, New York 1969
Anders, Wladyslaw:	Hitlers Defeat in Russia, Chicago 1953
ders.:	An Army in Exile, London 1949
Anderson, Patrick:	The Presidents Men, Garden Gity 1969
Andronikow, A.G. u. Mostowenko, V.D. :	Die Roten Panzer, München 1963
Antonow, A.S.:	Die Panzer, Berlin-Ost 1953
Arutjunow, A.D.: (Siehe: Shilin, P.A.)	Die Ostpommern Angriffsoperation Febr.-März 19459
Attlee, Clement:	As Happened, London 1956
Arnold, H.H.:	Global Mission, New York 1949
Barbaschin, I.P.:	Die Oberschlesische Operationg (siehe Shilin)
Barbaschin I.P. und Malachow, M.M.:	Die Wiener Angriffsoperation (siehe Shilin)
Baruch, Bernhard:	Die Jahre des Dienens, München 1962
Bauer, Prof. Eddy:	Der Panzerkrieg, Bonn 1956
Bedell-Smith, Walter:	Moscow Mission, London 1950
ders.:	General Eisenhowers sechs große Entscheidungen, Bern 1956
Bayerlein, Fritz:	Die Panzer-Lehr-Division vom D-Tag bis zum V-Tag (I.MS. von Generalleutnant Bayerlein)

Bell, George, Bishop: Keine vertretbare Form der Kriegführung, In: The Times vom 10. und 11. 2. 1944

Bieroth, Dr. Ella: Der Zweite Weltkrieg - Die Schlacht im Hürtgenwald, Monschau 1968

Birse, A.H.: Memoirs of an Interpreter, New York 1967

Bohlen, Charles: Witness to History 1929-1969, New York 1973

Boldt, Gerhard: Die letzten Tage in der Reichskanzlei, Hamburg 1973

Bosch, Heinz: Der Zweite Weltkrieg zwischen Rhein und Maas, Geldern 1961

Bradley, Omer, N: A Soldiers Story, New York 1964

Brandenburger, Erich: Die Ardennen-Offensive im Abschnitt der 7. deutschen Armee, Freibug i.Brg., Sign. Ms-B-049

British Foreign Office Archives: CAB 99-38-8461: The Teheran, Yalta and Potsdam Conferences Documents, London

Brustat-Naval, Fritz: Unternehmen Rettung, Herford 1970

Bullitt, William: How we won the War and lost the Peace, In: Life vom 30. 8. 1948

Busse, Theodor: Die letzte Schlacht der 9. Armee (i. Man. a.d. Autor)

Butcher, Harry: Drei Jahre mit Eisenhower, Bern 1946

Buxa, Werner: Weg und Schicksal der 11. ID, Bad Nauheim 1963

Cartier, Raymond: Der Zweite Weltkrieg, 2 Bd., München 1967

Carius, Otto: Tiger im Schlamm, Neckargemünd 1960

Chamberlin, William: Americas Second Crusade, Regnery 1950

Churchill, Winston: Memoiren, Bern 1949-1954

ders.: Der zweite Weltkrieg, Bern-München-Wien 1985

Clay, Lucius: Entscheidung in Deutschland, Frankfurt 1950

Clark, Mark: Calculated risk, New York 1950

Crocker, George N: Schrittmacher der Sowjets, Tübingen 1960

Dahms, Helmuth, G.: Geschichte des Zweiten Weltkrieges, Tübingen 1965

Dalling David J.: Die Sowjetspionage, Köln 1956

Deane, John: Ein seltsames Bündnis, Wien 1946

ders.: The strange alliance. The Story of Our Efforts at Wartime Co-operation with Russia, New York 1947

Dieckert, Kurt und Grossmann, Horst:	Der Kampf um Ostpreußen, München 1960
Dönitz, Karl:	Zehn Jahre und zwanzig Tage, Bonn 1958
ders.:	Mein wechselvolles Leben, Göttingen 1968
ders.:	Unterlagen an den Autor von 1962 bis 1988
Edelsheim, Reichsfreiherr Maximilian von:	Das XXXXVIII- Panzerkorps beim amerikanischen Feldzug in Mitteldeutschland, 11. 4. -3. 5. 1945 (Im Manuskript an den Autor)
ders.	Die Kapitulationsverhandlungen der 12. Armee mit der 9. US-Armee am 4. 5. 1945 in Stendal (im Manuskript an den Autor)
Ehrman, J. :	Grand Strategy, Oct. 1944 - August 1945, of: History of the Second World War, Vol. VI, London 1956
Eisenhower, Dwight D. :	Crusade in Europe, New York 1948
Ellis, I. F. :	Victory in the West, HMSO London 1962
Engel, Gerhard :	Division "Ulrich von Hutten" im Kampf (im Manuskript an den Autor)
Eremenko, A. I. :	Tage der Bewährung, Berlin-Ost 1961
Erickson, John:	The Soviet High Command, London 1962
Fcy, Willi:	Panzer im Brennpunkt der Fronten, München 1960
Fischer, A. Hrgb:	Teheran, Jalta, Potsdam. Die sowjetischen Protokolle von den Kriegskonferenzen der Großen Drei, Bonn 1968
Fretter-Pico, Maximilian :	Mißbrauchte Infanterie, Frankfurt/Main 1957
Friessner, Hans :	Verratene Schlachten, Hamburg 1956
ders. :	Unterlagen und Manuskripte an den Autor
Fuller, C.C.F. :	Der Zweite Weltkrieg 1939 - 1945, Wien 1952
Garcher, Lloyd C. :	Architects of Illusions, Men and Ideas in American Foreign Policy 1941-1949, Chicago 1972
Görlitz, Walter :	Der Zweite Weltkriege Stuttgart 1951/52
Grams, Rolf:	Die 14. Panzerdivision, Bad Nauheim 1957
Greiner, Heinz :	Die oberste Wehrmachtführung 1939-1945, Frankfurt/Main 1950

Greiner, Heinz :	Kampf um Rom - Inferno am Po, Neckargemünd 1968
Guderian, Heinz :	Erinnerungen eines Soldaten, Neckargemünd 1960
Harris Sir Arthur :	Bomber Offensive, London 1947
Haupt, Werner :	Heeresgruppe Mitte 1941-1945, Dorheim 1968
ders. :	Heeresgruppe Nord, Dorheim 1970
ders. :	Rückzug im Westen, Stuttgart 1978
ders.:	Berlin - Hitlers letzte Schlacht, Rastatt 1963
Hausser, Paul:	Soldaten wie andere auch, Osnabrück 1966
Hossbach, Friedrich :	Infanterie im Ostfeldzug, Osterode 1951
Hull, Cordell :	The Memoirs of Cordell Hull, New York 1948
Irving, David:	Hitler und seine Feldherren, München 1982
ders.:	Und Deutschlands Städte starben nicht, Zürich 1963
Jacobsen, Hans-Adolf:	Der Zweite Weltkrieg in Chroniken und Dokumenten, Darmstadt 1959
Jones, R.V. :	Most secret War, London 1957
Kai, Robin Longford:	Italy, Vol II : From Cassino to Trieste, Wellington 1967
Kalinov, Kyrill :	Sowjetmarschälle haben das Wort, München 1960
Keilig, Wolf :	Das deutsche Heer 1939 - 1945, Bad Nauheim 1955
Kern, Erich :	Die letzte Schlacht, Preußisch Oldendorf 1972
Kesselring, Albert :	Soldat bis zum letzten Tag, Bonn 1953
ders. :	Die deutsche Luftwaffe, In: Bilanz des Zweiten Weltkrieges, Oldenburg-Hamburg 1963
Kleine, Egon, Kühn, Volkmar :	Tiger -- Die Geschichte einer legendären Waffe 1942-1945, Stuttgart 1987
Klimow, Gregory :	Berliner Kreml, Köln-Berlin 1950
Koller, Karl,	Der letzte Monat, Mannheim 1949
Korotkow, I. S. :	Die Zerschlagung der Ostpreußengruppierung der deutschen faschistischen Truppen, (siehe: Shilin).
Krätschmer, E.G. :	Die Ritterkreuzträger der Waffen-SS, Göttingen 1955
Kühn, Volkmar :	Torpedoboote und Zerstörer im Einsatz 1939 1945, Stuttgart 1984 (4. Aufl.)
ders.:	Deutsche Fallschirmjäger im Zweiten Weltkrieg, Stuttgart 1993 (10. Aufl.)

Kurowski, Franz : Von den Ardennen zum Ruhrkessel, Herford 1963
ders.: Die Geschichte der Panzer-Lehr-Division, Bad Nauheim 1964
ders.: Armee Wenck — Die 12. Armee zwischen Elbe und Oder 1945, Neckargemund 1967
ders.: Heimatfront, Bayreuth 1960
ders.: Bedingungslose Kapitulation, Leoni 1983
ders.: Generalfeldmarschall Albert Kessslring, Oberbefehlshaber an allen Fronten, Berg 1985
ders.: Alliierte Jagd auf deutsche Wissenschaftler, München 1980
ders.: Der Panzerkrieg, München 1986 (3. Aufl.)
ders.: Balkenkreuz und Roter Stern, - Der Luftkrieg über Rußland, Dorheim 1985
ders.: Die Schlacht um Deutschland, München 1981
ders.: Grenadiere, Generale, Kameraden, Rastatt 1968
ders.: Zu Lande, zu Wasser, in der Luft, Bochum 1968
ders. und Tornau, Gottfried: Sturmartillerie, Geschichte einer legendären Waffe, Stuttgart 1977
Kurowski, Franz: So war der Zweite Weltkrieg, Bde I - VII, Berg, 1989 - 1995
ders.: Von der Polizeigruppe Wecke z.b.V. zum Fallschirmpanzerkorps "Hermann Göring", Osnabrück 1994
ders.: Jäger der Sieben Meere, Die berühmtesten U-Boot-Kommandanten des II. Weltkrieges, Stuttgart 1994
ders.: Seekrieg aus der Luft, Herford 1977
ders.: Der Luftkrieg über Deutschland, Düsseldorf 1977
ders.: Krieg unter Wasser, Düsseldorf 1979
ders.: Bordflieger im Einsatz 1939 - 1945, Berg 1984
ders.: SIEGFRIED WESTPHAL — Das Vermächtnis, Bochum 1982
ders.: Panzer Aces, Winnipeg 1993
ders.: Infanterie Aces, Winnipeg 1995
ders.: Ritterkreuzträger des Afrika-Korps, Atglen, Pennsylvania
ders.: Ritterkreuzträger der U-Boot-Waffe, Atglen, Pennsylvania
Lasch, Otto: So fiel Königsberg, München 1953
Lawrence, W. J. : No 5 Bomber Group R.A.F. 1939 - 1945, London 1951

Liddel Hart, Basil H.:	Jetzt dürfen sie reden, Stuttgart 1950
ders.:	Die Verteidigung des Westens, Konstanz 1951
Linclater, Erik:	The campaign in Italy, London 1951
Lipscomb, Frank Woodgate :	The british Submarine, London 1954
Lüdde-Neurath, Walter:	Regierung Dönitz, Göttingen 1950
Mabire, Jean:	Berlin im Todeskampf 1945, Preußisch Oldendorf 1977
Manstein, Erich, von:	Verlorene Siege, Bonn 1954
ders. und Franz Kurowski :	Einsätze im Kriege, im Manuskript
dies. :	über den Aufbau der Bundeswehr (Unterlagen an den Autor)
Manteuffel, Hasso v. :	Die 7. Panzerdivision im Zweiten Weltkrieg, Uerdingen 1965
ders. :	Die Schlacht in den Ardennen, In:Entscheidungs-schlachten des Zweiten Weltkrieges, Frankfurt/Main 1960
ders und Franz Kurowski:	Der Krieg in 40 Fragen, im Manuskript
dies. :	Geschichtlicher Abriß der 7. Panzerdivison und der Panzergrenadierdivision "Großdeutschland" (im Manuskript an den Autor)
Marshall, George:	Remarks by Secretary Marshall, 5. 6. 1947
Montgomery, Bernard:	Von der Normandie zur Ostsee, Hamburg 1949
ders.:	Memoiren, München 1958
Munzel, Oskar:	Gepanzerte Truppen, Herford 1965
Müller, Alfred:	Die Division "Schill" im Einsatz 1945 (im Manuskript an den Autor)
Nehring, Walther K.:	Die Geschichte der deutschen Panzerwaffe 1916 - 1945, Berlin 1969)
Norton, Geoffrey Gordon :	The red Devils, The Story of british Airborne Forces, London 1971
Parotkin, I. W. und Fokin, N.A. :	Die Weichsel-Oder-Operation (siehe: Shilin)
Patton, George :	Krieg, wie ich ihn erlebte, Bern 1950
Ploetz, A.G. :	Geschichte des Zweiten Vieltkrieges, Würzburg 1960

Reichhelm, Günther: Das letzte Aufgebot — Die 12. Armee im Herzen Deutschlands zwischen Ost und West vom 13. 4. bis zum 7. 5. 1945 (im Manuskript an den Autor)

Rendulic, Dr. Lothar: Gekämpft — Gesiegt — Geschlagen, Heidelberg 1952
ders. : Soldat in stürzenden Reichen, München 1965
ders. : Dokumente und Unterlagen an den Autor

Rose, Leslie A.: Dubious Victory, The United States and the End of World War II, Kent 1973

Ruge Friedrich: Der Seekrieg 1939 - 1945" Stuttgart 1954
ders. : Unterlagen an den Autor

Rumpf, Hans: Das war der Bombenkrieg, Oldenburg-Hamburg 1961

Schaulen, Joachim v.: Hasso von Manteuffel — Panzerkampf im Zweiten Weltkrieg, Berg 1983

Saunders, Hrowe, H.: Duell im Pazifik, Leoni 1983
ders. : Der verratene Sieg - Die alliierte Invasion in der Normandie 1944, Leoni 1984

Shilin, P. A.:Hrgb.: Die wichtigsten Operationen des Großen Vaterländischen Krieges 1941-1945, Frankfurt/Main 1963

Senger und Etterlin, Fridolin von: Krieg in Europa, Köln-Berlin 1960

Stacey, Charles Perry: The victory Campaign, The Operation in North-West Europe 1944-45, Ottawa 1960

Spaight, J.M. : Bombing vindicated, London 1944
ders.: Air Power and War Rights, London-New York-Toronto 1947

Statistisches Bundesamt: Die deutschen Vertreibungsverluste, Wiesbaden 1958

Steinhoff, Johannes: In letzter Stunde, München 1974

Stimson, Henry L. and Bundy, McGeorge: On active Service in Peace and War, New York 1971

Sündermann, Helmut: Potsdam 1945, ein kritischer Bericht, Leoni 1962

Tedder, Lord Arthur William : Air Power in War, London 1946
ders.: With prejudice — The War Memoirs of the Marshal of the Royal Air Force Lord Tedder, London 1966

Telpuchowski, Boris S.: Die sowjetische Geschichte des Großen Vaterländischen Krieges, 1941-1945, Frankfurt/Main 1961

Thorwald, Jürgen: Das Ende an der Elbe, Stuttgart 1950

Trevor-Roper, H.R.: Hitlers letzte Tage, Hamburg 1947

Truman, Harry S.: Public Papers of the President of the United States, April 12 to Dec 31 1945, Washington D.C. 1960

ders.: Memoirs – Volume II, Year of Decisions, Garden City 1955

Unrein, Martin: Berichte über den Einsatz der Division "Clausewitz" vom 11.-21. 4. 1945 (im Manuskript an den Autor)

US State Department: The Conferences at Malta and Yalta, Washington 1955

Utley, Freda: Kostspielige Rache, Hamburg 1950

Wagner, Wolfgang: Die Entstehung der Oder-Neiße-Linie, Freiburg 1968

Wedemeyer, Albert: Wedemeyer's Reports, New York 1958

Warlimont, Walter: Im Hauptquartier der Deutschen Wehrmacht, 1939 - 1945, Frankfurt/Main 1962

Wenck, Walther: Kurzer Überblick über die Endkämpfe zwischen Oder und Elbe im April/Mai 1945 (im Manuskript an den Autor)

Westphal, Siegfried: Heer in Fesseln, Bonn 1952

ders.: Erinnerungen, Mainz 1975

ders.: Gespräche mit dem Autor und Manuskripte an diesen

ders.: Der deutsche Generalstab auf der Anklagebank, Mainz 1978

Wilmot, Chester: Der Kampf um Europa, Frankfurt/Main 1954

Zawlalow Aleksandr: Die Angriffsoperationen der Roten Armee in Ostpommern, Moskau 1960

Zhukov, G. K.: The Memoirs of Marshal Zhukov, New York 1970 (auch G. K. Shukow: Marschall der Sowjetunion)

ders: Erinnerungen und Gedanken, Bde I und II, Berlin-Ost 1976

Zimke, Earl F.: The German Northern Theater of Operations 1940 - 1945, Washington 1960